मौर्य सम्राट

मौर्य सम्राट

(चन्द्रगुप्त मौर्य-चाणक्य पर आधारित ऐतिहासिक उपन्यास)

राजेन्द्र मोहन भटनागर

वाणी प्रकाशन

वाणी प्रकाशन

4695, 21-ए, दरियागंज, नयी दिल्ली 110 002

फ़ोन : +91 11 23273167 फ़ैक्स : +91 11 23275710

शाखाएँ

अशोक राजपथ, पटना 800 004, बिहार

कॉफ़ी हाउस कैम्पस, महात्मा गांधी मार्ग, इलाहाबाद 211 001, उत्तर प्रदेश

महात्मा गांधी अन्तरराष्ट्रीय हिन्दी विश्वविद्यालय, वर्धा 442 001, महाराष्ट्र

सुल्तानिया रोड, मोतिया पार्क, भोपाल 462 001, मध्य प्रदेश

www.vaniprakashan.com
marketing@vaniprakashan.in
sales@vaniprakashan.in

Maurya Samrat
by Rajendra Mohan Bhatnagar

ISBN : 978-93-5072-453-8
Novel

प्रथम संस्करण 2014
द्वितीय संस्करण 2015
तृतीय संस्करण 2022

मूल्य : ₹ 699

सिटी प्रेस, दिल्ली-110 095 में मुद्रित

वाणी प्रकाशन का लोगो मक़बूल फ़िदा हुसेन की कूची से

प्रिय डॉ. तिपेस्वामी

को

कहे-अनकहे

विविध संवादों के लिए

स्वप्नों का आकाश और आकाश के स्वप्न

हमें भूलने की आदत है और भूलकर याद करने की भी, बशर्ते वर्तमान की अन्दरूनी माँग हो और अनागत को कुछ देने की गहरी चाह। मैं शिवानी विश्वविद्यालय, कोल्हापुर में आयोजित इतिहास और साहित्य की अन्तरराष्ट्रीय संगोष्ठी का उद्घाटन कर रहा था। मैंने कहा था कि इतिहास के पास चयन की सुविधा नहीं है, जबकि साहित्य के पास है। इतिहास साहित्य बनता ही तब है जब वर्तमान अपनी पूँजी खोने लगता है। तब वह अपनी धरोहर टटोलने लगता है और वह भी इस दृष्टि से वह उसकी तीसरी आँख बन सके अर्थात् अगोचर गोचर होने लगे। उससे ऐसी उम्मीद बन सके जो उसके उदात्त अनागत के सपनों को समाहित कर सके। मेरा समग्र ऐतिहासिक साहित्य इसी खोज का परिणाम है।

यहाँ मेरी दृष्टि वियाना में जन्मे कार्ल पॉपर पर जा ठहरती है जो ऐतिहासिक दृष्टि को सदैव शुद्ध ऐतिहासिक नहीं मानता और इतिहास के मन की अपेक्षा इतिहासकार के अपने मन के रचाव-अरचाव को महत्त्व देता हुआ यह कहने के लिए विवश होता है कि वह उन्हीं घटनाओं और तथ्यों को उभारने का प्रयत्न करता है जिनको उसकी अपनी मानसिकता इज़ाज़त देती है। साहित्य उससे आगे बढ़कर उस कुहासे की चादर को हटाता है जिससे इतिहास चाहकर भी मुक्ति नहीं पा सकता। दरअसल साहित्य मुक्ति का द्वार है।

ईसा से 344 वर्ष पूर्व खँडहरों में दफन हुआ इतिहास जब मैं टटोलने लगता हूँ तब अनायास मेरी दृष्टि कोयले की खान में अतराशे हीरे पर जा टिकती है और मेरा सारा सोच गुम्बद का एहसास कराने लगता है। बात नन्दवंश के संस्थापक सम्राट महापद्मनन्द से उठती है। वह इस देश का पहला सम्राट था पर था वह शूद्र। उस शूद्र का ऐसा अदमित और असीमित बल, साहस और तेज कि उसे दूसरे परशुराम की इज़्ज़त बख़्शी गयी।[1] जैन ग्रन्थ उसे नायित पिता और वेश्या का पुत्र बताता है।[2] महावंश की टीका में उसे अज्ञात कुल का बताया है। महाबोधवंश उसका नामही

---

1. महानन्दिनस्ततः ऽ ततः शूद्रागर्भोद्भवो ऽ तिलुब्धो ऽ तिबलो महापद्मनामा
   नन्दः परशुरामि इवापरो ऽ खिल क्षत्रान्तकारी भविष्यति।—विष्णु पुराण 4.24.20
2. परिशिष्ट पर्वन

बदलकर उसे उग्रसेन बना देता है। ये हैं इतिहास के मिथ!

निस्सन्देह वह बख़्तावर था जो हमारे इतिहास की इज़्ज़त बन सका। वह था अपार सम्पत्ति और सैन्य बल का स्वामी। इतने विशाल साम्राज्य का वह अधिपति हुआ कि इतिहास में उससे पूर्व वैसा दूसरा नहीं हुआ।

उस वंश का अन्तिम सम्राट जो अपने पूर्वजों की महती परम्परा का प्रकाश स्तम्भ था। जहाँ कथा सरित्सागर उसे जनता में अलोकप्रिय होने और चाणक्य के अपमान का दोषी बताता है, वहीं वह इस निष्कर्ष पर भी ले जाता है कि इस कारण उसकी हत्या चाणक्य और चन्द्रगुप्त मौर्य ने मिलकर की थी। यों एक वंश का पटाक्षेप हो जाता है परन्तु अनेक भ्रान्तियों के साथ। यों तो इस इतिहास में असम्बद्धता है, अँधेरा पाख भी है। साहित्य विश्वास सौंपना चाहता है। यहाँ इतिहास और साहित्य एक-दूसरे के सामने होते हैं।

साहित्य रास्ता बनाना चाहता था। अँधेरे पाख से मुक्ति दिलाना चाहता है। उसके सामने होता है अपने समय के स्वप्नों का आकाश और उस आकाश के सपने। वे मुझे उत्तेजित करते हैं और पटना चलने का मन बनाते हैं और मैं वहाँ पाटलिपुत्र को पहचानने का प्रयत्न करता हूँ परन्तु नन्द वंश के आखिरी छोर पर खड़ा होकर। जब मैं उस अन्तहीन वैभव से गुजरने लगा[1] और गंगा और सोन नदी के संगम के आसपास गढ़े अपार धन की कल्पना में खोने लगा तब एक स्वप्न जगा वैभवपूर्ण महानगरी का, उस नगरी में लम्बे-चौड़े और कलात्मक सौन्दर्य से भरपूर राजप्रासाद का, जो लकड़ी और जहाँ-तहाँ ईंट-पत्थर के सहयोग से कई मंजिला बना महक रहा था।

माना कि हमारे पास इतिहास लेखन की न दृष्टि थी और न उसमें रुचि-रचाव के गहरे होते स्पन्दन। हमारे पास थे सम्बन्धों की ऊष्मा के वे जीवन्त क्षण जिसे इतिहास नहीं, साहित्य ही पुनर्जीवित कर सकता है। हमारी आदत भी इतिहास को साहित्य में जीने की रही है क्योंकि हमने तथ्यों से कम, तत्त्वों से अधिक आन्तरिक सम्बन्ध बनाये हैं। फिर भी, इतिहास इतिहास है और उस अर्थ में जितना विज्ञान अर्थात् सम्भावनाओं के केन्द्र में वह डुबकी लगाकर तैरने का एहसास कराता है।

मैं जिस काल की बात कर रहा हूँ उसे इतिहास की धरोहर बनाने के लिए उतनी या अधिक खुदाई कर डाली, जितनी प्रमाणों के लिए हो सकती थी। उन प्रमाणों पर बहस होनी थी, सो हुई और वह आज भी जारी है—वह कभी बन्द भी नहीं होगी और होनी भी नहीं चाहिए क्योंकि उसमें हमारा भविष्य छिपा है। भविष्य प्रायः ज्योतिष होता है। उसमें पिछले से आगे को जानने की तीव्रतम लालसा रहती है।

काश, आज मेगास्थनीज की 'इंडिका' मिल जाए तो हम आश्चर्य के समुद्र के

---

1. द्रष्टव्य : बिगनिंग्स ऑफ साउथ इंडियन हिस्ट्री : ए./ आयंगर, पृ. 89

तट पर अपने को खड़ा पायें। इतिहासकार को यह ज़िद सताती है कि उसकी दूसरी, पिछले से हटकर, स्थापना हो और उसे उसका महत्त्व मिले। ज़िद में जिजीविषा का वास्ता भी कुछ रहता है।

मेगास्थनीज से लेकर सातवीं शती के चीनी यात्री हुएनसांग ने भी नन्दों के अतुल वैभव की कहानी सुनी। यह भी जाना कि महापद्मनन्द का मित्र व्याकरणाचार्य पाणिनि था। धननन्द के पास वररुचि, कात्यायन आदि थे। तक्षशिला के आहत सिक्के, (पंच मार्क्ड कॉइन्स) बताते हैं कि पश्चिमोत्तर क्षेत्र में मगध के सिक्के चलते थे। जेनोफोन कृत 'साइरोपेडिया' में लिखा है कि पश्चिमी एशियाई देशों के झगड़े वह निपटाता था। वह सामाजिक-राजनीतिक आन्दोलन का एक महत्त्वपूर्ण स्तम्भ था।[1]

ऐसे विशाल एवं सशक्त नन्द वंश का अन्त चन्द्रगुप्त मौर्य द्वारा आचार्य चाणक्य के निर्देशन में हुआ। आचार्य चाणक्य/कौटिल्य का 'अर्थशास्त्र' इस सम्बन्ध में बहुत कुछ संकेत देता है। हालाँकि उसमें भी प्रक्षिप्तांश जोड़े गये हैं और उस पर सन्देह भी उठाये गये हैं। यहाँ तक कि कीथ, विंटरनित्ज, जाली आदि इसे कौटिल्य की कृति ही नहीं मानते हैं। कारण न मेगास्थनीज ने कौटिल्य/चाणक्य का नामोल्लेख किया है और न पतंजलि ने। 'इति कोटिल्य' से यह भी संकेत मिलता है कि उसके लिए अन्य पुरुष की जरूरत क्यों पड़ी? इस सन्देह पर से 'अर्थशास्त्र' का उपसंहार परदा हटाता है। वह बताता है कि उस व्यक्ति द्वारा इस ग्रन्थ की रचना की गयी जिसने शस्त्र, शास्त्र और नन्दराज के हाथ में गयी धरणि को मुक्ति, क्रोधावेश के वशीभूत होकर दिलवाई थी।[2]

फिर वह सवाल बनता है कि चन्द्रगुप्त मौर्य कौन था? शूद्र था? क्षेमेन्द्र कृत 'वृहत्कथा मंजरी', सोमदेव रचित 'कथासरित्सागर' में तद्विषयक कथा है, वह भ्रमित करती है। 'मुद्राराक्षस' नाटक के अनुसार वह नन्दराज का पुत्र है। 'विष्णु पुराण' के भाष्यकार श्रीधर स्वामी नन्दराज की पुत्री मुरा से उसका जन्म हुआ बताते हैं।[3] जस्टिन का मानना है कि वह सामान्य कुल में जन्मा अवश्य था परन्तु वह सम्राट बनने की महत्त्वाकांक्षा रखता था।[4] चाणक्य उसे क्षत्रिय ही मानता है। एक इतिहासकार के लिए चन्द्रगुप्त मौर्य की जाति तय करना अहम विषय हो सकता है परन्तु एक साहित्यकार की खोज चन्द्रगुप्त मौर्य के एक सामान्य व्यक्ति से

---

1. द्रष्टव्य : एज ऑफ दि नन्दाज़ एंड दि मौर्याज : नीलकण्ठ शास्त्री, पृ. 5
2. येन शास्त्रं च शास्त्रं च नन्दराजमाता च भूः अमर्षेणोदृतान्याशु तेन शास्त्रमिदं कृत्रम्।।
   —अर्थशास्त्र 15-13
3. चन्द्रगुप्तम् नन्दस्यैव पत्यतरस्य मरासंहात पुत्र मौर्याणाम् प्रथम।—मुद्राराक्षस
4. इनवेजन्स ऑफ एलेक्जेंडर : जस्टिन, पृ. 327

मगध के सम्राट बनने के संघर्ष में है। ज़मीनी ताक़त कैसे सम्राट तक का रास्ता तय कराती है, कौन-कौन सी रुकावटों को कैसे-कैसे पार करता हुआ वह सम्राट के सिंहासन पर विराजमान हो सका, वह कथा सूत्रों का जीवन्त संघर्ष ही इतिहास को साहित्य बनाता है।

चन्द्रगुप्त मौर्य के सामने एक ओर था सिकन्दर और सिल्यूकस (सिकन्दर की मृत्यु के बाद बना बैक्ट्रिया तथा बेबीलोन का शासक) और दूसरी ओर था मगध का सशक्त सम्राट धननन्द। बौद्ध ग्रन्थ 'मिलिन्दपण्हो' में सम्राट धननन्द से हुए युद्ध का जो रक्तरंजित और भयानक वर्णन है, वह विश्वासयोग्य नहीं लगता। उसके अन्तः बहिर दुर्द्धर्ष संघर्ष के कथा मंथन से उभरे चरित्रांकन की बुनावट डालने का कार्य साहित्य करता है और अतीत को वर्तमान से जोड़ता हुआ अनागत के संकेत तक उसे ले जाता है।[1]

दरअसल वह वक्त इसलिए प्रश्नों से घिरा हुआ है और कदाचित् रहेगा भी क्योंकि इतिहास के रूप में लिपिबद्ध होने से वह चूक गया और आज जिन सूत्रों से वह इतिहास बना है, उनमें सम्भावना की गुंजाइश बनी हुई है। फिर भी, कुल मिलाकर वह वक्त हमारे लिए गौरव का भी है, सीखने का भी और साथ ही, अनेक मूल समस्याओं पर चिन्तन-मनन कर सम्यक मार्ग पर सक्रिय होने का भी। माना जाता है कि पश्चिमोत्तर राज्यों पर सिकन्दर के आक्रमणों का कोई प्रभाव नहीं पड़ा। वे घाव भी भर गये[2]। पर यह पूरा सच नहीं है। पश्चिमोत्तर के छोटे-मोटे अट्ठाईस राज्य थे[3] जो परस्पर लड़ते रहते थे। सिकन्दर ने उन्हें विजित कर राजनीतिक और सांस्कृतिक दृष्टि से चार इकाइयों में पुनर्गठित कर एक सूत्र में बाँधा था।[4] चन्द्रगुप्त मौर्य को इसका पूरा लाभ मिला। यह हमारे आज का ज्वलन्त और सख़्त प्रश्न है।

दूसरा विचारणीय पक्ष यह है कि इतना विशाल, हर दृष्टि से सुदृढ़ और सम्पन्न साम्राज्य का पतन कैसे हुआ? उस साम्राज्य का सम्राट धननन्द पुरजोर शासन व्यवस्था को सँभालते हुए यह अनुभव क्यों करने लगा था कि उसका अन्त होने वाला है? उसके मन में यह प्रश्न क्यों उठा? यहाँ इतिहास उसके साथ न्याय नहीं कर सका। उसे साहित्य ने समझा है। यह इस उपन्यास का मौलिक पक्ष है जो रूस के बिखराव से गुजारता हुआ भविष्य की चेतना पर दबाव बनाता है और अमेरिका, चीन आदि की ओर यह संकेत करता है कि समृद्ध से समृद्ध और सैन्य शक्ति से भरपूर

---

1. इंडिया रिमेंड अनबेंज्ड। दि वूंड्स ऑफ दि बेटिल वर क्विकली हील्ड। अर्ली हिस्ट्री ऑफ इंडिया : विसेंट स्मिथ, पृ. 117
2. पोलिटिकल हिस्ट्री ऑफ एन्शेंट इंडिया : डॉ. हेमचन्द्र राय चौधरी, पृ. 242-259
3. द्रष्टव्य : वही, पृ. 263
4. द्रष्टव्य : एज ऑफ दि नन्दाज एंड दि मौर्याज : नीलकण्ठ शास्त्री, पृ. 25-26

होते हुए भी इनकी चूलें हिलने में देर नहीं लगती हैं। वर्तमान में अपनी असीम ताक़त के बल पर हम जिन समस्याओं को अनदेखा करते जा रहे हैं, वे जाने कब नासूर सिद्ध हो जाएँ, यह कौन जानता है। समय रहते हुए अनागत पर पड़ने वाले प्रभाव से सावधान होकर उन समुचित क़दमों को उठाना चाहिए जिनके प्रति हम लापरवाही बरतते हैं। और भी बहुत कुछ ऐसा है जो हमें पुनर्विचार के लिए आमन्त्रित करता है।

मेरे लिए यह एक चुनौती भरा कार्य था। चुनौतियों को स्वीकार कर उनसे अन्त तक भिड़ता रहा और उन्हें मोड़ने का प्रयास करता रहा। मेरे लिए यही आनन्दानुभूति है। इसके लिए मैंने जिन-जिन मनीषियों को कष्ट दिया और अपनी चुनौती से जोड़ा उनका मैं हृदय से आभारी हूँ। फोन से अनेक बार लम्बी-लम्बी बातें होती रहीं। दूर-दूर से पुस्तकें आयीं। यदि पुस्तक भेजना सम्भव नहीं हुआ तो उन्होंने नन्दवंश और मौर्य वंश के अध्यायों की छायाप्रति भिजवा दी। उनमें हैं—श्री डॉ. मूलचन्द पारीक, प्रो. डॉ. मलय पानेरी, प्रो. डॉ. पद्मा पाटिल, प्रो. आलिस सराद्र (इटली), प्रो. डॉ. अवधेश नारायण मिश्र, प्राचार्य श्री राधेश्याम, सम्पादक सुरेश चन्द्र शुक्ला (नार्वे), प्राचार्य गोपेश शरण शर्मा, गोयेश शर्मा 'आतुर', डॉ. विक्रम पाटिल, डॉ. बैजनाथ प्रसाद, डॉ. एम.सी. नायक, प्रो. ललिता नायडू, प्रो. तृप्ति जैन, प्रो. सुनील पटेल, प्रो. विनय कश्यप, डॉ. एन.ई. विश्वनाथ अय्यर, डॉ. अशोक कामले और डॉ. सजीता वर्मा (नेपाल)। इस कारण उन ग्रन्थों की सूची इसके साथ दी गयी है। अन्ततः मुझे अपने विज्ञ पाठकों के पत्र की प्रतीक्षा रहेगी। अस्तु

आपका

राजेन्द्र मोहन भटनागर

105 सेक्टर 9ए

हिरन मगरी, उदयपुर

1

'पराजय। सिर मुड़ाते ही ओले पड़े। हमसे भूल हुई, आचार्य।' चन्द्रगुप्त मौर्य साथ में बड़बड़ाता रहा था। वह अत्यधिक शिथिल, थका और निढाल होकर दोपहर से पूर्व ही सो गया था।

चाणक्य का ध्यान इस पर केन्द्रित हो उठा। बारम्बार उसके मन में यह श्लोक गूँजने लगा, "मन्त्रचक्षुषा पच्चिद्राण्यवलोकयंति।" शत्रु की निर्बलता का पता किये बिना ही उस पर टूट पड़े और मुँह की खानी पड़ी।

यह श्लोक भी तुम्हारा है, चाणक्य। तुमने ही युद्ध का चक्रव्यूह बुना था और तुम्हारे ही कारण वह बलिष्ठ नवयुवक, राजनीति में दक्ष, साहस से भरा और तेजस्विता ओतप्रोत शत्रु की मार से आतंकित होकर भाग खड़ा हुआ। तुमने ही उसे युद्ध के लिए प्रेरित किया था और तुमने ही उसे अपने साथ भागने का परामर्श दिया था।

"असंशय विनाशात् संशय विनाशः श्रेरयान।" "यह आपका ही मन्त्र है आचार्य। वीर का जीवन तभी सार्थक है जब वह अन्तिम साँस तक युद्धरत रहे। युद्ध से भागकर भी मृत्यु से नहीं बचा जा सकता। सांग्रामिक मृत्यु से बढ़कर कोई मृत्यु नहीं।"

"हाँ, मौर्य, यह भी मेरी आज्ञा है। हमने शत्रु पक्ष का ठीक से अनुमान नहीं लगाया था। मनुष्य को अपनी त्रुटियों से सीखने का अवसर खोना नहीं चाहिए। बिना एक क्षण विवाद में पड़े, मेरा अनुगमन करो।"

"स्वाभिमान खोकर।" चन्द्रगुप्त मौर्य इतना ही कहकर चुप हो गया। उसमें द्वन्द्व चल रहा था—भागना कायरता है। वह भगोड़ा नहीं हो सकता।

"शान्त, मौर्य। अपने को संयम में रखने के अभ्यस्त बनो।"

पटाक्षेप। अँधेरा अर्राकर टूट पड़ा था। सहस्रों फन फैलाये फूत्कार रही थी वह रात।

"तुम थक चुके हो। घायल भी हुए हो। पर अन्य कोई मार्ग नहीं। जितना भाग सकते हो, भागो।"

"पर, आचार्य, यह अश्व।"

"चिन्ता नहीं। अगले ग्राम तक पहुँचकर बदल लेना। वहाँ मेरा शिष्य है—देवरथ। भेषजिकी (औषध विद्या) में वह जितना निपुण है, उतना ही निपुण अश्व पालन में है। वह अश्व का व्यापार करता है और भेषजालय चलाकर जन की निःशुल्क सेवा।" चाणक्य के स्वर में दृढ़ता थी। यद्यपि चाणक्य चन्द्रगुप्त मौर्य के सामने कहीं नहीं टिकता था—न देहयष्टि की दृष्टि से और न रूप-रंग की तथापि वह दृढ़चित्त था, अथवा तनिक भी निराश नहीं, चेतना से पूर्ण और स्वस्थ। वह भी तो उसके साथ था। अब तक है। न वह थका है और न उसका अश्व। कहाँ से और कैसे पायी है ऐसी वज्र शक्ति!

चाणक्य स्मित भर उठा था। उसकी ठेठ कृषकवाली, कड़ी धूप में तपी एकदम काली देह, सुता हुआ वक्र रूप, कुछ-कुछ बाहर को निकले बड़े-बड़े दाँत, मुख पर बड़ी माता के पक्के चिह्न। कुरूप! पर उसकी आँखों में अद्भुत चमक। वह जानता था कि उसकी आकृति भयावह है। निराकर्षण।

समय बहता जल है। उसके पास सूखने की भी कला है और बाढ़ के अदमित प्रकोप के खण्ड प्रलय की अपार शक्ति भी। फिर भी, जहाँ तक उससे बनता है सम चलने का मुक्त प्रयास करता है और जीवन के हरियालेपन से निरन्तर नाता जोड़े रखना चाहता है। नास्त्य पिशाचश्वर्यम्। पिशाचिकता के मूल में ऐश्वर्य-वैभव ही है। या नास्त्य विशाल मैश्वर्यम्। दोनों एक ही हैं। चाणक्य यहाँ आकर सुस्ताने लगा।

वह कब और कहाँ बदल जाएगा, यह कोई नहीं जानता। राक्षस ने चेतावनी दी थी, "यह उपद्रवी ब्राह्मण है। उसमें परशुराम-द्रोणाचार्य का रक्त बीज आँखें खोले हुए है। ध्यान से देखो, उसके सामने के दो दाँत काले हैं, मुख मण्डल डरावना है।"

चन्द्रगुप्त मौर्य ने इस दृष्टि से कभी चाणक्य को नहीं देखा था। न तब, जब वह तक्षशिला के गुरुकुल मठ में विद्या अध्ययन कर रहा था, अस्त्र-शस्त्र संचालन की शिक्षा-दीक्षा पा रहा था। वह कौटिल्य अर्थशास्त्र के दो हजार श्लोकों में से अनेक श्लोकों और उनकी व्याख्या को सुनकर भी कभी कुछ अन्यथा अनुभव नहीं कर सका था, क्योंकि चाणक्य की स्थापना और व्याख्या-निष्पादन के प्रति उसमें असीम श्रद्धा थी। श्रद्धा कदापि रूप-रंग के आकर्षण से नहीं—बुद्धि की अपार शक्ति और हृदय की पारदर्शिता और विशालता पर अवलंबित होती है।

"तुम भाग्यशाली थे, चन्द्रगुप्त, जो उस दिन राज्यसभा में अन्दर आ सके और महाराजाधिराज धननन्द के सामने अचानक बोल पड़े। तुम्हें राज्यसभा के शिष्टाचार और नियमों का लेशमात्र भी ज्ञान नहीं था।" राक्षस का स्वर स्थिर था।

चन्द्रगुप्त मौर्य के सामने वह परिदृश्य आ टँगा था। स्वर्ण के रत्नजड़ित आकर्षक सिंहासन पर सम्राट धननन्द विराजमान था और उसके सामने, दायें, बायें

तीनों ओर कतारबद्ध आसनों पर महामन्त्री, मन्त्रीगण, सेनापति, राज्यसभा के विद्वान सदस्य आसीन थे। दो सेविकाएँ जो नयनाभिराम थीं, चँवर ढल रही थीं। उनके बीच दो अंगरक्षिकाएँ शस्त्र लिए खड़ी थीं।

राज्यसभा के बीचोबीच षट् धातुओं से निर्मित बड़े पिंजड़े में एक सिंह बन्द था। लगता था कि भयंकर दहाड़ के साथ वह सिंह पिंजड़े से बाहर आ जाएगा। या अभी घोषणा की जाएगी कि कौन वीर है जो पिंजड़े के अन्दर जाकर सिंह को परास्त कर सकता है, वह सामने आये।

किशोर चन्द्रगुप्त ने इससे पहले न राजा को देखा था और न राज्य सभा (मन्त्रिपरिषद) को। क्या भव्य था राज्यसभा का अलौकिक परिदृश्य। स्वर्णजड़ित स्तम्भ। उन पर जड़े अद्भुत चमकीले रत्नों की कारीगरी और जगमगाहट।

उसी समय एक अति सुन्दर और हृष्ट-पुष्ट व्यक्ति ने उच्च स्वर में घोषणा की, "महाराजाधिराज परम देवपुरुष, चतुर्थ दिशाओं के स्वामी श्रीमान् धननन्द जी सम्राट के सम्मान में सिंहलद्वीप के अधिपति, नरेन्द्र ने यह रत्नजड़ित पिंजड़ा और इस पिंजड़े में बन्द सिंह को भेजा है। साथ ही यह आग्रह किया है कि पिंजड़े बन्द सिंह को जो बिना पिंजड़ा खोले बाहर निकाल सकेगा, वह अत्यन्त प्रतिभासम्पन्न व्यक्ति होगा। आज महाराजाधिराज ने उस मेधावी और प्रतिभा के धनी व्यक्ति का सम्मान करने के लिए यह सभा बुलायी है। आप सब आमन्त्रित हैं।"

सबकी दृष्टि पिंजड़े की मोटी-मोटी शलाका पर जा टिकी। रत्नजड़ित शलाकाएँ टिपटिप दमक रही थीं। सिंह युवा था। अति बलिष्ठ, भयावह और एकदम शान्त। वह मोम का बना था परन्तु लगता वास्तविक सिंह था। सब चकित थे। उस मूर्तिकार-शिल्पकार की मेधा के कौशल के प्रति अवाक् थे। परन्तु थे किंकर्तव्याविमूढ़। कोई खड़ा नहीं हुआ।

जैसे-जैसे समय बीतने लगा, वैसे ही वैसे महाराजाधिराज धननन्द के मुखमण्डल पर चिन्ता की रेखाएँ उभरने लगीं। उनकी दृष्टि बारम्बार राज्यसभा के रत्नों पर से फिसलती हुई सिंहल द्वीप से पधारे सभासद पर जा ठहरती थी। क्या उनकी राज्यसभा में कोई भी ऐसा मेधावी और प्रतिभासम्पन्न व्यक्ति नहीं है जो सिंहल द्वीप की इस चुनौती को स्वीकार करने के लिए आगे आ सके। सब सभासदों की गरदनें नत थीं उनके होंठों पर से सहज स्मित अदृश्य थी। उनके मुख-मण्डल की दिव्यता पर म्लान गहरी चुप्पी आ विराजी थी।

महाराजाधिराज धननन्द अन्दर ही अन्दर व्याकुल! क्या सन्देश लेकर जाएगा सिंहल द्वीप से पधारा वह सभासद! क्या उनका विशाल राज्य और उसकी राज्यसभा में एक भी प्रतिभा का धनी व्यक्ति नहीं है, ऐसा घोर अपमान! इस समय वे अपने को सँभाल नहीं पा रहे थे। उनमें तनाव ऐंठ रहा था। उनका मुख-मण्डल क्रोध से

अरुण हो चला था। उनकी बड़ी-बड़ी आँखों से मदिरा की मादकता नहीं, चिनगारी की पीड़ा हा-हा खा रही थी।

आज क्या होगा? कैसा भूकम्प उठेगा? सारी राज्यसभा थरथर काँप रही थी।

महाराजाधिराज धननन्द के मन में उठा वह अदमित उत्साह और उल्लास, जिसके कारण वे आपे में नहीं रहे थे और उन्होंने राज्यसभा को आमन्त्रित करने के साथ-साथ दर्शक दीर्घा के पट खोलने का आदेश भी दे डाला था। डौंडी पिटवा दी गयी थी। फिर भी सम्भ्रान्त नागरिक ही अन्दर आने का साहस जुटा पाये थे। पता नहीं क्या सोचकर चन्द्रगुप्त मौर्य वहाँ जा पहुँचा। उसे अन्दर भी जाने दिया। अनेक द्वार थे पर किसी भी द्वारपाल ने उसे रोका-टोका नहीं। अन्यथा उस जैसा सामान्य पोशाक में दर्शक दीर्घा तक कोई व्यक्ति नहीं पहुँच सकता था।

चन्द्रगुप्त मौर्य का उच्च और भरा-पूरा बलिष्ठ डीलडौल, उसके विशाल नयनों में सूर्य-चन्द्र की चमक-दमक, उसका तेजस्वी मुख-मण्डल, गरिमामण्डित चाल। एकदम गौर वर्ण ललाई लिए। उस पर निर्भयता का अमृतमयी उल्लास। सामान्य वस्त्रों में भी वे उसे देदीप्यमान बना रहे थे। उसकी दृष्टि भी सभी सभासदों पर फिसलती हुई पहले महाराजाधिराज पर ठहरती थी, फिर सिंहल द्वीप से आये लम्बे-चौड़े, श्याम रंग के उस भद्र पुरुष पर जा ठहरी थी जो अचरज से भरा और अपने छोटे से अधिपति की प्रतिभा का मन ही मन आनन्द लेते हुए गौरवान्वित हो रहा था।

महाराजाधिराज का चित्त विचलित हो उठा। उनके चित्त पर चाणक्य का उच्च स्वर नर्तन कर उठा। वह कुरूप, डेढ़ पसली का पण्डित उसे शाप दे रहा था। "नन्द तूने अपने दानशाला में बुद्धि विवेक के धनी नीति रीत के पण्डित, राजकाज के गूढ़ और अनुभवी, निडर तथा समयानुकूल परामर्श देने वाले सौम्य और बलिदानी वीरों के खयाल पर भाँड, चाटुकारी, षड्यन्त्रियों और स्वार्थियों का चयन किया है। किसी भी छोटे-बड़े राज्य के लिए यह भी पर्याप्त अभिशाप है। उस पर तू मुझे जैसे शान्त-सन्तोषी, सरल चित्त, निरभिमानी ब्राह्मण को शिखा पकड़वाकर बाहर फिंकवा रहा है।... ठहरो, सैनिको, ठहरो। मुझे अपनी बात पूरी कर लेने दो। नन्द, आज तू मुझे नहीं, बल्कि अपने रहे-सहे सौभाग्य को अपने हाथों से निर्वासित कर रहा है। तू विशाल सेना, अपार धन-सम्पत्ति, अतुलित वैभव आदि के होते हुए भी निर्धन, बलहीन, आभामण्डल रहित अभागा नरपति है।"

गहरी साँस भरकर चाणक्य आगे कह रहा था, "न तेरी मन्त्रिपरिषद् में कार्या-कार्य प्रदीपों-मन्त्र के तपस्वी हैं, न मन्त्रचक्षुषा परिच्छिद्राण्यवलोकयेति (न शत्रु की निर्बलता का पता कर उस पर विचार-विमर्श करने वाले) वाले दिव्य पुरुष हैं और न मन्त्रकाले न मत्सरः कर्तव्य (किसी को दबाकर अपनी बात पर अड़ियल स्वभाव

से मुक्त) वाले निर्लोभी, निर्भीक और सम बुद्धि वाले मनीषी हैं। उस पर तेरा यह दुराचरण-दम्भ मुझे अपमानित नहीं कर रहा है बल्कि प्रजा को तेरे इस कुशासन, अन्याय, अत्याचार और अहंकार से पीड़ित प्रजा को शीघ्र मुक्त करवाने की प्रेरणा दे रहा है ताकि आर्यावृत्त को ध्वंस होने से बचाया जा सके।''

''तक्षशिला के स्नातक आचार्य, क्या तुम अपने महाराजाधिराज के प्रति शिष्टाचार को भी विस्मृत कर बैठे हो?'' राक्षस इस अवसर का लाभ उठाना नहीं भूला।

''महाअमात्य, राक्षस मैं भली प्रकार जानता-समझता हूँ। मुझे तुम्हारे महाराजाधिराज की नहीं, अपने राष्ट्र की चिन्ता है और इसी हेतु मैं यहाँ तक आया था। यवन आर्यावर्त्त की सीमा लाँघकर राष्ट्र को पदाक्रान्त करने के लिए आतुर हैं और यहाँ छद्म राजनीति के षड्यन्त्र और भोग विलास में डूबे मद के आयोजन, महाराजाधिराज के साम्राज्य की चूल हिलाने में लगे हुए हैं।'' चाणक्य ने बड़ी चतुराई से उसके मन में सन्देह के बीज बो दिये।

''चुप कर, अविनीत ब्राह्मण। सैनिको, बाहर करो इस दुष्ट ब्राह्मण को।''

''सावधान सैनिको, ब्राह्मण प्रसन्न होता है तो आशीर्वाद बाँटता है और यदि वह क्रुद्ध हो जाता है तो शाप देने में भी विलम्ब नहीं लगाता। मुझे अपनी बात पूरी कर लेने दो, फिर यह ब्राह्मण एक पल यहाँ नहीं ठहरेगा।'' चाणक्य ने अपनी खुली शिखा का स्पर्शानुभव करते हुए कहा, ''दम्भी नन्द, तुझे शायद ज्ञात नहीं है कि उत्तरापथ में कोई ऐसा शक्तिशाली नरेश नहीं है जो उस यवन आँधी को रोक सके। छोटे-छोटे जनपदों को आपस में लड़ने से ही अवकाश नहीं है। परन्तु तुझे क्या, आर्यावर्त्त का वह भाग तो तुझसे स्वतन्त्र है।''

''कुचक्री ब्राह्मण, तुझे जो कहना था, तू कह चुका। तू स्वयं जाता है या तेरी खुली शिखा को पकड़वाकर बाहर करवाऊँ। कदाचित् ब्राह्मण अवध्य श्रेणी में न होता तो।'' महाराजाधिराज धननन्द ने तेज स्वर में कहा।

''तूने निहत्थे ब्राह्मण की शिखा तो खुलवा दी है पर यह भी जान ले यह शिखा ही तेरे लिए काल सर्पिणी योग बनकर तुझे मिटाकर ही दम लेगी। अब तब ही यह शिखा बँधेगी, उससे पहले कदापि नहीं।'' चाणक्य सैनिकों को एक ओर कर तेजी से बाहर निकल जाता है।

धननन्द के आगे यह सारा परिदृश्य घूम जाता है। वे वर्तमान में लौटते हैं। सभी को नत और मौन पाते हैं। उन्हें आश्चर्य होता है। उनका संकेत पाकर एक उच्च अधिकारी कहता है, ''दर्शकदीर्घा में से यदि कोई आगे आना चाहे तो वह भी आ सकता है। इस समस्या का समाधान करने वाले को पुरस्कृत किया जाएगा।''

इस बार सन्नाटे का जाल दूर तक फैल जाता है। बैठेठाले कौन अपने प्राण गँवाने का संकट उठाये। महाराजाधिराज का क्या! कोई असफल हुआ तो उसे कारागार में डलवा दिया जाएगा। यदि आवेश में महाराजाधिराज की मुट्ठी तन गयी और उनमें आवेश सीमा लाँघ गया तो दुस्साहसी को प्राण दण्ड भी मिल सकता है। यहाँ कैसा न्याय! कैसा कानून!

महाराजाधिराज की बुद्धि हिरन हो गयी। क्या वास्तव में उसके राज्य में अविवेकी, निर्बल और चाटुकारों की ही भीड़ है। चाणक्य ने क्या सत्य ही कहा था कि... ।

"महाराजाधिराज की जय।"

"तुम कौन हो युवक?"

"आपकी प्रजा, अन्नदाता।"

"तुम्हारा नाम, युवक?"

"चन्द्रगुप्त मौर्य।"

"देव, चणक का पुत्र।" राक्षस ने तपाक से कहा।

"क्या चाहते हो, युवक?"

"सामने की समस्या का समाधान, महाराजाधिराज।"

नन्द ने उसे घूरा। वह अविचलित खड़ा हुआ था। पर उसके सामने सिंहल द्वीप का अतिथि था। वह हर पल उस जटिल समस्या का परिणाम देखने के लिए आतुर हो रहा था।

"तुम्हें पक्का विश्वास है, युवक।" धननन्द के स्वर में घटाटोपी सन्नाटा गहरा रहा था। उसकी अवस्था को देखकर आश्चर्य हो रहा था। उसके सामने कोई विकल्प नहीं था मात्र चन्द्रगुप्त को अनुमति देने के। उसने अनमने मन से उसे अनुमति दे दी।

चन्द्रगुप्त मौर्य अपने स्थान से आगे बढ़ा। दो सहायकों को संकेत से अपने पास बुलाकर उनसे कहा कि वे दो लौह शलाकों को अग्नि में तपाकर लाये। उनका मूठ लकड़ी का हो। वे चले गये। उनके बाद उसने उस चमकते पिंजड़े के धीरे-धीरे दो चक्कर लगाये। अचरज उस पिंजड़े पर कहीं ताला नहीं जड़ा था। चौंकाने वाली बात तो यह थी कि उस सिंह को अन्दर ले जाकर बन्द कैसे किया? क्या उसके खोलने बन्द करने के लिए कोई द्वार नहीं बनाया?

सारी सभा हतप्रभ थी। राक्षस ने चन्द्रगुप्त मौर्य के हावभाव से अनुमान लगाया कि कदाचित् वह कोई जादू-मन्तर जानता हो।

दोनों सहायक दो तपी हुई लौह शलाकाएँ लेकर लौट आये। चन्द्रगुप्त मौर्य ने उनमें से एक शलाका को एक ओर से और दूसरी शलाका को दूसरी ओर से उस

पिंजड़े के अन्दर ले जाकर उस सिंह से छुवाया। थोड़ी देर में वह सिंह पिघलने लगा। टाँगें पिघलीं। पूँछ पिघली। पेट पिघला। मुख पिघला। कुछ समय बाद वहाँ सिंह नहीं था, मात्र मोम का ढेर था। चन्द्रगुप्त मौर्य ने कहा, "अन्नदाता, बिना पिंजड़ा खोले सिंह को वहाँ से हटा दिया है।"

"हाँ, युवक, तुम विजयी हुए। पर तुमने यह कैसे जाना कि वह मोम से बना हुआ है।" धननन्द ने प्रसन्न होकर पूछा।

"अन्नदाता यदि वह पत्थर अथवा धातु निर्मित होता तो उसके मुख पर चर्म जैसी संवेदनशीलता नहीं आ सकती थी और उसके बिना वह सिंह भयावह मुद्रा में दहाड़ता हुआ न खड़ा किया जा सकता था। उसके स्वाभाविक सिंह लगने का यही रहस्य है।" चन्द्रगुप्त मौर्य ने सहज भाव से कह डाला।

"युवक, हमें तुम्हारी बुद्धिमत्ता ने अपना लोहा मनवाने के लिए विवश किया है। तुम क्या चाहते हो, युवक?"

"कुछ नहीं, अन्नदाता। मैंने यह सब पुरस्कार के लोभ को नहीं किया है।"

"फिर युवक?"

"अपने राष्ट्र की प्रतिष्ठा के लिए, महाराजाधिराज। मुझे यह सहन नहीं हो रहा था कि सिंहल द्वीप का अतिथि खाली हाथ लौट जाए। वहाँ जाकर वह हमारे बुद्धि के दिवालियापन को उजागर करे। यहाँ एक से बढ़कर एक बुद्धिमान, एक से बढ़कर एक पराक्रमी, एक से बढ़कर एक राष्ट्रभक्त, एक से बढ़कर एक शिल्पकार-कलाकार विद्यमान हैं, यदि उस ओर अन्नदाता का ध्यान जाए और आप कापुरुष चाटुकारों से मुक्ति पा सकें तो।"

धननन्द आवेश से काँप उठा, "युवक, मर्यादा में रहो। तुम हमें शिक्षा देने लगे। जूती का स्थान सिर पर नहीं, पाँव है। अनागत में ध्यान रखो, शिष्टाचार में रहो।" कुछ सोचते हुए वह आगे कहने लगा, "तुम चाहो तो राजकीय सेवा में लिए जा सकते हो।"

"यदि मना करूँ तब?"

हमारे सामने किसी की इतनी स्मित नहीं है कि कोई दुस्साहसी हो सके। फिर भी, हम तुम्हें एक अवसर देना चाहेंगे कि तुम अपनी इच्छा व्यक्त कर सकते हो। बोलो, क्या चाहिए, मौर्य?"

"विश्वास दिलाते हैं, अन्नदाता?"

"ध्यातव्य है, पुरस्कार की घोषणा हमने की है, अतएव पुरस्कार हमारी इच्छा पर है।" धननन्द ने अपने को सँभाला और सहज बने रहने का पूरा-पूरा प्रयत्न किया।

"फिर भी, "तुम्हारी इच्छा का सम्मान करने का प्रयत्न करूँगा, तुम निस्संकोच कहो।"

दर्शकदीर्घा को सन्तोष हुआ कि उनके महाराजाधिराज ने अपने बड़प्पन को बनाये रखा।

''मुझे अपने पिता की मुक्ति चाहिए।'' चन्द्रगुप्त मौर्य ने सँभलते हुए कहा।

''मौर्य युवक, तुम निश्चिन्त रहो। मुझमें विश्वास रखो। राजा निरंकुश अवश्य होता है परन्तु प्रजा के हित के लिए। तुम्हें राजसेवा में सेवा करनी हो तो कल-परसों में महामात्य राक्षस से मिल लेना।'' इसी के साथ सभा विसर्जित करने का संकेत भी दे दिया।

सभा विसर्जित हुई। प्रजा में एक शुभ सन्देश यह गया कि यह मजाराजाधिराज अपनी प्रजा को भूले नहीं हैं। पवन में बहते विष के पीछे अनेक कारण हो सकते हैं। संशय में भी छिद्र का अनुमान लगाया जा सकता है।

2

दोपहर तीसरे पहर में बदलना चाह रही थी कि चन्द्रगुप्त मौर्य की आँखें खुलीं। उसने अपने चारों ओर देखा। उसके हाथ पर पट्टी बँधी हुई थी। वह अपने को अकेला पाकर कह उठा, ''कोई है।'' कोई उत्तर नहीं मिला। उसने पुनः पुकारा, ''आचार्य।'' इस प्रकार वह कई बार पुकारता रहा।

सन्नाटे ने आँखें नहीं खोलीं। समय रिसता रहा। बाहर बरगद और पीपल के सघन वृक्ष की टहनियाँ झूल रही थीं। उनकी कोमल पत्तियाँ नूपुर ध्वनि कर रही थीं।

चन्द्रगुप्त मौर्य को लगा कि वह भूखा है। कल से उसने कुछ नहीं खाया था। अनजाने में ही विद्रोह की लपटें उसमें आकाश छूने लगी थीं। चाणक्य का भी परामर्श था, ''अवसर अनुकूल है। उस नव विवाहिता युवती को नन्द द्वारा उठवाया गया है। यह आँधी असमय ही अपना प्रभाव दरसा उठी है। वह क्षत्री की लड़की है। वह क्षत्री प्रभावशाली है।''

''आप वहाँ गये थे, आचार्य।''

''कब कहाँ जाना चाहिए, कब नहीं, राजनीति का यह पहला पायी है, चन्द्र।''

''जब मैंने उससे पूछा, अब क्या सोचा है, सौमित्र?''

''तब मैं साथ था, आचार्य। आपने उसकी धधकती ज्वाला में घृत डालते हुए कहा था, शूद्र को राजा होने का अधिकार किसने दिया है, सौमित्र।''

''हमने आचार्य, हमने। और तुम्हें कौन देता। हम अपराधी हैं। पाँव सिर नहीं हो सकता। न पनही राजमुकुट।'' सौमित्र ने तपाक से कह डाला।

''इस कारण से आज हम सब दारुण दुःख भोग रहे हैं और राज्य के अन्याय-अत्याचार को भोगते आ रहे हैं। राज्य का शासक तो क्षत्रिय वंशी ही होना

चाहिए। अन्य जातिवाले उसके लिए सुयोग्य नहीं ठहरते हैं।" चाणक्य ने अनेक उदाहरण देकर अपनी बात के प्रभाव को स्थापित करने का प्रयत्न किया।

"परन्तु आचार्य, नन्द वंश में महापद्मनन्द ने शिशुनागों से मगध की राजधानी छीनी थी। वह बड़ा यशस्वी, प्रतापी और शक्तिशाली राजा प्रमाणित हुआ था। उसका नाम महापद्म पड़ने के पीछे भी यह मत स्पष्ट है कि उसने क्षत्रिय राजाओं[1] को परास्त किया और उन्हें मार डाला। उनके विपुल कोष से अपने राज्यकोष को शिखर पर पहुँचाया था। इसी कारण उसे परशुराम जैसा सर्वक्षत्रान्तक कहा गया है।"[2] उसने लगभग धरा क्षत्रियविहीन कर दी थी। तब क्षत्रिय राजाओं की राज्य करने की स्वरूप परम्परा को क्या हुआ था? क्यों उन्हें मुँह की खानी पड़ी थी?" चन्द्रगुप्त धीरे-धीरे अपने मन में उठ रहे भूचाल को व्यक्त करने से नहीं चूका।

"चन्द्र, मैं तुम्हारे कथन से असहमत नहीं हो सकता... परन्तु।" कहते-कहते वह रुक गया। आगे उसे क्या कहना चाहिए वह यह ठीक से सुनिश्चित नहीं कर सका।

चाणक्य ने सोचते हुए कहा, "मौर्य, निस्सन्देह तुम्हारी बात में बल है परन्तु इस वंश का वर्तमान महाराजाधिराज धननन्द तो एकदम अयोग्य सिद्ध हो रहा है।"

"आचार्य, पतन की कहानी तो हर एक राजवंश की लगभग एक-सी है।" चन्द्रगुप्त मौर्य ने निर्णय-सा सुना दिया।

"परन्तु इस समय तो नन्द शासन का पतन एक धक्के से हो सकता है।"

"धक्के के बाद क्या होगा, आचार्य? कौन सँभालेगा इतने बड़े साम्राज्य की बागडोर? और फिर यह आवश्यक भी नहीं है कि इतना बड़ा साम्राज्य अपूर्व सैन्य शक्ति का स्वामी और राक्षस शकटार आदि जैसे अमात्य के होते एक धक्के में ढह ही जाएगा। अन्ततोगत्वा महाराजाधिराज से जुड़े उन लोगों के भी निज स्वार्थ-हित हैं। वे कैसे अपने हितों पर पड़ने वाले दुष्प्रभाव को सहन कर लेंगे?"

इस बार चाणक्य की दृष्टि चन्द्रगुप्त मौर्य पर जा ठहरी। चन्द्रगुप्त मौर्य में से एक सर्वथा नवीन सूर्योदय का उदय होता प्रतीत हुआ। विवेक कब, किन परिस्थितियों में और कैसे जाग्रत होने लगता है, इस पर कदाचित कुछ सटीक कह पाना सहज नहीं है। राजनीति में पाँव रखने के बाद से उसमें कतिपय आश्चर्यजनक परिवर्तन प्रारम्भ होने लगे थे। चाणक्य यह सब सोचते हुए कहने लगा, "तुम्हारा

---

1. एकछत्र पृथ्वी अनुलंघितशासक।
   स्थास्यति महापद्मो द्वितीय इव भार्गवः।
   महानन्दी सुतश्चापिशूद्रायां कलिकांशजः।
   उत्पस्यते महापद्मो सर्वक्षत्रान्तको नृपः।—पार्जिटर : डायनेस्टीज ऑफ द कलिएन, पृ. 23-24
2. इक्ष्वाकु, पांचाल कोशेय, हैहय, कलिंग, अश्मक क, मेंथिल, शूरसेन वीतीहोत्र आदि।

सोचना असमीचीन नहीं है, चन्द्र। मित्रसंग्रहणे बलं संपदत्येते। सच्चे मित्रों की संगत मिलने से मनुज को शक्ति मिलती है और वह शक्ति कब विराट रूप धारण कर लेती है, वह भविष्य के गर्भ में सन्निहित है। हमें अदृश्य को बाँचने के लिए कर्मोद्धत रहना है। यदि देव कृपा कर कुछ दे भी दें तो भी उससे उस प्राप्य की रक्षा होना सम्भव नहीं है। अलब्धलामो नालसस्य। पौरुष मानव होने का स्थायी गुण है। इसमें सन्देह करने का कोई आधार नहीं है कि मगध अपने अन्तिम दिन गिनने लगा है। उसके तूणीर से निकले प्रायः सारे तीर एक-एक करके प्रभावहीन होते जा रहे हैं। पश्चिमी उत्तरापथ पददलित होने के कगार पर है। उस भीषण आँधी से आर्यावर्त्त को बचाना अत्यावश्यक है। मगध शासन ने उधर से आँख मूँद रखी है। उसने कभी चेष्टा नहीं की है कि उन छोटे-छोटे राज्यों को, जहाँ कहीं-कहीं गणतंत्र स्थापित है और कहीं-कहीं राजतन्त्र। कदाचित् नन्द का विशाल साम्राज्य सीमाप्रान्त के पेशवा पंचनद (पंजाब) सिंध तक अपनी पहुँच बना पाता तो किसी बाहरी शक्ति का यह दुस्साहस नहीं होता कि वह आर्यावर्त्त की ओर कुदृष्टि डाल सके। परन्तु अब उसकी चर्चा करना पानी बिलोकर नवनीत पाने की आशा करने जैसा है। चन्द्र, मेरी प्रमुख चिन्ता आर्यावर्त्त की अस्मिता, अस्तित्व और लोकशक्ति को पराजय के विकराल मुख से बाहर लाने की है।''

एक दीर्घावतरण उनके बीच से ऐसे निकला जैसे अचानक शेर उनके पार्श्व से चुपचाप निकल गया हो। वे क्षण साँस रोके किसी दुर्घटना की प्रतीक्षा करते रह गये। चन्द्रगुप्त मौर्य ने विषयवस्तु की गम्भीरता को समझते हुए और अपने अनुभवों का विश्लेषण करते हुए कहा, ''आचार्य प्रवर, तब मैं भी सिन्धु तथा जेहलम (झेलम) के मध्य स्थित तक्षशिला के जगविख्यात तक्षशिला विद्यापीठ में आपकी प्रेरणा से अध्ययनरत था। तब आपने न जाने क्या सोचकर कहा था, ''चन्द्र, माना कि यह विश्वविद्यालय शिक्षा-प्रशिक्षा, अर्थशास्त्र, राजनीति, भेषज विज्ञान आदि के लिए अपनी गौरवमयी परम्परा का निर्वाह कर रहा है। परन्तु, तुम्हें आर्यावर्त्त के सीमा प्रान्त के राज्यों का अवलोकन कर मनन का अवसर मिल रहा है। आर्यावर्त्त की भाग्य लिपि लिखने में उसकी भी महत्त्वपूर्ण भूमिका है जो उससे इतर आर्यावर्त्त की नाड़ी टटोलने में पाद टिप्पणी का भी कार्य करती है।''

''तब आचार्य?''

''चन्द्र, मुझे न जाने क्यों तुममें आर्यावर्त्त का उज्ज्वल भविष्य परिलक्षित हो उठता है। यद्यपि मैं ज्योतिष का अबबोध नहीं रखता हूँ और न भाग्य पढ़कर घोषणा करने वालों पर भरोसा करता हूँ, तथापि मैं अपने राजनीतिक अर्थशास्त्र की अति सूक्ष्म रेखाओं और तारामण्डल में होने वाली हलचल से अनभिज्ञ नहीं हूँ। मेरा संशय

साधार है। भूगोल खगोल शास्त्र को अपनी धुरी पर घुमाती है। चन्द्र, तुम यहाँ जो जान व सीख पा रहे हो, उसकी सार्थकता के लिए जीवन्त निरीक्षण अनुभव की तुम्हें आवश्यकता है। और अभी समय भी है। आँधी आने से पूर्व की सन्ध्या का विवरण-अनुभव तुम्हारा अपना होगा। तब तुम अंगुलि पकड़कर चलने के अभ्यस्त नहीं रहोगे। तब तुम अपना स्वतन्त्र गन्तव्य और मार्ग सुनिश्चित करने में विलम्ब नहीं करोगे। सम्पूर्ण शक्ति के मूल में सफलता की कुंजी प्रखर निर्णयात्मक मेधा के मेरुदण्ड पर अवलम्बित है।''

''जैसी आज्ञा, आचार्य।''

''सावधान! युवक विद्यार्थी! विद्या अध्ययन-प्रशिक्षण में स्व विवेकरहित आज्ञा की दिशा-दृष्टि का अनुगमन करने में तत्परता परिलक्षित करना शुभ लक्षण नहीं है। प्रत्येक आज्ञा को स्वमेधा पर तोलो, सोचो और तब सम्भव हो, उसे शिरोधार्य करो। धारण करना या न करना स्वतन्त्र चेतना का परिणाम है। परिणाम का उत्तरदायित्व लेने से बचना भी उचित नहीं है।'' चाणक्य का आभामण्डल ताम्रवर्णीय होकर शनैः-शनैः धवल हिम खण्ड में रूपान्तरित होता चला गया। उनका धवल अन्तरीय सौम्य बना रहा और स्थिर भी, अडिग।

चन्द्रगुप्त मौर्य को अनुभव होने लगा कि राजनीति-अर्थशास्त्र का उद्भट विद्वान्, कौटिल्य अर्थशास्त्र का प्रणेता, राजनीतिशास्त्र के एक सहस्र श्लोकों का प्रणयनकर्ता, चाणक्य नीति प्रगल्प का सृजनकर्त्ता अपने शिष्यों के प्रति कितना स्पष्ट, पारदर्शी और निर्दोष प्रख्याता है। वह प्राक्कलन के प्रति तटस्थ और परचेतना के स्वातन्त्र्य को सम्मान देने वाला है। वह मौन बना रहा। कहने के लिए उसके पास कुछ था ही नहीं।

अन्ततोगत्वा चाणक्य ने अपने धवल उत्तरीय को वाम स्कन्ध पर बदलते हुए कहा, ''चन्द्र, तुम्हें अब अधिक दिन यहाँ नहीं रहना है। तब तक तुम पंजकोर नद की घाटी के मध्य स्थित गौर जेहलम एवं चिनाव नद के मध्य स्थित पोरस राज्य, इसी के पास स्थित कठोई, काबुल एवं सिन्धु के मध्य अवस्थित पर्वतीय राज्य नीसा, चिनाव के पश्चिम स्थित ग्लानिकाई, अस्येशियन काबुल की अबिसंग कुनारबजौर की घाटियों में स्थित आदि राज्यों का अध्ययन कर आओ और जानो कि सीमाप्रान्त पर उठ खड़े हुए ऐसे छोटे-छोटे राज्यों से सीमा सुरक्षा के लिए कैसे-कैसे संकट पैदा हो सकते हैं और उन्हें संगठित शक्ति में उभारने से आर्यावर्त्त का क्या लाभ हो सकता है। ध्यान रहे कि ईरानी आक्रमणकर्त्ता इन्हीं सीमा प्रान्तों के राज्यों को रौंदकर भरपूर धन ले गये थे। हाँ, तब से, बाहर के देशों का सम्मोहन आर्यावर्त्त की ओर बढ़ा। शेष फिर, चन्द्र। ये कतिपय रेखांकित टिप्पणियों से मुझे तुम्हें अवगत कराना था। आगे निर्णय लेकर तुम्हें उसके अनुसार चलना है।''

अब सन्ध्या वृक्षों पर से अपना आँचल समेट चुकी थी। फिर भी, आकाश में लालिमा की छटा का शेषांश अगोचर हो रहा था। चाणक्य जा चुका था। चन्द्रगुप्त मौर्य आज की तरह अकेला रह गया था। उसकी पुकार का कोई उत्तर नहीं आया था। उसे भूख दबोचने लगी थी। उसको अनुभव हुआ कि उसका कण्ठ सूख चला है। उसने अपने होंठों पर जिह्वा घुमायी। इसके साथ ही वह उठ खड़ा हुआ। उसने अपने चारों ओर देखा। जानना चाहा कि धूम्र के कसैले चिह्न किधर से उठ रहे हैं।

उसे यह जानकर अचरज हुआ कि उसका कहीं से भी कोई संकेत नहीं मिल रहा था। फिर वह किस दिशा में आगे बढ़े।

उस समय जहाँ वह था, वह मन्दिर का एक विस्तृत परिसर था। वहीं एक पाठशाला भी चलती थी।

उधर सन्ध्या रात्रि का स्वागत कर रही थी। अँधेरा पक्ष था। अँधेरा तन गया तो वह क्या करेगा? यह सोचता हुआ वह लौट लिया। कदाचित् वे लोग जो उसे वहाँ छोड़ गये थे, लौटकर वहीं आयें और उसे वहाँ नहीं पाकर कुछ देर रुकें अथवा इतस्ततः ढूँढ़ें और घूम-फिरकर लौट जाएँ।

3

अचरज! डूबा हुआ सूर्य पुनः उदित हो उठा। पल भर में अँधेरा पाख उजाले पाख में बदल उठा। चन्द्रगुप्त मौर्य के सोच ने स्तब्धता के आँगन में शरण ली। तभी उसने पदाहट भी सुनी। निस्सन्देह कुछ व्यक्ति उस ओर ही आ रहे थे। उनमें से कुछ जन आपस में बतिया भी रहे थे।

"कौन हो सकते हैं वे?" एक अधूरा प्रश्न बहती समीर में झूलता रह गया। कोई भी हों, परन्तु उसका अहित करने वालों में से नहीं हो सकते। यदि हुए तो उसके पास अस्त्र-शस्त्र दोनों हैं।

चन्द्रगुप्त मौर्य ने अपने अस्त्र-शस्त्र सँभाले और परिसर से कुछ दूरी पर विशाल पीपल के तने की ओट में जा छिपा।

वे लोग वहाँ आ पहुँचे। उनमें से एक व्यक्ति के हाथ में एक लकड़ी थी, जिसके आगे तेल से भीगा कपड़ा जलता हुआ उजाला कर रहा था। ऐसी लकड़ी कदाचित् उनमें से किसी एक के पास और थी।

उसने सुना। उनमें से एक व्यक्ति पुकार रहा था, "राजकुमार मौर्य, आप जहाँ भी हैं, बाहर आ जाएँ। हम आपके मित्र हैं। मैं तो गुरु भाई हूँ—देवरथ।"

चन्द्रगुप्त मौर्य को देवरथ का स्मरण हो आया। चाणक्य ने ही उसका परिचय दिया था। वह भेषजिकी में दूर-दूर तक विख्यात है परन्तु आजकल वह अश्वों का

व्यापार कर रहा है।

"भाई देवरथ, मैं यहाँ हूँ। अभी आया।" कहकर चन्द्रगुप्त मौर्य बाहर निकलकर उनकी ओर बढ़ लिया।

"क्षमा करना, राजकुमार।"

तत्काल चन्द्रगुप्त मौर्य ने उन्हें टोक दिया और कहा, "मैं राजकुमार नहीं हूँ! कैसा राजकुमार! कहाँ का राजकुमार!"

देवरथ ने कहा, "हमारे कथन से आपको पीड़ा पहुँची हो तो हमें क्षमा कर दीजिए, मौर्य बन्धु, और स्मरण रखिए राजकुमार का जन्म पहले-पहल साधारण-सी घटना के रूप में ही होता है, साधारण परिवार में। राजकुमार ऊपर से नहीं आता, हममें से ही कोई अवसर पाकर राजकुमार बनता है। यह मेरा नहीं, इतिहास का सत्य है। अब आप चलिए।"

"पर कहाँ?"

"यह स्थान मन्दिर परिसर का है। घने जंगल के मध्य है। इसके हर ओर जंगल है। बस्ती से दूर है। यहाँ जंगली पशुओं की आवाजाही बनी रहती है। अब डर मिट गया, मौर्य बन्धु। आइए, चलें।"

"कैसा डर, देवरथ भाई?"

"महाराजाधिराज तो आप जानते हैं सुन्दरी सुरा में डूबे हुए रहते हैं। सत्ता का प्रयोग उनके अमात्य कर रहे हैं। वे आये दिन जनता को दबोचे रहते हैं। अनर्गल कर-संग्रह करवाते रहते हैं।" देवरथ चलते-चलते बतलाता जा रहा था। वह कुछ दूरी पर रुककर कहने लगा, "वो देखिए, मौर्य बन्धु।"

चन्द्रगुप्त मौर्य का ध्यान उस दिशा की ओर गया। वहाँ आग की लपटें उठ रही थीं। चन्द्रगुप्त मौर्य ने कहा, "वहाँ तो भयानक आग है।"

"वह एक छोटा-सा गाँव है। इस बार इधर फसल न के बराबर हुई है। वे कर नहीं दे सके। सैनिकों की टोली आयी और उनके बरतन भाँड़े, कृषि का सामान हल, बैल आदि हाँककर ले गयी। जाते समय उन्होंने उनके झोंपड़ों में आग लगा दी और साथ में चार कन्याओं को भी उठा ले गयी।"

"कोई सामने नहीं आया क्या?"

"कौन आता, मौर्य बन्धु। सबको अपने प्राण प्यारे हैं। दूसरे, उस टिड्डी दल का सामना करने का उनके पास साधन ही क्या है।" देवरथ ने आगे बढ़ते हुए कहा।

"आप लोग।"

"हम हैं, कितने हैं। मुट्ठी भर लोग। वे सहस्रों की संख्या में हैं। वे एक साथ अनेक गाँव पर आक्रमण करते हैं। मानो, हम उनके शत्रु क्षेत्र की प्रजा हों। वे देखिए, उधर दो गाँव जल रहे हैं। वहाँ दिन-दहाड़े, उनके माता-पिता के सामने उनकी

बहू-बेटियों से बलात्कार किया गया। उन बलात् भोगी युवतियों-बहुओं ने कुएँ में कूदकर अपने प्राण दे दिये। हम वहीं से आ रहे हैं। हमने उन शासन के भेड़ियों का भागते हुए पीछा किया। उनमें से तीन दस्युओं को मार भी गिराया। पर इस सबसे क्या होना है? कुछ नहीं। पर कब तक, मौर्य बन्धु? पाप का घड़ा भर चुका है। अब फूटकर ही रहेगा। जब राजा प्रजा की रक्षक न होकर भक्षक होने लगती है तब उसका अन्त निकट होता है। आचार्य ने बताया भी था कि...।"

"अब वे कहाँ हैं, भाई देवरथ?"

"आचार्य परसों लौटेंगे। तब तक आपको यहीं रुकना है—आचार्य का यही आदेश है।"

चन्द्रगुप्त मौर्य चुप रह गया।

"आपके लिए यह स्थान है, मौर्य बन्धु। चारों ओर से बस्ती से घिरा है। ऊँचे-ऊँचे वृक्षों से भी घिरा है। बाहर अपने आदमी हैं। दूसरे इधर वे आ भी नहीं सकते।"

"क्यों देवरथ, भाई?"

"हमने उनसे दो-दो हाथ किये हैं—एक बार नहीं, अनेक बार। उनसे लूटा हुआ माल छीना है।"

"उन्होंने कुछ नहीं किया क्या?"

"किया। दुगनी शक्ति से आये। परन्तु जिन्होंने मर मिटने का निर्णय ले लिया होता है, उनके सामने सैनिक और उनका अस्त्र-शस्त्र बल पानी माँगने लगता है और वही हुआ। स्वार्थ और लोभ शक्तिशाली से शक्तिशाली व्यक्ति को धूल चाटने के लिए विवश कर देते हैं। अन्दर से निर्बल हुए व्यक्ति की मृत्यु का कारण भय होता है।" देवरथ ने सहज ढंग से कह डाला।

"आपको हाथ मुँह धोना है क्या?" एक अन्य व्यक्ति ने पूछा।

"नहीं।"

"हमें समय ही नहीं मिला कि आपके दोपहर के भोजन का प्रबन्ध कर पाते। क्षमा कीजिए।"

"ना तब कुछ पूछा ही जा सका। तब आप चोटिल थे। पहले पट्टी-सट्टी, फिर कुछ और। फिर गाँव से इतनी दूर। मन्दिर से सटा ही चिकित्सालय है और उसी के सामने पाठशाला। जब तक खाना आया तब तक आप गहरी निद्रा में जा चुके थे। आचार्य ने मना कर दिया—सोने दो। तीन दिन, तीन रात घोड़े पर सवारी की है। मार्ग में कुछ फल-वल खा लिए। थोड़ा बहुत सुस्ता भी लिए। परन्तु कितनी देर! पीछे आँधी थी। कोई सुरक्षित स्थान चाहिए था, यों दौड़ना बना रहा। हमारे प्यारे अश्वों पर क्या बीती है, उसका अनुमान लगाना भी कठिन है। हमें अपने कष्ट के

सामने अपने अश्वों का ध्यान ही नहीं रहा।"

"ऐसा हो जाता है, मौर्य बन्धु।"

"पर नहीं होना चाहिए, देवरथ भाई।"

"मैंने आप दोनों के अश्वों के लेप लगा दिया। विश्राम भी कराया। उनमें आपके अश्व का दायाँ पाँव के व्रण का रक्त बहकर सूख चला था।"

"फिर भी उसकी गति में तनिक-सा अन्तर नहीं पड़ा। वह नदी-नाले भी पार कर गया। कहीं लड़खड़ाया नहीं। जबकि मेरे व्रण ने मुझे पीड़ा दी। लगा कि अचानक कहीं शत्रुओं से घिर गया तो तलवार को उतनी स्फूर्ति से कदाचित् ही चला पाऊँ, जिस त्वरा गति से उससे मैं शत्रु पक्ष को दो फाँक में बाँटता चला गया था। यह बताना भूल गया मित्र, कि मेरी तलांगुलि भी आहत हुई है।"

"उसका भी उपचार कर दिया जाएगा।" देवरथ ने लाये गये भोजन की ओर संकेत करते हुए कहा, "पहले आप भोजन कर लीजिए, फिर तलांगुलि का उपचार।"

चन्द्रगुप्त मौर्य भोजन के आस्वाद का अनुभव करने लगा।

"मेरी पत्नी और माँ ने मिलकर आपके लिए भोजन तैयार किया है। कृपया खाकर बताएँ कि...।" इतना कहते-कहते देवरथ चुप हो गया।

चन्द्रगुप्त मौर्य की कल्पना अत्यन्त संवेदनशील हो उठी। वह अधिक भावुक न होकर चुपचाप भोजन का आनन्द लेने लगा। वास्तव में भोजन अत्यन्त स्वादिष्ट था। साथ ही वह विविधता पूर्ण भी था।

भोजनोपरान्त चन्द्रगुप्त मौर्य कहने लगा, "आप भाग्यशाली हैं, देवरथ भाई, आपको अपनी माता और पत्नी का सुस्वाद भोजन करने का अवसर प्राप्त है। मैं एक लम्बे समय पश्चात ऐसा मनमोहक भोजन करने का आनन्द उठा सका हूँ। उन दोनों को मेरा नमन कहिए।"

"माते को उचित है परन्तु पत्नी तो।"

"वह मुझसे छोटी है, मौर्य बन्धु। फिर उसे नमन क्यों?"

"देव जो भोजन तैयार करता है, उसमें पोषण तत्त्व निहित हैं। तब प्रत्येक महिला की भूमिका माँ के रूप में होती है।" चन्द्रगुप्त मौर्य आगे कहते हुए रुक गया। उसे कब माँ के हाथ भोजन मिला है और पत्नी... उसका विवाह ही कहाँ हुआ है? किससे हो? कौन सामने हैं। सामने मात्र सन्नाटा है—कारागार में पड़ी सुप्त लालसाओं का।

वे सब चले गये।

चन्द्रगुप्त मौर्य उन्मन हो उठा। वह कहाँ से कहाँ और कैसे पहुँचा? उसके लिए भी रहस्य है। जो कुछ जाना, वह सुन सुना कर। उसमें भी संशय बना रहा क्योंकि

उसने कई व्यक्तियों से कई बातें सुनीं थीं। उनमें से वह किसे सच माने और किसे नहीं। सब ओर से पराजित होकर उसने सीधे ही चाणक्य से प्रश्न कर दिया था।

चाणक्य उससे पूछ रहा था, "चन्द्र, आज तुम बहुत उदास हो। कई दिनों से मैं तुम्हारे मुख मण्डल पर गहरे अवसाद की परछाइयों को मँडराता पा रहा हूँ। कुछ तो बात होगी।"

चाणक्य अपने कुटज में शान्त बैठा हुआ तल्लीन होकर कुछ पढ़ रहा था। उन्होंने कुछ रुककर चन्द्रगुप्त मौर्य की ओर अर्थपूर्ण दृष्टि से देखा। चाणक्य की आँखें गिद्ध जैसी थीं। वे सीधी अपने शिकार को दबोचने के लिए तत्पर गोचर होती थीं। उसके होंठ मेचक थे ईषद् अरुणिमा लिए। वह पूछ रहे थे, "तुम्हें और कुछ कहना है, चन्द्र?"

"आचार्य, मैंने अभी कहा ही क्या है?" चन्द्रगुप्त मौर्य ने पाया कि आचार्य विष्णुगुप्त चाणक्य उससे भी अधिक उन्मने हैं और उनके गहन चिन्तन मनन में अवरोध की मेचक छायाएँ निर्बाध रूप से मँडरा रही हैं। वह पुनः पूछ रहे थे, "तुझे कुछ चाहिए। क्या मुक्ति! तू जहाँ चाहे जा सकता है। स्मरण रहे, आचार्य बन्धन खोलने के लिए होता है और मैं उसके लिए तत्पर हूँ। पर क्या करूँ, तेरी नियति में बन्धन मुक्त होना अभी लिखा ही नहीं है। पिंजड़े में बँधा रहा पक्षी खुले आकाश में पक्षियों को विचरण करते हुए लखकर चाहने लगता है कि यदि वह भी स्वतन्त्र होता तो आकाश में स्वप्रेरित होकर उड़ रहे पक्षियों की तरह वह भी उड़ रहा होता या अपनी चोंच में पानी भरकर उचाल रहा होता। परन्तु अनायास जब उसका स्वामी उसे पिंजरे से मुक्त कर अपने कार्य पर चला जाता है और लौटकर आता है तब पाता है कि वह पक्षी उड़कर कहीं गया नहीं। इधर-उधर घूमकर वहीं आ बैठा है। जानता है, क्यों चन्द्र?

चन्द्रगुप्त मौर्य सब कुछ विस्मृत कर पूर्व की भाँति आचार्य चाणक्य की चलायी मूठ का शिकार होकर रह जाता है। सम्मोहन। उसमें एक शब्द उछलता है फिर सम्मोहनग्रस्त।... कदापि नहीं।

"पगले परम्परा, घुटन, त्रास को लेकर चलने वालों के भाग्य में मुक्ति की रेखा नहीं होती। न कोई किसी के मुक्त करने से मुक्त होता है। बन्धन और मुक्ति स्वयं के बोये बीज के अंकुर, पल्लव, पुष्प, फल और काँटे हैं। मैं कई दिनों से देख रहा हूँ कि तू छटपटा रहा है और अपने से लड़कर हारने के बाद मेरे पास चला आया है। मुझे औरों की दिव्यशक्ति या जादू का नहीं पता परन्तु मुझे अपने सम्बन्ध में तनिक भी सन्देह नहीं है और पवन, जल, अम्बर, प्रकाश आदि को साक्षी कर कह सकता हूँ कि मेरे पास न किसी को बाँधने का वशीकरण मन्त्र है और न किसी को

मुक्ति दिलाने का अचूक मन्त्र। मैं मन्त्र रहित हूँ। चन्द्र, तुम्हारी तरह हाड़-मांस का व्यक्ति हूँ। कुरूप बनाया है सृजनकार ने मुझे। फिर भी मुझे उसके न्याय में कुछ भी अन्यथा नहीं लगता। उसने अपना काम किया है और मैं अपना करणीय करने का प्रयास किये हूँ। कह नहीं सकता कि वह भी मैं पूर्ण रूप से कर पाया हूँ या नहीं। पवन-जल, प्रकाश-ध्वनि आदि की भाँति बहे जा रहा हूँ। कदाचित् अस्तित्व के होने की यही गति है और यही नियति। मुझे यह स्वीकार है। फिर भी मैं भरी सभा में नन्द के नाश की घोषणा कर आया हूँ। यह जानते हुए कि वह मेरे हाथ में नहीं है।"

"फिर भी, आचार्य।" अचानक चन्द्रगुप्त के मुख से, न चाहते हुए, यह निकल ही गया।

"तू अपने को देखकर बता कि क्या तेरा यह प्रश्न किसी पूर्व तैयारी का परिणाम है?"

चन्द्रगुप्त मौर्य किंकर्तव्यविमूढ़ रह गया। एकदम अवाक्। वह क्या शक्ति है जिससे चाणक्य को उसके अन्दर की आहट स्पष्ट सुनायी पड़ जाती है। उसने कनखियों से चाणक्य की ओर देखा। चाणक्य पुनः पोथी में रत गोचर हुआ। उनका मुख मण्डल शान्त, स्थिर और तटस्थ था। जैसे उससे पूर्व कुछ घटा ही नहीं। और जो कुछ घटना था, जिसका उसे स्वप्न में पता नहीं था, वह घट गया। अब।

पवन शान्त था। थोड़ी-थोड़ी ठण्ड थी। सूर्य की किरणों में ऊष्मा नहीं के बराबर थी। इसी समय अलका का प्रवेश हुआ। उसका सौन्दर्य तक्षशिला विद्यापीठ के लिए व्यवधान भी हो सकता था। चाणक्य ने तक्षशिला पीठ में उसके प्रवेश के समय सहज ढंग से कहा था "राजकुमारी, यह वह स्थान है जहाँ लिंगाकर्षण की मूठ नहीं चल सकती। यहाँ चाणक्य जैसा कुरूप और तुम जैसी सुकुमारी देवकन्या अपने डंक-दंश के विष से रहित होकर शून्य बन जाने का मन बनाने लगती हैं, जबकि मर्त्य की प्रकृति सुन्दरता से अभिभूत होकर उसका सम्मान करती नहीं अघाती है और कुरूपता से आँख चुराती दूर भागती है। मूलतः प्राण तत्त्व और आत्मा दोनों में समानता है। जानती हो क्यों?"

वह विचलित हो उठी। अभी तक उसने सुना भर था कि वहाँ चाणक्य का अनुशासन-संयम है। वह आचार्य दार्शनिकों की भाँति आत्म सम्मोहित हुए रहता है और योद्धा की नाईं शत्रु को सोचने का क्षण भर के लिए भी अवकाश नहीं देता, सीधे आक्रमण कर देता है। वहाँ जाकर तुम क्या पाओगी? फिर भी, उसका मन नहीं माना। चाणक्य मेधा का चुम्बकीय आकर्षण उसे वहाँ तक खींच लाया। उसने अपने मुखमण्डल पर नाचती लट को बालों में खोंसते हुए पूछा, "क्यों आचार्य?"

"क्योंकि राजकुमारी अलका, उनकी दृष्टि देह-द्वार को खटखटा कर लौट जाती

है, उसके अन्दर झाँकने, टिपटिप जगमगाते अमिय सौन्दर्य से आँख मिलाने और उसमें एकरस होने के अतीन्द्रिय आनन्द तक पहुँचने का साहस नहीं होता। जो क्षत्र है, वही उसका घर-संसार, राजप्रासाद, रूप-सौन्दर्य, उसकी मादकता का अहंकार-दर्प है।'' चाणक्य और न जाने कितनी उक्तियाँ और उद्धरणों से उसे यह समझाने का प्रयत्न करते रहे कि नाश से बहुत आगे अमृत कुण्ड है, जहाँ अवगाहन कर उसका पान करने से जागतिक अस्थिरता और उसके पराभव-वैभव आदि आकर्षण-विकर्षण की माया का हस्तक्षेप नहीं हो सकता है।

''मेरे यहाँ आने का हेतु है, आचार्य।'' अलका ने पुनः उस लट को सँभाला जो आरक्त कपोल को बारम्बार रेखांकित कर रही थी।

''निस्संकोच कहो, राजकुमारी।''

''उत्तम यही है, आचार्य, तक्षशिला विद्यापीठ में आकर मैं राजकुमारी के बोझ से मुक्त हो पाऊँ।''

''अब कहो, अलका, तुम हो गयीं राजकुमारी के भार से मुक्त।''

''पश्चिमोत्तर सीमा पर संकट है। वहाँ के सभी छोटे-बड़े राज्य परस्पर अपने जातीय अहंकार, तुच्छ राजनीतिक उत्थान-पतन और अहेतु एक दूसरे को नीचा दिखलाने के षड्यन्त्र रचते-रचते अब इस सीमा तक पतित होते जा रहे हैं कि बाह्य शक्तियों को आमन्त्रित करने लगे हैं।'' अलका का मुखमण्डल और रक्तिम हो उठा। उसके नासिकापुट फड़कने लगे। उसके बड़े-बड़े नयनों में चपला कौंधने लगी।

चाणक्य चुपचाप सुनते रहे।

''मुझे आज्ञा दीजिए, आचार्य।'' चन्द्रगुप्त मौर्य ने धीमे स्वर में कहा।

''आप, आचार्य।''

''तक्षशिला का विद्यार्थी—बड़ा होनहार, निष्ठावान, अस्त्र-शस्त्र विद्या में दक्ष और... ।''

''आचार्य।''

''अपनी प्रशंसा नहीं सुन सकता। वह इस अवगुण से ग्रस्त है, अलका।'' कुछ रुककर चाणक्य ने मेघगर्जना के अन्तर्घोष से आगे कहना जारी रखा।

''ठहरो, चन्द्र। तुम इस सुअवसर को खोना क्यों चाहते हो?... सुनो, अलका जो कह रही है, उसे ध्यान से सुनो और समझो। यह समय विद्यापीठ के अन्तःपट खोलकर रणभेरी की संगति करने का है।... हाँ तो अलका, तुम इस सूचना देकर विद्यापीठ से क्या चाहती हो?''

''दिशा निर्देश, आचार्य।''

''किसे चाहिए, अलका? सब अपनी इच्छा के स्वामी हैं। उनकी दृष्टि परिपक्व है। उनकी समझ शिखर को छू रही है। उन्हें किसी से कुछ लेना देना नहीं है। पूर्ण से आगे क्या है?'' चाणक्य के हृदय की अन्तःपीड़ा छलक पड़ी थी।

"आप दूर क्यों जाते हैं। आपके यहाँ मेरा भ्राता आम्भीक है न, आचार्य।"

"क्या किया उसने, अलका?"

"यह पूछिए क्या नहीं किया? अपने व्यक्तिगत स्वार्थ के वशीभूत होकर वह पंचीनद नरेश पर्वतेश्वर को पराजित देखना चाहता है, आचार्य।"

"राजकुमारों का यही तो जीवन है। यही उनके जीवन का लक्ष्य है। उससे इतर उनके लिए कुछ नहीं है और इसी कारण वह यहाँ अस्त्र-शस्त्र की शिक्षा लेने आया है, अलका। उसके लिए तुम्हें अवसाद रागिनी नहीं छेड़नी चाहिए।" चाणक्य का सधा हुआ स्वर वहाँ के शान्त वातावरण में अनुगूँज उठा था।

"आचार्य सत्य यही नहीं है।"

"तब और सत्य क्या है?"

"आचार्य, पर्वतेश्वर शक्तिशाली नरेश है, स्वाभिमानी है। परन्तु हमें उसकी उन्नति खटक रही है। उसकी समृद्धि, बढ़ता हुआ साम्राज्य और पराक्रमी चरित्र से अपना राजकुमार बौखला उठा है। वह उसका पतन चाहता है।"

"तो उसके लिए युद्धभूमि है।"

"वह उसका क्या सामना करेगा, आचार्य। उसमें यह सोचने का भी साहस नहीं है।"

"फिर अलका?"

"उसने यवनों को निमन्त्रण दे दिया है।" अलका की इसी के साथ दृष्टि नत हो गयी।

"सुना चन्द्र, क्या होने वाला है। हम आर्यावर्त्त को पददलित, पदाक्रान्त और ध्वंसित करने के लिए लालायित हो रहे हैं। उनको अपनी मातृभूमि की चिन्ता नहीं है। क्यों हो, माटी-पाथर की धरा यह किसकी है? ये सारे सम्बोधन-जागरण सीधे-सच्चे सुनागरिकों की भावना उभारने के लिए हैं। वे मूर्ख हैं जो आम्भीक जैसे राजकुमारों के बहकावे में आकर अपने प्राणों को निछावर करने में गौरव समझते हैं। ये हैं हमारे आर्यावर्त्त के राष्ट्रान्तपालक की भूमिका।" चाणक्य मानो कुएँ में झाँककर बोल रहा था। इनके स्वर में ईषद् मेघगर्जना का पुट था।

"अब आचार्य, आपको कुछ करना होगा।" अलका के स्वर में स्पन्दन था।

असोच में पड़ा चन्द्रगुप्त मौर्य आचार्य और अलका के मात्र संवाद सुन भर रहा था। उसकी समझ में नहीं आ रहा था कि इसमें चाणक्य क्या कर पायेगा।

"तुमने आम्भीक से बात की है क्या?"

"की है पर क्या लाभ हुआ?"

"हानि क्या हुई, अलका?" चाणक्य ने गम्भीर होकर पूछा, "आम्भीक तो राजकुमार मात्र है, गन्धार नरेश हैं न। क्या उन्होंने कुछ हस्तक्षेप नहीं किया?"

"गन्धार नरेश वयोवृद्ध हो चुके हैं। वे नाम के नरेश रह गये हैं। सत्ता की बागडोर आम्भीक के हाथ में है। वे उसके सामने अपने को असहाय अनुभव कर रहे हैं।"

"ओह! अपनी बहना यहाँ है और राजकुमारी होने का कर्तव्य निभा रही है कि कैसे अपने भाई को सत्ता से च्युत किया जाए?... और तक्षशिला गुरुकुल शिक्षा-दीक्षा के मुख्य कार्य को त्यागकर राज्य के लिए षड्यन्त्र की चक्रव्यूह रचना कर रहा है कि कैसे अभिमन्यु को ललकार कर मार गिराया जाए? क्या, आचार्य चाणक्य अब आपकी यही भूमिका रह गयी है?"

"आम्भीक, यह गुरुकुल है। गुरुकुल की मर्यादा का दायित्व यहाँ के आचार्य पर है।"

"चन्द्र, तुम्हें भी मर्यादा का ध्यान रखना चाहिए। हमारे और आचार्य के मध्य संवाद चल रहा है। और यह संवाद तक्षशिला के अन्दर संचालित गुरुकुल या पीठ अथवा विश्वविद्यालय की गतिविधियों को लेकर एक नया मोड़ ले चुका है। इसकी स्थापना शिक्षा-दीक्षा के सुप्रबन्धन के रूप में हुई थी, न कि राजनीतिक षड्यन्त्रों की संरचना और चक्रव्यूह की कर्मस्थली बनाने के लिए। यहाँ क्या हो रहा है, यह देखना, उसके पुनः नियमन और आवश्यक दिशा-निर्देश सुनिश्चित करने का कार्य या भूमिका राज्य की है। मैं नहीं समझता कि आचार्य को मेरे कथन पर कोई आपत्ति होगी।... और यदि होगी तो वे सीधे मुझसे संवाद कर रहे हैं, उस आपत्ति का उल्लेख कर सकते हैं।" आम्भीक ने स्थिति का अनुमान लगाते हुए चल उठी विवादास्पद चर्चा को एक नया मोड़ दिया।

आम्भीक का अन्तर्मन कहीं न कहीं यवनों को आमन्त्रित करने के प्रस्ताव से उसे ग्लानि की सीमा में ढकेलने लगा था। उसके पास अपने किये गये प्रस्ताव के समर्थन में कोई तर्क नहीं था। उसके आभामण्डल पर प्रतिकूल प्रभाव स्पष्ट गोचर हो रहा था।

चाणक्य चाहते थे कि पश्चिमोत्तर सीमा जनपद, महाजनपद आदि मिलकर यवन आँधी को आर्यावर्त्त के भीतर प्रवेश करने से रोकें। वे सब संगठित हों और उनके भीतर के द्वेष-संघर्ष की उलझनें समाधान की दिशा में आगे बढ़ें। वह नहीं चाहते थे कि उठ खड़े अन्तःसंवाद से आर्यावर्त्त के अनागत पर कोई प्रतिकूल प्रभाव पड़े। उन्होंने समझाने की दृष्टि से सहज होकर कहा, "आम्भीक, तक्षशिला विद्यापीठ पूर्व आचार्यों का सम्मिलित प्रयास है। उसकी स्थापना राज्य ने नहीं, आचार्यों ने मिलकर की है। जैसे राजा-नरेश अपने समाज, अपनी प्रजा के हित के लिए कार्य सम्पादन और उत्तरदायित्व का पालन करे—ठीक वैसे ही यह पीठ भी सम्पूर्ण समाज,

राज्य और उसके नागरिकों के शुभ, हित, उन्नति, समृद्धि आदि हेतु शिक्षा दीक्षा द्वारा सुयोग्य विद्यार्थी तैयार करता है और इस दृष्टि को केन्द्र में रखते हुए करता है कि प्रकृति से प्राप्त जल, प्रकाश, पवन आदि पंच तत्त्वों का वह अनुभव कर उनकी भाँति अपना सर्वस्व सहर्ष उनके लिए समर्पित कर सके, बिना कर्ता के अहंकार, दर्प, विद्वेष, भेदभाव आदि के साथ पावन धरा की सुख-सम्पत्ति और समृद्धि का यज्ञ सम्मिलित प्रार्थना से निर्बाध संचालित होता रहे। जो हो चुका है, उसे सुधारने का हमारे पास पूरा अवकाश है, क्योंकि यहाँ प्रश्न मात्र पर्वतेश्वर का न होकर समूचे आर्यावर्त्त की आशा-आकांक्षा, सर्वमंगल की कामना, अपनी मेदिनी की सुख-शान्ति, सुरक्षा, कान्ति, शौर्य, सौम्यता आदि की अभिन्न आस्था का है। यह समय परस्पर उलझने या एक दूसरे से प्रतिशोध लेने अथवा अपने बड़प्पन को अंगीकार कराने आदि का नहीं है, क्योंकि आक्रान्ता किसी का मित्र नहीं होता, उसका लक्ष्य पददलित-पदाक्रान्त कर सबको अपने अहंकार-दर्प की ध्वजा तले बनाये रखने का है। राजकुमार, तुम यह क्यों विस्मृत करते हो कि प्रकृति प्रदत्त अपूर्व सौन्दर्य छटा, असीम समृद्धि के स्रोत, ऐश्वर्य सम्पदा के चेता तक्षशिला के नरेश हैं। अनागत में उनके स्थान पर इस सबका चेता पोषक कोई आमन्त्रित आक्रान्ता बन बैठा तो नरेश क्या होगा और क्या होगा तुम्हारा? तक्षशिला की प्रजा को इससे क्या सन्देश जाएगा? क्षत्रिय समाज को राज्य के नेतृत्व के लिए सबसे योग्य माने जाने का प्रयत्न चल रहा है, उस पर क्या बीतेगी? चरित्र चाहे राजा का हो या राजकुमार-राजकुमारी का, अधिकारी का हो या प्रजा का, वह व्यक्तित्व स्थापना का यज्ञ होता है। तुमने राब बातों को जानते हुए उन्हें अपने मस्तिष्क से ओझल कैसे कर दिया? तुम एक प्रतिभावान, बलिष्ठ और समझदार राजकुमार हो और विशेष बात तो यह है कि तुम तक्षशिला के विद्यार्थी भी हो।''

आम्भीक को अपनी भूल का अनुमान होने लगा, परन्तु वह उसे स्वीकारने का मन नहीं बना सका। उलटे यह तर्क दे बैठा, ''आचार्य, पश्चिमोत्तरी जनपद के अनेक नरेश यवन सम्राट का स्वागत करने के लिए तैयार बैठे हैं।''

''आम्भीक प्रश्न दूसरों का नहीं है। मूल प्रश्न तुम्हारा है। तुम यहाँ के स्नातक होने वालों में से एक हो। तुम्हारी रग-रग में तक्षशिला पीठ का यह मन्त्र नहीं गूँज रहा हो, यह मैं नहीं मान सकता—परतन्त्रता चाहे बलात् हो अथवा स्वेच्छा से, वह सदैव रौरव से अधिक पीड़ादायक होती है, शूल की तरह चुभती है और वह स्वतन्त्रता का अपहरण कर लेती है। उससे सर्वस्व स्वाहा हो जाता है और उसे सहस्रों वर्षों तक, स्वतन्त्रता प्राप्त कर लेने के बाद भी, भोगने पड़ सकता है। मुझे पूर्ण विश्वास है कि तुम अपने को ऐसी गलित, उपेक्षणीय और निन्दनीय पृष्ठभूमि में कभी नहीं

लाओगे, जिससे न मात्र वर्तमान कलंकित और अपमानित हो अपितु अनागत भी। तुम थोड़ा-सा विश्राम करो और शान्त मन से इस सम्पूर्ण प्रसंग पर स्वतन्त्र होकर तटस्थ मन से निर्णय लो। अब तुम जा सकते हो, राजकुमार आम्भीक।'' चाणक्य ने उसके मन को झकझोर डाला और उसे अपनी आत्मा के अस्तित्व से संवाद करने का अनुकूल वातावरण दे डाला।

चन्द्रगुप्त मौर्य और अलका दोनों ही आश्चर्य से आचार्य चाणक्य की ओर देख रहे थे और अनुभव कर रहे थे कि वे दोनों ऐसे स्थान पर आ खड़े हुए हैं, जहाँ से आगे फूटने वाली किरण का संज्ञान लेना सम्भव नहीं है। गहरा सन्नाटा। पारदर्शी अँधेरा। उपसंहार पूर्व की मानसिकता का उद्वेलन।

चाणक्य ने अचानक घिर आये सन्नाटे को तोड़ने का प्रयत्न करते हुए अलका की ओर देखा। उसमें तनाव ऐंठ रहा था। वह कहने लगे, ''मैंने ही लिखा है, अलका, 'दण्डो हि विज्ञाने प्रणीयते' अर्थात् दण्ड का प्रयोग हो पर सोच-समझ के साथ। आत्मरक्षा का भी यही मूल मन्त्र है और यही दण्डे प्रतीयते वृत्तिः या इसी से दण्ड नीति की विशेषता सामने आती है परन्तु इस समय अग्नि को दीये की भाँति बनाये रखने की अपरिहार्यता है, अलका। हमें एक अवसर आम्भीक को देना चाहिए। वह युवक है, राजकुमार है, राज्यशक्ति के मद में है और प्रतिशोधाग्नि में जल रहा है। कदाचित् अलका, यह सूचना कुछ समय पूर्व मिल पाती। परन्तु अब भी कुछ बिगड़ा नहीं है। मैं कभी निराश नहीं होता। निराशा मार्ग से डिगाती है और अनर्गल सोच की परछाइयों से घेरती जाती है। तुम्हें आश्वस्त होना चाहिए।''

''आचार्य, जो पुत्र अपने वयोवृद्ध पिता, नरेश का अपमान करने में नहीं चूकता और उनकी शक्तियों का खुलकर प्रयोग कर रहा हो, उससे कैसी आशा? .... अभी-अभी आपने उसके बदलते तेवरों से अनुमान नहीं लगाया कि वह न मात्र निरंकुश हुआ है अपितु वाचाल, बड़बोला और उच्छृंखल भी।'' अलका अपने को रोक नहीं सकी।

''अलका, युवावस्था को संयम स्वीकार नहीं। वह बन्धन नहीं चाहती। तुम्हें स्वयं पर अंकुश रखना चाहिए। गरम लोहे को ठण्डा लोहा ही काटता है। धैर्य बनाये रखो। दृष्टि स्थिर रहेगी तो दिशा स्वयं ही मार्ग देने लगेगी।''

''परन्तु आचार्य।''

''अपनी भग्न आशा को मूर्च्छित होने से बचाओ। इस समय अग्नि को घृत की नहीं, ठण्डे जल के छींटों की आवश्यकता है। अब मेरे विश्राम का समय हो रहा है।''

तदुपरान्त चाणक्य वहाँ नहीं रुका। अलका ने निर्निमेष दृष्टि से चाणक्य को जाते हुए देखा। उसकी दृष्टि जब तक चन्द्रगुप्त मौर्य पर जाती, तब तक वह भी दूसरी दिशा की ओर बढ़ गया।

4

तीसरा दिन था। देवरथ ने आगे की यात्रा का प्रबन्ध कर दिया। मुँह अँधेरे चन्द्रगुप्त मौर्य को वह स्थान छोड़ना पड़ा। चाणक्य की आज्ञा थी। पन्द्रह योद्धा चन्द्रगुप्त के साथ थे।

पहला दिन गया। दूसरा भी। चौथे दिन वे एक गाँव में रुके। गाँव सम्पन्न था। भवन पक्के और लकड़ी के थे। विशाल भवन लकड़ी और ईंट, चूने, गारा, मिट्टी से बने, अत्यन्त भव्य थे।

वहाँ चन्द्रगुप्त मौर्य शाम ढले पहुँचा था। उसने पूछा, "हमें कहाँ पहुँचना है?"

"यह हमें ज्ञात नहीं है, राजकुमार।"

अब चन्द्रगुप्त के चौंकने की बारी थी। किसने बना दिया उसे राजकुमार। वह कब क्या बना-बनाया गया, उसकी पीठिका से वह स्वयं अनभिज्ञ था। उसने पूछा, "तब अब तक इतना आगे क्यों बढ़े चले आये? वहाँ तो देवरथ ने बताया था कि...।"

"उन्होंने सच कहा था, राजकुमार।"

"उचित हो, तुम राजकुमार से नहीं, मुझे मात्र मौर्य कहकर पुकारो।"

"जैसी आज्ञा राजकु...।" आगे कहते-कहते वह रुक गया।

"आगे कुछ नहीं, मात्र मौर्य के।"

"हाँ, तो मौर्य बन्धु ठीक है ना।"

"उन्होंने ठीक ही कहा था क्योंकि उनको उसी स्थान तक पहुँचाने की सूचना थी। आगे की सूचना वहीं पहुँचकर मिलेगी।"

"क्या अब यहाँ से आगे की सूचना मिलेगी?" चन्द्रगुप्त मौर्य ने पूछा।

"जी हाँ।"

"रात को।"

"रात को तो यहीं विश्राम करना है। और मैं पता कर आता हूँ।" वह योद्धा वहाँ से चला गया।

"यह स्थान रमणीक है और वैभव सम्पन्न भी। क्या नाम है?"

"मज्झी ग्रामकला प्रेमियों और शिल्पकारों का ग्राम। युद्ध की विभीषिका से बचा ग्राम। यहाँ का हाथी दाँत का काम जगत् विख्यात है।" उनमें से एक योद्धा ने कहा।

दूसरे योद्धा ने कहा, "इसकी वधू इसी गाँव की है।"

"पर अब वे लोग इस गाँव को छोड़कर मगध राज्य की कुसुमपुर राजधानी में जा बसे हैं।"

"आप लोग क्या काम करते हैं?"

"कृषि। एक वर्ष में दो फसल लेते हैं। कृषि के बाद जो समय बचता है उसमें अश्वों की देखभाल, उनका खाना पीना देना और फिर उन्हें प्रशिक्षित करना।"

"प्रशिक्षित करने से अभिप्राय, बन्धु।"

दूसरा योद्धा कुछ सँभलकर बोला, "जैसे अश्व को नदी-नाले सपाटे से पार करवाना, आग में से स्फूर्ति से निकलवाना, फँदवाना, द्रुत गति से दौड़ाना, कुदाना, शत्रु के वार से बचवाना, आक्रामक होना आदि बहुत से कर्तव्य हैं।"

"यहाँ अश्वों की कृषि होती है।" एक अन्य योद्धा ने कहा।

"अश्वों की कृषि। वो कैसे?"

"यह अश्वों की बड़ी मण्डी है। साल में यहाँ चारों ऋतु में मेला भरता है। इस मेले में देश परदेश से व्यापारी अच्छी से अच्छी नस्ल के अश्व लेकर आते हैं। उनमें से ताक़तवर, बुद्धिमान और फुर्तीले अश्वों को खरीदकर उन्हें यहाँ प्रशिक्षित किया जाता है। इनसे नयी नस्ल लेने के प्रयोग भी यहाँ होते हैं।"

"और बेचते कैसे हैं?"

"अनेक जनपद, महाजनपद आदि के अग्रिम आदेश मिलते रहते हैं और अग्रिम राशि भी।"

"यह सब।" चन्द्रगुप्त मौर्य कुछ पूछते-पूछते रुक गया।

"इतना ही नहीं, मौर्य बन्धु, हम सब, लगभग पूरा ग्राम, घुड़सवारी, युद्ध कौशल, तीरन्दाजी, भाला, तलवार आदि चलाने में भी प्रवीण हैं। हम अपनी सुरक्षा स्वयं करने के मन्त्र लेकर चलते हैं। भय नहीं तो आधी सफलता मुट्ठी में।"

अब तक वह योद्धा लौट आया था। उसके दिशा-निर्देश से सब आगे बढ़ने लगे। चन्द्रगुप्त मौर्य के ध्यान में आया कि अभी तक वे जहाँ रुके हैं वहाँ उनसे एक नया अश्वारोही जुड़ा है। उस अश्वारोही के साथ भी एक नया अश्वारोही आ मिला है और उससे पूर्व जुड़ा अश्वारोही उनसे सुबह होने तक बिछुड़ जाएगा। दोनों की दिशाएँ-राहें बदल जाएँगी। अवश्य इसके पीछे कोई गहरा रहस्य है। वह किससे पूछे?

अब तक वह स्थान आ चुका था, जहाँ उनको रात्रि विश्राम करना है। अश्व ले जाए जा चुके थे। चन्द्रगुप्त मौर्य के ठहरने का कक्ष बड़ा था। कुछ ऊँचाई पर था। उसके स्थान के लिए दो प्रहरी पहले से निश्चित थे।

उन प्रारम्भ से साथ चले आ रहे अश्वारोहियों में से एक योद्धा ऐसा भी था जो मितभाषी के साथ-साथ गम्भीर और अन्तर्मुखी भी था। परन्तु था वह बलिष्ठ, पहलवान जैसा, गौर वर्ण का, लम्बे-चौड़े डीलडौल का और अत्यन्त सौम्य। चन्द्रगुप्त मौर्य ने उसे रोक लिया।

यथार्थतः चन्द्रगुप्त मौर्य को निद्रा नहीं आ रही थी। भोजनोपरान्त उसमें नयी-नयी जिज्ञासाएँ जन्म ले रही थीं। जबकि होना यह चाहिए था गरिष्ठ तथा स्वादिष्ट भोजन कर लेने के बाद तनिक टहलने की इच्छा होती या आराम करने की। भोजन में जो मदिर-मदिर रस गन्धासव है, वह मध्वासव या द्राक्षासव से भी कहीं मादक है और वशीकरणबद्ध करने वाला भी।

इतने दिनों तक आराम, समय पर भोजन, व्यायाम-ध्यान, नित नये अश्व पर सवारी आदि से उपजा आनन्दोल्लास उसमें नव स्फूर्ति का संचार कर रहा था।

चन्द्रगुप्त मौर्य कुछ समय के लिए भूलने लगा था कि वह युद्ध में पराजित होकर स्व प्राण रक्षार्थ भाग खड़ा हुआ था। घोर अपमान। उस अपमान का स्मरण करते ही वह अपने आप से एक सीमा तक घृणा कर उठता था। उसकी शब्देन्द्रियों में आचार्य चाणक्य के स्वर गूँज उठते थे। उन्होंने उसे अनेक प्रकार से समझाने का प्रयास किया था। उन्होंने कहा था, "युद्ध मात्र जय-पराजय का क्रीड़ा कौतुक नहीं है, चन्द्र। युद्ध पराक्रम का पर्व है। कभी-कभी पराजित अथवा मृत योद्धा जयी और जीवन्त योद्धा पर भारी पड़ते हैं। क्या अभिमन्यु की मृत्यु कौरव जैसे महाबलियों के लिए क्रीड़ा का हेतु ही सिद्ध हुई?...भविष्य को तुम्हारी आवश्यकता है, चन्द्र। तुम्हें आर्यावर्त्त का नवीन और शक्तिशाली इतिहास रचना है।"

चन्द्रगुप्त चाहकर भी यह नहीं कह सका कि वह इस दिवास्वप्न के साथ अपने को और अधिक भ्रमित नहीं रख सकता। मगध साम्राज्य है बहुत बड़ा साम्राज्य। उसका पतन इन छोटे-मोटे आक्रमणों से नहीं हो सकता है।

चन्द्रगुप्त मौर्य चाणक्य का साथ तब तक नहीं छोड़ सकता, जब तक वह अपने इतिहास का सच न जान ले। कितनी बार वह प्रयत्न करके देख चुका है कि परिणाम वही ढाक के तीन पात। एक बार तो उसने सीधे ही पूछ लिया था, "मैं कौन-सा दास हूँ—क्रीतदास अथवा क्षत्रिय दास (उपहार में मिला), दण्डदास ऋणादि नहीं चुकाने के कारण—उसके बदले में, या ग्रहज दास... ध्वजाहत दास तो हो नहीं सकता और न उपागत (अपनी इच्छा से आया)। फिर आचार्य मैं क्या हूँ। कौन हूँ? मुझे यह प्रश्न बेचैन किये जा रहा है।

चाणक्य ने ध्यान से चन्द्रगुप्त मौर्य की ओर देखा। वह शान्त चित्त बने रहे। तनिक भी उत्तेजित नहीं हुए। कुछ समय व्यतीत हो जाने के उपरान्त कहने लगे, "चंद, तू सदा मेरे लिए बच्चा ही रहेगा, चाहे तू कितनी लम्बी उम्र पा ले। मुझे तू बड़ा होता क्यों नहीं लगता है? मैं माथापच्ची करके परास्त हो चला हूँ परन्तु मुझे आज तक इस प्रश्न का उत्तर नहीं मिला। कदाचित् तेरे पास हो।"

चन्द्रगुप्त मौर्य ठगा-सा उनकी ओर देखता रह गया। उसने क्या प्रश्न किया था और आचार्य ने उसका उत्तर न देकर उसे एक नये प्रश्न के सम्मुख ला खड़ा

किया। ऐसे प्रश्न के सम्मुख, जिसका उत्तर खोजने में उसकी तनिक भी इच्छा नहीं है और वह यह भी जानता है कि वह लाख प्रयास कर ले तो भी उसका उत्तर वह नहीं दे सकता। उस दिन वह गहरे तनाव में आ गया था। उसे ठीक से कुछ नहीं सूझ रहा था।

अचानक चाणक्य कह उठा, ''चन्द्र, अपने मस्तिष्क में से चिन्ता को बाहर करो और आज में जीने का अभ्यास डालो। जब तक आज अतीत मे बदले तब तक तुम बहुत आगे खड़े हो जाओ और आने वाले कल के स्वागत की तैयारी कर लो। यह कोरा दर्शन नहीं, जीने का अचूक मन्त्र है। समय आने दो और उस समय की धैर्य से प्रतीक्षा करो, तुम्हें बीते कल के अनपहचाने इतिहास से भी परिचय मिल जाएगा।'' इतना कहकर वहाँ से चाणक्य चला गया।

चन्द्रगुप्त मौर्य के सामने वह अछोर मरु का सागर था।

''मौर्य बन्धु, आपने...।''

चन्द्रगुप्त मौर्य अपने में ऐसा डूब गया था कि उसे यह ध्यान ही नहीं रहा कि उसने एक अश्वारोही को रोक रखा था। वह तपाक से कह उठा, ''इधर आओ, बन्धु। क्या अपना नाम बताओगे?''

''राघवेन्द्र, मौर्य बन्धु।''

''निवास।''

''सम्पूर्ण आर्यावर्त्त।''

''इससे क्या आशय है?''

''मैं खण्ड-खण्ड बाँटकर मेदिनी को नहीं देखता।''

''इससे आशय?''

''घुमक्कड़ हूँ। सबको जानना मेरी प्रवृत्ति और उसमें से भूलने का चयन करने में भी मेरी रुचि है।'' राघवेन्द्र ने तपाक में कह डाला।

''राघवेन्द्र, यह तुम्हारा आत्मविश्वास बोल रहा है।''

''मुझे पता नहीं और न कभी इस प्रकार से सोचा।''

''मेरी रुचि तुममें बढ़ती जा रही है, राघवेन्द्र।''

''परन्तु मेरी नहीं।'' राघवेन्द्र ने दो टूक निर्णय सुना दिया।

''हम कोई और बात शुरू करें।''

राघवेन्द्र चुप बना रहा।

''वस्तुतया बात यह है, राघवेन्द्र मुझमें सामान्य आकांक्षाएँ हैं—वह भी जिज्ञासा के स्तर की।''

''मुझमें जिज्ञासा के लिए कोई स्थान नहीं है, मौर्य बन्धु।''

चन्द्रगुप्त मौर्य सोच में पड़ गया कि इस बातचीत को कैसे आगे बढ़ाया जाए,

वह तो पूर्ण विराम का अभ्यस्त है।

"तुम्हारे परिवार में कौन-कौन हैं?"

"मात्र मैं।"

"आगे-पीछे।"

"कोई अन्य परछाईं भी नहीं।"

"लगता है कि तुम विषम परिस्थितियों से जूझते रहे हो।"

"इस सम्बन्ध में मुझे कुछ नहीं कहना।"

"क्या वास्तव में तुममें अन्तःसंवाद नहीं उठते?"

"वास्तव-अवास्तव क्या होता है, यह मैं नहीं जानता। मुझे यह भी नहीं पता कि व्यक्ति को दूसरे के अन्दर झाँकने की आदत क्यों पड़ी है? जानना है तो एक जन्म के लिए स्वयं में झाँको—तटस्थ भाव से। कोई प्रश्न नहीं तो फिर उत्तर कैसे?"

"तुमने दर्शन पढ़ा लगता है।"

"क्या दर्शन पढ़ना अपराध है?"

"तुम इतने जटिल क्यों बन गये?"

"कृपया तर्क-वितर्क से कोई लाभ नहीं।"

"फिर किससे लाभ है?"

"पानी की भाँति बहते रहने से या पवन की भाँति चलते रहने से। परन्तु हम में से न कोई जल है, न पवन।"

"तुम देवरथ के व्यक्ति हो न।"

"नहीं—मैं मात्र जीव हूँ।"

"फिर उन सबके साथ क्यों हो?"

"जानना चाहोगे?"

"अवश्य।"

"तो जरा उधर चलिए।" राघवेन्द्र ने इसी के साथ विपरीत दिशा में चलने का संकेत किया।

चन्द्रगुप्त मौर्य की तन्द्रा टूटी। फिर भी निर्भय होकर उस ओर बढ़ने लगा। उधर घना अँधेरा था। वृक्ष भी बड़े और घने थे। पवन लड़खड़ाकर चल पड़ा था। उलूक का स्वर सुनाई पड़ रहा था। चन्द्रगुप्त मौर्य राघवेन्द्र की दिशा में बढ़ रहा था।

अचानक राघवेन्द्र ने चन्द्रगुप्त मौर्य पर आक्रमण कर दिया परन्तु चन्द्रगुप्त मौर्य ने त्वरा गति से उछलकर उसके आक्रमण को असफल कर दिया। टहनियाँ टकरा उठीं। एक साथ अनेक मयूर चीख पड़े। चन्द्रगुप्त मौर्य ने धोबी पाट लगाकर उसे नीचे गिरा लिया और उसके हाथ से खड्ग छीनकर पूछा, "कौन हो तुम, सच-सच बताओ अन्यथा यह खड्ग तुम्हें चीर डालेगा।"

राघवेन्द्र ने भरपूर शक्ति लगाकर उठना चाहा परन्तु चन्द्रगुप्त मौर्य ने उसकी गरदन पर वार कर उसे चीखने पर विवश कर दिया। उसकी चीख से दोनों प्रहरी वहाँ आ पहुँचे और उन्होंने उसे अपनी पकड़ में ले लिया। उसके दोनों हाथ पीठ पीछे बाँध दिये और उसे ढकेलकर प्रकाश में ले आये। उसकी गरदन से रक्त बह रहा था।

"तुम्हें किसने भेजा है?"

राघवेन्द्र चुप।

उन दोनों प्रहरी-योद्धाओं ने उसके मुख और पीठ पर कसके मुक्के जड़ दिये और पूछने लगे, "बताता है या तेरा सिर धड़ से अलग कर दूँ।"

राघवेन्द्र तिलमिला उठा पर उसने कुछ नहीं बताया।

एक प्रहरी योद्धा ने कहा, "तेरे व्रण पर नमक डलवाऊँ क्या?" उसने चीखकर अपने साथी को कुछ भिन्न स्वर में पुकारना चाहा कि चन्द्रगुप्त मौर्य ने उसे संकेत से रोक दिया और कहा, "मित्रो, इसके लिए अपन पर्याप्त हैं। औरों को सोने दो। ऐसी छुटपुट घटनाएँ होती रहती हैं। हमें इनकी चिन्ताएँ नहीं करनी चाहिए।"

दूसरा प्रहरी योद्धा उसके मुख पर दूसरा घूँसा जड़ते हुए पूछने लगा, "बता तू किसके लिए काम कर रहा है अन्यथा अगले मुक्के से तेरी नाक तोड़ दूँगा।"

"और मैं तेरी टाँग। फिर तू चलने-फिरने योग्य नहीं रहेगा। तड़फता रहेगा। फिर भी तुझे बताना ही पड़ेगा।" पहले प्रहरी योद्धा ने उसकी पीठ पर मुक्का जड़ते हुए कहा, "हमें गूँगों से बुलवाने का अभ्यास है। बोल नहीं तो।"

"पहले मेरे हाथ खोल दो।"

"तू पकड़ से अपने हाथों को मुक्त कराना चाहता है न तो ये देख...।" उसने म्यान से तलवार खींचकर आगे कहा, "एक ही वार में तेरे दोनों हाथ काट दूँगा। तू यही चाहता है, पिशाच तो ये ले।" कहकर उसने एक हाथ से तलवार उठायी और दूसरे हाथ से उसके बँधे हाथों को शक्ति से आगे खींचा ही था कि वह बोल पड़ा, "मेरे हाथ मत काटो, मैं सब कुछ बताने के लिए तैयार हूँ।"

चन्द्रगुप्त मौर्य का संकेत पाकर उसने उसे छोड़ते हुए कहा, "बता, पिशाच तू कौन है? कैसे यहाँ तक पहुँचा। तू किसके कहने से यहाँ तक आया?"

चन्द्रगुप्त मौर्य को ऐसे दबंग गुप्तचरों से पाला एक बार नहीं अनेक बार पड़ चुका था। वह समझ रहा था कि अभी भी वह किसी घात लगाने के अवसर की बाट जोह रहा है। वह कह उठा, "तुम्हारा वास्तविक नाम कुछ भी हो और तुम किये गये समझौते के अनुसार अपने आचरण पर डटे रहना चाहते हो, राघवेन्द्र, परन्तु इतना ध्यान रखना कि अब तुम्हारी कोई भी चालाकी तुम्हारा साथ नहीं देगी।" इसी के साथ उसने प्रहरी-योद्धाओं से कहा, "उसकी तलाशी लो। अवश्य उसने कहीं कुछ

ऐसी चीज छिपायी है, जिसके सेवन मात्र से इसके प्राण-पखेरू उड़ जाएँगे और सारा षड्यन्त्र रहस्य बनकर रह जाएगा। कितनी ही ऐसी विवशताएँ होती हैं या कतिपय ऐसे पक्के और दृढ़ संकल्पी व्यक्ति होते हैं, जो अपने स्वामी का नाम उगलने से पूर्व अपने प्राण देने में तनिक भी नहीं हिचकिचाते। राघवेन्द्र उन्हीं में से एक है।''

राघवेन्द्र की ली गयी तलाशी में विष निकला। चन्द्रगुप्त मौर्य ने विष की उग्रता को पहचाना। फिर कहा, ''राघवेन्द्र, अब तुम्हें यह विश्वास हो जाना चाहिए कि तुम्हारे सामने सच बोलने के अतिरिक्त कोई दूसरा रास्ता नहीं बचा है। और अधिक कठिन परीक्षा देने से उत्तम है कि तुम सीधे-सीधे रास्ते पर आ जाओ।''

राघवेन्द्र की आँखों के सामने अँधेरा छाने लगा। उसने कितने विश्वास से संकल्प लेते हुए कहा था कि वह मृत्यु का वरण स्वेच्छा से कर सकता है परन्तु रहस्योद्घाटन कदापि नहीं होने देगा।''

''वह चन्द्रगुप्त मौर्य है, उद्भट पण्डित चाणक्य का शिष्य। उसकी शक्ति का तुम्हें अभी अनुमान नहीं है। वह बुद्धि बल और पराक्रम में बहुत आगे है। बन्द पिंजड़े से सिंह को बिना पिंजड़ा खोले बाहर निकालकर वह महाराजा और समस्त सभासदों को पछाड़ चुका है। फिर भी, इस समय तुमसे अधिक पराक्रमी, बुद्धि, बल में दक्ष और विश्वसनीय व्यक्ति हमारे पास कोई अन्य नहीं है। नहीं तो इस समय हम तुम्हारा प्रयोग कभी नहीं करना चाहते। हमारी भी विवशता है और राज्यहित में यह अत्यन्त आवश्यक है। चन्द्रगुप्त मौर्य का अस्तित्व समाप्त हो। चन्द्रगुप्त मौर्य आचार्य चाणक्य के नन्दवंश से प्रतिशोध लेने का एकमात्र माध्यम है। उसके बिना चाणक्य अपने प्रतिशोध की ज्वाला को कभी शान्त नहीं कर सकता। आजीवन खुली शिखा का पहाड़ जैसा बोझ लिए वह अन्दर ही अन्दर घुट कर प्राण दे देगा।''

राघवेंद्र को दिन में तारे दिखलायी पड़ने लगे। अब वह क्या करे। उसका दृढ़ संकल्प औंधे मुँह धरती सूँघ रहा है। विवशता मनुज को कितना निर्बल बना देती है।

''हाँ तो राघवेन्द्र, अब तक तुम अपना मन बना चुके होगे। हमें प्रातःकाल से पूर्व यह स्थान छोड़ना है। इस समय लगभग आधी रात बीत चुकी है। जीवन में ऐसे क्षण बारम्बार नहीं आते जब अनुमान से परे की विषम परिस्थितियों से घिरकर व्यक्ति किये गये अपने प्रण-संकल्प को अनदेखा करने के लिए विवश होता है। विवशता की मृत्यु से अनागत में जीने की तैयारी करना उत्तम है, अनेक योद्धा, राजा-महाराजा हुए हैं और आज भी हैं जो युद्ध में खेत रहने की अपेक्षा प्राण हथेली पर लेकर भाग खड़े और अन्त में विजय प्राप्त करके ही रहे। सोचना यह भी है कि तुम जिसके लिए काम कर रहे हो, वह राज्य-समाज के लिए शुभकर है अथवा तुम्हारे मन में उसे लेकर भी कुछ संशय है। वह राज्य जन हितार्थ है भी या नहीं। कहीं

तुम्हारे पराक्रम, साहस, संकल्प और दृढ़ चरित्र का लाभ तो नहीं उठाया जा रहा है।'' चन्द्रगुप्त मौर्य ने उसके अन्तर्मन के तार छेड़ दिये। व्यक्ति-व्यक्ति सब समान होते हैं। परिस्थितियाँ व्यक्ति को लाचार करती हैं, लोभ अन्धा और स्वार्थ पंगु बनाता है।

राघवेन्द्र क्षत्रिय है। उसके पुरखे आनमान के पक्के रहे थे परन्तु उन्होंने कभी दुष्टता का साथ नहीं दिया। खुली आँखों से देखा-समझा न्याय, सदाचार और जन हितार्थ होने वाले कार्यों के साथ रहे। तब वह क्यों पीछे रहे। उसकी दृष्टि उन दोनों प्रहरियों की ओर गयी। चन्द्रगुप्त मौर्य ने उन्हें आँखों के संकेत से बाहर जाने के लिए कहा। वे बाहर चले गये तब खँखारकर कहा, ''अब बताओ, राघवेन्द्र। विश्वास का फल सदा मीठा होता है। तुम मुझ पर विश्वास कर सकते हो, तुम्हें कदापि निराशा हाथ नहीं लगेगी।'' इतना कहकर उसने उसके गले के व्रण पर हाथ फेरा। उसे लेटने को कहा और प्रहरियों से नीम की पत्तियाँ पीस लाने के लिए कहा। तभी तपाक से दूसरा प्रहरी बोला, ''बन्धु औषध बनी बनाई मिल जाएगी।'' और बिना आज्ञा वह औषध लेने चला गया।

उसने आकर राघवेन्द्र के औषध का लेप किया। फिर उस पर पट्टी बाँध दी। फिर दूध आम हल्दी मिलाकर उसे पिला दिया। उससे उसे कुछ आराम मिला। वह स्वयं ही कहने लगा, ''मौर्य बन्धु, मुझे आपकी हत्या करने का उत्तरदायित्व सौंपा था। आप ने ही मगध पर अचानक आक्रमण किया था आप ही चन्द्रगुप्त मौर्य हैं। सौमित्र पकड़ा गया था। उसने सब कुछ बता दिया था। आपके साथ आचार्य चाणक्य थे। मैं आपका पीछा करता हुआ देवरथ के गाँव तक आया।''

उसे चुप पाकर चन्द्रगुप्त मौर्य ने पूछा, ''तुम इन लोगों में कैसे सम्मिलित हुए?''

''मैं यहाँ से अश्व खरीदने आता जाता रहा हूँ। वहाँ मेरे एक बन्धु से अच्छे सम्बन्ध हो गये थे। मैंने उसका लाभ लिया। उसने मुझे उस दल के साथ कर दिया, जो आपको लेकर आगे बढ़ने वाला था।... मैंने उससे पिछले ग्राम स्यामला में दूध में वही विष मिला दिया था, जो अभी आपके व्यक्तियों ने मुझसे प्राप्त किया है। मात्र चुटकी भर या उससे भी बहुत थोड़ा।... परन्तु आपका भाग्य। मैं दूध लेकर आया। आपने दूध हाथ में लेकर एक ओर रख दिया और मुझे लौट जाने का संकेत दे दिया। पौ फटने वाली थी, सब उठ चुके थे। आपके कक्ष में कोई चहल-पहल नहीं हुई। मैंने अपने साथी से आपको जगाने के लिए कहा। उसने बताया आप यहाँ नहीं हैं। दूध फैला हुआ है। मेरा माथा ठनका।''

''परन्तु मेरा माथा तभी ठनक गया था जब तुम उन सबसे अलग खिचड़ी पका रहे थे। अवश्य दाल में कुछ काला है...। पर वह है कौन जिसने यह उत्तरदायित्व तुम्हें सौंपा था।''

"महाराजाधिराज नन्द का महाअमात्य श्रीमान् राक्षस।"

"मेरा अनुमान ठीक निकला।" कहकर चन्द्रगुप्त सोचने लगा कि आगे क्या किया जाए। कुछ ठहर कर, प्रहरियों को बुलाकर कहा, "जाओ, बाहर जाकर सो जाओ।" दोनों प्रहरी योद्धा उसे लेकर चले गये।

तड़के ही चन्द्रगुप्त मौर्य ने उसके पास आकर कहा, "उठो राघवेन्द्र, तुम स्वतन्त्र हो, जहाँ चाहे जा सकते हो।"

"कहाँ जाऊँगा, देव। अब लौटकर क्या करूँगा? महाअमात्य, क्षमा देना नहीं जानते।" राघवेन्द्र गिड़गिड़ाने लगा।

"तुम आहत हो, राघवेन्द्र, तुम्हें विश्राम चाहिए—औषध भी। तुम यहीं विश्राम कर सको, यह प्रबन्ध मैं करवा देता हूँ।"

"कृपा कर, मुझे भी साथ ले चलिए।"

"यह सम्भव नहीं है परन्तु तुम्हारे लिए नये ठिकाने की व्यवस्था का सन्देश तुम्हें यहीं बहुत शीघ्र मिल जाएगा। तब तक तुम यहीं विश्राम करो...। अब मैं यहाँ से निकल रहा हूँ।"

राघवेन्द्र हाथ जोड़े खड़ा रह गया। चन्द्रगुप्त मौर्य वहाँ से त्वरा गति से निकल गया। राघवेन्द्र अश्वों की टाप की ध्वनि सुनता रहा। बहुत देर तक वह खड़ा-खड़ा असोचा बना रहा। उसकी समझ-सूझ सब धूलि चाटती रह गयी। धीरे-धीरे सूर्योदय होने का आभास मिलने लगा। पवन ऐसे बह पड़ा जैसे बालक दौड़ प्रतियोगिता में भाग रहे हों।

5

तीन दिन निकल गये। अन्त में थककर और विवश होकर वे सब एक छोटे-से गाँव की शरण में आये। वहाँ इतने व्यक्तियों और उनके अश्वों के लिए चारा इकट्ठा करने की कठिनाई ज्ञात हुई। वह उजड़ा-सा गाँव था।

इस समय वहाँ झोंपड़ियों में दीये जल उठे थे। गाँव से बाहर अँधेरा पसरा हुआ चिन्तन की मुद्रा में दिखलाई पड़ रहा था। अब चन्द्रगुप्त मौर्य को ही निर्णय लेना था कि उस गाँव में उन सबकी व्यवस्था कैसी हो?

सारे अश्वों को गाँव के बाहर एक स्थान पर छोड़ दिया और वहीं पर दो अश्वारोहियों को छोड़कर अपने साथ दो योद्धाओं को लिया। उनमें से एक वह व्यक्ति था जो उनको आगामी स्थान तक ले जाने वाला था। चन्द्रगुप्त मौर्य को लग रहा था कि वे राह भटक गये हैं अन्यथा ऐसे उजाड़ और सुनसान स्थानों से उन्हें यहाँ तक नहीं आना पड़ता।

ग्राम वृद्ध परिषद पर चन्द्रगुप्त मौर्य की दृष्टि पड़ी। तब तो वहाँ गोप भी होगा। वह अभी आगे बढ़ ही रहा था कि एक ग्रामीण सामने आ गया। वह पूछने लगा, ''परदेशी, आप लोग कौन हैं?''

''रात घिर आयी है इस कारण रात यहाँ बिताना चाहते हैं।''

''आप लोग हैं कौन?''

चन्द्रगुप्त ने सामान्य सा अपने दल का परिचय दे दिया। परन्तु अपना नाम नहीं बताया। वह ग्रामीण बोला, ''खाने-पीने की व्यवस्था तो जुंटा दी जाएगी।''

''हम उसका मूल्य चुकाने को तैयार हैं, भद्र पुरुष।'' चन्द्रगुप्त मौर्य ने शान्त स्वर में विनीत भाव से कहा।

''भद्रे, यह गाँव छोटा अवश्य है परन्तु इस गाँव का हृदय छोटा नहीं है। अपनी मुद्रा अपने पास रखें। हमें अतिथियों का स्वागत करने का अवसर मिला है, यही हमारा सौभाग्य है। आप कितने व्यक्ति हैं।''

''सत्रह और सत्रह ही अश्व हैं।''

''सैनिक हो।''

''हाँ।''

वह व्यक्ति तनिक सोच में पड़ गया। कुछ समयोपरान्त बोला, ''आप लोग युद्ध से भागकर इधर आ निकले हो क्या?''

''...आपने तक्षशिला का नाम सुना है।''

''हाँ।... तक्षशिला से तुम्हारा क्या आशय है युवक।''

''मैंने वहाँ अध्ययन किया है।''

''अर्थात् आचार्य चाणक्य के शिष्य हो।''

''हाँ, भद्र पुरुष।''

''तो हम गुरु भाई हुए, युवक।''

''आप भी...।'' अचरज से भरकर चन्द्रगुप्त मौर्य ने कहा।

''ऐसा सौभाग्य कब मिलता है!''

''आप मेरे साथ आयें।'' उनके साथ के दो व्यक्तियों को सम्बोधित करते हुए उसने कहा, ''आपमें से एक व्यक्ति जाकर अपने साथियों को यहाँ लिवा लाये। दूसरा व्यक्ति मेरे साथ चले। उसे मैं अश्वों को बाँधने और उनको चारा देने का स्थान बता देता हूँ। मैं भी लौटकर यहीं मिलूँगा।'' इसके साथ उस व्यक्ति ने आगे बढ़ना शुरू किया। रास्ते में रुककर उस व्यक्ति को अश्व बाँधने का स्थान बता दिया। वह फिर आगे बढ़ गया।

एक मोड़ से कुछ नीचे स्थान की ओर आगे बढ़ा और बताया कि उसे

गंगाधर कहते हैं।

"ब्राह्मण हो।"

"कभी था, अब नहीं।"

"बौद्ध हो गये या जैन।"

"कुछ भी नहीं। यह गाँव जाति शून्य है। यहाँ सब एक से हैं। कर्म को धर्म मानते हैं और मानव को जाति।

"यदि जाति बताने की आवश्यकता पड़ जाए तो?"

"यहाँ आपसे कोई जाति नहीं पूछेगा और न धर्म।" उसने पुनः मुड़ते हुए पूछा, "आपका नाम?"

"चन्द्रगुप्त।" उसने मौर्य छिपा लिया। कोई प्रश्न नहीं किया।

"अन्दर आ जाइए।" चन्द्रगुप्त मौर्य की ओर देखते हुए कहा, "तनिक भी संकोच मत कीजिए।... बैठिए।"

इतने में बच्चे भी वहीं आ गये।

"वह सबसे छोटा बालक और उसके पास खड़ी बालिका मेरी सन्तान हैं। शेष तीन मेरे भतीजे हैं। हम सब बाहर से लौट रहे हैं। लौटने में विलम्ब हो गया।... बच्चो, नमन करो।"

सब बच्चों ने आकर चन्द्रगुप्त मौर्य के चरण स्पर्श किये। वह हतप्रभ रह गया। आज तक किसने उसके पाँव स्पर्श किये थे। किसी ने नहीं। आज तक वह कब इतना प्रेम-आदर पा सका। वह सुन रहा था, "तृप्ति, जल्दी से भोजन बनाओ। दूध हो तो खीर भी उपलों पर रख दो। कुछ और जो तुम बना सको। बच्चे और हम लोगों को भी भूख लगी है। बच्चों को तो...।"

"समझ रही हूँ, तुम चिन्ता मत करो, ताजो के पिता, पर वो?"

"हम दोनों ने एक ही गुरु से और वह भी तक्षशिला से शिक्षा-दीक्षा पायी है।"

"अर्थात् आप दोनों गुरु भाई हुए।"

"हाँ री, तृप्ति, हाँ। तूने एकदम ठीक समझा। कुछ लाना वाना हो तो बता। अन्यथा।"

"अन्यथा क्या?"

"उनके साथ और भी जने हैं। उनके भोजन और सोने की व्यंवस्था परिषद् में करने जाना है। वैसे मैंने गोप को कहलवा भेजा है। वह सब सँभाल लेगा। तो मैं।"

"जाओ जी, यहाँ की व्यवस्था की चिन्ता छोड़ो।... पर...।"

"पर क्या, तृप्ति!"

तृप्ति ने सोचकर कहा, "अतिथि देवो भव तो ठीक है पर...?"

"पर क्या?"

"ताजो के पिता, पर एक बात है। ये वानर सेना है न।"

"तो?... तुझे ये सेना लगती है क्या?"

"हाँ जी ये वानर सेना है। बड़ी उतावली हो रही है।"

"काहे के लिए?"

"बचपन इसीलिए तो भरमाता भी है और मनचला भी होता है। पल में प्रसन्न और पल में रुष्ट।"

"तृप्ति समझ की बात कर, घर में अतिथि भी हैं और मुझे...।"

"तुम्हें भी सदा बच्चों जैसी... चलो छोड़ो भी, ताजो के पिता। बात सीधी-सी ये है कि...।"

"बात सीधी हो या टेढ़ी पर जो कहना है पल भर में कह।"

"तुम कब मानुष बनोगे जी, ताजो के पिता। उतावलापन ठीक नहीं। धीरज और शान्ति से काम लो।"

"तुझे इस समय भी बातें सूझ रही हैं, तृप्ति।"

"फिर वो कौन-सा समय होगा जब तुम्हारा ये उतावलापन और उल्टी पहनी बंडी का आनन्द ले पाऊँगी।"

गंगाधर का ध्यान तपाक से अपनी बंडी पर गया। हैं! बंडी उसने सीधी पहनी हुई थी। "फिर?"

तृप्ति विहँस उठी।

"बनाती है।" गंगाधर का मन भी महक उठा। चाहकर विवाह किया था। दूर-दूर तक ऐसी कोई नहीं है। फिर तो सुन्दरी के नखरे उठाने ही पड़ेंगे।

"पहले बच्चों को खिलाऊँगी। उनके पेट में चूहे दौड़ रहे हैं। नहीं तो वे सब घर सिर पर उठा लेंगे। और गोप से कहना कि गोष्ठशाला खोल दे और...।"

"अब चलता हूँ।" कहकर गंगाधर तुरन्त चला गया।

तृप्ति और गंगाधर का संवाद और उनकी नोकझोंक का संगीत चन्द्रगुप्त मौर्य को रिझा उठा। जीवन के इस पक्ष को तो उसने कभी जाना-पहचाना ही नहीं था।

"देखो बच्चो, चिल पों नहीं। माना कि तुम्हारे पेट में चूहे कूद रहे हैं तो क्या। भोजन तो बनते-बनते बनेगा। जरा मेरा हाथ बँटाओगे तो पेट के चूहों का भी उछलकूद मचाने से ध्यान बँटेगा और मिलजुलकर अपना काम भी आसान हो जाएगा।" तृप्ति ने सबको काम पर लगा दिया। सब शान्त। अपने-अपने काम में तल्लीन।

चन्द्रगुप्त मौर्य आश्चर्य आँखें बन्द किये मन ही मन उस व्यवस्था का आनन्द लेता रहा।

तृप्ति समझा रही थी, "मेरे लाडलो, जब कभी मन में उछालें उठें और वह तुम्हारे पर सवारी करना चाहे तो उसे किसी काम में जोत दो। उसकी सारी उछलकूद ठिकाने लग जाएगी। ऐसे में और कुछ नहीं बने तो कोई गीत गुनगुनाने लगो। गीत भी ध्यान में न आये तो पक्षियों की चहचहाहट में डूबते जाओ। तुमने छोटी-छोटी, रंग-बिरंगी चिड़ियाओं को कभी दाना चुगते देखा है। उसको ध्यान में लाओ और कुछ समय के लिए चिड़िया बन जाओ तो मन स्वतः ही मौन हो जाता है। जो मन को जीत लेता है, वही होता है तपस्वी और वही होता है राजा।"

तृप्ति कुछ न कुछ गुनगुनाती रही। कलछी, डेगची आदि का पार्श्व संगीत बजता रहा। तभी उसने तृप्ति का मधुर स्वर सुना, "बच्चो, भोजन तैयार। एक सीध में बैठ जाओ। गरमागरम भाजी की गन्ध लो। चाहो तो दही में चटनी मिला लो। सूखा पोदीना चाहो तो मींड कर मिला लो। खांड चाहो तो वो ले लो। खीर भी है। तुम्हें जो अच्छा लगे सो लो।"

"माँ खीर-पूड़ी।"

"आज पूड़ी नहीं, गरमागरम फुलके मिलेंगे।"

"पर पूड़ी।"

"मेरे लाडलो, आज सुबह दही कहाँ बुलोया था अन्यथा ढेर-सा नवनीत होता, घृत भी। प्रेम से भोजन करो। भोजन की महक अपने मस्तिष्क में बसा लो। फिर देखो, तुम्हें लगेगा, आज तुमने बहुत स्वादिष्ट भोजन किया है।" तृप्ति समझा भी बहुत प्रेम से रही थी। उसके स्वर का संगीत सुनकर चन्द्रगुप्त मौर्य का हृदय गद्गद हो उठा।

"अरेरेरे क्या करते हो। झुलसा लिया अपना हाथ। फुलके कहीं भागे जा रहे थे। फिर इतना उतावलापन क्यों। भोजन शान्त चित्त होकर धीरे-धीरे, पूर्ण रस लेकर, पूरे स्वाद से, आनन्दपूर्वक करो। कितनी बार समझाया है कि फूली हुई रोटी को बीच से मत तोड़ो। उससे निकली गरम भाप हाथ झुलसा देती है और वही तुमने किया। अब थोड़ा-सा खाँड़ फाँक लो।" तृप्ति की यह बात सुनते ही चन्द्रगुप्त मौर्य सन्नाटे में आ गया। उसके सामने पराजय की गुत्थी ने स्वयं ही अपनी गाँठ खोल दी। चन्द्रगुप्त मौर्य ने अपने बैठने का रुख बदला। उसे अचरज हुआ कि उन सबकी समझ में इतनी छोटी सी परन्तु सर्वाधिक महत्त्वपूर्ण बात क्यों नहीं आयी। भापवाली रोटी को बीच से नहीं तोड़ना चाहिए। उसे किनारे से तोड़ना चाहिए। बीच में भाप की पूरी शक्ति होती है।

चन्द्रगुप्त मौर्य को चाणक्य की कही गयी अनेक उक्तियाँ एक-एक कर सामने आने लगीं। उन्होंने समझाया था, "स्मरण रखो, प्रत्यक्षपरोक्षानुमानैः कार्याणि परीक्षेत।"

सौमित्र की ओर देखकर आगे कहा था, "अपने कर्तव्य का निश्चय करने से पूर्व प्रत्यक्ष-अप्रत्यक्ष साधनों और अनुमानों पर धैर्यपूर्वक समझ सोच लो। पहले अपनी शक्ति की पूरी निष्ठा से जाँच करो। स्वशक्तिं ज्ञात्वा कार्यभारभेत की व्याख्या, चन्द्र, मैंने की थी। यदि तुम लोग असफलता से बचना चाहते हो तो प्रत्येक दृष्टि से अपने बल, बल के प्रयोग के कोणों पर विचार कर लो।"

परन्तु उस समय मस्तिष्क पर दूसरा ही भूत सवार था। सैन्य बल, शस्त्र बल, अश्व हाथी बल आदि उछाल ले रहा था। स्वयं चाणक्य भी सन्तोष व्यक्त कर चुका था। अधिक दिन प्रतीक्षा या युद्ध अभ्यास करते रहने से जहाँ अर्थ का गणित असन्तुलित होने की सम्भावना थी, वहीं उनकी इस योजना पर से परदा हटने की भी आशंका थी। वह कैसी आँधी उठी थी कि मनोबल समुद्र की तरह उछाल लेने लगा था और उसी के परिणामस्वरूप सीधे पाटलिपुत्र, नन्द की राजधानी, शक्ति के केन्द्रीय स्थल पर आक्रमण कर दिया और दो दिन भी सामना नहीं कर पाये, भागना पड़ा। साथ ही, उसके उत्तरदायित्व की भागीदारी को लेकर आचार्य चाणक्य को भी घेर लिया। अचरज, आचार्य चाणक्य ने उसका तनिक-सा भी विरोध नहीं किया। उससे यह बात उसके मन में घर करने लगी कि इस उतावलेपन के पीछे कहीं वे भी थे। उनमें नन्द से प्रतिशोध लेने की भावना भी प्रबल थी। कहीं न कहीं वही भावना प्रबल रूप से सक्रिय हो उठी थी। फिर उन्होंने यह भी मान लिया था कि भूल हो गयी।

"धन्य, तृप्ति, धन्य।" चन्द्रगुप्त मौर्य ने मन ही मन एक बार नहीं कई बार दोहराया कि फूली रोटी के केन्द्र में भाप की शक्ति प्रबल होती है।

चन्द्रगुप्त मौर्य का चित्त स्थिर हुआ और उसने मन ही मन तृप्ति का आभार व्यक्त किया। उसमें एक नयी सूझ उमड़ी। मगध साम्राज्य के सीमावर्ती क्षेत्र में अपनी गतिविधियाँ तीव्र करे। वह क्षेत्र मिलाजुला है। एक राज्य की सीमा दूसरे राज्य से टकराती हैं। इस कारण उन सीमाओं का अतिक्रमण भी होता रहता है। वहाँ की जनता को महाराजाधिराज धननन्द के अन्याय और अत्याचार के समाचारों से जोड़ा जाए। वैसे भी वहाँ की जनता नन्द राज्य से पीड़ित है, ऐसा सुना जाता है।

"ओह! पूरी रणनीति ही बदल गयी। छापामार नीति से वहाँ की सुरक्षा को दागदार किया जाए।" वह इस तरह सोचता ही जा रहा था कि गंगाधर लौट आया।

रात पर्याप्त हो चली थी। खाना खाने के बाद तक्षशिला विद्यापीठ पर थोड़ी बहुत चर्चा चली, फिर वे सब सो गये। अम्बर में तारे भी झपकी लेने लगे। सन्नाटे में नदी का तीव्र होता स्वर थपकी देता रहा।

6

चाणक्य का समाचार पाकर मगध राज्य का महाअमात्य बुद्धि शर्मा अर्थात् राक्षस अत्यन्त चिन्ता में पड़ गया। उसे एक आशंका सताती रहती थी कि कुरूप ब्राह्मण चाणक्य प्रतिशोध लेने की दृष्टि से किसी सीमा तक जा सकता है। ब्राह्मण की चुटिया खोलकर उसे घसीटा जाए, इससे बड़ा अपमान हो नहीं सकता। उस पर वह तक्षशिला का आचार्य। तक्षशिला विद्यापीठ का दूर-दूर नाम है। पाणिनि और जीवक तक्षशिला के ही स्नातक थे।

राक्षस टहलता जा रहा था। उसे दूत को उत्तर देना था। क्या उत्तर दे? एक दिन तो उसने उस पर सोचने-समझने में निकाल दिया। महाराजाधिराज धननन्द विलास क्रीड़ा में आलुप्त रहने लगे थे। हर समय मदिरा में धुत रहने लगे थे। नर्तकियों के नृत्य और सुवासिनी की भुजा थामे लड़खड़ाते चलते थे। इस बीच राक्षस ने धननन्द का ध्यान चाणक्य के पत्र की ओर ले जाने का प्रयत्न किया परन्तु नन्द पर उसका कोई प्रभाव नहीं हुआ।

राक्षस के मन में पत्र की कतिपय पंक्तियाँ स्वयं ही अनुगूँज उठती थीं और वह विचलित हो उठता था। मानो चाणक्य उसके सामने खड़ा होकर उसे शाप दे रहा हो।

यह समय गहरे संकट का है। आर्यावर्त्त के अस्तित्व, अस्मिता, सभ्यता और संस्कृति पर अतिक्रमण और आक्रमण का है। इसका प्रभाव-दुष्प्रभाव बाद के वर्षों में कुछ इस तरह घुल-मिलकर सामने आएगा कि उससे हम अपनी उन्नत परम्परा के आलोचक बनकर एक घटाटोपी दिशा की ओर मुड़ने लगेंगे।

सिकन्दर को तक्षशिला के राजकुमार ने आमन्त्रित कर और उससे कई जनपदों को जोड़कर जिस अन्तःसन्धि की संरचना की है, वह आर्यावर्त्त के अनागत को पतनोन्मुखी बनाने के रास्ते खोल देगा।

राक्षस अचानक ठहर जाता है। यवन योद्धा सिकन्दर अपार महत्त्वाकांक्षा से भरा विश्व-विजय के स्वप्न से संचालित है। पता नहीं उसके राजगुरु अरस्तू ने उसे रोका क्यों नहीं? धरा का भूगोल क्यों नहीं समझाया?

अकेला नरेश पर्वतेश्वर और दो-तीन छोटे जनपद मिलकर उस आँधी को रोक नहीं पायेंगे।

तब राक्षस क्या करे? धननन्द। वह भी, किसी सीमा तक, उसके रचे व्यूह का ही परिणाम है। सुवासिनी को उसने ही उसके पास भेजा था पर तब यवन आक्रमण का दूर-दूर तक कोई संकेत नहीं था। यह रास्ता बाहर के राष्ट्रों को ईरान ने दिखलाया था।

पर अब? पर्वतेश्वर की सहायता मगध करे। आर्यावर्त्त के भविष्य के साथ मगध साम्राज्य का भी भविष्य सम्बद्ध है।

"महाअमात्य की जय।"

"सब शुभ तो है, नरेच्छु।"

"महाराजाधिराज ने स्मरण किया है...। वह भी अभी...।"

"तुम चलो, मैं आता हूँ।"

अच्छा हुआ जो महाराजाधिराज नन्द ने स्वयं बुला लिया। उसने पत्र लिया और दो डग आगे ही बढ़ाये ही थे कि पीछे से सुवासिनी आ गयी। और वह कह उठी, "ठहरो, राक्षस। तुम यह क्या करने जा रहे हो?"

"तुम्हें किसने बताया?"

"तुमने।"

"मैंने पर कब!"

"अभी, इसी समय।"

"इसी समय, नहीं तो।"

"एक बार और सोच लो।"

"सौन्दर्य की अप्सरा, प्राणप्रिये, माना कि तुम्हारा सौन्दर्य नन्द को अपनी मुट्ठी में लेने में सफल हुआ है।" राक्षस ने धीमे से कहा।

"और तुम्हें।"

राक्षस का मुखमण्डल खिल गया।

"एक बाण से दो आखेट, राक्षस। यह तुम जैसे बाज ब्राह्मण का ही चमत्कार है।" सुवासिनी की उँगलियाँ नर्तन कर उठी थीं। उसका उत्तरीय खिसककर उसके तने उरोजों पर से अवगुण्ठन उठा रहा था। उसके भ्रू विक्षेप की कृत्रिम मुद्रा पर विमुग्ध राक्षस उसकी ओर बढ़ने लगा ही था कि सुवासिनी ने मद्धिम स्वर में कहा, "महाराजा...।"

राक्षस यथास्थान खड़ा रह गया। उससे पीछे मुड़कर देखना भी सम्भव नहीं हुआ। सुवासिनी खिलखिला पड़ी।

राक्षस चौंका।

"मैं तुम्हारे साहस, बल और वाक् चातुर्य की परीक्षा ले रही थी। यदि ऐसी स्थिति आ जाए तो तुम्हारा बौद्धिक चातुर्य, पराक्रम और अभिनय क्षमता की त्वरा गति किस निर्भीकता से उसका सामना कर पायेगी? और उसमें तुम... अभी तुम्हें अपनी अभिनय क्षमता, विषम परिस्थितियों में अपने को सँभालने का कौशल और मन पर संयम बनाये रखने के अभ्यास की और आवश्यकता है।" सुवासिनी ने अपना उत्तरीय सँभाल लिया था, अपने मतवाले नयनों के सम्मोहन की तुलना पर

राक्षस के संयत विवेक को तौलते हुए वह आगे कह रही थी, "तुम इस नाटक के सूत्रधार कैसे हो सकते हो?"

"क्यों, मेरी प्राणप्रिया...? अभी तक तुम राक्षस को समझी ही नहीं।"

"एक बात बोलूँ, राक्षस, तुम अन्यथा तो न लोगे।"

"नहीं प्रिय, तुम कहो, क्या कहना चाहती हो।" राक्षस ने मस्ती से कहा।

"अन्ततोगत्वा तुम पुरुष युवती को क्या समझते हो—खिलौना, अपनी मस्ती का साधन, रंगरलियाँ मनाने का माध्यम...?"

"अपना सर्वस्व, प्रियतमा, सर्वस्व।" राक्षस का मन डोल उठा। पता नहीं सुवासिनी की मादक गन्ध पाकर उसे क्या हो जाता है कि वह चाहकर भी अपने में नहीं रह पाता। वह उसके चंचल यौवन वसन्त की मादकता में बहने लगता है।

"सब पुरुष एक-सा ही सोचते हैं, राक्षस। फिर क्या नन्द, क्या तुम। अन्दर ही अन्दर यह भी जानते हो कि तुम युवती को शयन कक्ष में ले जाकर चुपचाप उसका सर्वस्व लूट लेते हो। जब चाहे, मन भर जाने पर, उसे शयन कक्ष से बाहर कर देते हो। क्या तुम यह समझते हो कि युवती या औरत तुम्हारे कलुषित मन, यौन शोषण के जाल तथा वासना लोलुप दुश्चरित्र से परिचित नहीं होती? होती है, राक्षस।" सुवासिनी का स्वर ही नहीं बदला, उसकी मुद्रा भी तनिक कठोर और जटिल होने लगी।

राक्षस उसके और पास आकर और उसके स्कन्ध पर हाथ रखकर धीरे कहने लगा, "प्रिये, तुम इतनी क्यों पीने लगी हो?"

"ये प्रश्न अपने से क्यों नहीं करते, राक्षस...? एक ओर तुम मुझे अपनी प्राणप्रिया मानते हो और दूसरी ओर मेरा प्रयोग करने में तनिक भी लज्जित नहीं होते। लज्जित हो भी जाओ तो क्या है? व्यवसाय चाहे जिसका हो, उसका लक्ष्य एक ही होता है अधिक से अधिक लाभ कमाना।... तुम्हें राज्य चाहिए।... चाणक्य भी नन्द वंश को नष्ट करने का बीड़ा उठा चुका है।... तुम।..." सुवासिनी का स्वर डगमगाने लगा। उसके पाँव भी लड़खड़ाने को हुए ही थे कि राक्षस ने उसे अपनी बाँहों में ले लिया। वह छुईमुई सी उसकी बाँहों में झूल गयी।

राक्षस घबरा-सा गया। किसकी सहायता ले! उधर कोई आ गया तो।... उसका सिर चकराने लगा। उसने साहस से काम लिया। उसे पार्श्व वाले कक्ष में ले गया, जहाँ धननन्द सिर झुकाए स्वर्ण मण्डित झूले में झूल रहा था। हल्की-सी खटपट हुई तो धननन्द का ध्यान उधर गया।

"महाराजाधिराज, सुवासिनी चक्कर खाकर गिर पड़ी है।"

धननन्द धीरे से उठे। उन पर भी मदिरा गहरी चढ़ी हुई थी। उठे तो अवश्य परन्तु उनके पाँव लड़खड़ा रहे थे।

"मैंने सुवासिनी को पलँग पर लिटा दिया है। राजवैद्य जी को बुलवा लेता हूँ।"

"हाँ, शीघ्र बुलवाओ, महाअमात्य।" कहकर वह मन ही मन अत्यन्त प्रसन्न हुआ। वह सोच गया कि आज रात वह वहीं रहेगी। कब से प्रतीक्षा थी परन्तु हर बार बच निकलती थी और वह अपने आपको औंधे मुँह पलँग पर अकेला पड़ा पाता था। वह अनापशनाप बोलने लगता था। स्वभाव चिड़चिड़ा होने लगता था। सारी देह काँप रही होती थी। एक साथ चीखता जाता था। अनुचर भागी-भागी आती थीं। वह चीख रहा होता था, कहाँ गयी सुवासिनी? क्यों गयी? किसी ने उसे रोका क्यों नहीं? तुम सबके सब किसी अर्थ के नहीं हो। एकदम बेकार।

तब उधर कुछ नर्तकियाँ उपस्थित होकर अपनी-अपनी मोहक मुद्राओं और कामुक संकेतों से उनका मन बहलाने लगती थीं। यों वह दिन निकलते ही राग-रंग में खोने लगता था। वह मदिरा भरे चषक पीने पिलाने लगता था।

यह सब जानकर राक्षस का सिर चकराने लगा। इसी समय राजवैद्य भी वहाँ आ गया। वह नाड़ी देखने लगा। राक्षस ने राजवैद्य को संकेत कर दिया। वह कहने लगा, "ये छूत की बीमारी है। सुवासिनी को सबसे अलग रखना होगा। राजप्रासाद में तो भूलकर भी नहीं कहीं उससे दूर।"

"क्या अनर्गल बक रहे हो, राजवैद्य? ध्यान से देखो।"

राजवैद्य ने और देखने का अभिनय किया और कहा, "महाराजाधिराज, मैंने जो कहा है, वही इस रोग का उपचार भी है।... मदिरा... नृत्य... संगीत से कुछ दिनों के लिए दूर।"

"कितने दिनों के लिए, राजवैद्य?"

"अधिक से अधिक एक सप्ताह, महादेव।"

"फिर वह एकदम स्वस्थ हो जाएगी न।"

"हाँ, महादेव।"

धननन्द ने राक्षस की ओर देखा। राक्षस ने कहा, "वैद्यराज, क्या सुवासिनी को उनके आवास पर पहुँचवा दें।"

"यही उत्तम रहेगा।"

"और औषध आदि, राजवैद्य।"

"सुवासिनी की सहेली को बुलवाओ। औषध मेरा व्यक्ति लेकर आयेगा। उनका सेवन कैसे करना है, यह वह भली प्रकार समझा देगा।" राजवैद्य ने अपने झोले से कुछ गोलियाँ निकालीं और कहा, "ठण्डे पानी के साथ दो गोलियाँ अभी दे दो।"

राजवैद्य के साथ राक्षस भी बाहर आ गया। पालकी में सुवासिनी को भिजवा दिया।

राजवैद्य को अपने व्यक्तिगत कक्ष में लेकर पूछा, "क्या रोग है उसे?"

वैद्यराज गहरे सोच में डूब गया। राक्षस वैद्यराज के मुखमण्डल पर चिन्तन की उभरी रेखाओं से उद्विग्न हो उठा। वह अपने को और संयत नहीं रख सका और तुरन्त पूछ बैठा, "वैद्यराज, कोई गम्भीर रोग है क्या?"

"हाँ, महाअमात्य। ऐसा कैसे हुआ?"

"क्या कैसा हुआ वैद्यराज, स्पष्ट कहो।" राक्षस ने घबराकर पूछा।

"सुवासिनी मधुमालती की कन्या है। मधुमालती विख्यात नगरवधू है। वह जितनी अपने सौन्दर्य, अभिनय, नृत्य और मुद्राओं के रेखांकन के लिए आदर की पात्र है उतनी ही अपने शील, चरित्र और शालीनता के लिए भी। धन-सम्पदा की उसके पास कोई कमी नहीं है।" वैद्यराज ने धीरे-धीरे कह डाला।

"तो?"

"उसके दो ही पुत्रियाँ हैं। दोनों में से एक तपस्वी से और दूसरी दिग्गज योद्धा से प्रेम करती है।"

"इस समय उस कहानी को दोहराने की क्या आवश्यकता है, राजवैद्य। यह सब तो मात्र हमारे आपके मध्य का रहस्य है।"

"हाँ, राक्षस। परन्तु इस समय मधुमालती चिन्तित है। यदि मैं मध्य में नहीं आता तो वह तुम्हें सुवासिनी को कदापि नहीं सौंपती। उसकी चिन्ता यह है कि सुवासिनी रूप-सौन्दर्य, नख-शिख सन्तुलन, नृत्य, संगीत आदि की दृष्टि से उससे भी इक्कीस है। हृदय की पवित्र, भावुक और सहज है। वह राजप्रासाद के द्वन्द्व-प्रपंचों से कोसों दूर है। उसमें एक कवयित्री की कल्पना है।" राजवैद्य कई बार राक्षस से उसके बारे में पूछ चुका था।

मधुमालती के ये शब्द उसके कानों में गूँजते रहते थे, "वैद्यराज कहीं मेरी लाडली का राजनीति के षड्यन्त्रों में प्रयोग न हो जाए। हम नगरवधू अवश्य हैं। वही हमारा धर्म और कला की पूजा-अर्चना है। कदाचित् राजघराने की पवित्रता से अधिक हम विशुद्ध हैं—संस्कार से भी और चरित्र से भी। वो तो तुम मध्य में थे और सुवासिनी गृहस्थ जीवन जीना चाहती थी। राक्षस हमारे यहाँ आते रहते थे। यह प्रस्ताव भी तुम ही लेकर आये थे कि...।"

"हाँ, मैं ही लेकर आया था। राक्षस मेरा मित्र था और आज भी है। वह उससे प्रेम करता है और तुमने भी पता किया था कि सुवासिनी भी राक्षस के प्रति गहरा झुकाव रखती है।"

"परन्तु अभी तक... जितना मुझे ज्ञात हो सका है, वह राक्षस की प्रेमिका मात्र है। प्रेमिका पत्नी नहीं होती। इतनी समझ सुवासिनी में है कि वह प्रेमिका बनी रहकर राक्षस की अंकशायिनी नहीं हो सकती। हम शरीर नहीं बेचते। प्रेम शुद्ध भावनाओं का मन्दिर है। किसी वारांगना का कोठा नहीं है। यह बात सुवासिनी को

घुट्टी में पिलायी हुई है। हम स्त्री हैं, व्यभिचारिणी नहीं। राजवैद्य मैं तुम्हारे कलावा बाँधती और तिलक करती आयी हूँ। मैंने भैया दूज का सम्मान दिया है तुम्हें। इस नाते सुवासिनी के प्रति तुम्हारा भी उत्तरदायित्व बनता है।'

"क्यों नहीं, भगिनी! मैंने आँख पर पट्टी नहीं बाँध रखी है।"

"मैं उससे मिलना चाहती हूँ, राजवैद्य।" वह सारा परिदृश्य इस समय राजवैद्य के सामने घूम गया। वह राक्षस की ओर देख रहा था। राक्षस को चुप पाकर पूछ बैठा, "क्या कहते हो?"

"राजवैद्य, सारी स्थितियाँ तुम्हारे सामने हैं। अमात्य से महाअमात्य बनाने में कितने पापड़ बेलने पड़े और आगे...। मित्र, महत्त्वाकांक्षा जब सवारी करने लगती हैं तब वह उस व्यक्ति को अपना भी नहीं रहने देतीं।"

"महत्त्वाकांक्षा एक सीमा के बाद भयानक रोग में परिवर्तित हो जाती है। उसका किसी भी तरह चिकित्सा-उपचार सम्भव नहीं है। मित्र, अपने को इस महा तथा असाध्य रोग से बचा सको तो बचा लो। अब भी समय है। बाढ़ में बहती नौका में सवार जैसे लाख चाहने पर भी असहाय रह जाता है और वह उस दिशा में, उसकी गति से, बिना इसका अनुमान लगाये बहता जाता है कि वह बचेगा या नहीं। नौका कहाँ किस भँवर में फँसकर अपनी इहलीला समाप्त करने पर भी विवश हो जाएगी। तब मित्र?" वैद्यराज ने राक्षस के मन को घेरने का प्रयास किया क्योंकि जागतीय महत्त्वाकांक्षा का उदय और अस्त सब कुछ मन पर निर्भर है। मन ही वह बाढ़ है जो नौका को अपनी गति और उछाल पर बहा ले जाता है।

"तुम्हारे सुझाव पर भी सोचूँगा। इस समय मुझे सुवासिनी की चिन्ता है।"

"और मुझे उसकी और उसकी माँ की, राक्षस। उसकी माँ मेरी भगिनी भी है।"

"समझता हूँ, मित्र। इस समय मुझे सुवासिनी के बारे में बताओ, उसे क्या हुआ है और वह कब तक स्वस्थ हो जाएगी?"

"तो सुनो, राक्षस, सुवासिनी गहरे अवसाद में चली गयी है। वह उस सबकी अभ्यस्त नहीं है। उसने तुमसे प्रेम किया है और तुमने उसका आखेट। तुम उसे अपनी महत्त्वाकांक्षा की बलि चढ़ा रहे हो। रोको, राक्षस, अपने को रोको। उसकी माँ उससे मिलना चाहती है। यदि उसे यह सब ज्ञात हो गया तो वह भी बहुत कुछ करने-कराने की सामर्थ्य रखती है।" इस समय वैद्यराज ने राक्षस को चेतावनी देना उचित समझा। और राक्षस भी मधुमालती के प्रति कृतघ्न नहीं हो सकता, वह यह भी समझता था।

"एक बार, मात्र एक बार, राजवैद्य तुम सुवासिनी को स्वस्थ कर दो।"

"फिर?"

''मैं उसे उस नरक से निकाल ले आऊँगा। अपने प्रेम को कलंकित नहीं होने दूँगा, मेरा विश्वास करो।''

''राज्य से हुई सन्धियाँ और उनके दिये विश्वास तिनके की भाँति कभी भी तोड़े जा सकते हैं। इन बातों का कोई अर्थ नहीं है। फिर भी, मेरा उपचार जारी रहेगा, क्योंकि उसकी मध्यस्थता में मेरी अहम भूमिका है।'' उठते हुए कुछ सोचकर वैद्यराज आगे कहने लगता है, ''उसके उपचार में राक्षस, तुम्हारी सहायता की बहुत आवश्यकता है।''

''मैं तत्पर हूँ, वैद्यराज। बताओ, मुझे क्या करना होगा, मैं वह प्राणप्रण से करूँगा।''

''मुझे तुम पर विश्वास है। तुम्हारे मन पर बौद्धों की छाया अवश्य है पर तुम उसे राज्य की चाबुक से हाँकते हो। तुम स्वयं गहरे द्वन्द्व में हो। तुम अपने लिए ही निर्दोष निर्णय लेकर उस पर चल नहीं पाते। तुम्हारे साथ यही विडम्बना है, राक्षस।'' राजवैद्य ने गहरी साँस भरकर राक्षस की ओर शान्त भाव से देखा। वह यह जानता है कि कभी-कभी चुभती बात का प्रभाव एकाग्र मन से की जाने वाली प्रार्थना के स्मरण से गहरा और स्थायी होता है।

आज राक्षस का मन भारी होता जा रहा था। वह मद्धिम स्वर में बोला, ''अब कहिए कि मुझे क्या करना होगा?''

वैद्यराज गम्भीर होकर कहने लगे, ''तुम्हें सुवासिनी को अपने प्यार का विश्वास दिलाना होगा। उसको निहत्थे अकेलेपन की मेचक परछाइयों के टिड्डी दलीय आक्रमण से बाहर निकालना होगा। उसे पुरानी मधुर स्मृतियों के झोंकों से सहलाना होगा।... शेष तुम पर है कि यह सब तुम कितने विश्वास और सच्चाई के साथ कर पाते हो।''

''क्या मेरी सच्चाई में कोई सन्देह है, वैद्यराज?'' राक्षस की पलकें एक पल के लिए स्थिर रह गयीं।

''सच्चाई शब्दों से नहीं, हृदय की गहराई से अनुगूँजती है। उसके लिए किसी प्रयत्न की आवश्यकता नहीं। अच्छा, मैं अब चलता हूँ।'' राजवैद्य ने झोला कन्धे पर डाला और वह चल पड़ा।

एक प्रकार का तमतमाता हुआ सन्नाटा आकर ठहर गया। कुछ समय तक वह अन्यमनस्क-सा जहाँ का तहाँ बैठा रहा। क्या सोचकर उसने धननन्द को घेरने की योजना बनाई थी। परन्तु अब?

शकटार, मगध का अमात्य, अब कारागार के अँधेरों में पड़ा है। धननन्द का क्या। वह पल में क्या से क्या करवा डाले। शकटार तो उसके निकट था। कात्यायन

(वररुचि मगधदेशीय ब्रह्मबन्धु) भी अमात्य है परन्तु वह सदा सावधान रहता है और सब कुछ जानते-समझते हुए भी हस्तक्षेप करने से बचता है। उसके इस कथन में तथ्य है कि महाराजा धननन्द बहुत चतुर परन्तु अविश्वासी, क्रूर, निरंकुश और चरित्रहीन शासक है। उसे सुन्दरी, धन और मदिरा में मस्त बना रहना अच्छा लगता है। उससे दूर रहने में ही शुभ है। वह राक्षस का मित्र और शुभचिन्तक है। शकटार के कारागार में बन्द होने के बाद राक्षस के प्रयत्नों ने ही उसे अमात्य बनाया था। वह राक्षस के प्रति हृदय से कृतज्ञ है। वह चाहते हुए राक्षस को रोक नहीं सकता। फिर भी उसने यह कर उसे संकेत अवश्य दिया था कि आग लगने में हाथ नहीं जले, यह नीतिवाक्य उसने कहीं पढ़ा था।

राक्षस को क्या चाहिए क्या नन्दवंश का नाश होने पर उसे... कदाचित् नहीं क्योंकि मगध पर अनेक महाजनपद और जनपद के नरेशों की गिद्ध दृष्टि भी बनी हुई है। वह फिर क्यों अपने प्रेम बलि चढ़ाने का संकट मोल ले। रही चाणक्य से प्रतिस्पर्धा बनाये रखने की बात तो उससे उसे घबराने की आवश्यकता नहीं है और फिर, चाणक्य एक आचार्य है। उसमें इतनी शक्ति नहीं है कि धननन्द वंश के विशाल साम्राज्य तथा उसकी विशाल सैन्य बल के सामने वह सिर उठाकर जीवित रह सके। उसके पहले प्रयत्न की कैसी धज्जियाँ उड़ी थीं, उसको ध्यान में रखकर वह दोबारा वैसी गलती नहीं कर सकता। अभी तो उसने नरेश पर्वतेश्वर की सहायता करने का आग्रह किया है। दूत उत्तर की प्रतीक्षा में वहीं ठहरा हुआ है। चाणक्य ने पत्र के अन्तिम अनुच्छेद में लिखा है कि जो भी मन्त्रणा बने और उससे जो भी उत्तर देना हो, उसी के साथ दूत को लौटाना, उससे पहले नहीं। समय बहुत कम है और समूचे आर्यावर्त्त को एक बाह्य शक्ति रौंदने का दुस्साहस कर रही है। वह हमारे पौरुष, गौरव, स्वाभिमान, तेजस्विता, मेधा आदि का घोरतम अपमान है। ध्यान करो, जिस प्रजा के हम संरक्षक बने हुए हैं और जिससे मनचाहा कर वसूलते हैं यदि उसकी हम सुरक्षा नहीं कर पाये और उसे बाहरी बर्बर शक्तियों के सामने छोड़ दिया गया तो राजा पर कौन विश्वास करेगा और कौन उसे अपना स्वामी मानेगा?

चाणक्य के पत्र ने राक्षस को झकझोर दिया था। उसने धननन्द के नाम अलग से पर्वतेश्वर से पत्र लिखवाया था और उसके नाम स्वयं पत्र लिखा था।

''महाअमात्य, चलिएगा। स्वामिन को चेत होने लगा है।'' दासी ने सूचना दी।

''तुम्हारी स्वामिन ठीक तो है।''

''आप चलकर स्वयं देख लीजिए।''

राक्षस चल पड़ा। द्विविधाओं से घिरा राक्षस ठीक से कोई निर्णय नहीं ले पा रहा था। वह अन्तर्ध्वनि को भी समझने में अपने आपको असमर्थ पा रहा था। बस, वह चला जा रहा था सोच की सीमा से परे होकर अलक्ष्य से बिंधा।

7

तक्षशिला में ताबड़तोड़ वर्षा हो रही थी, जबकि वर्षा ऋतु नहीं थी। चाणक्य को नींद नहीं आ रही थी। वह टहलते हुए बीच-बीच में रुक रहा था। राक्षस के पास से कोई समाचार नहीं मिल रहा था। उधर तक्षशिला के राजकुमार आम्भीक ने तक्षशिला के अस्तित्व को बचाये रखने के लिए यही उचित समझा कि सिकन्दर से उसे पदाक्रान्त न होने दिया जाए। सिकन्दर आर्यावर्त्त में सहज ढंग से प्रवेश होने को अधिक महत्त्व दे रहा था ताकि उसे पाँव जमाने और आर्यावर्त्त के सीमावर्ती जनपद-महाजनपद की शक्ति का पता चल सके। चाणक्य को आशंका थी, फिर भी उसने आम्भीक के मस्तिष्क को पलटने का प्रयास किया। यद्यपि अलका, आम्भीक की भगिनी, ने चाणक्य की इस रीति-नीति पर विरोध जताया था। पर अब?

दूत जा चुका था। तभी खटपट हुई। चाणक्य चौकन्ना हुआ।

"मुझे आचार्य चाणक्य से मिलना है।"

"नहीं। वह इस समय किसी से नहीं मिल सकते।"

"क्यों?"

"यह उनकी आज्ञा है।"

"और मैं उनकी आज्ञा की अवहेलना करना चाहूँ तो?"

"यह सम्भव नहीं है। अब तुम भी अपने को बन्दी समझो।"

अलका इस समय तक्षशिला के एक पुरुष वेश छात्र की भूषा में थी। वह स्थिति को सहज ही समझ गयी। वहाँ आम्भीक ने भी अपने गुप्तचर भेज दिये थे ताकि तक्षशिला विद्यापीठ विद्रोहियों का केन्द्र न बन सके और चाणक्य की कूटनीति असफल हो जाए।

आम्भीक ने अपने पिता को भी नजरबन्दी बना लिया था। अलका ने सुन लिया था कि उसे भी यहीं ले आया जाए। वह कह रहा था, "पिताजी, यहाँ के इस वैभवपूर्ण जनपद को जो धनधान्य की दृष्टि से शिखर पर है, जहाँ सुख-शान्ति बनी हुई है और जो उन्नति-समृद्धि की चमक-दमक से अपनी महक चतुर्दिक फैला रहा है, मैं श्मशान भूमि में नहीं बदलने दूँगा। आप जानते हैं, पिताजी, आज की स्थिति में आने में हमें कितना प्रयत्न करना पड़ा है। यदि आप मेरी बात मान जाएँ तो अभी भी कुछ नहीं बिगड़ा है। यवन सम्राट से एक हजार से अधिक टेलेंट अर्थात् लाखों स्वर्ण मुद्राएँ मिल रही हैं जिनको हमारी शिखर स्पर्श करती उन्नति पसन्द नहीं है, उनको भी इससे खासा पाठ पढ़ाया जा सकेगा। यह जानते हुए कि हम उसके सामने टिक नहीं सकते, फिर युद्ध करने से क्या लाभ?"

"आम्भीक यह तू ठीक नहीं कर रहा है। तू देशद्रोही बनने जा रहा है।"

"आप समझने का प्रयत्न कीजिए। यदि हमने यवन सम्राट से मित्रता नहीं की तो अनेक जनपद उसकी ओर मित्रता का हाथ बढ़ाने के लिए तैयार बैठे हैं।... यवन सम्राट एशिया को धूल चटाता हुआ रूखामनी जैसे विशाल साम्राज्य को पदाक्रांत कर चुका है। उसके सामने हम कहाँ ठहर सकते हैं, पिताजी। हिंदूकुश के उत्तर में नरेश शशिगुप्त भी उससे मैत्री करने का इच्छुक है।"

"परन्तु पुत्र, तू देशद्रोही होने का उदाहरण क्यों बनना चाहता है?... कदाचित् आर्यावर्त्त के इतिहास का यह पहला कलंकित उदाहरण होगा। हमें मृत्यु का वरण-स्वागत करना आता है, परन्तु किसी की हमें पराधीनता स्वीकारना नहीं। तू अपने आसपास के लगभग अट्ठाईस छोटे-बड़े जनपदों से हारता-जीतता रहा है। अर्थात् तुझे अपने पड़ोसियों से युद्ध करने में जरा-सा नहीं सोचना पड़ा।"

"हाँ पिताजी, यह सत्य है परन्तु यह भी सत्य है कि उस महाशक्ति का हम सामना नहीं कर सकते। जानबूझ कर अपने और अपने जनपद को मिटाने का निर्णय लेना आत्महत्या जैसा दुष्कर्म है।" आम्भीक शान्त ढंग से समझाने का प्रयत्न कर रहा था।

"तू यह क्यों नहीं समझता, पुत्र, स्वेच्छा की पराधीनता से युद्ध करके खेत रहना कहीं अधिक श्रेयस्कर है। उसको आने वाली पीढ़ी उसका अनुसरण कर उस गौरव को बनाये रख सके जो किसी राष्ट्र की अस्मिता की पहचान होता है।"

"सिकन्दर ने एलेक्जेन्डिया के क्षत्रप को आसानी से पद च्युत कर उसके स्थान पर नया क्षत्रप बैठा दिया है। सिकन्दर तिकैया पहुँच चुका है। वहाँ से तक्षशिला कितनी दूर है। ये सारी बातें कोरी भावुकता के परिणाम हैं। सच यह है कि देशभक्ति, आत्मसम्मान, आत्म-गौरव आदि का कोई अर्थ नहीं है। यह आर्यावर्त्त पहले भी था, आज भी है और आगे भी रहेगा, केवल उसके शासक और उनके राज्य की सीमा घटती-बढ़ती रहेंगी।... कौन नरेश-राजा-महाराजा ऐसा है जिसने अपनी प्रजा का शोषण न्यूनाधिक न किया हो।... आप मगध जैसे विशाल साम्राज्य को देख लें। वहाँ का महाराजा अपनी प्रजा के प्रति कितना क्रूर, निष्ठुर और निर्दय है। फिर अपने और पराये राज्य का अन्तर क्या अर्थ रखता है। उलटे हम तो अपनी प्रजा के ऐश्वर्य-वैभव और उसके प्राणों की रक्षा कर रहे हैं।" आम्भीक के स्वरों में ऐंठन होने लगी थी और वह जान चुका था कि उसके पिता टस से मस नहीं होंगे।... व्यर्थ में वह वहाँ अपना समय क्यों नष्ट करे।

"तुम अपनी बहन को मेरे साथ क्यों नज़रबन्द करवाना चाहते हो, कुमार?"

"वह तक्षशिला की प्रजा को आत्मसम्मान का प्रश्न उठाकर विद्रोह करने के लिए षड्यन्त्र रच रही है। उस षड्यन्त्र के सूत्रधार तक्षशिला के कुटिल आचार्य

चाणक्य हैं। मैंने चाणक्य और तक्षशिला विद्यापीठ का भी प्रबन्ध कर दिया है। यदि आपकी प्रिय बेटी किसी तरह बचकर निकल भी जाये तो सीधे वहीं पहुँचेगी। और उसके वहाँ पहुँचने का भी वही अर्थ होगा जो यहाँ पकड़ में आने का। पिताजी, क्षमा करने के अलावा मेरे सामने अन्य कोई रास्ता नहीं था।'' आम्भीक ने वहाँ से आगे बढ़कर सैनिकों से कहा, ''सावधान रहना। जरा-सी भी चूक नहीं हो जाए अन्यथा...।''

अलका सब सुन चुकी थी। वह सैनिक वेशभूषा में अपने स्वामिभक्त सैनिकों के साथ रात में वहाँ से निकल पड़ी थी। पर अब? उसकी समझ में नहीं आ रहा था कि क्या किया जाए? यद्यपि वह यह जान चुकी थी कि तक्षशिला विद्यापीठ में चाणक्य को नज़रबन्द किया जा चुका है तथापि उसने सतर्कता नहीं बरती अन्यथा इस तरह उसे यहाँ नहीं आना चाहिए था।

''अब तुम उस कक्ष में चली जाओ। सैनिक इनको भी निगरानी में ले लो।''

''चलो, भाई।''

''ठहरो।'' एक ऊँचा स्वर सुनायी पड़ा।

''तुम कौन हो, सामने आओ।''

''मुड़कर देखो।''

''आप...।'' आश्चर्य से उसका मुँह खुला का खुला रह गया।

''इस दल के उपनायक।... अब उसका आदेश सुनो।... आदेश दो उपनायक।...''

वही तो उनका नायक बनाकर भेजा गया था। जब वही बन्दी है तब आदेश का क्या अर्थ। वह समझ चुका था।

''तुम भी अस्त्र-शस्त्र नीचे रख दो।''

उसने आदेश का पालन किया।

''तुम सब अब इधर आ जाओ। इन चारों को भी वहीं पहुँचा दो, जहाँ इनके सब सैनिकों को पहुँचाया है।''

''आपने कहा था कि।...'' उपनायक ने स्मरण कराया।

''युद्ध करना पड़ा। तीन सैनिक हमारे भी मारे गये—अठारह तुम्हारे। अब तुम चार बचे हो उपनायक।... हमारे पास इतने साधन नहीं हैं कि तुम्हारी निगरानी की जा सके। साधन के अभाव में विवश हूँ।''

''पर मैं नहीं।'' कहकर उनमें से एक ने तेजी से छलाँग लगाकर नीचे पड़ी तलवार उठा ली।

''ओह! तुम द्वन्द्व युद्ध करना चाहते हो।''

"क्षत्रिय मृत्यु से नहीं डरता।" उसने ललकारा, "आप में से जिसमें साहस हो सामने आ जाए।"

"जैसी तुम्हारी इच्छा वीर सैनिक।" इतना कहकर चन्द्रगुप्त मौर्य सामने आ गया।

"हम हैं। आप।..."

"नहीं, इस पराक्रमी क्षत्रिय को यह पाठ मुझे ही पढ़ाना होगा कि गुरुकुल की मर्यादा कोई भंग नहीं कर सकता। क्षत्रिय सैनिक में भी मर्यादा के उल्लंघन को नकारने का साहस होना चाहिए। हम यहाँ के छात्र रहे हैं। गुरुकुल समस्त राजाओं-नरेशों से ऊपर है। उस पर किसी का अधिकार नहीं हो सकता।... तो सैनिक सावधान यह सँभालो पहला वार।"

दोनों ओर से तलवारों की टकराहट। चन्द्रगुप्त मौर्य ने कहा, "तुम्हारे पास ढाल नहीं है। तुम चाहो तो ढाल उठा सकते हो। प्रतिद्वन्द्विता में धोखा नहीं।"

उसने ढाल उठा ली।

द्वन्द्व युद्ध में गरमाहट आ गयी। उस सैनिक में बल भी था और रण कौशल भी। परन्तु कुछ समय बाद उसकी तलवार कहीं और उसकी ढाल कहीं। वह मारा गया। उसके बाद उन तीनों को बाहर ले जाकर मृत्यु दण्ड दे दिया गया। जोर की चीखें निकलीं। उनमें से एक सैनिक ने हर हर महादेव कहा।

अब शान्ति थी।

उस सैनिक की लाश को उठाकर ले जाया गया।

चन्द्रगुप्त मौर्य ने कहा, "अब तुम लोग अपना स्थान बारी-बारी से सँभालते रहो। रात्रि का दूसरा प्रहर जा चुका है।"

अलका की ओर देखकर कहा, "आप सुबह आचार्य से मिल सकती हो। तब तक आप भी विश्राम करो।... पास वाले कक्ष में आपको ले जाओ।"

"क्या यह सम्भव है कि मुझे अकेले कक्ष में रहने दिया जाए?"

"आपको ऊपर वाले कक्ष में ले जाओ।"

सब चले गये।

अब चन्द्रगुप्त मौर्य ने धीरे स्वर में कहा, "गुरुकुल मुक्त हुआ, आचार्य। चन्द्रगुप्त मौर्य का प्रणाम स्वीकारें। आपको विश्राम में विघ्न पड़ा, उसके लिए क्षमाप्रार्थी हूँ। मुझसे भी अपराध हुआ, आचार्य, मैं आपसे आदेश नहीं ले सका।"

चाणक्य का मौन ठहरा रह गया। सम्पूर्ण वातावरण अवसन्न रह गया। चन्द्रगुप्त मौर्य धीरे-धीरे आगे बढ़ गया। जैसे कुछ समय पूर्व वहाँ कुछ हुआ ही न हो। कितना सत्य कहा था गंगाधर की पत्नी तृप्ति ने और गंगाधर ने उसे बताया था कि उसकी पत्नी विख्यात ज्योतिष परिवार की इकलौती पुत्री है। वह अपने

माता-पिता और दोनों भाइयों एवं भाभियों की चहेती है। ज्योतिष में उसकी अच्छी पहुँच है। वहाँ वह छोटे बच्चों को पढ़ाती भी है और औरतों को उनके उत्तरदायित्व निभाने पर चर्चा कर उनके दृष्टिकोण में परिवर्तन लाने का प्रयास करती है और उनको अपने अधिकारों से भी परिचित कराती है। उसने उसके बारे में कुछ कहा है। क्या वह सुनना चाहेगा।

"क्यों नहीं?"

"तृप्ति, आ जाओ। अपनी भविष्यवाणियाँ सुनाओ।" गंगाधर ने उसे अपने कक्ष में बुला लिया। अब वह तृप्ति की सौम्यता और सुन्दरता को देखकर आश्चर्यचकित रह गया। उसने सुनहरे रंग की साड़ी पहनी हुई थी और वह स्वर्ण आभूषणों से सज्जित थी। वह कहने लगी, "आप नाक से मत सोचा करें। उसका प्रयोग अपने निर्णय में मत लिया करो।"

चन्द्रगुप्त मौर्य चाहकर भी अपनी नाक पर अपने हाथ को ले जाए बिना नहीं रोक सका।

तृप्ति अपनी मुस्कराहट को नहीं रोक पायी। उसके अरुण कपोलों पर पड़ने वाले भँवरों ने उसे चौंका दिया। यथार्थतः इससे पूर्व कभी उसको किसी युवती के अमृतमय सौन्दर्य में उतर जाने वाले सम्मोहन ने प्रेरित-उत्तेजित ही नहीं किया था। वह भी मुस्कराहट से चमक उठा।

गंगाधर कह रहा था, "तृप्ति को हँसने-हँसाने का गहरा रोग है।"

"नहीं जी, ये तो जीवन से मुँह फेरकर जीने का अभ्यास डाल चुके हैं। जिसने अपने जीवन में चिलचिलाती धूप से सम्बन्ध बना लिया हो, वो चाँदनी की अनुभूति रो वंचित रह जाता है।"

"तृप्ति, तुझे जो कुछ कहना है उसे घुमा-फिराकर नहीं सीधे सपाट कह डाल। रात भी कितनी हो गयी है और परदेशी को सुबह तड़के ही निकलना भी है।" गंगाधर ने सहज होकर शान्त भाव से कहा।

"नहीं... नहीं, गंगाधर भाई, कहने दीजिए। मुझे तनिक-सी भी जल्दी नहीं है।"

"अर्थात् आप ज्योतिष में विश्वास रखते हैं और अपने भविष्य को जानने के लिए उत्सुक भी हैं।" तृप्ति का कोयलीय स्वर गूँज उठा।

"इससे पूर्व न किसी ने इस भाँति कुछ कहने-बताने का प्रस्ताव किया था और न मैंने ही इस ओर कभी ध्यान दिया था। सामान्य व्यक्तियों के भविष्य भी थोक में ही लिखे जाते हैं।" चन्द्रगुप्त मौर्य ने अपने मन को अभिव्यक्त कर दिया।

"स्मरण रहे, आप सामान्य व्यक्ति नहीं हैं। आपको अधिपति बनना है।... जब तब असोची परिस्थितियों के लिए तैयार रहना है।... आप कभी असफल नहीं होंगे।" तृप्ति कहे जा रही थी। चन्द्रगुप्त मौर्य यह कहना चाहकर भी नहीं कह पा रहा है कि अभी भी वह पराजित होकर ही भाग रहा है।

"असफलता उसे कहते हैं कि जिसके बाद कुछ करणीय नहीं रह जाता। तत्काल पड़ने वाले प्रभाव-दुष्प्रभाव आपकी एकाग्रता को भग्न नहीं होने देंगे। स्मरण रहे तो अपने राज्य-अभिषेक पर अवश्य बुलाना।" तृप्ति इतना कहकर अन्दर की ओर लौट पड़ी। वह हतप्रभ-सा तृप्ति की वाणी की प्रतिध्वनि सुनता रह गया। जो परिस्थितियाँ अभी सामने आ खड़ी हुई थीं, उनके बारे में उसने सोचा कब था और असफल होने की कड़वाहट झेलते हुए उसके मन को यह सफलता कैसे मिली और बड़ी आसानी से मिली। उसका ऐसे संकट की घड़ी में वहाँ से आना कितना शुभ रहा। अन्यथा पता नहीं क्या होता! वह व्यर्थ में उस मार्गदर्शक के प्रति मन ही मन खीझ रहा था जो मार्ग भटक गया था और जिसके कारण उसे इतनी रात गये वहाँ आना पड़ा। रास्ते में उसको कोई ऐसा ठिकाना नहीं मिल सका, जहाँ एक रात और ठहरना बन पाता। इस अनचाहे कष्ट से वह न्यूनाधिक क्षुब्ध था।

चन्द्रगुप्त मौर्य यह सोचते हुए पलँग पर लेट गया। लेटते ही उसे नींद ने दबोच लिया।

8

राक्षस सुवासिनी के निवास भवन मधुश्री में तीन रात रहा। इस बीच धननन्द भी सुवासिनी के स्वास्थ्य लाभ की चिन्ता में रहा और समाचार पाता रहा। वैद्यराज ने महाराजा को उपचार के बारे में बताया।

अन्ततोगत्वा राक्षस को नरेश पर्वतेश्वर का पत्र पहुँचाना पड़ा। राज्यसभा की बैठक में उस पत्र पर विचार हुआ। सब अमात्य और सभासद महाराजा के रुख के साथ रहे। ठीक से किसी निष्कर्ष पर नहीं पहुँचा जा सका।

अन्तपाल (सीमा सुरक्षा अधिकारी) ने तो स्पष्ट कर दिया था कि "हमारी सीमाएँ सुरक्षित हैं। इससे पूर्व भी बाहरी शक्तियाँ आयीं और आर्यावर्त्त के सीमान्त प्रान्तों से टकराकर लौट गयीं। पंचनद, सिन्ध आदि से हमारा कोई सीधा सम्बन्ध नहीं है।" सेनापति भद्दशाल भूशाल (पुलिस का उच्च अधिकारी) और दौवारिक ने उसका समर्थन किया।

धननन्द ने अवसर पाकर महाअमात्य राक्षस से परामर्श किया। उसे चाणक्य के पत्र के अनेक बिन्दुओं ने आवृत्त किया हुआ था। फिर भी वह चाणक्य के पक्ष में नहीं था, अतः वह कहने लगा, "यवन सम्राट का साहस नहीं हो सकता कि वह मगध जैसे विराट् साम्राज्य की ओर आँख उठाकर देख भी सके। इस पत्र के पीछे भी मुझे आचार्य चाणक्य का ही मस्तिष्क सक्रिय लग रहा है अन्यथा इससे पूर्व तो

कभी भी सीमान्त प्रान्त के किसी नरेश, क्षत्रप आदि ने मगध से सहायता नहीं माँगी।"

"यही वास्तविकता है। तक्षशिला का राजकुमार नरेश की शक्तियों का स्वयं प्रयोग करने लगा है। उड़ती-उड़ती यह भी ख़बर सुनी है कि उसने यवन सम्राट की ओर मित्रता का हाथ बढ़ाया है। सीमान्त प्रान्त के छोटे-छोटे राज्यों से अपना कोई सम्बन्ध भी नहीं रहा है।" राक्षस ने धननन्द के मन को पढ़ते हुए कहा।

"फिर पर्वतेश्वर (पोरस) स्वतन्त्र राजा है। उसका अपना गणितचक्र है। हमारा उससे कोई सम्बन्ध भी नहीं है। उसे सहायता देने का अर्थ है, आ बैल मुझे मार। सहायता देने से अपने सैनिक भी हताहत होंगे। उसका अपने वित्त पर भी सीधा प्रभाव पड़ेगा।" धननन्द जोड़-बाकी लगाने में अग्रणी माना जाता रहा है। वह सोच गया कि पर्वतेश्वर से उसे क्या मिलेगा। उल्टे अप्रत्यक्ष रूप से वह आँधी अपने ऊपर ले लेगा। फिर भी, यदि पर्वतेश्वर (पोरस) हार गया तो सिकन्दर दुस्साहसी होकर मगध पर भी चढ़ाई करने में विलम्ब नहीं करेगा।

"फिर, महाराजाधिराज?"

"उसके पत्र का उत्तर देना क्या आवश्यक है, महाअमात्य राक्षस।"

"आवश्यक तो क्या है परन्तु उसका दूत आया हुआ है।"

"उसको कोई गोलमोल उत्तर देकर टाल दो।"

"उत्तर आपकी ओर से जाएगा।"

"हाँ, महाअमात्य, परन्तु उसका उत्तर आप तैयार करवाओगे।" धननन्द का अचानक ध्यान सुवासिनी की ओर चला गया। वह अन्दर ही अन्दर तड़प उठा। पूछने लगा, "सुवासिनी को स्वास्थ्य लाभ हो रहा है न, राक्षस।"

"हाँ, महाराजाधिराज।"

"आप महाराजाधिराज को मात्र महाराजा नहीं कह सकते। कुछ लोग ही अपनी मंत्रिपरिषद में ऐसे आत्मीय हैं जिन पर राज्य तथा व्यक्तिगत कार्यों के लिए भरोसा किया जा सकता है।...... राक्षस हम सुवासिनी बिना अधूरे हैं। वह हमारे जीने का आधार बन चुकी है।... उसके बिना सब सूना लगता है।... कुछ करो।... हम उसे देखने जाना चाहते हैं। वह क्या सोचती होगी।" धननन्द का हृदय छलछला आया। उसका स्वर विचलित हो उठा।

"कृपया थोड़ा धैर्य कीजिए। वैद्यराज ने मना कर रखा है। उसे उड़ता रोग है। सुवासिनी तो आप पर एक नहीं, अनेंक निछावर की जा सकती हैं परन्तु आप।"

"नहीं, राक्षस, सुवासिनी हमारे प्राण बन चुकी है।"

"समझ सकता हूँ, महाराजा जी परन्तु आपकी प्रतिष्ठा और मान-सम्मान का

भी हमें ध्यान रखना है।"

"हम मगध के महाराजा हैं, राक्षस। हमारा विशाल साम्राज्य है। अपने राज्य में इक्ष्वाकु, पंचाल, हैहय, पोरस, अश्मक, बीतिहोत्र, शूरसेन आदि कितने राज्य सम्मिलित हैं। कितनी सुरक्षित है अपनी नयी राजधानी पाटलिपुत्र। एकदम राजगृह की भाँति। जहाँ राजगृह पूरी तरह पहाड़ियों से घिरा हुआ था, वहाँ पाटलिपुत्र भी गंगा एवं सोन नदियों के मध्य पूर्णतः सुरक्षित है। फिर, हमें किसका भय?" धननन्द भावुक हो उठा। डर के कारण ही तो उसने पुरुष अंगरक्षकों के स्थान पर स्त्रियों को अपना अंगरक्षक बनाया है। उनमें विषकन्याएँ भी हैं।

"वह सब ठीक है, महाराजा जी परन्तु आपकी छवि प्रजा में अति सौम्य न्यायपूर्ण और निर्दोष उभरी रहे, यह भी आवश्यक है।... मुझे वही सब सोचना पड़ता है।" राक्षस ने स्वामिभक्ति का परिचय दिया।

"जानते हो इस वर्ष हमारे राज्य की अनमोल उपलब्धियाँ कौन-सी हैं?"

राक्षस जानता था परन्तु वह जानबूझकर मौन बना रहा, जिससे महाराजा प्रसन्न बने रहें। कुछ सोचकर धननन्द ने कहा, "रथमुथल का अपनी रथ सेना में प्रवेश। वह चाकुओं और पैने किनारों से युक्त होता है। वह शत्रुओं के बीच में पहुँचकर शत्रुओं को गाजर मूली की तरह काटना शुरू कर देता है।"

"निःसन्देह, महाराजा जी। राजगृह के पास की खानों से लोहे का उत्पादन अपने आप में एक आश्चर्य है। वहाँ की धरती दलदली होने से शत्रु के अश्व शक्तिहीन हो जाते हैं और अपने हाथी उस भूमि पर सरपट दौड़ते हैं।" राक्षस ने धननन्द का ध्यान सुवासिनी से हटाने के लिए इस चर्चा को एक नया मोड़ दे दिया। वह जानता था कि धननन्द का अपार स्वर्ण उधर ही अज्ञात स्थान पर गड़ा है। फिर उन मजदूरों को भोजन में विष मिलवाकर वह मरवा भी देता है कि ताकि उसका किसी को पता नहीं चल सके। वह बहुत स्वर्ण लोलुप हो गया है।

धननन्द यदाकदा ही ऐसी मौज में आता है, जब वह अपनी उपलब्धियों का स्मरण कर गद्गद होने लगता है। वह कुछ रुककर कहने लगा, "राक्षस, राजा कितना अकेला होता है। कौन होता है उसके साथ? वह किस पर भरोसा करे, किस पर नहीं। उसके जीवन का एक बड़ा भाग इसी ऊहापोह में बीत जाता है। वह अपने मन की बात किससे करे?... राजा-महाराजा बनकर वह किस अँधेरी कन्दरा में ढकेल दिया जाता है, उसे उसके अतिरिक्त कोई नहीं जानता। अपने अँधेरे दूसरों को दिखलाई नहीं पड़ते। राजा सबके केन्द्र में होता है। आपने देखा चाणक्य कुटिल ब्राह्मण, कुपित हो उठा और अपना आपा खोकर ब्रह्मतेज दिखलाने लगा। वह भी किसके सामने, जिसका एक संकेत उसके सिर को धड़ से अलग कर सकता था।

लेकिन नहीं क्योंकि ऐसा करने पर राजा के लिए ब्रह्महत्या का दोष मढ़ जाता। आप भी ब्राह्मण हैं। क्यों मढ़ जाता न?''

''परन्तु बौद्ध ब्राह्मण, महाराज जी, कट्टर ब्राह्मण नहीं और न कर्मकाण्डी ब्राह्मण।'' राक्षस को सफाई देना आवश्यक हो गया।

''ब्राह्मणों ने रंगभेद के आधार पर पहले अपने को आर्य घोषित किया क्योंकि उनका रंग गोरा था और जो श्यामल व काले थे, वे द्रविण और अनार्य हो गये। फिर उन्होंने अपनों में भी भेद कर डाले। उसमें अपना स्थान सर्वोपरि रखा। उसके बाद वे अपनी रक्षा के लिए क्षत्रियों को लाये, व्यवसाय के लिए वैश्य बनाये और इन सबकी सेवा के लिए हम राक्षस, हम उनकी देह के पाँव, सामान्य सुभीताओं से भी वंचित, उपेक्षित और गर्हित जीवन जीने के लिए विवश।... उनकी व्यवस्था की जटिलता, भेदभावरीति और शोषण के कुचक्र चालों ने हमें कहीं का न छोड़ा—शूद्र बनाकर रख दिया। उस धधकती और विवश होती उत्पीड़न ने शूद्र को जीते जी नरक में ढकेल दिया। तभी तो उत्पीड़न के मारे शूद्रों ने समानतावादी वर्णों के घेरे से मुक्त नये धर्म—बौद्ध धर्म को, स्वीकार करने में विलम्ब नहीं किया।'' धननन्द का यह छिपा स्वरूप पहली बार सामने आ रहा था। अभी तक राक्षस उसे एक लोभी, बर्बर, अत्याचारी, अन्यायी और कमजोर महाराजा समझता था—मदिरा, सुन्दरी और ऐश्वर्य में आलुप्त महाराजा। आज उसकी आँख खुली की खुली रह गयी—एक सुलझे हुए विचारक और गम्भीर चिन्तक को पाकर।

''राक्षस, हम शूद्र महाराजा हैं। इस कारण उच्च वर्ण, उसमें भी ब्राह्मण-क्षत्रिय, निरन्तर षड्यन्त्र रचते रहते हैं और प्रजा में हमें बदनाम करने की चाल चलते रहते हैं। वे यह समझने के लिए कदापि तैयार नहीं हैं कि हमारे राज्य में ब्राह्मण-क्षत्रिय ही सत्ता संचालन में प्रमुख हैं। वैश्य भी समृद्धि के शिखर पर हैं। फिर भी ये सब नन्द वंश को समाप्त करने के षड्यन्त्र में रत हैं।'' धननन्द कहते-कहते रुक गया। सोचते रह गये।

राक्षस ने धननन्द को एक दार्शनिक की भूमिका में देखा। वे अछूत हैं, शूद्र, समाज के पाँव हैं। निम्न वर्ग-वर्ण, निम्न जगत् के उपेक्षित, अपमानित प्राणी हैं। आज राक्षस को उनकी आत्मा का अनुभव हो रहा था। मनुज निरात्म नहीं हो सकता। धननन्द पुनः कहने लगा, ''राक्षस, इस वर्ण व्यवस्था में विभाजित समाज की नींव ही त्रुटिपूर्ण है। कर्म में स्थायी विभाजन में वर्ण को वंशानुक्रम की दलदल में ला पटका और फिर हर बार उसे संगठित कर एक नये समाज का स्वप्न दिखाने-बहलाने का व्यवसाय प्रारम्भ कर दिया है।... चाणक्य, आचार्य जैसे गरिमापूर्ण पद का स्वामी होकर इस मर्यादा का विस्मरण कर गया कि साम्राज्य के अधिपति की केन्द्रीय भूमिका है राज्य में भी, समाज में भी। मुझे उसके उच्चासन आरूढ़ होने से कष्ट नहीं

हुआ, मुझे यह जानने का अवसर मिला है कि क्या एक आचार्य जो वर्ण व्यवस्था के वृत्त से बहुत ऊपर होता है, अपने को ब्राह्मणपन से ऊपर उठा सका? क्या उसका सर्वोच्च ज्ञान, कौटिल्यशास्त्र का प्रणयनकर्ता होने का स्वाभिमान उसकी शिखा तक सीमित है? वह अपनी खुली शिखा को तभी बाँधेगा जब वह नन्दवंश का नाश कर देगा। क्या उसके इस कथन से ज्ञान-विज्ञान की गरिमा का अवसान नहीं होता है? स्मरण रहे, प्रतिशोध में अग्नि की ज्वाला नहीं, धुआँ होता है। चाणक्य ने अपने बड़प्पन का नहीं, अपने ब्रह्म ज्ञानी होने का नहीं, बल्कि परम्परा से प्राप्त उस दिशा-दृष्टि का प्रदर्शन किया था जिसके मूल में सृजन भी विनाश का सेतु है। ... जाओ, राक्षस, जाओ। अब हमें अकेला छोड़ दो और एक विशाल साम्राज्य के अधिपति को उसके शूद्र होने की अन्तर्वेदना के राख में कुछ देर पड़ा रहने दो और जगत् को जानने दो कि सम्राट होकर भी शूद्र शूद्र की सीमा से ऊपर नहीं उठ सकता है, वह अन्ततोगत्वा रहेगा शूद्र ही। चाणक्य ने एक साम्राज्य के अन्त की घोषणा नहीं की है, एक शूद्र को उसकी वास्तविकता जताने का उद्घोष किया है और ब्राह्मण होने के अहंकार की ईर्ष्या का उद्घोष किया है और वह भी इस सत्य की अवहेलना करते हुए कि समय आने पर हर वंश का नाश सुनिश्चित है। इस मगध की राजनीतिक सत्ता की स्थापना बार्हद्रथ ने की थी। उसका भी बार्हद्रथ वंश चला। वह महाभारत के कृष्ण का घोर विरोधी था। वह बड़ा प्रतापी राजा था। वह अपना साम्राज्य समूचे उत्तर भारत में स्थापित करना चाहता था पर कृष्ण और पाण्डवों ने वैसा नहीं होने दिया और उस वंश के अन्तिम सम्राट निपुंजय के साथ ही वह वंश समाप्त हो गया।... पर क्या कृष्ण पाण्डवों को बचा सके? हमने भी हर्यकों और शिशुनागों से मगध की सत्ता पर अधिकार जमाया था।... उनसे उनकी राजधानी छीनी थी। हमारा वंश भी अमर नहीं है—हर उदय का सूरज अवसान को प्राप्त होता ही है। यह कोई नयी बात नहीं है। परन्तु मेरी चिन्ता यह है, राक्षस, आप भी सोचो क्योंकि आपने भी जन्म से ब्राह्मण होने के कारण उस वंश परम्परा से पल्ला नहीं झाड़ा है। न आपने बौद्ध होने की छाप छोड़ी और न हर उस अवसर का लाभ उठाने में और कोई चूक की है, जिससे गरिमा उन्नतोन्नत होती है। यह आपका नहीं, मेरा भी और हर प्राणी का दोष है कि वह उन्नत मार्ग की ओर बढ़ते जाना चाहता है, चाहे उसका परिणाम पतन की गर्त में मुँह छिपाने की विवशता क्यों न हो।'' इसके बाद धननन्द अट्टहास लगा उठा। लकड़ी का बना वह चन्दन भवन राक्षस को घूमता परिलक्षित हुआ। वह घबरा उठा।

''जाओ, राक्षस, जाओ। मैं स्वयं इस द्वन्द्व-अन्तर्द्वन्द्व की अन्तर्ज्वाला में जला जा रहा हूँ। आप प्रयत्न करो यदि अपने को बचा सको तो बचा लो, यह दलदल राजगृह से अधिक गहरी और राज्य सन्धियों से अधिक निर्बल, खोखली है। इसके

जन्मदाता भी हम ही हैं और इसके साथ अपने अवसान के साक्षी भी हम हैं।... जाओ, राक्षस, अधःपतन के मार्ग को छोड़कर जीवन का मार्ग अपनाओ जिसे इतने विशाल साम्राज्य का सम्राट, अपार सेना, अपार धन, वैभव और निरंकुश शक्ति का स्वामी होते हुए भी वह उसे अपनाने की ओर दो डग भी नहीं बढ़ा सका, मात्र भूले भटके स्वप्न देखने के। जाओ, राक्षस, अब जाओ। अब हमारा मगध को पीने का समय है।... देखते हैं, कौन किसको पीता है, हम मगध को या मगध हमको।'' धननन्द का संकेत राक्षस के लिए खुले द्वार की ओर था। धननन्द अपने भवन में टहलने लगा। सुनन्दा का उस ओर ही आना हुआ, जहाँ धननन्द कुछ-कुछ उद्विग्न होकर इतस्ततः घूम रहा था। वह चिन्तित था।

''आज तुम बहुत विचलित हो रहे हो। तुमने राक्षस के सामने अपना हृदय खोलकर ठीक नहीं किया।'' सुनन्दा ने कहा।

धननन्द ने उसकी ओर ध्यान से देखा। आठ-नौ वर्ष हो गये परन्तु उसका शालीन सौन्दर्य और भव्य तथा सुकुमार जीवन सदा धननन्द की प्रेरणा रहा। उसने कभी उसे अन्य युवती में रुचि रस लेते नहीं रोका। उसने पूछने पर सहज भाव से कह दिया, ''तुम सम्राट हो।''

''तो क्या हुआ?''

''सम्राट सर्वेश्वर होता है। उसे कोई नहीं रोक सकता। फिर मैं किसी के आनन्द में विघ्न क्यों बनूँ। विघ्न बनने से तुमको तनाव होता हो या नहीं, पर मुझे होता है। यह मैंने बहुत शीघ्र ही समझ लिया था। और, उसके बाद से हम दोनों के मध्य कभी कोई रार-टकराहट-कहासुनी नहीं हुई।''

''तुम ऐसा कैसे कर सकीं! मैं तुम्हारे स्थान पर होता तो...।''

''कल्पना नहीं। सँभलना अपने को ही होता है। मुझे आपसे कुछ नहीं चाहिए। अपेक्षाओं की सूची बनाकर जीने का मुझे अभ्यास नहीं है।'' सुनन्दा का स्वर संगीतमय था।

धननन्द ने मुख्य बिन्दु पर आते हुए पूछा, ''तुम नहीं चाहती हो कि...।''

''नहीं, यह मेरा संकेत भर है। मुझे आपकी घुटन का अनुमान है। कदाचित् इसी कारण तुमने मुझ जैसी सामान्य परिवार की लड़की से विवाह रचा लिया और फेरे राजप्रासाद में लिए।... वह भी औपचारिकता निभाने की आवश्यकता नहीं थी। मैं जान गयी थी कि सम्राट सारे साम्राज्य का स्वामी होता है। फिर उससे कुछ कहने का क्या अर्थ है? मैं समझती हूँ कि लड़की को विदा करने के साथ जैसे बैलों की जोड़ियों को दिया जाता है वैसे ही लड़की को भी। पशु को किसी के खूँटे से तो बँधना ही है, फिर आपत्ति-नकार क्यों?''

''क्या तुम्हारी अपनी इच्छा-आकांक्षा का कोई महत्त्व नहीं है?''

"कितनी बार कहा है कि वस्तु की इच्छा-आकांक्षा नहीं होती, वह खरीदने-बरतने वाले की इच्छा-आकांक्षा पर पूरी तरह निर्भर होती / रहती है।"

"मैं सम्राट होते हुए भी शूद्र के कलंक को नहीं हटा सका, सुनन्दा।"

"वो भी हटा लिया एक ब्राह्मण की लड़की को क्रय कर।... सम्राट होने का यही तो सुभीता है।"

"क्रय नहीं, विवाह सुनन्दा, सात फेरे लेकर।" धननन्द ने उसे स्मरण कराया।

"आप भी सोच में उतने ही स्वतन्त्र हैं जितनी मैं। किसी की सोच जानने का अभी तक ऐसा कोई यन्त्र सामने नहीं आया है, इस कारण सोच के साथ न बलात्कार सम्भव है, न मोल भाव।" सुनन्दा सहज कह जाती।

"तुम आज भी अपने विवाह को एक मोल भाव ही मानती हो, सुनन्दा।"

"सम्राट के आगे किसकी चलती है, नन्द। तुम अपने पर से शूद्र होने का ठप्पा नहीं हटा सके तो तुमने एक गरीब ब्राह्मण लड़की को शूद्र बना डाला। गुस्सा किसी से पर वह निकला किसी और पर।" सुनन्दा ने मौका नहीं चूका।

"तुम आज तक हमें क्षमा नहीं कर सकीं, सुनन्दा?" धननन्द का स्वर आर्द्र था।

"क्षमा और दण्ड देने का एकमात्र अधिकार सम्राट को है, नन्द।"

"तुम भी सम्राज्ञी हो।"

"यह आपका बड़प्पन है, नन्द, आभार।"

"हम ऐसा क्या करें कि जिससे तुम्हें पा सकें।"

"यह देह तुम्हारी है नन्द।"

"पर हृदय और आत्मा तो नहीं न, सुनन्दा।"

इस तरह धननन्द परास्त होने लगता तो वह सहानुभूति जताते हुए कहने लगती, "जन्म से न कोई ब्राह्मण है, न शूद्र। यथार्थतः ब्राह्मण वर्ग ने अपने में से एक वर्ग को उपेक्षा और उत्पीड़न में जीने के लिए विवश कर दिया था। उसे यह भुलाने के लिए वह जो भी कर सकता था उसने किया कि वह भी उनकी तरह का मनुज है।... तुम सम्राट होकर, एक ब्राह्मण लड़की से विवाह करके भी अपने को शूद्र-वृत्त से बाहर नहीं ला सके। फिर अपने वर्ण-वर्ग को उस वृत्त से मुक्ति दिलाने के प्रयास में तुम्हें कैसे सफलता मिलती। राक्षस भी ब्राह्मण है। चाणक्य को वह अपना प्रतिद्वन्द्वी समझता है। वह नहीं चाहता है कि चाणक्य आपकी दृष्टि में चढ़ जाए।" धननन्द की दृष्टि सामने से उसका पल्लू हटने से कंचुकी से झाँक उठे पयोधर पर ठहर गयी। वही तनाव, वही भराव, वही उठान कहीं से भी कुछ बदला-बिगड़ा नहीं। सौन्दर्य का उठाव और मादक हो उठा है।

धननन्द की तरसती दृष्टि पर वह कह उठी, "सम्राट के मुखमण्डल पर तृषित होने की रिक्तता की छाया इतनी शीघ्रता से नहीं मँडरानी चाहिए। अच्छा तो मैं चलती हूँ।" इसके साथ सुनन्दा चल पड़ी। धननन्द रुकने के लिए उसे पुकारता हुआ मन मसोसकर रह गया। राक्षस को उसने जाने के लिए कहा था और सुनन्दा को उसने रोकना चाहा था पर वह रुकी नहीं। वह अपने में इतना साहस नहीं बटोर सका कि उसका पीछा करता हुआ उसके भवन तक जा पहुँचता। वह किंकर्तव्यविमूढ़-सा यथास्थान बैठा रह गया।

9

अभी तक्षशिला प्रातः पूर्व की बाँहों में झूल रहा था। पवन में ठण्डक थी और वह किसी नवयुवक-युवती की प्यार भरी गति से महक रहा था। चन्द्रगुप्त मौर्य ने उठते ही सबसे पहला यह कार्य किया कि अपने साथियों की सहायता से रात्रि में मारे गये तक्षशिला राज्य के उपनायक और सैनिकों को एक उपयुक्त स्थान पर रखवाया। सूखी लकड़ियाँ इकट्ठी करवायीं और उन लाशों को उन पर रखवाकर पुनः उनके चारों ओर ऊपर लकड़ियाँ रखवा दीं। बीच-बीच में सूखे पत्तों को भी रखवाता गया। फिर उसमें आग लगवा दी। सहसा टहलती समीर ने गति पकड़ ली और आग को उससे बल मिला। वह धू-धूकर जल उठी। दाह संस्कार पूरा हो जाने पर वे सब झेलम और सिन्धु में से किसी एक का चुनाव करने लगे।

चन्द्रगुप्त मौर्य ने अपने अश्व के ऐंड लगायी। फिर क्या था, उसके साथ आये सभी साथी उस दिशा में बढ़ने लगे।

चन्द्रगुप्त मौर्य सोच रहा था कि सवेरा कितना मनभावन है। सब ओर हरियाली अपने मन का संगीत छेड़ रही है। पक्षी वृन्द गीत गा रहे हैं किसी अपरिचित भाषा का प्रार्थनामय गीत! उसे तृप्ति की सुन्दर बड़ी-बड़ी मतवाली आँखों में झाँकते सुनहरे सपनों का स्मरण हो आया, मानों वे कह रही हों—"परदेशी युवक, जीवन परछाइयों के अँधेरों से बाहर लाने का नाम है। उड़ सको तो पक्षियों की कतार में उड़ने के अतीन्द्रिय आनन्द के मध्य बहते जाओ। वहाँ जीवन तुम्हारी प्रतीक्षा कर रहा है।"

चन्द्रगुप्त मौर्य में संगीत पक्षियों के मखमली रंग-बिरंगे पंखों सा लहरा रहा था। अभी सूर्योदय नहीं हुआ था परन्तु उदय होने का आभास उसने दे दिया था।

सामने सिन्धु नदी बह रही थी। पवन उसे छेड़ रहा था। सब अश्वों से उतर चुके थे। इस समय उनमें से किसी के पास पहनने के लिए दूसरे वस्त्र नहीं थे।

कैसे स्नान करें? समस्या यह खड़ी हुई थी। तभी चन्द्रगुप्त मौर्य का ध्यान मन्दिर और उसके चारों ओर के परकोटे की ओर गया। उनके साथी समझ गये और

बिना कुछ कहे-सुने उनमें से तीन-चार साथी उस ओर बढ़ गये।

विन्ध्याचल के वनों में चन्द्रगुप्त मौर्य सबसे पहले चाणक्य से मिला था। तब उसने चाणक्य की आँखों में लपटों के उठते रहने का अनुभव किया था। वह कैसी अनजानी राहें थीं, जिनकी ओर देखते हुए अज्ञात और भयानक जंगली पशुओं की दहाड़ सुनायी पड़ रही थी। चाणक्य विषाद से घिरा पर्वत शृंखला की दायीं दिशा की ओर देखते हुए कह उठा था, "तुम काली, घनघोर काली घटायें देख रहे हो, चन्द्र, एकदम समुद्र की उछाल भरती गगनचुम्बी लहरों सा शोर करती घन घटायें, शेषनाग सी फन फैलाए और फूत्कारती हुई मेचक घटाएँ सारे आर्यावर्त्त को निगल लेना चाहती हैं और उधर पिशाचराज, तंद्रिक, निष्ठुर, निर्दय, विलासी, अधार्मिक, शूद्र नरपति पागल साँपिन सा सद्य जन्मे अपने ही शिशुओं को खाये जा रहा है। कुछ दृष्टिगत हुआ तुम्हें।"

चन्द्रगुप्त मौर्य साश्चर्य मौन। वह अपनी आँखों को बारम्बार मींड़-मींड कर देख रहा था। परन्तु उसे कुछ भी दृष्टिगत नहीं हो रहा था, मात्र पर्वतशृंखलाओं पर फैली अघोर हरियाली के। वह सिर हिलाकर कहने लगा, "कुछ नहीं, आचार्य।"

"तुझे क्यों दृष्टिगत होने लगा, चन्द्र। वह तो मुझे ही दृष्टिगत हुआ था कि तू तो राजकीलम् खेल में व्यस्त था। अनेक लड़के तेरी प्रजा बने हुए थे। तू राजा बना हुआ था। उनमें से कोई लड़का हाथी, कोई अश्व बना हुआ था। राजा की सवारी आ रही थी। प्रजा भयभीत-सी थी। एक लड़का जो हाथी बना हुआ था, तू उसकी पीठ पर सवार था।" चाणक्य ने कहा।

"हाँ था, आचार्य। तब आप ही मेरे पास आये थे और कह रहे थे, मुझे दूध पीने के लिए एक गौ चाहिए।"

"वो देखो, कितनी गौएँ चर रही हैं। उनमें से तुम अपनी पसन्द की एक गौ ले सकते हो।"

"परन्तु यदि इस बीच उन गौओं का स्वामी आ जाए और मुझे गो ले जाता देख ले तो वह मुझे मारने लगेगा, राजन।"

"मैं राजा हूँ। किसमें इतना साहस है जो मेरी आज्ञा न माने। जाओ उनमें से अपनी पसन्द की गौ ले आओ, याचक ब्राह्मण।"

"हाँ, सब स्मरण है। यह भी स्मरण है कि आपने एक भी गौ नहीं ली थी लेकिन मुझे अपने साथ ले चले थे।"

"उसके लिए तुम्हारे शिकारी स्वामी को मैंने एक हजार कार्षापण दिये थे।"

"यह मुझे ज्ञात नहीं है।"

"आगे...।"

'आप मुझे तक्षशिला विद्यापीठ में लाकर विद्याध्ययन, अस्त्र-शस्त्र संचालन,

सैन्य प्रशिक्षण आदि कराने लगे थे। समय से पूर्व मुझे हर क्षेत्र में पारंगत करने लगे थे। एक दिन कहा था—जाओ, चन्द्र अपनी माँ को पाटलिपुत्र में ढूँढ़ निकालो। मैंने तुम्हें बाँधा नहीं, स्वतन्त्र कर दिया।''

''हाँ, आचार्य।''

''आज मुझे गुरुदक्षिणा चाहिए। बोलो, तत्पर हो या...।''

''आज्ञा दीजिए, आचार्य, आप अपने विद्यार्थी का सिर चाहें तो वह उसके लिए भी तत्पर है।''

''सिर नहीं, चन्द्र। मुझे इस समय एकमात्र तुम्हारी आवश्यकता है।... तुम्हें इस समय घनघोर तामसी घटाएँ दृष्टिगत नहीं हो रही हैं परन्तु मुझे तुममें जब तुम राजकीलम् खेल में तल्लीन थे, बहुत कुछ दृष्टिगत हो गया था। ज्ञात नहीं आता कि मैंने क्या सोचकर तुम्हें मुक्त कर दिया था परन्तु आज पुनः इस भयावह जंगल में तुम क्या मिले कि मुझे लक्ष्य तक पहुँचाने वाला एक सुपात्र मिल गया। आओ, मेरे साथ।''

चन्द्रगुप्त मौर्य उस दिन से उसके साथ हो लिया। फिर बिछड़ा तो मगध राज्य के केन्द्रीय हृदय-स्थल पाटलिपुत्र पर आक्रमण में परास्त होकर। पुनः कल रात्रि को तक्षशिला पहुँचना हुआ और वह भी विषम स्थिति में।

अब सूर्य निकल आया था। फिर उसे अँधेरे से संघर्ष करना था कि तब तक उसके संगी-साथी देह पोंछने के लिए कुछ मोटे वस्त्र के टुकड़े ले आये थे।

सबने तीव्र गति से बहती सिन्धु नदी के ठण्डे जल में स्नान किया और फिर विद्यापीठ की ओर अपने-अपने अश्वों पर सवार होकर वे दौड़ पड़े।

10

राक्षस सुनता-सुनता अचम्भित हो रहा था। उसे कुछ समझ में नहीं आ रहा था कि राज्य में अचानक क्या हो रहा है और क्यों? सुनन्दा ने उसे बुलाया था। वह जान चुका था कि सुनन्दा तभी राज्य में हस्तक्षेप करती है जब दुर्घटनाएँ सिर उठाने लगती हैं और उन पर काबू पाने का कोई रास्ता दिखलायी नहीं पड़ता है। राक्षस ने सुनन्दा के पास जाने से पूर्व कात्यायन से परामर्श किया था।

कात्यायन ने बताया था कि यह सब दुर्घटनाएँ हेराक्लीज और डियोनिसियस की मनुष्य के आकार की खड़ी की गयी प्रतिमाओं के विरोध में हो रही हैं।

''हेराक्लीज और डियोनिसियस यूनानी देवता हैं। उनके घुँघराले बाल और सौम्य, सुडौल तथा भव्य भावों वाली आकृतियों के कारण!''

"हाँ, महाअमात्य, उसी से प्रजा में यह सन्देश गया है कि हमारे सम्राट ने बिना लड़े ही तक्षशिला के नरेश की भाँति उसकी अधीनता स्वीकार कर ली है। अब यवन सम्राट की भक्षक सेना पाटलिपुत्र के सारे ऐश्वर्य, मान-सम्मान, बहू-बेटियों की मान-प्रतिष्ठा आदि निगल जाएगी। इस कारण प्रजा गुस्साई हुई विद्रोह पर उतारू हो उठी है। मैंने सेनाध्यक्षों, उपसेनापति सौम्यकर्मा के पास सन्देश भिजवा दिया है। उसकी प्रतिलिपि आपको भी भिजवायी है ताकि आप महाराजाधिराज को कुम्भकर्णी नींद से जगा सकें। आजकल वे सिंहासन आरूढ़ नहीं हो रहे हैं।" कात्यायन ने शान्त चित्त होकर दुर्घटनाओं के रहस्य पर से आवरण हटाने का प्रयास किया।

"सेनाध्यक्ष भद्रदशाल अवकाश पर हैं और उपसेनापति सौम्यकर्मा पर मुझे संशय है। उस पर निगरानी बढ़ा दी है और आजकल में हमें सारे समाचार मिल जाएँगे।"

"मैंने भी गुप्तचरी करवायी है।"

"यह अच्छा किया, कात्यायन ताकि प्राप्त समाचारों की सत्यता सामने आ सके। जब-जब सम्राट की पकड़ शासनतन्त्र पर ढीली पड़ने लगती है तब-तब निर्बल शक्तियाँ भी षड्यन्त्र में सम्मिलित होकर उसे हानि पहुँचाने में पीछे नहीं रहती हैं। यह तो मुझे ज्ञात हो सका है कि यवन सम्राट के गुप्तचर अपने कतिपय देशद्रोहियों से साँठगाँठ कर नगर में प्रवेश कर चुके हैं। वे आगे कहाँ-कहाँ पर उनकी प्रतिमाओं को स्थापित किया जा सकता है, उसकी भी पूरी योजना बना चुके हैं। शीघ्रता में बिना पहचाने कोई कार्यवाही प्रारम्भ करवा देने से शत्रु पक्ष सावधान होकर अपना रुख बदल सकता है। मुझे महारानी ने बुलवाया है। लौटने पर आवश्यकता हुई तो आपको बुलवा लूँगा। जहाँ तक सम्भव हो, इस दुश्चिन्ता से अपने को अलग बनाये रखने की ही अभिव्यक्ति देना।"

इसके तुरन्त बाद राक्षस महारानी के राजप्रासाद वृन्दावन भवन जा पहुँचा। दासी ने बताया, "आप बैठिएगा, महाअमात्य, महारानी जी को सूचित करके आती हूँ।"

दासी ने लौटकर कहा, "आपको महारानी जी ने प्रतीक्षा करने के लिए कहा है।"

राक्षस ने अवलोकन किया और पाया अतिथि कक्ष में महारानी निर्मित नये चित्रांकन लगे हुए थे। वह उठकर उधर आया। पहले चित्रांकन में झील पर सुस्ताती सन्ध्या को एक ग्रामीण युवती के रूप में दरसाया गया था। वह युवती थकी माँदी खेत पर काम करके लौटी है और उसकी पीठ पर शिशु बँधा हुआ है। उसकी आँखों में छलके अरुण उजास का भोलापन है। दूसरा चित्रांकन गंगा तट पर नहाती उस नवयुवती का था जो अपने बच्चे को नहला चुकी है और उसे घाट पर खड़ा रहने के लिए कृत्रिम क्रोध का अभिनय कर रही है परन्तु वह जिद्दी बालक उसके गीले

वस्त्र पकड़े खड़ा हुआ। बालक की बड़ी-बड़ी आँखों में चपलता है और उसके मुखमण्डल पर शैतानी की बारीक रेखाएँ स्पष्ट नजर आ रही हैं। वह एकदम नंगा है और मचल रहा है। उधर गंगा पर सूर्य की किरणों का उगता सहज पीताभ प्रकाश छपाछप की क्रीड़ा में मग्न है। राक्षस सोचे जा रहा था कि महारानी को जन जीवन की सामान्य जानकारी कितनी गहरी और उसकी पकड़ कितनी सशक्त है। उनके लिए रंगों का चयन, नये रंगों का उदय अस्त और मन पर प्रशान्ति छोड़ने का प्रयास कहीं गहरे में उतर जाने का संकेत दे रहा था। वह तीसरे चित्रांकन की ओर बढ़ ही रहा था कि दासी ने सूचना दे दी, "आप अन्दर जा सकते हैं।"

राक्षस वहाँ से मुड़ा और महारानी के सामान्य से बड़े और साधारण दिखावे वाले कक्ष में प्रवेश कर महारानी का अभिवादन करने लगा।

"महाअमात्य, आपको कितनी बार समझाया है जब आपको हम बुलाएँ तब राजसी औपचारिकता का प्रदर्शन नहीं करें। आप हमसे न केवल अवस्था में बड़े हैं बल्कि ज्ञान-ध्यान और अनुभव में कहीं अधिक दक्ष और सुलझे हुए हैं। हमें तो शासन का कखग आपसे सीखना पड़ रहा है, अतः आप हमारे शुभचिन्तक और आचार्य हुए।" इसी के साथ सुनन्दा ने राक्षस को नमन करते हुए सामने बैठने का संकेत दिया।

राक्षस महारानी की शालीनता एवं उनके तदनुरूप व्यवहार, आचरण और मर्यादा का लोहा मानता था। उनकी विनम्रता, बातचीत करने का ढंग और अपनत्व की भावना की मूक अभिव्यक्ति उसे बाँध लेती थी।

कुछ समय अनबोले बह गया। सुनन्दा ने उस कठिन मौन पर से आवरण हटाते हुए कहा, "महाअमात्य, आपके महाराजा कुछ अस्वस्थ हैं, इस कारण राज्यसभा में नहीं आ पा रहे हैं। पता नहीं है कि उनकी अनुपस्थिति में राजकाज कैसा चल रहा है। वैसे तो आपके होते चिन्ता करने की कोई बात नहीं है। परन्तु पिछले कुछ माह से षड्यन्त्रों पर परदा हटा है। उनको देखते हुए मन में यदाकदा सन्देह-संशय उठ जाता है।"

अब राक्षस का बोलना आवश्यक था। उसने समय की संवेदनशीलता को देखते हुए कहा, "महारानी जी, कुछ उपद्रवी तत्त्वों ने यूनानी देवता डियोनिसियस और हेराक्लीज की प्रतिमाएँ महापद्म चौक के पास महाराजाधिराज महापद्मनन्द की मूर्ति से थोड़ी दूर पर रातोंरात स्थापित कर दी हैं। उसको लेकर जन-आक्रोश में है। साथ ही यह विष पवन में घोल दिया है कि महाराजाधिराज ने यवन सम्राट को अपने राज्य में आमन्त्रित करने का न्यौता भी भिजवा दिया है।"

"ठीक तक्षशिला की भाँति।"

"हाँ, महारानी।"

"तब?"

"हमने अपनी कार्यवाही अन्दर ही अन्दर शुरू कर दी है ताकि षड्यन्त्रियों को उसकी भनक नहीं पड़ सके और आगे कुछ करने के अपने हौसले में वे सावधानी नहीं बरत सकें और हम उसका लाभ पाकर उन्हें रंगे हाथों पकड़ सकें। यह पक्की बात है कि यूनानी गुप्तचर अपने यहाँ आ धमके हैं और वे जन-विरोध को जन्म देकर अपनी राजनीतिक गतिविधियों और शक्ति को परखना चाहते हैं।" राक्षस के स्वरों में रहस्य की तिलमिलाहट स्पष्ट सुनायी पड़ रही थी।

"यह तो आपने अच्छा किया, महाअमात्य। कुछ समय से, आपको भी लग रहा होगा, प्रजा में महाराजा के प्रति विष उगलने की घटनाएँ सामने आ रही हैं। उन पर रोक नहीं लग पायी है।" सुनन्दा सहज-सहज सम्पूर्ण स्थिति पर विहंगम दृष्टि डालना चाह रही थी। इतना तो स्पष्ट हो चला था कि उनको रत्ती-रत्ती भर की पूरी जानकारी है। उनका गुप्तचर विभाग बहुत सतर्क है।

"रोक तो लगी है परन्तु जब से चाणक्य ने आनन-फानन में सेना को एकत्र कर और चन्द्रगुप्त मौर्य को उसका नायक बनाकर अपने पर आक्रमण कराया था, तब से जन विरोधी तत्त्व छुटपुट घटनाओं से वातावरण बिगाड़ने में लगे हुए हैं। उनकी गतिविधियों पर रोक तो लगी है परन्तु पश्चिमी उत्तर सीमा निर्बल पड़ती जा रही है। पर्वतेश्वर (पोरस) की सहायता करने में हमने जो चुप्पी साधी है, उसका भी कुछ असर नज़र आ रहा है। हमने उनको स्पष्ट नकार दिया था।"

"हाँ, तब से विरोधियों ने यूनानी सम्राट सिकन्दर को इस ओर उकसाया है परन्तु हम उसका मुँह तोड़ उत्तर देने के लिए पूरी तरह तैयार हैं। हमने महाशिला कंटक जैसे अस्त्र का परीक्षण कर प्रजा को जो सन्देश दिया है, वह हमारी शक्ति का प्रतीक सिद्ध हुआ है।"

"यह हमने भी देखा था, महाअमात्य। वह विशाल आकार का यंत्र है। वह बड़े-बड़े भारी पत्थरों को उछालकर दूर-दूर तक अपनी मारक शक्ति का प्रदर्शन कर रहा था। और प्रजा का उत्साहवर्धन हो रहा था। वह करतल ध्वनि से उसका स्वागत कर रही थी। समय-समय पर हमारे इन प्रदर्शनों से प्रजा का मनोबल बढ़ता रहा है और विरोधी तत्त्वों के प्रयत्नों को मुँह की खानी पड़ती रही है। इस सम्बन्ध में यह आग्रह भी है कि हर राज्य में, न्यूनाधिक ऐसे प्रयास चलते रहते हैं।"

"वह हम भी समझते हैं, महाअमात्य। परन्तु इस समय स्थितियाँ दूसरी हैं। चाणक्य राजनीति का पण्डित है। वह प्रजा में नकारात्मक सूचनाएँ फैलवाना चाहता है। जनमत ही राज्य की शक्ति है। फिर वह चाहे गणतन्त्रात्मक शासन हो या राजतन्त्रात्मक सत्ता। आपको भी अपने व्यक्तियों द्वारा राज्य में सुरक्षात्मक तथा सकारात्मक सूचनाओं का प्रचार करवाना चाहिए ताकि जनता का मनोबल टूटे नहीं

बल्कि उसमें बढ़ोतरी के अंकुर फूटने लगें। उसके मन पर से भय-आशंका की उगी खरपात को उखाड़ फेंका जा सके। और एक स्वस्थ जनमत की महक आने लगे।" सुनन्दा ने पूरी योजना बना रखी थी। उसी योजना का एक-एक बिन्दु उठाती जा रही थी।

राक्षस को लगने लगा कि सुनन्दा की दृष्टि और उपाय अधिक सुदृढ़ तथा अधिक प्रभावशाली हैं। जो उन्हें अब तक कर देना चाहिए और जिसकी ओर उनका ध्यान तक नहीं गया, उसका संकेत उससे मिल रहा है। वह खँखारकर कहने लगा, "अभी तक सेनापति अवकाश पर हैं। उनको बुलवा लिया है। उप सेनापति...।" कहते-कहते राक्षस रुक गया।

"हम जानते हैं। उसके प्रति संशय उठना निरर्थक नहीं है। परन्तु यह भी आवश्यक है कि उसको लगातार विश्वास में लेने का प्रयास किया जाए। किसी को तोड़ना सरल है, पर, महाअमात्य किसी को टूटने से बचाकर अपनी ओर मोड़ना कठिन है। संशय के कारणों को जानकर उसके उपचार की दिशा में प्रयत्न हों तो बहुत कुछ वातावरण बदल सकता है। यह तो आप भी जानते हैं कि ऐसे सन्दिग्ध अधिकारी अकेले नहीं होते। उनके सूत्र या कड़ियाँ कहीं दूर तक जुड़ी होती हैं। उस बिखराव को समेटना है पर चौकस बने रहकर। भावुकता राज्य को संकट में डाल देती है। पकड़ पक्की बनाये रखें और उसे भी सोचने का अवसर दें ताकि वह भी अपना हिताहित पुनः सुनिश्चित करने की दिशा में सोचने के लिए विवश हो सके।" अब तक सुनन्दा एक प्रखर तथा अनुभवी नायक की भूमिका में आ चुकी थी।

"इस ओर कार्यवाही प्रारम्भ हो चुकी है। अब इसे और तीव्र करने की आवश्यकता है। उपसेनापति सौम्यकर्ता के सम्बन्ध में शीघ्र ही आपको विवरण मिल जाएगा। उसे रास्ते पर लाने के पर्याप्त प्रयत्न किये जा चुके हैं। अब यदि उसे हमने और ढील दे दी तो वह हमें निर्बल समझकर अपनी गतिविधियों को और बढ़ा देगा। आप भी धैर्य रखें और सप्रमाण उसके विरुद्ध कुछ आने दें। फिर सोचें कि आज की बिगड़ रही परिस्थितियाँ दूसरों के लिए कैसा दृष्टान्त प्रस्तुत करना उपयुक्त रहेगा, जिससे अपनों में से कोई दुस्साहसी न हो सके।" राक्षस यह समझ रहा था कि यदि वह इस समय अपना पक्ष प्रबलता से नहीं रख सका तो सन्देह की सूई उसकी ओर भी घूम सकती है। वास्तविकता तो यह है कि सुनन्दा उसकी हर चाल को तोड़ताड़ कर उसके सामने फेंक देती है। यद्यपि यह सच नहीं था कि उसने उपसेनापति सौम्यकर्ता के प्रति कभी मित्रता का हाथ बढ़ाया हो, तथापि इस समय असत्य का आचरण प्रस्तुत करना उसे अपने अस्तित्व बचाने के लिए अपरिहार्य हो गया था।

"उन प्रतिमाओं के बारे में क्या किया है, महाअमात्य?" सुनन्दा का अगला प्रश्न था।

राक्षस निरुत्तर नहीं रहना चाहता था, उसने पुनः असत्य कह डाला। "उन्हें वहाँ से हटवाने के आदेश दे दिये हैं।"

"वे प्रतिमाएँ जितनी देर वहाँ रहेंगी, प्रजा पर उसका प्रतिकूल प्रभाव पड़ेगा और उसके रोष में उत्तेजना सक्रिय होती जाएगी और शासन-प्रशासन की दुर्बलता की उँगली उठेगी।" सुनन्दा ने इस बार राक्षस के माथे पर पड़ते बल की ओर ध्यान दिया। निस्सन्देह वह अपने को बचाने में लगा हुआ था।

"उन प्रतिमाओं पर फूलों की मालाएँ भी चढ़ाई हुई हैं और दीये भी रखे पाये गये हैं। इसका अभिप्राय यह हुआ कि उन यूनानी देवताओं की पूजा अर्चना भी की गयी है।"

"राक्षस स्वयं उधर नहीं गया था। उसे जाना चाहिए था। उसको जो सूचना मिली थी, वह अधूरी थी। उसने कुछ प्रमाद जानबूझकर किया था। वह सेनाध्यक्ष और उससे अधिक उपसेनापति की ओर संशय की सूई स्थित करना चाहता था।"

"वे प्रतिमाएँ क्या पाषाण की हैं? अपने राज्य में पाषाण की प्रतिमाएँ बनाने वाले गिनती के मूर्तिकार हैं। उनसे भी पूछा जा सकता है। शिल्पकारों की बस्ती अलग ही है।" सुनन्दा समझ गयी थी कि राक्षस भी फैले हुए विष की रोकथाम की ओर ध्यान देते दृष्टिगत नहीं हो रहे हैं। वह महाअमात्य है, सारा उत्तरदायित्व उसका बनता है। सुनन्दा ने राक्षस को थोड़ा-सा सुभीता देते हुए कहा, "अब आप अपने स्तर पर शीघ्र कार्यवाही करें और अपनी समीक्षा से मुझे अवगत करवाएँ।"

इसी के साथ वह बैठक समाप्त हो गयी। राक्षस के मुखमण्डल पर थकान की रेखाएँ थीं और उसके मन पर विषाद का अज्ञात भाव उद्वेलित हो रहा था।

राक्षस लौटा तो उसे सूचना मिली कि सेनापति भद्दशाल और उपसेनापति सौम्यकर्ता दोनों आ चुके हैं। वे दोनों महाराजा के पास से आये हैं। उसने उन दोनों को बुलवा लिया और राज्य में चल रही विरोधी गतिविधियों के बारे में पूछा।

भद्दशाल ने कहा, "अब शान्ति है।"

"वे प्रतिमाएँ?"

"मिट्टी और पत्थर के चूने से बनाकर उन पर पत्थर जैसा रंग कर दिया था। वे तुड़वाई जा चुकी हैं। नगर तथा आसपास के गाँवों में डोंडी पिटवा दी है। पाँच यूनानी और सात अन्य सन्दिग्ध व्यक्ति मारे भी जा चुके हैं। उनकी लाशें जहाँ वे प्रतिमाएँ स्थापित की गयी थीं, प्रजा को राजकीय कार्यवाही से अवगत करवाने के लिए वहीं रखवा दी गयी हैं ताकि प्रजा राज्य की सतर्कता, निगरानी और कार्यवाही पर भरोसा बनाये रखे।"

"और डोंडी में?"

"राज्य में कुछ सन्दिग्ध व्यक्ति, यूनानी प्रवेश कर गये हैं। जिस किसी को ऐसे सन्दिग्ध व्यक्ति दिखलाई पड़ें, वे अपने पास की चौकी पर सूचना दे दें। जो ऐसे सन्दिग्ध व्यक्तियों को शरण देता पाया गया, उसे कठोर दण्ड दिया जाएगा। और जो व्यक्ति या व्यक्ति दल ऐसे सन्दिग्ध व्यक्तियों को पकड़ या पकड़वा सका, उसे राज्य की ओर से पुरस्कृत किया जाएगा।"

पर आपने मुझसे तो.....।

"अर्द्ध रात्रि को सेनापति और मैं महाराजा से मिल चुके थे।"

"ओह।" राक्षस इतना ही कह पाया। फिर सोचकर कहा, "महाराजा तो बीमार चल रहे हैं। उनसे महारानी किसी को मिलने नहीं दे रही हैं। तब तो आप लोग पहले महारानी से मिले होंगे।"

"नहीं।"

"सीधे महाराजा से।" सेनापति भद्‌दशाल ने तपाक से कहा।

"महारानी से आपकी कोई बात नहीं हुई।"

"नहीं। क्यों होती। वे बीच में कहाँ आती हैं।" भद्‌दशाल का सहज उत्तर था।

"परन्तु आप महारानी पर।" कहते-कहते सौम्यकर्ता रुक गया।

"अब हम पुनः आपके पास ही आ रहे थे। पहले आये थे तब आप वहाँ थे नहीं।" भद्‌दशाल ने बैठने का रुख बदलते हुए कहा।

राक्षस का माथा ठनका। कहीं उसकी गुप्तचरी तो शुरू नहीं हो गयी है। उस पर तो संशय की सूई नहीं जा ठहरी। "ठीक है" कहकर उनको जाने का संकेत दे दिया।

वे दोनों चले गये तो वह गम्भीर होता चला गया। मधुमालती उस पर दबाव बना रही थी। वह सुवासिनी से मिलना चाहती थी। राजवैद्य ने भी उसे समझाया था कि वह जाकर मधुमालती को समझा आये। मधुमालती का प्रभाव कम नहीं है। वह नगरवधू है। सब बड़े लोग वहाँ आते हैं। श्रेष्ठि धनपत का महाराजा से सीधा सम्बन्ध है। वह घबरा उठा। कहीं उसने तो कोई षड्‌यन्त्र उसके विरुद्ध नहीं रच डाला। अब तो उसे पहले सुवासिनी से फिर मधुमालती से मिलना आवश्यक हो गया। वह कुछ समय तक असमंजस की स्थिति में बैठा रहा। फिर उसने कात्यायन को बुलाने का विचार किया क्योंकि कात्यायन छल-कपट से दूर है और उसके प्रति समर्पण का भाव रखता है। परन्तु इस स्थिति में जब वह अपने को मानसिक रूप से शिथिल और कुछ-कुछ परास्त सा अनुभव कर रहा है, तब उससे क्या बात कर सकेगा। वह उठ खड़ा हुआ और उसने कात्यायन को बुलाने का विचार त्याग दिया।

11

तक्षशिला विद्यापीठ में आचार्य चाणक्य अपने कक्ष में अलका को समझा रहे थे, "यह तो अच्छा नहीं हुआ। सोचा था कि पश्चिमोत्तर सीमावर्ती सभी जनपद, महाजनपद अपने-अपने विरोध को छोड़कर एक हो जाते तो यवन सम्राट को छठी का दूध का स्मरण करवा देते और फिर बाहरी आक्रान्ताओं को दुस्साहसी बनने के लिए सहस्रों बार सोचना पड़ता। आर्यावर्त्त सोने की चिड़िया अवश्य है, यहाँ दुग्ध की नदियाँ बहती हैं और वह धन-धान्य से पूर्ण है तो इसका आशय यह तो नहीं है कि कोई बाहरी शक्ति उसको रौंद डाले परन्तु हाय रे दुर्भाग्य! जो नहीं होना चाहिए था, वह होने जा रहा है। हम विवश हैं। क्या इसलिए हम जीवित बचे हैं कि...।"

अलका अब स्त्री वेश में थी। वह सब कुछ समझ सोचकर भी कोई मार्ग नहीं ढूँढ़ पा रही थी। उसने पहले से आचार्य चाणक्य को सचेत किया था और तब अवसर भी था। उस समय आम्भीक को रोका जा सकता था। चाहे उसके लिए गुरुकुल विद्यापीठ को आर्यावर्त्त के शिव, सुरक्षा और अस्तित्व को बनाये रखने के लिए उसे अपनी निगरानी में लेना पड़ता। पर्वतेश्वर जनपद की शक्ति को इकट्ठा कर यवन सम्राट सिकन्दर के महत्त्वाकांक्षी रथ को मोड़ देना चाहता था।

"वह तो अब भी तैयार है।"

"मुझे मगध के महाराजा के उत्तर की प्रतीक्षा है। जो भी हो, सिकन्दर का मुँह मोड़ने की शक्ति आज भी मगध साम्राज्य में है। सिकन्दर भी मगध की विशाल सेना की जानकारी पाकर यह साहस नहीं कर पायेगा। परन्तु...। देखो, अलका, अन्तिम आकांक्षा अभी शेष है। मनुज को आकांक्षा में निर्धन और निर्बल नहीं होना चाहिए यदि उस आकांक्षा में सर्वहित, आत्मसम्मान, गौरव अन्तर्निहित हो।"

अलका मन ही मन तक्षशिला राज्य में सिकन्दर के स्वागत में बनाये जाने वाले विशाल द्वारों की सजावट का परिदृश्य अवलोकन कर खीझ रही थी। उसने कितना समझाया था, "आम्भीक, परतन्त्रता की अपेक्षा मृत्यु प्राप्त करना उत्तम है। तुम्हारे सैनिक अधिकारियों और सैनिकों में से ऐसे सैनिक अधिकारी और सैनिक भी हैं जो तुम्हारा साथ छोड़कर अन्य स्वतन्त्र राज्य की ओर प्रस्थान कर सकते हैं। अनेक श्रेष्ठि तो मगध राज्य की ओर कूच कर चुके हैं।"

"अलका, राजनीति स्त्रियों की समझ से बाहर है। विरोधी कहाँ नहीं होते। मुझे सबसे अधिक तुमसे, आचार्य चाणक्य से और तक्षशिला की विद्यापीठ के सहस्रों विद्यार्थियों से संकट आता लगता है। मुझे इससे पहले यह नहीं पता था कि विद्यापीठ अस्त्र-शस्त्र प्रशिक्षण का भी केन्द्र है और राजनीति का भी। अब तुम अपने भाई का साथ दो, तक्षशिला के सुन्दर स्वप्नों को साकार होते देखने की कल्पना करो।"

आम्भीक की आँखों में स्वप्न तैर रहे थे।

अलका समझ रही थी कि उसकी बातों का कोई प्रभाव आम्भीक पर होनेवाला नहीं है। उसका भाई बलिष्ठ है, सुन्दर है, अस्त्र-शस्त्र विद्या में प्रवीण है और तेजस्वी है। फिर भी, हाँ फिर भी पर वह क्या करे। सब नियति का खेल है। क्या उसे कर्म से अधिक नियति को मान लेना चाहिए।

चाणक्य उसके मन में उठ रहे अन्तर्द्वन्द्व को समझ रहा था। अलका अति सुन्दर, सुशील, संगीत-वाद्य, नृत्य में दक्ष और पराक्रमी है। वह कह उठे, "अलका, कभी समय ऐसा भी आता है, जब हम मात्र द्रष्टा रह जाते हैं, चाहते हुए कुछ नहीं कर पाते परन्तु इसका आशय यह नहीं समझ लेना चाहिए कि अपना समय लौटेगा नहीं। अवश्य लौटेगा। परन्तु इसके लिए हमें धीरज बनाये रखना चाहिए और चित्त को स्थिर। चित्त की स्थिरता ही सफलता का अचूक मन्त्र है।... मुझे देखो, अलका, दक्षिणी ब्राह्मण, लँगड़ा, कुरूप भी और शरीर से भी दुबला-पतला मात्र आचार्य कर्म से जीविका चलाने वाला, नन्द द्वारा अपमानित और उपेक्षित थका नहीं, आशा नहीं छोड़ी जबकि राजवंशों का कखग नहीं जानता और अपने पीछे कोई शक्ति नहीं रखता। फिर भी, सृजन प्रक्रिया के मन्त्रों की अटूट शक्ति का अवलम्ब लिए कुछ अवश्य ऐसा कर पाऊँगा जो आर्यावर्त्त का इतिहास बदल देगा। यह कोरी कल्पना और स्वप्नों की बुनावट नहीं है। किस आधार पर? क्या यथार्थ है उसका? परन्तु है, अवश्य है। कल रात तक बन्दी और अब स्वतन्त्र! क्या किया मैंने? किसको पुकारा? परन्तु मेरे चित्त में न बन्दी होते कोई भय था और न यवनराज सिकन्दर के आर्यावर्त्त गें प्रवेश के सागय कोई दुष्कल्पना। गात्र इराके कि गेरा आर्यावर्त्त गहाग् है, बलशाली है, सुन्दर है और अजय है। पर्वतों से लेकर मैदान तक, समुद्र से लेकर हिमालय तक, पूर्व-पश्चिम, उत्तर-दक्षिण सब उसके शौर्य-शान्ति के स्तूप मन्दिर हैं और गंगा-यमुना, गंगा-सोन आदि उसकी गौरव गाथा गा रहे हैं। सचमुच ये मन्त्रों का देश है, गीतों में बसती है इसकी आत्मा, साधना से तपता है इसका सूर्य और पर्वों के उल्लास, उत्साह में नाचता है इसका अन्तःकलामय मन। ये हैं मेरे प्राणों का अमृत, जिसका स्रोत कभी नहीं सूख सकता और न जिसका हृदय कभी मलिन-म्लान हो सकता। अलका, तुम इसके लिए किसी प्राण गीत का सृजन करो और उसे बहा दो इसके कण-कण की अन्तरंग मलय समीर के अनन्त-असंख्य रागानुराग में। हर प्राण में प्राणों का वह संगीत हो जो अभी जन्मा नहीं है परन्तु जो अभी जन्मने वाला है।"

चाणक्य की श्यामल मुखाकृति अरुणगर्भा बन उत्ताल लहरों को नर्तन करा उठी। आचार्य में कविता, शौर्य के मन्दिर में सरस्वती की अद्‌भुत प्रतिष्ठा का संगीत

बहा रही थी। एक साथ मानो सामवेद की स्वर लहरियों पर थिरक उठा हो आर्यावर्त्त का अन्तःप्राण और स्वनिर्मित अगेय-अरचित गीत का संगीत। अलका चाणक्य के इस रूप को देखकर गद्गद हो उठी।

इसी समय मलयानिली झोंके के साथ हुआ चन्द्रगुप्त मौर्य का प्रवेश। वह आचार्य चाणक्य की चरणवन्दना कर, बैठ गया। अलका को लगा मौन ने वह सब कुछ कह डाला जो अभी तक अव्यक्त था, अस्पर्श था और अभेद्य था।

सवेरा का मन इतना संगीतमय, इतना विनीत तथा इतना आनन्दमय तो... तो... सोचते-सोचते अलका आत्मविह्वल हो उठी।

"रात कितनी काली थी, चन्द्र, दिन उससे कहीं अधिक उजला, स्फूर्तिवान् और आशाओं की रश्मियों भरा, अमृतमय। तुमने इतनी लम्बी और कष्टदायक, प्राणलेवा और अबूझ यात्रा के उपसंहार के बसन्त की कल्पना की थी। जीवन इसी लुकाछिपी, जय-पराजय, आनन्द-विषाद की लहरों पर थिरकते संगीत का पर्व है। उसे उल्लास से लो, पूरे प्राण-मन से स्वीकारो, सर्व मिलन की आशा से सजाओ। देखोगे कि सिद्धांजन से सजी सुनयना तुम्हारा स्वागत करने के लिए तुम्हारे आँख खुलने की प्रतीक्षा कर रही है। मैं उजाले के इन स्पन्दनों के साथ जीता हूँ तो फिर बताओ, चन्द्र-अलका, मैं मरना चाहूँ भी तो कैसे मर सकता हूँ।" चाणक्य के प्राण स्पन्दनों में ओजस्विता की रागिनी का उद्दीप्त-उत्ताल स्वर पक्षियों के कलरव के साथ नर्तन कर उठा था। वह कह रहे थे, "कल्पना जीती है, देह मरती है। जैसे ही देह ने सर्व मांगलिक कल्पना का साथ छोड़ना शुरू किया, वैसे ही उसका क्षरण-मरण शुरू हुआ। यही अमृत विष की अजय गाथा मृत व्यक्ति में प्राण डाल देती है, जीवित व्यक्ति को मार डालती है। स्मरण रहे, दूसरों के लिए मरना जीवन का अजय-अमर और शाश्वत स्वप्न है और मात्र अपने लिए जीना निरर्थकता का बोझ। यही कारण है कि मेरे करणीय में अदृश्य बलवान हो उठता है। हाँ तो चन्द्र, सिन्धु का अमृत पीकर और श्मशान की राख उड़ाकर नये सवेरे को साथ लेकर आये हो, तुम्हारा स्वागत है।"

चन्द्रगुप्त मौर्य ने चाणक्य को हर क्षण, हर सम-विषम परिस्थिति में अपनी ऊर्जा के अन्तस मन-प्राण से उदीयमान पाया था।

"लो दूत भी लौट आया। अब उस रहस्य पर से आवरण हट जाएगा, जिसके खुलने का अवलम्ब लिए, चन्द्र, मैं तुम्हारी यहाँ प्रतीक्षा कर रहा था। महीनों बीत गये पर लगता है कि कल की ही बात है। व्यतीत वर्तमान का ही संस्कार है क्योंकि वह क्षण-प्रतिक्षण बीतता हुआ सदैव वर्तमान बना रहता है, न रुग्ण होता है और न बूढ़ा, न जन्मता है और न मरता, न जीतता है और न हारता। निरन्तर शाश्वत, उमंगित, ऊर्जस्वी, उजमेघ और उल्लसित रहता—चिर यौवन के वरदान से विभूषित। जो ऐसा नहीं है, चन्द्र-अलका, वह वर्तमान नहीं है, वह अतीत का भी पंगु, मृत से

मृत अतीत है। स्मरण रखना, वर्तमान का अतीत भी वर्तमान होता है और भविष्य भी वर्तमान। जो वर्तमान में जीने का मन्त्र जान लेने में संलग्न हो गया, वह कभी मरता नहीं है।'' कुछ रुककर चाणक्य ने कहा, ''खड़े क्यों हो, जाओ, इतनी दूर से, इतने दिनों बाद लौटे दूत को यहीं लिवा लाओ।''

''प्रणाम, आचार्य।''

''आयुष्मान् भव, दूत मुद्‌गल। कहो, यात्रा मंगलमय रही न।''

''हाँ, आचार्य।''

''क्या लाये हो?''

''ये, आचार्य।''

''महाअमात्य का पत्र। उसमें अभी ब्राह्मणत्व की ऊष्मा है।... महाराजाधिराज के पास ऐसा है क्या जो वह उत्तरायण—सूर्य का मकर रेखा से उत्तर की ओर आगमन का सम्मान कर सकते।''

''ब्राह्मणत्व...।'' कहकर चन्द्रगुप्त मौर्य चुप रह गया। उसने ब्राह्मणत्व को अनेक बार सुना था। कभी वैश्यत्व या क्षत्रियत्व आदि का नाम नहीं सुना था। उसका मन जिज्ञासा के आवेश को नहीं सँभाल पाया और केवल ब्राह्मणत्व को हलके-से उछालकर बुलबुले के समान उदय-अस्त को एक साथ देखता रहा।

चाणक्य ने सहज भाव से कहा, ''चन्द्र, ब्राह्मणत्व ब्रह्म तेज का दूसरा नाम है। यह मात्र वर्णसूचक नहीं, कर्मसूचक सम्मान है। वस्तुतया वर्ण वंशानुगत नहीं, कर्मानुगत हैं। जो जैसा कर्म करे, उसका वही वर्ण। परन्तु व्यवस्था को कुव्यवस्था में बदलने के लोभ ने वर्ण को वंशानुगत बना डाला। जब कोई रूढ़ग्रस्त और कट्टर होने लगता है तब वह अनुदार, हिंसक, प्रगतिद्रोही, निर्मम, बर्बर और असामाजिक होने लगता है। समाज की दुर्गति का यही कारण है। इस कारण तुमने कई बार जानना चाहा और मैं टाल गया परन्तु आज उसका उचित समय है जब मैं तुम्हारे उस प्रश्न का भी उत्तर दे दूँ जो तुम्हें अपनी पहचान बताने के लिए उद्विग्न और उद्वेलित करता रहा है कि तू कौन है?''

यह सुनते ही चन्द्रगुप्त मौर्य सँभलकर बैठ गया। अलका भी कभी चाणक्य और कभी चन्द्रगुप्त मौर्य की ओर देखने लगी जिज्ञासा की अदृश्य छवि को अनुभव करते हुए।

समय मानो कुछ समय के लिए प्राणायाम करने लगा। चाणक्य ने अज्ञात की ओर दृष्टिपात करते हुए कहा, ''कल रात्रि तुमने जो कर दिखाया, वह एक ब्राह्मण और उसके ब्राह्मणत्व के वश की बात नहीं था। उसमें उतना साहस और पराक्रम नहीं हो सकता और यदि होता तो वह ब्राह्मण नहीं, क्षत्रिय होता। ये ब्राह्मण तो कल बन्दी हो गया था। ब्राह्मणत्व चन्द्रगुप्त मौर्य का तो पुनर्जन्म कर सकता है परन्तु

वह स्वयं चन्द्रगुप्त मौर्य नहीं बन सकता।... इस दृष्टि से मैंने सदा महापद्मनन्द को महाराजाधिराज माना और उसे निम्न वर्ण से उठाकर क्षत्रिय होने का सम्मान दिया। उसने अपने बुद्धि, विवेक और बाहुबल से आर्यावर्त्त में प्रथम बार ऐसे साम्राज्य की स्थापना की, जिसने विन्ध्यपर्वत के दक्षिण तक अपनी जययात्रा का उच्च स्वर में उद्घोष किया और गंगा घाटी तक अपनी सीमाओं का विस्तार किया। पश्चिम में उसका साम्राज्य व्यास नदी तक विस्तृत था। उत्तर भारत में उसने सर्वप्रथम एकछत्र शासन स्थापित कर सबसे बड़े साम्राज्य की स्थापना का शंखनाद किया था। आर्यावर्त्त को भारत बनाने वाला पहला शक्तिशाली, पराक्रमी, दूरद्रष्टा, राजनीतिज्ञ, कूटनीतिज्ञ और राज्य-समाज को ऊँचाइयों पर ले जाने वाला सम्राट था वह। वह शूद्र होते हुए भी लाख-लाख ब्राह्मणों, क्षत्रियों और वैश्यों से महान और भारत को भारत बनाने वाला अद्वितीय योद्धा और संगठनकर्ता था। वह अपने देश का गौरव था और स्वाभिमान था। और उसी की वंश परम्परा में अब धननन्द सामने है। विशाल साम्राज्य का स्वामी, अपार धन-सम्पदा का कुबेर और विशाल सेना का महासेनानायक। महान् महापद्मनन्द से भी हर क्षेत्र में अग्रणी। फिर भी, वह अपने चरित्र, निम्न कार्यों और संकीर्ण दृष्टिकोण से शूद्र का शूद्र बना हुआ। उसके नाश का मैंने बीड़ा उठाया है, चन्द्र, जिसे राजागण भी सिर झुकाते हैं। मुझमें वह शक्ति, वह ब्राह्मणत्व और शाप देने का कोप कैसे उपजा, किसने उपजाया और किस बूते उकसाया, यह मैं नहीं जानता।''

चन्द्रगुप्त मौर्य और अलका चाणक्य में से एक सद्य उगते चाणक्य को देखते हुए आश्चर्यचकित और मन्त्रमुग्ध हो रहे थे। इस भाँति उनमें से किसी ने नहीं सोचा था। चाणक्य कहने लगा, ''मुझे एक सक्रिय, उदात्त, शक्तिशाली, पराक्रमी क्षत्रिय चाहिए था, वह मुझे मिल गया, चन्द्र अलका वह मुझे मिल गया।''

चन्द्रगुप्त मौर्य और अलका ने इतस्ततः दृष्टि घुमाई। वहाँ उनके अतिरिक्त एकमात्र दूत था।

झरोखे से सूर्य का अर्द्धतप्त धूप का एक गोला गोबर से लिपे पुते धरातल (फ़र्श) पर किसी सुन्दर सुडौल बालक सा आ सोया था। झरोखे के किवाड़ का जरा-सा भाग खुला हुआ था। चन्द्रगुप्त मौर्य सोचता हुआ चाणक्य की ओर कनखियों से यदाकदा देख रहा था। कितना शान्त, निर्मल और चाँदनी सा लग रहा था समूचा गुरुकुल-विद्यापीठ। सबके सब मनोयोग से विद्याध्ययन में रत थे। निर्ध्वनि की ध्वनि अनुगूँज रही थी दूर से आते पार्श्व संगीत-सी। कभी-कभी रुनन-झुनन का संगीत भी बिना रुनन-झुनन के सुनायी पड़ने लगता था। एकदम जंगल में बहती अज्ञात नदी की कलकल-सा।

चाणक्य सफेद सूती वस्त्र में था। हाथ में सफेद मोटा कपड़ा लिए। वह कहने लगा, "तुम लोग जानना चाहोगे, वह कौन है और कहाँ है भारत का नवोदित सम्राट?"

चन्द्रगुप्त मौर्य मौन। अलका ने तपाक से कहा, "हाँ, आचार्य।"

"अलका, वह तुम्हारे पास बैठा हुआ है।" अलका का ध्यान पार्श्व में बैठे चन्द्रगुप्त मौर्य की ओर गया। चन्द्रगुप्त मौर्य सकपकाया और उसने सिर झुका लिया। चाणक्य तुरन्त कहने लगा, "हाँ, अलका, वह सम्राट तुम्हारे पास बैठा चन्द्रगुप्त मौर्य ही है।"

"मैं... मैं... मैं।" चन्द्रगुप्त मौर्य चौंकते हुए हकला उठा, "कदापि नहीं, आचार्य!"

"तुमने कई बार पूछा था कि तू कौन है?"

"पर आचार्य।"

"प्रश्न किया है तो उत्तर को सँभालने की क्षमता होनी चाहिए। आगे सुन, तू वर्ण से भी क्षत्रिय है, कर्म से भी क्षत्रिय है। मैंने तुझे तभी पहचान लिया था जब मैंने तेरे राजा के अभिनय में याचक भूमिका निभायी थी। तुझमें वह अद्वितीय साहस है जो दूसरों की चरती गौओं को याचक को दिला सकता है। अब तू ही मेरे प्रण की आन रखेगा। तू घबरा नहीं। मोती बनने वाली सीपी नहीं जानती कि स्वाति नक्षत्र से टपकने वाली एक बूँद उसे सीपी से मोती बना सकती है। पर ऐसा होता है चन्द्र।"

चन्द्रगुप्त मौर्य सांसत में पड़ गया। उसकी बोलती बन्द। अलका भी आश्चर्य से कभी चाणक्य को और कभी चन्द्रगुप्त मौर्य की ओर देख रही थी। उसकी समझ में नहीं आ रहा था कि चन्द्रगुप्त मौर्य के लिए ऐसी भविष्यवाणी क्यों की जबकि दूर-दूर तक उसका राज्य से कोई सम्बन्ध नहीं है। वह सामन्त, नरेश, राजा भी नहीं सीधे सम्राट–वह भी शक्तिशाली महाराजा धननन्द का स्थान लेने वाला–जिसके पास दो लाख पैदल, बीस हजार से अधिक अश्वारोही, दो हजार रथ और तीन हजार से अधिक हाथी हैं और उत्तर में हिमालय से लेकर दक्षिण में गोदावरी नद तक, पूर्व मगध से लेकर पश्चिम में सिन्धु तक फैला विशाल साम्राज्य है। उसके पास अपार धन है, जिसे उसने गंगा की धारा में पक्के स्तूपों में छिपाया हुआ है। वह साइबेरिया से स्वर्ण मँगाता है। चन्द्रगुप्त मौर्य ऐसे विशाल साम्राज्य का नाश करेगा। निश्चित ही यह आचार्य चाणक्य की कपोल कल्पना है। परन्तु चाणक्य तो अत्यन्त व्यावहारिक, ठोस, यथार्थवादी और कटु सत्य के लिए विख्यात आचार्य हैं।

मौन के साथ सन्नाटा भी चमक उठा।

आचार्य चाणक्य ने बैठने का रुख बदला और कहा, "चन्द्र, जो कुछ मैंने कहा है, वह भावुकतावश नहीं कहा है और न किसी स्वार्थवश। मैं ज्योतिषी भी नहीं हूँ परन्तु आने वाले कल का यदाकदा परिदृश्य मेरे सामने स्वतः ही खुलने लगता है। चलें, अब आगे की बात पर विचार करें।" वह दूत से पत्र लेकर उसे चले जाने का संकेत करता है। पत्र को अलका की ओर बढ़ाकर वह कहता है, "पहले इसे भी पढ़ लिया जाए। यद्यपि जानता हूँ कि राक्षस से कोई आशा करना निरर्थक है, तथापि उसे परख लेना अन्यथा नहीं है। हाँ तो पढ़ो, अलका।"

अलका पत्र खोलती है। कुछ देर तक पत्र पर दृष्टि डालती है, फिर पत्र सुनाने लगती है।

भाई आचार्य चाणक्य,

आपकी भिजवायी पाती मिली। आपने आर्यावर्त्त पर अकस्मात मँडराने वाले जिस संकट का उल्लेख किया है, वह अयथार्थ नहीं है।

महाराजाधिराज को भी नरेश पर्वतेश्वर की पाती मिली। दोनों पातियों में उसी महासंकट का उल्लेख है और सहायता चाही है।

आप तो जानते हैं कि महाराजाधिराज ने पशुओं के चमड़े, वृक्षों की गोंद, खानों से निकलने वाले पत्थर, सामान्य जन के प्रयोग में आने वाली प्राथमिक वस्तुओं जैसे सूती मोटा कपड़ा, खाद्यान्न आदि पर कर कम करने के स्थान पर और कर बढ़ा दिया है। उनको जनमत के आक्रोश की सूचना दी गयी परन्तु वे नहीं माने। उनके आगे किसी की नहीं चलती है। ऐसी स्थिति में नरेश पर्वतेश्वर की याचना पर वे क्यों ध्यान दें। उनका तो एक ही कथन है, "नन्द साम्राज्य अपनी रक्षा करने की सामर्थ्य रखता है। यवन सम्राट को जब उनकी महाशक्ति का पता चलेगा तब वह यदि समझदार हुआ तो चुपचाप पश्चिमोत्तर आर्यावर्त्त की सीमा प्रान्त के छोटे-छोटे जनपदों को लूट लाटकर लौट जाएगा।"

शेष आप स्वयं समझदार हैं।

पत्र समाप्त।

"अब?" चाणक्य ने कहा।

"वह स्पष्ट है कि अब कोई रास्ता नहीं बचता है।" अलका ने सोचते हुए मद्धिम स्वर में कहा।

"तुम, चन्द्र?"

चन्द्रगुप्त मौर्य को पहला अनुभव ही ऐसा था कि फिर उस पर सोच पाना सम्भव नहीं था। सिर मुड़ाते ही ओले पड़े थे। वह तो अनसोचे ही उस युद्ध में कूद पड़ा था और तब सोच गया था कि हजारों हजार सैनिकों के बलबूते वह बहुत कुछ

कर दिखलाएगा। मगध सेना के सामने वह कितनी देर टिक सका था। उसके पाँव उखड़ गये थे। यदि वहाँ चाणक्य न आ ज़ाता तो वह लड़ते हुए मरने का मन बना चुका था। अब वह क्या कहता अतः चुप रह गया।

"चन्द्र, वह तुम्हारी पराजय नहीं थी। वह उन क्षत्रियों की पराजय थी, जिनको नन्द वंश ने जड़मूल से उखाड़ फेंका था। माना कि धननन्द के प्रजा विरोधी कार्यों से प्रजा उनसे घृणा करने लगी थी और भागे हुए क्षत्रिय वहाँ एक समय इकट्ठे होकर यह सोच गये थे कि वह अनुकूल अवसर है, जब धननन्द को परास्त कर वे विशाल साम्राज्य के स्वामी हो सकते हैं।... त्रुटि हमसे से भी हुई। परन्तु इसका अर्थ यह नहीं है कि हम त्रुटियों से सीखने का अभ्यास करना छोड़ दें। जीवन के अन्तिम क्षण तक मनुष्य को सर्वहित में, जनहित में कार्य करने के लिए तैयार रहना चाहिए।"

"परन्तु अब जब अपने पास कुछ नहीं है, आचार्य, तब भी...।" अलका ने प्रश्न उभारा।

"हाँ, अलका तब भी।"

"तब भी!" चन्द्रगुप्त मौर्य ने साश्चर्य दोहराया।

"रास्ता नहीं होता है तभी नये रास्ते की चिन्ता सताती है... और जो पराक्रमी होते हैं, वे चुप नहीं बैठते, नये रास्ते के अनुसंधान के लिए कमर कस लेते हैं। उनमें से जो और कर्मठ होते हैं, वे उस पर काम प्रारम्भ कर देते हैं।" चाणक्य स्थिति को सँभालने के लिए और चन्द्रगुप्त मौर्य को मानसिक रूप से तैयार करने के लिए फूँक-फूँक कर क़दम रख रहा था। चाणक्य शान्तिपूर्वक धैर्य से चन्द्रगुप्त मौर्य के हावभाव को ध्यान से देख रहा था।

चन्द्रगुप्त मौर्य चाणक्य को नहीं समझ पा रहा था परन्तु तृप्ति की भविष्यवाणी का स्मरण कर वह तटस्थ बना रहा।

"चन्द्र, मैंने सोचा है कि मैं नरेश पर्वतेश्वर के पास जाऊँ। उसके झेलम-चिनाब के मध्य स्थित राज्य में—उसके पास लगभग तीन सहस्र अश्वारोही हैं, एक सौ बीस हाथी, एक हजार दो सौ रथ और पचास-पचपन सहस्र पैदल। वे सब यवन सम्राट सिकन्दर की विशाल सेना का सामना नहीं कर सकते हैं।"

"तब?"

"मैं प्रयत्न करके देखूँगा कि...। तब तक तुम चन्द्र, एक बार तक्षशिला पहुँचकर यवन सम्राट सिकन्दर से मिलो। उसकी युद्ध कला और व्यूह रचना को जानो और यवन सम्राट सिकन्दर को समझाने-मनाने का प्रयत्न करो ताकि वह लौटने का मानस बना सके।" चाणक्य ने, समझाया।

''यवन सम्राट सिकन्दर विश्व विजेता का स्वप्न लेकर यहाँ पहुँचा है, तक्षशिला के राजकुमार आम्भीक ने बिना युद्ध किये उसके साथ मित्रता का हाथ बढ़ा दिया है। इससे सिकन्दर को आगे बढ़ने की प्रेरणा मिलेगी और आर्यावर्त्त को वह सरलता से जीत सकेगा, ऐसी उसमें आशा भी जगेगी।''

''इसका अर्थ है, हमें हाथ पर हाथ रखकर बैठ जाना चाहिए।'' चाणक्य के स्वर में तनिक तेजी थी। उनके मुखमण्डल पर ईषद क्रोधावेश की अनजान लहर चपला सी चमककर घने मेघों में आ छिपी थी।

चन्द्रगुप्त मौर्य से कुछ कहते नहीं बना। उसे सम्राट नहीं बनना था। असम्भव को सम्भव बनाने का प्रयत्न करने से वह दूर रहना चाहता था।

चाणक्य ने गहरे सोच के साथ कहा, ''चन्द्र, तुम्हें पहले ही स्वतन्त्र कर चुका हूँ और आज भी तुम्हें उसका स्मरण करा रहा हूँ। तुम्हारा जो मन करे, वही करो। अन्तःप्रेरणा के बिना कुछ नहीं करना चाहिए।'' इसी के साथ चाणक्य यह कहते हुए उठ खड़ा हुआ, ''मुझे विद्यार्थियों को उद्‌बोधन देना है।''

''हम भी वहाँ आ सकते हैं, आचार्य।'' अलका ने धीरे से पूछा।

''यहाँ कभी कोई छिपाव-दुराव नहीं रहा है। यह विद्या का घर है अर्थात् समाज के शुभ की तैयारी का केन्द्र। तुम लोग आ सकते हो।'' इसके साथ चाणक्य आगे बढ़ गया।

अलका उसके पीछे चलने को हुई परन्तु चन्द्रगुप्त मौर्य को अपने स्थान से टस से मस न होता पाकर वह रुक गयी। चाणक्य के वहाँ से चले जाने के बाद बोली, ''आप क्या सोच रहे हैं?''

चन्द्रगुप्त मौर्य ने सकपकाकर कहा, ''कुछ नहीं, अलका।''

''जो लोग असत्य भाषण करने के अभ्यस्त नहीं होते हैं, उन्हें असत्य का अवलंबन नहीं लेना चाहिए।'' अलका की आँखों में चमक थी और चन्द्रगुप्त मौर्य की बाल-हठ के प्रति सहानुभूति।

चन्द्रगुप्त मौर्य मौन रह गया।

''चलिए भी, मौर्य, देखते हैं सम्बोधन में आचार्य क्या दिशा-दृष्टि देते हैं?'' अलका के प्रस्ताव में आत्मीय आग्रह था।

''आप जाइए, अलका।''

''मैं तो जाऊँगी ही मौर्य, परन्तु अकेले नहीं, आपके साथ। आपको आचार्य की बातों से इस भाँति रूठने का कोई कारण नहीं। वे आपको अपना मानते हैं। आपके शुभचिन्तक हैं।''

''परन्तु मुझे वे क्या बनाना चाहते हैं, अलका। वे कुछ नहीं सोचते। इससे क्या सन्देश जाएगा।''

"यही कि आप सम्राट की दौड़ के प्रत्याशी हैं।"

"आप भी...।"

"मुझे आप राजकुमारी मानते हैं न।"

"वो तो आप हैं ही, इसमें मानने न मानने की क्या बात है।" चन्द्रगुप्त मौर्य ने अनिच्छा से कहा।

"आचार्य आपको धननन्द से प्रतिशोध लेने के लिए मगध के सिंहासन पर बैठाना चाहते हैं।"

"वे भ्रम में हैं।"

"पर उन्हें आशा तो है।"

"ओस से प्यास नहीं बुझती, अलका।"

"क्या पता, मौर्य, कोई चमत्कार हो जाए।"

"मुझे चमत्कारों में विश्वास नहीं है।"

"पर मुझे है, मौर्य, क्योंकि मैंने चमत्कारों को साकार होते देखा है।"

"पर मैंने नहीं।"

"यदि कोई काल कोठरी में बन्द होने के कारण सूर्य के अस्तित्व को नकार दे तो क्या कोई मान लेगा?" अलका को उसे छेड़ने में सुख मिल रहा था। वह उसके मुखमण्डल पर बालोचित भोलापन देखकर इस प्रसंग को जानबूझकर खींच रही थी।

"वह मैं नहीं जानता।"

"क्योंकि आप में महत्त्वाकांक्षा का सुवासित चन्द्र नहीं चमक रहा है, जबकि आपके नाम का मंगलाचरण चन्द्र-मन्त्र से ही प्रारंभ हो रहा है।" अलका ने उसके रिसियानेपन को व्यंग्य तृण से कुरेदने की चेष्टा की।

"मुझे ज्ञात नहीं, अलका।" चन्द्रगुप्त मौर्य ने चिढ़कर कहा।

"परन्तु मुझमें महत्त्वाकांक्षा का कीड़ा रेंगने लगा है। आचार्य ने भविष्यवाणी ही ऐसी की है कि जो सुने उसके मन में पानी आ जाए।"

चन्द्रगुप्त मौर्य शान्त बना रहा।

"जानना नहीं चाहेंगे कि तक्षशिला त्यागने के बाद से हमें क्या चिन्ता खाये जा रही है?"

"क्या?" न चाहते हुए भी वह अकस्मात पूछ बैठा। सोच रहा था कि अलका उसका उपहास करने पर क्यों उतारू हो उठी है। यों वह है तो गम्भीर स्वभाव की एकदम शिष्ट-शालीन पर...। उसने अलका की ओर चोर दृष्टि से देखा। वह पहले से अधिक आकर्षक और निश्चिन्त लगी। चंचल और आशा से भरी। एकदम तृप्ति की नाईं चुहल करती और बड़ी-बड़ी आँखों में स्मित लिए पारदर्शी। ईश्वर ने स्त्री की निर्मिति में पुरुष की अपेक्षा अधिक रुचि दरसायी है और कदाचित् वह अपनी

उस अनुकृति पर मन ही मन प्रसन्न भी बहुत हुआ होगा।

"तक्षशिला से भागते हुए हमारे से राजकुमारी होने का अधिकार तो उसी तरह छिन ही गया जैसे पिताजी के बन्दी बन जाने से उनके नरेश होने का। ये अधिकार कितने निरीह हैं।... परन्तु आचार्य की भविष्यवाणी ने हमारे मन को न केवल थाम लिया बल्कि प्रोन्नत करने का अवसर भी दे डाला।" अलका की छेड़खानी चन्द्रगुप्त मौर्य के मन को मोहने लगी। उसका मन भी पहले की अपेक्षा कुछ हलका हुआ। सचमुच सहृदय नारी में वह गुण हैं जो उदासीनता के बादलों को हटाने लगते हैं। उसने कोई जिज्ञासा व्यक्त नहीं की, चुप बना रहा।

"मौर्य, सम्भव है कि आपके साथ हमारा भाग्य भी शिखर चूमने लगे। क्योंकि उस भविष्यवाणी को साक्षी होने का हमें अवसर मिला है। बीज में वृक्ष निहित होता है। जब आप सम्राट...।"

"कृपया आगे कुछ नहीं कहें।"

"कृपया कह लेने दीजिए ताकि मन में फूट रही महत्त्वाकांक्षा की कोंपल झुलस कर न रह जाए।"

चन्द्रगुप्त मौर्य ने शान्त दृष्टि से उसे देखा। पर वह उसकी कल्पना को नहीं समझ सका।

"धन्यवाद मौर्य, आपने हमारे मान रखने में अवरोध या अड़चन नहीं आने दी।" अलका ने थूक निगलते हुए चन्द्रगुप्त मौर्य की ओर भरपूर दृष्टि डाली। देहयष्टि का गठन नयनाभिराम। लम्बा मुखमण्डल। पतले अरुण ओष्ठ। चौड़ा सीना। ऊँचाई आकर्षक। नयनों में तरुण आभा का बंकायन। उसने एक गहरी साँस भरी। फिसल पड़े आँचल को, चन्द्रगुप्त मौर्य की ओर तिरछी दृष्टि डालते हुए सँभाला। फिर संगीतमय स्वर में कहा, "आप सम्राट बनेंगे तो क्या हम आपकी सम्राज्ञी बनने की आकांक्षा नहीं सँजो सकते।... बोलो, मौर्य, क्या हम इस योग्य भी नहीं हैं?"

"क्यों नहीं, अलका राजकुमारी, आप तो सर्वाधिक योग्य हैं। क्यों, आर्य?" सिंहरण का अचानक प्रवेश और प्रवेश के साथ धीमा-सा संवाद निर्बाध रूप से।

"आओ... आओ, मालव गण के राजकुमार सिंहरण।" चन्द्रगुप्त मौर्य ने सहर्ष उसका स्वागत किया।

"आचार्य, आपकी प्रतीक्षा कर रहे हैं।" सिंहरण ने तपाक से कहा क्योंकि वार्ता के लिए अवकाश नहीं था।

तीनों सभा भवन की ओर चल पड़े बिना संवाद किये, शान्त भाव से। अलका सिंहरण के साथ चल रही थी और मुड़ने से पूर्व उसने अति मद्धिम स्वर में कहा था, "मिलकर जाना।" इसके बाद तीनों सभा भवन में प्रवेश कर गये।

12

राक्षस सुवासिनी के स्वास्थ्य लाभ के बारे में जानकारी ले रहा था और उसके साथ ही वह यह बताना भूल गया था कि धननन्द पर उसके न होने पर क्या प्रभाव-दुष्प्रभाव पड़ रहा है। सुवासिनी शान्त थी और स्वस्थ भी।

सुवासिनी बीते दिनों का स्मरण कर रही थी। उसे अकेले रहकर आराम मिल रहा था। सुरा-सुन्दरी बलात् प्रभाव से वह मुक्त थी—न वह वहाँ सुरा सेवन कर रही थी और न किसी कामुक व्यक्ति की चेष्टाओं से उद्विग्न हो रही थी।

वह धननन्द के राजप्रासाद की चौखट लाँघ कर यह समझ पाने में अपना मन लगा रही थी कि हर स्त्री की एक ही बलवती इच्छा होती है कि वह एक समाज की सक्रिय सदस्य रहे और उसका एक भरापूरा कुटुम्ब हो। पति का प्रेम हो। उसकी कल्पना गृहस्थी पर टिकी हुई थी।

राक्षस ने मधुमालती से कहा था, "आपसे आग्रह है, देवी।"

"महाअमात्य, आज्ञा कीजिए।"

"यह जीवन अब तक निरर्थक बहा है। बिना सोचे-समझे। अकेले। कभी अपने लिए, अपने अकेलेपन के लिए मैं सोच ही नहीं पाया।" राक्षस का एक-एक शब्द सधा हुआ और सटीक था।

मधुमालती पुरुष समाज की नस-नस से परिचित थी। विशेषतया राजघराने के दम्भी और लालची पुरुषों से। उसकी दृष्टि वासना के भेड़ियों को दूर से ही पहचान लेती थी। उससे दो लड़कियाँ हुईं। उनमें एक मधुमालती थी। मधुमालती प्रारम्भ से ही धार्मिक-सामाजिक संस्कारों के प्रति समर्पित थी। यथार्थतः उनका पिता एक मल्लई (मालव) था। मल्लई सर्वाधिक पराक्रमी, निर्भीक और लड़ाकू प्रकृति के होते हैं। उनकी युद्धप्रियता का सिक्का दूर-दूर तक छाया था।

मधुमालती नगरवधू थी—मात्र गायन और नृत्य उसका पेशा था। धनाढ्य थी। निर्भीक थी। एक चहेता युद्ध में वह मारा गया। अन्यथा उसका चहेता मालव उसे और दोनों बच्चियों को लेकर कहीं दूर जा बसना चाहता था ताकि वे एक पारिवारिक जीवन व्यतीत कर सकें। उसके इस कथन ने मर्माहत कर दिया था। उसने कहा था, "मधु, तुमने ये जीवन भी देख लिया। मुझे नहीं लगता कि इस जीवन से तुम्हें कुछ मिला हो।"

"मिलने के लिए तुम्हारे अतिरिक्त इस जीवन को और क्या चाहिए। मैं तुम्हें, तुम्हारे और निष्पाप प्रेम को पाकर निढाल हो गयी। तुम नहीं मिले होते तो तुम्हारी यह नगरवधू किस-किस की वासना का शिकार हो चुकी होती।" मधुमालती का स्वर भर्रा उठा।

मधुमालती को नहीं पता चला था कि उसकी पुत्रियों की समझ समय पूर्व सयानी हो चली है।

"यदि तुम मुझ पर भरोसा कर सको तो बहुत दिनों से मेरे मन में एक विचार कुलबुला रहा है।"

"क्या मलय?"

"दोनों पुत्रियों में मेरा-तेरा रक्त बह रहा है।" उसने उसे अपनी बाँहों में लेकर कहा।

"इसमें क्या कोई सन्देह है?"

"सन्देह होता तो क्या तुम्हें इतने निकट लेकर यह कह पाता।... यदि तुम्हारा मन करे तो हम यह जगह छोड़ सकते हैं, मधु।"

"एक बार नगरवधू बन जाने पर फिर उसका समाज में लौटना सम्भव नहीं, मल्ल।"

"असम्भव तो कुछ होता ही नहीं है, मधु। मैं अपने प्यार पर समय कुदृष्टि नहीं पड़ने देना चाहता हूँ। यदि तुम साथ दो तो...।"

"तुम्हारा मन घर बसाने का हो रहा हो तो मेरी ओर से कोई रुकावट नहीं है, मल्ल।" मधुमालती ने सहज होकर कहना जारी रखा, "एक नगरवधू के भाग्य में इतना हो पाना बहुत बड़ी बात है। शेष जीवन के लिए तुम्हारी स्मृतियाँ पर्याप्त हैं।"

"यह क्या अनर्गल बकने लगी हो तुम, मधु।... मेरा प्यार भी तुम हो और मेरा घर भी। मन में, पिता हूँ न अतः यह सोच गया था कि तुम घुँघरू बाँधकर नाचते-नाचते थक गयी होगी। तुम्हारे कोमल पाँवों को आराम देना चाहता हूँ। विवाह करना चाहता हूँ, मधु। मैं अपनी बच्चियों का समाज स्वीकृत पिता बनना चाहता हूँ। फिर हमारी बच्चियाँ तो नगरवधू नहीं बनेंगी।" मल्ल का स्वर भर्राया हुआ था। उसने अपनत्व का अमिय उँडेलते हुए आगे कहा, "क्या तुम्हारा मन नहीं चाहता कि तुम्हारा अपना दिन हो, अपनी रात। जीवन व्यवसाय बनकर न रह जाए।"

"परन्तु, मल्ल, अब बहुत देर हो चुकी है। हम जाना चाहें तो भी जा नहीं सकते। महाराजाधिराज की नाक का भी प्रश्न है जिनके मन को घुँघरूओं की लय सुने बिना नींद नहीं आती, वे ऐसा कभी नहीं होने देंगे।... मैं नहीं चाहती कि तुम अपने को लेकर निराश हो जाओ।" मधुमालती का स्वर कातर हो चुका था।

"तुम भी किसी की लड़की रही हो। तुम्हारी भी माँ रही है। उसके भी तुम्हें लेकर स्वप्न होंगे। तुम्हारे पिताजी ने भी मेरी तरह अपनी बच्ची के लिए सोचा होगा। तुम तो इकलौती सन्तान थीं। क्या बीती होगी उन पर?... यह कैसा समाज है। कैसे हैं उसके ये शिष्ट-सम्भ्रान्त-शिक्षित बड़े लोग। क्या फिर भी हमें ऐसे निष्कृष्ट समाज से डरने की आवश्यकता है?... नहीं, मधु, कदापि नहीं। मुझे तुम्हारी स्वीकृति

चाहिए, शेष तुम मुझ पर छोड़ो।... कृपया अब किसी विवशता का सहारा न लेना। मुझमें इतना धीरज और सहन करने की शक्ति नहीं है। तुम्हारे बिन मेरा जीवन अछोर मरुस्थल है।''

मधुमालती का हृदय भी छलछला आया। क्या वह अपने में नगरवधू बनकर प्रसन्न है? नहीं। क्या नगरवधू का भी कोई जीवन है? उसकी सारी चटक-मटक कितने दिनों की है? फिर हाँ फिर, उसकी लड़कियाँ बनेंगी नगरवधू और उसकी तरह अपने को मारकर, आठ-आठ आँसू बहाते हुए, मर-मरकर जीवित रहने का अभिनय करती रहेंगी। मल्ल योद्धा है, वीर है और जो ठान लेगा, वह कर दिखलाएगा। उसकी दोनों भोली-भाली, अद्वितीय सुन्दर और सुशील लड़कियाँ तो बच जाएँगी। यह सोचकर उसने हाँ कर दी। सारी योजना भी बन गयी। अचल सम्पत्ति को वह यथावत् छोड़ जाएगी। भड़ुओं को भी उसने हवा नहीं लगने दी। उस रात, अर्द्ध रात्रि के बाद निकलना था कि...। हाय रे दुर्भाग्य! कुछ गुण्डे आये। इससे पहले मल्ल सँभल पाता, उन्होंने उसका सिर धड़ से अलग कर दिया। उस वीभत्स, हृदयद्रावक और भयावह दृश्य ने मधुमालती की आत्मा कँपा डाली। कई दिनों तक बेसुध सी पड़ी रही वह। एक दिन उसे धमकी मिली, ''ओ सती सावित्री जन्मी चौराहे की रंडी, ये नाटक-नौटंकी छोड़ सीधे सपाट अपने धन्धे पर आ जा अन्यथा तेरी छोरियों को कोठे पर बैठाकर उनसे धन्धा शुरू करवा देंगे। इसे कोरी धमकी मत समझना। जो तेरे मल्ल का सिर धड़ से अलग करवा सकते हैं, उनके लिए कुछ भी कर दिखलाना बायें हाथ का काम है। परसों से, छम्मक छल्लो अँधेरा पाख समाप्त, उजाला पाख शुरू।''

मधुमालती की ऊपर की साँस ऊपर नीचे की नीचे। उसका अन्तर्मन बोल रहा था, ''तू सम्भ्रान्त समाज के लिए एक जीवन्त खिलौना है, इससे अधिक कुछ नहीं। तू समाज के नाकवालों के रहमोकर्मों पर जी रही है। तुझे अपने बारे में सोचने का कोई अधिकार नहीं है। तुझे सहस्रों मल्ल मुक्ति नहीं दिला सकते। कितना समझाया था, मल्ल को कि वह यहाँ आने वालों की शक्ति को नहीं पहचानता। तेरी सारी योजना को ये बड़ी नाक वाले सूखे पत्तों की तरह हवा में उड़ा देंगे।''

मधुमालती को घुँघरू बाँधने पड़े। अपना सारा विषाद पीकर मुस्कराना पड़ा। इस सबका प्रभाव सुवासिनी के मन पर गहरा पड़ा। उसने एक बार विष भी पी लिया था। फिर भी वह अभागिन बच गयी। तब से मधुमालती उसके लिए सोचने लगी थी। उसकी बड़ी लड़की को उसका धन्धा रास आने लगा था।

आज राक्षस जैसे महाअमात्य की ओर से, ऐसा लग रहा था, वही प्रस्ताव आने वाला है जो कभी मल्ल ने उसके सामने रखा था। राजवैद्य कई बार उससे इस सम्बन्ध में उल्लेख भी कर चुका था। परन्तु राक्षस आज पहली बार अपने मुख से उसकी अभिव्यक्ति करने जा रहा था। वह गम्भीर होकर तटस्थ भाव से ऐसे बोली

जैसे वह कुछ समझी ही न हो, "आप तो मगध जैसे विशाल राज्य के शक्तिशाली महाअमात्य हैं, आपके लिए कोई कार्य असम्भव नहीं है।"

"मधुजी, कुछ कार्य ऐसे भी हैं, जिनका सम्बन्ध भावना से है। बिना दूसरे की भावना को जरा-सी भी खरोंच पहुँचाए या दूसरे को तनिक सा अप्रसन्न किये, वह कार्य दोनों ओर से प्रसन्नता से हो सके यह भी जरूरी है।" राक्षस सीधे-सीधे अपने मन को नहीं खोल पा रहा था। उसका मन बैठा जा रहा था। जरा-सी भी ऊँच-नीच हो गयी तो या कहीं उस पर किसी दूसरे की दृष्टि पड़ गयी हो तो अथवा सौदा तै कर लिया हो तो... तभी तो राजवैद्य को विश्वास में लेकर अपने लिए बात चलाने के लिए उसने कहा था। उसने बतलाया था कि बात आगे बढ़ाई है। परन्तु मधुमालती को बात करते ऐसा नहीं लग रहा है। होने को यह भी हो सकता है कि मधुमालती अनजानेपन का अभिनय कर रही हो।

राक्षस दूसरों की बड़ी से बड़ी और पेचीदी समस्याओं को सुलझा चुका था परन्तु अपनी समस्या के सम्बन्ध में वह फिसड्डी सिद्ध हो रहा था। यथार्थतः वह सुवासिनी से परिचय पाकर, शनैः-शनैः यह अनुभव करने लगा था कि वह संस्कारशीला, शुद्ध मन की, उदार हृदय वाली, शिष्ट-सभ्य और सौम्य सकुमारिका है। उसे कला की गहरी पहचान है, नृत्य में वह पारंगत है और रूप-रंग तथा नाक-नक्श में अति सुन्दर। वह आश्चर्यचकित था नगरवधू की लड़की को इतना गरिमामय, श्रद्धाभक्ति युक्त और विचारवान पाकर।

मधुमालती से उसने स्पष्ट कह दिया था, "देवी यह मात्र आप पर है कि आप हमें सुवासिनी से मिलने दें, उसे किसी अन्य से नहीं।"

"क्यों, महाअमात्य, ऐसा उसमें आपने क्या पाया?" मधुमालती का स्वर आत्मीय था।

"आप सब जानती हैं। देवी कि यहाँ नगर के ही नहीं, दूर-दूर के श्रेष्ठि, सामन्त, मन्त्री आदि आकर अपने सौभाग्य को सराहते हैं। मैं यहाँ डरते हुए आया था। उस दिन राजकाज की उलझनों, उतार-चढ़ाव की राजनीति एवं षड्यन्त्रों ने मुझे अत्यधिक क्षुब्ध, उत्तेजित, उद्विग्न और निराश कर दिया था। तब राजवैद्य को मैंने बुलाया था कि वह कुछ औषध दे, उपचार करे और उसने यह प्रस्ताव किया था, 'महाअमात्य, राजनीतिक परिवेश और वहाँ घटने वाली हर छोटी-बड़ी घटनाएँ किसी न किसी पर सीधे डंक मारती ही हैं। उन डंकों की अन्तःपीड़ा, विषाद और परछाइयाँ सारा सुख-चैन छीनने लगती हैं। उसमें आप अकेले हैं, मदिरा-सुन्दरी से दूर हैं। तब आपके मन को सुकून कैसे मिले? कौन दे! दलदल की अपनी प्रकृति है। वह किसी पर रहम करना नहीं जानती। छोटे मुँह बड़ी बात आप मेरी मानें और मुझे आज्ञा दें तो मैं यह सुझाव देना चाहूँगा कि इस रोग का इलाज औषध नहीं है, प्रेम है।

"प्रेम!" साश्चर्य राक्षस ने दोहराया। राक्षस और प्रेम! एकदम विरोधाभास! वह तो प्रेम के नाम से कोसों दूर भागता है और उसे किसी भयानक षड्यन्त्र का अनिवार्य अन्तरंग हिस्सा मानता है। वह तपाक से कह उठा, "राजनीति करने वालों के लिए प्रेम का स्वप्न लेना किसी भयावह षड्यन्त्र रूपी मगरमच्छ के मुँह में पड़ना है, राजवैद्य। अपने से शत्रुता लेनी हो तो प्रेम के फन्दे को गले में डालकर झूल जाओ। राजवैद्य, अभी हमें मरना नहीं, जीना है।... कुछ और सोचो।"

"स्त्री के अनेक रूप हैं जैसे विष के अनेक प्रयोग। विष प्राण बचाने के भी काम आता है और प्राण लेने के भी बशर्ते उसका प्रयोग आना चाहिए। इस समय आपके लिए यही औषध रामबाण है।"

"प्रेम छल है, प्रवंचना है, राजवैद्य। यह हम देख रहे हैं। पूर्व सेनापति बलभद्र महाराजा के अत्यन्त विश्वसनीय और शुभचिन्तक थे। क्या हुआ उनका। महाराजा के विरोधियों ने उन्हें अपने रास्ते से हटाने के लिए कैसा प्रेम जाल फेंका। वह सुन्दरी विषकन्या निकली और उसने उन्हें सदैव के लिए सुला दिया। अब जो सेनापति है वह उपसेनापति से मिलकर महाराजा के विद्रोहियों को हवा दे रहा है। कुछ उदाहरणों द्वारा मेरे उत्तरदायित्व पर संशय उत्पन्न कराकर अपने को उनका विश्वसनीय सिद्ध करने में लगा है। वह स्वयं ही शासन विरोधी दुर्घटनाओं को जन्म देता है और स्वयं ही अपने चातुर्य और कुशल प्रशासन को सिद्ध करने के लिए उन दुर्घटनाओं का मुँह बन्द करता है।" राक्षस ने अपने अन्तःकरण में मच रही उथल-पुथल का एक दृष्टान्त प्रस्तुत किया। राक्षस के सामने अनेक दुर्घटनाएँ नर्तन कर उठीं। वह अनुभव कर रहा था कि सेनापति और उपसेनापति दोनों की मिलीभगत उसके लिए कोई नया संकट पैदा करने का जाल बुन चुकी है। उसके गुप्तचरों की सूचना के आधार पर वह उसके विश्वासपात्रों तथा श्रेष्ठियों को भी कठिनाई में डाल चुकी है और उनको वह और तोड़ना चाहती है। सारा खेल नन्दवंश की इतिश्री करने का बन रहा है।

"रुको, महाअमात्य, हर क्षण राजनीतिक उठापटक के धुएँ में नहीं बिताना चाहिए। मानसिक तनाव बेचैनी बढ़ाता है, अनिद्रा रोग की ओर ले जाकर भुतही कल्पनाओं के नरक कुण्ड में ला पटकता है। मैं जहाँ से आपको जोड़ना चाहता हूँ और आपको छाये हुए भयावह रोग से मुक्ति दिलाना चाहता हूँ, वहाँ आपको विश्वास मिलेगा, सुकून मिलेगा और शान्त चित्त होकर जीने का अवलम्ब मिलेगा, महाअमात्य। मुझे आप अपना मित्र मानते हैं और मुझ पर भरोसा करते हैं तो बिना आशंका-संशय के मेरी बात मानने का मन बनाओ। शेष आपकी इच्छा।"

राजवैद्य जा चुका था। इन यथार्थ कल्पनाओं के अतीत से घिरे राक्षस ने मधुमालती की ओर देखा और कुछ सकपकाया। मधुमालती भी राक्षस को तोल रही

थी और राजवैद्य के प्रस्ताव पर सोच रही थी क्योंकि वह भी चाहती थी कि सुवासिनी को ऐसे व्यक्ति के घर की शोभा बना दे, जहाँ से उसका गृहस्थ जीवन उनकी काली-उजली दुनिया की परछाईं से भी दूर हो। ऐसा व्यक्ति कैसे मिले और कौन मिलाये? पुरुष जाति तो भेड़ियों की प्रकृति से मेल खाती है। उस पर विश्वास करना अपने को नरक में ढकेलने जैसा है। कौन रचायेगा उससे विवाह? यह सोचते हुए उसको मल्ल का स्मरण सताने लगा था। उसकी आत्मा की शान्ति के लिए वह यह जुआ खेल जाना चाहती थी। उसकी रुचि राक्षस में होती गयी। उसे राक्षस अन्दर से बुरा इनसान नहीं लगा। उसने उन दोनों को निकट आने के अवसर देने में आनाकानी नहीं की। यह इसलिए भी उसे आवश्यक लगा ताकि सुवासिनी के मन को भी वह जान सके। वह उसकी इच्छा के विरुद्ध कुछ नहीं करेगी।

वह रात पूरे चन्द्र की थी—एकदम दूधिया, रेशमी सी सुकोमल। तट सोन के गंगा से मिलने का था। शीत की सोन गंगा शान्त बह रही थी।

"सुवासिनी, तुमने कुछ सोचा क्या?"

"क्या सोचूँ। मैं कुछ सोच नहीं पाती। माँ भी मुझसे यही प्रश्न करती है।" सुवासिनी के मन को सोन गंगा के मिलन की चंचल लहरें छेड़ रही थीं।

"सोचना तो होगा, सुवासिनी। कब तक हम यों मिलते रहेंगे? मेरे भी शत्रु हैं जो ऐसे अवसर का लाभ उठाना चाहते हैं।"

"डरते भी हो, राक्षस, और प्रेम भी करते हो। दो विपरीत दिशाओं का मेल कैसा?" सुवासिनी ने कनखियों से उसके मन की थाह ली।

"कब तक मुझे और परीक्षा देते रहना होगा, सुवासिनी?"

"जब तक तुम्हारा मन नहीं भरे, राक्षस।" सुवासिनी ने उसे छेड़ा। सोन और गंगा मिलकर रात्रि के शान्त परिवेश को कथा सुनते हुए बीच-बीच में हुंकार भर रही थीं। चाँदनी आच्छादित दोनों नद का जल उसके मन में उल्लास को सहला रहा था।

राक्षस का मन गुदगुदा गया क्योंकि सुवासिनी के मेचक केश उसके स्कन्ध को छूकर महक उठे थे। वह कहने लगा, "तुम क्या चाहती हो, सुवासिनी?"

"तुम अपनी कहो, राक्षस।"

"तुम्हें और क्या।"

"तो चाहते रहे, तुम्हें रोका किसने है।"

"तुमने सुवासिनी।"

"लो हट गयी।" कहकर सुवासिनी पीछे हटकर बगल से हो गयी और स्मित लिए नयनों का मन उछालती रही।

राक्षस ने आगे बढ़कर उसका हाथ पकड़ लिया और हलका-सा उसे अपनी ओर खींचते हुए कहा, "सुवासिनी, तुम मुझे पागल कर दोगी। एक ओर लक्ष्मण रेखा से बँधा मैं चाहकर कुछ नहीं कर पाता।... आज हमें चौथा माह हो रहा है।... तुम, माँ से बात करो।"

"विवाह किसे करना है?"

"दोनों को।"

"तो फिर?"

"दोनों बात करें, यही ना।"

"नहीं दोनों नहीं, मात्र तुम, राक्षस।"

"तुम मेरे भवन में आ जाओ, सुवासिनी।"

"माँ यह नहीं चाहती।"

"क्या तुम मुझ पर भरोसा नहीं करतीं, सुवासिनी।" तुम्हारी माँ को सब समझा दिया है। इस समय राजनीतिक गतिविधियों में ज्वारभाटा आया हुआ है। हमारी स्थिति कुछ ऐसी है, जिसमें हमारे पग की आहट का हमारे शत्रु लाभ उठाना चाहते हैं।... मैं तुमसे निश्चित विवाह करूँगा। तुम्हारे पास रहकर मेरे मस्तिष्क से सारी राजनीतिक थकान, तनाव और विष छूमन्तर हो जाते हैं और तुम से मिलकर जब मैं लौटता हूँ तो मेरे में एक नयी ऊर्जा, नया उत्साह और नवीन स्फूर्ति सक्रिय हो उठती है। कृपया मेरी प्रार्थना मान लो, मुझे समय से पूर्व नष्ट होने से बचा लो।" राक्षस का हृदय कविता पढ़ने लगा था।

सुवासिनी इतने माह में जब तब मिलते हुए यह तो जान गयी थी कि राक्षस को जितना बदनाम, चालाक, धूर्त और दमनकारी बताया जा रहा है, उसका हृदय एकदम उसका उलटा है। वह उसके प्रति पूरी तरह ईमानदार है और नेक है। उन परिस्थितियों में जिनमें वह उसको बिस्तर तक ले जा सकता था परन्तु मजाल है कि उसने उस स्थिति का लाभ उठाया हो। वह बराबर यही कहता था कि उसकी माँ से भी, कि उसके पास सुवासिनी उतनी ही सुरक्षित और पवित्र रहेगी, जितनी वह उसकी माँ के पास है। वह शादी से पहले उसे नहीं छुयेगा। उसके साथ रहने से सन्तुलन बना रहेगा और वह सकारात्मक सोच के साथ आगे बढ़ते हुए स्वस्थ रह सकेगा।

माँ ने उसे कई बार यह समझाया "घृत और आग का साथ कब सारी नैतिकता, दिये वचनों और मर्यादा को आग की लपटों के हवाले कर दे, यह कोई नहीं जानता। ... कदाचित् उस समय वह भी अपने को काबू में नहीं रख सके, तब क्या होगा? क्या उत्तर दूँगी सुवासिनी के पिता मल्ल को? माना कि आज वह उनके बीच में नहीं

है और कभी आ भी नहीं सकता परन्तु उसे वह अपने में ऐसा बसाये हुए है कि उसकी हर साँस उसके होने का अनुभव कराती रहती है। वह उसके साथ विश्वासघात नहीं कर सकती।"

राक्षस का सदा उसके इस प्रश्न का एक ही उत्तर रहा था कि वह भाग्य से आगे नहीं जा सकती अन्यथा तो मल्ल जैसे योद्धा, पराक्रमी की मृत्यु का कारण वह नहीं बनती। कहीं न कहीं उसके मन में उसे लेकर यह अपराध बोध जब तक ऐसा सोचने के लिए, चाहे पल भर के लिए ही सही, विवश कर जाता था कि न वह उस भोले-भाले सच्चे व्यक्ति के प्रेमी हृदय को अपनी मुक्ति का साधन बनाने को तैयार होती और न उसके प्रेमी को प्राण गँवाने पड़ते। वह तो यह भली प्रकार से जानती थी कि एक नगरवधू किसी के घर की वधू नहीं बन सकती, वह चाहे तो भी नहीं और उसका प्रेमी चाहे तो भी नहीं—वह सारे नगर की वधू है, फिर किसी एक की वधू कैसे हो सकती है। भूल जाओ, पाटलिपुत्र की उस नगरवधू को, जिसको महात्मा बुद्ध ने, आनन्द के आग्रह पर, अपने संघ से जोड़ लिया था।

मधुमालती का मस्तिष्क में तत्काल प्रश्न उठता था कि फिर वह उसे अपनी पुत्री का मुक्तिदाता क्यों मान ले, जबकि उसके भाग्य में अन्ततोगत्वा नगरवधू ही बनना लिखा है।

राक्षस सोचकर कहने लगता था कि अभी वह सारी स्थिति को धीरे-धीरे अपने अनुकूल मोड़ने का प्रयास कर रहा है, ताकि किसी को यह सन्देह न हो कि सुवासिनी उसकी प्रेमिका है और अनुकूल अवसर पाकर वह उसे अपनी अर्द्धांगिनी घोषित कर देगा। पर वह तभी सम्भव होगा, जब सुवासिनी भी उसके साथ आ जाए।

राजवैद्य की मध्यस्थता ने जो न होना था, वह हो जाने में बड़ी सहायता की। और अब ऐसी स्थिति आ गयी जब उसे धैर्य के पाँव के नीचे से धरती खिसकती हुई अनुभव होने लगी है और उसकी रातों की नींद जाती रही है। वह भयावह स्वप्नों से घिरकर पगलाने लगी। उस अकेली का सोच, बन्द खिड़कियों और दरवाजों की दीवारों से टकराकर कमज़ोर पर कमज़ोर होता गया। राजवैद्य से आग्रह करने लगी कि वह सुवासिनी से मिलना चाहती है। उसमें बाधाएँ आती रहीं। उससे उसका सन्देह सिर पटकने लगा। अब वह क्या करे? किसके पास जाए? कौन है उसका? घना अँधेरा है उसके सामने। सारा उसका दोष है। वह पगला गयी थी। उसी की बुद्धि भ्रष्ट हो चुकी थी।

सुवासिनी उस वातावरण से दूर रहकर धीरे-धीरे अपने आपको सँभाल रही थी।

"मुझे समय नहीं मिला।"

"या ग्लानि ने आपको यहाँ आने से रोक दिया, राक्षस।"

"हाँ, तुम ठीक सोचती हो। यथार्थतः सुवासिनी, मैं अपनी बात कैसे रखूँ। ठीक

से कुछ समझ नहीं पा रहा हूँ।'' राक्षस अपने बचाव में कुछ कहने की स्थिति में अपने को नहीं पा रहा था। उसके मन में यह देखकर सन्तोष था कि सुवासिनी पहले से... अर्थात् उस दिन से पर्याप्त ठीक लग रही थी।

''सोचने मात्र से काम नहीं चलता, राक्षस। कुछ मत सोचो, मात्र समझो और समझते जाओ तो सोचने से स्वतः मुक्ति मिल सकती है। मुझे भी चाहिए था कि... परन्तु उन परिस्थितियों में मैंने तुम्हारा साथ देना आवश्यक समझा। मैं नहीं चाहती थी कि तुम्हारे शत्रु महाराजाधिराज के कान भरकर तुम्हें किनारे कर दें। परन्तु मुझे नहीं पता था कि मैंने जो उत्तरदायित्व सँभाला है, वह दलदली है। उसमें आपको क्या, अपने को बचाना भी बहुत कठिन हो चला था। चलो, उस काली साँपिन सी रात के स्मरण करने से क्यों अपने को और आपको फिर से दलदली भूमि में फँसाया जाए!''

''अभी...।'' कहकर राक्षस रुक गया।

''अभी क्या, राक्षस।''

''हम अभी तक उसी दलदल में फँसे हुए हैं।''

''पर मैं उस परिवेश में नहीं लौट सकती। लौटना तो दूर रहा, उस पर सोच भी नहीं सकती।'' सुवासिनी के स्वप्नों में कम्पन था और उसकी बड़ी-बड़ी आँखों में भय-आशंका। वह राजतन्त्र की प्रासादीय षड्यन्त्रों से भी घबरा गयी थी। उसने कहा, ''राक्षस, यहाँ क्या है इन राजप्रासादों में? माना कि राजप्रासाद अत्यन्त भव्य हैं, अलंकरण युक्त हैं, उन पर सोने-चाँदी का काम है, उनमें ऐसे हीरे-मोती जड़े हुए हैं जो रात्रि में दीप की तरह प्रकाशित होते रहते हैं। परन्तु यह सब किस मूल्य चुकाने पर निर्भर है, यह कभी सोचा क्या?'' एक तीखा प्रश्न हवा में तैरते तीर-सा खुले वातावरण से सीधा उनके बीच आ पड़ा।

दोनों की दृष्टि उस पर पड़ी। उस तीर में इतनी शक्ति थी कि वह जिसके लगता, उसकी वहीं तत्काल मृत्यु हो जाती। कौन मरता? कौन बचता? किसको मारने की योजना थी? सुवासिनी को मारकर क्या मिलता? निश्चित ही मृत्यु उसकी होनी थी। राक्षस ने गम्भीर होकर कहा, ''मैं तुम्हारे सोच के विरोध में कोई तर्क नहीं दे सकता। कोई तर्क बनता भी नहीं है। फिर भी जो कुछ, जैसा भी, बहुमूल्य समय में सैकड़ों शिल्पकारों, कारीगरों, सज्जाकारों आदि ने मिलकर इन राजप्रासादों को तैयार किया है और जिस प्रकर्ष का उदाहरण प्रस्तुत किया है, उसके महत्त्व को नकारा नहीं जा सकता। ये भी कम प्रकीर्तित नहीं हैं। लोग इस सबकी एक झाँकी को तरसते हैं।... क्या करें, सुवासिनी हमारे भाग्य में यही लिखा है। फिर अपने-अपने भाग्य की बात है। उससे मात्सर्य कैसा और क्यों? अब हमें इसी नरक में से स्वर्ग को ढूँढ़ निकालने का प्रयत्न करना है। माघ दिन का सूर्य जहाँ चैत्र-बैशाख

में देह को झुलसाने लगता है, वही सूर्य पौष-माघ में आकर मध्याह्न में सुख देता है। सुवासिनी, तुम मेरे साथ हो। हम साथ ही साथ रहेंगे। भागकर कहीं छिप नहीं सकेंगे, क्योंकि हमारे विरोधियों को तब तक चैन नहीं मिलेगा जब तक वे हमें मृत नहीं देख लेते। कोई हमारे बदले दृष्टिकोण को स्वीकार नहीं करेगा। उसे भी हमारा षड्यन्त्र मानेगा। इस कारण सुवासिनी, यथास्थिति में से अनुकूल मार्ग बनाना होगा।''

सुवासिनी फिर उलझ गयी। उसकी समझ में राजप्रासाद की भूल-भुलैया का कखग भी पल्ले नहीं पड़ा, मात्र विवशता की दलदल में धँसते जाने के।

''सीधे-सीधे कहो, राक्षस, तुम्हारे आने का वास्तविक कारण क्या है?''

''मधुमालती।''

''मधुमालती। अर्थात् मेरी प्रिय माता।'' सुवासिनी ने साश्चर्य पूछा, ''क्यों?''

''वह तुमसे मिलना चाहती है।''

''तो मिले, इसमें व्यवधान क्या है?''

''वह नगरवधू है।''

''तो?'' सुवासिनी ने तेजी से पूछा, ''क्या नगरवधू का किसी की माँ होना अपराध है, राक्षस?''

''दीवारों के भी कान होते हैं, सुवासिनी। जरा धीमे स्वर में।'' राक्षस ने इतस्ततः दृष्टि घुमाकर कहा, ''तुम उसकी वह गुमशुदा पुत्री हो जो आज तक नहीं मिली। यह बात मैं कई बार समझा चुका हूँ। इसी कारण तुम्हें यहाँ अपनी सुरक्षा में रखे हुए हूँ। फिर?'' राक्षस बैठ गया।

''फिर तो... माँ जानती तो है।''

''फिर भी वह तुम्हारी माँ है और तुम उसकी सर्वप्रिय पुत्री। तुम्हारे में उसके प्राण बसते हैं। वह तुम्हारे पिता की इच्छा को तुमसे पूरा होते देखना चाहती है। पर उसका मिलना या तुम्हारा उससे मिलने जाना कठिन है।''

''रुक क्यों गये, महाअमात्य।''

''तुम व्यंग्य मत करो। मैं अपनी शक्ति की सीमाएँ जानता हूँ। शकटार भी कभी अमात्य था। आज वह कारागार में है। राजा-महाराजा के मन में कब-क्या विचार उठे, कोई नहीं जानता। कल मैं भी अन्दर हो सकता हूँ, सुवासिनी।''

''तुम भी।''

''चौंको मत। राजतन्त्र का यही यथार्थ है, सुवासिनी—पल में माशा, पल में तोला। यहाँ राजा-महाराजा से लेकर हम सब असुरक्षित हैं, क्योंकि यहाँ किसी का किसी पर विश्वास नहीं है।'' राक्षस ने इतने दिनों बाद अपनी दंश-पीड़ा की अभिव्यक्ति की।

सुवासिनी ने कहा, "संकट तो हर जगह है, राक्षस। फिर भी, सारे काम हो रहे हैं।... वे कर पा रहे हैं जो भयभीत नहीं होते और जिनमें संकल्प शक्ति सुदृढ़ होती है। अब तुम देखना कि मैं कैसे राजप्रासाद की आँखों में धूल झोंककर अपनी माँ से मिलकर आती हूँ।"

"ऐसा सोचना भी नहीं, सुवासिनी।"

"सुवासिनी ने जो सोच लिया, वह करके रहेगी। यहाँ आने का भी माँ ने नहीं, मैंने निर्णय लिया था। उसे समझाया था कि वह उसकी चिन्ता नहीं करे। जो मरने के लिए तैयार हो जाते हैं, उनसे मृत्यु भी घबराती है, राक्षस।"

"सुवासिनी, ऐसा पागलपन नहीं...।"

"बिना पागल बने लक्ष्य हाथ नहीं आता। तुम्हें ज्ञात भी है कि तुम्हारे भी विश्वसनीय गुप्तचर हैं।"

"क्या, सुवासिनी?"

सुवासिनी की बड़ी-बड़ी आँखों में व्यंग्य रेखाएँ मचल उठीं। वह कह उठी, "तुमने मुझे यहाँ ला पटका है, राक्षस। यहाँ का एक ही अर्थ है कि बाहर जाने के रास्ते बन्द। फिर भी, हवा आती जाती है, प्रकाश की किरण रास्ता बना लेती हैं।"

"तुम कल्पना में मत बहो, सुवासिनी। तुम्हारी माँ ने वही तो नासमझी की थी।"

"वह भल्ल के बहकावे में आ गयी थी और उसे खो बैठी।" सुवासिनी ने राक्षस की ओर गहरी अर्थभरी दृष्टि डाली।

राक्षस उसकी आँखों में उठ रहे भूकम्प की सम्भावना को देखकर सहम गया।

"औरत वारविलासिनी भी बनाई जाती है परन्तु जब उसे अपने वास्तविक सत्व का अनुभव होने लगता है तब वही वारविलासिनी जिसे परपुरुषों द्वारा कोठे या प्रासाद में ला बैठाया गया था, कभी रणचण्डी भी बन जाती है और उन परपुरुषों के लिए साक्षात् मृत्यु भी। तब वे उससे डरते हैं, जिनसे कभी वह डरी थी।... यदि उस समय, जब हमारे पिताजी का सिर धड़ से अलग कर वे क्रूर व्यक्ति चले गये थे तब हम दोनों बहनों और खुद को माँ ने विष दे दिया होता तो फिर कोई संकट नहीं बचता, राक्षस। मैं उसकी जगह होती तो उन समाज के कंटकों के सामने ऐसा नृत्य करती कि माँ पार्वती को अपना लास्य नृत्य का स्मरण हो आता और उन सबको मदिरा में विष मिलाकर पिला देती और जीने से डर लगता तो स्वयं भी वही विष वाली मदिरा गटक जाती। तब क्या बचता, राक्षस। मात्र जिजीविषा के सम्मान के लिए ऐसे साहस दिखलाने के नेक इरादे की आवश्यकता है, जिसके सामने मृत्यु भी काँप उठे।" सुवासिनी का मुखमण्डल अद्‌भुत तेजस्विता से उस भवन को ज्वालामुखी की लपटों में लपेटता हुआ अनुभव होने लगा। वह विहँस कर कह रही थी, "मृत्यु के पुतलों को मृत्यु से कैसा डर-भय?"

राक्षस की बोलती बन्द। उसके सोच को मानो किसी ने कील दिया हो और वह बिना सोच का पुतला मात्र रह गया हो, उसे ऐसा लगने लगा। मधुमालती ने कहा था कि सुवासिनी को ले तो जा रहे हो, राक्षस, पर उसे सँभालना सरल नहीं है, क्योंकि ऐसा अनुभव तो मात्र उनके पास होता है जो शेरनी से आँख मिचौनी खेलते हैं या जिन्हें सर्पिणी पकड़कर उसे अपने साथ खुले में रखने का अभ्यास होता है। पता नहीं, उसके पास किस प्रकार का अभ्यास है। स्मरण रहे, यदि उससे वह नहीं सँभल पाये तो बलात् प्रयास नहीं करें, क्योंकि बिगड़ती शेरनी या सर्पिणी पर किसी का जोर नहीं चलता। राक्षस को लग रहा था कि सुवासिनी उसको चुनौती देने का मन बना चुकी है। उसे रोकने की समझाइश में तर्क के फन्दे डालना अपने सम्बन्धों को संशय के घेरे में लाना है। उसने सन्तोष और धैर्य से काम लेते हुए कहा, "मुझे ज्ञात नहीं था कि तुम्हारा मन भी मिलने के लिए आतुर हो रहा है। तुम यह चिन्ता मुझ पर छोड़ो, मैं कोई रास्ता निकालने का प्रयास करता हूँ।"

"अभी भी मात्र प्रयास।"

"प्रयास का अर्थ तुम्हें उनसे मिलाना ही है। उसमें थोड़ा-बहुत समय लग सकता है। उसके लिए आशा करूँगा कि तुम मेरा सहयोग करोगी।" राक्षस अन्दर ही अन्दर भयभीत हो उठा था।

सुवासिनी ने सिर हिलाकर भी यह सन्देश देने में चूक नहीं की कि वह कुछ दिनों से आगे इस प्रकरण को नहीं बढ़ाये।

राक्षस सब समझ गया। वह भी इसे किसी भी सूरत में खोना नहीं चाहता था। कहाँ मिलेगा राजप्रासाद के घुटन भरे वातावरण में हिरनी से उछाल खाते सद्यः जन्मे निर्झर सा निष्पाप प्रेम और सौन्दर्य की मादकता से छलछलाता नव वसंत का माधुर्य।

13

म्लेच्छ आ रहे हैं। आततायी यवनों ने प्रवेश कर लिया। सावधान। जागरूक रहें। पश्चिमोत्तर सीमा प्रान्त के जनपद-महाजनपद उस विकराल आँधी के सामने अस्त्र-शस्त्र डालने की तैयारी करने में लगे हैं। तक्षशिला नरेश उनका स्वागत कर रहा है।

जनपद-महाजनपद की जनता को उस काली आँधी को रोकने के लिए ढाल बनने को तैयार होना कैसे सम्भव हो जब नरेश ही हथियार डाल रहे हों।

भारी कर वसूल करने वाले नृपति-नरेश अपनी प्रजा की रक्षा करने में असमर्थ हो रहे हैं।

हे अग्निकुल के नागरिको, हे आर्यावर्त्त ने सम्माननीय-स्वाभिमानी प्रजा, आज आपका देश संकट में है। आन-बान और शौर्य के प्रदीप सुनागरिको, आज तुम्हारी परीक्षा होनी है। परस्पर के भेदभाव भुलाकर, संगठित होकर शत्रु पक्ष को बता दो कि हम सब एक हैं।

ढिंढोरा पिटवाया जा रहा था। नागरिक इकट्ठे हो रहे थे।

एक नवयुवक खड़ा होकर सम्बोधित करने लगा, "आर्यपुत्रो, देश संकट में है। यवन सम्राट लूटता-लाटता, विध्वंस मचाता, मारकाट करवाता हमारी सीमाओं में प्रवेश कर चुका है। तक्षशिला के राजकुमार आम्भीक ने अपने पिता को नजरबन्द कर तक्षशिला की गद्दी सँभाल ली है और आदर के साथ यवन सम्राट सिकन्दर को तक्षशिला बुलाकर तक्षशिला नरेश उसका स्वागत कर रहा है। क्या आप लोग इस महान देश के स्वाभिमानी नागरिको, सम्राट सिकन्दर की अधीनता स्वीकार करने के लिए तैयार हैं? क्या मातृभूमि का ऋण चुकाने के लिए अपनी माँ को बेच देने में गौरव का अनुभव कर रहे हैं? कौन बड़ा है नरेश या मातृभूमि, यह आज आपको सुनिश्चित करना है।"

कैसे करेंगे?

समवेत स्वर उठता है—"हम सिर काटने-कटवाने के लिए तैयार हैं। अपनी मातृभूमि को पददलित नहीं होने देंगे।"

"नरेश नाराज हो जायेगा। मौत के घाट उतरवा देगा। ठण्डे हृदय से पुनः विचार कर लो कि देश प्यारा है या अपने प्राण अथवा दासिता।"

चन्द्रगुप्त मौर्य दूर खड़ा सुन रहा था। प्रजा उच्च स्वर में कहे जा रही थी, "देश। देश...अपना देश—भारत देश।"

"आप लोगों को स्मरण नहीं है कि युद्ध हुआ तो सर्वस्व नष्ट हो सकता है। माँ-बहनें, बहू-बेटियों का अपमान हो सकता है। मार-काट भी मचेगी। कहने का आशय यही है कि वह लाभ का सौदा नहीं है। यह भी निश्चित-सा है कि सिकन्दर की विशाल सेना के सामने हम अधिक देर तक नहीं टिक सकते। पराजय निश्चित है। फिर भी, क्या हमें बाहरी आक्रान्ता को रोकने में अपनी शक्ति का परिचय नहीं देना चाहिए?"

जैसे ही वह चुप हुआ वैसे जनता ने उच्च स्वर में कहा, "शत्रु को हम कभी पीठ नहीं दिखाते, उससे पूरी शक्ति से दो-दो हाथ करते हैं।... हम लड़ेंगे चाहे हमारी शक्ति कम क्यों न हो। हम मर सकते हैं। मरने से हम डरते नहीं। परन्तु बिना लड़े हार नहीं मान सकते।" इस तरह से जन-आक्रोश उबल पड़ा।

"नरेश मित्रता के लिए हाथ बढ़ाकर, शत्रु का स्वागत कर अपने और अपने राज्य के अस्तित्व को बचा सकता है परन्तु हम नहीं। हम नरेश नहीं हैं परन्तु उस

राज्य के प्राण अवश्य हैं। राज्य प्रजा का है, नरेश मात्र उसका संरक्षक है। यदि वह अपने दायित्व को नहीं निभाता है तो उस राज्य की प्रजा उस दायित्व को निभायेगी। बिना लड़े-खपे वह अपनी ज़मीन पर शत्रु को पाँव नहीं रखने देगी। वह मर जाएगी पर हारेगी नहीं।''

चन्द्रगुप्त मौर्य जनशक्ति के बिगड़े तेवर देखकर आश्चर्यचकित रह गया। रह-रहकर उसे आचार्य चाणक्य के सम्बोधन के वह वाक्य स्मरण हो रहे थे, ''राजा-महाराजा आते हैं और चले जाते हैं परन्तु जनता-प्रजा वह प्रवाह है जो गंगा की भाँति निरन्तर बहता रहता है। उस प्रवाह को कोई नहीं रोक सकता। आज वह समय आ गया है जब जनता को अपनी अक्षय शक्ति का परिचय देकर घर और बाहर के शत्रुओं को ठिकाने लगाना है। राज्य जनता का है। जनता उसकी स्वामी है। स्वामी को उसका नेतृत्व सँभाल कर यह दिखला देना है कि राज्य का वास्तविक स्वामी राजा-महाराजा नहीं, जनता है। और यह तक्षशिला विद्यापीठ ऐसी स्थिति में विद्या का केन्द्र मात्र नहीं, जन नेतृत्व का गढ़ भी है। आज वह गढ़ बन चुका है। उसका प्रत्येक विद्यार्थी-स्नातक चाहे वह अपना अध्ययन पूरा कर चुका हो अथवा अध्ययन कर रहा हो, आज राष्ट्र पर आये संकट का सामना करने को तत्पर है। वह जनता का नेतृत्व करके यह भी दिखला देगा कि विद्यापीठ राज्य की सुरक्षा का अक्षय दुर्ग है।''

आचार्य चाणक्य तो पर्वतेश्वर के राज्य की ओर प्रस्थान कर चुके थे। जाते समय भी उन्होंने चन्द्रगुप्त मौर्य से उसके निर्णय के बारे में नहीं पूछा था और न तनिक-सा आक्रोश दरसाया था। वे सम बने रहे थे। सबको आशीर्वाद देकर अपने कुछ विश्वसनीय साथियों के साथ अश्व पर ऐंड लगाकर निकल गये थे। सम्पूर्ण विद्यापीठ टकटकी लगाकर उस ओर तब तक देखती रही जब तक वे उसकी आँखों से ओझल नहीं हो गये।

चन्द्रगुप्त मौर्य अभी तक कुछ सुनिश्चित नहीं कर पा रहा था। उसके मन में द्विविधा थी। वर्तमान परिस्थितियों में आये भूकम्प-भूचाल और काली आँधी से उसका पहली बार सामना होने वाला था। वह है क्या? क्या है उसके पास शक्ति? वह अकेला है। उसके चारों ओर गहरा सन्नाटा है। क्या वह उस सन्नाटे को अकेले तोड़ सकता है। कैसे? कोई दिशा-निर्देश नहीं। कोई शक्ति स्रोत नहीं। फिर भी, आचार्य उससे अपेक्षा करते हैं कि...।

अन्ततोगत्वा उसका लक्ष्य क्या है? क्या वह साधन मात्र है? क्या वह अपना प्रयोग हो जाने दे? साधन का आशय क्या है? प्रजा भी राजा के होने का साधन है। सीढ़ियाँ मंजिल नहीं होतीं। आचार्य भी क्या कर पायेंगे ऐसा? फिर भी वह सुदृढ़ हैं। अपने इरादे से टस से मस नहीं होते। उनके साथ एक अच्छी बात यह है कि

वह किसी को अपने साथ चलने के लिए विवश नहीं करते।

क्या सार है आचार्य के इस मन्त्र का—राज्यतंत्रायत्तं नीतिंशास्त्रम्। बिना नीति के कैसा राजतन्त्र। नीति की सुरक्षा राजतन्त्र में है। राजतन्त्र की सुरक्षा नीति प्रयोग आश्रित है। आज मगध के पास परराष्ट्र नीति कहाँ है? कैसे हो, उसके पास स्वराष्ट्र संचालन की भी कोई नीति नहीं है। बड़ा साम्राज्य और उसकी अपार सैन्य शक्ति नीति विहीन मिट्टी के घरौंदे जैसी है। "चन्द्र, यही संकेत है किसी साम्राज्य के ढहने के। मैंने प्रतिज्ञा यों ही नहीं की है, मुझे अन्तःप्रेरणा हुई थी तब जब मैंने अपनी खुली खिंची शिखा को नहीं बाँधने की घोषणा की थी नन्द वंश के विनाश के साथ।" तब चन्द्रगुप्त मौर्य कुछ नहीं समझा था और अब भी वह ऐसा कुछ सोच-समझ नहीं पा रहा था, जिससे कि आचार्य अपने संकल्प को निभा सकते हैं।

सत्ता से वह दूर हैं। तक्षशिला विद्यापीठ का आचार्य राजनीति-कर्म से दूर रहकर एकान्त साधना में लीन रहता है। वह तो चाणक्य नीति, कौटिल्य अर्थशास्त्र, चाणक्य सूत्र, राजनीतिशास्त्र आदि कृतियों में लीन रहे हैं। उसका व्यावहारिक राजनीति से क्या सम्बन्ध है। वह राजघराने के राजकुमारों को सामान्य परिवार से आये विद्यार्थियों की ही श्रेणी में रखते हैं। उनसे भी वही काम लेते हैं जो सामान्य विद्यार्थियों से—कोई भेदभाव नहीं। ऐसा व्यक्ति किसी बड़े साम्राज्य का नाश कर देगा, यह कोरी कल्पना लगता है। उसे उनके रास्ते पर चलने की आवश्यकता नहीं। गंगाधर की पत्नी तृप्ति का स्वर उसमें गूँज उठता है, "यह मत सोचिए कि जो कुछ मैंने भविष्यवाणी की है, वह वर्तमान स्थिति में असम्भव लगेगी। परन्तु भविष्य को कौन जाने? पल भर में क्या से क्या हो जाता है। आप अपने वर्तमान से भविष्य को मत तौलिए। जो कहा है, वह होगा, पर कैसे, यह मैं नहीं जानती। कदाचित् कोई नहीं जानता।"

हैं! ये शोर कैसा! भगदड़ भी। मारो काटो, पर किसको! चन्द्रगुप्त मौर्य उस दिशा में मुड़ता गया।

हैं! पाँच यवन लाश! किसने मारा? क्यों मारा? किससे पूछे? वह एक ओर बढ़ गया। कुछ लोग बातें कर रहे थे।

"आ बैल मुझे मार। पता नहीं ये कुछ लोग कहाँ से आये हुए हैं। उन लोगों के बहकावे में आकर यवनों को मार डाला। अब पता चलेगा। मारकर वे तो नौ दो ग्यारह, बीतेगी उन पर जो दर्शक बने यहाँ मौन खड़े हुए हैं।"

"क्या बकता है। अन्धा है। वे यवन उन दो युवतियों को जबरदस्ती घसीटे ले जा रहे थे और वे युवतियाँ गुहार लगा रही थीं। सब नपुंसक की भाँति तमाशा देख रहे थे। कौन आया उन्हें बचाने! ये दुर्घटना किसी के साथ हो सकती है। यवन सैनिक ये ही सब तो कर रहे हैं।"

"अब संकट के बादल घिरने वाले हैं, महाशय। बर्र के छत्ते पर पत्थर मारा है

तो उसका परिणाम भी भोगना पड़ेगा ही। अब यवन सैनिक क्रोधावेश में आकर घर-घर में जाकर लूट मार और बलात्कार करेंगे और वह भी माता-पिता, भाई-भत्तीजों के सामने।" उसका स्वर कुछ बुलन्द था।

चन्द्रगुप्त मौर्य सोच में पड़ गया। जय-पराजय राजा-राजा के मध्य और उसके दुष्परिणाम भोगे प्रजा। क्यों? प्रजा ने क्या किया है? फिर वह तो तक्षशिला राज्य का हिस्सा है। आम्भीक ने यवन सम्राट सिकन्दर के सामने थाली परोसकर रखी है सम्पूर्ण व्यंजनों सहित। फिर भी, यवन सैनिकों का ऐसा दुस्साहस। मित्रता का कैसा नाटक!

"यह सब यवन सम्राट की अधीनता स्वीकार करने का दुष्परिणाम है।" उनमें से एक व्यक्ति ने कहा।

"अधीनता नहीं, आर्य, मित्रता कहो।"

"मित्रता सदा बराबर वालों के बीच शोभा देती है। कहाँ सम्राट सिकन्दर और कहाँ अपने पिता को कारागार में डालकर नरेश बने आम्भीक! उसने कायरता को जीने का अवलम्ब बनाया है।"

"कितना समुचित कहा है अपने आचार्य चाणक्य ने 'कार्यवाह्यो न पोषामत्याश्रितान्' यानी जो कर्तव्य से मुँह मोड़ता है, वह अपने आश्रितों... प्रजा... का कैसे भरण-पोषण कर सकता है।"

"अर्थात् 'यः कार्य न पश्यति सोऽन्ध।'"

"हाँ, आर्य, यहाँ भी गुरुदेव कौटिल्य हैं जो अपना सामयिक कर्तव्य नहीं पहचान पाता है, वह आँखों के रहते हुए भी अन्धा है।"

"आम्भीक तो तक्षशिला विद्यापीठ का छात्र रहा है। क्या उसने यह सब नहीं पढ़ा है। फिर उसकी आँखों पर पट्टी क्यों?" तीसरे नागरिक ने कहा।

"विपरीत काल में बुद्धि भ्रष्ट हो जाती है, आर्य।" एक वृद्ध व्यक्ति का स्वर था, "सुना है, आचार्य ने किसी चन्द्रगुप्त मौर्य को खड़ा किया है। वह पश्चिमोत्तर आर्यावर्त्त की रक्षा करेगा। अपने नरेश-नरपति तो पोरस को छोड़कर हाथ ऊँचे कर चुके हैं। मालव आदि अवश्य सामने आ सकेंगे—वे छापामार युद्ध करेंगे।"

"कौन चन्द्रगुप्त?"

"तक्षशिला गुरुकुल का स्नातक, आर्य। सुना है वह जितना मेधावी है उतना ही पराक्रमी, साहसी, नेतृत्व कुशल भी। स्वयं आचार्य ने उसे चुना है। नेतृत्व आचार्य का जिसे मिल जाए, वह पाताल को भी हिला सकता है।" उसी वृद्ध व्यक्ति का सधा हुआ शान्त स्वर था।

"आचार्य तो कब से इन छोटे-मझोले जनपदों को समझा रहे थे कि आपसी

वैर-द्वेष, ऊँच-नीच भुलाकर एक हो जाओ—कम से कम रक्षा के सम्बन्ध में एक महासंघ बना लो ताकि बाह्य आक्रमणकर्ताओं का मुँह फेर सको। वे इधर आने का नाम भी न लें।'' एक अन्य आगन्तुक ने भीड़ के बीच में आकर कहा, ''पहले भी हरवामनी अर्थात् पारसीक के आक्रमण, काबुल की घाटी पर साइरस का अधिकार, दारा तृतीय तक गान्धार, सिन्धु, गन्धार उनके अधीन रहे।... अब सिकन्दर दारा को पराजित क़र तक्षशिला आ बैठा है। अपने सीमा प्रान्त के जनपद-महाजनपद को तो हर बाहरी आक्रमणकर्त्ता रौंदेगा।'' यह उच्च स्वर एक दूसरे नवयुवक का था, जिसे वहाँ कोई नहीं पहचान पा रहा था।

''कौन हो नवयुवक?''

''आर्यावर्त्त का एक नागरिक, भद्र?''

''आर्यावर्त्त में कहाँ के हो?''

''सारा आर्यावर्त्त एक है। फिर मैं अपने को कहाँ का बताऊँ और क्यों? हमें इस बुराई से बाहर आना है।''

''क्या यह बुराई है!। अपने राज्य का नामोल्लेख करना तो गौरव की बात है।''

''इसी से तो हमारी एकता खण्डित होती है, आर्य।'' खण्डित शक्ति का लाभ बाहरी आक्रमणकर्त्ता उठाते आये हैं। उन आक्रमणकर्त्ताओं के लिए रास्ता भी यही है—व बैक्ट्रिया, सोग्यिाना और काबुल की घाटी होकर आते हैं।''

''रास्ता तो जेड्रोसिया होकर भी है।'' उनमें से एक अन्य ने कहा।

''जेड्रोसिया का विस्तृत मरुस्थल पार करके आना बिना लड़े मृत्यु को निमन्त्रण देना है। जिन्होंने उधर से आने का प्रयास किया, वे मर खप गये और लौटने योग्य भी मुट्ठी भर रहे। उनमें साइरस भी एक है जो मात्र सात-आठ सैनिकों के साथ प्राण बचाकर लौटा था।''

''आपको तो बहुत ज्ञान है, युवक।''

''क्यों न हो, आर्य, मैं भी कभी तक्षशिला का स्नातक रहा था। आचार्य चाणक्य को सर्वाधिक चिन्ता यही थी कि खण्डित आर्यावर्त्त एक कैसे हो।''

चन्द्रगुप्त मौर्य अब अपने को नहीं रोक सका। वह पूछ बैठा, ''आप लोग तो यहीं के होंगे।''

''कहा नहीं कि सम्पूर्ण आर्यावर्त्त एक है, फिर यहाँ वहाँ का प्रश्न क्यों! आर्य, आस्था को बाँटों मत। विश्वास की मुट्ठी बँधी रहे तो कोई अपनी मर्यादा की ओर आँख नहीं उठा सकता। यही आचार्य का सन्देश है।'' उस युवक के स्वरों में आत्मविश्वास का गौरव झलक रहा था और उसके मुखमण्डल पर था तेजस्विता का सूर्य।

तब एक अन्य व्यक्ति ने कहा, "आप दोनों श्ष्टक और अश्वक जनजातियों से हैं।"

तभी चन्द्रगुप्त मौर्य की दृष्टि बीस-पच्चीस पीले रंग के सूती कपड़े पहने हुए व्यक्तियों पर गयी। उनके कन्धे पर धनुष, बाँस की कमानियाँ और तीर लटके हुए थे। तीर की नोकों को लोहे से मढ़ा हुआ था। वे अवश्य भारतीय सैनिक हैं। उसने पूछा, "और वे।"

"आप सब सुन लीजिए, नागरिको, हमने या हम में से किसी ने, किसी को उत्तेजित या भड़काया नहीं है।... वे सब आपकी सुरक्षा के लिए हैं। तीनों ओर पीत वस्त्र धारी धनुर्धर तैनात हैं। उन सैनिकों को लौटकर आने दो, छठी का दूध न याद दिला दिया तो हम असली भारतीय नहीं।... तक्षशिला का सैन्य बल भी हमारे साथ है। आप लोग भी हमारी मदद कीजिए, यह हमारी आपसे प्रार्थना है।"

तभी शंख ध्वनि हुई। एक साथ सैकड़ों जन उच्च स्वर में नारे लगा उठे, "आर्यावर्त्त की जय। आचार्य चाणक्य की जय।"

चन्द्रगुप्त मौर्य जान चुका था कि वे लोग उसको नहीं पहचानते हैं। वह भी उनको नहीं जानता है। इसका अर्थ हुआ कि वे पहले या उसके बाद के तक्षशिला के विद्यार्थी हैं।

इतना अनुकूल और शक्तिशाली परिवेश! जन चेतना को एकत्र कर शक्ति प्रदर्शन का ऐसा उत्साहपूर्वक उल्लास! अद्‌भुत! उसने कभी नहीं सोचा था कि आचार्य चाणक्य का जन-जीवन पर इतना गहरा और उत्तेजना से भरा प्रभाव हो सकता है। तभी कदाचित् आचार्य तक्षशिला विद्यापीठ की पढ़ाई पूरी करने वालों से ऐसा सुदृढ़ संकल्प करवाते हैं–

"ह्म प्रतिज्ञा लेते हैं कि आजीवन समाज की सेवा करेंगे।

अन्याय और अत्याचार करने वालों का भरसक विरोध कर, यदि उनको रास्ते से हटाने की स्थिति भी पैदा हो जाए तो पीछे नहीं हटेंगे।

राष्ट्र हितार्थ जब भी विद्यापीठ से आह्‌वान हो, तब सब कार्य छोड़कर उस अभिमान में तन, मन और धन से लग जाएँगे। कोई प्रश्न नहीं करेंगे। कोई संशय मन में नहीं पालेंगे। जय आर्यावर्त्त! जय भारत।"

चन्द्रगुप्त मौर्य ने भी यह संकल्प लिया था परन्तु वह तो उसे निभा नहीं सका। उसे तो संशय के चूहों ने कुतरना शुरू कर दिया था। वह उनका कितना निर्बल शिष्य निकला कि उसने बिना लड़े ही हथियार डाल दिये।

चन्द्रगुप्त मौर्य का मुखमण्डल म्लान होने लगा। वह कितना स्वार्थी निकला। क्यों कर उसने संकल्प तोड़ दिया। आचार्य भी कितने महान् हैं कि उन्होंने उस ओर

उसका ध्यान भी ले जाना उचित नहीं समझा। वह पश्चात्ताप से भर उठा। अब वह क्या करे। बढ़ा तो वह उचित दिशा में है। उसके साथ वे योद्धा भी हैं, जिनके कारण वे तक्षशिला विद्यापीठ में पहुँच सका था। वे भी वहीं थे। उसने उनसे यह प्रश्न नहीं किया था कि वे उसके साथ क्यों हैं? अब तक उन्हें लौट जाना चाहिए था। वे सब पहाड़ी की आड़ में उसके लौटने की प्रतीक्षा कर रहे थे।

"सुन रहे हो।" उनमें से एक बोला।

"हाँ, सुन रहा हूँ और कुछ समय बाद देख भी लूँगा कि कौन कितने पानी में है। ये यवन सैनिक हैं। प्रतिशोध अग्नि से आक्रोशित-क्रोधित।"

"साथियो मोरचा सँभालो।" उस नवयुवक ने कहा, जिसने अपने को तक्षशिला विद्यापीठ का छात्र बताया था और नागरिकों को सावधान किया था, "भय नहीं। अपने-अपने घरों को सँभालो। किसी को बाहर मत आने देना।"

अब घोड़ों के टापों की आवाज तेज सुनाई पड़ने लगी थी। चन्द्रगुप्त मौर्य वहाँ से उस पहाड़ी की ओर मुड़ गया, जिधर उसके साथी थे।

यवन सैनिक दल हिम चौरा के बीच में आ खड़ा हुआ और उनमें से एक आगे आकर बुलन्द आवाज में कहने लगा, "तक्षशिला टिहरी के भीरु नागरिको, घर से बाहर निकलो। अब तुम्हारी बहन-बेटियों, बहुओं की खैर नहीं। अपना बल प्रदर्शन कर उन दो युवतियों को छुड़ा लिया था, अब सारी की सारी युवतियों को हमें सौंप दो अन्यथा तुम्हारे लकड़ी के मकान और दुकानें आँख झपकते ही धूं-धूं जल उठेंगी। तुम्हें जान-माल से भी हाथ धोना पड़ेगा।"

सन्नाटा बहरा हो गया। कहीं से कोई चू चपड़ नहीं। मानो सबको साँप सूँघ गया हो।

यवन सैनिकों का मुखिया कह उठा, "एक बार फिर यहाँ के नागरिकों को सचेत करो, सांड्रो।"

सांड्रो ने पुनः वही सब चेतावनी में कहा जो वह पहले कह चुका था। उसने उसमें इतना और जोड़ दिया, "तुम लोग बाहर नहीं निकले तो हमारे सैनिक तुम्हारे घरों के दरवाजे तोड़कर तुम्हें अन्दर से बाहर लायेंगे और तुम्हारे पुरुषों को जीवित जला देंगे।"

बुलन्द आवाज गूँज उठी परन्तु कहीं से भी कोई बाहर नहीं निकला और न कोई आहट हुई। एड्रो कोटस, जो इस समय उनका नेतृत्व कर रहा था, आश्चर्यचकित रह गया। वह बोला, "अवश्य दाल में कुछ काला है, सांड्रो। कुछ सैनिकों को आगे भेजो। वे पता करें कि कोई हलचल क्यों नहीं हुई है। क्यों सन्नाटा आँख भी नहीं झपक रहा है?"

"कोटस, कहीं ये लोग बस्ती छोड़कर पहाड़ियों में तो नहीं जा छिपे हैं। यहाँ

जंगल भी घने हैं और उधर हमें नहीं जाना है। उन स्थानों से हम लोग परिचित नहीं हैं।''

''परन्तु दरवाजे अन्दर से बन्द लगते हैं।''

''पता करो।''

वे सैनिक इधर-उधर बँट गये। केन्द्र में सैनिक कम रह गये।

सारा कार्य व्यवहार बहुत रहस्यमय हो चुका था।

घरों के मुख्य द्वारों पर ललकार गूँज उठी। उत्तर में घना मौन ठहर गया।

''आग लगा दो।'' कोटस ने आदेश दिया। मशाल लिए दो सैनिक आगे आये। मशाल जैसे ही जल उठी वैसे ही उन दोनों यवन सैनिकों के छाती में तीर धँसे। वे दोनों सैनिक वहीं ढेर हो गये।

खलबली मच गयी। तीर पहाड़ी के ऊपर से आये थे–दायीं ओर से। सब सैनिक घरों को छोड़कर केन्द्र में आ गये। कोटस ने संकेतों से सैनिकों को निर्देश दिये। उनमें दस-बारह सैनिक अश्वों से उतर कर इतस्ततः देख रहे थे।

कई पेड़ों की डालियाँ हिलीं। यवन सैनिकों ने उधर तीर छोड़ दिये। एक जोर की चीख निकली। तीन सैनिक उस दिशा में आगे बढ़े। वे बढ़ते ही गये कि उनको तीरों से छलनी कर डाला। उधर उनके अश्वों को उलटी दिशा में भगा दिया। एक तीर तभी सांड्रो के घोड़े के लगा। वह लँगड़ाता हुआ एक ओर बढ़ा ही था कि उसकी पीठ में आकर एक और तीर लगा।

अब एड्रीकोटस से नहीं रहा गया और उसने जोर से एक शब्द उछाला, ''डिंको।''

अब क्या था कि छिपे यवन सैनिकों ने पहाड़ी पर आक्रमण कर दिया। आगे से कोटस के नेतृत्व में सैनिक बढ़े। दोनों ओर से तीरों की बौछार शुरू हुई। आर्यावर्त्त के सैनिक घिर गये और आमने-सामने आ गये। घमासान युद्ध होने लगा। परन्तु कब तक वे मुट्ठी भर सैनिक अपने से चौगुने सैनिकों का सामना कर पाते। लाशें दोनों ओर से गिरीं परन्तु आर्यावर्त्त के सैनिक बहुत अधिक संख्या में मारे गये। उनमें से जो हताहत हुए और जिनके प्राण बच गये, वे पकड़ लिए गये।

लगभग एकतरफा फैसला हो चुका था और यवन सेनानी अपनी जीत का हर्ष मना ही रहे थे कि चन्द्रगुप्त मौर्य ने उन पर अचानक आक्रमण कर दिया। वे सँभल भी नहीं पाये कि उनमें से अधिकांश के सिर धड़ से अलग कर दिये।

भयानक चीत्कार उठी। यवन सैनिक घबराकर भागने को हुए तो उनको तीरों की बौछार से गिरा दिया गया। मार दिया गया। एक घण्टे में युद्ध समाप्त। शत्रु भी समाप्त। उनके घोड़े कब्जे में।

"बाहर आ जाओ। शत्रुओं का सफाया हो गया है। कोई शत्रु नहीं बचा।"

घायल आर्यावर्त्त के सैनिकों को नागरिक सभा भवन में ले आये। वैद्य भी आ गये। सबने देखा उस नवयुवक की ओर जो अश्व पर सवार हुए सबको सम्बोधित कर रहा था, "भद्र नागरिको, सबल बनो। स्त्री-पुरुष सब अपनी रक्षा करने के लिए कमर कस लो। किसी से घबराओ, डरो नहीं। आत्मसम्मान से जीना सीखो। आर्यावर्त्त तुम्हारा है। तुम्हारा ही रहेगा। जय आर्यावर्त्त।"

"जय आर्यावर्त्त।"

"जय चन्द्रगुप्त मौर्य।" पता नहीं किसने कहा।

ये नारे आकाश में गूँज उठे। गूँजते रहे। वे सब सभा भवन में ही रहे। वहीं सोये। रात हो आयी थी। वे थक भी गये थे। फिर जाते भी कहाँ। वहाँ के नागरिकों का आग्रह भी था। वे मान गये।

14

आज का सूर्य कल के सूर्य से अधिक आकर्षक-सम्मोहक और आत्मीय था। घाटियाँ चमक उठी थीं। पल्लवों पर निखार था। पक्षी वृन्द गुनगुना रहे थे।

चन्द्रगुप्त मौर्य अपने साथियों में एक से यह कहकर गया था कि वह दाण्ड्यायन के आश्रम होकर लौटता है। आर्यावर्त्त के जो सैनिक उनके साथ चलने को तैयार हैं, उन्हें यवन सैनिकों के ये पकड़े अश्व दे देना। उसके लौटने की प्रतीक्षा करना।

सुबह की मन्द-मन्द बयार टहनियों पर झूलते पल्लव-पुष्प। शान्त वातावरण। कल की काली धुन्ध का कोई चिह्न नहीं। सारी लाशों का कल ही दाह संस्कार कर दिया था।

आचार्य चाणक्य ने कहा था कि यदि यवन सम्राट सिकन्दर से मिलने तक्षशिला जाओ तो ऋषि दाण्ड्यायन के आश्रम जाकर उनसे मिलना न भूलना। वह उसका मार्ग प्रशस्त करेंगे। यदि उन्हें उसमें ऐसा कुछ लगा तो...। इससे भी उसे आश्वस्त होने में बहुत सहायता मिलेगी। वे दार्शनिक हैं। दार्शनिक भूत, वर्तमान और अनागत तीनों को एक साथ देखने की अन्तर्दृष्टि रखता है।

चन्द्रगुप्त मौर्य की दृष्टि में वहाँ परिवर्तन हुआ। उसमें विश्वास लौटा। चाणक्य की दिव्यदृष्टि, शक्ति और प्रभाव का तपतपाता सूर्य उसकी आँखों के सामने आकर ठहर गया।

चाणक्य चन्द्रगुप्त मौर्य को दाण्ड्यायन से जुड़े संस्मरण को सुनाने लगा। वह कह रहा था "जब पहली बार मैं दाण्ड्यायन से उनके आश्रम में मिला था, तब मैं

उनके सौम्य रूप को देखकर अभिभूत हो उठा। कहाँ मैं इतना कुरूप और कहाँ वह सौन्दर्य का साकार रूप। दिव्यता से भरा, आत्मस्वरूप उसका अंग-प्रत्यंग। आभामंडल का अद्‌भुत आलोक। लम्बी सुगठित देह एकदम सन्तुलित। सुसंस्कृत वह महापुरुष आत्मलीन-सा लग रहा था। अभी तक मेरा निष्कर्ष था कि दार्शनिक का जगत् कोई दूसरा होता है। वह सबसे अलग होता है, चन्द्र। दूसरे शब्दों में कहें कि वह हमारे मतलब का नहीं होता।''

चन्द्रगुप्त मौर्य ने इससे पहले दार्शनिक शब्द सुना था पर किसी दार्शनिक को देखा नहीं था और न किसी ऐसे व्यक्ति को देखा-सुना था जो दाण्ड्यन से मिला हो। उनसे बातचीत की हो। चन्द्रगुप्त मौर्य चाणक्य की ओर साभिप्राय देखे जा रहा था और चाह रहा था कि वह उनमें उस महान् दार्शनिक को पकड़ ले, जिसकी ज्योति निरन्तर एक-सी तटस्थ भाव से महकती-महकाती रहती है।

खँखारकर चाणक्य ने कदाचित् उस दिव्य ऋषि का मन ही मन स्मरण कर आगे कहना शुरू किया, ''वह धीरे-धीरे शरद नदी से बोल रहे थे, जिसने वसन्त का गहरे रचाव और मादकता के साथ गहन अन्तरंगता में अनुभव नहीं किया, वह पतझड़ और उसके अस्तित्व को नकारने का दम्भ नहीं भर सकता। परन्तु जब दम्भ जीना उसकी विवशता हो जाता है तब भटकाव की प्रवंचना के अतिरिक्त उसके हिस्से और कुछ नहीं आता। मुझे विश्वास है, चाणक्य, तुम आचार्य हो, पठन-पाठन तुम्हारी गति के केन्द्र में है। गति की नियति के इसीलिए तुम नियन्ता भी हो। इस हेतु तुम आचार्यत्व के इस सत्य का विस्मरण नहीं कर सके होगे और अपने शिष्यों को भी इस ओर जोड़ सके होगे कि स्व प्राण की सत्ता परहित में सन्निहित है। जो विषाद में आनन्द की अनुभूति नहीं पा सकता, वह सत्य का सारथी भी नहीं हो सकता। मैं तुमसे जानना चाहता हूँ कि विद्यान्तर की इस स्थिति से गुजरने का अभ्यास आचार्य शिष्य में शान्त नदी के प्रवाह सा अनुभव होता रहता है अथवा नहीं, या कुछ हटकर।''

चाणक्य अचानक ठहर गया। चन्द्रगुप्त मौर्य स्तब्ध सा सुनता हुआ देखने के लिए उत्सुकातुर होता रहा। उसे लगा कि चाणक्य में दाण्ड्यायन के स्वर की अनेकान्तता में सहज एकान्तता मौन होकर देख रही थी।

चाणक्य ने सोचते या स्मरण करते हुए कहना प्रारम्भ किया, ''चन्द्र, दाण्ड्यायन ने कहा था, आर्यावर्त्त ही क्या, चाणक्य, जहाँ मनुज पलता है, रहता है और सक्रिय रहता है, वह धरा सबकी सब पवित्र है, सबके सुख-आनन्द का केन्द्र है, वही सुख-शान्ति का स्रोत है। हमें उस सम्पूर्ण धरा के लिए, बिना विखण्डन के, बिना सीमा के सिर उठाये, विनम्र और आदर भाव से पूज्य-अर्चना के साथ मनुज को तैयार करना चाहिए। तुमने पक्षियों को देखा, कितनी-कितनी दूर से मंगलकामनाओं से चहकते हुए हमारे प्रांगण में चले आते हैं और अपनी समय सीमा पर आनन्द से

पंख फैलाए लौट जाते हैं। उनमें कितना प्रागल्भ्य है, कितनी आत्मीयता है और कितना बन्धुत्व है। वे हैं विश्व कुटुम्ब के सच्चे, पक्के और निर्लोभी मित्र। उन जैसा मनुज बने, उसका संसार बने, हमारी शिक्षा का यही सम्पूर्ण स्वप्न हो और सम्पूर्ण लक्ष्य। जाओ चाणक्य, एक बार कौटिल्य के अर्थशास्त्र को जीवन के सौन्दर्यशास्त्र में पुनःस्थापित, पुनःसगठित, और पुनःस्वस्तिक बनाने का स्वैरेक्य से प्रयत्न करो, जिससे स्वर्णाभ आत्मा के पर्वोत्सव की गहन अनुभूति मर्त्य जीवन को निरन्तर संस्कारित करती रहे और प्रेम का निकेतन बन वह मंगलगीत गुनगुनाता-गाता रहे।'' और उसके बाद वह उठे, प्रणाम किया, आशीर्वाद के लिए हाथ उठाया और अन्दर चले गये। एक विमल छवि मानो अन्तर्धान हो गयी और सम्पूर्ण पूजनीय प्रकाशोर्जा को अपने साथ ले गयी। जैसे ढलती संध्या को धूप अपने को, अपनी परछाईं को और अपने रचाव को लेकर अन्तर्लीन हो जाती है। मैं अपने बुने वेद का सस्वर अपने हृदय-गह्वर में पाठ गुनगुनाता उठ खड़ा हुआ नमन करते हुए, उनकी रज धूलि का संस्पर्श करते हुए और ममत्व के तीर्थ के अनुभव में डूबते हुए कि—स्तुता अपि देवता स्तुस्यन्ति। मेरा व्याख्याकार समझा रहा था कि अमृत (मधुर) वचन के लिए यह लोकोक्ति सर्वप्रिय है कि स्तुति से अदृश्य देवता भी आह्लादित होकर मनोकामना को तथास्तु का वर दे देते हैं। और मैं लौट आया। तुम भी जाओ। मैं अर्थशास्त्र को सौन्दर्यशास्त्र की प्रार्थना में नहीं बदल सका और जगत जंजाल में फँस कर रह गया परन्तु तुम जाओ, चन्द्र, और निष्पाप अन्तःर्दृष्टि का प्रसाद लेकर सुनिश्चित करो कि तुम्हारा करणीय क्या हो?

चन्द्रगुप्त मौर्य पृष्ठभूमि के पुनःपाठ में तल्लीन हुआ मार्ग भटक गया। सामने बहुत ऊँचाई से अनगिनत-असंख्य फुहारों में अमृत उछालता, किलकारी मारता और सौन्दर्य-सुषमा का अन्तर्वेद पढ़ता हुआ झरना महक रहा था। वह उस अनाविल और आत्मीय संगीत को सुनने में तल्लीन था। उसकी दृष्टि जहाँ तक जा रही थी, वहाँ तक नवान्तुक, नयनाभिराम और सौन्दर्याभिभूत हरियाली का मादक-मधुर अन्तरांचल विलुलित होता हुआ उसके तन-मन में उत्साह-उजास के मन्त्र पढ़ रहा था। जीवन धरा की चादर कितनी उज्ज्वल, रमणीक तथा सौम्य है। यह अन्तर्पाठ आज प्रथम बार उसको सम्मोहित करता जा रहा था।

वर्षा होकर चुकी थी। सारी प्रकृति नहाकर संगीतमयी हो उठी थी। अद्भुत सौन्दर्य! वाह! उसका हृदय गद्गद हो गया और वह अश्व से उतरकर चतुर्दिक फैले स्रष्टा के मनोरम जगत में उतरता चला गया। कल क्या हुआ था? क्यों? क्यों अपहरण करना चाहते थे वे सत्य के सौन्दर्य को? क्यों रौंदना-कुचलना चाहते थे वे प्रेम में लवलीन मनोकामना के सतरंगी लघु-लघु संसार को? क्या मिला उन्हें? क्यों आये थे वे इतनी दूर से? अन्ततोगत्वा ये नरसंहार क्यों? ओह! यह सब क्या है? क्यों है? उसका मन उचाट होकर काँपने लगा। ये कैसा रौरव, जिसके स्रष्टा भी वे स्वयं हैं।

चन्द्रगुप्त मौर्य विचलित हो उठा। तब उसने कतिपय स्वर लहरियों का नाद सुना। कोई गा रहा था गुनगुनाता हुआ। उसके स्वर में बाँसुरी का स्वर थिरक उठता था बारम्बार पायल की रुनन-झुनन बनकर। वह उसी दिशा में अश्व की लगाम पकड़े बढ़ने लगा। ज्यों-ज्यों वह पास आता गया त्यों-त्यों गीत का मधुर कण्ठ पवन की तरंगों पर अपना सतरंगी आँचल उड़ाता घाटी में गूँज उठा। वह था कुछ यों अपनी भाषा से रूपान्तरित होकर सद्यः जन्मा सा कमनीय, किसलय सुकुमार-सा—

तन नाचे मन गाये
हृदय हुलास भर लाये!
बूँद-बूँद पर लिखा सन्देश
नव पल्लव पर नर्तन कर
अमर प्रेम गीत सुनाये
अनदेखे प्रियतम की आहट
कोयलिया बार-बार गुनगुनाये!

चन्द्रगुप्त मौर्य पगला गया। सौन्दर्य की साकार जीवन्त प्रतिमा! अद्भुत साश्चर्य उसके नैन बोल उठे—वाह! वाह!! वाह!!! स्रष्टा की अनमोल रचना। मादक उपहार! वह नदी में स्नान कर रही थी, निर्मल जल को उछाल रही थी, बीच-बीच में लहरों पर थपथप कर उठती थी। उन्माद भरी, सौन्दर्य दीप्ति से बेसुध होकर गुनगुना रही थी,

कहाँ ले आयी तू
क्यों पानी में आग लगायी
क्यों कर मन्द-मन्द मुस्कायी...।

यह सब क्या है! कैसे! इससे पूर्व तो वह ऐसी सौन्दर्य-छटा की कभी अनुभूति नहीं कर सका। लालसा का स्वप्न! स्वप्न की लालसा! क्या कहे वह उसको! किस अज्ञात संज्ञा से पुकारे! पुकार कर क्यों टिपटिप सौन्दर्य के स्वर्ण आभास से अपने को दूर ले जाए! रूप चिन्तन का नहीं, चित्त का अनन्त वैभव है। इस प्रकार की अनेक कल्पनाओं से घिरकर चन्द्रगुप्त मौर्य बेसुध होता गया।

सब कुछ अकस्मात हो रहा था बिना सोचे, बिन जाने, बिन समझे। वह उसमें बहे जा रहा था चन्द्र किरणों की तरह कि तभी अश्व हिनहिना उठा। अरुणिमा की अनिन्द्य ताजगी लिए और तन को अर्द्धनग्न स्थिति में नदी में उतारे, स्वप्नों में खोयी उस चन्द्रमुखी का हृदय एकदम डोल गया। वह घबरा उठी। उसे कुछ नहीं सूझा। उसने अपनी हथेलियों से अपना मुख ढक लिया और ऐसा करते हुए वह यह भूल गयी कि नाभि से ऊपर का भाग एकदम नग्न है। उसके पीन पयोधर तन गये हैं।

चन्द्रगुप्त मौर्य भी घबरा उठा। वह पीछे मुड़ते हुए बोला, "बाले, मैं घाटी की ओर में हुए जाता हूँ। तुम वस्त्र पहनो और निर्भय होकर बाहर आ जाओ।"

वह क्या उत्तर देती। वह आनन-फानन में नदी से बाहर आ गयी। उसके रेशमी वस्त्र थे। घुटनों से थोड़ा नीचे का अधोवस्त्र नीले रंग का था। उस पर सुनहरी, कदाचित् स्वर्ण का काम था। उसके ऊर्ध्वांग पर रेशमी गुलाबी वस्त्र ऐसे लिपटा हुआ था जिससे उसके पीन पयोधर ढके रहें। उसकी इकहरी देह, तीखे नाक-नक्श और बड़ी-बड़ी तिरछी आँखों में हलकी सी अरुणिमा लिए मधुराई का बाँकापन था और लम्बे मेघ घटा से लहराते केश जिन्हें उसने आज धोया था, महक रहा था।

वह चन्द्रगुप्त मौर्य के पास से आगे बढ़ रही थी कि उसने टोक दिया, "सुनो।"

वह ठहर गयी।

"यहीं आसपास रहती हो क्या?"

"हाँ यहीं, टेहरी पर।"

"क्या नाम है?"

"माधवी।"

"मेरा नाम...।" वह इतना ही कह पाया था कि उसने कहा, "आपका नाम ज्ञात है।"

"कैसे?"

"आपने अपने पराक्रम से यवन को मार गिराया था।"

"ओह।"

"घबराइए नहीं।"

"नहीं, घबराने की कोई बात नहीं है।"

"अभी हमारा विवाह नहीं हुआ है।"

"वह भी हो जाएगा।"

"वह तो है, मौर्य पराक्रमी।" माधवी ने इठलाते सुमनों की ओर देखते हुए कहा, "अब वर्षा ऋतु है तो शीत ऋतु भी आयेगी। कोई किसी के रोके रुका है क्या। वह देखो, नदी का प्रवाह है, जिसमें अभी-अभी हम स्नान करके आये हैं, यहाँ और भी करने आयेंगे, वे भी हमारे भाँति चले भी जाएँगे, यदि आप जैसा पराक्रमी युद्धवीर का अश्व हिनहिनाया न होता तो देर तक हम अपने को लेकर बहती बयार, लहराती उच्छृंखल लहरों और ताक-झाँक करते नीले-अरुणाभा अम्बर से बतियाते रहते। सबको अपना मानकर विश्वास की अनवरत बहती धारा में बिना संकोच खिलखिला कर लुटना-लुटाना कितना क्या कुछ कह जाता है अनकहे और दे जाता है अनदिये, यह जानना-जताना कभी सम्भव नहीं होता लाख झक मारने, सिर पटकने के। बीता क्या कभी लौटा है जो उसके सम्मोहन के चक्रवात में अपने आज का सम्मान करना विस्मृत कर दें और गत के चित्तपहारक के साथ दूर तक निकल जाएँ।" उसे उसकी मोहक देह, अनासक्त चित्त और कल्पना में उड़ते-मचलते नवोदित पक्षी की उड़ान, सारे अम्बर को नापने की सी अनबहकी चाह की अन्तरा और अनपहने नूपुरों की

गुंजन सुनाई पड़ रही थी।

माधवी जितनी सुन्दर थी उतनी ही उसकी कोकिल कण्ठी अन्तर्ध्वनि थी—मारक भी, लुभावनी भी और उद्भ्रांत बनाने वाली भी। यथार्थतः वह पर्वतीय बाला अपने चतुर्दिक अनढके नैसर्गिक सौन्दर्य को दोनों हाथों लुटा रही थी हर्ष से गद्गद होकर। चन्द्रगुप्त मौर्य उसकी अन्तरंग गहराई में उतरता चला जा रहा था। वह पूछ बैठी, "आपको भी नहाना-धोना हो तो उधर नहीं" अपनी एक पतली बाँह को उठाकर संकेत देने लगी और कहने लगी, "वह पुरुषों का घाट है।"

"नहीं जी, मुझे तो ऋषि दाण्ड्यायन के आश्रम जाना है।"

"तो इधर कहाँ आ निकले, मौर्य पराक्रमी। लक्ष्य से दूर आ भटके एक दार्शनिक के निराकार सौन्दर्य को छोड़कर एक आसक्ति की नव पुजारिन के माया जाल में, जिसकी चंचलता, थिरकन और वक्र दृष्टि की मारक शक्ति अमोघ अस्त्र-शस्त्र हैं। अस्थिरता उसका जीवन्त गुण है अपेक्षाकृत ऋषि की स्थिरता के।"

"तुम किसकी लड़की हो?" चन्द्रगुप्त मौर्य ने उसके ज्ञान की प्रचुर कल्पना के यथार्थ से प्रभावित होकर पूछा।

"अपने माता-पिता की। कोई सन्देह युद्धवीर।" उसने कहा।

"नहीं, नहीं सन्देह क्यों। उनका नाम-काम।"

"सलिला माँ है, अखिल धर्मा सारस्वत पिता। उनका कार्य पण्डिताई है और बहकाना है भविष्य की कौतूहलपूर्ण जानकारी देकर। पता नहीं, व्यक्ति अपने वर्तमान के लिए उतना सचेत क्यों नहीं है, जितना अनदेखे-अदृश्य अनागत के लिए। क्या आप बता सकते हैं?"

चन्द्रगुप्त मौर्य उसके सौन्दर्य की अतल गहराइयों में उतरता जा रहा था—अनसमझे, अनसोचे और अनदेखे। देखते अनदेखा कैसा होता है, यह माधवी के टोकने पर उसे ज्ञात हुआ। जब उसने कहा, "अरे-अरे, ठहरो आगे गड्ढा है।... आपको इतना बड़ा और गहरा गड्ढा दृष्टिगत नहीं हुआ। स्वयं भी गिरते और अपने साथ कदाचित् अश्व को भी ले गिरते।"

चन्द्रगुप्त का ध्यान उस गड्ढे की ओर गया। वह बहुत गहरा गड्ढा था। उसमें काफी पानी भरा था। उसने धीमे स्वर में कहा, "आभार, मालती।"

"इसलिए कहती हूँ अपना विवाह रचा लो। पर्वतीय प्रदेश के गड्ढे पानी से भरे या हरियाली से लदे अथवा दोनों तरह से सजे मन से। उनसे बचाने वाला भी अपना कोई विश्वसनीय और आत्मीय सगा भी साथ होना आवश्यक है न।" मानो माधवी निर्द्वन्द्व होकर दोनों हथेलियों से हवा में नदी का शीतल जल उछालती जा रही थी, उसे ऐसा आभासित हो रहा था।

तब कोई भी युवती अपने पसन्द के युवक से विवाह का प्रस्ताव कर सकती थी। माधवी को चन्द्रगुप्त मौर्य भा गया था—वह उसके प्रेम का पहला संगीत था

माधुर्य के प्रभाव से लहरों पर थिरकते दीप जैसे मन-हृदय का।

"रुको-रुको...।"

"फिर क्या है न कोई गड्ढा है और न हरियाली से लबालब पानी भरा धोखे का सन्देह।" माधवी खुलकर हँस पड़ी झरने की नवल-नवल चमकती किरणों की तरह।

"मनश्चक्षु खोलो तो वह दृष्टिगत होने लगेगा जो अदृश्य में अन्तर्निहित है।" माधवी का स्वर लय पर थिरक रहा था। उसकी आँखों में उस खिलखिलाहट की मादकता महक उठी थी। चन्द्रगुप्त मौर्य ने पूछा, "कुछ बताओगी भी या...।"

"आपको कहाँ जाना है?"

"ओहो!... दाण्ड्यायन ऋषि के आश्रम में, माधवी।"

"आप फिर मार्ग भूल रहे थे।"

"क्या फिर गलत डगर पर बढ़ने लगा था।"

"तभी तो।"

"तो बताओ अब।"

"आपके पास हाथी है।"

"हाथी।" कहकर चन्द्रगुप्त मौर्य चौंका और उसने चतुर्दिक देखा, वहाँ एकमात्र उसका हलके कत्थई, श्यामले और सफेद रंग का लम्बा अश्व था। सुन्दर, स्वस्थ और सचेत।

माधवी ने कहा, "हाथी हो या अश्व, क्या अन्तर है, पराक्रमी मौर्य। दोनों ही सवारी के लिए होते हैं। मैं आपके साथ नहीं चल सकती।"

"मार्ग बता दें।"

"आपके दाहिनी ओर से रास्ता जा रहा है। रास्ता तनिक टेढ़ा है।...आगे बरगद का पेड़ मिलेगा। वहाँ से दो रास्ते जाते दिखलाई पड़ेंगे। उनमें से एक रास्ता प्रारम्भ में ऊबड़-खाबड़ होगा, उत्तर दिशा की ओर जाता हुआ। वहाँ तक अश्व पर चढ़कर नहीं जाया जा सकता। अश्व से उतर कर थोड़ी दूर चलना पड़ेगा। फिर चढ़ाई दृष्टिगत होगी। उधर अश्व सरपट चढ़ता चला जाएगा। दूर से सफेद ध्वज दीखेगा। वही आश्रम है।"

"आभार, माधवी जी। फिर मिलेंगे, इस आशा के साथ अब मैं चलता हूँ।" कहकर चन्द्रगुप्त मौर्य उछलकर अश्व पर सवार हो गया और भरपूर दृष्टि माधवी पर डालते हुए अश्व के ऐंड़ लगायी। अश्व सरपट दौड़ पड़ा। माधवी वहीं खड़ी-खड़ी तब तक उधर देखती रही जब तक अश्वारोही उसकी दृष्टि से ओझल नहीं हो गया और सामने से नहाने-धोने के लिए आने वाली महिलाएँ उसके पास आकर यह न पूछने लगीं, "माधवी, आज तू इधर अकेली ही आयी है। उधर क्या देखे जा रही है। क्या कोई उधर गया है?"

माधवी स्वप्न से लौट आयी और सहज भाव से बोली, "पहले इधर से दाण्ड्यायन आश्रम पर लगा सफेद ध्वज यहाँ से दीखता था, परन्तु अब वह दृष्टिगत नहीं हो रहा है।"

इस पर सब महिलाएँ-युवतियाँ, एक साथ हँस पड़ीं। उनमें से एक महिला ने कहा, "बावली वह यहाँ से नहीं, आगे के ऊँचे वाले मोड़ से दिखलाई पड़ता है।"

"हे भगवान! ये क्या हुआ।" माधवी के मुख से अचानक निकल गया।

"क्यों, क्या क्या हुआ?"

"अभी-अभी एक अश्वारोही परदेशी ने दाण्ड्यायन आश्रम का मार्ग पूछा था।"

"और तूने वो बता दिया।"

"हाँ।"

"बेचारा गया काम से।"

"कैसा था वह परदेशी? नवयुवक होगा। अश्व पर सवार था तो हृष्ट-पुष्ट और लम्बा-चौड़ा भी होगा न, माधवी।" उसकी सहेलियों ने उसे छेड़ा।

"नहीं। दक्षिण का था। बूढ़ा और दुबला-पतला।" माधवी ने खीर में नमक डालते हुए कहा।

"हे भगवान, ये तूने क्या किया।" उधर नाहर भी हो सकते हैं।

माधवी घबरा गयी। पर अब करे तो क्या! फिर वहाँ रुकी नहीं और सिर झटकती हुई आगे बढ़ गयी। वे महिलाएँ भी जोर से हँसते हुए आगे बढ़ गयीं।

15

जेहलम के साथ-साथ चाणक्य अपने विश्वसनीय अश्वरोहियों को लिए पर्वतेश्वर के राजप्रासाद की ओर मुड़ गया। स्थान भव्य था। मार्ग एक स्थान पर दो भागों में बँटकर चौड़ा हो गया था। चहुँओर भवन सुन्दर थे। आकर्षक भी। मार्ग पर दिशा-निर्देश के चिह्न भी थे। चौराहों पर अस्त्र-शस्त्रधारी सैनिक खड़े थे। गोरे-चिट्टे। बलिष्ठ। सतर्क-सावधान। आत्मविश्वासी और प्रत्येक अनजान व्यक्ति के प्रति कड़ी जाँच-पड़ताल कर रहे थे।

चाणक्य को भी कई स्थानों पर ऐसी जाँच का सामना करना पड़ा। अन्ततोगत्वा वह राजप्रासाद पहुँच गया।

एक विस्तृत पहाड़ी समतल भूमि पर लकड़ी से निर्मित भव्य और विशाल भवन। अनेक फाटक। सब पर सख्त पहरा।

अन्दर था एक लम्बा-चौड़ा भव्य हरा-भरा मैदान। उसके चारों ओर बेलें और रंग-बिरंगे पुष्पों के पौधे थे। उसके ठीक बीचों-बीच प्रपात था। सामने की ओर बैठने

का स्थान था। ऊपर रंगबिरंगी छत थी। लकड़ी के स्तम्भों पर लोकनृत्य और लोकदेवता उकेरे गये चित्र थे। गहरे रंगों का लालित्य देखते बनता था। चाणक्य साश्चर्य वहाँ के जनजीवन की झाँकियों पर मुग्ध हो रहा था।

चाणक्य के साथ उनके दो साथी ही जा सके, शेष को अतिथि कक्ष में बैठा दिया गया। चाणक्य को विशिष्ट अतिथि कक्ष में बिठलाया था। उनका एक मन्त्री आकर उनका स्वागत-सत्कार कर चुका था। वह कहता गया था कि उनके लिए दो विशिष्ट अधिकारी और सेवक वहीं हैं। वे विश्राम करें। दिनचर्या से निवृत्त होकर भोजन करें। आज राज्यसभा की बैठक चल रही है। वह कल तक चलेगी। आज सन्ध्या के बाद पर्वतेश्वर से वार्ता हो सकेगी।

चाणक्य ने कुछ नहीं कहा। वह अन्दर वाले कमरे में चला गया और पलँग पर लेटते ही सो गया। ऐसी नींद उसे बहुत दिनों बाद आयी थी।

जब उठा तब चाणक्य पूर्णतः स्वस्थ और प्रसन्न था। वह पूछ रहा था, ''मनु, भोजन हो गया।''

''आपने मना कर दिया था, इसलिए आपको नहीं जगाया गया।''

''अपने अन्य साथी?''

''वे विश्राम कर रहे हैं। उन्होंने भोजन समय पर ले लिया था।''

''चलो, अच्छा है।''

''यहाँ शान्ति है, आचार्य।''

''ऐसी ही बनी रहे शान्ति। परन्तु, मनु आज शान्ति किसे चाहिए? सब अशान्ति की राह की ओर बढ़ने में अपना हित समझ रहे हैं।''

''लेकिन...।'' कहते हुए मनु यह सोचकर रुक गया कि चाणक्य कुछ और कहना चाह रहे थे।

अब सन्नाटा परिवेश में भटकी धूप का एक मझला अंश पायताने आकर किसी ज़िद्दी बालक-सा बैठ गया था और पता नहीं क्यों लगातार वह उसे घूरे जा रहा था।

चाणक्य की यह बानगी थी कि वह बहुत सोचकर बोलते थे और बोले हुए पर कई दिनों तक सोचते रहते थे और जब उन्हें अपने सोच और जीवन में कोई द्वैत दृष्टिगत नहीं होता तब वह उसे अपने 'चाणक्य सूत्र' अथवा 'लघु चाणक्य' के हवाले कर देते थे।

चाणक्य ठहरे हुए थे अपने श्लोक पर ''नास्ति बुद्धिमतां शत्रुः।'' वह पूछ रहे थे, ''मनु, बुद्धिमानों के शत्रु होते हैं या नहीं।''

मनु हतप्रभ रह गया। वह उनके इस श्लोक की मीमांसा कर चुका था। प्रश्न था कि बुद्धिमान कौन?

''चुप क्यों हो, मीमांसक बन्धु।''

"सच यह है कि मैंने मीमांसा अवश्य की है परन्तु पता नहीं क्यों मेरे मन में अभी तक यह बात घर किये है कि बुद्धिमान एकमात्र वही नहीं है जिसका कोई शत्रु नहीं हो। ऐसा मेरे देखने में तो नहीं आया।" मनु स्पष्ट करना चाहता था अपनी मीमांसा को और अलग करना चाहता था अपने अनुभव को उससे।

"जैसे मैंने लिखा और स्थापित किया है" चाणक्य ने कहा, "मेरे भी शत्रु हैं"—अन्दर से राक्षस मुझे लेकर पीड़ित रहता है और द्वेष भी रखता है। धननन्द को चुनौती देकर मैंने उसे अपना शत्रु बना लिया। बिना यह सोचे कि कहाँ एक आचार्य और कहाँ मगध का सम्राट। उसका नाश कैसे? कौन करेगा? क्या वह? वह है क्या? मनु, अब मैं इस प्रकरण पर सोचता हूँ तो पाता हूँ कि "अपने इस श्लोक को बदला न जा सके तो उसे अपनी पोथी से हटा दूँ ताकि आने वाली पीढ़ी भ्रमित न हो। हमें समाज को ऐसा कुछ नहीं सौंपना चाहिए, जिस पर हमारी आस्था नहीं बन सके।"

तभी बाहर से मनु का बुलावा आ गया। दूसरा व्यक्ति अपने साथियों के पास था। पुनः चाणक्य अकेला रह गया। वह स्वयं अपने इस श्लोक की मीमांसा करने लगा। उसके सामने यज्ञशाला का वह दृश्य घूम गया था जब उसने उच्चासन स्वयं ग्रहण कर लिया था सम्राट की उपस्थिति में। क्या उसे ऐसा करना चाहिए था? क्या सम्राट का व्यवहार ठीक था?

अपमान मनुष्य को बहुत जल्दी थका देता है। सावन की घटाओं से ज्यादा सियाह होती है अपमान की छाया। अपमान का एक घूँट सारे सागर को निगल जाता है। अपमान से जन्मा क्रोध हजार नागों की फुफकार की अन्तर्ध्वनियों से अधिक तीव्र और उत्तेजना, आवेश से भरा होता है।

जिह्वयत्रौ बुद्धिविनाशौ। क्या मनुष्य का विनाश उसकी सुवाणी और कुवाणी पर निर्भर नहीं है। है है। यह तुमने ही कहा है चाणक्य। और आज भी तुम्हीं थे, तुम्हारा ही विवेक था जो घन गर्जन करता हुआ दिशाओं को कँपा गया था। ऐसे ही क्षण होते हैं जो मनुष्य का करणीय सुनिश्चित कर जाते हैं और खोई हुई राह को ढूँढ़ने निकल पड़ते हैं।

तुम ब्राह्मण हो चाणक्य। मन्त्रदाता। कार्यान्धिस्य प्रदीपो मन्त्रः। यह तुम्हारा ही मन्त्र दीप है जो किंकर्तव्यविमूढ़ को कर्तव्य मार्ग दिखाता है।

घना बरगद का वृक्ष। उसके चारों ओर पक्का घेरा। थका और अपने आप से जूझता व्यक्ति वहाँ बैठकर, विश्राम पाकर, सम बुद्धि विवेक से पुनर्नव हो सकता है। निस्सन्देह इस पक्के घेरे की निर्मिति का श्रेय उन व्यक्तियों को जाता है जो विषम से विषम परिस्थितियों में थके-हारे नहीं और ऐसे स्थान पर बैठकर अपने सोच को मन्त्र में ढालने का प्रयत्न करते रहें। तुम पहली बार उस चबूतरे पर सोच रहे

हो जो सोच का प्रकाश स्तम्भ है। बरगद अथवा पीपल का वृक्ष ही मनुष्य के बहुत थके-हारे, पराजित से व्यक्तित्व को अवलम्ब देता आया है यदि वह व्यक्ति अपने प्रति निष्ठावान् हो और स्वयं संसृष्टि की अन्तःशक्ति से संचालित हो रहा हो।

''चाणक्य तुझे क्या सूझी थी सम्राट से भी ऊँचे आसन पर विराजमान होने की। क्या वह सम्राट का अपमान नहीं था?''

''कैसा अपमान। ब्राह्मण सर्वश्रेष्ठ है। सब जातियों का मस्तिष्क है। सबके लिए पूजनीय है। वह जन्मजात आदरणीय है।''

''क्या तुम आमन्त्रित थे, चाणक्य?''

''नहीं था। यज्ञशाला में ब्राह्मण के लिए क्या आमन्त्रण निमन्त्रण। वह उसका अधिकार क्षेत्र है। जन्मसिद्ध अधिकार।''

''अधिकार जन्म से नहीं, कर्म से बनते हैं।''

''मैं तक्षशिला का आचार्य हूँ। इससे अधिक किस कर्म की प्रस्तुति-पहचान चाहिए।''

''माना कि ब्राह्मण और वह भी तक्षशिला जैसे विश्वप्रसिद्ध विद्यापीठ का आचार्य किसी तपोनिष्ठ महर्षि से कम महत्त्व नहीं रखता। परन्तु सम्राट का पद भी अत्यन्त महत्त्वपूर्ण और गरिमामय है।''

''तो?''

''तो ये ब्राह्मण देवता, तुम अपने क्रोध पर अंकुश बनाओ। धैर्य से काम लो। ब्राह्मण का पहला गुण विनम्रता है। उसमें असीम सहनशक्ति होती है। वह मार्गदर्शक होता है। दूसरों को रास्ता बताता है। तुम्हें क्रोध को थूक देना चाहिए, चाणक्य। भूल जाना चाहिए कि तुमने खुली शिखा तब तक नहीं बाँधने की शपथ ली है जब तक नन्द वंश के सम्राट धननन्द का नाश नहीं कर दोगे।''

''वह शूद्र जन्मा धननन्द, अन्यायी-अत्याचारी धननन्द, प्रजा में अलोकप्रिय धननन्द, घोर घमण्डी-धूर्त धननन्द, प्रजा से बलात् धन एकत्र करने वाला धननन्द, प्रजा से एकत्र धन को गंगा में सुरंग बनाकर छिपाने वाला धननन्द। तुम उससे आचार्य चाणक्य की तुलना कर रहे हो।''

''अपने ब्राह्मण तेज को अपने पास रखो, दक्षिणी ब्राह्मण। शूद्र सम्राट हो सकता है तो क्या वह ब्राह्मण नहीं हो सकता। तुम कुरूप हो ब्राह्मण। तुम्हें देखकर कौन विश्वास करेगा कि तुम... हाँ तुम...।''

''कि मैं ब्राह्मण हूँ। ब्राह्मण की शरीर की सुन्दरता अथवा असुन्दरता से पहचान नहीं होती है। उसकी पहचान योग्यता, सदाचार और सद्चरित्र से होती है।''

''उसके परखने में समय लगता है, चाणक्य। तुम्हें वहाँ सम्राट नहीं जानता था, तुम्हें वहाँ की प्रजा भी नहीं पहचानती है, विष्णुगुप्त चाणक्य। तुम्हें विष्णुगुप्त से

चाणक्य-कौटिल्य बनने में अभी समय है। प्रतीक्षा करो।... और अपनी भूल को सहृदयता से स्वीकार करो।''

''मैं चाणक्य हूँ, सब जानते हैं।''

''शान्त, चाणक्य। जानने पहचानने में बहुत अन्तर है। तुमने जो कुछ उत्तेजना से भरकर आवेश में आकर, संयम खोकर और आचार्य पद की गरिमा को ताक में रखकर कहा, वह जानने नहीं, पहचानने के अन्तर्गत आता है—व्यवहार-आचरण को सामने लाता है। इस सब पर गहराई से पुनर्विचार करने की आवश्यकता है जैसे तुम अभी अपने श्लोक पर सोचकर, उसकी मीमांसा और व्याख्या करने लगे थे और उसे अपनी पोथी से भी हटाने के लिए सहमति बनाने लगे थे। कुछ ऐसा भी सम्भव हो तो... ।''

चाणक्य में पुनः आवेश हिलोर ले उठा, ''नहीं। कदापि नहीं। एक ब्राह्मण आचार्य की सार्वजनिक घोषणा है, मुझे हर स्थिति में उसे पूरा कर दिखलाना है, यह मेरे संकल्प-आनबान का प्रश्न है।''

तभी सेवक ने प्रवेषाज्ञा के लिए निवेदन किया। सेवक ने कहा, ''आपको माननीय नरेश ने स्मरण किया है।''

''तुम सेवक।''

''मैं उनका निजी सचिव हूँ, श्रीमान्। कुछ समय लगे तो मैं बाहर बैठा आपकी प्रतीक्षा करता हूँ।''

चाणक्य का मौन पाकर सेवक बाहर चला गया। चाणक्य के सोच में वक्र रेखा पड़ गयी। अभी तक स्वयं पर्वतेश्वर (पोरस-पुरु) उससे मिलने नहीं आया, अपने निजी सचिव को दूत बनाकर भेज दिया। उसने भी तो अपना दूत भेजकर सम्राट के नाम सहायता के लिए पत्र मँगवाया था। अपने पत्र में उसने पश्चिमोत्तर सीमावर्ती स्थिति का विश्लेषण कर समझाया था कि सम्राट सहायता के लिए मैदान में उतर आया तो न केवल सिकन्दर के सामने संकट आ खड़ा होगा अपितु सीमावर्ती क्षत्रप-नरेश भी आपसी वैर-द्वेष भूलकर, सब एक होकर, यवन सम्राट को ऐसी चुनौती देंगे कि उसे छठी का दूध आ जाएगा। फिर कोई बाहरी शक्ति इस ओर आँख उठाने की हिम्मत नहीं कर सकेगी। परन्तु उसका इतना ठण्डा स्वागत। वह तड़प उठा। यह उसके साथ क्या हो रहा है? वह भूकम्पी आँधी को टालने और उसको मुँह की खिलाने की योजना बनाकर उस पर कार्य करने की तैयारी कर रहा है और वहाँ उसके प्रति इतनी उदासीनता। अन्ततोगत्वा उसकी क्या मंशा है? क्या वे सब अपने अस्तित्व को कुचलते-पदाक्रान्त होते देखने की तैयारी कर चुके हैं।

चाणक्य उलझन में पड़ गया। अब उससे लौटना भी सम्भव नहीं है। उससे उसके साथ आये योद्धाओं का मनोबल भी टूट सकता है और उसकी बृहद् योजना

पर से विश्वास भी उठ सकता है। यह सब सोचकर चाणक्य ने वगल बंडी बदली और बाहर चलने की तैयारी प्रारम्भ कर दी।

16

सुवासिनी ने अपने भवन को अर्ध खुले वातायन से झाँका। वह चौंक पड़ी। कोई देहातिन उधर से महारानी सुनन्दा के प्रासाद की ओर मुड़ गयी। उसमें संशय ने आँखें खोलीं। परन्तु अपने संशय का निस्तारण करने के लिए वह क्या करे। कोई उसके पास है भी नहीं। उसने दोनों दासियों को बाहर भेज रखा है। उसे क्या सपना आ रहा था कि उसके सामने कोई ऐसी उलझन आ खड़ी होगी। यों तो कोई दिन ऐसा नहीं जाता जब संशय के फेरे नहीं पड़ रहे होते। मानो संशय ही राजप्रासाद का स्याही चरित्र हो। कितने उलटफेर हो रहे हैं प्रतिदिन।

सुवासिनी में खलबली ने गति पकड़ ली और उसने उसे बैठने नहीं दिया। वह टहलने लगी। पहली बार वह सुनन्दा के प्रासाद की ओर किसी अपरिचित ग्रामीण महिला को जाते देख पायी थी।

क्या सुख-आनन्द है इन राजप्रासादों में? न अपनी नींद सो सकते और न उठ सकते। दिन-रात की गतिविधियों में संशय आँख मिचौनी खेल रहा होता है। लगता है वहाँ सबने आँखों पर पट्टी बाँध रखी हो। सबके सब वहाँ अन्धे हैं अथवा दूसरे की आँखों में धूल झोंकने वाले हैं।

एक सेविका ने इस सूचना के साथ प्रवेश किया कि महाराजाधिराज धननन्द पधार रहे हैं। वहाँ सभी महिलाएँ हैं—अंगरक्षक भी, प्रासाद की देखरेख करने वाले भी, रसोइये भी पहरेदार भी, कहीं पुरुष नहीं हैं। उनमें से कई महिलाएँ महाराजा के प्रति विश्वसनीय नहीं हैं। यद्यपि उनमें भी गुप्तचरी करने वाली कतिपय महिलाएँ ऐसी हैं जो दूसरों के लिए काम कर रही हैं। सुनन्दा राजप्रासाद के व्याकरण को समझ कर इस निर्णय पर पहुँची थी कि जनता से कर के रूप में प्राप्त धन का गलत प्रयोग किया जा रहा है। एक ओर प्रजा महँगाई कम करने पर जोर दे रही है और दूसरी ओर कर पर कर लगाये जा रहे हैं। वहाँ कोई सुनने-सुनाने वाला नहीं है।

सुनन्दा के सम्बन्ध में सुवासिनी के मन में पहले भी सन्देह उठा था क्योंकि वह ऊपर से जितनी सहज, सरल और तटस्थ प्रतीत होती है, अन्दर से उतनी कुटिल, रहस्यभरी और षड्यन्त्रकारी है। आज के दृश्य से वह इसीलिए व्याकुल हो उठी क्योंकि वह उसके प्रति भी षड्यन्त्र रच सकती है। वह अनजान महिला इसी का भाग या कड़ी हो।

"तुझे पता है क्या कि महाराज इधर क्यों आ रहे हैं?"

"नहीं, स्वामिनी, बिलकुल नहीं।"

"पता करो।"

"क्या स्वामिनी?"

"अन्तःपुर में क्या हो रहा है? कौन आ-जा रहा है? इस समय अन्तःपुर संकट में आता लग रहा है। तुम सब चौकन्नी रहो। औरों से भी कह दो। अभी-अभी कोई ग्रामीण महिला महारानी के प्रासाद की ओर गयी है।"

"स्वामिनी, वह कोई नयी दासी होगी।"

"यही तो जानना है कि यह कौन है?" सुवासिनी ने अपनी चिन्ता व्यक्त की।

इसी समय महाराजा का प्रवेश भी हो गया। सेविका की आवाज़ गूँज उठी। सुवासिनी ने हाथ जोड़ कर और सिर झुकाकर महाराजा का स्वागत किया।

धननन्द ने पूछा, "अब स्वास्थ्य कैसा है, सुवास।"

"अच्छा नहीं तो बुरा भी नहीं है, महाराजा जी। चित्त अवश्य अस्ताचल की भाँति शाम होते ही डूबने लगता है और कुछ-कुछ हौलजौल सा भी होने लगता है।" सुवासिनी ने मन को गीला कर मद्धिम आवाज़ में, निराशा से घिर कर, कहा।

"वैद्यराज कह रहे थे, शीघ्र ही स्वास्थ्य लाभ होगा। कुछ-कुछ यह मन से जुड़ा रोग भी है। कभी-कभी इस रोग के ठीक होने में समय लग जाता है। परन्तु तुम चिन्ता नहीं करना। सब मंगल होगा। तुम्हारे बिना हमारा मन भी कहाँ लगता है। आजकल हम कितने निराश और उदास हैं, इसे हम बतला नहीं सकते।" धननन्द का स्वर बीच-बीच में स्खलित हो उठता था।

"आप अपना ध्यान रखिए। मदिरा पीना कम कीजिए। यह चिन्ता हमें बराबर सता रही है।" सुवासिनी ने बहुत धीमे स्वर में कहा और उसकी ओर अन्यमनस्क भाव से देखती रही। उसका मुखमण्डल गम्भीर हो उठा।

"हम प्रयत्न कर रहे हैं, सुवास।"

"दवा से अधिक दुआएँ काम करती हैं यद्यपि दुआएँ पवित्र हृदय से की गयी हों और उनमें त्याग का भी कुछ अंश हो, ऐसा कहा जाता है।" सुवासिनी ने गहरे में उतरकर, अन्दर से प्रार्थना की।

"वही हम कर रहे हैं, सुवास।"

"आपने क्या छोड़ा, महाराज।"

"क्या छोड़ें, यह हम अभी सुनिश्चित नहीं कर पाये हैं परन्तु शीघ्र ही यह भी सुनिश्चित कर लेंगे, हमारा विश्वास कीजिए, प्रिय।"

"अच्छे कार्य में विलम्ब क्यों?"

"तात्पर्य?"

"आपकी सर्वप्रिय कौन-सी वस्तु है, महाराजा?" सुवासिनी ने पूछा।

धननन्द सोच में पड़ गया। इस प्रश्न पर उसने कभी विचार ही नहीं किया था। वह पल भर के लिए किंकर्तव्यविमूढ़ रह गया।

"मैं बताऊँ क्या?"

घबराकर धननन्द को कहना ही पड़ा, "हाँ-हाँ, क्यों नहीं... क्यों नहीं। इससे उत्तम और क्या होगा।" अन्दर से धननन्द डर रहा था कि वह जिस वस्तु को छोड़ने या कम करने की बात करेगी, वह मदिरा होगी।

"आपका हृदय विशाल है, मन उदार है और सबके प्रति सहानुभूति से भरा है। ऐसा व्यक्ति यदि कोई महाराजा हो तो सोने में सुहागा है। यों समझिए कि घर बैठे गंगा आ गयी।" सुवासिनी मानो मन्त्र पढ़ने लगी थी और धननन्द अगलें-बगलें झाँकते नज़र आ रहे थे। यथार्थतः उसे सन्नाटा सताने लगा था। वह उखड़ने लगे। कहीं से उसे सहायता मिलने की सम्भावना दृष्टिगोचर नहीं हो रही थी।

"सुवास, तुम पहले स्वस्थ हो जाओ।"

"आप कुछ होम तो कीजिए।"

"क्या करें?"

"आपसे मदिरा नहीं छूटती। ...कम भी नहीं होगी। है न।"

धननन्द चुप रह गये। उन्हें यह सोचकर सन्तोष हुआ कि उसने उनकी प्रिय वस्तु छोड़ने से स्वतन्त्र कर दिया। वह मन ही मन प्रसन्न भी हो गये। फिर वह स्वयं पूछ बैठे, "तो फिर?"

"करोगे न होम, प्रियतम।"

धननन्द गद्गद हो उठे। वह बोल पड़े, "कहो भी प्रिय।"

"वचन दे सकते हो।"

पल भर के लिए धननन्द सोच में पड़ गया। वह जरा-सा डर भी गया कि कहीं मदिरा पर बात न आ जाए। तुरन्त स्वयं निर्णय भी कर लिया कि ऐसा नहीं हो सकेगा। वह प्रसन्न मुद्रा में कहने लगा, "क्या तुम्हारा हमारे पर विश्वास नहीं है, सुवास?"

"यही वाक्य मैं दोहराऊँ तो।"

"चलो वचन दिया।"

"पुनः सोच लीजिए।"

"उसकी आवश्यकता नहीं है, सुवास। धननन्द को पुनः पुनः सोचने की आदत नहीं है।" धननन्द की आँखों में विजय-उल्लास की आभा झलक मारने लगी।

"तो फिर...। प्रिय खाद्यान्न की उपज का चौथाई कर के रूप में लिया जा रहा है, उसे आठवें भाग में बदल दो और चमड़े पर से कर हटा दो।" सुवासिनी ने सहज भाव से कहा।

"इससे तुम्हें क्या मिलेगा, प्रिय।"

"मिलने न मिलने की बात नहीं है, प्रियतम।"

"अवश्य तुम्हें किसी विद्रोही ने फूँक मारी है सुवास, यही तो हमारे सर्वाधिक धनाढ्य होने और बने रहने के साधन हैं।... आज मगध सबसे धनाढ्य है। कल भी वह धनाढ्य रहे, इसी में उसका गौरव है। कुछ और माँग लो, सुवास।" धननन्द का मुखमंडल म्लान पड़ गया। वह घबरा गया। उसका शत्रु अन्तःपुर में हस्तक्षेप करने लगा। अवश्य कहीं न कहीं उनकी गुप्तचरी में छिद्र हैं। अन्यथा सुवासिनी का राजस्व से क्या लेना-देना। शत्रु ने कहाँ आघात करवाया है और वह भी उसके सर्वाधिक चहेते अभिन्न प्रिय से।

"मुकर रहे हैं, महाराजा जी।"

"नहीं, मुकर नहीं रहा हूँ। हम तुम्हें समझा रहे हैं कि तुम्हारी यह चाह तुम्हारी नहीं है। तुम्हें माध्यम बनाकर हमारे राजकोष को हानि पहुँचाने का किसी का षड्यन्त्र है। राजकोष का विपुल होने से हमारे इतने बड़े साम्राज्य की शासन व्यवस्था, विशाल सैन्य शक्ति, अस्त्र-शस्त्र आदि का संचालन निर्बाध रूप से हो पा रहा है। तुम चाहती हो कि साम्राज्य की शक्ति निर्बल पड़ जाए। जो शत्रु घात लगाये बैठे हैं, वे हम पर भारी पड़ जाएँ।... अवश्य सुवासिनी, यह एक सोची-समझी और घातक चाल है।" धननन्द को धन ही तो सर्वाधिक प्रिय है। शायद उसका नाम भी धननन्द ही इसी कारण पड़ा है। अन्यथा तो वह नन्द है।

"प्रियतम, आगे हमें कुछ नहीं कहना है।" सुवासिनी ने अपना निर्णय सुना डाला। वह कुछ-कुछ अनमनी भी हो उठी।

"तुम अपने प्रस्ताव पर पुनः सोचो। मैं राक्षस को भेजूँगा, उससे परामर्श लेकर देखना। राजकाज की बारीकी अभी तुम नहीं समझती हो। फिर भी, तुम कहोगी तो राजस्व अमात्य से चर्चा कर कोई निर्णय लेने पर विचार किया जाएगा। वस्तुतः यह ऐसा प्रसंग नहीं जिस पर हमारा निर्णय अन्तिम हो। कर के धन से राज्य चलता है, सबको वेतन बँटता है। आवश्यक चीजें आती हैं। प्रजा को सहायता दी जाती है। अकाल, बाढ़, युद्ध आदि का आपातकाल का व्यय-भार उठाया जाता है। सत्य यह है कि किसी ने हमारे पर गहरी चोट पहुँचाने का षड्यन्त्र रचा है। तुम देखना कि बहुत जल्दी इस रहस्य पर से आवरण हट जाएगा। फिर दूध का दूध और पानी का पानी सामने आ जाएगा। तनिक धैर्य से काम लो।... एक प्रकार से अच्छा ही हुआ है जो तुमने हमें चेता दिया। हम तुम्हारे आभारी हैं।" धननन्द ने इतस्ततः ऐसे देखा जैसे उनकी दृष्टि में वहाँ कोई भेदिया आ गया हो।

"संशय का भवन तो बिना भीत्ति और बिना नींव का होता है। यह भी एक राजरोग है। आप खुले मन और खुले हृदय से रहो तो शत्रु भी आपका मित्र हो सकता है।"

"और मित्र, आचार्य प्रियतमा।"

"सगा, महाराजा, सगा—एकदम अभिन्न और अत्यन्त अन्तरंग।" सुवासिनी सहजाभिव्यक्ति देते हुए, शान्त चित्त से नत सिर किये रही।

धननन्द ने विस्फारित नेत्रों से सुवासिनी की ओर देखा। अभी तक सुना था, अब उसे वह अनुभव कर रहा था कि स्त्री की जब तीसरी दृष्टि काम करने लगती है तब वह साक्षात् योगिनी की भूमिका में आ जाती है। उसके सामने न अतीत अपने को छिपा पाता है, न वर्तमान और अनागत। उसमें तीनों काल नदी के एक प्रवाह की तरह बहते होते हैं और वह स्वयं किनारे पर तटस्थ खड़ी उस अलिखे, अदृश्य और अप्रकट को बाँच रही होती है। तब वह स्त्री भी होती है और पुरुष भी अर्थात् तब वह अर्धनारीश्वर होती है। तो क्या सुवासिनी में तीसरी दृष्टि सक्रिय हो गयी है, क्योंकि वहाँ उसका आचार्य कोई नहीं है।

"मैं तुम्हारे कथन से असहमत नहीं हूँ, सुवास। परन्तु मुझमें कार्य-कारण का अन्तर्द्वन्द्व आहट देता रहता है और निर्णय तुला बिना बाँट के तोलने का अभ्यास करना चाहती है। संशय मुझमें यहाँ से जन्म लेता है। मैं योगी-तपस्वी नहीं हूँ। मैं सम्राट हूँ। सम्राट उठते-बैठते, चलते-फिरते, जागते-सोते अर्थात् हर क्षण संशय से गुजरता है। यह एक सम्राट की नियति है। इसे तुम नहीं समझ सकतीं क्योंकि तुम सम्राट के कंटकों से भरे उच्चासन पर विराजमान नहीं हो। जो होता है, वह बिना संशय-भ्रम के उस अदृश्य को अपने अस्तित्व का अनिवार्य अंग बनाये नहीं रह सकता।"

"वह ठीक है परन्तु...।"

"मैं सुनती हूँ।"

"देखती तो नहीं।"

"पाँवों में बेड़ियाँ पड़ी हैं।"

"देखना चाहोगी।"

"यदि आपकी अनुमति मिलेगी तो।"

"क्या देखना चाहोगी।"

"जो सुना है।"

"क्या सुना है?"

"कि सामान्य जन से लेकर विशिष्ट जन तक सब आपसे...।"

"कहो-कहो, रुको मत, सुवास। मुझमें सुनने से कष्ट नहीं व्याप्तता और न कोई प्रतिक्रिया होती है। मैं तब संवेदनशील नहीं रहता—पाषाण हो जाता हूँ। उसे तोड़े-फोड़े, काटे-फेंके, वह कुछ नहीं कहेगा। मात्र अन्धी आस्था बनाये रखने के।" धननन्द का स्वर पिघल उठा था। उसमें अस्पष्ट वेदना विद्युत-सी बिना गर्जन किये

चौंकी-कौंधी थी।

सुवासिनी मौन रह जाती। वह आगे बोलने का साहस खो बैठती। उसमें बिना ऋतु की भटकी हुई बदली की छाया उतरकर एकदम लुप्त हो जाती।

"सुवास, सब मुझसे दुःखी हैं, त्रस्त हैं और अप्रसन्न हैं।... क्यों न हों। मैं पहले भी कह चुका हूँ कि पाँव की जूती सिर पर शोभायमान नहीं होती। मैं नीच हूँ और नीच अधम होता है। शूद्र को सम्राट देखना न ब्राह्मण को रास आ रहा है, न क्षत्रिय को और न वैश्य को। फिर भी, वही तीनों वर्ण जितना लूटा जा सकता, लूट रहे हैं। जो लुट रहा है, वह आज भी, मेरे सम्राट होने पर भी शूद्र है। मैं असली शूद्र को चाहकर भी खड़ा नहीं कर पा रहा हूँ क्योंकि उसे इन तीनों ने अपना बन्दी बनाकर अँधेरी गुफा में ढकेल दिया है। प्रकाश की एक किरण भी उस तक नहीं पहुँच पाती। कैसे पहुँचे? कौन पहुँचने दे? न ब्राह्मण, न क्षत्रिय और न वैश्य। वह आज भी इन तीनों का बँधुआ मजदूर से कुछ अधिक नहीं बन पाया है। सोचता था, जो वर्ण व्यवस्था ब्राह्मणों ने बनायी है, उसमें से शूद्र को निकालकर उनके बराबर ला खड़ा करूँ। पर वह मुझसे नहीं बन सका। आज भी मेरा मस्तिष्क, मेरी शक्ति, मेरी धन-सम्पदा आदि की सारी व्यवस्था इन तीनों की पकड़ में है। और वह एक दक्षिणी ब्राह्मण काला कलूटा, कुरूप और असभ्य-अशिष्ट हमें शाप देकर चला गया। उन शूद्रों के पास शाप देने की शक्ति क्यों नहीं है, जिसको ये तीनों वर्ण प्रतिदिन, प्रतिक्षण शिखा खोलकर तब तक घसीटते जाते हैं जब तक उसकी खाल उसकी जूती बनने की पाषाण मानसिकता नहीं अपना लेती।... सुवास यह है मेरी अन्तःपीड़ा, मेरे अन्तर का घटाटोपी विषाद और अपने आपको न स्वीकारने का कारण।" धननन्द का कण्ठ सूखने लगा। उनके मुखमण्डल पर उदासीनता पसरती रही।

सुवासिनी को धननन्द में से एक नये धननन्द का आभास होने लगा। उसके बारे में जो अफवाहें फैलायी जा रही थीं, उनसे दुःखी था। वह कहीं न कहीं सम्राट होकर भी अपने को विवश पा रहा था। उसके पूर्वजों ने धरा क्षत्रियविहीन की थी। उससे उनमें भय बैठा हुआ था। फिर भी, उनके उत्तराधिकारी सभी को अपने विश्वास में लेकर साथ चलना चाहते थे। उनसे अन्य वर्ण लाभ उठाने की तैयारी करने लगे। धननन्द के आते-आते उसके साम्राज्य की लगभग सारी बागडोर उच्च वर्णों में आती चली गयी और वहीं से षड्यन्त्रों का दौर चल पड़ा। उसी ने धननन्द के शासन को बदनाम करने में कोई कसर नहीं छोड़ी।

सुवासिनी को वास्तविकता का सही पता नहीं चल पा रहा था। दूसरे, वह इस सम्बन्ध में कर कुछ नहीं सकती थी। वह न चाहते हुए भी नयी एवं भिन्न स्थिति में अपने को पा रही थी।

धननन्द ने चुपचाप अपना मन मसोसकर वहाँ से चलना उचित समझा। कौन

करेगा उसके साथ न्याय? वह धीरे-धीरे लौट पड़ा। सोच का अनसोच उनके थके-हारे मन के साथ चलता रहा। ऐसी मानसिकता, अबूझे प्रश्न उठाने के लिए कुछ-कुछ आतुर होती जा रही है।

17

चन्द्रगुप्त मौर्य मार्ग भटक कर भी अपने लक्ष्य की ओर जा पहुँचा। वह माधवी के प्रति कुछ अन्यथा नहीं सोच रहा था क्योंकि वह मानकर चल रहा था कि माधवी कब दाण्डूयायन आश्रम गयी थी। उसने जो कुछ सुना, उसके अनुसार ही उसने उसे मार्ग का संकेत दे दिया। फिर भी वह सन्तुष्ट था क्योंकि वह रास्ता अत्यन्त मनोहर था। नद-नाले उफान पर थे। निर्झर भी मनमोहक थे। प्रकृति के प्रति उसमें श्रद्धा के भाव महक रहे थे।

इतना भव्य दाण्डूयायन आश्रम। तरह-तरह के फलदार वृक्ष। चारों ओर हरियाली का चित्ताकर्षक वातावरण।

लकड़ी से बना सुन्दर भवन। उस पर लोकचित्त के उकेरे गये स्वप्न-कल्पना के रंग उसे अत्यन्त भव्यता प्रदान कर रहे थे।

चन्द्रगुप्त मौर्य ने ऋषि दाण्ड्यायन के एक शिष्य से पूछा, "मैं ऋषि दाण्ड्यायन जी के दर्शन करने आया हूँ।"

वह शिष्य उसका नाम, स्थान पूछकर अन्दर चला गया।

चन्द्रगुप्त मौर्य उसके लौटने की प्रतीक्षा में आश्रम के दायीं ओर के निर्झर की सुषमा को निहारता रहा। कितनी शान्ति। अद्भुत मौन।

चन्द्रगुप्त मौर्य ने कभी ऐसी कल्पना स्वप्न में भी नहीं की थी कि इस जगत में ऐसा भी कोई आकर्षक स्थान हो सकता है। वहाँ उसके मन पर ऐसा मन्त्र मुग्धकारी प्रभाव पड़ रहा था कि वह अपने अन्दर मौन का स्वर सुनने लगा। उसमें कोई बोल रहा था। पता नहीं वह किस भाषा में बोल रहा था। उसका अर्थ उसके पल्ले नहीं पड़ रहा था। फिर भी वह उसके मन को बाँधे जा रहा था, सुकून दे रहा था और द्वन्द्व के बुलबुलों से उसे मुक्ति दिला रहा था।

वह व्यक्ति आया और कहने लगा, "आप मिल सकते हैं यदि अन्दर बैठे व्यक्तियों के साथ मिलना चाहें, उनको सुनना चाहें परन्तु आप उनकी उपस्थिति में कोई प्रश्न नहीं कर सकते। बोलो स्वीकार हो तो मेरे साथ आ जाओ अन्यथा वहाँ पेड़ के नीचे पड़ी पटिया पर उनके लौट जाने तक प्रतीक्षा करो।"

चन्द्रगुप्त मौर्य को और क्या चाहिए था, मात्र सुनने के। प्रश्न उसके पास थे नहीं और यदि होते भी तो वह उस मोहक वातावरण में कोई प्रश्न नहीं उठा सकता था।

"चुपचाप बैठ जाना, दायीं ओर। नमन किया तो उसका उत्तर नहीं मिलेगा। कोई आवश्यक नहीं है कि नमन करो।... नमन करना है तो अपने कर्म को करो, अपने आपको करो जिससे मन को शान्ति मिले, शक्ति मिले, उसमें जन्मे राग-द्वेष शान्त हों।" इसके साथ ही वह उसे अन्दर ले आया।

चन्द्रगुप्त मौर्य ने मात्र सामने बैठे उस दिव्य पुरुष को देखा, जिसका कद उन सबसे ऊँचा था, जिन ऊँचे व्यक्तियों को उसने देखा था। उसका लम्बा मुखमण्डल कान्ति से पूर्ण था। उसकी आँखों में दिव्य शक्ति थी। उसकी भुजाएँ लम्बी थीं। घुटने के आसपास आती थीं। वह देवता सा लग रहा था।

चन्द्रगुप्त मौर्य चुपचाप बिना नमन किये दायीं ओर बैठ गया। उसके ठीक सामने एक अतयन्त सुन्दर लड़की बैठी हुई थी। लड़की के पार्श्व में एक सुन्दर, सुगठित और तगड़ा व्यक्ति बैठा हुआ था। दाण्ड्यायन के ठीक सामने तेजस्विता से दमदमाता शौर्य पुरुष था, घुँघराले लम्बे बालों वाला। उसके बाल हलके भूरे थे। कद ऊँचा, वक्षस्थल चौड़ा, कमर पतली, देह कसरती और मुखमण्डल पर सूर्य की सी आभा थी।

जब चन्द्रगुप्त मौर्य अन्दर पहुँचा था, तब सब मौन थे। सब चिन्ताकुल थे। दाण्ड्यायन नेत्र मूँदे गहरे विचार में लवलीन थे। कुछ क्षण कई दिनों से बीत रहे थे। चन्द्रगुप्त मौर्य ने कई बार चाणक्य के लम्बे विराम का सामना विवश होकर किया था। वह कभी ऐसी लम्बी-गहन अन्तर्गुहा में, लाख प्रयत्न करने पर, आँखें बन्द किये, अपने चित्त को शून्य में नहीं लगा सका। चाणक्य ने समझाया भी था, "चन्द्र, यदि तू वर्तमान का विश्लेषण और अनागत के दृश्य-परिदृश्य में से चयन कर कुछ जानना-समझना चाहता है तो ध्यान लगाने का अभ्यास कर।"

"नहीं, आचार्य। मैं प्रयास करके हारा हूँ। चित्त घबरा उठा है। यह अभ्यास मैं कभी नहीं कर पाऊँगा। कृपया क्षमा कीजिए।"

चाणक्य चुप रह गया। चन्द्रगुप्त मौर्य ने उत्सुकतावश पूछा, "आचार्य, आप तो घण्टों यों ही व्यतीत कर लेते हैं। क्या मिलता है उससे आपको?"

चाणक्य गहरी गम्भीर मुद्रा में अवस्थित हुआ ईषद् स्मित भरकर बोला, "चन्द्र, ध्वनि जगत् के पार, दृश्य जगत् के पार, अध्वनि या निर्ध्वनि अथवा शून्य जगत् है अर्थात् अदृश्य जगत्। वहाँ न आकार है, न कोई भाषा। फिर भी, वह सब है जिसके सम्बन्ध में हम दिन-रात सोच-सोच कर थक जाते हैं, परिषद्-बैठक में भी विचार करते हैं। फिर भी, कोई रास्ता नहीं पाते हैं, चन्द्र। यथार्थतः यह बतलाने-समझाने से पल्ले पड़ने वाला विषय नहीं है, जैसे अम्बर से ऊपर, समुद्र के गहरे नीचे और ब्रह्माण्ड में, जिसकी ये धरा उसका करोड़ों करोड़वाँ अंश मात्र होगी।"

दाण्ड्यायन ने धीरे-धीरे पलकें ऊपर कीं। उनकी चमकीली दिव्य दृष्टि परिवेश पर पड़ी। परिवेश महक उठा। मैना बोलीं, तीतर आया, कोयल कूकीं, तोतों ने तान छेड़ी, नीलकण्ठ उड़ा। इधर चन्द्रगुप्त मौर्य का ध्यान नहीं गया था। वहाँ बैठे जन पहली बार उस ओर दृष्टिपात कर रहे थे और सुन रहे थे प्राणी जगत की अमिय अन्तर्वाणी और मुक्त ध्वनि-सौरभ के निनाद को और उनके सुन्दर पंखों की फड़फड़ाहट से हिलोरें लेते समीर को। अचरज वहाँ कोई पिंजरा नहीं था फिर भी उनका मुक्त जगत् परस्पर संवाद कर रहा था।

दाण्ड्यायन ने पूछा, "भद्र जनो, जाना ये सब क्या कह रहे हैं?"

"नहीं" का समवेत स्वर उठा और ठहर गया।

"कभी पेड़ों, पत्तियों, फूलों और फलों के संवाद सुने हैं आप भद्रजनों ने।"

फिर वही उत्तर "नहीं।"

"नदी में लहरें उठती हैं, मछलियों के कानों में वे कुछ कहती हैं, मगरमच्छ सुनने दौड़ता है तब तक मछली डुबकी लगा जाती हैं और लहरें खिलखिलाकर आकाश की ओर देखने लगती हैं। आकाश में चहल-पहल होती है। बादल-बदलियाँ आँख झपकाकर उत्तर देती हैं। कभी सुना जाना है उनके संवाद को।" दाण्ड्यायन स्वयं ही उत्तर देते, "नहीं, ना।" फिर वह मुस्करा देते।

"आइए महाशय, आइए। यह सब अपने लोग हैं अपनी-अपनी आकांक्षाओं के पिंजरों में स्वेच्छा से बन्द। तुम्हें अनुमति की प्रतीक्षा करने की आवश्यकता नहीं है। अनुमति की आवश्यकता उनको होती है जो अपनों को अपना नहीं समझते। तुम सब तो अपनों से अधिक अपने हो, शाकाहारी गिद्ध।"

"क्या गिद्ध शाकाहारी होता है?" चन्द्रगुप्त मौर्य चिहुँक पड़ा।

"चौंको मत युवक। यहाँ ये सब भद्रजन भी गोष्ठियाँ करते हैं। आप लोगों की शिकायत करते हैं।"

"हम लोगों क़ी।" सिल्यूकस के मुख से दीर्घ निश्वास भरते हुए निकल गया।

"हाँ, भद्रजनो, तुम उन्हें पिंजरों में कैद कर लेते हो। उन्हें मारकर खा जाते हो। उनकी प्रकृति को उजाड़ते हो, उसे पाँवों तले रौंदते-कुचलते हो, रक्त बहाते हो। पर क्यों? क्या मिलता है तुम्हें। तुम्हारी जीत, तुम्हारी हार का क्या अर्थ है? बिना अर्थ मिथ्या आकांक्षाओं के भूतों के पीछे भागते हो। कभी सोचा है कि क्यों" दाण्ड्यायन की दृष्टि अन्दर आ बैठे गिद्ध-गिद्धिनी के जोड़े पर थी।

सिकन्दर हिल गया। फिलिप घबरा गया। सिल्यूकस आवाक् स्थिर देखता रह गया। कार्नेलिया आश्चर्यचकित होकर उन पक्षियों की ओर मधुर भाव से, स्मित भर कर, प्यार की मधुरता लिए देखने लगी। मानो वे उससे संवाद करने को लालायित हों।

"तुम लोग, यहाँ क्या लेने आये हो? कौन देने वाला है यहाँ। क्या ले जा सकते हो? क्या सामर्थ्य है तुम्हारी!... किसमें ले जाओगे? क्या है तुम्हारे पास ले जाने के लिए? तुम पारदर्शी पवन ले क्या जा सकते हो या क्या तुम बिल्लौनी-सा चमक दमक वाला अमृत उन निर्झरों और नदियों का ले जा सकते हो? क्या तुम सूर्य-चन्द्र की रश्मियों को ले जा सकते हो? क्या तुम इस धरा को, जिस पर जन्मे हो, गू-मूत्र करते हो, उसी से धन-धान्य पाकर जीते हो, अपनी भूख मिटाते हो, अपने कन्धों, अपने घोड़ों, अपने साथियों पर लादकर ले जा सकते हो। बोलो, गूँगे क्यों हो गये।"

पक्षी वृन्द चहक उठे। कुछ संवाद कर उठे।

सब नतशिर। मूक। दृष्टिहीन से साश्चर्य दाण्ड्यायन ने कहा, "आकांक्षाओं के बोझ को लादे ये लोग यहाँ आश्रम में आये हैं। ये नहीं जानते या जानते हैं तो नहीं समझते हैं अथवा समझना नहीं चाहते कि जल, समीर, प्रकाश, धरा और आकाश के बिना उनका जीवन ही सम्भव नहीं है। फिर ये भद्र जन, यहाँ क्या लेने आये हैं? ये संवाद इन पक्षियों के बीच चल रहा है। फिर भी, आपकी जिज्ञासा का आदर किया जाएगा, आप अपनी जिज्ञासा को व्यक्त करने के लिए स्वतन्त्र हैं।"

"जगत् विजेता...।"

"शान्त भद्रपुरुष। यहाँ जय-विजय से परिचय नहीं दीजिए। मात्र उसे ही पूछने दीजिए, जिसके मन में जिज्ञासा हो।"

फिलिप मौन।

सिकन्दर चकित। सिल्यूकस की दृष्टि दाण्ड्यायन के आभामण्डल पर स्थिर थी। कार्नेलिया सश्रद्धा मन ही मन दाण्ड्यायन को स्वतः नमन करने लगी थी। कितना भव्य। देवता तुल्य। अति सुन्दर। क्या मनुष्य इतना सुन्दर हो सकता है। उसने ऐसे दिव्य पुरुष को कल्पना में भी नहीं देखा था। उनके मुखमण्डल पर अद्भुत भोलापन, सौम्यता और तेजस्विता।

"मुझे आशीर्वाद दीजिए, महात्मन्।" सिकन्दर का स्वर था। वह बहुत सुन्दर, हृष्ट-पुष्ट, लम्बा-चौड़ा, एकदम गौर वर्णीय रक्ताभ युक्त, बड़ी-बड़ी चमकदार आँखें, लम्बा चेहरा, अरुण ओष्ठ, घुँघराले बालों वाला था। इस बार दाण्ड्यायन की दृष्टि सिकन्दर पर ठहरी हुई थी। दाण्ड्यायन ने कहा, "मैं नहीं जानता कि आपके मन में क्या है? क्यों आशीर्वाद चाहते हैं? माँगना भिक्षुक का काम है। माँगने के लिए क्यों लालायित है आपका मन? क्या कमी है आप में? स्रष्टा ने आपको सब कुछ दिया है। आप पृथ्वी पुत्र हैं उसके लाडले पुत्र हैं। पृथ्वी हम सबकी माँ है। हम सबका अपनी माँ के प्रति क्या दायित्व है। आप भी उसके बलशाली-आकर्षक पुत्र हैं। यह सब आपको सोचना चाहिए।"

सिकन्दर विस्फारित नेत्रों से दाण्ड्यायन की ओर देखता रहा और इस समय उसके मस्तिष्क में अरस्तू का चित्र उभरा जो बीस वर्षीय सिकन्दर को, उसकी

महत्त्वाकांक्षाओं को जो अदमित शौर्य, साहस तथा पराक्रम से संचालित हो रही थीं चाहते हुए नहीं रोक सका। लहराती दिग्विजय की लालसाएँ उस पर सवार हो चुकी थीं और अब यहाँ आकर वह असमंजस में पड़ा आश्चर्यचकित हो रहा था। उसे पारस के सम्राट डेरियस को पराजित करने के लिए चार वर्ष तक युद्ध करना पड़ा। यही नहीं बल्कि पारस की राजधानी परसीपोलिस को जलवाना पड़ा और वहाँ की प्रजा को क्रूरता से मरवा दिया। घनघोर रक्तपात हुआ। वह सारा बर्बर परिदृश्य चीख-पुकार सहित उसके सामने ताण्डव कर उठा।

दाण्ड्यायन ने सबको चुप पाकर कहा, "जाओ, युद्ध वीर, जाओ। अपना करणीय करो।"

आप महात्मन्...।

"मुझे नाम नहीं जानना, आर्य।" दाण्ड्यायन ने सिकन्दर की ओर देखकर कहा, "पराक्रमी युवक, कभी आपने एकान्त में एकाग्र होकर दर्पण में अपने को देखा है। न देखा हो तो देखना। माँ ने आपको जितना सुन्दर बनाया है, उतना ही बलिष्ठ, शूरवीर और बुद्धिमान भी। पर क्यों, भद्र पुरुष?"

"क्यों?" दोहराकर सिकन्दर चुप रह गया।

"वो इसलिए कि आप सौन्दर्य, बल, बुद्धि के संरक्षक बन सको और स्रष्टा के कार्य में हाथ बँटा सको। क्या आपने ऐसा अनुभव किया है?"

सिकन्दर किंकर्तव्यविमूढ़ रह गया।

"कोई बात नहीं, नवयुवक, यह अनुभव अब भी लिया जा सकता है।"

"कैसे?" फिलिप ने पूछा।

"किसी के लिए बिना स्वार्थ कुछ करके देखो, छोड़कर देखो।... इससे आपको विजयी भव का गूढ़ार्थ समझ में आ सकेगा। आप अब जा सकते हो।" दाण्ड्यायन ने गम्भीर होकर कहा।

सिकन्दर समझ गया। वह उठ खड़ा हुआ। उसके साथ और भी उठ खड़े हुए और लौटने लगे। चन्द्रगुप्त मौर्य अवाक् सा उन्हें देखता रह गया।

"तुम, युवक।"

"मैं चन्द्रगुप्त मौर्य, तक्षशिला विद्यापीठ का स्नातक, ऋषि।" चन्द्रगुप्त मौर्य ने बिना सोचे-समझे कह डाला। उसका इस बात पर ध्यान नहीं रहा कि दाण्ड्यायन परिचय जानने के इच्छुक नहीं हैं।

"क्या चाहते हो?"

"पता नहीं, ऋषि।" घबराकर चन्द्रगुप्त मौर्य ने एक साँस में कह डाला।

दाण्ड्यायन मन ही मन मुस्कराया और बोला, "फिर यहाँ अपना समय क्यों नष्ट कर रहे हो, जाओ, युवक।"

"आचार्य ने कहा था।"

"किस आचार्य ने?"

"आचार्य चाणक्य ने।"

"उससे मेरा क्या अभिप्राय।"

"है ऋषि, है।"

"क्या?"

"उन्होंने कहा था कि यवन सम्राट से मिलने से पूर्व मैं आपसे मिलता जाऊँ।"

"वो अध्याय तो समाप्त, युवक।"

"समाप्त, ऋषि।"

"हाँ, समाप्त। क्योंकि यवन सम्राट सिकन्दर तो अभी यहाँ बैठा हुआ था अपने सेनानायकों के साथ।"

"क्या! परन्तु मुकुट।"

"यहाँ मुकुट पहन कर कोई नहीं आ सकता।" दाण्ड्यायन का गुरु गम्भीर स्वर था।

"अब मुझे क्या करना चाहिए।"

"उँगली पकड़कर चलना चाहिए।"

"किसकी ऋषि?"

"मुझे छोड़कर किसी की भी।"

"फिर मुझे यवन सम्राट सिकन्दर से मिलना होगा।"

"तो मिलो, तुम्हें रोका किसने है?"

"कौन रोकेगा?"

"अपने आप से पूछो।"

"कैसे पूछूँ?"

दाण्ड्यायन को मन ही मन पुनः स्मित ने घेर लिया। वह बोले, "स्नातक हो कर तुम इतना नहीं जानते।"

"जानना सबसे सम्भव नहीं है। मुझसे तो कतई नहीं। कदाचित् आचार्य ने मुझे आपके पास इसीलिए भेजा है, क्योंकि मैं नहीं जानता हूँ या जानकर उस पर अमल नहीं करना चाहता, जो जानने के लिए बताया जाता है। जैसे मेरा आपके पास आना। यदि टेहरी में वह क्रूर घटना नहीं हुई होती तो।... वहाँ के नागरिक डरे हुए थे। आचार्य के शिष्य उनकी रक्षा के लिए आगे आये थे। मैं भी उनसे प्रेरित हुआ। राजा-सम्राट जीतें-हारें परन्तु हारने वाले राजा की प्रजा से लूटमार क्यों और क्यों उनकी बहू-बेटियों के साथ बलात्कार?" चन्द्रगुप्त मौर्य अचानक प्रवाह में बह गया।

दाण्ड्यायन को चन्द्रगुप्त मौर्य की निश्छलता और भोलेपन पर प्यार आया। उसे लगा कि उसमें दूसरों के लिए कुछ करने की दृढ़ भावना है। उन्होंने कहा, "नव युवक, तुम सिकन्दर की अवस्था के आसपास हो।... तुम क्या राजकुमार हो?"

"नहीं, ऋषे। मैं राजकुमार कैसा? कहाँ का राजकुमार?"

"तो होना चाहते हो।"

"नहीं, ऋषे।"

"होने से रोक सकते हो क्या?"

"मैं नहीं जानता, ऋषे।"

"जानकर क्या करोगे?" दाण्ड्यायन की दृष्टि में वह एक निष्ठावान्, स्पष्टवादी और कर्मठ युवक रहा। इस कारण उन्हें उससे बातचीत करना अच्छा लग रहा था।

"कुछ नहीं।"

"क्यों कुछ नहीं?"

"क्योंकि व्यर्थ की जानकारी अपने साथ चिन्ताएँ लेकर आती है। कम जानो और सुख से रहो।"

"यह सुख क्या होता है?"

"चिन्ता रहित होना।"

"क्या कोई चिन्ता रहित हो सकता है?"

"कदाचित्।"

"पक्का नहीं।"

चन्द्रगुप्त मौर्य मौन हो गया।

"तुम यवन सम्राट सिकन्दर से मिलना चाहते हो तो मिलो पर क्यों?... क्योंकि उसे विरोधी पसन्द नहीं है। आम्भीक तुम बन नहीं सकते हो। तो...?" दाण्ड्यायन ने उसे कुरेदा।

"आचार्य चाहते हैं कि मैं मिलूँ।"

"तुम क्या कहते हो?"

"सोचा नहीं कि...।" कहते-कहते चन्द्रगुप्त मौर्य को रुक जाना पड़ा। उसे अचरज इस बात का था कि उसकी सोचने की शक्ति निष्क्रिय जैसी हो गयी। उसे लगा कि कोई उससे कहलवा रहा है। वह कौन है? उसने कनखियों से देखा, दाण्ड्यायन शान्त चित्त थे। अनासक्त भाव से निर्द्वन्द्व थे।

"सोचना द्वन्द्व को बुलावा देता है। द्वन्द्व से नवनीत रूपी समुचित निर्णय निकालना प्रत्येक व्यक्ति से सम्भव नहीं है। द्वन्द्व आवेश लाता है। धैर्य चाहिए जो आवेश को रोक सके और संयम को आचरण का अनिवार्य अंग बना सके। यह सब आस्था की गहराई पर निर्भर है।" दाण्ड्यायन लहरों पर थिरकती चिड़िया के स्वर

में बोले जा रहे थे, कुछ-कुछ रुक-रुककर।

"मैं इस सबको जानकर क्या कर पाऊँगा। मैं कोई महात्मा-ऋषि नहीं हूँ और न हो सकता हूँ। मुझे सीधा-सादा रास्ता समझ में आता है। आप कुछ सहायता करना चाहें तो कर दीजिए, आर्यावर्त्त का पश्चिमोत्तर सीमा प्रान्त भारी संकट में है। आक्रमणकर्ता विनय, संयम, शील, सत्य, अहिंसा, करुणा आदि को बिलकुल नहीं समझते हैं। वे आँधी की तरह आकर जड़मूल से यहाँ के निवासियों को रौंद जाते हैं। क्या सिकन्दर मेरा आग्रह मान सकेगा? वह जैसा उसके सम्बन्ध में सुनने में आया था, वैसा ही निर्दय, क्रूर और बर्बर है। वह विश्वविजेता होने का स्वप्न लिए आगे बढ़ रहा है।"

"वह यहाँ भी इसीलिए आया था, युवक।" दाण्ड्यायन ने सहज होकर कहा, "वह नहीं जानता कि वह क्या माँगने का आशीर्वाद लेने आया है। उसे यह भी ज्ञात नहीं है कि विश्व का अर्थ क्या है। उसके दार्शनिक गुरु ने उसे रोका नहीं। कहावत है कि सिंह की मौत आती है तो वह शहर की ओर भागता है। फिर भी तुम जान-समझ लो कि वे क्या हैं और उनकी रणनीति क्या है? जो भी जानना हो वह धीरज से, शान्ति से, उग्रता से, कतई नहीं। जाओ, नवयुवक, अपने सीमावर्ती जन जीवन की रक्षा करो।" दाण्ड्यायन यह कह कर उठ खड़ा हुआ। चन्द्रगुप्त मौर्य उन्हें अन्दर के कक्ष में जाता हुआ देखता रह गया।

18

सुवासिनी राजप्रासाद की चारदीवारी में घिरकर नित नये षड्यन्त्रों में फँसकर, वहाँ के तंग वातावरण से घबराकर और धननन्द की लालसाओं के चक्रव्यूह से निकलकर कहीं दूर जाना चाहती थी। उसने अपनी विश्वसनीय दासी से पता करवाया था कि महारानी सुनन्दा भेष बदल कर प्रजा में उठ रही विद्रोही लहर की वास्तविकता पता करने जाती रहती हैं। उस दिन भी वह ग्रामीण महिला के भेष में महारानी सुनन्दा ही थी। उसने यह बात राक्षस को नहीं बतायी। बहुत जल्दी वह यह जान सकी कि राक्षस भी महाराजा के साथ चाल चलने में पीछे नहीं है।

सुवासिनी को जब यह पक्का पता चल गया कि राक्षस उसकी माँ से मिलवाने के झाँसे देता रहेगा परन्तु मिलवाएगा कभी नहीं। उसे यह भय सता रहा है कि कहीं उसकी वास्तविकता सामने न आ जाए। वैद्यराज ने भी एक तरह से आना जाना बन्द कर दिया था, क्योंकि वह कुछ कर नहीं पा रहा था।

उसे यह जानकारी मिली थी कि महाराजा गंगा में गुफा बनवाकर वहाँ स्वर्ण सुरक्षित रखता जा रहा है। वहाँ की भी अद्भुत और दर्दनाक कहानी है। राजप्रासाद

के अन्दर से एक गोपनीय मार्ग उस गुफा तक जाता है। उसने महाराजा धननन्द से आग्रह किया कि वह राजप्रासाद के अन्दर से गंगा और सोन नदी तक जाने वाले रास्ते को देखना चाहती है।

आश्चर्य तो यह था कि उस मार्ग को राक्षस और अन्य अमात्य, यहाँ तक कि सेनापति ने भी नहीं देखा था। महारानी के मन में कभी उस रास्ते के बारे में जानने की इच्छा नहीं हुई।

वह लम्बी सुरंग थी। स्वर्ण अलग-अलग स्थानों से सुरंग के माध्यम से, गंगा के अन्दर, जहाँ सोन नदी आकर मिलती थी, एक पहाड़ी गुफा में रखवाया जा रहा था। उसे यह सुरंग अपने पूर्वजों से मिली थी। उसने गंगा के अन्दर पहाड़ी में वह गुफा खुदवायी थी और गुफा खोदने वालों को विषपान करवाकर मरवा डाला था।

धननन्द ने कहा, ''सुवास, तुम्हारी भी स्वर्ण में आसक्ति है।''

''नहीं, महाराजा, बिलकुल नहीं। मैं तो मात्र सुरंग और उस गुफा को देखना चाहती हूँ। अभी तक सुनती आयी थी कि विपत्ति में महाराजा सुरंगों से राजप्रासाद से बहुत दूर निकल जाते हैं।'' सुवासिनी ने सहज बनते हुए कहा और अन्त में यह भी कह दिया, ''आप नहीं चाहते हों तो रहने दीजिए। हमारी ऐसी कोई विशेष रुचि भी नहीं है।''

धननन्द उसके प्रेम में पागल हो रहा था परन्तु उसे अपने शयन कक्ष में लाकर भी वह पलँग पर नहीं बैठ सका। सुवासिनी ने उसे एक कहानी सुना दी। वह कहानी इस प्रकार थी–

एक महात्मा का मेरी माँ पर मन आ गया। वह महात्मा बाल ब्रह्मचारी थे। दूर-दूर तक उनका नाम था। स्त्री-पुरुष सभी उनकी सेवा में रहते थे।

सब पर उनका गहरा विश्वास था। एक रात वह माँ से बोले, ''आज रात की सेवा देवी, भक्तिन।''

माँ कुमारी थी। कई कुमारी लड़कियाँ रात की सेवा दे चुकी थीं। कहीं कुछ गड़बड़ नहीं हुई।

उन महात्माओं को ईश्वर का अवतार माना जाता था।

माँ का मन तो एक बार नहीं हुआ परन्तु उसके माता-पिता ने उस पर दबाव बनाया और उसे रात की सेवा के लिए जाना पड़ा। जो लड़कियाँ महात्मा की सेवा में रात को गयीं, उनका विवाह अच्छी जगह हुआ। वह घर धन-धान्य पूर्ण हो गया।

उस रात महात्मा का संयम जवाब दे गया। जो न होना था, वह हो गया। झटपट विवाह करवा दिया। उससे मेरा जन्म हुआ।

महात्मा ने उस घर में आकर मेरी माँ को समझाया, ''यह मेरा बीज है–एक बाल ब्रह्मचारी का बीज। वह राजघराने में जाएगी। वह जब बड़ी होने लगे, विवाह

योग्य होती प्रतीत हो तो उसे यह समझा देना, 'तू एक ब्रह्मचारी महात्मा का उपहार है। तेरे में उस ब्रह्मचारी की दिव्य शक्ति है। तेरी अद्वितीय सुन्दरता बड़ों-बड़ों के मन डगमगा देगी। तुझे कोई बलात् नहीं भोग सकता। भोगेगा तो अपने वंश सहित डूब जाएगा। तेरी बिना इच्छा से तेरे साथ कोई विवाह नहीं बना सकता। इस कारण निर्भय होकर जीना। उसका आशीर्वाद सदा तेरे साथ है।' "

सुवासिनी इतना कहकर तनिक रुकी और अन्त में बोली, "उस महात्मा ने अन्त में कहा था, 'तू जहाँ जाएगी, वहाँ लक्ष्मी और काली देवी का वास होगा।' "

धननन्द गम्भीर हो गया। वह सोचने लगा कि वह दिव्यशक्तियों वाली है।

"अब कहो, आप क्या चाहते हैं?"

"क्या चाहूँ, सुवास, मात्र तुम्हारे चाहने के। विवाह करना है, वह करूँगा। इस समय स्थितियाँ अनुकूल नहीं हैं। शुभ कार्य अनुकूल समय पर होना चाहिए। परन्तु...।"

"परन्तु क्या, महाराजा?"

"तुम्हारे घर वाले कौन बनेंगे?" कुछ सोचकर, "तुमसे हमें राक्षस ने मिलवाया था, वही इस उत्तरदायित्व को भी निभायेगा। कोई बात नहीं। ...अब, थोड़ी देर में उस सुरंग की ओर चलेंगे, जिसको देखने की तुम्हारी इच्छा है।"

"आज नहीं। फिर कभी। आज तो बात उठ गयी थी तुरन्त कुछ हो, इसलिए नहीं।" सुवासिनी ने बड़े प्यार-मनुहार से धननन्द को मनाया।

सुवासिनी ने पता कर लिया था कि आज धननन्द देर रात को उधर जाएगा और इस बीच राक्षस भी आने वाला है।

धननन्द चला गया।

सुवासिनी राजप्रासाद में रहकर व्यक्ति चरित्र की उन कमजोरियों को समझने लगी थी, जिनसे व्यक्ति को अपनी ओर न केवल मोड़ा जा सकता है बल्कि बड़ी आसानी से अपना काम निकला भी जा सकता है।

तभी राक्षस के आने की सूचना सुवासिनी को मिली।

"आइए, महाअमात्य।"

"महाअमात्य दूसरे के लिए हैं, तुम्हारे लिए तो हम मात्र राक्षस हैं, सुवासिनी प्रियतमा।"

"चलिए आपको सम्बन्धों को भुला देने की आदत नहीं है।" सुवासिनी ने व्यंग्य किया।

"हमें अपनी कमजोरी ज्ञात है, सुवासिनी।"

"राक्षस, मनुष्य की कमजोरी ही उसकी सबसे बड़ी शक्ति बन सकती है यदि वह अपने आचरण से उसे दूर करने के प्रति दृढ़ प्रतिज्ञ हो सके।... कमजोरी को

बहाना बनाया जाए तो वह कमजोरी स्थायी भी हो सकती है। आपसे यह वाक्य सुनने की आशा नहीं थी, क्योंकि आप एक सशक्त महाअमात्य हैं और सक्षम भी हैं परन्तु...।" सुवासिनी ने राक्षस को आड़े हाथ लेते हुए उसे स्पष्ट दर्पण दिखलाने का कार्य किया।

"ऐसा मत सोचो, सुवासिनी, हम वास्तव में...।"

"राक्षस, अच्छा हो हम इस मुद्दे पर बात ही न करें। अधिकतर संवाद अपने को छिपाने और अपने को ही उचित ठहराने के लिए बनते हैं। मुझे इस छोटी-सी जिन्दगी में, यहाँ आकर यह अनुभव होने लगा है, विश्वास की कमजोर ढाल व्यक्ति को अन्दर से तोड़ जाती है। जब अन्दर से कुछ टूटने लगता है तब बाहर के आवरण मुँह चिढ़ाने लगते हैं। कुछ ही माह में मुझे लगने लगा कि मैं यकायक अपनी उम्र से बहुत बड़ी हो गयी हूँ। बड़ी होने का अर्थ है, राक्षस प्रेम की भावुकता से बाहर निकल कर तेज धूप, तेज वर्षा और कड़कती ठण्ड को गहराई से अनुभव करने लगना।" सुवासिनी के भीतर चल रहा उद्वेलन व्यक्त होने लगा और वह भी स्वतः ही, बिना किसी का अवलम्ब लिए। जब व्यक्ति अन्दर से टूटने की अन्तर्ध्वनि से जुड़ने लगता है और किसी भी आहट पर वह चौंकता नहीं बल्कि उसे अपनी नियति मान कर स्वीकार करने लगता है तब वह अपने को ही अपने से अलग करने लगता है। आज राक्षस को भी अनुभव होने लगा कि सुवासिनी के अन्दर कुछ ऐसा होने लगा है जो उसे उसकी उम्र से बाहर ले आया है। युवती जब युवती होते हुए प्रौढ़ा के अनुभव से अपने को गुजारने लगती है तब वह अपने को युवतीपन की दहलीज से बहुत आगे ले आती है। वहाँ संवेदनाओं पर गहरा कुठाराघात होता है और उसका अपनी उम्र के संसार से भरोसा उठ जाता है। युवावस्था अथवा उसका संधिस्थल उन वसंती सुकोमल ललित भावनाओं का ही तो अल्हड़पन है, जिसमें नाचने का मन करता है, वर्षा से जुड़कर अपने आप से बतियाने का मन होता है और ठण्ड में उसे भरपूर जी लेने का मन होता है। तब उसके लिए अपने को सम्पूर्ण से सम्पूर्ण जीने का मन ही उसका सर्वस्व होता है। वह सर्वस्व को, जिसे वह जानती नहीं हवा में उड़ते, खुशबू में डूबते और किसी तरुण उछाल लेती नदी की तरह बेफिक्र होकर जी लेना चाहती है। मधुमालती ने यह सब उसे समझाया था और यह भी बताया था कि मुजरा उन लोगों की ज़रूरत है जो अपने समय को जीने से वंचित होकर दूसरों के अनैच्छित समय को जीने के लिए विवश हुए हैं और अपने अनैतिक समय को भूल जाना चाहते हैं। यहाँ लोग, राक्षस, जीने की तमन्ना लेकर नहीं, अपने को भूलने की तमन्ना से आते हैं। और तुम यहाँ से उसे ही साथ ले जा रहे हो, जिसके सहारे बेसहारा लोग जिन्दगी गुजारते हैं। कहीं तुम, ईश्वर न करे, चषक को मदिरा समझने की गलती न कर बैठो।

आज राक्षस पीकर आया था परन्तु इतनी नहीं कि अपने आपको भूलने की गलती कर बैठता। वह जिस आरजू से, बन्दगी से और वसंती स्वप्नों की महक लेकर वहाँ आया था, वह सब... नहीं... नहीं...। वह ऐसा नहीं होने देगा। उससे और अकेलापन नहीं झेला जा सकता। समय लौटता नहीं है, वह आदमी को ही गुजार देता है। तब पीछे लौटना सम्भव नहीं होता, यह टीस उसे अधर में लटकने को विवश कर देती है। कहीं वह तो...। राक्षस ने अपने को सँभाला और कहने लगा, "सुवास, हम अपने आप से, इस बेशर्म राजनीति की सुरंगों की सीलन भरी तमस में, कितनी दूर आ चुके हैं कि हम अपने आपको ही पहचानने से भी मुँह फेरने लगे हैं। राजनीति वह दलदल है जिसमें ऊपर आने के लिए व्यक्ति जितना अधिक जोर लगाता है, उतना अधिक नीचे धँसता जाता है। झूठी तसल्ली देकर और एक नयी सीमा निर्धारित कर अपने आपको बचाने के स्वप्न देखता है। वह उसकी आदत बन जाती है और आदतों का गुलाम कभी स्वतन्त्र नहीं हो पाता। ताउम्र गुलामी के बस्ते में बन्द होकर आजाद होने के स्वप्न देखता रह जाता है। धीरे-धीरे वह उन स्वप्नों के पंख नोच-नोचकर बेमन से हवा में उछालने लगता है। कहीं मैं वही तो करने नहीं जा रहा हूँ, सुवास। तुम... एकमात्र तुम मुझे बचा सकती हो। यह तुम पर निर्भर है कि तुम मुझे बचाना चाहोगी अथवा डूबते हुए देखती रह जाओगी तट पर खड़ी-खड़ी। मैं कितना विवश हूँ एक सामान्य व्यक्ति से भी अधिक। यह क्या होता जा रहा है मुझे।" राक्षस इसी के साथ पलँग के किनारे पर जा गिरा अपने को सँभालने की इच्छा से शून्य होकर।

सुवासिनी ने राक्षस को सँभाला। उसे लेटा दिया। जल पिलाया। कुछ देर तक लेटा रहने दिया। वैद्यराज को बुलवा भेजा। वह सोचती रही कि यह समाज तनावों और अवसादों की गठरी उठाये क्यों घूमता है? क्यों सहज, सच्चा, सरल और मिलनसार जीवन की राह छोड़ना पसन्द करता है? उसे पता चला था कि महारानी सुनन्दा राक्षस के विरोध में उन आँकड़ों को इकट्ठा करवा रही है, जिनसे राक्षस महाराजा की दृष्टि में गिर सके।

वह यहाँ कहाँ आ फँसी। यहाँ कैसा सुख-आनन्द! कैसा ऐश्वर्य! कैसी शान्ति। फिर उन लोगों से प्रजा को क्या उम्मीद रखनी चाहिए। वे लोग प्रजा की क्या भलाई करेंगे जो हर उलटे-सीधे तरीकों से अपने अस्तित्व को बनाये रखने के लिए चिन्तित बने हुए हैं या उसे बचाने के उपक्रम में लगे हुए हैं। वहाँ हर समय षड्यन्त्र का ज्वर चढ़ता-उतरता रहता है। उसे ऋतु के मिजाज और तापक्रम से कोई लेना देना नहीं है।

राजवैद्य ने राक्षस की नब्ज देखी। वह नाड़ी वैद्य के रूप में पाटलिपुत्र में लोकप्रिय है। वह कहने लगा, "सुवासिनी, राजनीति करने वाले इन बीमारियों को

स्वयं पालते हैं। ऐसा पहले भी हो चुका है जब महाअमात्य चक्कर खाकर गिर पड़े थे। कुछ दिनों आराम किया था। बाहर भी घूम आये थे। परन्तु उससे इस बीमारी का स्थायी इलाज नहीं है। मनुज को आकांक्षाओं की ऊँचाइयों की ओर बढ़ते जाने का रोग है।"

राजवैद्य दवाएँ भिजवाने की बात कहकर चले गये। साथ ही यह बताते गये कि राक्षस को उसके भवन में भिजवा दिया जाए।

सुवासिनी ने वही किया। उनके सहायक और सेवक को समझा दिया कि वैद्यराज का आदमी दवा लेकर आएगा उसके अनुसार दवाएँ दें। उसे भी सूचना देते रहें। किसी पर उनके बीमार होने की बात न प्रकट होने दें।

सुवासिनी ने उसके जाने के बाद अपनी योजना पर विचार किया, जिसके जरिये वह भेष बदलकर बाहर जाएगी। उसकी मदद दासी से सखी बनी लक्ष्मी करेगी। उसे भी उसने बाहर निकल कर कहाँ जाएगी, इस रहस्य से दूर रखा। मात्र उसे वहीं चार-पाँच घण्टे बाद मिलने का आदेश देकर। उसने बहाना यही किया कि वह गंगा तट पर चाँदनी रात में घूम-फिरकर लौट आएगी। वैद्यराज के माध्यम से उसने माँ को भी वहीं बुलवा लिया था ताकि सन्देह की गाँठ खोलने का कोई प्रयास नहीं करे।

सुवासिनी यह जान चुकी थी कि महारानी उस पर नज़र रखती है। वह अपने आपको जितना तटस्थ बनाये रखने का प्रयत्न करती हैं, उससे उसे लाभ अवश्य मिलता है परन्तु उतना नहीं जितना वह समझती है। इसी का लाभ लेकर उसने महारानी का पीछा करवाने में सफलता प्राप्त की है। उसके पीहर वालों का वहाँ की राजनीति में हस्तक्षेप है। वह इन सब परिस्थितियों को वहाँ बनी रहकर नकार नहीं सकती हैं। इन्हीं विचारों में उलझी स्नान के लिए अन्दर चली गयी ताकि नहाकर उसका मन कुछ हलका हो सके और बाहर जाने के लिए और अधिक चौकस रह सके। उसने स्नानागार का अन्दर पहुँचकर दरवाजा बन्द कर लिया। सुखी नाइन को बुलवाने के लिए दासी को कहती गयी।

19

चन्द्रगुप्त मौर्य अपने कुछ अश्वारोहियों को लेकर राजप्रासाद तक पहुँच तो गया परन्तु वह अन्दर कैसे जाए? जाकर यवन सम्राट सिकन्दर से कैसे मिले? हर जगह सैनिक ही सैनिक दिखलायी पड़ रहे थे। नरेश के सैनिक से कई गुने यवन सैनिक चतुर्दिक नजर आ रहे थे। उन पर अस्त्र-शस्त्र हैं और वे बहुत सतर्क हैं। उनकी दृष्टि प्रासाद में हर आने जाने वालों पर है। वे पूछताछ भी कर लेते हैं। एक प्रकार से राजप्रासाद यवन सैनिकों के चंगुल में है।

चन्द्रगुप्त मौर्य वहाँ किसी को जानता नहीं है। उसे तीन दिन हो गये परन्तु वह कुछ नहीं कर पाया। अचानक उसे अलका का स्मरण हो आया। अलका ने चलाकर, उसे रोकते हुए कहा था, "आप यदि तक्षशिला राजप्रासाद में जाने का मन बना लेते हैं तो मैं आपको कुछ सुझाव देना चाहूँगी।"

उस समय तक चन्द्रगुप्त मौर्य का मन तक्षशिला राजप्रासाद जाने का बिलकुल नहीं था। फलतः उसने उड़ती दृष्टि डालते हुए अनमने भाव से कह दिया था, "बताइएगा।"

"क्या आपको विश्वास है कि आप यवन सम्राट सिकन्दर से मिल पाओगे। तक्षशिला राजप्रासाद और नगर को अब तक छावनी में बदला जा चुका होगा। मुझे आशंका है कि कहीं तुम्हें वहाँ गिरफ्तार न कर लिया जाए।" अलका ने तनिक विस्तार से वहाँ की स्थिति के सम्बन्ध में बताया।

चन्द्रगुप्त मौर्य को यह सोचकर अचरज हुआ कि अलका उसको वहाँ जाने के लिए प्रेरित कर रही है अथवा वहाँ जाने से रोकने के लिए। उसने उसकी बात पर कोई ध्यान नहीं दिया।

अलका ने अपनी नटखट लटों को बालों में गूँथते हुए कहना जारी रखा, "आप वीर हैं, साहसी हैं और तत्काल निर्णय लेकर उस पर चलने वाले भी हैं। आपकी जल्दीबाजी मुझे डरा रही है। इस कारण मैं तीन व्यक्तियों के नाम पत्र लिख चुकी हूँ। ये तीनों व्यक्ति वहाँ की राजनीति में बहुत महत्त्वपूर्ण स्थान रखते हैं और ये हमारे विश्वसनीय और निष्ठावान व्यक्ति हैं। अमात्य हैं।... आप इन पत्रों को सँभालो। आवश्यकता पड़ने पर आप इन पत्रों का बेखटके प्रयोग कर सकते हैं। हार्दिक शुभकामनाएँ।"

इस समय चन्द्रगुप्त मौर्य को उन पत्रों का स्मरण हो आया। वह उन तक कैसे पहुँचे? कब पहुँचे? उसे यह भी पता चल गया है कि वहाँ के अमात्यों पर यवनों द्वारा निगरानी रखी जा रही है। वह यह भी जान रहा था कि उस पर भी कई दृष्टियाँ पड़ चुकी हैं। वह लौट आया और उसने उन पत्रों में से किसी एक पत्र को उनमें से किसी एक व्यक्ति तक पहुँचाने का दायित्व अपने एक विश्वसनीय व्यक्ति को इस निर्देश के साथ सौंपा कि वह इन पत्रों को शत्रु के हाथ में नहीं लगने दे और इनमें से जो भी एक व्यक्ति मिल जाए, उसे ही तीनों पत्र दे दे ताकि आगे का निर्णय लेने में उसे भी आसानी हो। पर कुछ नहीं हो सका।

दिन यों ही निकल जाएँगे, वह कुछ नहीं कर पाएगा। तभी उसे एक व्यक्ति दिखलायी पड़ गया जो पाटलिपुत्र का एक व्यापारी था। उसने उस व्यक्ति को अपने पास बुलवा लिया। उससे पूछा, "आप पाटलिपुत्र के हैं न?"

"हाँ। कहिए आप?"

"मैं भी आर्यावर्त्त का हूँ।"

उस व्यापारी ने अपनी पगड़ी ठीक करते हुए याद करना शुरू किया। कुछ देर बाद उसने कहा, "मैंने आपको कहीं देखा है। अरे हाँ.. आपने ही पाटलिपुत्र पर आक्रमण किया था।... आप... आपके साथ वह दक्षिणी ब्राह्मण भी था।... क्यों, आप वही हैं न।"

"हाँ, मैं वही हूँ।"

"और यहाँ भी आप...।"

"आप तो राजप्रासाद से लौट रहे हैं।"

"हाँ।... परन्तु मेरी आपको सलाह है कि यहाँ यवन सेना ने व्यवस्था सँभाल ली है और अभी हम स्वर्णकार यवन सम्राट सिकन्दर को उपहार देकर आ रहे हैं। यहाँ के नरेश को उसके लड़के ने गिरफ्तार करवा लिया है। राजकुमारी यहाँ से निकल भागी हैं और हम भी यहाँ से दो-चार दिन में निकलने वाले हैं।... तुम भी युवक लौट जाओ। यवनों के हाथ पड़ गये तो वे बात करने से पहले वह उसका सिर धड़ से अलग कर देते हैं, जिस पर उनको जरा-सा भी सन्देह हो जाता है।" उस व्यापारी ने जल्दी-जल्दी सब कुछ बता डाला।

"क्या आप हमारी कुछ मदद कर सकते हैं?"

"कैसी मदद चाहते हो, नवयुवक?"

"हमारे पास कुछ पत्र हैं। हम उनको नहीं पहचानते हैं और न उनके निवास का हमें पता है।"

"आप उनके निवास पर जाने का निर्णय त्याग दें। फिर भी उनके नाम तो बताएँ।"

"सिंहस्थ बहादुर।"

"वे लापता हैं। वह तक्षशिला के राजस्व मन्त्री थे। उनको यवनों ने मार डाला है, ऐसी अफवाह है।"

"प्रतिज्ञात।"

"हैं, वे हैं सेनापति।"

"उनसे।"

"वे पाटलिपुत्र के हैं। अपने पहचान के भी हैं। पाटलिपुत्र वालों की वे सहायता भी करते हैं। आपको उनसे मिलवा सकता हूँ। परन्तु।"

"परन्तु क्या, आर्य?"

"आपका क्या भरोसा? पता नहीं कि आपके मन में क्या है, कौन जाने?... नहीं, युवक, नहीं। हम कोई खतरा नहीं उठा सकते।... खेद है।" कहकर जैसे ही वह चलने के लिए आगे बढ़ने लगा वैसे ही चन्द्रगुप्त मौर्य ने आग्रह किया, "आप

विश्वास कीजिए। ये पत्र राजकुमारी अलका ने उनके नाम दिए हैं।" चन्द्रगुप्त मौर्य ने पत्र पर लिखा उनका नाम पढ़वा दिया।

वह कुछ सोचने लगा।

"आपका नाम?"

"ओंगना।"

"ओंगना जी, विश्वास कीजिए, हम भी देशप्रेमी हैं। स्वार्थी, लालची नहीं। न धोखेबाज।" चन्द्रगुप्त मौर्य ने गम्भीर स्वर में कहा।

ओंगना कुछ देर तक सोचता रहा क्योंकि वह समय संकट से भरा है, नाजुक है और बैठे बिठलाये वह किसी सन्देह की सीमा में नहीं आना चाहता है। अनजान व्यक्ति पर विश्वास करने का कारण! यहाँ आपातूस्थिति है। कब क्या हो जाए, कौन जाने। मित्रता बराबर वालों में जमती है। कहाँ सम्राट सिकन्दर, विश्वविजेता बनने का स्वप्न लिए है और कहाँ राजकुमार आम्भीक! क्या समता है उनमें। जो कुछ प्रत्यक्ष-अप्रत्यक्ष भोगना पड़ रहा है, उसकी वजह यही असमानता है।

"देखिए, मुझ पर सन्देह मत कीजिए। यह पत्र उन तक पहुँचना बहुत आवश्यक है।"

"ठीक है पर हमारी एक शर्त है।"

"क्या आर्य?"

"पत्र हम पहुँचा देंगे।"

"मुझे आपत्ति नहीं है परन्तु।"

"परन्तु क्या?"

"आपके लिए यह पत्र संकट का कारण बन सकता है।"

"क्यों?"

"यदि यवन सैनिकों को आप पर सन्देह हो जाए तो?"

"सन्देह क्यों?"

"क्योंकि यह पत्र इस राज्य की राजकुमारी का है। इसमें क्या लिखा है, यह मुझे भी नहीं मालूम। और कहीं यह पत्र शत्रु के हाथ लग गया तो?"

"तो।" वह सोचता रह गया।

"कुछ भी हो सकता है?"

"क्या हो सकता है?"

"मुझे नहीं मालूम कि पत्र में क्या है?" चन्द्रगुप्त मौर्य ने गम्भीर होकर कहा।

"तब मुझे झंझट में नहीं पड़ना। आप किसी और को ढूँढ़ो।"

"कृपया धैर्य से मेरी पूरी बात सुन लीजिए, फिर आप चाहे जो निर्णय लीजिए। यह पत्र यहाँ की राजकुमारी अलका ने भेजा है। जरूरी है। अवश्य कुछ अर्थपूर्ण है।"

"तब मैं क्या करूँ?"

"मुझे साथ ले चलें।"

"तब भी तो झंझट आ सकता है।"

"नहीं आ सकता है, आर्य ओंगना—आने को बहुत कुछ हो सकता है परन्तु ऐसा होने पर आप अपने को साफ बचा सकते हैं।"

"कैसे?"

"क्योंकि वह पत्र मेरे पास से पकड़ा जाएगा आपके नहीं। आप नट भी सकते हैं कि मैं इस व्यक्ति को नहीं जानता। इसलिए कहता हूँ कि मुझे उनसे मिलवा दीजिएगा। मैं आपको किसी संकट में नहीं डालना चाहता। यह तो आप समझते हैं कि आपका नरेश और राजकुमारी देशभक्त हैं, स्वाभिमानी हैं और अपनी प्रजा के शुभचिन्तक हैं।" चन्द्रगुप्त मौर्य ने उसके मन को राजी रखते हुए अन्त में कहा, "आपका भी उनके प्रति कुछ कर्तव्य बनता है। उसी का ध्यान करते हुए कृपया यह मदद कीजिए।"

ओंगना ने अब और नहीं सोचा और सीधे हाँ करते हुए कहा, "चलिए मेरे साथ आइए।" और वह आगे बढ़ गया।

कुछ समय वहीं बीता फिर उसने अपने मुनीम को उसके साथ भेज दिया। वह सीधे उनके निवास पर ले गया। वह पत्र अन्दर पहुँचा दिया। कुछ देर बाद उसे अन्दर बुलवा लिया।

बड़ा कक्ष था। वहाँ उसके पुरखों के चित्र लगे हुए थे। एक ओर नरेश का चित्र था स्वर्ण मंडित चौखट में।

प्रतिज्ञात ने प्रवेश किया। चन्द्रगुप्त मौर्ग उठने लगा तो वह कह उठा, "बैठे रहिए, नवयुवक। अपना समय तो गया।"

"शूरवीरों का समय कभी नहीं बीतता।"

"राजकुमारी साहसी हैं, शुद्ध मन की हैं और निर्भीक हैं। वे नहीं चाहती थीं परन्तु...।"

"आपके बारे में पढ़कर अच्छा लगा। आपने आचार्य को बचाया, विद्यापीठ को भी आँच नहीं आने दी। आचार्य ने आपको यहाँ भेजा है तो अवश्य कुछ सोचकर भेजा होगा। उनकी दृष्टि बहुत पैनी है और उनका मूल्यांकन निष्पक्ष और तटस्थ है। मैं कल या परसों में आपको यवन सम्राट सिकन्दर से मिलवा दूँगा परन्तु..." कहते-कहते प्रतिज्ञात जानबूझकर चुप हो गये।

चन्द्रगुप्त मौर्य उसके आगे बोलने की प्रतीक्षा करता रहा। वह कुछ पूछना चाहता था। पर कुछ पूछा नहीं। वह यह भी सोचता रह गया कि संवाद जितने कम हों उतना ही हित में है। वह सम्राट सिकन्दर के बारे में अवश्य जानना चाहता था पर वह चुप ही रहा।

प्रतिज्ञात भी समझ गया था कि हर स्थिति का सामना करने के लिए उसे यवन सम्राट सिकन्दर के सामने आना उचित लग रहा है। क्यों न लगे, वह भी कदकाठी, डीलडौल और तेजस्विता में उससे उन्नीस लगता है, तो इसलिए कि वह सामान्य व्यक्ति है, उसके आभामण्डल के साथ सम्राट की चमक-दमक नहीं है।

''ठीक है, मौर्य। परसों, समय ओंगना को बतला दूँगा। वह आपको सूचना भिजवा देगा या आप उससे सूचना प्राप्त कर लेना। रहने, खाने आदि की व्यवस्था...।''

''वह सब है, आर्य सेनापति।''

चन्द्रगुप्त मौर्य ने सोचा भी नहीं था कि विद्यापीठ में अलका का आना और उसे पत्र देना इतना सार्थक सिद्ध होगा। वह वहाँ आना ही कहाँ चाहता था। तृप्ति के स्वर ऐसे अबूझे मोड़ पर आकर उसको अपनी ओर खींचने लगते हैं। बाहर आकर वह बिना पीछे देखे लौट पड़ा। जब व्यक्ति को वह लक्ष्य अचानक सन्निकट आने लगता है, जिसके लिए वह परेशान हो उठा था, तब उसको लगता है कि संसार कितना सुन्दर है, कितना मोहक है और कितना आत्मीय है। परिस्थितियाँ किस प्रकार से अचानक मूल्यांकन को प्रभावित करने लगती हैं कि उसके सम्बन्ध में कुछ भी सुनिश्चित करना या नियम निर्धारित करना सम्भव नहीं होता। वह मात्र अवाक् रह जाता है बिना कुछ सोचे, बिना कुछ किये, निर्जीव प्राणी-सा।

20

चन्द्रगुप्त मौर्य ने दो दिन बिताने के लिए यह उचित समझा कि तक्षशिला के इलाकों में घूम लिया जाए। वहाँ की भूगोल और जन-प्रतिक्रिया भी जान ली जाएँ कि वह क्या सोच रहे हैं। उसने अपने साथियों को अलग-अलग दिशा में भेज दिया ताकि शाम को इसी स्थान पर बैठकर जन-मन को जाना जा सके। राज्य की वास्तविक स्वामी प्रजा है। इस तरह सब अलग-अलग दिशा में निकल गये।

चन्द्रगुप्त मौर्य पर्वत शृंखलाओं को पार करते हुए एक स्थान पर रुक गया। वहाँ वर्षा होकर अभी चुकी थी। चारों ओर टहनियों-पत्तों से पानी टपक रहा था। वातावरण में जहाँ पवन खामोश था, वहीं ठण्ड आवेश में आकर मनमरजी पर उतर आयी थी।

''सुनो-सुनो, भाइयो-बहनो, बड़े-बूढ़ो, बच्चे-बच्चियो, युवक-युवतियो, आज की ताजा खबर है। ध्यान से सुनो। कान और आँख खोलकर सुनो और सोचो।'' इसी के साथ ढोल बज उठा।

चारों ओर से लोग-लुगाई, बूढ़े-बच्चे, युवक-युवतियाँ बाहर निकल आये और नगाड़े-ढोल बजाने वाले के पास इकट्ठे होने लगे।

यों वे सब भीड़ में बदल गये।

नगाड़े और ढोल तरह-तरह से बजाने लगे—लय से, तन्मय होकर नये ढंग से। एक व्यक्ति ऊँचे पत्थर पर खड़ा होकर कहने लगा, "आप सबको हमारा नमन हाथ जोड़कर।"

उनमें से दूसरा व्यक्ति ढोल की तान पर नाचता-थिरकता सबका मनोरंजन कर रहा था।

सबका ध्यान उस व्यक्ति पर जा टिका। फिर ढोल बजाने वाला व्यक्ति बोला, "नगर के सभी भाइयो-बहनो, सज्जनो, आपको सावधान रहना चाहिए। सतर्क रहना चाहिए।"

तभी नगाड़े पर लगातार चोट होने लगी। वह कुछ रुककर बोला, "आप सब इस राज्य के सच्चे स्वामी हैं। उसको आपने अपना राजा-नरेश चुना, उस पर आपने अपनी न्याय, सुरक्षा, विकास और प्रगति के लिए समुचित वातावरण बनाये रखने का उत्तरदायित्व सौंपा। उसके बदले में उसे कर देना स्वीकार किया। यदि वह अपने दायित्व का पालन नहीं कर पाया तो सोचो कि अब आपको क्या करना है?... चुप क्यों हो, आर्य बन्धु। आगे आपने नहीं सोचा क्या। और आप में से अधिकांश ने इस तथ्य को भी भुला दिया कि राजा-नरेश को आपने चुना था और शासन का अधिकार भी उसे आपने ही दिया था। यों शनैः शनैः आप स्वामी से उसकी प्रजा अर्थात् उसके सेवक हो गये और उसे अपना स्वामी मान लिया। उसी का यह दुष्परिणाम हुआ कि आज वह आपको आदेश देता है और आपको उसका हर आदेश निर्णय, अनिच्छा से भी मानना पड़ता है। और उसका दुष्परिणाम भोगना पड़ता है।

राजा-नरेश ने आपकी सहनशीलता, धैर्य, स्वामिभक्ति, कर्तव्य परायणता आदि को आपकी कमजोरी मानकर राजा-नरेश बनाने के आपके अधिकार को आपसे हस्तगत कर लिया और स्वेच्छा से इस पद को वंश से जोड़ लिया है। अर्थात् राजा-नरेश का वंशज ही राजा-नरेश बनने लगे।

आज आपकी सुरक्षा, विकास-प्रगति आदि संकट में है। यवन आँधी रौंदती चली आ रही है। आपके राजा-नरेश पराजित हो रहे हैं और यवन विजेता आपको लूट रहे हैं, आपकी बहू-बेटियों के साथ आपके सामने बलात्कार कर रहे हैं और आप हाथ पर हाथ रखे उसे सहन करने के लिए विवश हैं।

ये छोटे-बड़े राजा-नरेश आपस में, मिथ्याभिमान-अहंकार-दम्भ-द्वेष से पीड़ित होकर लड़ते रहे हैं और उसके प्रतिकूल परिणाम आपको ही भोगने पड़ते रहे हैं।... सचेत-सावधान... ये विकट काली आँधी आपको रोकनी है। हर नागरिक को हथियार लेकर, मिलकर, एकजुट होकर उसका मुकाबला करना है ताकि यदि आपका राजा-नरेश हार भी जाए तो उस हार के दुष्परिणाम आप नहीं भोगें। उनके अत्याचार,

निर्ममता और बर्बरता को ढाल बन रोकें। मर मिटें परन्तु विजेता को मुँह तोड़ जवाब दें।

पराक्रमी, साहसी और सामर्थ्यवान् नागरिको, हम आपके साथ हैं। आप भी तैयार हो जाएँ हमारा साथ देने के लिए। जय आर्यावर्त्त। जय भारत।"

फिर नगाड़े-ढोल पर चोट शुरू। ढोलकी वाला नाना प्रकार वीरोचित ढंग से, ताण्डव का प्रभाव बनाते हुए नाच उठा।

इसी मध्य कुछ शूरवीर, पराक्रमी तीर कमान और तलवार लेकर प्रस्तुत हो गये और नाना प्रकार से उनका प्रदर्शन करने लगे। वातावरण गरमा उठा। नंगी तलवारों के टकराने से जो बिजली चमकी और तीव्र हुंकार के साथ विकट आवाजें उठीं, उससे सबकी बाँहें फड़क उठीं, सबके मन में उत्साह-उल्लास की रणभेरी बज उठी। सबको लगा कि उनके अस्तित्व का भी कोई अर्थ है तो यही है।

स्त्रियाँ भी बाहर आ गयीं। युवक-युवतियाँ भी नाच उठे ताण्डव की मुद्रा में। कुछेक के हाथों में खड्ग चमक उठीं। कुछ तलवारें निकालकर उनका प्रदर्शन कर उठे।

ढोलकिया ने समाँ बाँध दिया। उसके वीरोचित करतब देखते ही बनते थे। नगाड़े पर भी उसकी चोट संगत दे उठी थी।

फिर वही व्यक्ति सामने आ खड़ा हुआ—गोरा-चिट्टा, बलिष्ठ, लम्बा-चौड़ा, अपनी आँखों में कुरुक्षेत्र लिए। उसके संकेत से ढोल-नगाड़ा बजना बन्द हुआ। वह हाथ जोड़कर कहने लगा, "हम हैं तक्षशिला विद्यापीठ के विद्यार्थी। हमारे पूजनीय आचार्य चाणक्य ने आप सबको यह सन्देश भेजा है, राजा-नरेश पराजित हो सकते हैं परन्तु आप कभी नहीं। प्रजा राज्य की नींव हैं। राजा-नरेश और उसकी सेना हथियार डाल सकती है परन्तु प्रजा कभी नहीं।

अब आपसी सारी शिकायतें—राग-द्वेष आदि भूलकर हर घर-परिवार बलिदानी बाना पहनकर खड़ा हो जाए और बहू-बेटियाँ भी पुरजोर विरोध करने की ठान लें। कृपाण लें। मारें या मर जाएँ परन्तु अपने मान-सम्मान की मर्यादा भंग न होने दें।

यहाँ हमारे कुछ विद्यार्थी आपके पास ही लौट आयेंगे—आगे इस आग को फैलाने के बाद। आप लोग मिल-बैठकर योजना बना लें। हमारे विद्यार्थी उसमें भी आपकी सहायता करने का प्रयास करेंगे। जय नागरिक संघ! जय आर्यावर्त्त! जय भारत।"

समवेत स्वर घाटियों में गूँज उठा। वे लोग अपने-अपने अश्वों पर सवार हुए और अश्वों के ऐंड़ लगाकर उनको दौड़ा दिया। अब नागरिक रह गये। वे बातचीत कर उठे। चन्द्रगुप्त मौर्य अपने को नहीं रोक सका। वह उनकी ओर बढ़ने लगा।

महिलाओं में से सुलक्षणा जिसे सब भाभी नाम से पुकार रहे थे, कहने लगी, "बहनो, आज कैसी मंगल घड़ी है जब हमें जीने का लक्ष्य मिला है। अब सोचना

है कि क्या करना है। अपने पास जो हथियार हैं, चक्कू, संडासी, बेलन... मिर्च, नमक आदि हैं उनसे शत्रु के नापाक इरादों को काट डालो।''

उनमें से एक नाइन बोली, ''हमारे पास कुटी कौंच की फली का चूड़ा है। बहुत सारा है। उसे वैद्य जी खरीद लेते हैं। हाथ में कपड़ा बाँधकर उसका प्रयोग किया जाए तो शत्रु के हाथ से हथियार अपने आप छूट जाएगा और वह खुजली करता मर जाएगा।''

''जय माँ, काली।''

समवेत स्वर था—''जय मुंडेश्वरी, जय महाचण्डी, तेरी जय।''

उधर पुरुष वर्ग में जय भोले नाथ... जय डमरू वाले शंकर... हर हर महादेव के स्वर घाटी में गूँज उठे।

एक वृद्ध व्यक्ति बोला, ''अपने आचार्य चाणक्य ने आवाज दी है। शंखनाद बजाया है, दिशा दृष्टि दी है, सबमें उत्साह जगाया है, सबमें मातृभूमि के प्रति कर्तव्य भाव जगाया है। ऐसा पहली बार होने जा रहा है कि हर घर कुरुक्षेत्र बनने वाला है और हर स्त्री-बूढ़ा जवान सेनानी।... छतों पर पत्थर इकट्ठे कर लें।'' अपने में जो व्यक्ति अँगोछे में लपेटकर पत्थर फेंकने में दक्ष हैं, वे आगे आयें। आवश्यकता पड़ने पर शत्रु पर सटीक निशाना लगाएँ। उन्हें मार गिरायें।''

वह वृद्ध व्यक्ति अपने समय का प्रसिद्ध सेनानी है। अनेक युद्धों का संचालन भी कर चुका है। उसके सातों लड़के सेना में हैं। लम्बे समय से वह हथियार बना रहा है—नये-नये हथियार भी। वह युवकों को हथियार चलाने का प्रशिक्षण देते हुए कहता है कि अपना दीपक स्वयं बनो। पराश्रित मत बनो।

इस सबको देखकर चन्द्रगुप्त मौर्य चाणक्य के प्रति श्रद्धावनत हो उठा। उसने कभी नहीं सोचा था कि आचार्य चाणक्य की प्रजा पर इतनी गहरी पकड़ है। अब वह प्रजा से मर मिटने का आह्वान कर रहा है।

ग्राम-नगर में एक सर्वथा नया उत्साहवर्धक वातावरण बन रहा था। प्रजा स्वयं के प्रति उत्तरदायित्व का अनुभव कर उठी है। जिस राज्य की प्रजा जाग जाए, मर मिटने के लिए तत्पर रहे और संगठित होकर आगे बढ़े तो उसे कोई परतन्त्र नहीं बना सकता। उसके सामने किसी अधिनायक का विश्वविजेता बनने का स्वप्न पूरा नहीं हो सकता। उलटे वही घुटने टेकता नजर आएगा।

चन्द्रगुप्त मौर्य ने अपने साथियों से इस बैठक में इस तरह के उत्तेजना प्रेरक, जोशीले और देश प्रेम से लबालब भरे समाचार सुने तो वह अपने आपको अपराधी अनुभव करने लगा। उसमें चाणक्य के प्रति रत्ती भर भी संशय क्यों पैदा हुआ। गुरु भक्ति में यह कसर कैसी रह गयी। उसने अलका से चाणक्य को कहते सुना था, ''हम किसी पर दबाव नहीं बना सकते। एक स्थिति पर आकर गुरु-शिष्य

मित्र हो जाते हैं। तब उन्हें अपनी दिशा चुनने, और निर्णय लेने की उसी प्रकार स्वतन्त्रता होती है जैसे उसके आचार्य को।"

"परन्तु आचार्य, चन्द्रगुप्त मौर्य ने तो आपके आदेश के प्रति...।"

"नहीं, अलका, हमें ऐसा नहीं सोचना चाहिए। वह भी अच्छे-बुरे का निर्णय करने की क्षमता रखता है। अभी तक मेरी खुली शिखा को न बाँधने के पीछे जो संकल्प है, वह दूसरों की समझ में बाधक रहा है। वे सोचते हैं कि मैं यह सारी व्यूह रचना अपने संकल्प को पूरा करने के लिए कर रहा हूँ।"

"ऐसा कहाँ है, आचार्य?"

"वे मेरे संकल्प के लिए माध्यम क्यों बनें। फिर महाराजा धननन्द की विशाल सैन्य शक्ति का हम सामना नहीं कर सकते। चन्द्र को इसका अनुभव हो चुका है। हम हार कर भागे थे। हमारे सैनिक हताहत हुए थे। तुम अधिक मत सोचो, अलका, जो हो रहा है, उसे होने दो। तुम तो यह देखो कि इन प्रतिकूल परिस्थितियों में अनुकूल क्या हो पाता है या कुछ भी नहीं हो पाता। वह शूद्र वंशीय शासक की अन्त्यज नीति का ही प्रभाव है। फलतः वह निरंकुश होकर जन भावना को कुचलने का निरन्तर प्रयत्न कर रहा है। यदि उसका यह अहंकार दम्भ-दर्प नहीं टूटा तो उसके परिणाम सम्पूर्ण आर्यावर्त्त को भोगने पड़ेंगे। इस समय इतना ही पर्याप्त है, अलका।" चाणक्य भित्ति पर चढ़ती फिसलती छिपकली को देखे जा रहा था। वह उसके परिणाम जानने की उत्सुकता को नहीं छिपा पाया और कह उठा, "अलका, यद्यपि मेरी टोटकों में दिलचस्पी नहीं है, फिर भी मुझे उस छिपकली में रुचि है।"

"क्यों, आचार्य?"

"यह मैं नहीं जानता, अलका।"

"फिर भी।"

"हाँ, अलका फिर भी मेरी उसमें रुचि बढ़ गयी है। अचानक वह छत को छू पाती है या लगातार फिसल-फिसलकर पराजित हो, एक कोने में गिरकर शान्त पड़ी रह जाएगी।" चाणक्य की यह बात सुनकर अलका को आश्चर्य हुआ, क्योंकि इससे पूर्व आज तक उसकी टोटकों-शगुन आदि में कभी आस्था प्रकट नहीं हुई थी। चाणक्य अलका के मनोभाव को ताड़कर कहने लगा, "इसे आएगा से मत जोड़े। बस यों ही यह विचार उठा और मन हुआ कि जब विचार मन की गुत्थियों के बीच, प्रत्यक्ष रूप से उन गुत्थियों से हटकर उठे, तब उस पर भी ध्यान केन्द्रित करना अन्यथा नहीं है।"

"है! वह तो लक्ष्य के निकट पहुँचने वाली है।"

"पहुँचे या न पहुँचे, अलका, परन्तु उसने अपने प्रत्यनों में कोई कसर नहीं छोड़ी। न वह थकी है और न वह हारी। लगनशील बनी हुई है। वह दृढ़चित्त,

आत्मविश्वासी, निर्भर और साहसी है।"

"आचार्य, वह वास्तव में पहुँच भी गयी।" अलका ने छिपकली की ओर टकटकी लगाते हुए बालोचित उत्साह से कहा।

चाणक्य कुछ नहीं बोला। उसके मुखमण्डल पर प्रतिक्रिया का कोई चिह्न दृष्टिगत नहीं हुआ। वह मौन रह गया। उठते हुए उसने इतना ही कहा, "अब अलका, तुम भी आराम करो और...।"

अलका नमन कर चल पड़ी। चाणक्य की एक कठोर तथा तटस्थ आकृति का अन्तर्विश्लेषण कर वह ठीक से किसी निष्कर्ष तक नहीं पहुँच सकी। चन्द्रगुप्त मौर्य अलका को अपने आप से उलझता हुआ देखता रह गया।

अब वह वर्तमान में आ चुका था और अपने साथियों को विश्राम का अवसर प्रदान कर स्वयं मन्दिर के पास बनी कुटिया की ओर चल पड़ा। उसे बताया गया था कि यदाकदा एक वीतरागी बाबा आकर कुछ दिनों, कभी महीने-दो महीने आकर वहाँ रह जाता है। न किसी से कुछ माँगता है और न किसी से कुछ स्वीकार करता है। मन्दिर से उसका कोई लगाव नहीं है। मन्दिर अपनी जगह है, वह अपनी।

चन्द्रगुप्त मौर्य आराम करने की दृष्टि से जैसे ही कुटिया की ओर बढ़ा वैसे ही उसने पाया कि कुटिया का दरवाजा खुला हुआ है। प्रकाश की मद्धिम रेखा टिमटिमा रही है। वह ठिठका खड़ा रह गया। उसे यह जानकारी मिली थी कि यवन गुप्तचर गाँव-गाँव पहुँच चुके हैं। वे अवसर पाकर सैनिकों को संकेत दे देते हैं। और सैनिक उस गाँव में आकर बर्बरता-क्रूरता नंगा नाच करने लगते हैं—लूटमार, बलात्कार और आगजनी।

चन्द्रगुप्त मौर्य सतर्क हो गया। पता नहीं अन्दर कौन हो? थोड़ी देर बाद उसने आवाज दी, "अन्दर कौन है?"

कोई उत्तर नहीं मिला।

पुनः उसने तनिक तेज स्वर में कहा, "अन्दर जो भी हो, बाहर आ जाए।"

फिर कोई हलचल नहीं हुई। सन्नाटा और गहरा, और अटूट तना रह गया।

"सुनते नहीं हो, आर्य बन्धु, बाहर आ जाओ।"

फिर भी, कोई उत्तर नहीं मिला। चन्द्रगुप्त मौर्य में सन्देह बढ़ा। पता नहीं कितने व्यक्ति हों। वे सब उस पर आक्रमण कर दें। कुटिया लकड़ी की थी। उसने ऊँची आवाज में कहा, "तुम बाहर नहीं आते तो मैं इस कुटिया को आग लगा दूँगा।" यह बात उसने एक बार नहीं कई बार कहीं।

कुछ देर बाद पतली-सी एक आवाज अन्दर से आयी, "आग तो चारों ओर लगी हुई है। तुम और कौन सी आग लगाना चाहते हो, अपरिचित आर्य।"

चन्द्रगुप्त मौर्य गम्भीर हो गया। उसके ध्यान में आया कि कहीं इस कुटिया का स्वामी बाबा तो नहीं लौट आया। उसने तपाक से कहा, "बाबा, आप लौट आये हैं।"

"मैं गया ही कहाँ था जो लौट आया।"

बाबा कोई पहुँचा हुआ है। आर्यावर्त्त बाबाओं का घर है। हर बाबा कुछ न कुछ करामाती होता है।

"ठीक है, बाबा, तब मैं लौट जाता हूँ।" बाबा हँस पड़ा और बोला, "यदि तुझे लौटना ही था तो यहाँ आया ही क्यों?"

चन्द्रगुप्त मौर्य निरुत्तर। वह यथास्थान खड़ा रह गया।

"अन्दर आ। कल-परसों से तू यहीं आकर विश्राम कर रहा है और सो भी यहीं रहा है, आर्य।"

"हाँ, बाबा।" चन्द्रगुप्त मौर्य यह नहीं सोच पाया कि यह बात बाबा को किसने बताई। गाँव का कोई आदमी उधर नहीं आता है।

"चौंके, सोचे मत। बाबा और तुझमें यही अन्तर है कि बाबा आगे-पीछे की बातें जब चाहे तब जान लेता है, उसमें कोई संशय नहीं पैदा होता और तू जानने के लिए गणित फैलाता है, भ्रमों से उलझता लड़ता है क्योंकि तेरा विकास संशय के बीच हुआ है, आर्य।... अन्दर आ जा।"

चन्द्रगुप्त मौर्य ने चौकन्ना होकर अन्दर प्रवेश किया।

"तू तो हथियार रखता है, आर्य।"

चन्द्रगुप्त मौर्य चुप रह गया।

"तुझे मौत से डर लगता है। कोई तुझे मार सकता है।... कौन?"... बाबा ने सहज ढंग से पूछा।

चन्द्रगुप्त मौर्य से तत्काल कुछ कहते नहीं बना। वह स्थिर खड़ा रह गया।

"क्या कोई मौत से बचा है—शत्रु या मित्र। मारने वाला भी क्या नहीं मरा है। जब मृत्यु होनी शत प्रतिशत सुनिश्चित है, फिर उससे डर कैसा और क्यों?... अपने हथियारों पर तुझे इतना भरोसा हो तो क्या तू आने वाली मौत से अपने आपको बचा सकता है। यह साधारण-सी बात समझ पकड़ ले तो फिर मारामारी क्यों? क्यों इतने रक्तपात। यह सब, आर्य...।" इतना कहकर बाबा कुछ देर चुप रहा। चन्द्रगुप्त मौर्य भी उस प्रकाश की मद्धिम किरण में चुप बना रह गया, जिसमें बाबा की आकृति स्पष्ट नहीं हो पा रही थी।

"जगत् यही है, आर्य। इसे स्रष्टा ने नहीं, हमने बनाया है। उसके लिए तर्क बुने हैं, षड्यन्त्र रचे हैं और आतंक का संशय फैल गया है। यह बात प्रायः हर व्यक्ति जानता है परन्तु इस सच को स्वीकारता कोई नहीं, मात्र हम जैसे फक्कड़ बाबा के। इस कारण बाबा को दूर से नमन। अपने बीच से अलग।... तू इन बातों को नहीं समझेगा। जिसका सृजक चाणक्य हो।" कहकर बाबा जोर से हँस पड़ा। उसकी हँसी में गहरा व्यंग्य था पर क्यों, यह चन्द्रगुप्त नहीं जान सका।

"सृजन-विनाश, फिर सृजन, फिर विनाश। यों गोल घेरा बराबर चलता रहेगा। हाथ कुछ नहीं आएगा। हाथ आने के लिए है क्या, आर्य?" बाबा का स्वर अँधेरे को चीर गया।

सृजन-विनाश के घेरे के बारे में चन्द्रगुप्त मौर्य ने इस तरह से कभी नहीं सोचा था, वह सच था। फिर भी उससे दूर था।

"तू क्या चाणक्य का शिष्य है, आर्य?" चन्द्रगुप्त मौर्य की ओर देखते हुए बाबा ने कहा, "न कृष्ण की गीता समझ में आ सकती है और न चाणक्य का अर्थशास्त्र। फिर भी, उस ओर चलने-बढ़ने के एक से बढ़कर एक दावे और ताल ठोंककर ललकारने का दुस्साहस बना रहता है तो है, इसमें कोई क्या करे? क्यों है न यही या कुछ और है?"

"यही सच है।"

"अधूरा सच, आर्य।"

"अधूरा।"

"हाँ, अधूरा। वह इसलिए कि श्रीकृष्ण ने अर्जुन को समझाया कि तू कर्ता नहीं है, कर्ता तो मैं हूँ, फिर तुझे भय क्यों? सारे सम्बन्ध मुझसे प्रारम्भ होते हैं और मुझी पर आकर समाप्त। फिर, अर्जुन, तू किस संकोच में पड़ा है। ये सब तो मरे हुए ही हैं।" इतना कहकर व्यापक अन्तर्दृष्टि सृष्टि की और अपनी माया पर से परदा उठा लिया। अर्जुन की समझ में आ गया। पाण्डव युद्ध जीते। जाओ, हिमालय पर चढ़ते जाओ। वहाँ न शरीर मरेगा और न तुम। आत्मा तो अमर है। है कि नहीं। बाबा का इस बार मुखमण्डल दिखलायी पड़ गया। वह तेजस्विता की साक्षात् मूर्ति नजर आयी भव्य-सुन्दर और सौम्य।

"है!" अचानक चन्द्रगुप्त मौर्य से निकल गया।

बाबा फिर हँसा, बोला, "सिकन्दर से भी मैंने यही कहा था। तुझसे भी यही कहता हूँ कि रक्तपात क्यों? क्यों इतनी दूर से यहाँ तक आया? मरने वालों को आपस में क्यों मरवाया। क्या हुआ उससे? विश्व को जानता है क्या? फिर विजेता किसका बनेगा? कभी कोई किसी को मारकर विजेता बना है क्या? हाँ, यह सच हो सकता है यदि तू इस बात का आश्वासन कर सके कि तू नहीं मरेगा। जा, लौट जा। लौटकर वहाँ पहुँचने की सुध ले, जहाँ से तू चला था, माटी के विश्वविजेता, जा लौट, यही मेरा आशीर्वाद है।"

चन्द्रगुप्त मौर्य में जिज्ञासा बढ़ी। वह बैठ गया। उसने पूछा, "वह आपसे मिलने आया था क्या?"

"नहीं मुझे उससे मिलने जाना था क्योंकि मैं निर्धन हूँ, जीर्ण-शीर्ण कुटिया में भूखा-प्यासा पड़ा रहता हूँ।"

"नहीं... नहीं...।"

"प्रश्न से व्यक्ति की पहचान होती है।... अब तू तो सब कुछ सुन चुका। तूने और भी बहुत कुछ सुना होगा। यह तुझे निश्चित करना है कि तू क्या करना चाहता है? पता नहीं, हम क्यों इतिहास में सिर खपाते हैं और क्यों यह निश्चित करते हैं कि काश, वह होता? तुम उससे यह क्यों नहीं सोचते कि अब वह नहीं है, हो भी नहीं सकता परन्तु तुम तो हो। फिर क्यों नहीं तुम उस समृद्ध परम्परा को आगे बढ़ाने का दायित्व सँभालते। उस हाँडी में दूध है, उठा और गटगट पी जा। फिर यहीं सो रहना, मैं रात में नहीं सोता हूँ और न इस कुटिया में रहता हूँ। समझा, अब चलता हूँ।" इसी के साथ बाबा उठ खड़ा हुआ। गहरी साँस ली और कुटिया से बाहर चला गया। चन्द्रगुप्त मौर्य उसे कुटिया से बाहर जाते देखता रह गया अन्यमनस्क सा, अपने में डूबा।

21

तीन दिन हो गये वर्षा को लगातार मूसलाधार बरसते हुए। गंगा में बाढ़। सोन नदी में उफान। गाँव के गाँव डूब गये। चारों ओर हाहाकार। सारे रास्ते लगभग बन्द। कुसुमपुर यानी पाटलिपुत्र भी वर्षा की चपेट में। नगर के अन्दर पानी घुटनों-घुटनों। आवागमन बदहाल।

जन मंच के युवक कार्यकर्ता आगे आये। उन्होंने बाढ़ पीड़ितों को सुरक्षित जगहों तक पहुँचाया।

सुनन्दा ने धननन्द के सामने प्रस्ताव किया कि वह आगे आकर इस संकट की घड़ी में जनता तक पहुँचें। उनकी भरपूर सहायता करें। यह अवसर उनको ईश्वर ने ऐसा दिया है, जिससे वह अपनी जन-विरोधी धारणा को बदल सकते हैं। जनता जिसके हो साथ, वही राजा है, वही महाराज।

धननन्द के अन्दर भी हलचल उस समय और तीव्र होने लगी जब सुनन्दा ने सहज होकर शान्त स्वर में कहा, "महाराज, सुनती हूँ आपके कुछ अमात्यों ने आपको अपनी प्रजा से इतना दूर कर दिया है कि जनता आपके विरूद्ध हो चुकी है और विद्रोह पर उतारू है। आपके सिर चढ़े अमात्य आपके नाम से प्रजा पर अन्याय-अत्याचार करवा रहे हैं और आपको अँधेरे में रख रहे हैं।"

धननन्द से सुनन्दा ने न केवल इतना कहा था बल्कि उसने महाराजा सहायता कोष से बाढ़ पीड़ितों की सहायता शुरू करवा दी थी। यह सूचना वह पा चुका था। तभी पूछा भी था, "सुनन्दा, तुमने हमें बताया नहीं।"

"आपको राग रंग से फुर्सत कहाँ है। चाटुकारों से घिरे रहते हो। वे प्रजा को

आप तक नहीं पहुँचने देते, जिससे उनकी काली करतूत सामने न आ जाएँ। जो कुछ सहायता मैंने शुरू करवायी है वह जन मंच के माध्यम से और महाराजा की ओर से। यह सूचना आप तक उन चाटुकारों ने नहीं पहुँचाई और न यह सूचना पहुँचाई कि वैश्यों का दल वहाँ उनके स्वास्थ्य की जाँच कर मुफ्त दवाएँ बँटवा रहा है।''

''यह सब...।''

''तभी मैं कहती हूँ कि पूर्वजों की प्रतिष्ठा का ध्यान करो, प्रजा के साथ रहो। प्रजा ही राज्य का कवच है।''

धननन्द में चेतना जगी। सुवासिनी से वही बात सुनकर वह पूछ बैठा, ''यह सब तुमसे किसने कहा।''

''मेरे मन ने।''

''सच-सच बताओ, सुवासिनी।''

''आपने कान क्यों बन्द कर लिए हैं, महाराजा। यह सच आपका छोटे से छोटा सेवक जानता है और आप महाराजा होकर अपने राज्य से बेखबर हैं। सचेत रहिए। महाराजा को आँख, कान, नाक आदि सब खुले रखने चाहिए। सुना है, पिछले दस वर्षों में ऐसी भयानक बाढ़ नहीं आयी। गाँव के गाँव उजड़ गये, बह गये, ढोर डंगर भी बह गये। पशु धन हाथ से निकला जा रहा है। आज होने वाली राज्य परिषद् में जरा सख्ती से काम लें। कुरेद-कुरेदकर प्रश्न करें। उनको संशय के घेरे में लाने की चेष्टा करें ताकि बाढ़ के नाम पर राज्य कोष से दी जाने वाली सहायता का पता चल सके कि जरूरतमन्दों तक वह पहुँच पा रही है या नहीं। और पहुँच पा रही है तो कितनी? उस सहायता की जाँच भी हो और निगरानी भी।''

धननन्द के मन में ऐसी शंकाएँ कई दिनों से चल रही थीं। अनायास उस युवती से पूछा, जिसे पिछले चार-पाँच माह से उनकी सेवा में लाया गया था। वह अति सुन्दर थी और उसका कण्ठ मधुर था। जब तक धननन्द की मादक दृष्टि उस पर जा ठहरती थी और वह उसे बुलवाना चाहता था कि तभी किसी झमेले में फँस जाता था। कुछ न कुछ गड़बड़ हो जाती थी।

उस दिन दोपहर को वह युवती स्वतः धननन्द के पास आकर ठिठकी खड़ी रह गयी। धननन्द का चित्त गद्‌गद हो उठा। वह पूछ बैठे, ''तेरा नाम?''

''मानवती, महाराज जी।''

''किस गाँव की है?''

''फगुवा, धनतरी, संगामेरी, भरजाए कनुवा...।''

''बस... बसरा। अरे, अपने गाँव का नाम बता।''

''ये और ऐसे अनेक गाँव हम जैसों के गाँव हैं।'' मानवती ने निडर होकर

कहना जारी रखा, "हम शूद्र हैं, महाराजा जी। ये गाँव हम शूद्रों के ही हैं। कुसुमपुर (पाटलिपुत्र) से बहुत दूर के गाँव अँधेरे में उठते-डूबते गाँव। ऊँची जाति वाले और आपके अमात्य और ऊँचे पदों पर बैठे मानुषों के अन्याय-अत्याचार से त्रस्त ग्रस्त, भयभीत और पददलित गाँव।"

"क्या कहती है, मानवती?"

"वही, महाराजा जी जो सच है—रत्ती भर भी झूठ नहीं है।" मानवती के मुखमण्डल पर आक्रोश की रेखाएँ उभर आयीं।"

"तो।"

"सुना है आपको सुन्दर लड़कियाँ पसन्द हैं। मेरी दोनों बहनें भी सुन्दर थीं, उन्हें आपके ऊँचे पदों पर आसीन अधिकारियों ने उठवा लिया। पता नहीं, वे अब कहाँ हैं? किस स्थिति में हैं? हैं भी या नहीं। पता चला है, उन्हें आपकी सेवा के लिए उठवाया गया था। पता नहीं कि इसमें कितना सच है। मेरी वे भोली-भाली बहनें कहाँ हैं, यह जानने के लिए मैं स्वयं आपके यहाँ सेविका बनकर आ गयी।" मानवती की हलकी-हलकी साँस फूलने लगी। आखिर महाराजा जी के सामने एक अभागी और सिर से पाँव तक अछूत, गँवार लड़की कैसे अपने मन की गाँठें खोले, यह उसने कभी स्वप्न में भी नहीं सोचा था।

"अपनी बहनों का पता किया क्या?"

"हाँ, महाराजाजी, किया।"

"वे कहाँ हैं?"

"उन्हें कहाँ बताऊँ?" कहकर वह सोचती रह गयी। उसकी आवाज भर्रा उठी।

"क्यों? बताओ। बताने में डरो नहीं, मानवती। हम तुम्हारे साथ न्याय करेंगे।" धननन्द की आँखें खुली की खुली रह गयीं। क्या हो रहा है उसके राज्य में? उनके ही वर्ण को सताया जा रहा है। ठीक कहा था सुनन्दा ने, "आपके पुरखों ने उत्तराधिकारी शिशुनागा वंश के कालाशोक की हत्या कर राज्य पाया था और उसे विशाल साम्राज्य में बदलने के लिए क्षत्रिय राजा, नरेश, क्षत्रप आदि को पराजित और मारकर अपने राज्य में मिलाया था। दूर-दूर तक यह चर्चा गरमा चुकी थी कि शूद्र के घर में परशुराम ने जन्म लिया है और पुनः धरती को क्षत्रिय नृपों से मुक्त कराकर एक विशाल साम्राज्य पहली बार आर्यावर्त्त में स्थापित किया है। दूर-दूर के देशों में इतना विशाल साम्राज्य नहीं है। उच्च वर्ण वालों के मन में वह खुन्दक कब से ऐसे समय की प्रतीक्षा कर रही थी, जब यहाँ का महाराजा कमजोर होने लगे जनता के बीच से उसकी पैठ उठने लगे और वह विलासिता के अँधेरों में भटकने लगे, तब उसके विरुद्ध खुला विरोध खड़ा कर दिया जाए—उसमें सभी उच्च वर्ण के प्रभावशाली और शक्तिशाली अमात्य, सेनापति, पुरोहित, प्रदेष्टा (कमिश्नर) श्रेष्ठि, खुन्दक खाये

क्षत्रप, नृप आदि एकजुट होकर सामने आयें और शूद्र शासक-महाराजाधिराज को...।'' वह आगे नहीं कह पायी। वह यह जानती थी कि अब तक पर्याप्त विलम्ब हो चुका है और ब्राह्मण, क्षत्रिय और वैश्य मिलकर एक जबरदस्त षड्यन्त्र रच चुके हैं। यवन सम्राट सिकन्दर को भी निमन्त्रण दिया जा चुका है। उसे अपार धन और आर्यावर्त्त के विशाल साम्राज्य का अकेला अधिपति होने का स्वप्न दिखलाया जा चुका है। चाणक्य की गतिविधियों की जानकारी भी आशंका के दुर्ग खड़े कर रही है।

''तुम्हारी दोनों बहनों का कुछ पता चला क्या?'' धननन्द ने कुछ सोचते हुए गम्भीर होकर पूछा।

''महाराजा जी, हम शूद्रों का जीवन कुत्ते-बिल्ली से भी गया बीता है।... उनको आपके... पर अब कहने से क्या लाभ? साँप निकल गया फिर लकीर पीटने से क्या होना है?'' मानवती ने आर्द्र स्वर में कहा।

''तुम निर्भय होकर बताओ, मानवती, हमारे ये शत्रु कौन हैं? हम जानना चाहते हैं।'' धननन्द ने कुछ तेज स्वर में कहा। उसे भी कुछ दुर्गन्ध आ रही थी कि उसके विरुद्ध सवर्ण वर्ग कुछ न कुछ खिचड़ी अवश्य पका रहा है परन्तु बात इतनी गम्भीर होने लगेगी, यह उसने नहीं सोचा था। वह मानवती के द्वारा और भी बहुत कुछ जानना चाहता था।

''महाराजा जी, उनके साथ कई दिनों तक कई भद्र पुरुषों ने काला मुँह किया और फिर उन दोनों को मारकर गंगा में फिंकवा दिया।''

''यह तुम्हें कैसे ज्ञात हुआ?''

''उस मल्लाह ने बताया, जिसे वे लाशें मिली थीं।''

''तुमने उनको पहचाना था।''

''हाँ, महाराजा जी।''

''वे भद्र पुरुष कौन-कौन हैं?''

''हमारे पास कोई प्रमाण भी तो नहीं है कि...।''

''फिर तुम्हारा सन्देह उन पर क्यों?''

''उस मल्लाह ने सारा भेद खोला, महाराजा जी।'' मानवती ने धीमे स्वर में कहा।

''तुम उनके नाम बताओ।''

''रहने दीजिए, महाराजा जी।'' मानवती ने दुःखी होकर कहा, ''मरने वाले लौटेंगे नहीं। यह अत्याचार तो हम लोगों पर आज से नहीं, तब से हो रहा है जबसे हमें शूद्र बनाया गया है और हमेशा होता रहेगा।''

''तुम उनके नाम बताओ।''

''नाम तो ज्ञात नहीं, महाराजा जी, पर मैं उनके पद को बता सकती हूँ, ये सब उस मल्लाह ने ही मुझे बताया है।''

"बताओ, पद नाम ही बताओ।"

"सेना...।" कहते-कहते मानवती रुक गयी। उसने उधर किसी के आने की आहट सुनी। धननन्द भी चौकन्ने हुए। वह उठे और कड़कदार आवाज में बोले, "जो भी हो, चुपचाप सामने आ।"

मानवती बाहर तक जाकर लौट आयी और बोली, "आपकी सेवा और रक्षा सेवा में लगी युवतियों के बीच कुछ पुरुष भी स्त्री भेष में हैं।"

धननन्द ने गहरी साँस ली और कुछ देर तक वह सोचता रहा। उसे धीरे-धीरे मानवती की बातों पर विश्वास होता गया क्योंकि एक पुरुष स्त्री भेष में पकड़ा गया था। उसे पकड़कर लाने से पहले ही किसी ने मार डाला था। वह बोला, "तुम सच कहती हो, मानवती। पहले तुम उनके पद नाम बताओ।"

"महाराजा जी, मुझे अपनी जान की चिन्ता नहीं है परन्तु आप पर आँच न आये, आप सावधान होकर उनके विरुद्ध कठोर कदम उठायें, यह विनती है। आपके बाद हम शूद्रों का कौन है?... कोई नहीं।" मानवती ने थूक गटककर आगे कहा, "आपके दण्डपाल, सेनापति, अन्तपाल, सीमा सुरक्षा अधिकारी और पौर (कोतवाल) ने उनके साथ काला मुँह किया था और उन्होंने ही उन्हें मरवाया है।"

धननन्द में गहरा चिन्तन-मनन शुरू हुआ। कितना बड़ा षड्यन्त्र-दुर्घटना।

"चलूँ।" मानवती ने अति विनम्र होकर कहा।

"एक बात सुनो, मानवती। उसे सदा ध्यान में रखना।"

"क्या महाराजा जी?"

"तुम हमें सूचनाएँ देती रहना। चिन्ता-भय नहीं रखना। हम तुम्हारी बहनों के अपराधियों का पता करवा कर उन्हें उचित दण्ड देंगे, यह हमारा वादा है।" धननन्द उसके अलंकृत सौन्दर्य के प्रति अन्दर ही अन्दर आसक्त होते हुए सचेत हो गया था। कहीं वह सुन्दरी विषकन्या न हो और उसने उसे मनगढ़ंत कहानी सुनाकर अपने आपको विश्वसनीय बनाने की साजिश न की हो। सुनन्दा के प्रासाद से सुबह लौटते वक्त जब वह उसके रूप लावण्य से छककर मस्ती से, उसे अपनी बाँहों में खींचकर, अनगिनत चुम्बनों की बरसात कर उठा था, तब उस सुवासित लता ने उसके कानों में कहा था, "वासना प्यार नहीं होती, नन्द। वासना कभी न बुझने वाली प्यास है। प्यार विश्वास है तृप्ति का, समर्पण का और त्याग का। मैं डरती हूँ, नन्द तुम्हारी इस बर्बर भूख से जो मृगतृष्णा बनी मरु के अन्ध जंगल में तुम्हें भगाती रहती है।"

"मेरी प्राणप्रिया सुनन्दा, तुम हो तो...।"

"मैं सब कुछ नहीं हूँ तुम्हारी। यदि सब कुछ होती तो तुम यों मारे-मारे नहीं भटकते। मैं तुम्हें पाकर और कुछ नहीं पाना चाहती। पाना है भी क्या नन्द, एक

आन्तरिक विश्वास का माधुर्य स्वप्न। परन्तु।" सुनन्दा ने अपने को उसकी बाँहों से मुक्त करते हुए कहा, "डरती हूँ कि यह मृगतृष्णा तुम्हें विषकन्या तक न ले जाए, नन्द। महाराजा का मित्र है कौन? मित्रता में छिपे डंक अवसर की खोज में रहते हैं।... तुम महाराजा हो राजाओं के राजा। तो तुम्हारा आचरण-संयम उनसे ऊँचा और सबके लिए अनुकरणीय होना चाहिए। जानते हो, तपभ्रष्ट योगी ही राजा महाराजा बनता है। वासना योगी को भी डस लेती है।... सचेत रहो, मेरे जीवनाधार, प्राण-मंगल।"

धननन्द में चेतना जागी और मानवती को पुनः मिलते रहने का आदेश देकर उसके पीछे अपनी विश्वसनीय अंगरक्षिका को लगा दिया। वह अनुभव कर रहा था कि...। तभी उसकी ओर एक बाण आकर गिरा। हलचल मच गयी। कौन अन्दर आया?

सारे दिन वह विषदायी प्रश्न धननन्द को क्षुब्ध करता रहा। उसकी अंगरक्षिका दल ने रात के घिरते अँधेरे से पूर्व सामने लाकर खड़ा कर दिया। अंगरक्षिका दल की उपप्रमुख सुलक्षणा ने कहा, "ये न स्त्री है, न पुरुष। बाण भी विष बुझा था। कहता है, उसे जबरदस्ती भेजा है। किसने भेजा है के उत्तर में, महाराजाधिराज, यह अनेक बातें उगलता है। अन्त में उसने कहा कि वह महराजाधिराज को ही सब बतलाएगा। इसलिए...।"

धननन्द ने ऊपर से नीचे तक उसे ध्यान से देखा। वह काँप रहा था।

"अब बता कुमार्गी, षड्यन्त्री।" सुलक्षणा ने उसे झकझोरते हुए कहा।

वह कुछ कह पाता कि उसके मुँह से झाग आने लगा। देखते ही देखते वह गिरने लगा। जैसे उसे पकड़ा-सँभाला, वैसे ही वह बचाओ महा... कहते हुए आँखें नटेर गया।

धननन्द ने संकेत से उसे उठा ले जाने के लिए आदेश दिया। सुलक्षणा से मात्र इतना ही कहा, "अपना प्रशासन इतना शिथिल मत करो कि शत्रु पक्ष द्वारा भेजा व्यक्ति राजप्रासाद के अन्तःपुर तक पहुँच जाए, कुछ उगलने से पूर्व विष लेकर संसार से चल बसे और सारे रहस्य रहस्य बने रह जाएँ। अपने प्रमुख इन्द्राणी से कहना, वह अन्तःपुर की सुरक्षा की पुनर्रचना कर कल मिले।"

आज धननन्द शान्त था। संयम में था। विवेकमय था। सुनन्दा के पास से लौटकर प्रायः वह कई दिनों तक सन्तुलित और सचेत रहकर अपने कार्यों और निर्णयों से सबको चौंका देता था। बाढ़ प्रबन्धन को आड़े हाथ लेते हुए उसने अनेक पदाधिकारियों को हटवा दिया। उनमें से कुछ को दण्ड दे डाला और उसने महाअमात्य से भी पूछा, "राक्षस, यह सब क्या है? प्रजा बाढ़ में बही जा रही है।

बाढ़ से जिनको बचा पा रहे हैं, वे भी हमारी अनदेखी से मरणासन्न होते जा रहे हैं। उन पर होने वाला व्यय पता नहीं कहाँ जा रहा है? शाम तक यह सब पता कर मिलो मय योजना के।"

राक्षस साश्चर्य महाराजाधिराज को देखता रह गया। धननन्द कहता जा रहा था, "सेनापति भद्रशाल को भी जागरूक करो। बाढ़ से बचाना उसके कार्य क्षेत्र का अनिवार्य अंग है। प्रशासन को चुस्त-दुरुस्त बनाओ। कड़े से कड़े कदम उठाओ और प्रजा को जानने दो कि उनका महाराजा उनके हित के लिए ही सिंहासनारूढ़ है और वह उनकी हर प्रकार से सहायता कर रहा है।" धननन्द ने इतना कहकर राक्षस को जाने का संकेत कर दिया। राक्षस धननन्द के इस रूप को देखकर अन्दर से हिल गया। वह कई बार महाराजाधिराज के इस बदलाव का शिकार हो चुका था। उसे पता भी नहीं चला कि उसने कई अधिकारियों को कारागार में डलवा दिया अथवा मरवा दिया। ऊपर से नीचे तक हर विभाग सचेत हो उठा। सबको ज्ञात हुआ कि वह सर्वशक्तिमान है जो चाहे आनन फानन में कर सकता है।

प्रशासन को भय चाहिए। भय से प्रशासन रास्ते पर आ जाता है। धननन्द का यह अनुभव सदैव उसके काम आया। आज वह अपने वास्तविक रूप में सामने आ गया। सब ओर हड़कम्प मच गया। वह आज बाढ़ पीड़ितों से मिलने जाएगा इस समाचार ने सरकारी तन्त्र की नींद उड़ा दी क्योंकि ऐसे कठोर कदम उठाते हुए वह तत्काल मृत्युदण्ड तक दे डालता था। तब न मदिरा का भूत पास फटकता होता था और न सुन्दरी का। उसे ऐसे समय में मात्र महाराजाधिराज महापद्मनन्द का स्मरण हो आता था—वही तो नन्द वंश की नींव रखने वाले बड़े प्रतापी और बलशाली महाराजा थे। उन्होंने ही क्षत्रिय राजाओं का संहार किया था। पूर्ण उत्तर भारत पर उनका एकछत्र राज्य था। वह अपने कक्ष में लगे महापद्मनन्द के आदमकद चित्र के सामने खड़ा होकर, आँख बन्द किये प्रार्थना करने लगा, "मेरे विराट् संस्कार पुरुष, नन्द वंश के संस्थापक, महान्, मुझे शक्ति दो, विवेक दो, मैं आपके पथ का अनुगमन करते हुए इस महान वंश की कीर्ति, शक्ति और प्रतिष्ठा को आँच न आने दूँ।" उस प्रार्थना का प्रभाव धननन्द को पुनः खड़ा कर देता था। तब सुनन्दा रहती थी उस पृष्ठभूमि के केन्द्र में। वह अपने आप से प्रश्न करता था, "ईश्वर ने भरपूर दिया है। कहीं कुछ कमी नहीं है। ईश्वर के बाद महाराजा ही सब कुछ है। फिर... और मुझे क्या चाहिए। महाराज को महाराज ही होना चाहिए—सबका स्वामी, सबका हितैषी, सबका रक्षक और सबका भरण-पोषण करने वाला। सबका प्यारा।" वह इन भावनाओं से लबालब हुआ पुनः मगध का सौभाग्य सूर्य बन दमकने लगता है।

22

प्रातःकाल समीर महक उठा था चतुर्दिक। दिन चल पड़ा था कुछ शान्त, कुछ तनाव लिए। उसके मुखमण्डल पर आक्रोश की लहरें दृष्टिगत होकर अदृश्य हो रही थीं। चर्चा में था बिना युद्ध किये समर्पण। यह कैसी सन्धि। घोर अपमान। शूरवीर या तो शत्रु का मुकाबला करते हैं अथवा शत्रु से लड़ते-लड़ते प्राण त्याग देते हैं परन्तु शत्रु के सामने सिर नहीं झुकाते।

अभी तक कोई नहीं आया था। समय बीतता जा रहा था। क्या करें, क्या नहीं। तक्षशिला नरेश आम्भीक का दौरा हो चुका था। उस श्रेष्ठि का क्या पता वह आये या नहीं भी आये। आज दूसरा दिन था। कोई समाचार नहीं। फिर क्या उसे ही मार्ग ढूँढ़ना होगा।

चन्द्रगुप्त मौर्य ने और प्रतीक्षा करना उचित नहीं समझा और श्रेष्ठि तक जाना भी उसे उचित नहीं लगा क्योंकि उसे यह सन्देशा मिल चुका था कि उसका व्यक्ति आएगा और उसको प्रणाम कर जय तक्षशिला कहेगा।

चन्द्रगुप्त मौर्य ने अपने आदमियों को अपनी योजना समझा दी और वे सब स्वास्तिक चौराहे पर आकर लड़ने लगे।

"मैं सारी बातें सम्राट से जाकर कहूँगा। तुम लोग मुझे मत रोको।"

"नहीं, कहीं नहीं जाने दिया जाएगा।"

"तुम लोग मुझे रोकने वाले कौन हो?"

"तक्षशिला के नागरिक।"

"तक्षशिला नरेश...।"

"कौन नरेश, ... वह राजकुमार, जिसने अपने पिताश्री तक्षशिला नरेश को कारागार में डालकर सिंहासन हथिया लिया है।"

"चुप कर।"

"सच कड़वा लगता है? वह तो स्वयं सम्राट सिकन्दर की चाकरी कर रहा है और भीतरघात करने की योजना बना रहा है। अब से हमारा सम्राट नरेश सिकन्दर है। मैं अपने सम्राट के साथ धोखा नहीं होने दूँगा। मर मिटूँगा परन्तु अपने सम्राट के प्राण संकट में नहीं पड़ने दूँगा।"

अब तक वहाँ काफी भीड़ इकट्ठी हो चुकी थी। उसमें सिकन्दर के सैनिक, गुप्तचर और द्विभाषिया भी थे जो गुप्तचरों के सहायक नरेटर को उस गतिविधि का सार समझा रहे थे। नरेटर ने संकेत से सैनिकों को कहा कि उस भीड़ को वे चलता करें।

यवन सैनिक के बीच में आने पर और डाँटने पर भीड़ देखते ही देखते छँट गयी।

धनुर्धारी सैनिकों का भीड़ पर गहरा असर पड़ा। वह भयभीत लगी। उसके बाद चन्द्रगुप्त मौर्य (जो कृषक की वेशभूषा में था), लड़ते-झगड़ते सैनिक उसका संकेत पाकर वहाँ से चलते बने।

नरेटर ने चन्द्रगुप्त मौर्य से पूछा, "तुम सम्राट के सामने जाकर क्या कहना चाहते हो?"

"वह मैं सम्राट को ही बतलाऊँगा।"

"हमें भी कुछ बताओ, भाई।"

"वह सबको बताने की बात नहीं है, यवन वीर। विलम्ब होने से आपत्ति आ सकती है। मैं उस रहस्य को मात्र सम्राट पर प्रकट कर सकता हूँ, क्योंकि मेरे मुँह खोलने पर वे सचेत हो जाएँगे। हो सकता है वे मुझे मरवा भी दें। तब रहस्य रहस्य बनकर रह जाएगा। ... मुझे अपने सम्राट के पास ले चलो, वीर, आपका सम्राट भी प्रसन्न हो जाएगा। इसका आपको भी पुरस्कार भी मिल सकता है।" चन्द्रगुप्त मौर्य ने शान्त होकर धीरे-धीरे कहा।

यवन नरेटर, गुप्तचरों का सहायक, अधिकारी सोच में पड़ गये। वह यह तो जान चुका था कि पश्चिमोत्तर सीमावर्ती राज्यों में गहरी फूट है और वे एक दूसरे को नीचा दिखलाने अथवा नष्ट कर देने का कोई अवसर हाथ से नहीं जाने देना चाहते हैं, जबकि वे पराक्रमी योद्धा और मर मिटने की भावना से भरे हुए हैं।

"अच्छा, वीर यवन, मैं चलता हूँ।" चन्द्रगुप्त मौर्य इतना कहकर जैसे ही आगे बढ़ने लगा, वैसे ही नरेटर ने रोक दिया, "रुकोऽ।"

चन्द्रगुप्त मौर्य रुक गया। उसने कुछ नहीं पूछा—कहा। वह नतशिर हुए खड़ा रहा।

"चलो, तुम्हें सम्राट के सामने पेश करते हैं।" अपने एक सैनिक से उसने कहा, "इसकी जांच पड़ताल अच्छी तरह से कर लो। तलाशी ले लो।" नरेटर ने चन्द्रगुप्त मौर्य को घूरते हुए कहा।

कुछ नहीं निकला। अब वह चन्द्रगुप्त मौर्य को लेकर राजप्रासाद की ओर बढ़ गये। अन्दर सूचना भिजवायी। कुछ देर बाद उन्हें अन्दर बुलवा लिया। चन्द्रगुप्त मौर्य को एक स्थान पर बैठाकर नरेटर अन्दर चला गया। चन्द्रगुप्त मौर्य अन्दर आते समय राजप्रासाद के द्वारों का निरीक्षण भी करता रहा। मन ही मन राजप्रासाद की मुँडेर, वातायन, छोटे द्वार आदि पर भी दृष्टि डालता रहा। राजप्रासाद का अधिकांश भाग लकड़ी से निर्मित था।

राजप्रासाद के हर द्वार पर यवन सैनिक खड़े हुए थे। तक्षशिला के सैनिक दूसरे द्वार पर तैनात थे। ज्ञात हुआ कि राजप्रासाद का एक भाग सम्राट सिकन्दर के लिए था, दूसरे भाग में आम्भीक था।

मुख्य द्वार पर यवन सैनिक नीचे से ऊपर तक पहरा दे रहे थे। वह वहाँ किसी से क्या पूछता, क्योंकि वह यवनों की भाषा नहीं समझ सकता था। द्विभाषिया भी यवनों को उनकी बात यवनों की भाषा में समझाते थे।

इसी समय चन्द्रगुप्त मौर्य के लिए अन्दर से बुलावा आ गया। उसकी पुनः तलाशी ली गयी। अब उसके दोनों ओर धनुर्धर यवन सैनिक थे।

एक उच्चासन पर सिकन्दर विराजमान था। पीछे दो युवतियाँ छत्र लिए थीं। वह युवक, बलिष्ठ, हृष्ट-पुष्ट, घुँघराले बालों वाला तेजस्वी-सा लग रहा था। उसकी आँखें बड़ी-बड़ी थीं। उसका माथा चौड़ा था। नरेटर नीचे खड़ा हुआ था। सिकन्दर के दरबारी उसके दोनों ओर बैठे हुए थे।

सिकन्दर ने संकेत किया तो नरेटर ने आदर सहित संक्षिप्त में उसको वहाँ लाने का कारण बता दिया।

सिकन्दर को यह देखकर बुरा लग रहा था कि उसने उसका अभिवादन नहीं किया। धीरे-धीरे सिकन्दर का मुखमण्डल क्रोधावेश से लाल होता गया। नरेटर ने द्विभाषिया को समझाया कि वह उसे अभिवादन के लिए कहे।

''वो ही सम्राट सिकन्दर है क्या?''

''हाँ, वही हैं। सम्राट का अभिवादन करो।''

चन्द्रगुप्त मौर्य ने अपने चारों ओर देखकर जब अभिवादन किया तब नरेटर की जान में जान आयी अन्यथा वह उसे मृत्युदण्ड दे देता। सिकन्दर के क्रोध और तत्काल मृत्यु दण्ड का निर्णय लेने के स्वभाव से वहाँ आतंक जैसा वातावरण बन गया था।

''क्या बताना चाहते हो, मौर्य?''

द्विभाषिया ने कथन जारी रखा, ''बताओ।''

''आप सम्राट हैं। पराक्रमी हैं। परन्तु पश्चिमोत्तर सीमावर्ती राज्यों ने मिलकर ऐसी चक्रव्यूह रचना की हुई है कि एक बार कोई बाहरी शक्ति अन्दर प्रवेश कर भी जाए तो उसका बाहर निकलना सम्भव नहीं है। ... मैं वीरों का सम्मान करता हूँ और पराक्रमी योद्धा भी मेरी दृष्टि में वही है जो वीरों का सम्मान करके प्रसन्न होता है।'' चन्द्रगुप्त मौर्य स्वाभिमान से भरकर उच्च स्वर में कह रहा था।

सिकन्दर चन्द्रगुप्त मौर्य की ओर ध्यान से देख रहा था। उसने पूछा, ''वह सीधे-सीधे बताये, वह क्या बताना चाहता है?''

''हर व्यक्ति, हर योद्धा को, हर नरेश-राजा को अपना देश प्यारा होता है। हर देश में, छोटे से छोटे जनपद में एक से एक वीर-पराक्रमी योद्धा हैं। सारी धरती वीर है। मारने वाले से बचाने वाला अधिक साहसी, पराक्रमी और श्रेष्ठ है।''

"व्याख्यान नहीं, मतलब की बात करो, नवयुवक। जो कहना है, जल्दी कहो।" सिकन्दर ने तेज स्वर में कहा।

"यवन सम्राट, तेजस्विता की मूर्ति, दिग्विजय की अभिलाषा से संचालित महाशक्ति के प्रतीक सिकन्दर महान्, आपको इस देशवासियों का प्रणाम। आप यहाँ तक आ गये। अपने वतन के सेनानियों को भी ले आये। उनमें से कितने ही मारे गये। कब से उन्होंने अपना घर छोड़ा है, अपना परिवार छोड़ा है। जो खेत रहे, उनका क्या हुआ होगा? सामूहिक दाह-संस्कार हो गया होगा। हो सकता है वे वहीं मृत पड़े रह गये हों। ऐसी लालसा-पालने से क्या मतलब जो अपनों को मौत के घाट उतारती हो और दूसरों को भी।"

"युवक, उपदेश नहीं।" कुछ चेत की बात कर।

"मेरे पास चेत की बात भी है। ऐसे चेत की कि आपको आर्यावर्त्त का भी सम्राट बनकर गौरव का अनुभव होगा।" चन्द्रगुप्त मौर्य ने कहा।

"कुछ बताओ तो युवक।" सिल्यूकस ने टोका। यह देखकर कि सिकन्दर उसकी बातों से न केवल उकता रहा था बल्कि अन्दर ही अन्दर क्रोधावेश से भरकर कोई कठोर निर्णय ले सकता था। वह आगे कहने लगा, "हमारे सम्राट महान् सारे विश्व को पराजित कर विश्वविजेता बनने की दिशा में लगातार आगे बढ़ते जा रहे हैं।"

"मुझे नहीं पता, आपको अधिक पता होगा कि विश्व कहाँ तक है? एक छोर से लेकर दूसरा छोर कहाँ तक है? अब तक की युद्ध यात्रा में आपने मैसीडोन तथा यूनान पर अपना प्रभुत्व स्थापित करते हुए एशिया माइनर, सीरिया, मिस्र, बेबीलोन, बैक्ट्रिया आदि से लेकर आर्यावर्त्त के कुछ पश्चिमोत्तर सीमावर्ती छोटे-छोटे राज्यों में पाँव फैलाये हैं और वह भी आधे-अधूरे। ऐसे या इनसे कुछ बड़े लगभग अट्ठाईस राज्य हैं। वहाँ भी अराजकता है। डाकुओं का हस्तक्षेप भी है। वे एकजुट नहीं हो पा रहे हैं अन्यथा इससे पूर्व के सारे युद्ध भुला दिये जाते। आपकी यवन सेना भी ऊबने लगेगी। वह मर खपकर क्या पायेगी? और कहाँ तक भाड़े के सैनिक आपका साथ देंगे? उन पर पलटवार करना भी आता है। इस कारण मैं एक शुभचिन्तक की तरह विनम्र आग्रह कर रहा हूँ कि आप अपने सम्राट को लेकर लौट जाएँ।" चन्द्रगुप्त मौर्य ने पुनः अपनी बात को दोहराया। उसका स्वर सन्तुलित था, संशयपूर्ण था और विनम्रता की सीमा में था।

इस बार सिल्यूकस, फिलिप, यूडेमस, निआर्कस, यूदेमा आदि चौंके। सिकन्दर ने कड़ककर कहा, "तुम कृषक नहीं हो सकते।... कौन हो? सच-सच बताओ अन्यथा अपने तीनों ओर देखो, पलक झपकते ही तुम्हारी इहलीला समाप्त हो सकती है।"

चन्द्रगुप्त मौर्य अपनी कृषक की वेशभूषा हटाकर अपने असली रूप में आ गया और चतुर्दिक दृष्टिपात करता हुआ वह बोला, "सिकन्दर महान् को एक योद्धा सेनानी-सेनानायक के रूप में उपस्थित मौर्य को धनुर्धरों की शक्ति का भय नहीं दिखलाना चाहिए। मैं आपके हित में मगध साम्राज्य की राजधानी पाटलिपुत्र से यहाँ आया हूँ। शिशिगुप्त जैसे देशद्रोही, कुनार, पंजकोर, अलीशार, सुवास्तु आदि अति छोटे जनपद जीतना या आसकेनो की राजधानी भमस्ग के दुर्ग, अओर्ना के दुर्ग आदि को विजय कर लेने से क्या होता है।... मैं जहाँ से आया हूँ, वहाँ का महाराजाधिराज धननन्द विश्व का सबसे धनाढ्य और शक्तिशाली शासक है। उसका साम्राज्य उत्तर में हिमालय से लेकर दक्षिण में गोदावरी तक और पश्चिम में सिन्ध से लेकर पूर्व में मगध तक है। उत्तर भारत का वह पहला एकछत्र शासक है। सम्राट है। विश्वविजेता बनने की यदि आपकी बलबती इच्छाशक्ति हो तो आगे बढ़ो, मैं भी आपके साथ हूँ और आक्रमण करो।"

इस बार सिकन्दर गम्भीर हो गया। उसको समझने के लिए उसने ध्यान से उसकी एक-एक बात पर विचार किया और फिर अपने विश्वसनीय ज्योतिष डायोडोरस की ओर इस दृष्टि से देखा ताकि चन्द्रगुप्त मौर्य के प्रति वह अपना अभिमत स्पष्ट कर सके। रोमक और पौलिस सिद्धान्तों के अनुसार उसने अपना गणित फैलाया और संकेत से स्पष्ट कर दिया कि वह उससे सचेत रहें। फिर क्या था कि सिकन्दर ने कड़ककर कहा, "युवक तुम अभी तक अपने यहाँ आने का अर्थ स्पष्ट नहीं कर सके और न यह बता सके कि तुम किस क्षत्रप-नरेश के सुपुत्र हो।"

"पिप्पलिबन का कुमार हूँ। यह राज्य नेपाल की तराई में रूम्मिन देई में अवस्थित है।"

"इस नवयुवक को गिरफ्तार कर लो।"

फिर क्या था चन्द्रगुप्त मौर्य अपने पीछे खड़े सैनिक से धनुष-बाण हथिया हवा की तरह भाग खड़ा हुआ और उसके ही अश्व पर सवार हो छलाँग लगाकर अदृश्य हो गया।

23

"मैं जानता था आचार्य चाणक्य, मगध का शूद्रवंशी सम्राट पश्चिमोत्तर सीमावर्ती जनपद-महाजनपद की सहायता में कभी नहीं आगे आएगा। उसके पूर्वज महापद्मनन्द ने क्षत्रिय नरेशों को चुन-चुनकर मारा है और उनसे छीनकर इतना बड़ा साम्राज्य स्थापित किया है, अपार धन इकट्ठा किया है। वह आर्यवर्त्त का पहला सम्राट बनने का सौभाग्य पा सका है।" पर्वतेश्वर के स्वर में तीखापन नहीं था, सहजता थी और

शान्ति। वह धीरे-धीरे कहता जा रहा था, "वह तो आचार्य आपका आग्रह था। मुझे भी लगा कि कोई रास्ता निकल आएगा और यवन आँधी का डटकर मुकाबला किया जा सकेगा परन्तु...।"

"सहयोग के लिए हाथ बढ़ना आवश्यक था अन्यथा वह कहने के लिए यही कहता कि उसे अवगत नहीं कराया गया।... शूद्र धननन्द के दिन फिरने वाले हैं, पर्वतेश्वर।... वह अपने आपको दूसरा परशुराम मान बैठा है। पहले परशुराम ने धरती को क्षत्रिय विहीन करने का प्रण किया था और उसमें उसे सफलता भी मिली थी। स्मरण रहे, ब्राह्मण में ही वह अदमित अन्तःशक्ति है, जो उसे ब्राह्मण से तेजस्वी-पराक्रमी, बलिष्ठ, क्षत्रिय, अजय योद्धा और राष्ट्र का भाग्यविधाता समय पड़ने पर बना जाती है।" चाणक्य एक-एक शब्द तोल-तोलकर बोल रहा था।

पर्वतेश्वर जितना सुन नहीं रहा था, उससे अधिक चाणक्य के मन के भीतर पक रही खिचड़ी को जानने का प्रयत्न कर रहा था। उसे ज्ञात था उसके शिखा खुले रहने का रहस्य और उसके लिए अन्दर ही अन्दर चलाए जाने का गूढ़तम अभियान। वह यह कह नहीं सकता था, "आचार्य, आप में ब्राह्मण होने का दम्भ-अहंकार सीमाएँ लाँघ चुका है। आप विद्यापीठ में अध्यापन कार्य छोड़कर राजनीति करने लगे हो। राजनीति क्षत्रिय के लिए छोड़ो। वह हमारे रक्त में है, उसे हमीं में प्रवाहित होने दो।" परन्तु वह यह मन्थन करता रहा कि आचार्य के आने का वास्तविक हेतु क्या है? वह यह भी जानता था कि धननन्द के लिए उसने पत्र लिखने का आग्रह क्यों किया था। उस शूद्रवंशीय साम्राज्य से यहाँ के नरेश-राजाओं ने कभी सहायता की गुहार नहीं की थी। हर बाहरी आक्रमण का सामना किया। फिर क्यों उससे पत्र लिखने का आग्रह किया? मात्र उसके प्रति घृणा पैदा करने के लिए। उसने सँभलकर पूछा, "अब हम सामना करेंगे, आचार्य। क्षत्रिय मरना जानता है, भागना नहीं। यवन सम्राट ने युद्ध चाहा है, उसे युद्ध ही देंगे। उसके आगे गिड़गिड़ायेंगे कदापि नहीं।"

"अधिक उत्साह ठीक नहीं, पर्वतेश्वर।"

"क्या ठीक है, क्या नहीं, यह सोचने का अब समय नहीं है। करो या मरो का आह्वान प्रारम्भ हो चुका है।" पर्वतेश्वर ने चाणक्य में चल रही अनावृतियों को पढ़ने का प्रयास जारी रखा।

"पर्वतेश्वर, बिना सोचे-समझे आगे बढ़ना घातक है। उससे मात्र पश्चात्ताप की गहन यातना भोगनी पड़ती है। मुझे आपसे उम्मीद है कि आप ऐसा कोई कदम नहीं उठाओगे जो समस्त पश्चिमोत्तर सीमावर्ती राज्यों के लिए भी आत्मघातक सिद्ध हो।"

"यह सब आपको तक्षशिला के आदर्श क्षत्रिय राजकुमार आम्भीक को समझाना था, आचार्य। तक्षशिला विद्यापीठ को भी वह अपनी समझता है, जबकि उसके लिए सभी छोटे-बड़े राज्य कुछ न कुछ करते रहते हैं।" पर्वतेश्वर ने स्थिति को स्पष्ट करने

की दृष्टि से कहा।

"मेरा काम था, वह मैंने किया। आचार्य मार्गदर्शक होता है, कोई माने या न माने, यह उसकी इच्छा पर है। आपको अपना मानता हूँ। आप यहाँ के गौरव हैं और आर्यावर्त्त का मान-सम्मान, उसकी सुरक्षा व्यवस्था और उसके अस्तित्व, अस्मिता के प्रति सजग प्रहरी हैं।" चाणक्य स्थितियाँ अपने अनुकूल बनाने की पृष्ठभूमि का मार्ग तलाश कर रहा था। वह भी समझ रहा था कि पर्वतेश्वर आन-शान का पक्का है और अपनी बात का सच्चा है। उसके मन में कोई चक्र-दुष्चक्र की योजना नहीं है। वह स्पष्ट वक्ता भी है।

"आचार्य, आपके आशीर्वाद से जो करूँगा, उससे किसी का सिर नहीं झुकेगा।"

"अपने पश्चिमोत्तर सीमावर्ती राज्यों के नरेशों को यहाँ आमन्त्रित किया हुआ है।"

"कल दोपहर को विसर्जन है।"

"प्रातः सभा के बाद।"

"हाँ।"

"क्या सुनिश्चित हुआ?"

"कुछ विशेष नहीं। नरेश इकट्ठे भी बहुत कम हुए हैं। सबके अपने-अपने सोच हैं। कोई खुलकर सामने नहीं आया। मैंने यहाँ तक कह दिया कि मुझे उनमें से किसी के भी नेतृत्व में युद्ध करने में आपत्ति नहीं है।" पर्वतेश्वर के स्वरों में तेजोदीप्त गरिमा का परिवेश मुखर हो उठा। मानो वह उन नरेशों की सभा में बोल रहा हो, जिनसे यवन आँधी को उलटने के लिए आह्वान किया जा रहा था।

यद्यपि चाणक्य को गह समझने में देर नहीं लगी कि उन नरेशों का क्या निर्णय रहा तथापि वह पर्वतेश्वर से उस परिणाम को जानना सुनना चाहता था। वह पूछ रहा था, "फिर क्या हुआ?"

"पहले प्रशान्ति।" धीरे-धीरे एक नरेश ने दूसरे नरेश की ओर देखना प्रारम्भ किया। अन्दर ही अन्दर उसने अतीत की काली-पीली परछाइयों का अन्तर्विश्लेषण करना प्रारम्भ किया। किसका नेतृत्व? पर्वतेश्वर इस समय घिरा हुआ है। वह अपने अस्तित्व को बनाये रखने के लिए उन सबको युद्ध में प्रयोग करना चाह रहा है। नरेश ने पूछा, "यह सुनिश्चित करना कि युद्ध किसके नेतृत्व में किया जाए, बड़ा कठिन कार्य है, क्योंकि कहीं न कहीं आज नहीं तो पूर्व में हम आपस में उलझते-लड़ते रहे हैं। इस कारण भी, हम में से कोई किसी का नेतृत्व कदाचित् ही स्वीकार कर सके। फिर भी मैं व्यक्तिगत रूप से इस प्रस्ताव का स्वागत करता हूँ और नरेश पर्वतेश्वर की भाँति अपने को समर्पित करता हूँ। मेरा आग्रह है कि हम में से कोई भी नरेश स्वयं इस दायित्व के लिए अपने को प्रस्तावित करे।"

एक बार फिर सकारात्मक स्वर उभरा और उस साँस खींचे वातावरण को थोड़ा-सा सक्रिय कर गया। वह स्पष्ट वक्ता के रूप में उन नरेशों में जाना जाता था। उसने अपने पड़ोसी को मित्र बनाने की दृष्टि से अपनी लड़की उस राजघराने को दी थी जो उसका पक्षधर नहीं था। इस दृष्टि से वह विश्वसनीय भी था कि अवसर पड़ने पर वह उन नरेशों की सहायता के लिए आगे आया था जो बहुत कमजोर थे और जिनका अस्तित्व संकट में आ चुका था। अन्दर से वह पर्वतेश्वर का समर्थक था और यह चाहता था कि पश्चिमोत्तर सीमावर्ती राज्यों का कोई ऐसा महासंघ बने, जो सबको सुरक्षा का सक्रिय आश्वासन दे सके। आर्यावर्त्त में प्रवेश करने वाली हर बाहरी शक्ति का सामना उन छोटे-बड़े नरेशों को ही करना पड़ता है और किसी सीमा तक हानि भी उन्हें उठानी पड़ती है। उस हानि को कैसे रोका जाए और कैसे प्रजा, व्यापारी वर्ग, उद्योगपतियों आदि को यह आश्वासन दिलाया जाए कि वे उनके राज्य में पूर्णतया सुरक्षित हैं।

अचरज तो यह था कि वहाँ आये नरेश अन्दर से इस प्रकार की व्यवस्था के पक्षधर थे कि उनका महासंघ बने परन्तु उनमें, विशेषतया छोटे नरेशों में यह भयाशंका बराबर बनी हुई थी कि ऐसा महासंघ कितने दिन चलेगा। जरा-जरा-सी बात पर तो आये दिन उन नरेशों के बीच तलवारें खिंचती रहती हैं, तब उनकी मध्यस्थता करने के लिए कोई आगे नहीं आया। अब पर्वतेश्वर अपने राज्य को बचाने के लिए एकता की बात उठा रहा है। यह सोचते हुए गान्दारिस राज्य के नरेश को कहना ही पड़ा, "इस समय इन परिस्थितियों में सीमा के सुरक्षा कवच पर चिन्तन-मनन करने का आग्रह निस्सन्देह एक शुभ पहल है। कदाचित् इतने व्यापक स्तर पर यह कुम्भ पहली बार हो रहा है, परन्तु हम परस्पर इस तरह से एकजुट हो भी सकेंगे, इसकी क्या सम्भावना है? क्या आधार है इसका? आपस में भी युद्ध के अभिशाप से बचा जा सके तो पश्चिमोत्तर सीमावर्ती राज्य अत्यन्त सुदृढ़ हो सकते हैं और हर क्षेत्र में शिखर को छू सकते हैं। हममें कमी क्या है मात्र संकीर्ण दृष्टिकोण के और एक दूसरे क़ो हड़पने की बदनीयता के। यथार्थतः आपसी विश्वास का गहरा अभाव है। मैं समझता हूँ चाहे हमने बहुत देरी से और गहरी विषम परिस्थिति में इस प्रस्ताव को सामने लाने का साहस किया है परन्तु यह प्रयत्न प्रशंसनीय है।"

"अप्रशंसनीय किसने कहा है, नरेश आबास्टनोई?"

इस पर सब हँस पड़े। थोड़ा परिवेश सहज हुआ। सोच के तनाव को राहत मिली और सुकून भी।

पर्वतेश्वर उस लम्बी प्रक्रिया की घाटियों से ऊपर उठकर कहने लगा, "आचार्य हम सब में विश्वास की भारी कमी है। कौन हम में विश्वास के मन्त्र फूँके और कैसे?"

चाणक्य को इसी अवसर की तलाश थी ताकि उसकी उपस्थिति का सन्दर्भित बन सके। फिर भी वह जल्दीबाजी से बचना चाहता था और पर्वतेश्वर के मुख से ही सुनना चाहता था कि वह उसको आमन्त्रित करे और ऐसी गरिमापूर्ण स्थिति बने जो उसकी भूमिका के लिए रास्ता बना सके। इस कारण चाणक्य ने अत्यन्त गुरु गम्भीर स्वर में कहा, "राजन् आश्वासन ही सहअस्तित्व का कवच है।"

"माना आचार्य कि...।"

"फिर भी प्रश्न अपनी जगह पर यथावत् है कि कौन दे आश्वासन? किसका दिया आश्वासन सबके गले से नीचे उतर सकता है? किसके प्रति सब नरेशों में विश्वास है? सब आपस में उलझते लड़ते आ रहे हैं। यह प्रश्न टेढ़ा होते हुए भी दिशा दृष्टि चाहता है।"

"कैसी दृष्टि, आचार्य?"

"विश्वास की दृष्टि, आदर्श की दृष्टि, बड़प्पन और सम्मान की दृष्टि, सर्वमान्य होने की दृष्टि, राजन्।" चाणक्य ने अपनी उपस्थिति को सर्वमान्य बनाने के लिए अप्रत्यक्ष संकेत दिया। पर्वतेश्वर चाणक्य के मन्त्र को समझ रहा था। वह कहने लगा, "आचार्य, यह नरेशों की सत्ता है, विद्यार्थियों की नहीं। यह सब अपने शिष्य हैं, अपने आचार्य।"

चाणक्य को पर्वतेश्वर से यह आशा नहीं थी कि वह उसकी भूमिका को विद्यापीठ की सीमा तक केन्द्रित कर देगा। वह यह तो जान गया था कि राजा-नरेशों का एक मति और सहमति तक लाना मेढकों को तराजू में तोलने का प्रयास है। उसने कहा, "पर्वतेश्वर, सन्देह पर खड़ी इमारत में बना रहना किसी को स्वीकार नहीं होता। क्यों हो? जिस भवन की नींव ही कमजोर हो, उस भवन में कौन शरण लेना चाहेगा? नींव पुख्ता हो।"

"कैसे, आचार्य। अब तो उस कच्ची नींव पर ही भवन तैयार हो चुका है।... अब, क्या हो सकता है?"

"वह भवन गिराकर उस स्थान पर गहरी नींव लेकर पुनः भवन खड़ा किया जा सकता है, राजन्।" चाणक्य ने सुझाव दिया।

"उसके लिए समय चाहिए चाणक्य?"

"समय किसी की प्रतीक्षा नहीं करता, पर्वतेश्वर, फिर हम उसकी प्रतीक्षा क्यों करें?"

"इसे समय आक्रमण सिर पर है।"

"वो हर समय बना रहता है। राजा हो और उसे आक्रमण का अन्देशा न हो, ऐसा कभी नहीं हो सकता। आवश्यकता पड़ने पर बाढ़ के तीव्र गति से बहते पानी को भी पार करना पड़ता है जैसे संकट गहराने पर शल्य चिकित्सा। असमय ही समय

को जन्म देता है। शिशु का जन्म गहरी पीड़ा का ही परिणाम है। शिशु जन्म से पहले गर्भवती के साथ उसके परिवार जन को भी आशंकाओं के अँधेरों से गुजरना पड़ता है। पर्वतेश्वर यही उचित समय है जब नरेशों में आश्वासन की ज्योति जगाई जा सकती है।'' चाणक्य गुरु गम्भीर भूमिका में आ चुका था। इस समय उसके मुखमण्डल पर दिव्याभा दमकने लगी थी और उसकी आँखों से अपूर्व ज्योति।

पर्वतेश्वर निरुत्तर रह गया। चाणक्य की स्थापना शक्ति अद्‌भुत है। फिर भी उसने कहा, ''आचार्य, वह सब ठीक है परन्तु इस समय नरेशों का मन डाँवाडोल है।''

''होगा, राजन्। नरेश का चित्त यदि डांवाडोल न हो तो वे आचार्य, योगी, तपस्वी न बन जाएँ। फिर कौन पूछे तपस्वी, योगी-आचार्य आदि की अन्तर्व्यवस्था से जुड़ी कड़ी को।'' चाणक्य ने तपाक से बिगड़ती स्थिति को सँभालने का प्रयास किया।

''आचार्य, युद्ध उनका कर्मक्षेत्र नहीं है। उसके लिए उन्हें शान्ति चाहिए।''

''राजन् शान्ति तो हर एक को चाहिए, चाहे वह स्वयं में कितना भी क्रूर, बर्बर, निर्दय और अन्धा निरंकुश राजा क्यों न हो? युद्ध भी शान्ति के लिए ही होते हैं। शान्ति चित्त की खोज है और अशान्ति मन की। मन जब चित्त पर सवारी करने लगता है तब युद्ध होता है, अशान्ति फैलती है परन्तु जब चित्त के अनुकूल मन चल पड़ता है तब शान्ति होती है।'' चाणक्य ने शान्ति-अशान्ति का विश्लेषण कर डाला।

''यहाँ शास्त्रार्थ नहीं, आचार्य, युद्ध की घनघोर घटनाएँ आ घिरी हैं।''

''जानता हूँ, राजन्।''

''मुझे अकेले ही युद्ध करना पड़ेगा, यही सत्य है।'' पर्वतेश्वर ने निर्णय सुना डाला।

''परन्तु...।''

''परन्तु कुछ नहीं, आचार्य। मुझे यथार्थ का सामना करने में कोई कठिनाई नहीं है। नरेश युद्ध नहीं करेगा तो और कौन करेगा। सैनिक से यह अपेक्षा करना कि वह युद्ध के समय शान्तिदूत बन जाए, सम्भव नहीं है। आप चिन्ता न करें, आचार्य, मुझे अपना करणीय ज्ञात है, मैं वही करूँगा।''

''वह मैं जानता हूँ तो भी...।''

''ब्राह्मण का, उस ब्राह्मण का जो आचार्य भी हो, यह कर्तव्य बनता है कि वह विनाश को रोके और जब रक्तपात अनिवार्य हो जाए तब शक्ति को महाशक्ति बनने की दिशा दे।'' चाणक्य का स्पष्ट उद्‌घोष था।

''आप क्या कहना चाहते हैं, आचार्य?'' पर्वतेश्वर ने स्पष्ट पूछ लिया।

''ब्राह्मण नीति का पर्याय है, सुख शान्ति का प्रतीक है, और रक्षक की दृष्टि

का प्रकाश है। मैं आर्यावर्त्त के सीमावर्ती राज्यों को बचाना चाहता हूँ। उनकी सुख-समृद्धि को आगे बढ़ते देखना चाहता हूँ। इस हेतु मैं यहाँ आया भी हूँ। सुना था कि आपने सीमावर्ती नरेशों की एक सभा आमन्त्रित करने की योजना बनाई है। यह आपने अत्यन्त शुभ कार्य किया है। इस दिशा में सब एकजुट होकर आगे बढ़ सकें, यह मेरी भी उत्कट आकांक्षा है। ऐसा आपकी सूझबूझ से पहली बार हो रहा है, इसके लिए आप बधाई के पात्र हैं।'' चाणक्य के स्वरों में उत्साह था, आशा थी और मंगलकामना थी।

''यह आपका आशीर्वाद है और चाहता हूँ कि सदा बना रहे परन्तु।''

''परन्तु क्या?''

''आपको इस सभा में सम्बोधन हेतु आमन्त्रित नहीं करने के लिए क्षमा चाहता हूँ, आचार्य। क्योंकि यह निर्णय, बुलाने से पूर्व एक नरेश दल ने सुनिश्चित कर लिया था कि इस सभा में नृप-नरेशों के अतिरिक्त किसी अन्य व्यक्ति को आमन्त्रित नहीं किया जाए। यहाँ तक कि नरेश के प्रतिनिधि को भी इसमें भाग लेने की अनुमति न हो। इस कारण कई नरेशों ने आने में कठिनाई का उल्लेख कर क्षमा माँग ली है। ऐसी स्थिति में मैं कुछ नहीं कर सकता।''

''आप आयोजक हैं, राजन्।''

''हूँ अवश्य परन्तु निर्धारित नियमों के पालन का उत्तरदायित्व निभाते हुए। अपनी ओर से इसमें कुछ नहीं कर सकता।'' पर्वतेश्वर ने अपनी स्थिति स्पष्ट कर दी।

चाणक्य असमंजस में पड़ गया। उसके वहाँ आने का उद्देश्य एकमात्र यही था। अब उसके सामने कोई चारा नहीं था। फिर भी, उसने साहस नहीं खोया और यह कह ही दिया ''वह उसके नाम से पूछ देखे। यदि वे उसके सम्बोधन के इच्छुक हो जाएँ तो...।''

थोड़ी देर के लिए पर्वतेश्वर किंकर्तव्यविमूढ़ रह गया। वह द्विविधा में फँस गया लेकिन तत्काल उसने क्षत्रियोचित आचरण का परिचय देते हुए कह दिया, ''आचार्य प्रवर, क्षमा कीजिएगा, मैं निर्धारित नियमों की मर्यादा का उल्लंघन नहीं कर सकता।''

वार्ता का उपसंहार होने लगा। चाणक्य अनसोची स्थिति के ऊहापोह में फँस कर रह गया। उसको अब उठ लेना चाहिए, यह सोचकर वह उठने का उपक्रम करने लगा कि तभी पर्वतेश्वर ने कहा, ''कृपया अन्यथा न लें। मर्यादा का पाठ तो आप भी पढ़ाने वाले हैं।''

चाणक्य उठ खड़ा हुआ। पर्वतेश्वर बाहर तक आया और नमन कर आगे खड़ा रहा। पर्वतेश्वर साचरज उसकी ओर देखता रह गया। चाणक्य लौट आया। रास्ते में

यही सोचता रहा कि उसने अपनी ओर से वह प्रसंग क्यों छेड़ा। न छेड़ना उचित था। अलका ने अप्रत्यक्ष रूप से न जाने क्या संकेत दिया था।

चाणक्य की यह समझ में नहीं आ रहा था कि पर्वतेश्वर ने दो टूक निर्णय कैसे ले लिया। कम से कम कुछ नरेशों से बात करके वह देख सकता था। उसके बाद मना कर देता तो उसे बुरा नहीं लगता। उसकी बातों से भी यही लग रहा था कि वह उसमें रुचि नहीं ले रहा है। वह यह नहीं चाहता हो कि वह उसके पक्ष में बोलता। उससे उसे अपनी प्रतिष्ठा पर प्रहार लगता। या वह उसे मात्र एक आचार्य भर समझ रहा था अथवा उसके प्रभाव और शक्ति पर उसे विश्वास नहीं था। मगध सम्राट धननन्द को पत्र लिखवाकर उसे क्या मिला। इन प्रसंग-उपप्रसंगों में उलझता हुआ चाणक्य आगे बढ़ गया, अपने साथियों के साथ। इस निर्णय के साथ कि उसे उसको भी सबक सिखलाना चाहिए।

24

धननन्द ने बाढ़ समस्या को दूर करने में जो-जो प्रयास किये थे, उससे जनता में एक अच्छा सन्देश गया था। कुछ-कुछ अनुकूल वातावरण बनने लगा था। सुनन्दा के प्रयासों से व्यापारियों को यह छूट दी गयी कि एक साथ दो व्यवसाय कर सकते हैं। चमड़े पर कर हटा दिया गया था। बाढ़ पीड़ितों के पुनर्वास की व्यवस्था की गयी थी। आज वह राजप्रासाद से बाहर जा रहा था। आज वह मोती की मालाओं से सुसज्जित पालकी और स्वर्ण पुष्पों से सजे हाथी पर बैठकर बाहर जा रहा था। उसके आगे-पीछे और दोनों ओर धनुर्धारी सैनिक थे। उसके पीछे एक हाथी पर महारानी सुनन्दा स्वर्णमण्डित पालकी में बैठी हुई थी।

पाटलिपुत्र उस समय भारत का सबसे बड़ा नगर था—अति सुन्दर था। वह नौ मील लम्बा और पौने दो मील चौड़ा था। उसके चारों ओर पैंतालीस फीट गहरी और छह सौ फुट चौड़ी खाई थी। उसके चारों ओर दीवार थी। उसमें अनेक द्वार थे।

राजप्रासाद के मुख्य द्वार से वह सवारी बाहर आयी। सड़क के दोनों ओर रस्सियाँ बाँधकर राजपथ मात्र सम्राट की सवारी के लिए सुरक्षित कर दिया गया। रस्सियों के बाहर जनता महाराजा का स्वागत करने के लिए रंग-बिरंगे वस्त्रों में खड़ी हुई थी। अनेक द्वार बनाये गये थे। सभी द्वार कलात्मक ढंग से सजाये हुए थे।

प्रजा अपने महाराजाधिराज की जय-जयकार कर रही थी। अनेक पालकियाँ और अनेक हाथियों पर राज परिवार के सदस्य, अमात्य आदि भी पीछे-पीछे आ रहे थे।

आज धननन्द अति प्रसन्न था। वह हाथ जोड़कर प्रजा का अभिवादन स्वीकार कर रहा था। अनेक स्थानों पर श्रेष्ठि-व्यापारियों ने उसका और उसकी महारानी को

स्वर्ण मालाएँ पहनाकर स्वागत किया था। जय-जयकार के साथ सुगन्धित पुष्पों की वर्षा की थी।

धननन्द रत्नजड़ित मुकुट धारण किये अत्यन्त सौम्य लग रहा था। उसकी देह हृष्ट-पुष्ट थी, कदकाठी लम्बी-चौड़ी थी। मुखमण्डल पर तेज था। उसकी महारानी अपनी अप्रतिम सुन्दरता के लिए पहले से ही विख्यात थी। उनकी आँखों में सुषमा का मद था और उनके रक्ताभ ओठों पर पलाश की लालिमा थी। उनकी इकहरी देह की मांसल कमनीयता, लालिमा और सुन्दरता अद्वितीय थी।

गंगा-सोन के संगम स्थल पर अत्यन्त विस्तृत मैदान था जो लकड़ी की चारदीवारी से घिरा हुआ था। वहाँ सैनिक प्रशिक्षण का कार्यक्रम चलता रहता था। उसके चारों ओर ऊँचे-ऊँचे वृक्ष थे। उसके बीचों-बीच ऊँचा बना हुआ दंगल स्थल था। दंगल के दायीं ओर बहुत ऊँचा मंच था—लकड़ी का बना हुआ। महाराजा और महारानी जड़ाऊ कुरसी पर जैसे ही विराजमान हुए वैसे ही उनकी जय-जयकार से सम्पूर्ण वातावरण गूँज उठा।

आज वहाँ महाराजाधिराज धननन्द और महारानी सुनन्दा पुरस्कार वितरण करने हेतु पधारे थे।

आज वहाँ कुश्ती का अन्तिम चरण था। राज्य के गोरे पहलवान की कुश्ती उस पहलवान से होती है जो कुश्तियों के अन्तिम चरण में पहुँचता था। तीन वर्ष तक उसके सामने कोई पहलवान नहीं ठहर सका था।

इस बार दीनापुर का विष्णु पहलवान सामने था। वह सर्वप्रथम महाराजा और महारानी के पाँव छूकर लौटा। उधर गोरे पहलवान ने हाथ जोड़कर महाराजा और महारानी की जय बोली। दर्शकों ने उसे दोहराया।

चारों ओर रंग-बिरंगी ध्वजाएँ लहरा रही थीं। ढोल-नगाड़े बज रहे थे।

गोरे पहलवान ब्राह्मण टोले का था। दीनापुर शूद्रों का छोटा-सा गाँव था। वहाँ विष्णु नाम का पहलवान कहाँ से आया? इस प्रश्न को ब्राह्मण टोली के पण्डितों ने उठाया था। महाराजा तक यह प्रश्न पहुँचा था। महाराजा ने महाअमात्य राक्षस से इस गुत्थी को सुलझाने के लिए कहा था।

विष्णु पहलवान को राक्षस के सामने पेश होना पड़ा। प्रश्न किया गया, "कहाँ के हो?"

"दीनापुर गाँव का, महाअमात्य।"

"वह शूद्रों का गाँव है।"

"नहीं, वह मनुजों के रहने का स्थान है।"

"परन्तु शूद्रों का।"

"यहाँ शूद्र कौन नहीं है?"

"क्या बकते हो, विष्णु?"

"नौ माह तक माँ के पेट में जब शिशु रहता है तब वह गर्भाशय में उलटा लटका होता है। उसके साथ सूतक लगा होता है। तब हर शिशु शूद्र होता है।" विष्णु ने सहज ढंग से कहा।

"तुम कौन हो?"

"मनुष्य, महाअमात्य।"

"विष्णु नाम तुम्हें किसने दिया?"

"मेरे माता-पिता ने।" सिर खुजाते हुए उसने धीरे से कहा।

"तुम्हारे माता-पिता दीनापुर के हैं क्या?"

"हाँ, वहीं के हैं।"

"वह शूद्रों का गाँव है।"

"मैं नहीं मानता।"

"तुम्हारे मानने-न मानने से क्या होता है?"

"मैं यहाँ कुश्ती लड़ने आया हूँ, महाअमात्य।"

"ये कुश्ती नहीं हो सकती।"

"क्यों नहीं हो सकती?"

"क्योंकि तुम शूद्र हो।"

"इससे पहले तो किसी ने यह प्रश्न नहीं उठाया, महाअमात्य।"

"गोरे पहलवान गौड़ ब्राह्मण है। वह राज्य का पहलवान है।"

"दंगल में आने दीजिए राज्य के पहलवान को।"

"वह एक शूद्र से कुश्ती नहीं लड़ सकता।"

"आप महाअमात्य हैं।"

"तो?"

"यह अच्छी तरह जानते हैं कि इस प्रतियोगिता में भाग लेने के लिए ऐसी कोई शर्त नहीं रखी गयी है।" विष्णु ने कहा।

"आज तक कभी दंगल में कोई शूद्र नहीं उतरा है।" राक्षस ने तर्क दिया।

"आप तो विद्वान् हैं। ब्राह्मण के मुख से जन्मे हैं। ऋग्वेद का अध्ययन किया है। ऋग्वेद में एक स्थान पर एक ऋषि कहता है, 'मैं कवि हूँ। मेरा पिता वैद्य है। मेरी माता अन्न पीसने का काम करती है। साधन अलग-अलग हैं परन्तु सभी धनेच्छु हैं।' इसका क्या अर्थ हुआ, यह आप से अधिक कौन समझ सकता है।" विष्णु का मुखमण्डल तेजयुक्त था। वह गोरे रंग का युवक अत्यन्त बलिष्ठ और सुन्दर था। उसकी आँखों में गहरी द्युति थी।

राक्षस आश्चर्यचकित रह गया। उसे स्मरण हो आया। ऋग्वेद का पुरुषसूक्त।

विराट् पुराण के अंगों से चारों वर्णों की उत्पत्ति का आधार। वह कह उठा—

"ब्राह्मणोऽस्य मुखमासीद् बाहू राजन्यः कृतः।
ऊरुतदस्य यद्वैश्वः पदभ्यां शूद्रो अजायतं।"

विष्णु स्मित भर उठा। शूद्र तो जोड़ा गया है। पहले तो ब्रह्म, क्षत्र और विश ही थे, महाअमात्य, महाज्ञानी, नीर क्षीर विवेकी, उदात्त कर्म के संस्थापक। मुझे आज्ञा दीजिए। सारी प्रजा का ध्यान दंगल की ओर है। स्वयं महाराजाधिराज का भी।

राक्षस विष्णु की प्रतिभा से बहुत अधिक प्रभावित हो गया। उसे ब्राह्मणों का द्वेष घेरा था। वह किंकर्तव्यविमूढ़ रह गया। मौन स्वीकृति का लक्षण मानकर विष्णु ने राक्षस के चरणों में शीश नवाया और फुरती से दंगल की ओर चल पड़ा। राक्षस कुछ नहीं कह पाया। मात्र उसके परिणाम से चिन्तित होकर वह हतप्रभ रह गया। अवश्य वह किसी श्रेष्ठ कुल का चिह्न है। उसकी माता कितनी सुन्दर होगी, उसका वह अनुमान नहीं लगा सका। ऊपर से वेदों का अध्ययन। सुसंस्कृत देह-अन्तर्देह का गठन।

दंगल के निर्णायकों ने महाराजा के हाथ जोड़कर कुश्ती शुरू करवाने की आज्ञा माँगी। ढोल पर एक जोरदार थाप पड़ी। दोनों पहलवानों ने हाथ मिलाया। दर्शकों का ध्यान उन दोनों पर केन्द्रित हो गया। दाँव लगने लगे। दाँव का उलटवार देखते बना। प्रारम्भ में महाराजा को गोरे पहलवान भारी पड़ता नजर आया। दाँव पर दाँव। उलट दाँव। टँगड़ी लगी परन्तु विष्णु पलटा नहीं। धोबी पछाड़ भी व्यर्थ गया। फिर दाग मारी। बाँहें पकड़कर नीचे गिराना चाहा परन्तु दाँव भी कट गया।

विष्णु ने बँगड़ी मारी। पाँव में हाथ डालकर गिरा दिया पर गिरते ही वह पलटी खा गया।

सब चकित। नये से नये दाँव पेंच। आश्चर्यजनक फुरती। घुटनों के बल बैठकर दाँव लगाने का प्रयास। विष्णु ने गोरे पहलवान का नहीं चलने दिया।

"वह मारा, वो चित।" एक युवक ने जोश में हवा में हाथ उछालते हुए कहा और अपनी सहमति गोरे के पक्ष में दर्ज करायी।

"कैसा चित, वह देखो पट। अखाड़े की माटी पकड़ ली और टाँगों को फैलाकर घूमने लगा।" दूसरे नागरिक ने ताली बजाते हुए कहा, "पट्ठे में गजब की शक्ति है। दो भैंसों का दूध पीया है। लो वह चली उठावनी घात और फिर आ खड़ा हुआ सामने।"

चित पट और उठा पटक की पैंतरेबाजी चलती रही। कुश्ती बराबरी की चल रही थी। दर्शक उछल रहे थे। फब्तियाँ भी कस रहे थे। कुछ दर्शक ध्वजाएँ फहरा रहे थे।

"निर्णय तो होकर रहेगा।"

"लम्बी हो गयी है कुश्ती।"

"दोनों पहलवानों में बराबरी का दमखम है। कोई किसी से कम नहीं है। एक-दूसरे पर काट है।"

"यदि हम युवतियाँ भी...।"

दूसरी युवती ने ताना मारा, "अपनी कुश्ती तो...।"

"लज्जा कर, मत्तो।"

"बा समय लज्जा कहाँ कूच कर जाती है।" एक अन्य महिला ने आँख मटका कर कहा।

"चुप भी करो, मनचलियो।"

इस पर एक अन्य युवती ने कहा, "गोरे को कोई नहीं हरा सकता।"

"हर लुगाई को यही भरम है, कि बाका मरद ही मरद है, बाकी तो...।"

"वो मारा, वो?"

"हैं, अपना पट्ठे ने कैंची चला दी।"

"चलायी नहीं, मारी।" पासवाला बोल पड़ा।

"इस बार तो गोरे को पटकनी मिल जाए। बहुत ऐंठने लगा है वह।"

"तू क्यों खुन्नस खा रहा है।"

"खाने दे रे, हमारा क्या जाता है। पट्टेबाजी का जमाना है।"

"वह चली घात।"

"वह पड़ी लात।"

इस प्रकार कुश्ती जोर पकड़ गयी। राक्षस मन ही मन कह रहा था कि विष्णु पहलवान हार जाए तो जान बचे। उसने ब्राह्मण होकर एक शूद्र से भिड़ जाने दिया। शूद्र की यह मजाल कि एक ब्राह्मण को दे ललकार। पर पूर्व कुश्तियों में यह प्रश्न क्यों नहीं उठाया गया।

उस दिन महाराजा धननन्द ने कितने कठोर शब्दों में कहा था, "यह हम क्या सुन रहे हैं कि निम्न वर्ण वालों के गाँव के गाँव बाढ़ में बह गये। उनके डोर डंगर बह गये परन्तु हमारा प्रशासन उधर से आँख मूँदे रहा। क्या वह हमारी प्रजा नहीं है। उन पर अत्याचार बढ़ रहे हैं। उनके लिए स्वीकृत राशि दूसरों में बाँटी जा रही है। जाँच शुरू करवा दी है। छोटे से छोटा या बड़े से बड़ा जो भी इस षड्यन्त्र में लिप्त पाया गया, उसे मृत्युदण्ड दिया जाएगा। महाअमात्य, आपकी पकड़ कुछ ढीली पड़ती जा रही है, इससे विद्रोहियों का मनोबल बढ़ने लगा है। चेतो और सख्ती से काम लो।"

राक्षस समझ गया था कि महाराजाधिराज चौकस हो उठे हैं। उनकी तीसरी आँख सक्रिय हो उठी है। अब पूरी चौकसाई करना अनिवार्य हो गया है। यही सोचकर

तो वह किसी निर्णय पर नहीं पहुँच पा रहा था कि इसी बीच विष्णु पहलवान दंगल की ओर बढ़ गया। वह मुँह ताकता रह गया।

हैं। ये क्या विष्णु ने गोरे को जबरदस्त पटकनी दी और उसकी पीठ पर चढ़कर रगड़े लगाने लगा। वह उसकी पीठ को मोड़ने के लिए गरदन मरोड़ रहा था। गोरे पहलवान ने अपनी गरदन को जोर का झटका दिया परन्तु वह अपनी गरदन मुक्त नहीं करा पाया।

दर्शकों में उत्तेजना व्याप्त हो चुकी थी। ऐसी कुश्ती अपूर्व थी। स्वयं महाराजा और महारानी आश्चर्यचकित थे।

अब सबसे महत्त्वपूर्ण यह था कि निर्णायक इस कुश्ती को बराबर पर न छुड़वा दे। महाराजा ने इसी कारण संकेत भिजवा दिया कि कुश्ती का निर्णय होना चाहिए। समय पर ध्यान नहीं दिया जाए।

पता नहीं कब क्या हो जाए। तभी विष्णु ने ऐसा दाँव लगाया कि देखते ही देखते गोरे पहलवान चारों खाने चित। विष्णु उसकी छाती पर सवार।

दर्शकों में मिलीजुली प्रतिक्रिया। राक्षस मौन साधे अपलक दृष्टि से शूद्र शक्ति का समर्थन देख चिन्तित रह गया।

इसी समय सेना के अश्वारोही मैदान में आ गये। कई ढोल बज उठे। अश्वारोही दौड़ पड़े। दो अश्वों पर एक सैनिक सवार। अश्व को तेज रफ्तार से दौड़ाये जा रहे थे। गोल आकार के बड़े घेरे में से, जिसमें से लौ निकल रही थी। अपने को और दोनों अश्वों को सुरक्षित निकाले ले गया। अश्व पर खड़े होकर उसे दौड़ाना आदि इस प्रकार अनेक करतब दिखलाये गये। सारी प्रजा में हर्षोल्लास छा रहा था।

अन्त में पुरस्कार वितरण हुआ विष्णु को चाँदी का गुर्ज और दो सौ पण मिले।

वहाँ अनेक अखाड़े आये थे। सबके अलग-अलग ध्वज लहरा रहे थे। उनके आगे ढोल-नगाड़े बज रहे थे। उनके पीछे अखाड़ों के मुखिया और उनके शिष्य थे।

समारोह समाप्त। लौटने का क्रम शुरू हो, इससे पहले महाराजा-महारानी और महाअमात्य चल पड़े थे।

इसी समय एक ओर से चीत्कार-हाहाकार। सेना उधर मुड़ गयी।

महाराजा रुक गये।

पता चला कि चन्द अज्ञात व्यक्तियों ने विष्णु पहलवान का शरीर बाणों से छलनी कर दिया। वह देखते ही देखते जमीन पर गिर पड़ा और कुछ क्षण में उसके प्राण पखेरू उड़ गये। मातम छा गया। सेना चारों ओर दौड़ पड़ी। राक्षस ने गुप्तचरों को भी दौड़ा दिया।

महाराजा धननन्द ने हाथी से उतरकर मृत पहलवान के माता-पिता को पन्द्रह सौ पण तुरन्त दिलवाये और अपराधी को मृत्युदण्ड देने की घोषणा कर दी।

चारों ओर सन्नाटा छा गया। अश्वारोही सैनिक हर दिशा में दौड़ गये। धूल उड़ती रही। महाराजा धननन्द और महारानी सुनन्दा जा चुकी थीं। वे दोनों गुमसुम से बने रहे। सुनन्दा सोचे जा रही थी कि विद्रोहियों का इतना दुस्साहस हो चला है कि उन्हें महाराजा की उपस्थिति का भी भय नहीं रहा। निसन्देह यह सब वर्णगत उपद्रव है। सब कुछ योजनाबद्ध तरीके से हुआ है। विष्णु कितना बलशाली और सुन्दर युवक था।

बहुत कुछ यही विचार मन्थन धननन्द के मन में चल रहा था। वह जातिगत विद्वेष है। मानवती ने उन्हें चेताया था, "महाराजा जी इस बार भी आप पुरस्कार वितरण समारोह में जाएँगे।"

"वो तो हम हर बार जाते हैं।"

"कुश्ती के अन्तिम चरण में विष्णु पहलवान का आपके गोरे पहलवान से मुकाबला होना है।"

"तब?"

"विष्णु शूद्र है।"

"शूद्र विष्णु?"

"हाँ, वह पराक्रमी, साहसी और संस्कृत पढ़ा शूद्र है। उसने अपना मूल नाम बदलकर विष्णु नाम रखा है।"

"उससे उच्च वर्ण वालों में, विशेषतः ब्राह्मण वर्ण में तो उत्तेजना जोर मार रही थी। यह उसने ठीक नहीं किया।" धननन्द को मानवती ने अपनी सूचनाओं और सोच-विचार से एक सीमा तक प्रभावित कर दिया था।

"पर ब्राह्मण वर्ण कुछ ऐसा जाल न बिछवा दें कि वह अखाड़े तक पहुँच ही न पाये।"

"वह पूर्व में भी तो...।"

"तब तक उसके शूद्र होने की बात किसी को पता नहीं थी।" मानवती में सोच घुलता जा रहा था।

"तुम निश्चिन्त रहो, मानवती। वह अखाड़े पहुँचेगा भी और लड़ेगा भी।"

"ऐसा ही हो।" मानवती के कथन के मन में कँपकँपी थी।

अब वह उसे क्या उत्तर देंगे। उनकी व्यवस्था में वह छिद्र कैसा? किसने किया? अवश्य जातिगत शक्तियाँ सिर उठाने लगी हैं। क्षत्रिय उस वंश से प्रतिशोध लेने का अवसर खोज रहे हैं। क्या सुनन्दा की भविष्यवाणी।... नहीं... नहीं सुनन्दा, कदापि नहीं। महाराजा महापद्मनन्द का ही रक्त उनमें प्रवाहित हो रहा है।

वह भी शूद्र हैं। किसने बनाया है उन्हें शूद्र। क्यों उसके भाग्य को कील कर उसमें शाप डाले गये हैं? मनुज मनुज के बीच यह कैसी खाई, किसने डाली? कौन

मिटाएगा इसे?

"आप महाराजा जी, आप और कौन मिटा सकता है?"

"मैं... मैं...।" प्रतिध्वनि गूँज उठी। धननन्द हतप्रभ रह गया। वहाँ वह एकदम अकेले थे। मानवती भी वहाँ नहीं थी।

"हाँ, महाराजा जी, आप। यदि आपने वर्ण-व्यवस्था के चक्रव्यूह को नहीं काटा तो उच्च वर्ण वाले शूद्रों को कभी सिर उठाने योग्य नहीं छोड़ेंगे। उनको कुचल देंगे।"

धननन्द गम्भीर हो उठा। वे तो उसे भी कुचलने की तैयारी में जुटे हुए हैं। प्रतिशोध। ऐसा प्रतिशोध कि शूद्र घृणा और क्रूरता का अर्थ भी भूल जाएँ। उसे अपनी नियति मान बैठें। वह यह सोचते हुए सुनन्दा के भवन की ओर चल दिया।

25

चाणक्य पंचनन्द-नरेश पर्वतेश्वर के व्यवहार से क्षुब्ध हुआ। उधर महाराजाधिराज शूद्रवंशीय धननन्द का स्मरण कर वह विचलित हो उठा। शूद्र सदा शूद्र ही रहेगा। वह ब्राह्मण की प्रतिष्ठा को क्या समझे।

ब्राह्मण तो राक्षस भी है। है तो क्या। वह ब्राह्मण कुल में सबसे निकृष्ट है।

निचली सिन्धु घाटी में ब्राह्मणों का साम्राज्य था। वे अत्यन्त कट्टर और जबरदस्त लड़ाकू थे। किसी को नहीं गाँठते थे। चाणक्य उनसे मिला था और मुषिक नरेश मुषिकनोस से भी मिला था। उसने पाया था कि वहाँ के ब्राह्मणों ने अपने दूत भेज-भेजकर यह सन्देश दूर-दूर तक फैला दिया था, "हम ईश्वर की सबसे पवित्र सन्तान हैं। स्वतन्त्रता हमारा जन्मसिद्ध अधिकार है। हवा, पानी, अग्नि, गन्ध और आकाश की तरह हम सब स्वतन्त्र हैं। किसी की अधीनता स्वीकार कर लेना ऐसा पाप है जिसका प्रायश्चित्त करना असम्भव है। मित्रो, प्रिय आर्यो, देशद्रोही होने के कलंक लगने से मृत्यु का वरण करना कहीं श्रेष्ठ है।"

चाणक्य उनसे प्रभावित होकर कह उठा, "मगध में शूद्र महाराजा धननन्द सिंहासन पर बैठा हुआ ब्राह्मण, क्षत्रिय और वैश्यों को रौंद रहा है। वह ब्राह्मण को अपने पाँव की जूती समझता है।"

"ऐसा दुष्ट महाराजा। वह तो मानवता पर कलंक है।"

"पर कैसे मिटे? कौन मिटाये?" चाणक्य ने गम्भीरता से समस्या रखी।

"हम और कौन, आचार्य? ब्राह्मण स्रष्टा का सन्देशवाहक है। वह सर्वपवित्र है। सर्वश्रेष्ठ है। उसे सारी व्यवस्था को सन्तुलित बनाये रखने के लिए उत्तरदायित्व सौंपा है।"

"वह सब तो है पर अब कैसे क्या किया जाए।"

"शठ को शठ चाल से मारो, आचार्य। आपको क्या बताना। आप तो सर्वविज्ञ

हैं, मनीषी हैं और देवता हैं।''

''मुझे उसके लिए एक नायक चाहिए था, वह मिल गया। अभी उसकी परीक्षा की घड़ी है। उसे मैंने यवन सम्राट सिकन्दर से मिलने तक्षशिला भेजा है, जहाँ सम्राट सिकन्दर आम्भीक के राजप्रासाद में ठहरा हुआ है। उसने उसकी अधीनता स्वीकार जो कर ली है। उसके साथ कुछ योद्धा भी हैं।'' चाणक्य ने उन्हें विश्वास में लेने के लिए स्थिति को स्पष्ट करना चाहा।

''उसकी परीक्षा।''

''हाँ, उसकी परीक्षा। मैं कर्मवादी होने के साथ-साथ कभी भाग्य की अदृश्य रेखाओं को अनपढ़े पढ़ने का अनुमान लगाने का प्रयास करता हूँ। मैंने इसीलिए उसे यवन सम्राट सिकन्दर से मिलने भेजा है।''

''उससे क्या होगा?'' उन ब्राह्मण में से वयोवृद्ध सन्त व्यक्ति ने पूछा।

''मान्यवर यवन सम्राट सिकन्दर से मिलना बहुत कठिन है। दोनों का गरम खून है। दोनों ही स्वाभिमानी, निर्भीक और साहसी हैं।''

''मिलने का उद्‌देश्य, बन्धु।''

''दोनों की कूटनीतिक दृष्टि, दोनों के प्रस्ताव, सुझाव आदि।'' चाणक्य कह रहा था, ''यदि वह सफल हो गया तो मानो हम सफल हो गये।''

''आप सफल, बन्धु।''

''हाँ, बन्धु। यदि वह सिकन्दर की पकड़ से बच निकला तो वह मगध के सम्राट से सिंहासन पा लेगा।'' चाणक्य ने कुछ रुककर आगे कहा, ''मुझे उसके लौटने की प्रतीक्षा है। मेरे गुप्तचर यह सूचना दे देंगे।''

उस वयोवृद्ध सन्त ने पुनः पूछा, ''इतने विशाल साम्राज्य से टक्कर लेने का संकल्प पूरा हो जाए तो अच्छा है। परन्तु उसके लिए सेना–हाथी सेना, अश्व सेना, रथ और पैदल सेना–धन। उससे ऊपर संगठन। उसकी व्यवस्था।''

''वह सब व्यवस्था आप जैसों की छत्रछाया में पनप रहे स्वाभिमानी और देशभक्त ब्रह्मपुत्रों के द्वारा होनी है।''

''हम कितनी सहायता कर सकेंगे।''

''आपके पड़ोसी राज्य के नरेश मुषिकनोस, राजा आक्सीकनोस आदि अनेक हमारी सहायता में आगे आ सकते हैं।''

''इनको उससे लाभ?''

''लाभ... देशभक्ति, राष्ट्रप्रेम आदि।'' चाणक्य ने संकेत दिया।

''कोरी भावुकता से काम नहीं चलता, बन्धु। कुछ ठोस...।''

''पश्चिमोत्तर सीमावर्ती राज्यों की बाहरी आक्रमणों से सुरक्षा। युद्ध होने की स्थिति में सैनिक सहायता और एक-दूसरे पर आक्रमण न करने के लिए सन्धि।

सन्धि तोड़ने वाले राज्य को पहले समझाना होगा यदि समझ में नहीं आया तो उसके लिए उचित दण्ड की व्यवस्था होगी। चाणक्य ने कतिपय बिन्दुओं को उभारा। धर्मेण जयति लोकान। धर्म रक्षा या सत्य रक्षा मनुज को विश्वविजेता बना सकता है। यह मन्त्र यवन सम्राट सिकन्दर को उसके आचार्य ने नहीं समझाया था। आप विश्वास कीजिए कि बीज में वृक्ष सन्निहित है।... निस्सन्देह इस तरह धरती पर से शूद्र राज्य का अन्त कर एक सशक्त, सुदृढ़, सर्वहितकारी और लोकप्रिय साम्राज्य की स्थापना कर सकेंगे।'' चाणक्य तात्कालिक अतीत में झपकी ले गया था। अश्वों की टाप सुनकर चाणक्य ने आँख खोलकर बाहर की ओर झाँका। जैसे-जैसे अश्वों के टाप की ध्वनि पास आती गयी वैसे-वैसे चाणक्य आश्वस्त होता गया। आशा बँध गयी कि उसका चयन एकदम उचित रहा।

चन्द्रगुप्त मौर्य अश्व से उतरकर सीधे आचार्य चाणक्य के पास आया। उसके चरण स्पर्श किये और चाणक्य ने आशीर्वाद दिया। चाणक्य ने कहा, ''जाओ, स्नानादि से निवृत्त होकर भोजन करो, फिर विश्राम। मैं तुम्हें स्वयं बुलवा लूँगा।''

सन्ध्या होने से पूर्व चाणक्य ने चन्द्रगुप्त मौर्य को बुलवा लिया। तक्षशिला का सम्पूर्ण वृत्तान्त सुना। सिकन्दर की युद्ध शैली में बर्बरता, आतंक और जनहानि के पक्ष को समझा और यह निष्कर्ष निकाला, ''उसका लक्ष्य है भयातंक फैलाकर जन के मनोबल को तोड़ना जबकि आर्यावर्त्त युद्ध शैली में एक ओर युद्ध चलता रहता है, दूसरी तरफ किसान खेती करता होता है, व्यापारी व्यवसाय और ब्राह्मण मन्त्र का अलाव जगाये रहता है। हमें यवन युद्ध शैली का अनुकरण नहीं करना है, चन्द्र।... युद्ध होगा राजा राजा के बीच, उनके सैन्य बल के साथ। आम जन को कोई हानि नहीं हो, आक्रमण की पहली यह शर्त होगी।''

''परन्तु युद्ध कैसे होगा? कौन लड़ेगा?''

''तू, चन्द्र, और कौन?''

''मैं... मैं...।''

''यही न कि कैसे?''

''हाँ, आचार्य कैसे?''

''युद्ध मनोबल से, सर्वहित के लिए।''

''सेना।''

''वह प्रत्येक व्यक्ति, वह प्रत्येक योद्धा, वह प्रत्येक सैनिक तेरे साथ होगा जो इस धरती से पाप मिटाना चाहता है।''

''और शूद्र महाशासक सम्राट।''

''यह भी सच है, चन्द्र। ब्राह्मण असत्य भाषी नहीं होता। उसका संकल्प-व्रत पत्थर की लकीर होता है। मैंने शिखा न बाँधने का संकल्प लिया है, वह भी पूरा

होगा। तू मगध का विशाल साम्राज्य सँभालेगा और सुख-शान्ति-समृद्धि के नये युग का प्रारम्भ करेगा। तेरे से इस देश का गौरवमय इतिहास का दीप प्रज्वलित होगा।'' चाणक्य का स्वर सुदृढ़ था। शान्त था।

''उधर यवनवाहिनी विश्वविजेता की ध्वजा फहराने के संकल्प से आगे बढ़ती चली आ रही है, आचार्य।''

''आने दे तुझे चिन्ता क्या।''

''मैं दिवा स्वप्न नहीं देखता।''

''मैं स्वप्न नहीं देख रहा हूँ, चन्द्र। मैं आने वाला इतिहास पढ़कर सुना रहा हूँ। तू देखना। मैंने शीतयुद्ध शुरू कर दिया है। मेरे गुप्तचर सक्रिय हो उठे हैं। यह है—मनोवैज्ञानिक स्तर पर युद्ध।''... यवन सेना का मन तोड़ो। उसे घर, बच्चों आदि की मधुर स्मृतियों की ओर ले जाओ। युद्ध का गणित समझाओ। उनके जो साथी मारे गये हैं, उनको सिकन्दर के साथ विश्वविजय की यात्रा करने से क्या मिला? उनके परिवार को यह भी ज्ञात नहीं है कि उनके पुत्र का क्या हुआ? किराये के सैनिक के पाँव जल्दी उखड़ते हैं, उनकी आस्था किसी में नहीं होती, मात्र धन और यौवन की लूट के। यह ऐसा ब्रह्मास्त्र है जो महान् सिकन्दर की महत्त्वाकांक्षा को जड़मूल से उखाड़ फेंकेगा और उसे लौटना भी भारी पड़ जाएगा।'' चाणक्य का गुरु गम्भीर मुखमण्डल कुछ-कुछ अरुण होता गया। अनायास उसकी आँखों में आशा का प्रदीप जल उठा।

चन्द्रगुप्त मौर्य ने अनुभव किया कि उसके सामने जो चाणक्य बैठा है, वह आचार्य से अधिक सेनानायक है और उसके लिए इस धरा पर कोई काम कर लेना कठिन नहीं है। उसकी इच्छाशक्ति के सूत्र सुदृढ़ हैं और एकता का मन्त्र सिद्ध किये हुए हैं।

''आओ-आओ, राजकुमारी अलका। आओ। स्वागत है।''

चन्द्रगुप्त मौर्य ने भी उसे नमन किया।

अलका ने आचार्य चाणक्य के चरणों की ओर झुककर नमन किया और चाणक्य ने उसे आशीर्वाद दिया।

''मौर्य, तक्षशिला के क्या समाचार हैं?''

''तक्षशिला बहुत सुन्दर नगर है। वहाँ अपार धन-सम्पदा, वैभव और कलात्मक शिल्प के एक से बढ़कर एक उदाहरण देखने को मिले हैं। आपकी सहायता के लिए साधुवाद।''

''सिकन्दर से मिले क्या?''

''हाँ।''

''बच भी गये।''

"सामने हूँ।"

"वह मैं देख रही हूँ, मौर्य। पर कैसे? सुना है, वहाँ से वह चाहे तो पक्षी भी बचकर बाहर नहीं निकल सकता।"

"पर पवन के लिए कोई व्यवधान नहीं है। जहाँ पण है, टेलेंट सिक्के हैं, वहाँ व्यवधान कैसा? यवनवाहिनी भी यह लूट की अभिलाषा लेकर आयी थी। हमारे एक साथी ने यह व्यवस्था की थी और यवन सैनिकों ने मुझे गुप्त मार्ग से बाहर निकल जाने दिया था। वहाँ हमारे साथी तैयार थे।" चन्द्रगुप्त मौर्य स्मरण करते हुए उस कथा-प्रसंग का क्रम-निर्धारण करता जा रहा था।

"परन्तु यवनवाहिनी अपनी गुप्तचरी के लिए प्रसिद्ध है।"

"हाँ, हाँ। तभी तो संकटों का सामना भी करना पड़ा। यवनवाहिनी की एक टुकड़ी से युद्ध भी करना पड़ा। पता नहीं कहाँ से धनुर्धारी दल उधर आ निकला। उस युद्ध में पचास अश्व हाथ आये। वे सभी यवन सेनानी मारे गये। उस धनुर्धारी दल के मुखिया ने बताया कि सिकन्दर की सेना दूर-दूर तक फैली हुई है। उसकी गुप्तचर प्रणाली इतना सटीक है कि वह हमें कहीं भी घेर सकती है। इसलिए वो सामने पहाड़ियाँ देख रहे हो वह मार्ग दुर्गम अवश्य है परन्तु सुरक्षित है। वह हमें दाण्ड्यायन के आश्रम तक ले जाएगा। हमने वही मार्ग लिया।"

"वे धनुर्धारी कौन थे, मौर्य?"

"उन्होंने हमें पहचान लिया था। पहचानने का कारण था हमारी तक्षशिला आते समय उनसे भेंट हुई थी। उस नगर के वासी भयभीत थे।"

"उन धनुर्धारियों ने क्या उस नगरवासियों में साहस जगाया था?" चाणक्य ने पूछ लिया।

"हाँ।"

"वे कौन थे?"

"आपके तैयार किये धनुर्धर, जो जन को जागरूक और आपात्कालीन स्थिति में स्वयं रक्षा के लिए उठ खड़े होने का प्रशिक्षण देने वाले थे।"

"क्या वे ही लौटते समय मार्ग बता रहे थे?" चाणक्य ने पूछा।

चन्द्रगुप्त मौर्य स्मरण कर कुछ सुनिश्चित कर लेना चाहता था परन्तु वह ठीक से उनकी पहचान नहीं कर पा रहा था। उस समय वह लम्बी यात्रा कर लेने के कारण उन पर ध्यान नहीं दे पाया। वह कहने लगा, "मैं ठीक से उनकी ओर ध्यान नहीं दे सका। दूसरे यवन सैनिक टुकड़ी से युद्ध होने के कारण कुछ ठीक सोच-समझ नहीं सका। चूँकि उन धनुर्धरों ने मेरा साथ दिया था और यवन सैनिकों को सफाया करने में सहायता की थी, इस कारण यह तो स्पष्ट हो गया था कि वे हैं तो अपने ही लोग।"

"उनसे अभी-अभी समाचार मिला है कि उन्होंने तुम्हें सुरक्षित मार्ग से रवाना कर दिया था। पहुँच गये होंगे।"

चन्द्रगुप्त मौर्य को आश्चर्य हुआ कि सामने खड़ा व्यक्ति कदाचित् उनमें से एक हो क्योंकि उसकी वेशभूषा उन जैसी ही थी।

"पर उसने तो कुछ नहीं कहा फिर भी चाणक्य जान गये।"

"वह उनमें से नहीं है, चन्द्र। वह आश्रम से तुम्हारे साथ यहाँ तक आया है।"

"क्या? हमारे साथ आश्रम से भी कोई आया है? अचरज उनमें से किसी को यह पता नहीं है।"

"हाँ, चन्द्र। वह व्यक्ति विश्राम कर रहा है। उसने सामने खड़े व्यक्ति को जो बताया है, उसने वही सब मुझे बताया है।"

"पर कब, आचार्य? मैं तो आपके साथ हूँ।"

"वह व्यक्ति सांकेतिक भाषा में मुझे बता चुका है। वास्तव में वह है भी गूँगा। हमने ऐसे गूँगे व्यक्तियों का दल तैयार किया है जो सारी बात संकेतों से समझ-समझा सकते हैं।" चाणक्य ने तनिक मुस्कराकर अलका की ओर देखा और आगे कहा, "इस सांकेतिक भाषा की उपज का श्रेय राजकुमारी अलका को जाता है। तुम्हें ज्ञात नहीं है, चन्द्र, कि अलका नृत्य बहुत सुन्दर करती है। जब हम समस्याओं से जूझ रहे थे तब अपने पास कोई सांकेतिक भाषा नहीं थी, पर होनी चाहिए ताकि कथन की गोपनीयता बनी रहे और अपने व्यक्ति का वह सन्देश-समाचार भी दिया जा सके। क्यों अलका?"

"हाँ, आचार्य।"

"तुम भी, चन्द्र, अलका से उस भाषा को सीख लो। उसने उस सुबह आकर और यह कहकर हम सबको चौंका दिया था कि उसने सांकेतिक भाषा बना ली है। कैसे, अलका? जरा चन्द्र को भी बताओ।"

अलका तनिक संकोच के साथ कहने लगी, "मैं दिनरात नृत्य में जुटी रही हूँ। अचानक ध्यान में आया कि नृत्य के द्वारा सम्पूर्ण अभिव्यक्ति संकेत के माध्यम से ही होती है। यदि उसे थोड़ा और गूढ़ बनाया जाए तो सांकेतिक भाषा का जन्म हो सकता है। मैंने विद्यापीठ के गूँगे पात्रों को वह भाषा सिखलाई और उन्होंने उसे तुरन्त पकड़ लिया। फिर क्या था, मैंने आचार्य के सामने प्रस्ताव रखा। गूँगों ने उस भाषा के माध्यम से अपने विचार प्रस्तुत किये और मैंने उनकी बात को समझाया। फिर मैंने संकेत से कुछ पूछा और उन्होंने उसका उत्तर सांकेतिक भाषा में दिया। वह सब भी मैंने आचार्य को समझाया। तब से वह भाषा सक्रिय हो गयी।" अलका के मुखमण्डल पर बालिकामयी मुस्कान थी। उसकी बड़ी-बड़ी आँखों में गुलाबीपन लिए सहजता थी।

"चन्द्र, आवश्यकता अविष्कार की जननी है। अलका, चन्द्र को भी यह भाषा सिखा दो ताकि अपने आदमियों को उनकी बात समझने-समझाने में सहायता रहे और गोपनीयता भी।"

"ठीक है, आचार्य।" कहकर अलका उठने लगी।

उसके जाने के बाद चाणक्य ने कहा, "चन्द्र, अलका ने यहाँ रहकर अनेक महत्त्वपूर्ण कार्य निष्पादित किये हैं--जैसे सैन्य दल का संगठन—उनको एकत्र कर बनाया जो आम्भीक के आत्मसमर्पण के विरोध में थे। जानते हो, आज हमारे पास कितने प्रशिक्षित सैनिक और उनके नायक हैं?"

जब चन्द्रगुप्त मौर्य कुछ नहीं बोल पाया तब चाणक्य ने कहा, तुम बताओ, अलका।"

"आचार्य, बारह हजार।"

"वे कहाँ हैं?"

"उनमें से ग्यारह हजार तीन सौ सैनिक और सेनानायक अलख जगाने के कार्य में रत हैं। वे पश्चिमोत्तर सीमावर्ती राज्य और उसकी प्रजा को सचेत कर रहे हैं। गणराज्य जहाँ-जहाँ हैं, वहाँ की प्रजा अधिक जागरूक, सचेत और कर्तव्य के प्रति निष्ठावान् है। जहाँ राजतन्त्र हैं, वहाँ की प्रजा कमजोर है। वहाँ प्रजा की आवाज की कोई कीमत नहीं है। यदि वहाँ की प्रजा जग गयी, उसने अपने उत्तरदायित्व को निभाने का प्रयत्न किया और वहाँ की प्रजा राजा की शक्ति बनकर उभर आयी तो वहाँ की जनता कभी नहीं हार सकती, चाहे वहाँ के राजा-नरेश पराजित हो जाएँ या आत्मसमर्पण कर दें।" अलका ने सहज परन्तु सतर्क होकर अपनी नयी रणनीति का एक परिदृश्य प्रस्तुत किया। चन्द्रगुप्त मौर्य हतप्रभ रह गया। अन्त में अलका ने कहा, "जिनको आचार्य चाणक्य का नेतृत्व मिल जाए, वे न कभी असफल हो सकते हैं और न कभी भयातंकित। यह जो हो सका है और जो हो पा रहा है, उसका श्रेय आचार्य चाणक्य को है। उनका ही यह विश्वास है कि जब नरेश-राजा आतंकित और भयभीत होकर पीछे हटने लगते हैं तब यदि जनता खड़ी हो जाए तो वह एक यवन सिकन्दर क्या अनेक बर्बर और आततायी सिकन्दरों का मुँह मोड़ दे, जमीन सुँघा दे और आने वाले आततायियों की योजना पर पानी फेर दे। मौर्य, आचार्य यवन सिकन्दर को आर्यावर्त्त के जन के मनोबल से ऐसा सबक सिखलाना चाहते हैं, कि बिना किसी बड़ी शक्ति, सम्राट, राजा, नरेश, क्षत्रप आदि के भी यवन सम्राट को यह सोचने और निर्णय लेने के लिए विवश कर सकते हैं कि वह आगे बढ़ने, आक्रमण करने आदि का विचार त्यागकर घर लौटने के लिए विवश हो जाएँ। यह है आचार्य का मनोवैज्ञानिक आक्रमण। जहाँ हिंसा हथियार डालने लगती है और जहाँ अहिंसा का मनोविज्ञान श्रीकृष्ण का सुदर्शन बन जाता है।"

चाणक्य ने अब वहाँ उनके मध्य बैठा रहना उचित नहीं समझा क्योंकि सारा प्रसंग उन पर ही आ केन्द्रित हुआ। वह चन्द्रगुप्त मौर्य को स्वतः ही निर्णय लेने के पक्षधर थे। उसमें इच्छाशक्ति बने, सुदृढ़ हो और उससे उसकी तीसरी आँख खुले ताकि वह एक व्यापक परिप्रेक्ष्य में सोचकर निर्णय ले सके और जान सके कि अपने लिए तो सभी जी लेते हैं परन्तु दूसरों के हितार्थ और राष्ट्रशक्ति के प्रखर उत्थान के लिए जीने वाले ही सच्चे सेवक होते हैं।

चाणक्य के जाने के बाद चन्द्रगुप्त मौर्य अपने आप में खोया हुआ बैठा रह गया। अलका क्या कुछ नहीं कर रही है। उसे अपने सोच पर पश्चात्ताप होने लगा। वह सोच नहीं सका था कि चाणक्य में कितनी जबरदस्त शक्ति अन्तर्निहित है। अलका ने गम्भीर होकर कहा, ''मौर्य आपसे आचार्य को बहुत आशा है। आप भाग्यशाली हैं, ईश्वर आपको सफल बनाये।'' इसके बाद अलका चल दी और चन्द्रगुप्त वहाँ एकदम अकेला रह गया स्वयं से संवाद करने के लिए।

26

चन्द्रगुप्त मौर्य अपने कक्ष में लौट आया। उसे नींद नहीं आ रही थी। कैसे आये। अनेक बातों से घिरा वह अपने मौन को नहीं समझ पा रहा था।

चाँदनी रात थी। आकाश साफ था। यद्यपि वर्षा ऋतु थी। प्रायः प्रतिदिन आकाश में मेघ बने रहते थे और कभी-कभी वर्षा दिन रात भी होती रहती थी तथापि आज का वातावरण अत्यन्त मनोरम, रम्य और मोहक था।

चन्द्रगुप्त मौर्य के जीवन में एक नया मोड़ आया था। क्या वह आचार्य के मूल्यांकन पर खरा उतर पायेगा?

अलका ने बाहर आकर मुड़ते हुए पुनः कहा था, ''मौर्य, आप कभी अपने आप से संवाद करना मत त्यागना, न उसकी कभी अवहेलना करना। वही हर मनुष्य की ऊर्जा है, वही मनुष्य की तपस्या की अन्तःशक्ति है और वही आत्मा का अन्तःप्रकाश है।''

''हाँ, अलका आप ठीक कह रही हैं परन्तु मैंने ऐसा अनुभव नहीं किया है।''

चन्द्रगुप्त मौर्य को अपने इस कथन से आत्मतुष्टि नहीं हुई। अलका का हृदय पुलक भरकर कह उठा, ''मौर्य, हुआ भी हो तो क्या है तब अनुभव करने जैसा मन में कुछ आया ही न होगा।... अभी भविष्य पड़ा है जो नहीं हुआ है, वह हो सकता है। मैंने कभी नहीं सोचा था कि मेरे जीवन का वसन्त तक्षशिला के राजप्रासाद में नहीं तक्षशिला विद्यापीठ के पार्श्व के एक ग्राम में बिताना पड़ेगा। हर राजकुमारी के भाग्य में स्वदेश प्रेम की ललक-ज्योति से ज्वाला नहीं बनती और न हर राजप्रासाद

से कुटिया में शरण पाकर आत्मतृप्ति। मुझे किसी से कोई शिकायत नहीं है और न कोई अपेक्षा है।... आप तो कर्मठ, पराक्रमी और साहसी पुरुष हैं।"

"हाँ वो तो सब है कदाचित्।"

"कदाचित् पराक्रमियों को शोभा नहीं देता, मौर्य। विश्वास में संशय का छोटा-सा भी छिद्र नहीं होता।... क्या तुम्हें किसी ने अपना विश्वास सौंपा है?" अलका के चंचल नेत्रों में चपला कौंध गयी। चन्द्रगुप्त मौर्य की देहयष्टि, मुखमण्डल पर सौम्य तेज और भोलापन ऐसा सम्मोहन पैदा करते हैं कि कोई युवती उसकी ओर सहज खिंची चली आ सकती है।

चन्द्रगुप्त मौर्य मुस्कराकर आगे बढ़ गया था और अलका प्रेममयी बनी. यथास्थान खड़ी रह गयी।

चन्द्रगुप्त मौर्य लेटे-लेटे बारम्बार सोचे जा रहा था कि किसी को उसे अपना विश्वास सौंपने से अलका का क्या अभिप्राय था।

"ठहरो, अश्वरोहियो।" एक कड़क महीन आवाज उस वातावरण में गूँज गयी।

चन्द्रगुप्त मौर्य ने अश्व की लगाम खींची। अश्व रुक गया। उसके साथी रुक गये।

"वह मार्ग निरापद नहीं है, मौर्य।"

चन्द्रगुप्त मौर्य चौंक पड़ा। यह तो वही युवती थी, जिसके अनढके विमल सौन्दर्य को उसने पहली बार देखा था और अन्दर ही अन्दर उस पर आसक्त हुआ था। वहाँ से उसका मन हटने का नहीं कर रहा था। उसने पूछा, "तुम, माधवी।"

"हाँ, मैं मौर्य जिन धनुर्धारियों ने आपको यह मार्ग बतलाया, वे गलत नहीं थे। परन्तु यवनों के गुप्तचर विभाग ने उसमें सेंध लगा ली है।"

"क्या मतलब?"

"जहाँ वे धनुर्धर आपको यह मार्ग बता रहे थे, वहाँ यहाँ का एक व्यक्ति उसको सुन रहा था। उसने कुछ पण के लोभ में वह सब बता दिया। निस्सन्देह यवन सैनिक वहाँ पहुँच चुके होंगे। आप लोगों ने नदी के पास रुककर विश्राम भी किया था।"

"तब?" कहकर चन्द्रगुप्त मौर्य सोचता रह गया था।

"मुझ पर विश्वास है, मौर्य?"

"हाँ, कहो, क्या कहना चाहती हो?"

"आज रात यहीं रुक जाओ। सवेरा होने दो। तब तक शत्रु की गतिविधियों का पता चल जाएगा। फिर आगे का निश्चय विश्वास से किया जा सकेगा। अपना घर और यहाँ की पंचायत आपके साथ है। आपने इस गाँव को बचाया था।" उसने सहज ढंग से अपनी बात कहते हुए अन्त में यह कहना नहीं चूका, "मैं रही युवती। राजनीति नहीं जानती। आप लोग इस सम्बन्ध में और गम्भीरता से सोच सकते हैं।"

चन्द्रगुप्त मौर्य के मन से उसका सादगीयुक्त सौन्दर्य और उसकी बड़ी-बड़ी आँखों का माधुर्य और सदाबहार स्मित का बाँकपन नहीं हट पा रहा था। उसने अपने साथियों से बात की और अपने निर्णय से सबको अवगत करवा दिया।

''चलो।''

वह उन्हें गाँव में पीछे के रास्ते से ले गयी। अश्वों को नोहरे में बँधवाकर सबको अपने घर ले आयी। वहीं सरपंच, परिषद् सचिव आदि भी आ गये। सबके ठहरने की व्यवस्था कर दी गयी। साथ ही, गाँव के उस भेदिया को पकड़कर बन्द कर दिया गया।

''सुनो।''

''क्या है?''

''आप हमारे यहाँ अतिथि हैं। कोई भय हो तो...।''

''भय कैसा।'' चन्द्रगुप्त मौर्य ने कहा, ''पर क्यों?... यहाँ...।''

''पता नहीं... मैंने पहले ही सोच लिया था कि अब क्या मिलना होगा। परन्तु, मान जाओ तो आपकी इच्छा और न मानो तो हमारा दुर्भाग्य।''

''ऐसा क्यों सोच लिया?''

''सोचना तो सोचना है, मौर्य। मन में जब सन्देह हो तब सोचना बाढ़ के पानी की तरह तेज हो जाता है। यदि उस दिन आप नहीं मिलते और मेरे मन में स्वतः आशा की किरण नहीं फूटती तो यह सच जानना... पर उस सच का भी क्या जिसका आधार काल्पनिक हो।'' माधवी का हृदय चाँदनी की विमल छाया तले मलयजी पवन सा गद्गद हो रहा था। उसके मुखमण्डल पर दिव्यता विद्यमान थी।

''तुम क्या चाहती हो माधवी?''

''मेरे पिताजी ने मेरा उपनयन संस्कार जिनसे करवाया था, वह वेदों की ज्ञाता और भाष्यकार थीं। उनकी रची 'ब्रह्मवादनी' और 'मन्त्रद्रष्ट्री' प्रसिद्धि पा चुकी थीं। वह चाहती थीं कि मैं घोषा, शाश्वती, अपाला, लोपमुण्डा, निवाबरी आदि की भाँति विदुषी और दार्शनिक बनूँ। सद्योद्वाहा की तरह छात्रा बनूँ जिसने अध्ययनोपरान्त विवाह किया था। वह ब्रह्मचर्य कन्यानं युवा विंदते पतिम में विश्वास करती थीं।''

''तुम अथर्ववेद की उक्ति दोहरा रही हो।'' यह सच है माधवी।

''तुम... नहीं नहीं, आप।''

''नहीं, तुम मुझे तुम ही कहो। माधवी, तुम में जो आत्मीय रस है, निकटता है, अपनत्व है, वह आप में कहाँ है। आप दूरीसूचक है, जबकि तुम... क्या मैं गलत कथन कर रहा हूँ।'' चन्द्रगुप्त मौर्य ने उसके अन्तःकरण को पढ़ते हुए पाया कि वह विदुषी है, संस्कारशीला है, सात्विक है और निर्भीक है एकदम तृप्ति की तरह जो निराशा को पास फटकने नहीं देती थी। वह सदा आशा से भरी, प्यार से

महकती-इठलाती मृदुहास्य की अन्तः रश्मियों से सबका स्वागत करती थी। उसी ने अपने पति से कहा था, "परदेशी से कहो कि रात में किसी के घर पर रहने, बतियाने और प्रसाद पाने के बाद वह छूत रोग से मुक्त हो जाता है, परदेशी नहीं रहता। पुरुष स्त्रियों के बीच जीभ की तरह रहना सीख जाए तो अधर्म जाता रहे और एक सुखी समाज निर्भय होकर व्यवहार-आचरण से प्रकट हो सके। क्या स्त्रियाँ विदुषी नहीं होती हैं।" देर तक तृप्ति का यह प्रश्न चन्द्रगुप्त मौर्य को कुरेदता रहा था।

"मैंने अपनी माँ और पिता को बता दिया था कि आप...।"

"फिर आप।"

"नहीं तुम... नदी के पास मिले थे और बाद में जब तुमने हमारे गाँव को आत्मरक्षा के लिए खड़ा पाया था तब... परन्तु घोर संकट के समय तुमने अपने साथियों को लेकर हमारी रक्षा की थी।"

चन्द्रगुप्त मौर्य साश्चर्य उसे निहारता रह गया था अपलक।

"तब हम से एक गलती हुई थी, मौर्य।" कुछ देर तक रुककर माधवी ने कहा था, "हम अपने मन-हृदय में बह उठे उस संगीत की ऋचा को व्यक्त नहीं कर पाये थे। बाद में माँ से कहा था। माँ से कहते हुए पिताजी ने सुन लिया। वह हमारे बीच में आये और बोले, 'हम तो समझ रहे थे कि हमारी पुत्री वेदादि का अध्ययन कर अगने जीवन में से उन व्यवधानों को हटा चुकी होगी जो हवा के बहने से रोकने का दुस्साहस करते हैं। उसे तो उस पर अपने को प्रकट कर देना चाहिए था। हम तत्काल ब्राह्मण या प्राजापत्य विवाह संस्कार से ऐसे जोड़ देते जैसे चमेली-चम्पा की सुगन्ध।' " यह सब वह संगीत की स्वर लहरियों की तरह गुनगुना उठी। मानो चाँदनी ने नयन झपका कर मौन स्वीकृति दे डाली हो।

चन्द्रगुप्त मौर्य स्वप्न में खोने लगा। वह कैसे कह गया था अलका से कि उसने उस दिव्यता का अनुभव नहीं किया है, जिसके उपरान्त अनुभव अनुभव नहीं रहता प्रत्युत जीवन ही बन जाता है, जहाँ सम्भावनाएँ स्वतः आत्मसमर्पण कर अपना लोप कर देती हैं।

तब चन्द्रगुप्त मौर्य ने चाँदनी को अपने में शीत नद-सा बहते हुए पाया। चाँदनी फिसल रही थी जैसे-जैसे वह नदी में स्नान कर गुनगुनाती जा रही थी। आज उसकी सहसा याद आ रही है जो अभी तक अदृश्य है, अनदेखे अनपहचाने सदृश है। जाओ, उनसे कह दो उन लहरों से अब संगीत गीत बनकर उभर आना चाहता है।

"किस सोच में पड़ गये, मौर्य? स्वीकार्य का मंगलाचरण सदा स्वरसिक, स्वलक्ष्य, स्वैच्छिक और स्वाश्रित होता है।"

"मैं जो सुन रहा हूँ वह शब्दों से परे है, सोच से मुक्त है और निर्बन्धन है। वह नव सुकोमल, तन्वी और अमृण्मय है सद्यः जन्मे स्वप्न-सा।" चन्द्रगुप्त मौर्य

में शास्त्र और शस्त्र अनावृत हो काव्यमय हो उठे।

"मैं चाहती हूँ कि पहले तुम से पूछ लूँ।"

"ना पूछो।"

"क्यों?"

"सच यह है कि मैं अभी प्रश्न हूँ। ऐसा प्रश्न जिसे उत्तर की तलाश नहीं थी। उत्तर क्या होता है या हो सकता है, उसके सोचने की कभी आवश्यकता नहीं बनी। प्रश्न से कहो कि वो उत्तर दे जैसी मनःस्थिति है मेरी, माधवी।" चन्द्रगुप्त मौर्य सब कुछ भूल जाना चाहता था चाँदनी के अनबोले नुपूरों की रुनन-झुनन के इन स्वप्निल, मादक और संगीमतय क्षण-अनुक्षण में।

माधवी में कैसे गा उठे थे वे पल कि क्षण को क्षण पा लेने दो। स्वीकार को स्वीकार हो जाने दो। मादकता को मादक बन लेने दो। चाँदनी को चाँदनी हो जाने दो। इस पार उस पार की बातें छोड़ो। मात्र लहरों से लहरों का संगम हो जाने दो। क्या गीत ऐसे बनते हैं। क्या संगीत में नयी धुन ऐसे मचलती है। क्या स्वप्न-कल्पना के सद्यःकुसुम ऐसे खिलते हैं। वह बोली, "तुम्हें विश्राम करना चाहिए। रात आधी जा चुकी है। चाँदनी को झपकी लगने लगी है। अनजाने में उठी हूक का कहा-सुना क्षमा करना, मौर्य।"

वह चल दी। वह चली गयी। चाँदनी बहते-बहते ठहर गयी। ये क्या किया उसने। वह ठहरा। चलने से पूर्व कई बार ठहरा रहा—अनचाहे, अनसोचे, अनकार्य। वह नहीं आयी। उसने विदा नहीं किया। अन्ततोगत्वा उसे चल पड़ना पड़ा। अश्व की गति सहमी-सहमी-सी थी। मन चाँदनी हो रहा था।

दूर निकल आये। गाँव दूर रह गया। उदासी में लिपटा मन उद्विग्नता से प्रश्न कर रहा था किसी ऐसी भाषा में जिसे उत्तर देने वाला नहीं जानता था।

कि तभी बयार में नूपुरों की अन्तर्ध्वनि सुनायी पड़ी, समीर सुगन्ध हो उठा और लुप्त चाँदनी चन्दन। गीत संगीत बन बह उठा। वो आवाज जिसे मात्र वह सुन पा रहा था, कोई और नहीं, वह थी—वह माधवी की। वह गा रही थी।

जाओ मेरे हृदयेश्वर सँभल-सँभल कर। लक्ष्य-अलक्ष्य प्रेरित हो। नियति के मंगलाचार, तुम नियति के शुभ-स्वस्तिक बन लहराओ। दिग् दिगन्त के सारथी जन, मंगल बन मुस्कराओ।

"हे कथनमुक्त अवक्ता, प्रश्न जड़ता रहित संगम वह स्वयं ही प्रश्न है और स्वयं ही उत्तर। जब प्रश्न को ही उत्तर बनता पाओ तब तक लौटने की प्रतीक्षा के साथ जाओ, मेरे सुवासित मंगल, चेतना के चाँदनी प्रदीप, अन्तरंग के अनबोले संगीत गाओ। जाओ... जाओ शुभ तीरे अनसुना संगीत उठाओ। जाओ।"

"तुम।"

चन्द्रगुप्त मौर्य उसे न अलका कह पाया और न आप। उसने चाहकर भी उसमें सुधार नहीं किया। सारा गणित साश्चर्य देखता रह गया।

"रात्रि ढलने का उपक्रम करने की सोच रही है, मौर्य, और तुम चाँदनी के सागर में सुधबुध खोये, हिम हुए स्वप्नों के अन्तर्मन के तान छेड़े जा रहे हो, मौर्य। क्या नींद नहीं आ रही है या उसे कोई रोके हुए है।" अलका छलक पड़ी अनजानी बूँद सी महकते हुए।

चन्द्रगुप्त मौर्य अपराधी बना, साँस रोके, (कहीं उसकी साँस गोपनगाथा को अनावृत न कर बैठे) मौन रह गया मानो उसने मौन को कसके रोका हुआ हो। कहीं मौन उसके हाथ से फिसलकर अनकहा कह ना बैठे।

"क्या तुम्हें किसी ने अपना विश्वास नहीं सौंपा है, मौर्य?" अलका का प्रश्न अनायास असत्य को ही सत्य का कवच बनाकर कटाक्ष कर उठा था। वह अन्दर ही अन्दर झेंप रहा था। अलका ने उसका हाथ छूकर कहा था, "अन्दर आओ, मौर्य, हिम हुए जा रहे हो। बैठे ठाले बीमार पड़ जाओगे। मुझे तुम्हारी नहीं, अपनी चिन्ता सता उठी है।"

"अपनी चिन्ता?"

"हाँ, मौर्य, आचार्य यह भार मुझ पर डाल देंगे। तब हो गयी न मुसीबत। न तुम उन्हें मना कर सकोगे और न मैं। इसलिए कहती हूँ कि विश्वास में घालमेल कभी नहीं चलता। और फिर तुम चाहो भी तो अधिक समय तक चला भी नहीं सकते। ऐसी कोशिश करने की भी मत सोचना अन्यथा झट पकड़े जाओगे और अपना-सा मुँह लेकर रह जाओगे।... पर पता नहीं क्यों सारे सिद्धान्त विधान को ताक में रखकर मन बहकावे से दोस्ती कर लेने से बाज नहीं आता। क्या पता उसे जानते-बूझते चाँदनी में छिपने की आदत क्यों रास आती है। भला कोई चाँदनी में भी छिप सकता है क्या?... तुम तो उत्तर दे नहीं सकते क्योंकि तुम्हें चाँदनी में छिपना-छिपाना नहीं आता है, मौर्य।" अलका कुछ-कुछ भावुक हो उठी अपने को लेकर और कह उठी, "मुझे भी देने वाले ने क्या उपहार दिया है—पहले युवती और फिर सत्य की खरी-खोटी सुनना और सहना। मौर्य, असत्य के लिए तरस गया है मेरा मन। जीवन में सचाई से हटकर भी बहुत कुछ है जैसे तुम्हारे पास है।"

चन्द्रगुप्त मौर्य चमका।

"सब्जी में नमक-मिर्च, गरम मसाला और मिर्च न हो तो सब्जी का मजा क्या और क्या मांस का। जैसे सत्य सुन्दर है, वैसे असत्य भी। अन्तर सारा समझने वाले पर है।" अलका का गूँगा मन तानपूरा पर रियाज कर उठा। कभी-कभी यह मन भी कितना बावरा हो जाता है न वक्त देखता है और न वक्त की नजाकत और वह निकल पड़ता चुपचाप दरिया के किनारे दरिया बना सरगम के साथ। कौन समझाये

उसे और कैसे? क्या वास्तव में समझाने से कुछ बनता है मात्र नासमझी के। यह सोचते हुए अलका चन्द्रगुप्त मौर्य को कक्ष में ले आयी और बोली, "अब चुपचाप इन दो लोइयों में दुबक जाओ।"

"कितना कष्ट दिया तुमको, अलका।"

"उस कष्ट से कम जो तुम देने वाले थे चाँदनी के ठण्डे सागर में डूबते हुए।" अलका की आँखों में चमक कौंध रही थी रह-रहकर।

"क्या पुरुष नारी को सदा से कष्ट देता आया है?" चन्द्रगुप्त मौर्य में उलझा प्रश्न रपट पड़ा।

अलका कुछ नहीं बोली। वह जानती थी, कुछ ऐसे अनबूझे प्रश्न हैं जिन पर शाश्वत बहस तो हो सकती है परन्तु जिनका कोई शाश्वत उत्तर नहीं हो सकता। ऐसे ही अनसुलझे पलों में जब अनायास उसकी नींद खुल जाती है और बाहर पूरे चन्द्र की खामोश और निढाल चाँदनी होती है तब वह अपने को नहीं रोक पाती और चाँदनी के मूक निमन्त्रण का स्वागत करने चल पड़ती है। तब कितना मखमली हो जाता है उसका तन, मन और हृदय कि वह मूक हवा के साथ बहने लगता है अनजाने स्वप्नों की आहट पाने। इस मोड़ पर आकर क्या स्त्री और क्या पुरुष दोनों लगभग भीग उठते हैं। तब वे शान्त और विमल झील में तैर रहे होते हैं बिना हाथ पाँव चलाए और बिना दिशा-दृष्टि के। अलका ने पुनः बिना आँख झपकाए चन्द्रगुप्त मौर्य की ओर देखा और एक लोई हाथ में उठाकर कहा, "अब लेट भी जाओ, मौर्य। मुझे भी चलना है।"

"मैं लेट जाऊँगा, अलका।"

"तुम्हारा क्या भरोसा कि तुम फिर से चाँदनी के आकर्षण में सम्मोहित हुए उधर जाकर न बैठ जाओ। पुरुष और बच्चों का एक सीमा तक यह स्वभाव होता है कि उन्हें जिस काम के लिए मना किया जाता है, उसे करते अवश्य हैं। चाहे उन्हें ऐसा करते हुए लुकना-छिपना क्यों न पड़े।" अलका दोनों लोइयाँ उठाकर चलने लगी। वह कुछ समय तक खोयी-खोयी-सी आगे बढ़ती रही। धीमे कदमों से, सब ओर से अपने को समेटकर।

चन्द्रगुप्त मौर्य का शरीर एकदम हिम था। उसे कुछ ध्यान नहीं है कि वह कब बाहर खुले में आकर अपने को चाँदनी को सौंप बैठा और माधवी के पास जा पहुँचा। काश, मनुष्य के पास अतीत से जुड़ जाने की ताकत नहीं होती तो मनुष्य स्वयं भी आराम पाता और दूसरों के भी सुख-चैन में खलल पैदा नहीं करता। जीवन के आनन्द के लिए भूलना जरूरी है। पर कैसे भूला जाए? उससे तो नये-नये प्रश्न उठते हैं, जैसे अलका कब से उसे यों खोया-खोया देख रही थी। और वह क्यों बाहर आयी? क्या सोचकर उसने उसे चेताया। वह क्या सोच रही होगी। उसे लोई ओढ़कर थोड़ी

देर में राहत अनुभव होने लगी और वह निद्रांक में जा समाया।

27

कितने दिन हो गये एक जगह और एक शिविर में, निरन्तर वर्षा के बीच। धूप का नाम नहीं। युद्ध पर आमादा। कार्नेलिया मनुष्य के इस पागलपन से अन्दर ही अन्दर व्यथित हो उठी थी। फिर भी, जय यात्रा का जुनून सिर चढ़ा हुआ है। ओह! एक ओर शान्ति के देवदूत और दूसरी ओर युद्ध के पैगम्बर।

कैसा भयानक संकट। हाथ को हाथ नहीं सूझता। जंगल भी एकदम घना। कहीं-कहीं दलदल भी, गड्ढे भी और जंगली जानवरों, झींगुरों और मच्छरों की तेज आवाजें। कार्नेलिया को उदास देखकर, धीरे से सेल्यूकस ने कहा, ''मैंने इसीलिए तुम्हें रोका था, कार्नेलिया।''

''और मैंने इसीलिए जिद की थी, पिताजी।'' कार्नेलिया कुछ रुक कर कह रही थी।

''कितने सैनिक बिन लड़े ही...।'' कार्नेलिया ने सिल्यूकस का अधूरा वाक्य पूरा किया और कहा, ''मच्छरों के आक्रमण से अधमरे हो गये अथवा मर भी गये। कितने अश्वों पर भी उनकी मार पड़ी।''

''तब क्या मिला तुम्हें यहाँ आकर, कार्नेलिया?'' सिल्यूकस ने पूछा।

''बहुत कुछ और अनमोल भी।''

''कैसे?'' सिल्यूकस चौंका।

''यह मरने-मारने की कवायद क्यों? यह कैसी जीत-हार? वाह, क्या हैं जिन्दगी के अरमान! दुनिया जीतो। बिना लड़े भी मरो तो मरो, किसको चिन्ता! घना अँधेरा पाख। ऊपर से ताबड़तोड़ बरसात और शत्रु पर अचानक आक्रमण की योजना। आक्रमण का मतलब... गाजर मूली की तरह कटने-काटने की मण्डी का व्यापार। ... ना यहाँ आती तो कैसे यह सब देख पाती कि पराक्रम, साहस, वीरगति को प्राप्त करने का अदमित हौसला और उनको एक शानदार जलसे में तमगों के बेशकीमती उपहार के वरदान कैसे मिलते हैं! और कैसे होते हैं देशभक्ति के प्रमाण! क्या है उनके पीछे की सचाई और क्यों चल पड़ा है ये युद्ध का त्योहार! पिताजी...।''

''कार्नेलिया, यह पागलपन नहीं। जानती हो तुम्हारा यह पागलपन सेना में कैसी खलबली पैदा कर सकता है और अपना सम्राट क्या कुछ कर सकता है?... और तुम्हें जानकर... सिल्यूकस की सन्तान...।''

''मैं एक सैनिक के वेश में हूँ मुझे कोई डर नहीं है, पिताजी। मरकर भी सच जान लेना लाभ का सौदा है।... यहाँ पिता-पुत्री नहीं, हम सेनानायक और सैनिक

हैं सिर्फ। यही याद रहे।" इसी बीच सिकन्दर का बुलावा आ गया और सिल्यूकस बाहर की ओर चल पड़ा। कार्नेलिया अनमनी-सी सोच असोच के सागर में गोते खाती रह गयी।

इतनी दूर से आया है इतना बड़ा मौत का काफिला। मरने-मारने के इरादे, हुंकारें, तलवारें, बरछे, भाले, तीर कमान आदि न जाने क्या-क्या लेकर!

सिकन्दर परेशान हो चला है। प्रतीक्षा... प्रतीक्षा... प्रतीक्षा। कब तक? वर्षा ऋतु के बीतने की प्रतीक्षा। ओह! यह क्या हो रहा है? उसे हर रोज जीत चाहिए। यह कैसा सुरूर जो कभी उतरने का नाम नहीं लेता।

"तुमने यह ठीक नहीं किया, सिल्यूकस। कार्नेलिया को यहाँ नहीं लाना था। कहीं तुम उसकी दुर्बलता के शिकार न हो जाओ। मुझे करुणा, ममता, प्यार, दया आदि शब्दों में छिपी नपुंसकता की गहराती माया से डर लगता है। ये ताकत को निगल जाने वाली लिपलिपी अदृश्य जिह्वाएँ हैं।" सिकन्दर के शब्द सिल्यूकस को क्षुब्ध कर उठे थे।

अब उसने फिर बुलाया है। उसे युद्ध चाहिए। फिलिप को इसीलिए वहाँ बुलवाया है। फिलिप ऐसा मौका नहीं चूकना चाहेगा। तो वह क्या करे अब? सवाल उसके अस्तित्व का भी है। सिकन्दर जीत का साथी है। जीत कैसे भी मिले, इसकी उसे चिन्ता नहीं।

सिकन्दर तारों भरी रात में फिर वहीं आ खड़ा हुआ, जहाँ से खड़े होकर रोज लौट रहा था। आज भी कल-परसों की तरह जेहलम (वितस्ता / झेलम) लबालब तेजी से बह रही थी। मानो वह दौड़ रही हो। जेहलम के उस पार पर्वतेश्वर की सेना ने मोरचा सँभाला हुआ था। दूर-दूर तक उसकी सैनिक चौकियाँ नजर आ रही थीं। सिकन्दर के सोच में भँवर पड़े हुए थे कि जेहलम पार कैसे पहुँचा जाए। सामने से या इधर-उधर से सेना पार करायी तो पर्वतेश्वर की सेना अपने बाणों से उन्हें छलनी कर देगी। उसकी सेना का मनोबल भी टूटने लगा है। जेहलम के पूर्वी और पश्चिमी तट बाढ़ के कारण अकेले पड़ गये थे। दिन पर दिन बीत रहे थे परन्तु कोई समाधान नहीं निकला, सब कुछ जस का तस।

तब फिलिप ने वहीं के एक व्यक्ति को पटाया सहस्रों पण नजर करके वह समझ चुका था कि बाढ़ और घनघोर वर्षा में वहाँ लोग जरूरत पड़ने पर जेहलम को पार तो करते ही होंगे। और वही हुआ। फिलिप का निशाना सही लगा। उस व्यक्ति ने वहाँ से कोई साठेक मील दूर जाकर हाथ के संकेत से बताया, "वह बीचों-बीच टापू है। घने जंगल से छिपा है। अँधेरा पाख है। आओ, पार करें। यहाँ जेहलम की रफ्तार कुछ धीमी है और शत्रु भी इस स्थान से बेखबर है।"

फिर वहाँ फिलिप सिकन्दर को लेकर आया। उसने सारी स्थिति का मुआयना

किया। जाँचा। यों रात चल पड़ी। धीरे-धीरे सेना आगे बढ़ी। कुछ दूरी तक अश्वों की लगाम थामे सेना आगे बढ़ी। दूसरी आधी रात को आधी सेना उस स्थान पर थी। कुछ सेना और अश्वारोही अभी तक वहीं थे। शत्रु पक्ष को भ्रम में डालने के लिए।

"आओ सिल्यूकस, फिलिप को धन्यवाद दो। उसने हमारी समस्या हल कर दी है। आज रात को हमारी सेना का एक भाग जेहलम पार कर चुकेगा। तुम्हें भी उसी के साथ जाना है।"

"धन्यवाद, फिलिप।... मैं तैयार हूँ। ...सम्राट, फिलिप को एक सप्ताह हो गया है, उसे लौटना होगा। वह वहाँ का क्षत्रप है। उसके लिए वह स्थान नया है।"

"हाँ, फिलिप, अब तुम कल सुबह जा सकते हो।" सिकन्दर ने कहा।

"आज की रात हमारे लिए भाग्यशाली है।" सिल्यूकस ने तुरुप का इक्का चला, "सेना का एक भाग नहीं, तीन भाग।"

"क्यों, सिल्यूकस?"

"प्रकृति हमारी सहायक बनी है। तेज वर्षा का शोर चारों ओर से है।... इस मोड़ से उस टापू तक। उस टापू से झेलम पार तक। एक-दो दल पर्वतेश्वर की सेना के पीछे पहुँच जाएगा। पश्चिमी तट से सेना धीरे-धीरे आगे बढ़ेगी। शत्रु पक्ष सो रहा होगा निश्चिन्त होकर।" सिल्यूकस ने सारी चक्रव्यूह रचना कर डाली।

फिलिप ने भी उसका समर्थन किया।

"कूच।" सिकन्दर ने आदेश दे डाला। अर्द्ध रात्रि के बाद बारह हजार सैनिक जेहलम के पार थे।

चकित। उधर भी थोड़ी दूर पर पर्वतेश्वर की सेना उसके लड़के के नेतृत्व में पड़ी हुई थी। उसे आहट हुई। वह खड़ा हो गया और अपनी ढाई हजार पैदल सेना को उसने आक्रमण करने के लिए तैयार कर लिया। कुछ समय बाद हवा में एक शब्द तेजी से तैर गया, "आक्रमण।"

युद्ध का प्रारम्भ हो गया। जमीन गीली-दलदली हो जाने से उसके सैनिकों के धनुष जमीन पर टिक नहीं पा रहे थे। यवन सेना के बारह हजार सैनिक आक्रामक हो गये। देखते ही देखते पर्वतेश्वर के पुत्र पर ऐसा निशाना साधा कि वह वहीं ढेर हो गया। अपने सेनानायक के प्राण पखेरू उड़ता देख उसकी सेना में भगदड़ मच गयी।

पर्वतेश्वर को जैसे ही यह पता चला कि सिकन्दर ने पश्चिमी दिशा से आक्रमण कर उसके पुत्र को मार डाला है, वैसे ही एक बार उसका दिल बैठ गया। अब युद्ध आमने-सामने का था। उस तेज वर्षा ने जमीन को और दलदली बना डाला था। धनुष कैसे टिकें। तीर लक्ष्य पर कैसे लगें। तेज हवा और भीषण नाद करती मूसलाधार वर्षा। उधर सिकन्दर के अश्वारोही पहली विजय के नशे में तेज रफ्तार

से आक्रमण कर उठे थे।

अब सामने पर्वतेश्वर था। उसकी विशाल सेना थी—हाथी थे, रथ थे, अश्व थे और पैदल थे धनुर्धर। हाथी पर सवार, सेना के प्रमुख नायकों पर भाले थे परन्तु तीव्र अश्वारोही सेना के सामने पर्वतेश्वर की सेना अधिक समय तक टिक नहीं सकी। उस पर पीछे से भी आक्रमण हो गया। फलतः उसकी सेना में भगदड़ मच गयी।

फिर भी पर्वतेश्वर विचलित नहीं हुआ परन्तु कब तक? सूर्य ढलने से पूर्व पर्वतेश्वर की लगभग हार हो चुकी थी। वह अभी तक हाथी पर सवार था परन्तु उसके आसपास सैनिक के रुण्ड मुण्ड पड़े हुए थे। सिकन्दर ने अभी तक ऐसे पराक्रमी और तेजपुष्ट राजा को इतने साहस से युद्ध करते हुए नहीं देखा था। वह नहीं चाहता था कि ऐसे महावीर राजा को मार दे। उसने आम्भीक से कहा, "जाओ, पर्वतेश्वर से जाकर कहो कि उसकी सेना आधे से अधिक भाग चुकी है। उसके चारों ओर लाशें ही लाशें हैं। उत्तम है कि वह आत्मसमर्पण कर दे।"

कुछ विलम्ब हो गया। चन्द्रगुप्त मौर्य को दूर से युद्ध का परिणाम नजर आ रहा था। उसके साथ ग्यारह सौ अश्वारोही सैनिक थे—धनुष, भाले और असि लिए। निर्णय इतनी जल्दी हो जाएगा, यह उसे कल्पनातीत लगा। उसके पैदल सैनिक जेहलम के पूर्वी तट से आगे बढ़ रहे थे। उनके दोनों ओर अश्वारोही थे। चन्द्रगुप्त ने अपना अभियान रुकवा दिया। चाणक्य ने कहा था, "चन्द्र, पर्वतेश्वर महाबली क्षत्रिय योद्धा है। वह पराजय स्वीकार न करने वाला राजा है परन्तु उसे अपनी शक्ति पर आवश्यकता से अधिक भरोसा है। दम्भ भी है।... तक्षशिला का नव नरेश उसका शत्रु है। वह स्वयं भी सिकन्दर के साथ अपनी सेना सहित होगा। घर का भेदी लंका ढाये। फिर भी तुम सिकन्दर की जीत के जश्न पर, पर्वतेश्वर के भाग उठे सैनिकों को साथ लेकर आक्रमण करने में सफल हो सके तो सिकन्दर के लिए यह अन्तिम युद्ध होगा। वह पकड़ा भी जा सकेगा। यदि उसे जेहलम के पूर्वी तट की ओर मोड़ दिया गया तो वहाँ की दलदली भूमि में सिकन्दर की अश्वारोही सेना की तीव्र गति स्वतः धँस-फँसकर नष्ट हो सकती है। स्मरण रहे, तुम्हें युद्ध के परिणाम और ध्वस्त होते पर्वतेश्वर के बल का मूल्यांकन करके ही आक्रमण करना है, युद्ध के लिए युद्ध नहीं। वहाँ भी अपने गुप्तचर सक्रिय हैं। उनसे वास्तविक सूचना मिल सकेगी। काश, वह युद्ध सीमावर्ती राज्यों ने मिलकर लड़ा होता तो सिकन्दर जेहलम भी पार नहीं कर पाता। दुर्भाग्य कि ऐसे भयावह संकट में यह जानते हुए कि वे अलग-अलग उस विशाल और सुदृढ़ सेना का सामना नहीं कर पायेंगे, फिर भी वे सब एक नहीं हो सके—समान हित के लिए भी नहीं और उस क्षत्रिय नृप पर्वतेश्वर ने सीमावर्ती राज्यों के नृप-नरेशों, क्षत्रपों के सामने मुझे नहीं आने दिया। सम्भवतः मैं उन्हें समाज हित की बात उनके गले उतारने में सफल हो जाता और आपसी विद्वेष वैर भुलाकर

उन्हें एक लक्ष्य के लिए, कुछ समय के लिए, एक मंच पर ला सकता।''

चाणक्य की कुरूपता ऐसे क्षणों में देवीशक्ति की तेजस्विता बन उभरने लगती थी। उनमें विलक्षण मौलिकता का प्रादुर्भाव स्पष्ट परिलक्षित होने लगता था।

''चन्द्र, कोई देश तब बिखरकर टूटने लगता है जब उसके घर की फूट पतंगों की भाँति टिमटिमाकर बुझने लगती है और शासन जन की उपेक्षा करने लगता है। उस सीमा तक जिस सीमा तक कि बाहर के शासक से भी आशा नहीं की जा सकती।... खैर, अब तुम जाओ, चन्द्र, ऐसे भारत की कल्पना अपने मन में सँजोने का प्रयत्न करना, जो आने वाले कल के उन स्वप्नों को साकार कर सके, जिनसे आज की प्रजा वंचित की जाती रही है। नये समाज की संस्थापना ही ऐसे समाज की विकृतियों से बाहर लाकर एक स्वस्थ, शुभ और सामर्थ्यवान समाज में बदलने में सफल हो सकता है, जिसके लिए मगध साम्राज्य के शूद्र सम्राट का अन्त किया जाना अनिवार्य है। जो शासन प्रजा पर बोझ बन जाए, वो नासूर होता है। उसे शल्य चिकित्सा के द्वारा उसके शरीर से अलग किया जाता है। परन्तु यदि उससे काम नहीं बने तो... जाओ, चन्द्र, शेष फिर... प्रतीक्षा करो।''

चन्द्रगुप्त मौर्य के सामने एक गुप्तचर प्रस्तुत हुआ। उसने पूछा, ''बताओ क्या हो रहा है?''

''नरेश आम्भीक पर्वतेश्वर को आत्मसमर्पण कराने में सफल नहीं हो सका।''

''तब?'' चन्द्रगुप्त मौर्य ने पूछा।

''सम्राट सिकन्दर ने एक प्रयास और किया। इस बार राजा पर्वतेश्वर के मित्र मेरूस को दूत बनाकर भेजा।''

''पर ऐसा क्यों किया? उसे दण्ड देना चाहिए था।'' चन्द्रगुपा मौर्य ने प्रश्न किया।

''सम्राट ने कूटनीतिक चाल चली। उसके हाथ में यह अच्छा अवसर आया है, जब वह आर्यावर्त्त के सीमावर्ती राज्यों पर अपना अच्छा प्रभाव डाल सकता है। वह उनको मित्र बनाना चाहता है ताकि उनकी सम्प्रभुता को आँच न आये और वह संरक्षक की भूमिका में बना रहे।... फिर नरेश पर्वतेश्वर उनके बहुत काम का है। वह वीर है, उद्भट योद्धा है और प्रभावशाली है। यदि वह मुट्ठी में आ गया तो अनेक गणराज्य समर्पण कर अपनी सम्प्रभुता बनाये रखेंगे। वे मित्र होंगे।''

''पर क्या पर्वतेश्वर ने अपने मित्र मेरूस की बात मानकर आत्मसमर्पण कर दिया?''

''नहीं।''

''तब?''

''नरेश पर्वतेश्वर को बन्दी बनाकर सम्राट सिकन्दर के सामने पेश किया गया।

मैं तब वहीं था। शौर्य की प्रतिमा पर्वतेश्वर नतशिर, आक्रोश और ग्लानि से भरा अन्दर ही अन्दर छटपटा रहा था।''

''सम्राट सिकन्दर उच्चासन पर विराजमान होगा।''

''हाँ।''

''और पर्वतेश्वर बेड़ियों से जकड़ा हुआ।''

''नहीं। उसके चारों ओर यवन सैनिक थे परन्तु पर्वतेश्वर था स्वतन्त्र।... सम्राट सिंहासन छोड़कर पर्वतेश्वर के सामने आया और बोला, ''महावीर हमारी भरसक कोशिश यही रही कि बात बन जाए परन्तु...''

''परन्तु क्या, सिकन्दर, मैं मृत्युदण्ड के लिए तैयार हूँ।''

''पर मैं नहीं, नरेश पर्वतेश्वर। बोलो, अब आपके साथ कैसा व्यवहार किया जाए?''

''सिकन्दर राजा सदा राजा ही रहता है। फिर वह चाहे बन्दी बनाकर पिंजड़े में क्यों नहीं डाल दिया जाए। उससे सिंह गीदड़ नहीं हो जाता है।'' पर्वतेश्वर ने कहा था।

''एकदम सत्य, नरेश पर्वतेश्वर। आप सिंह हैं और सिंह ही रहेंगे। पराजय तो हम दोनों में से एक की होनी निश्चित थी। वह हो गयी। पर अब आपके साथ कैसा व्यवहार हो?''

पर्वतेश्वर गरदन ऊँची कर, स्वाभिमानी गरिमा से बोला, ''अब पूछने को क्या बचता है, सम्राट सिकन्दर।''

''फिर भी?''

''तो सुनो, वही व्यवहार करो जो एक राजा दूसरे राजा के साथ करता है।''

''महादेव, वीरों के वीर, परमवीर पर्वतेश्वर, आपने हमारा मन जीत लिया। हमें आपकी भावनाओं का मान रखना है, राजा पर्वतेश्वर। जो हुआ उसे किसी दुर्घटना मानकर भूल जाना है। हमें इतिहास को एक नयी तथा समृद्ध दिशा-दृष्टि देनी है ताकि इतिहास विजय-पराजय, उत्थान-पतन के घेरे से बाहर निकलकर उसको प्यार-मित्रता में बदलने का मार्ग प्रशस्त कर आगे बढ़ सके और इतिहास में दफन हुई मान-प्रतिष्ठा, सौहार्द प्रेम-अनुराग, सहानुभूति-दया, त्याग-बलिदान की ओर पूरा-पूरा ध्यान जा सके।'' यकायक सिकन्दर रुक गया। उसका कण्ठ अवरुद्ध हो उठा। वह अत्यन्त भावुक हो उठा। कुछ समय बाद उसने आर्द्र कण्ठ से कहा, ''राजा-सम्राट को हटाकर मैं कहना चाहूँगा और बताना चाहूँगा कि एक पाषाण में भी हृदय होता है। वह भी धड़कन करता है। जब हृदय धड़कन करता है तब उसके पास, जैसा मेरे पास मात्र बउकेफला है, कदाचित् वही उसके पास होता होगा।''

''बउकेफला?'' पर्वतेश्वर ने साश्चर्य धीरे से पूछा अपने नौ घावों की पीड़ा को सहलाते हुए।

"हाँ, मित्र पर्वतेश्वर–मेरा सबसे वफादार, प्रिय, संकट विमोचन, सुख-दुख का साथी, अत्यन्त विश्वसनीय भ्राता अश्व–बउकेफला। अनबोले बोलता रहा। युद्ध में शत्रु के आक्रमण से बचाने के लिए मुझे मोड़ता रहा और आपके भाले के वार से बचाने के लिए, जब उसने कोई रास्ता नहीं पाया तब अपने को आगे कर दिया और उस विष बुझे भाले को उसने अपने पर ले लिया। तब मुझे बहुत क्रोध आया था और सिल्यूकस पीछे से आप पर अपने सेनानियों के साथ आक्रमण कर मार सकता था पर नहीं, मैंने संकेत से उसे रोक दिया। आप लगभग हार चुके थे। मैंने अपने उस अश्व को लेकर–बउकेफला को लेकर–युद्ध भूमि से उसे अलग ले जाकर नरेश आम्भीक को बुलाकर कहा था, 'आप जाओ, अपने वैर भाव को भुलाकर जाओ और अपने शत्रु को मित्र बनाकर लाओ। उसका आत्मसमर्पण इतिहास बदल सके, इस विश्वास से जाओ।' "

उसके जाने के बाद सिकन्दर अन्तिम साँस लेंते अपने बउकेफला अश्व की पीठ को सहलाते हुए पूछ रहा था, "भाई मेरे, तुम्हें बहुत पीड़ा हो रही है। तुम्हारी आँखें मिंची जा रही हैं। तुम्हारे चित्तेदार पूँछ पर उगे घने बाल जो सदा मेरी प्रसन्नता पर लहराते रहे थे, अब निस्पन्द हो रहे हैं, तुम्हारे मुखमण्डल पर अब भी गौरव गरिमा के भाव हैं। परन्तु...।"

कुछ रुककर सिकन्दर ने आगे कहा, "तुम जरा हिनहिनाओ तो... तुम्हारी हिनहिनाहट मुझमें सदा उत्साह भरती रही है और उदासी की मेघ घटा को पल भर में हटाती रही है। तुमने कितनी नदियों को पार कराया है। तुम जेहलम की बाढ़ की तेज रफ़्तार से जरा भी विचलित नहीं हुए, तुमने उसे अपनी तेज रफ्तार से सबको पीछे छोड़ दिया और दिखा दिया कि इरादा पक्का और सच्चा हो तो भयानक से भयानक रास्ता, गहरी दलदल, ऊबड़-खाबड़, खूँखार जानवरों की हिंसक गर्जन-दहाड़ें आदि भी उसको अपनी मंजिल तक पहुँचने से नहीं रोक सकतीं।... ऐं...ऐं... यह क्या।" बउकेफला धीरे से नीचे बैठा अपने स्वामी के चरणों के पास और पलक झपककर अपने स्वामी की ओर देखा आर्द्र नेत्रों से और एक ओर लुढ़क गया। सिकन्दर चीख पड़ा, "ओ मेरे सबसे प्यारे, प्राणों से प्यारे बउकेफला, तुम भी मुझे छोड़कर चल दिये।" वह रो पड़ा। रोता रहा।

गहरी उदासीनता छा गयी। सिकन्दर स्तब्ध रह गया। क्या एक दिन उसके प्रिय भी उसे छोड़कर चले जाएँगे... और वह भी।

"आप महान् हैं सिकन्दर।"

"आप हम से भी महान्। हमें आपने जीतकर हारने के सामने झुकने के लिए विवश कर दिया है। आपका सम्पूर्ण राज्य आपको मुबारक। साथ में आपकी प्रतिष्ठा में पन्द्रह संघ राज्य और उनके पाँच सहस्र नगर तथा गाँवों का भी आपको उपहार।"

"सिकन्दर...।" पर्वतेश्वर के हाथ जुड़ गये।

"नहीं, पर्वतेश्वर बन्धु, नहीं। सिकन्दर ने उसके दोनों हाथ अपने हाथ में लेकर पहले चूमे, फिर अपने सिर पर रख लिए।

यह कैसा सम्मिलन था। कैसा संगम। अद्भुत। दोनों ओर के सेनानायक और सैनिक चित्रलिखित से खड़े के खड़े रह गये थे।

गहरा सन्नाटा आर्द्र हो उठा। दिग् दिगन्त एकदम स्तब्ध। पवन अवसन्न।

"एक दबी इच्छा है।"

"क्या?"

"मैं अपने बउकेफला को स्वदेश ले नहीं जा सकता।"

"हाँ, सिकन्दर।"

"मूक प्राणी के संवादों की स्मृतियाँ कभी मिट नहीं सकतीं। अनेक बार गलत रास्तों पर चलने से वह इनकार हो गया। अड़ गया। पहले मैं उसे नहीं समझ सका। फिर भी, मैंने अपने दूसरे साथियों को उधर भेजकर जानना चाहा कि बउकेफला उधर चलने पर क्यों तैयार नहीं हो रहा था? बाद में पता चला कि उधर शत्रु पक्ष के घाटियों पर चढ़े सवारों ने अपने सैनिकों पर प्राणघातक आक्रमण कर दिया और कुल पन्द्रह सैनिक प्राण बचाकर लौट पाये। इस तरह उसने अनेक बार बचाया है, पर्वतेश्वर। उसके लिए मैं चाहता हूँ कि...।" कहते-कहते सिकन्दर रुक गया।

"कहिए क्या चाहते हैं आप।"

"अपने प्रिय बउकेफला की स्मृति में कुछ...।"

"समाधि स्थल।"

"नहीं पर्वतेश्वर।"

"तो क्या?"

"जहाँ मेरा प्रिय अश्व बउकेफला मारा गया है, वह स्थान बउकेफला नगर से जाना जाए।"

"अर्थात् बउकेफला नगर बसाना चाहते हैं आप, सिकन्दर।"

"हाँ, पर्वतेश्वर।"

"यह चिन्ता अब से मेरी है। वहाँ पर आप बउकेफला नाम के लगने वाले पत्थर को स्थापित कर श्रीगणेश कर दें, शेष कार्य मुझ पर छोड़ दें। एक वर्ष में ही वह एक सुन्दर नगर बन जाएगा। वहीं उसकी समाधि होगी और वहीं काले पत्थर का बउकेफला।" पर्वतेश्वर ने उत्साहित होकर आगे कहना जारी रखा, "आप बड़े मन के हैं जो आपको अपने प्रिय अश्व का इतना ध्यान है, व्यक्ति से अधिक। इतिहास में आपका यह अश्व प्रेम बउकेफला नगरवासियों के लिए भी गौरव का कारण होगा। वहाँ प्रति वर्ष उस शहीद अश्व के नाम पर मेले का आयोजन भी हो सकेगा, जिसमें अश्वारोही दौड़ प्रतियोगिता का भी प्रबन्ध हो सकेगा।"

"धन्य हैं आप पर्वतेश्वर। इतना तो मैं भी नहीं सोच पाया। पशु तो सबके प्रेम

का पात्र है।"

उस गुप्तचर ने सारी कहानी सुना दी। चन्द्रगुप्त सोचने लगा कि अब चाणक्य मानते थे कि युद्ध में पर्वतेश्वर की पराजय तो सुनिश्चित है। यदि उसमें वह अपने सैनिकों को लेकर कुछ नहीं कर पाए तो युद्ध के उपरान्त वह वहाँ की सम्माननीय प्रजा और स्वाभिमानी सेना को अपनी ओर मोड़ने का प्रयास करे ताकि वह कुशल और प्रशिक्षित-अनुभवी योद्धाओं को अपने साथ मिला सके। इस प्रकार एक खासी फौज तैयार करने में वह सफल हो सकेगा। शेष उन्हें करना है जैसे उनके खाने-पीने का प्रबन्ध, वेतन भत्ता आदि। परन्तु यहाँ की परिस्थितियाँ तो एकदम उलट चुकी हैं। घृणा और द्वेष लगभग नदारद हो चुके हैं।

चन्द्रगुप्त मौर्य ने सभा की। समूचे सैनिकों को वर्तमान स्थिति की वास्तविकता बताकर प्रश्न किया, "अब क्या किया जाए?"

सब निरुत्तर।

क्या कर सकते हैं वे सब, जहाँ युद्ध का विषाद न हो, खरोंच न हो, घृणा न हो और प्रजा को नुकसान न पहुँचाया गया हो।

थोड़ी देर बाद एक सैनिक ने कहा, "जैसा मुझे ज्ञात हुआ है कि सम्राट सिकन्दर अपनी सेना को लेकर चिनाब नदी के पश्चिमी तट पर स्थित ग्लौचुकायन राज्य की ओर बढ़ जाएँगे। वहाँ से वह चिनाब नदी के साथ बसे गान्दारिस राज्य पर धावा बोलेंगे। उसका यह अभियान रुकने वाला नहीं है।"

"हाँ, वहाँ से आगे वह रावी को पार कर गणराज्यों, आद्रिजों, (अद्रेष्टाइयों) आदि पर विजय पाता चलेगा क्योंकि वे बहुत छोटे जनपद हैं–गणराज्य हैं। वे उसका सामना नहीं कर सकते। दूसरे राजा पर्वतेश्वर की पराजय से उनके मनोबल पर वैसे ही तुषारापात हो चुका होगा।" एक अन्य उच्च सैनिक अधिकारी का विचार था।

चन्द्रगुप्त मौर्य ने वह सभा वहीं समाप्त कर दी और नये निर्णय की सूचना मिलने तक उन सबको यथास्थान सतर्क बने रहने की हिदायत दे डाली।

आज रात घनी काली थी। तारों की चमकदमक गहरी थी। चन्द्रगुप्त मौर्य अपने सबसे विश्वसनीय साथी के परामर्श पर विचार कर रहा था। उसने परामर्श दिया था कि लौटते हुए इस अभियान को सक्रिय बनाने के लिए सबको आमंत्रित किया जाए–इस प्रकार–"यवन आततायी, बर्बर और निर्दय काली आँधी आर्यावर्त्त को पददलित, पदाक्रान्त और समूल नष्ट करने के संकल्प के साथ चारों ओर फैलती जा रही है। उसने न केवल प्रजा का अर्थ-धन, मंगल शान्ति आदि को लूटा है अपितु उनकी बहू-बेटियों की अस्मिता भी लूटी है। गाँव के गाँव जलाए हैं। खड़ी फसलें नष्ट की हैं। वे आर्यावर्त्त की नस्ल ही समाप्त करना चाहते हैं। सब छोटे-बड़े व्यापारी-किसान, मजदूर, साहूकार, सैनिक-असैनिक को सचेत कर यह प्रार्थना की जाती है कि उस काली आँधी का मुँहतोड़ जवाब देने के लिए आचार्य चाणक्य के

मार्गदर्शन में राजकुमार चन्द्रगुप्त मौर्य के नेतृत्व में आर्यावर्त्त सेना तैयार की गयी है। उसमें जो स्वेच्छा से सम्मिलित होना चाहें या तत्सम्बन्ध में आवश्यक जानकारी लेना चाहें, वे कल दोपहर तक पाटल स्थान पर आने का कष्ट करें। आशा है, सभी राष्ट्रभक्त, स्वाभिमानी, शूरवीर, धनवीर, संकल्पवीर और छापामार युद्ध संचालन के कर्मठ, उत्साही और निर्भय सैनिक और जन संकटकालीन इस घड़ी में यथासम्भव अपना सहयोग प्रदान कर आर्यावर्त्त की गौरव सम्पदा-संस्कृति-सभ्यता और स्वाभिमान अस्मिता की रक्षा करने में आगे आएँगे।''

इतनी दूर आकर उसने क्या किया? यह प्रश्न चन्द्रगुप्त मौर्य को उद्विग्न कर रहा था। आते समय समय सीमा थी, शीघ्रता की धड़कन तीव्र थी परन्तु लौटते समय ऐसा कुछ नहीं था। शक्ति संगठन, शौर्य-प्रदर्शन, बलिदानी भावना से भरे गीतों का प्रस्तुतीकरण आदि से एक सर्वथा सशक्त नयी लहर उद्दीप्त हो उठेगी... और प्रस्तोता वही होगा।

चन्द्रगुप्त मौर्य इस निर्णय से मन ही मन उत्साही हुआ। उसके सोच में यह बात घर कर गयी कि इस अभियान में खोने का डर नहीं है, पाने का मन्त्र है। और फिर यह सब उसके प्रयत्नों से होगा। इससे मिली सफलता तृप्ति के उस बीज मंत्र से संचालित हो सकेगी, जिसके द्वारा उसने भूखे बच्चों का हाथ जलने पर सचेत करते हुए कहा था, ''मेरे लाडलो, फूली रोटी के बीच में हाथ मत मारो, उसे कोनों से तोड़ कर खाओ। अर्थात् सीधे केन्द्र पर आक्रमण नहीं करो, उसके केन्द्र से दूर, सीमावर्ती नगर-गाँवों को अधिकार में लो। फिर धीरे-धीरे आगे बढ़ते जाओ। प्रजा में सम्राट विरोधी लहर फैला दो। प्रजा का मन बदला नहीं कि साम्राज्य की जड़ें हिलीं और साम्राज्य बदला। क्या ऐसा सम्भव होगा? क्यों नहीं इस मंच का प्रयोग कर देख लिया जाए।''

अब ध्रुवतारा चन्द्रगुप्त मौर्य को स्पष्ट नजर आने लगा था। अर्थात् रात ढल चली थी। वह अपने शिविर की ओर धीरे-धीरे बढ़ गया।

28

सुवासिनी का भवन। पूर्णतया लकड़ी का बना और उस पर उकेरा गया अलंकृत शिल्प। सम्भोगरत युवक-युवतियों की अनेक प्रकार की क्रीड़ाएँ लकड़ी पर उकेर कर उनमें रंग भरे गये थे और स्वर्ण-चाँदी, हीरा-मोती आदि का जड़ाव अत्यन्त भव्य तथा कलात्मक मुद्राओं में किया गया था। यह नया भवन पुराने भवन पर पुनर्जीवित हुआ था। इस पर राक्षस की पैनी दृष्टि थी। यह किसी भी स्थिति में सुवासिनी को सम्राट की अंकशायिनी बनते नहीं देख सकता था। उसने शिल्पकार प्रधान से मिलकर

उसमें एक चोर द्वार बनवा दिया था। उस द्वार पर आकर्षक सम्भोग क्रिया को जीवन्त किया गया था। उसमें युवती का दुकूल (श्वेत चिकना वस्त्र) और अधो क्षोम (रेशमी वस्त्र) अलग पड़ा हुआ है और युवक ने उसे अपनी जंघाओं पर बैठा लिया है। युवक की पीठ है और युवती का रतिक्रिया में संलग्न मन्द मदिर नयनों का मनोल्लौल्य। सब कुछ चरम का आवेग युक्त आनन्दोल्लास।

गूढ़ युवती (गुप्तचर) मानवती अब धननन्द की अन्तरंग सुरक्षा की प्रधान बन चुकी थी। उसी ने उस गोपनीय द्वार की संरचना का भेद धननन्द पर प्रकट किया था। आज धननन्द इस रहस्योद्घाटन के लिए वहाँ आया था।

सुवासिनी सोलह शृंगार कर अपने कौशेय (पारदर्शी रेशमी वस्त्र) वस्त्रों में धधकती शीत ज्वाला की अतृप्त प्यास से उन्मादिनी होती जा रही थी। उसे अपनी सुधबुध नहीं रही थी। कामोत्तेजना के उन मतवाले क्षणों में उसकी देह का अंग-प्रत्यंग वासन्ती पराग कणों से बेसुध होता जा रहा था। आज वह अपने में नहीं थी। वह किसी सशक्त बाँहों की कठोरता में समाने के लिए उद्यत हुए जा रही थी। अमृत मन्थन की चरमोत्कण्ठा उसमें झंकार बन नर्तन कर उठी थी। ऐसा क्यों होता जा रहा था उसे कि वह सोमरस में डूबना चाहती थी। यह कैसा मादक प्रमाद था कि अंग-प्रत्यंग अँगड़ाई ले रहा था और तन टूटता जा रहा था।

राजप्रासाद में कई घटनाएं तेजी से घट गयी थीं। संशय रेंगने लगे थे। मानवती ने उन घटनाओं के पीछे ब्राह्मण और वैश्यों का षड्यन्त्र बताया था। पुनः देव पुत्र (ब्राह्मण) अपनी खोयी हुई प्रतिष्ठा को पा लेने के लिए आतुर हो रहे थे। वैश्य कार्षापण (चाँदी के सिक्के) और निष्क (सोने के सिक्के) के बल पर षड्यन्त्र रचने वालों की सहायता कर रहे थे।

मानवती को उस रात अपने साथ भोजन कराया था। चाँदी की तिपाई थी। उस पर खाने के प्याले में चावल थे। गेहूँ की रोटियाँ थीं घृत में डूबी हुई, सब्जी, दाल, चटनी आदि के साथ मिष्ठान्न था। मांस के लिए उसने मना कर दिया था। कुछ दिनों से मानवती की उस पर विशेष कृपा बन रही थी। वह भी यह जानना चाहती थी कि उसके पीछे क्या रहस्य है? परन्तु उसने उससे आज तक कुछ नहीं पूछा था। वह सहज बनी हुई थी।

मानवती ने भरपेट खाना खाकर कहा, "पहली बार मैंने सोने-चाँदी के बरतनों में इतना स्वादिष्ट भोजन किया है। आपके किसी काम आ सकूँ, यह मेरा सौभाग्य होगा। आप निःसंकोच बताइएगा।" मानवती ने धीरे-धीरे हाथ जोड़कर कहा।

"आप...।"

"आप नहीं, तुम स्वामिनी जी। हम आपकी सेविका हैं। निम्न जाति से हैं। आपने हमारे न कहने की एक नहीं सुनी और हमें बिठाकर भोजन करवा दिया, यह

आपका बड़प्पन है।'' मानवती ने विनम्रता से प्रार्थना के स्वर में कहा।

''मैं मानव के बीच जाति-धर्म के आधार पर कोई भेद नहीं मानती।''

''यह आपका बड़प्पन है।''

''अच्छा, यह नजर रखो कि महाअमात्य का रुख किधर है? वे क्या चाहते हैं?''

''मैं उनके पास आती जाती नहीं हूँ।''

''क्यों, मानवती?''

''पता नहीं कि क्यों? परन्तु सच यही है। ये कुछ निष्क रखो।'' सुवासिनी ने पर्याप्त निष्क उसकी ओर बढ़ा दिये।

''नहीं... नहीं... स्वामिनी... नहीं।''

सुवासिनी ने मानवती की एक नहीं सुनी और मानवती ने भी बँधी हुई मुट्ठी नहीं खोली। उसने सीधे धननन्द के पास आकर उस निष्क की कहानी को उगल दिया।

धननन्द का माथा ठनका। भवन निर्माण में राक्षस ने इतनी सक्रियता क्यों दरसाई। क्यों अनेक शिल्पी दूर-दूर से बुलवाए। उसको मानवती पर विश्वास जमता जा रहा था।

धननन्द ने सुवासिनी के भवन में नियत समय पर प्रवेश किया। उस समय सुवासिनी अपने आप में नहीं थी। अनचाहे उसने सोमरस ले लिया। पहली बार लिया था। तभी धननन्द का आना हुआ।

''आज तुम्हारे रूप-रंग सौन्दर्य में आश्चर्यजनक चटक है, महक है और मदहोशी है।'' धननन्द ने सोमरस पीये होने का अभिनय किया। अपनी बड़ी-बड़ी आँखों में उनींदा रंग घोला। वह उन्मत्त होकर उसकी ओर बढ़ते हुए रुक गया।

''बैठिए, महाराज।''

''तुम अकेले में आत्मीय स्वर दो, नन्द कहकर पुकारो। सुनन्दा भी हमें नन्द से पुकारती है।'' धननन्द ने अधिक चढ़ जाने का संकेत दिया। सुवासिनी ने धननन्द को बैठा दिया। अनायास कह उठीं, महाराज...।''

''फिर महाराज।''

''मुझसे वह नहीं हो सकेगा। क्षमा कीजिएगा। मैं स्वप्न में महारानी सुनन्दा नहीं हो सकती, महाराज। मुझ पर दया कीजिए।''

''अच्छा, बताओ, क्या कहने जा रही थीं।''

''समझ में नहीं आता कि कहूँ या नहीं कहूँ। द्विविधा में हूँ। राजपरिवार से हूँ नहीं, इसलिए मैं उन शिष्टाचारों, आचार-विचारों आदि से अपरिचित हूँ।''

''कोई बात नहीं, सुवासिनी, सुरा-सुन्दरी के लिए कोई शिष्टाचार अड़चन नहीं बनता।'' धननन्द ने अपने को सँभालने का कृत्रिम प्रयत्न करते हुए कहा।

"मैं नाचना चाहती हूँ, महाराजा।"

"मुजरा...।" कहते-कहते जीभ काट ली और तुरन्त अपनी बात सँभालते हुए आगे कहा, "सुनन्दा नाचना नहीं जानती।"

तुरन्त सुवासिनी ने मन ही मन कहा, "वह नचाना जो जानती है, फिर उसे नाचने की क्या आवश्यकता।" प्रत्यक्ष में उसने कहा, "महारानी को नाचना शोभा नहीं देता महाराजा, चाहे वह नृत्य विदुषी ही क्यों न हो।"

"तुमने किससे सीखी है यह कला?"

सुवासिनी चौंकी।

"चौंको मत, सुवासिनी। हम तुम्हारी बतरसी होने की प्रशंसा करने जा रहे थे। सुन्दरता के साथ मधुर कोकिल वाणी। वाणी का कौमार्य।"

"मैं नहीं जानती, महाराजा, ये सब क्या है? मैं क्यों सुन्दर हूँ? दूसरे क्यों असुन्दर हैं? वाणी का कौमार्य क्या है? क्यों है?" सुवासिनी में कभी-कभी बेसुध और अनजाने भावोद्गार उलझने लगते थे अपने को लेकर और अपनी कामोत्तेजना के वश में अधीर होकर। क्या हो रहा होता है उसके तन के अंग-प्रत्यंग में? क्यों वह अपने में नहीं रह पा रही है?

"सुवासिनी की माँ तो नगरवधू है। माँ सुनाती थी कि नगरवधू तो इसी राज्य की एक आम्रपाली भी हुई थी। वह महात्मा बुद्ध के संघ में चली गयी थी और उसने अपना सर्वस्व दान कर दिया था।"

"क्यों गयी माँ, वह संघ में?"

"उसके पास तो एक से बढ़कर एक राजा-महाराजा, सामन्त, क्षत्रप, महाश्रेष्ठि, श्रेष्ठि आदि आते रहते थे। वह नृत्य निपुणा भी गजब की थी। उसे राग रागनियों का सूक्ष्म ज्ञान था। उसने भरे यौवन में वासन्ती मन की सुकुमार लतिकाओं के कानन वन की मलयजी बयार के मंजरी झोंकों पर थिरकते तन-मन को समेटकर महात्मा के चरण कमलों में रखकर कहा था, 'महात्मन्, शान्ति दीजिए, सद्विचार दीजिए, जीवन के होने का आनन्द दीजिए, वह दीजिए जिसे आप सर्वस्व छोड़कर जीवन, जगत् और सत्य की खोज में चल दिये थे और महाबोधि से लौटकर वाराणसी के सारनाथ में कभी लिच्छिवियों द्वारा महायज्ञ निर्मित कूट्टागार शाला में उपदेशों के अमृतोपहार बाँटते रहे थे। वह क्या है? महात्मन्, मैं सर्वस्व छोड़कर सद्ज्ञान, सद्क्रिया, सम्यक जीवन के लिए आपके पास आयी हूँ।'"

"फिर माँ...?"

"तू नृत्य में ध्यान दे, सुवासिनी। तेरे नृत्य में स्वतः ही मयूर का अन्तर्मन छलछला उठता है। तू नृत्यानुरागी होकर जब थिरक उठती है तब बिना पायल, नूपुरों, वाद्य, गायन आदि के तू मयूर बन विद्युत से दमकती है, घटाओं-सी पल भर छाने

लगती है और मन्मथलेख-सी प्रणय प्रसंग महकाने लगती है। सर्वस्व वासनाशूंन्य हो जाता है। यही महात्मा बुद्ध ने कहा था कि जन्म-मरण की निरन्तरता का हेतु है वासना।''

''वासना क्या होती है माँ?''

माँ क्या बताती। कैसे बताती। वह तो स्वयं वासना की दलदल के मध्य थी। तब सुवासिनी सब्बो थी, दसेक वर्ष की तन्वी, लम्बी, गहरी नाभिवाली सुलक्षणा। धीरे-धीरे वह जानने लगी। वासना नहीं उसे घर चाहिए। वह जीवन को मन्दिर सा सजाने लगी थी। अज्ञात प्रार्थना बनकर।

आज महाराजा धननन्द भी उसे ठगे-से सुनते देखते रहे। साक्षात् उर्वशी। उसका रोमरोम अनावृत हो थिरक उठा था। नव पल्लव पर मलयजी पवन के साथ मणि कण नृत्य कर उठे थे और सूर्य के नवल किरणों के सम्पर्क में आकर उनका नर्तन स्वर्णिक हो उठा था। कितने समय बाद धननन्द में कविता का उल्लास महक दे उठा था। वह कह उठे, ''सुवासिनी तुमने हमारे मन की बात कह डाली। हम इन दिनों बहुत थक चुके थे। हमारा मन क्षुब्ध और नीरस हो उठा था। मानो हम मरुस्थल में मार्ग भटककर आतप-भूख-प्यास से निर्जीव होने लगे हों। ऐसे समय सोमरस निष्प्रभावी होने लगता है। इसीलिए हम यहाँ आये हैं।''

''इसीलिए।''

''हाँ, सुवासिनी, इसीलिए, क्योंकि यह हमने स्वप्न में भी नहीं सोचा था कि मरुस्थल में भटकते तृषित प्राणी के सामने, सात-आठ सौ कदम आगे बढ़ाते ही मीठी झील का अमृत हमारा स्वागत कर उठेगा और वृक्षावलियाँ करतल ध्वनियाँ कर उठेंगी। जब असोचा, कल्पना से परे के मादक क्षण विलुलित हो उठते हैं तब...।''

''बस, महाराजा, बस। आगे कुछ नहीं।'' सुवासिनी के मस्तिष्क पर सोमरस दस्तक दे उठा था। उसकी आँखों में निखर आयी अरुणिमा का भारीपन गहराने लगा था।

सुविकसित कलिका के मन में सद्यः जन्मे सुमन का आनन्दोल्लास थपकी देने लगा था। वह थिरकती हुई आगे बढ़ी। उसके सुकोमल लम्बे हाथ हवा में लहरा उठे थे। उसके पाँवों में सोने की पायल में पड़े चाँदी के कण रुनन-झुनन के संगीत के प्रवाह को बहा उठे थे।

सुवासिनी की तन्वी, लचीली और पतली कमर का लहराकर बल खाना, झुक कर मुड़ते हुए उसके पयोधर का तन जाना, बड़े-बड़े मारक नयनों का अनेक आकर्षक मुद्राओं में संचालन और अपने अरुण ओष्ठों को दबाकर छोड़ना आदि धननन्द के मन के पार उतरकर उसे ऐसा सम्मोहित कर गये कि वह बैठे-बैठे थिरक उठा। उसके कौशेय वस्त्र सरककर बहक उठे थे। उसकी देह के अंग-प्रत्यंग की

अनेक अंग मुद्राओं, भ्रू संचालन और नयनाभिराम के मार्मिक कटाक्ष आदि से धननन्द बेसुध हुए जा रहा था। उसके पीन पयोधर छिद्रल महीन वस्त्र में समा नहीं पा रहे थे।

धननन्द ने उठकर सुवासिनी की कलाई पकड़कर उसे अपनी ओर ऐसे खींचा मानो कोई नवोन्माद लता को खींच रहा हो। वह उसकी भुजाओं में झूल गयी। धननन्द ने उसकी ओर झुकते हुए जैसे ही उसके अरुणाभ अधरों को चूमना चाहा वैसे ही वह छिटककर उनकी भुजाओं से दूर जा खड़ी हुई। धननन्द ने उसकी ओर बढ़ते हुए कहा, "आज मत रोको, सुवासिनी। आज हम अपने में नहीं हैं।"

"महाराजा, आपको अपने में रहना चाहिए। षड्यन्त्रों को हवा तभी मिलती है जब इस कमजोरी की सूचना आम होने लगती है।" सुवासिनी जान चुकी थी कि आजकल धननन्द पहले की अपेक्षा बहुत अधिक सतर्क रहने लगे हैं। मानवती उनके लिए गुप्तचरी बड़ी सटीक कर रही है। उससे राक्षस भी चौकस रहने लगा है। राक्षस के लिए ही उसने उससे मित्रता गाँठी थी।

"तुमने हमारा सारा नशा मिट्टी कर दिया।" धननन्द का चित्त उचटने लगा।

"कल राक्षस किसी को समझा रहे थे। मैं यह नहीं देख पाई कि वह कौन था?"

"वह क्या समझा रहे थे?" धननन्द ने उखड़ी मुद्रा में प्रश्न किया। उसने उसे कहाँ से कहाँ ला पटका। सारे स्वप्न ही बिखर गये।

"वह किसी वज्जिसंघ की सुव्यवस्था की भूरि-भूरि प्रशंसा कर रहे थे। महात्मा बुद्ध कभी वहाँ रहे थे।"

"क्या प्रशंसा कर रहे थे?" धननन्द ने अनमने होकर पूछा।

"वज्जिसंघ जब तक अपने संस्थागार में बैठक करते रहेंगे, मिलकर एक राय बनाकर रहेंगे, निष्कर्ष लेंगे, प्राचीन परम्पराओं का अनुकरण करेंगे, अपने बुजुर्गों का आदर मान बनाये रखेंगे और उनकी आज्ञाओं का पालन करेंगे, तब तक उनका निर्बाध उन्नयन होता रहेगा।"

"सुवासिनी, महाअमात्य राक्षस बौद्ध हैं। अपने राज्य में बौद्ध मतावलम्बी और जैन मतावलम्बी भी काफी हैं। वे ब्राह्मणों के विरुद्ध हैं। ब्राह्मणों का युग गया। महात्मा बुद्ध और महात्मा महावीर ने उनकी चूलें हिला दीं।... राक्षस बौद्धों से जुड़ा हुआ है। उससे भी सावधान रहने की आवश्यकता है।" धननन्द ने राक्षस को बुलाकर कहा था, "महाअमात्य, राज्य का अपना कोई धर्म नहीं होता। वह प्रजा के धर्म में न आड़े आता है और न उसे प्रोन्नत करता है। हमारी एक कठिनाई यह भी है।"

"कितना धुआँ है।" सुवासिनी ने कहा।

"कहाँ?"

"हमारे चारों ओर।"

"यह तुम क्या कहती हो?"

"क्या यह मुझे नहीं कहना चाहिए?"

"हमारा विशेष संकट यही है कि राज्य में किसी धर्म विशेष को प्रश्रय नहीं मिले। उससे प्रजा को गलत सन्देश मिलता है और उस धर्म विशेष के पुजारी-प्रवक्ता, प्रचारक आदि प्रजा पर आवश्यकता पड़ने पर दबाव भी डालने लगते हैं।" धननन्द को यह बात अनेक बार महाअमात्य, अमात्य, सेनापति, भाण्डागारिक, कोषाध्यक्ष, अट्ठकुलक, मन्त्रिपरिषदाध्यक्ष, प्रदेष्टा (फौजदारी न्यायालय का न्यायाधीश), कर्मान्त्रिक, पण्याध्यक्ष (वाणिज्य का अध्यक्ष), पत्तनाध्यक्ष (बन्दरगाहों का अध्यक्ष), देवताध्यक्ष (धार्मिक संस्थाओं का अध्यक्ष) आदि से इस सम्बन्ध में बातचीत हुई थी परन्तु शूद्रों की सहायता और उनके धर्म के सम्बन्ध में किसी ने चर्चा नहीं की थी। इस समय बौद्ध धर्म और जैन धर्म कमजोर पड़ गया था अतः भूदेव (ब्राह्मण) वैदिक धर्म के उन्नयन में लग गये थे।

धननन्द सबके मन पढ़ रहा था। वह सुवासिनी के भवन से लौट आया। उसका यह सन्देह पुष्टि पा रहा था कि राक्षस अपने प्रभाव से बौद्ध धर्म की ओर राजप्रासाद का ध्यान आकृष्ट करने में लगा हुआ है। सुवासिनी से होती हुई संशय की सुई राक्षस पर जा ठहरती थी। ब्राह्मणों ने भी सीमावर्ती प्रान्त में अपने जनपद स्थापित कर लिए हैं। वह सीधे अपने भवन में आये। मानवती को बुलवाया।

मानवती ने पूछा, "आज्ञा, महाराजा जी।"

"तुम्हारी सूचनाएँ सटीक सिद्ध हो रही हैं। मेघ घिरने लगे हैं। हम किस पर विश्वास करें, किस पर नहीं।"

"यह अपने मन से पूछो, महाराजाजी। जितना जल्दी हो सके शूद्रों को सत्ता पक्ष से जोड़ने का प्रयत्न कीजिए।"

"तुम जिनको लाई, उनको हमने जोड़ा ही।" धननन्द ने सोचते हुए कहा।

"उनको दूसरे कामों में लगाकर दूर भेज दिया। उनमें से कुछ को हटाया जा चुका है। इस ओर मैं ध्यान ठीक से नहीं रख सकी और पक्की तरह से कुछ कहने की स्थिति में भी नहीं हूँ। इस कारण आपको कुछ बताया भी नहीं। यहाँ की स्थिति की नब्ज टटोलने के अतिरिक्त कुछ समय नहीं मिलता कि कोई दूसरा काम देख सकूँ या पता लगा सकूँ।" मानवती ने सहज ढंग से यह कहते हुए अन्त में कहा, "अपने लोगों में ऐसे लोग उँगली पर गिनने लायक हैं। पूरी रामायण में शूद्र शम्बूक का नाम आता है, वह उसके स्वयं के तप के कारण। वह भी श्रीराम के द्वारा मारा गया था।"

"परन्तु महाभारत काल में विदुर, मातंग, कायव्य आदि भी शूद्र ही थे, जन्म से।"

"निषाद बालक एकलव्य भी तो तभी हुआ है। प्रश्न दो-चार उदाहरण देने का नहीं है और न इससे शूद्र पक्ष के बारे में कुछ ज्ञात होने योग्य है। आपके पुरखों ने वह किया है जो उच्च तीनों वर्ण में से कोई नहीं कर सका। अब आप आठवें सम्राट हो। चारों ओर से आप पर आक्रमण होने शुरू हो चुके हैं। एक प्रश्न सामने है कि पुनः कैसे उस शूरवीरता का परिचय मिले, जिससे आर्यावर्त्त के प्रथम सम्राट महापद्मनन्द को दूसरा परशुराम कहा गया था। आपको भी उस गरिमा को पाना है।" मानवती का मन शूद्र शब्द से विचलित हो उठता था। अपना सम्राट है, फिर भी, वे ही उपेक्षित, दीन, हीन, संस्थाविहीन और गाँव से बाहर है। उसका मन क्रान्तिकारी हो उठता था पर किसके प्रति प्रश्न यह सामने आता था। सम्राट अपना होने से क्या, शेष तो उच्च वर्ण से हैं। एक तरह से सत्ता आज भी उनके ही हाथ में है।

केवल भय उनको आगे आने से रोकता है। धननन्द ने अपना बहुत समय नष्ट कर दिया था। कभी गम्भीरता से इस दिशा में नहीं सोचा। उनके पुरखों ने एक सौ वर्ष के कार्यकाल में इस दिशा में क्या किया? कोई दिशा दृष्टि नहीं। कोई प्रयत्न नहीं। वे तब भी शूद्र थे और आज भी शूद्र हैं।

धननन्द सुनता रहा था कि उनका यह दुर्भाग्य है कि एक शूद्र सम्राट के अधीन उन्हें सेवा कार्य करना पड़ रहा है। उस वंश का जितना जल्दी हो, अन्त होना चाहिए।

धननन्द क्या करे? कैसे करे? उन लोगों ने उसको बदनाम करने में कोई कसर नहीं छोड़ी। बीच में उसने कर हटाये भी परन्तु कर लेने वालों ने उसका लाभ प्रजा को नहीं लेने दिया। उलटे यह प्रचारित किया कि वह अपने वंश की लड़ाई जीतने का ऐसा प्रयत्न कर रहा है। जगह-जगह, प्रायः उसके राज्य के सीमावर्ती क्षेत्र में यह अफवाह फैला दी गयी, "शूद्र राज्य एक ठोकर की प्रतीक्षा में है। प्रश्न यह है कि वह ठोकर कौन लगाता है। कब लगाता है? सम्राट अपने राज्य को बचाने के लिए दीपक की वह लौ बन चुका है, जिस दीपक का तेल सूख चला हो।"

मानवती उसके मन की पीड़ा समझती थी। सुनन्दा तो इस पीड़ा में घुली जा रही थी। रोज-रोज शयन के लिए भवन बदले जाते। उन पर तैनात सुरक्षाकर्मी बदले जाते। कुछ समय से मानवती को कहीं बदला नहीं जा सका। वह उनके साथ बनी रही।

धननन्द ने अन्त में कहा, "मानवती तुम भी सचेत रहना। ये लोग हर उस तार को काट देना चाहेंगे जिसका सम्बन्ध मुझसे जुड़ा है। फिर भी, मुझे विश्वास है कि उनमें से कई अमात्य सम्राट के साथ भी हैं।"

मानवती चली गयी। धननन्द सुनन्दा के भवन की ओर चल पड़े। उनकी कई रातें पलकों में ही कटी हैं। वह डरते नहीं परन्तु हर रात्रि, मध्य रात्रि के बाद, वह

कभी उस विश्वास से नहीं सो पाये, जिस तरह से वह पहले सोते थे। कभी-कभी उनको लगता कि उनकी परछाईं भी उनका पीछा कर रही है।

धननन्द का तन शिथिल होने लगा था। थोड़ी देर पहले सुवासिनी का सम्मोहन स्वयं उसे और सत्ता को विस्मृत कर उठा था। वह तो सुवासिनी, पता नहीं कि उसका कोई सूत्रधार है या नहीं, पर भरोसा करने लगा था। वह घात करने वाली नहीं हो सकती है। इन विचारों को पीछे ढकेलते हुए उसने सुनन्दा के भवन में प्रवेश कर लिया।

29

एक लम्बी यात्रा। उसके अनेक छोटे-बड़े पड़ाव। उन पड़ाव के खट्टे-मीठें अनुभव। कहीं सन्नाटा, कहीं उत्साह। कहीं सोच-विचार की उलझन। चन्द्रगुप्त मौर्य प्रतिदिन की घटना पर तारों भरे आकाश से प्रश्न करता रहा। प्रश्न भी अबूझे। उनके उत्तर मौन की छाया तले सुस्ताते हुए शान्त।

कई जनपदों की प्रजा ने उनका दिल खोलकर स्वागत किया। परन्तु किसी के गले यह बात नहीं उतर पा रही थी कि आर्यावर्त्त के सीमावर्ती जनपद महाजनपद आत्मसुरक्षा का एक दुर्लभ कवच पा सकेंगे।

फिर भी, ऐसे बहुत से सैनिक जुड़ते चले गये जो पराजय के अवसान से उद्विग्न थे, अपमानित अनुभव करते थे और कहीं और जाना चाहते थे।

चन्द्रगुप्त मौर्य के पराक्रम चर्चे और तक्षशिला के दुर्ग से सिकन्दर को ललकारते हुए उनके हाथ नहीं लग पाने की शौर्य गाथा ने सबके चित्त पर गहरा असर डाला था। जहाँ आचार्य चाणक्य का नाम सामने आता, वहाँ श्रद्धा-भक्ति का भाव भी उनके प्रति आकर्षण का केन्द्र बन जाता।

इन षड़ावों में जनपद-महाजनपदों के नागरिक, श्रेष्ठि आदि ने पर्याप्त धन दिया।

तक्षशिला तक पहुँचते-पहुंचते योद्धाओं की संख्या सात सहस्र से अधिक हो चुकी थी और लगभग पाँच हजार सैनिकों ने तक्षशिला पहुँचने का आश्वासन दिया था।

सैनिकों को तक्षशिला भवन, मैदान और उससे लगते गाँवों में रुकने-ठहरने की व्यवस्था कर दी गयी थी। वहीं उनके भोजनादि की व्यवस्था भी गाँव की ओर से की गयी थी। चन्द्रगुप्त मौर्य ने सारी सूचनाएँ पहले ही भिजवा दी थीं।

चन्द्रगुप्त मौर्य को आश्चर्य हुआ यह जानकर कि वहाँ दस हजार से अधिक सैनिक एकत्र हैं।

अलका ने चन्द्रगुप्त मौर्य का स्वागत किया। साथ ही उसके अभियान के समाचार सुनाकर आश्चर्यचकित कर दिया। उसने बताया कि उसके जाते और आते वक्त का सारा विवरण एक-एक सेनानी लेकर चलता था।

"चन्द्र, ज्ञात हो, सम्राट सिकन्दर की सेना ने विद्रोह कर दिया है।"

"क्या कहती हो, अलका?"

"ये बातें बाद में होती रहेंगी, पहले आचार्य से जाकर मिलो। वह प्रतीक्षा कर रहे हैं।" अलका कुछ सोचकर आगे कहती है, "मैं भी चल सकती हूँ। मुझे आने के लिए आचार्य ने मना नहीं किया था।"

"चलो, अलका। पर एक बात मेरी समझ में नहीं आती, तक्षशिला में रहते हुए आचार्य को सम्पूर्ण आर्यावर्त्त के समाचार कैसे मिलते रहते हैं?"

"इस प्रश्न का उत्तर जानकर क्या करोगे मौर्य?"

"क्यों?"

"कदाचित् तुम्हें विश्वास न हो, मैं स्वयं आश्चर्यचकित रह जाती हूँ जब यह जान पाती हूँ कि वह पूर्ण विराम नहीं था, अल्प विराम था और कभी-कभी उससे भी छोटा अल्पविराम।"

"मैं कुछ नहीं समझा।"

"मौर्य, क्या तुम्हारा दायाँ हाथ बायें हाथ से अलग है?"

"नहीं।"

"परन्तु आचार्य अपने दाहिने हाथ को यह नहीं ज्ञात होने देते हैं कि उनका बायाँ हाथ क्या कर रहा है या करने जा रहा है। तुम्हारे क्या, मेरे लिए भी उत्तम यही है कि आचार्य को समझना छोड़कर उनके निर्देशों-आदेशों को शिरोधार्य करते रहें।"

"अर्थात् हम उनकी कठपुतली बने रहें।"

"अभी तक... खैर छोड़ो इस चर्चा को।"

"क्यों, अलका?... मन प्रश्न करता है। सूत्रधार के संकेत पर मैं नाचूँ इसके लिए मेरा मन तैयार नहीं होता।"

"तुम्हें ज्ञात है, आचार्य ने यहाँ इतनी बड़ी सेना कैसे खड़ी!"

"कैसे, अलका।"

"तो ध्यान से सुनो। इस सेना में तीन डाकुओं की सेना भी है।"

"क्या कहती हो, अलका, आचार्य का डाकुओं से क्या लेना देना?"

"डाकुओं के तीनों सरदारों को बुलाकर आचार्य ने समझाया था—तुम्हारी भूख धन है।... तुम छोटी मोटी डकैती डालकर क्यों बदनाम होते हो! उसमें पकड़े जाने पर मृत्युदण्ड भी है। ऐसा हुआ भी है। क्यों रुद्राक्ष, इन दोनों को बताओ कि तुम्हारे पिताजी का डंका तो चारों ओर बजता था, जब वह पकड़े गये तब उन्हें कौन बचा

सका। कोई कहीं ना।"

"तब?" रुद्राक्ष ने पूछा।

"राजा के सेनापति, उपसेनापति आदि बनो। फिर क्या कमी रहेगी। कदाचित् आज से अधिक धन-सम्पदा, मान-सम्मान और रुआब-ठाठ-बाट अलग।"

"कैसे? कौन हम पर विश्वास करेगा?" रुद्राक्ष ने सहज प्रश्न किया।

"तुम लोगों पर सम्राट सिकन्दर ने विश्वास किया था। उसे निर्भीक और प्राण हथेली पर रखकर चलने वाले सैनिकों की आवश्यकता थी तो उसके गुप्तचरों ने तुम लोगों से सम्पर्क साधा था। सिल्यूकस ने सिकन्दर की तरफ से कहा था कि उनका साथ दो। मारो-काटो, लूटमार करो। उसमें से एक भाग राज्य का, शेष तुम्हारा। सम्राट सिकन्दर जिसके नाम से राजा-नरेश सभी काँपते हैं, तुममें से कितने ही उसके सैनिक बन चुके हैं। उसमें आधा डर तो सिकन्दर के नाम का ही है। तुम लोग एक बाहरी सम्राट से हाथ मिला सकते हो तो क्या तुम इस ब्राह्मण आचार्य का साथ देकर गौरवमय पदों को अलंकृत नहीं करना चाहोगे।"

"आदेश, आचार्य। रुद्राक्ष के साथ आये उन दोनों डाकुओं ने भी उसकी हाँ में हाँ मिला दी।... इस पर मैंने आपत्ति की, मौर्य।"

"तब?"

आचार्य ने कहा, "अलका, राजनीति पुरुषों के पल्ले भी नहीं पड़ती है। फिर भी, मैं तुम्हें यह बताना चाहूँगा—क्या राजाओं में डाकू नहीं हैं—व्यवस्थित डाकू। क्या राजा युद्ध जारी रखकर या युद्ध की सम्भावना से जनता-प्रजा को भय-आशंकित रखकर मन के अनुसार उनसे खुशी-खुशी कर पर कर नहीं वसूलते हैं? क्या कर के तीन चौथाई भाग को वह अपने पर व्यय नहीं करता है? वह क्या है? क्या वह खुली डकैती नहीं है? आखिर धन आता कहाँ से है?... प्रजा से। राजा बने या सम्राट श्रेष्ठि बने या कुछ और... परन्तु अलका, धन इकट्ठा करने का एकमात्र साधन है प्रजा ही।... डाकू भी धन के लिए ही बनता है। प्रतिशोध भी कभी-कभी एक कारण हो सकता है। डाकू राजा से कम साहसी, वीर और निडर नहीं होता। फिर भी राजा के हाथ चढ़ जाने का उसे डर होता है।... डाकू राजा से अधिक विश्वसनीय, समय पर प्राण की बाजी लगाने वाला और आज्ञाकारी होता है। राजाओं की मित्रता में कूटनीति रहती है, चालाकी भी परन्तु डाकू दोगला नहीं हो सकता।... अलका, तुम अनबूझे शास्त्र को समझने में किन्तु-परन्तु से उलझी रहो परन्तु जिसके सामने स्पष्ट लक्ष्य रहता है, वह संशय लेकर नहीं जीता और न साधन के खरे-खोटे पर सोचता है। महात्मा बुद्ध को आनन्द के आग्रह ने विवश कर दिया था और उनके मोक्ष संघ में स्त्रियों का प्रवेश, चाहे कितने कड़े नियमों के साथ हुआ, पर हुआ तो। धर्म के ठेकेदार भी वही करते हैं जो राजा। उनमें बस थोड़ा-सा रूप भिन्न है। महान् होने

के सारे साधन घूम फिर कर प्रजा पर ही आ टिकते हैं। साधन की पवित्रता लक्ष्य नहीं मानता, न देखता।... और आचार्य उठ खड़े हुए।"

चन्द्रगुप्त मौर्य सन्नाटे में आ गया। सीढ़ियाँ मात्र साधन होती हैं, लक्ष्य तक पहुँचने का, साध्य नहीं। उन सीढ़ियों को काटते चलो, जिनसे आगे बढ़ते हुए अपने लक्ष्य तक पहुँचे हो। जो इस शास्त्र के मन्तव्य मन्त्र का समय रहते प्रयोग करना नहीं जानते अथवा प्रमादवश या अन्य कारणों से नहीं कर पाते, वे सीढ़ियाँ ही उनके काल का कारण बनती हैं। राजनीति में क्षमा, दान, पुण्य, धर्म, निष्ठा, ईमानदारी, कर्तव्यपरायणता आदि सब एक कुचक्र के अन्तर्गत सक्रिय रहते हैं। काला नाग पालने वाले जानते हैं कि डूबता तैराकी ही है। ये संवाद भी चन्द्रगुप्त मौर्य को आचार्य ने उपहार में उस समय दिये थे, जब तक्षशिला की सांड भिड़न्त प्रतियोगिता के बाद अश्व प्रतियोगिता शुरू हुई थी और उसमें वह सर्वप्रथम आया था। तब चाणक्य ने कहा था, "चन्द्र, प्रायः ये तमाशे प्रजा का ध्यान अपनी ओर से मोड़ने के लिए होते हैं ताकि उनकी असलियत छिपी रहे या उनके लिए होते हैं जिनकी प्रतिभा, चातुर्य कौशल, साहस-बल आदि का वे लाभ उठा सकें। इन आयोजनों के ठेकेदार भी मालोमाल हो जाते हैं। हालाँकि मैंने राजा और राजधर्म के लिए नीति मन्त्रों की स्थापना करनी चाही है तथापि उनका पालन करता कौन है और करेगा कौन, क्योंकि उनमें से अधिकांश राजा राज्य का प्रयोग अपने लिए करते हैं और प्रजा के हित के नाम से करते हैं।"

वह अलका के साथ-साथ तो चल रहा था, परन्तु इस मन्थन के साथ जो उसके सत्यान्वेषी मार्ग में भ्रमाशंका को जन्म देता रहा है।

पता चला कि आचार्य थोड़ी देर पहले एक व्यक्ति को लेकर साधना कुटी की ओर गये हैं। चन्द्रगुप्त मौर्य ने अलका की ओर देखते हुए पूछा, "अब?"

"कोई निर्देश-आज्ञा आचार्य ने नहीं छोड़ी है, मौर्य।"

"तब?"

"तब क्या। मार्ग प्रशस्त है।" कहकर अलका आगे बढ़ गयी।

"परन्तु...।" चन्द्रगुप्त मौर्य ने अपनी शंका की ओर संकेत किया।

"कोई रुकावट नहीं है, कम से कम हमें तो नहीं है, उन्हें होती तो वह निर्देश छोड़ते। मौर्य, चाहे कोई कितना भी महान्-बड़ा हो, गलती वह कर सकता है पर हमें उस गलती पर बिलकुल यह सोचने की आवश्यकता नहीं है कि वह क्या सोचेगा। आओ, आगे बढ़ें। उनकी साधना कुटी दूर है, एकान्त में है और लगभग गुप्त कार्यों के संयोजन की वह भूमिका निभाती है। कभी उधर गये हो क्या?"

"नहीं।"

"नाम सुना है।"

''स्मरण नहीं।''

''वहाँ तक पहुँचने के बीच एक नहर आती है। वहाँ नाव भी रहती है। पानी की आवक प्रायः वर्षा में तेज हो जाती है। उसके चारों ओर सघन वन हैं। वहाँ प्रशिक्षित कुत्ते हैं।''

''कुत्ते!'' चन्द्रगुप्त मौर्य चौंका।

''हाँ, कुत्ते, सुना है, वे भूँकते कम हैं, सूँघते अधिक हैं।'' अलका ने आगे कहा, ''आचार्य की साधना कुटी तक उनकी अनुपस्थिति में कोई नहीं जा सकता। एक-दो नहीं, पाँच कुत्ते। उनमें दो कुत्ते तो पता नहीं किस नस्ल के हैं, चार फुट के लगभग बताये जाते हैं। वहाँ बिल्लियाँ भी हैं, लोमड़ी, मोर आदि भी हैं। मैना, तोते, नीलकण्ठ, कबूतर आदि। कबूतर पत्रवाहक भी हैं।''

''वन-उपवन है वहाँ तो शेर-चीते भी होंगे।''

''हो सकता है। सुना भी है पर उड़ते-उड़ते।... वहाँ पढ़ते रहते हुए भी तुमने...''

''हाँ, अलका, नहीं जाना। जानने की कभी जरूरत नहीं पड़ी।''

चलते-चलते वह नहर आ गयी जो दूर से दिखलायी नहीं पड़ रही थी। उसके चारों ओर वन और वृक्षों की कतार थी। भरपूर हरियाली। ऊँचे-ऊँचे वृक्ष। फलदार वृक्ष। जामुन, अमरूद, इमली, पपीते आदि जिधर देखो उधर वृक्ष।

''नौका लें।''

''यही ठीक रहेगा।''

''पानी के बहाव के प्रतिकूल चलिए।''

''ज्ञात है।''

''सुनती रही हूँ।''

''परन्तु मैंने कभी नहीं सुना।''

''चलिए, देख लीजिए।... यहाँ के बारे में पूरे विश्वास से कुछ नहीं कहा जा सकता है। भूल-भुलैया भी हो तो ज्ञात नहीं। यहाँ की जानकारी पाने की जिज्ञासा ने साथ चलने का मन बनाया है।'' अलका ने अपने कपोलों पर आ ठहरती उस लट से परेशान होकर उसे अपने घने चिक्वन बालों में बलात् खोंस ली तनिक गुस्से और झुँझलाहट से।

नहर पार कर उन्हें सघन वन मिला। किधर से आगे बढ़ें। आगे दो ओर जाने वाली पगडण्डियाँ थीं। बहुत सोच-विचार के बाद जो पगडण्डी पकड़ी वह आगे चल कर ऐसे स्थान की ओर ले गयी, जहाँ से ऊँचाई पर एक कुटी नजर आने लगी। यद्यपि उसके तीन ओर ऊँचे-ऊँचे वृक्ष थे। बहुत दूर तक कतारबद्ध। चढ़ाई भी थी वृत्तात्मक और थोड़ी कठिन भी।

अलका चकित होकर, तनिक आशंकित मन से ऊपर आकर एक जगह ठहर गयी। वहाँ दो बड़े आकार के कुत्ते थे। जैसे ही अलका आगे बढ़ी वैसे ही भूरे रंग के कुत्ते ने उसके आगे आकर रास्ता रोक लिया। काले रंग का कुत्ता चन्द्रगुप्त मौर्य की ओर देखकर एक पटिया की ओर मुड़ गया। वहाँ ठहर गया।

चन्द्रगुप्त मौर्य उनकी बात समझ गया और संकेत से अलका को अपने पास पटिया पर आकर बैठने के लिए कहा। काफी समय व्यतीत हो गया परन्तु कोई संकेत नहीं मिला—न जाने का और न आने का। वन का मामला और सन्ध्या के ढलान की ओर मुड़ने का समय। बड़े-बड़े वृक्षों के कारण लम्बी होती परछाइयाँ आपस में उलझ रही थीं। चन्द्रगुप्त मौर्य ने संकेत द्वारा अलका को ढाढस बँधाया। वह चुप होकर रह गयी अनमनी सी, क्योंकि वहाँ चलने का प्रस्ताव उसका ही था।

30

"राक्षस, तुम मेरी बात पर ध्यान दो। यहाँ वैदिक धर्म और बौद्ध धर्म को बीच में मत लाओ। तुम ब्राह्मण हो।"

"हूँ तो पर इस ओर का जबकि तुम दक्षिणी ब्राह्मण हो, चाणक्य।"

"पर हूँ तो ब्राह्मण, भूदेव।"

"मुझसे क्या चाहते हो, चाणक्य? मुझे यहाँ क्यों आमन्त्रित किया है?"

"तुम भी राजनीति के पण्डित हो, महाअमात्य।"

"तुम नहीं हो क्या, चाणक्य?"

"था तो नहीं परन्तु आर्यावर्त्त का पतन अपने सामने नहीं देखना चाहता।"

"तुम उत्थान-पतन के लिए क्यों चिन्तित हो, चाणक्य? यह विषय आचार्य का नहीं है। अपने को तक्षशिला तक बनाये रखो।... भूल जाओ दानशाला में हो रहे उस श्राद्ध पक्ष के कुसमय को। तब त्रुटि तुम से भी हुई थी। तुम आमन्त्रित नहीं थे। फिर भी कोई बात नहीं थी। परन्तु तुम्हें महाराजाधिराज के आसन से ऊँचे आसन पर विराजमान नहीं होना चाहिए था। प्रश्न मर्यादा का था।" राक्षस ने चाणक्य के मन में क्या चल रहा है, यह जानना चाहा क्योंकि तक्षशिला विद्यापीठ उसे सैनिक शिविर में तब्दील होती लगने लगी थी।

"राक्षस, मुझे तुमसे यह आशा नहीं थी।"

"कैसी आशा नहीं थी, चाणक्य?"

"यह पृथ्वी भूदेवों (ब्राह्मणों) की कठोर तप-साधना का परिणाम है। सम्राट, राजा, नरेश, क्षत्रप आदि सब बाद में आते हैं।"

"मानता हूँ, चाणक्य, पर...।"

"पर क्या, राक्षस?"

"वह सम्राट है।"

"क्या सम्राटों का पतन नहीं होगा। उत्थान की तरह पतन भी एक स्वाभाविक प्रक्रिया के अधीन है।"

"उसके पुरखे और वह आर्यावर्त्त के पहले सम्राट हैं।"

"पर है तो शूद्र।"

"तो क्या हुआ?"

"क्यों, क्या नहीं हुआ?... शूद्र पृथ्वी पर भार हैं। उसका सम्राट होना आर्यावर्त्त के लिए अभिशाप है।"

"क्यों, चाणक्य! वह देहयष्टि से सुन्दर और बलवान है। शिक्षित भी है। कूटनीतिज्ञ भी। अपार धन-सम्पदा है उसके पास। विशाल सैन्य शक्ति है। क्षत्रियों के लिए वह दूसरा परशुराम सिद्ध हुआ है।"

"वह सब नन्द वंश के संस्थापक सम्राट महापद्मनन्द का चमत्कार है, वर्तमान सम्राट धननन्द का नहीं।"

"चाणक्य सम्राट सम्राट होता है। उसे तुम कमतर मत आँको।"

"राक्षस, तुम्हें ज्ञात है या नहीं है, यह मैं नहीं कह सकता, पर तुम अपने दायित्व का निर्वाह समीचीन ढंग से नहीं कर रहे हो। हमारे बीच लुका छिपी का खेल नहीं चलना चाहिए जो हो, वह स्पष्ट हो।"

"तुम मुझसे क्या अपेक्षा रखते हो?"

"यह प्रश्न अपने आपसे पूछकर देखो, राक्षस।"

"प्रहेलिका नहीं, चाणक्य।"

"तुम अन्दर ही अन्दर जो खिचड़ी पका रहे हो, वह पक नहीं पायेगी। एक महाआमात्य को इतना महत्त्वाकांक्षी नहीं होना चाहिए कि...।" चाणक्य ने कटाक्ष करते हुए आगे कहा, "उत्तम हो, हम मुख्य बिन्दु पर आ जाएँ। नन्द वंश का तुम भी नाश चाहते हो, और मैं तो उसके लिए संकल्प ले चुका हूँ।"

"यह कोई नयी बात नहीं है, मात्र इसके कि तुम्हारा संकल्प एक आचार्य का संकल्प है। इधर कुछ समय से तुम अवश्य कूटनीति करने लगे हो। मानता हूँ, तुम प्रतिभा के धनी हो, अपने विषय के पण्डित हो परन्तु...।" राक्षस ने सोच-सोचकर कहा।

"तुमने सुवासिनी को राजप्रासाद में प्रश्रय दिलवाकर ठीक नहीं किया।"

"राजनीति नहीं, चाणक्य।"

"पाटलिपुत्र की नगरवधू की पुत्री से तुमने सम्राट को घेरने का प्रयत्न किया है।"

"असत्य, चाणक्य।"

"सत्य का मैं दावा नहीं कर सकता। डर यह है कि कहीं वह सम्राट के प्रेमपाश में पड़कर तुम्हारा भण्डाफोड़ न कर दे। स्त्री का चरित्र न कोई गढ़ सका है और न कोई समझ सका है। यदि मन में कोई भ्रम पाल रखा हो तो समय रहते हुए उससे पिण्ड छुड़ा लो।"

"मुझे परामर्श नहीं चाहिए।"

"वह सम्राट की ओर होती जा रही है, राक्षस। फिर तुम्हारा क्या होगा, कभी यह सोचा है। तुम्हारे सम्राट ने मन्त्रियों को भी अँधेरी कोठरी में डालने में तनिक भी देर नहीं लगायी। वह सनकी है। सनक चढ़ने पर उसे सुध नहीं रहती कि उसे क्या करना चाहिए क्या नहीं। वह तो पलक झपकते ही मन्त्री को मिट्टी सुँघवा देता है।"

"माना कि चाणक्य, तुम विलक्षण व्यक्ति हो परन्तु तुम्हें राजनीति और कूटनीति का परिपक्व ज्ञान नहीं है। भय मुझे नहीं लगता। लगता होता तो मैं सुवासिनी को अन्दर नहीं लाता।"

"मात्र सम्राट के साथ रहते हुए कोई व्यक्ति निर्भय नहीं हो सकता।"

"समय आने दो, चाणक्य। जो गरजते हैं, वे बरसते नहीं।" राक्षस ने तीखा मन्त्र पढ़ा।

"समय तो तुम्हारे सिर पर आकर कब का बैठा है। शकटार भी मगध साम्राज्य में मन्त्री था। अब?"

"कहना क्या चाहते हो कि मैं शकटार की भाँति अन्ध-कूप में डाला जा सकता हूँ।"

"शुभ-शुभ बोलो, राक्षस।... परन्तु यह सच है कि तुम्हारे होते हुए तुम्हारे सम्राट ने उसे... और तुम कुछ नहीं कर सके मात्र उसके स्थान पर कात्यायन (वररुचि) को अमात्य बनवाकर। यह उदाहरण तुम्हारे सम्राट की घातक निरंकुशता का है। तुम्हें योग्य अमात्य शकटार को कारागार में डलवाने के निर्णय का विरोध करना चाहिए था। वस्तुस्थिति सामने लानी चाहिए थी। और वह आज तक उस अन्धकूप में पड़ा सड़ चुका है। अन्ततोगत्वा तुमने ऐसा नृशंस उदाहरण क्यों बन जाने दिया? क्या यह तुम्हारा क्लीवपन नहीं है, राक्षस? ऐसे उदाहरणों ने सम्राट को निर्दय, विवेकशून्य और अति निरंकुश हो जाने में सहायता की है। तुम जैसे नीतिवान् नैयमिक ज्ञाता और बौद्ध ब्राह्मण से ऐसी हिंसा का हो जाना अचरज पैदा करता है, ... इस कारण... हाँ इसी कारण मैं तुम्हें सचेत करना चाहता हूँ कि... काले भुजंग को सन्त और दस्यु, श्रेष्ठि और कंगाल में कोई अन्तर मालूम नहीं देता। वह दोनों में से किसी को भी डस सकता है। यदि समय पर उसके विष को निकालकर निर्विष

कर दिया होता तो... ।'' चाणक्य ने यह निश्चित कर लिया था कि आज वह राक्षस को उस सब पर सोचने के लिए विवश कर देगा, जिससे उसका समर्पित बौद्ध होने का भ्रम टूटे और अपने पाँव पर कुल्हाड़ी चलाने का अनुभव हो सके। वासना मोक्ष नहीं, नरक है, महात्मा बुद्ध के इस सिद्धान्त को जानकर पण्डित को यह भी स्मरण रखना चाहिए कि भीरुता का आचरण अक्षम्य है, जब तक सच्चे मन से उसके लिए पश्चात्ताप की अग्नि में तप कर शुद्ध नहीं हो जाता। उसे भी शकटार की उस घनघोर नैराश्य और सम्राट की नैष्ठुर्य का गहरा अनुभव हो। मनोबल तभी टूटेगा जब राक्षस के मनोजगत् में अनेक सर्पदंश उस पर एक साथ प्रहार करेंगे। अन्तः आघात बहिर आघात की अपेक्षा कहीं गहरा, तिरछा और विकट होता है बिना आघात-चिह्न के। उसका उपचार कोई औषधि तथा मरहम पट्टी नहीं कर सकती, वह उपचार उसे स्वयं करना होता है और उस उपचार के मन्थन से पिण्ड छुड़ाने में बड़े से बड़े महात्मा को भी पसीना आ जाता है।

"चाणक्य, क्या कुछ और कहना शेष है?" राक्षस ने उसके मर्माहत प्रहार के अँधेरों से मुक्ति पाने के लिए तत्परता से कहा और उठने के उपक्रम का संकेत भी दिया। यथार्थतः वह चाणक्य के मानसिक षड्यन्त्र को और हवा न देकर अपने को उसके बोये जा रहे अँधेरों से जितना जल्दी हो सके, बाहर लाना चाहता था।

"अब शकटार मुक्त हैं।"

"क्या!" इस बार राक्षस चौंका।

"हाँ, राक्षस। कात्यायन को तुम साथ लाये थे परन्तु वह भी मेरी शिष्य परम्परा का एक दीपक है। और यह कार्य मैंने उससे करवाया ताकि शकटार को भौतिक कारागार की अपेक्षा मानसिक कारागार से मुक्त होने में सहायता मिल सके और वह धीरे-धीरे स्वस्थ होकर यह निर्णय ले सकने में सक्षम हो सके कि अब उसका करणीय क्या है और उसके लिए बौद्ध ब्राह्मण का मार्गदर्शन उचित है अथवा वैदिक ब्राह्मण का। आहत सर्पिणी अथवा आहत शेरनी जितनी आक्रामक हो जाती है उतना दूसरा कोई नहीं। प्रतिशोध की भीषण अग्नि में जलते व्यक्ति और आहत सर्पणी या शेरनी के आक्रामक होने में कोई अन्तर नहीं होता बल्कि पशु से विचारविज्ञ अधिक घातक-प्राणलेवा आक्रामक हो जाता है।"

राक्षस ने ध्यान से चाणक्य के मुखमण्डल पर अस्पष्ट रेखाओं से यह अनुमान लगाना चाहा कि उसे विलक्षण ब्राह्मण की सत्यासत्य की धूप-छाँव में से एक दूसरे को अलग कर तथ्य तक पहुँचने में क्या सहायता मिल सकती है! वह चाणक्य की इस कमजोरी से अपरिचित नहीं था कि यदि उसको मान-प्रतिष्ठा के चक्रव्यूह में फँसा लिया जाए तो वह अपना आपा शीघ्र खो बैठता है और अपने रोष को प्रकट

करने में तनिक विलम्ब नहीं लगाता। इस सोच के साथ पहले तो राक्षस ने अपने मुखमण्डल को छायाओं की सूक्ष्म रेखाओं से मुक्त किया और फिर अपने ओष्ठों, आँखों और ईषद् मुखमण्डल पर विद्रूप मिश्रित मुस्कान लाकर निर्भयता का सहारा लेकर सहजता से कहा, "अपने को सच्चा भूदेव समझने वाले चाणक्य, कदाचित् तुम्हें यह ज्ञात नहीं है कि शकटार की मुक्ति की पहल मैंने की थी और कात्यायन को मैंने ही उसका रास्ता दिखलाया था।"

"फिर चौंके क्यों, बौद्ध ब्राह्मण।"

"इस भ्रम को तोड़ने के लिए कि उसकी मुक्ति के हेतु तुम हो। शकटार पुनः अमात्य होने वाला है। उसकी मुक्ति के लिए सम्राट को अँधेरे में न रखकर उनकी भी सहमति का आधार ढूँढ़ लिया था, ताकि वह तटस्थ रहें और राजप्रासाद में चलने वाले षड्यन्त्रों का उसे शिकार सिद्ध कर अँधेरे में अपने फन उफनते प्रतिशोध को शान्त करने में सहायता मिल सके।... तुम शास्त्र के वैदिक पण्डित अवश्य हो पर न तुममें पाणिनि की शोध-स्थापना संदृष्टि है और न राजप्रासाद के अन्तःसंचालन की व्यावहारिक कूटनीति की वह विलक्षण दक्षता जिसके लिए तुम विख्यात भी हो। मुझे दुःख है, चाणक्य, तुमने अपने वाक्-भ्रम से अपना और मेरा दोनों का बहुमूल्य समय नष्ट हो जाने में तनिक-सी कृपणता का ध्यान नहीं रखा।"

चाणक्य कच्ची गोलियाँ नहीं खेला था। यद्यपि इस समय वह राक्षस के मुखमण्डल को पढ़ने में सफल नहीं हो सका क्योंकि राक्षस अभिनय कला में पारंगत था, तथापि उसने अनुमान का अवलम्ब लेते हुए यह उचित समझा कि राक्षस को भ्रमाहत करने का कोई अवसर हाथ से न जाने दिया जाए। उसने अत्यन्त सहजता से, गहरी साँस लेकर अपने स्वभावानुसार कहा, "राक्षस, तुम्हारे कहने में यह तो सच्चाई है कि मुझे राजप्रासाद में चलने वाली उठा-पटक का व्यावहारिक अवबोध नहीं है और न मैं जगत् को छोड़कर व्याकरण प्रमोद में सिर खपाने वाला निठल्ला आचार्य हूँ। पाणिनि ने भाषा को बाँधकर उसको अपनी सहज सांस्कारिता से विमुख किया है, महात्मा बुद्ध ने सहज संस्कारों को संघबद्ध कर जीने का भ्रम उपजाया है परन्तु मैंने लोकहितार्थ पुनः जन-जन की अन्तः कामना को आधार बनाकर व्यवहार सत्य की पुनर्स्थापना का प्रयत्न करने का बीड़ा उठाया है। मुझे खेद है, बौद्ध ब्राह्मण तुम उसी गलत मार्ग पर चल रहे हो, जिस मार्ग को खोलकर तुम्हारे इष्ट को पश्चात्ताप का अवसर नहीं मिला। एक बार पुनः शकटार से बने भ्रम की सच्चाई जानने का प्रयास करना। मैं नहीं चाहता कि मैं दक्षिणी ब्राह्मण उत्तरी ब्राह्मण को धोखे में रखकर उस पर अन्तर्घात होने से पूर्व सावधान नहीं करूँ।"

राक्षस यह समझ रहा था कि जब सम्राट ने उसका अपमान किया था और वह

चुप रह गया था, वह तब से यह गाँठ बाँधे बेचैन है। उसमें प्रतिशोध अग्नि का ज्वालामुखी फूटना चाहता है और वह कुछ भी कर गुजरने के लिए सदैव तत्पर बना हुआ है। उसे मात्र उस अवसर की प्रतीक्षा है।

"आभार, चाणक्य। आप अपने उपकार वाक्यों के लिए यदि कुछ अपेक्षा रखते हों तो आप इस बौद्ध ब्राह्मण को कृपण नहीं पायेंगे।" राक्षस रहस्य जानने के लिए अनुकूल छिद्रों का संकेत पा चुका था और तर्क बढ़ाकर वातावरण को क्षुब्ध नहीं करना चाहता था। अनागत को वर्तमान के अहंकार-दम्भ से पीड़ित होने का वह स्वप्न नहीं देखना चाहता था। पता नहीं, कब तलवार के स्थान पर सुई की आवश्यकता पड़ जाए।

चाणक्य सोच के मौन पर स्थिर रह गया कुछ क्षण के लिए। वह अपने लक्ष्य के घेरे में राक्षस को ला चुका था। वह जानता था कि अब राक्षस उन तथ्यों की वास्तविकता जानने के लिए और समय को ढील देते हुए चतुर्दिक जाल बिछाकर कार्य शुरू करेगा। वह तात्कालिक उत्तेजना से बचने की कला में दक्ष है। उसकी यही विशेषता उसके रहस्यवादी बने रहकर अपना बचाव करने में सफल रही है। वह हर वस्तु का सेवन ठण्डा करके करता है। उसको इस चक्रव्यूह को तोड़े बिना उसे अपने पक्ष में लाना सम्भव नहीं है।

राक्षस उठ खड़ा हुआ। चाणक्य ने भी खड़े होकर कहा, "तुमने मेरे निमन्त्रण पर यहाँ आकर जो कृपा की है, उसके लिए मैं आभारी हूँ। तुम्हारे उन्नत भविष्य के लिए हार्दिक शुभकामनाएँ, राक्षस।" चाणक्य बाहर तक जैसे ही आया वैसे ही दो व्यक्ति बाहर आ गये। चन्द्रगुप्त मौर्य ने उठना चाहा था कि उसे संकेत से बैठे रहने दिया। एक बार पुनः दोनों के मध्य अभिवादन का आदान-प्रदान हुआ। राक्षस को विदा कर चाणक्य अन्दर चला गया। चन्द्रगुप्त मौर्य और अलका अन्दर न आने का संकेत पाकर यथावत् बैठे रहे। चन्द्रगुप्त मौर्य राक्षस को पहचान चुका था। निश्चित ही गतिविधियाँ तेज कर दी गयी हैं। चाणक्य लक्ष्य की सफलता से पूर्व लक्ष्य तक पहुँचने के साधनों की ठोक बजाकर परीक्षा-समीक्षा करता है। हर प्रकार से, गहराई में जाकर विश्वास पाये बिना उसकी गति में पंख नहीं लगते। अनेक बार वह इतना रहस्यवादी हो जाता है कि कोई चाबी उस ताले को खोलने में सफल नहीं होती।

चाणक्य ने अन्दर आकर पहले अपने मन पर पड़ी खरोचों को एक ओर किया, क्योंकि राक्षस भी उसमें सन्देह के बीज बोकर गया था। कई बार हवा में चलाये तीर लक्ष्य को बेंध जाते हैं और व्यक्ति नियति को बीच में लाकर उस जिज्ञासा पर परदा डाल देता है। उसने घड़े में से कुल्हड़ भर पानी लिया और धीरे-धीरे पीने लगा।

31

इन्द्राणी का मन विचलित था। वह रनिवास उप प्रमुख, सुलक्षणा से मिलकर गहरी छानबीन कर चुकी थी परन्तु कुछ पता नहीं चला। सम्राट ने उन्हें बुलाया था। साम्राज्य का एक विशेष गुप्तचर विभाग भी इस सनसनीपूर्ण दुर्घटना के सूत्रधार और अपराधी का पता लगाने में जुट गया था। महाअमात्य वहाँ नहीं था। सेनापति भद्‌दशाल भी अवकाश पर था। साम्राज्य की सीमा सम्बद्ध नगर-ग्राम पर आक्रमण हो रहे थे। उपसेनापति राक्षस के साथ था।

धननन्द ने रनिवास में हुई दुर्घटना को गोपनीय रखने का आदेश दिया था। सुनन्दा ने भी गहरी जाँच शुरू करवा दी थी। उसका सन्देह नव नियुक्त हुए हिजड़ों के दल पर था। पिछले माह से उनकी संख्या में वृद्धि हुई थी। उनकी नियुक्ति तो प्रशासन ने की थी परन्तु चयन रनिवास प्रमुख इन्द्राणी, सुलक्षणा और उप सेनापति के माध्यम से हुआ था। कात्यायन ने तो उसके आधार पर बनी नियुक्ति सूची पर हस्ताक्षर किये थे।

नये हिजड़ों में दो लापता थे। उनके निवास का पता भी गलत निकला। यह चूक कैसे हुई, किससे हुई, यह प्रश्न सीधे कात्यायन के कार्यालय पर जा ठहरता था।

कात्यायन को भी पसीना आने लगा था। इसी बीच शकटार भी कारागार से बाहर निकाला गया था। प्रशस्त (कारागार अधिकारी) पतिपत भी चिन्तित था क्योंकि वह कात्यायन के इस षड्‌यन्त्र में सम्मिलित था। नायक (नगर रक्षक) पर संकट मँडरा उठा था, क्योंकि सम्राट ने तेजी से घट रही सनसनीखेज घटनाओं पर अंकुश लगाने के लिए कठोर से कठोर दण्ड तत्काल दिलवाने शुरू कर दिये थे।

इसी समय सम्राट धननन्द से मिलने सार्थवाहों व व्यापारियों का एक दल आया। तब तक धननन्द ने पण्याध्यक्ष (वाणिज्याध्यक्ष), आकाराध्यक्ष (खानों का अध्यक्ष), वीताध्यक्ष (चरागाह का अध्यक्ष), संस्थाध्यक्ष (व्यापार के मार्गों का अधिकारी) आदि के साथ अमात्य कात्यायन को बुलवा लिया था।

व्यापारियों के साथ कृषक बन्धु भी आये थे। बाद में कारीगर के पीछे नवाध्यक्ष (व्यापार के लिए जहाजों का नियन्त्रणकर्ता) भी वहाँ आ गया था क्योंकि नवाध्यक्ष को ज्ञात हुआ था, वे व्यापारी भी आये हैं, जिनका व्यापार विदेशों तक फैला हुआ है।

महाराजाधिराज श्रीमान् धननन्द के पधारने की सूचना मिलते ही सब यथास्थान खड़े हो गये। उनके आसन ग्रहण करते ही सब बैठ गये। व्यापारी संघ का अध्यक्ष खड़ा हुआ। महाराजा के सचिव से आज्ञा पाकर वह कहने लगा, "दिशाओं के जयी,

पराक्रमी महाराजाधिराज के श्रीचरणों में यहाँ पधारे व्यापारी, कृषि और कारीगर वर्ग के अध्यक्ष और उनके सदस्य नमन करते हैं और सुरक्षा व्यवस्था में लायी गयी नयी नीति रीति के प्रति आस्था व्यक्त करते हैं। साथ ही करों में दी गयी छूट के प्रति आपका आभार व्यक्त करते हैं।''

सचिव ने उसके चुप हो जाने पर कहा, ''महाराजा जानना चाहते हैं कि आप सबके आने का कोई मुख्य कारण हो तो वह प्रस्तुत करें।''

इस बार चारों ओर देखकर कृषि अध्यक्ष ने नमन कर कहा, ''अन्नदाता, इस बार हमारी फसलें बाढ़ की भेंट चढ़ गयीं। हमारे ढोर-डंगर घर का सामान आदि सबके सब बाढ़ की भेंट चढ़ गये। फसल बोने के लिए हमारे पास बीज नहीं हैं। सेठ साहूकार खेत रखकर बीज या पैसा देना चाहते हैं। देंगे कितने और लिखेंगे कितने, उसका हमें कुछ भी नहीं पता है, अन्नदाता। हम तो इतना जानते हैं कि हमारे पुरखों के गले में जो फन्दा पड़ा था और वह अब हमारे गले में पड़ने वाला है। वर्षों वर्ष चुकाते, हाड़-मांस गलाते मर जाएँगे परन्तु ये कर्ज हमारी भावी पीढ़ियाँ भी नहीं चुका पायेंगी। हम पर दया करो, अन्नदाता, दया।'' कहते-कहते उसने अपनी पगड़ी उतारी ही थी कि धननन्द ने घूरकर पण्याध्यक्ष की ओर देखा और अपने सचिव से कहा, ''उसे पगड़ी उतारने से रोको और उससे कहो कि उसकी प्रार्थना पर महाराजा अभी अपना निर्णय सुनायेंगे।''

पण्याध्यक्ष ने कात्यायन की ओर देखा। महाअमात्य वहाँ कहाँ हैं? अब क्या होगा?

''पण्याध्यक्ष, वह क्या कह रहा है? कात्यायन, तुम क्या देख रहे हो? हमने क्या आदेश दिये हैं, वे पढ़कर सुनाओ। यह भी बताओ कि वे आदेश कब प्रसारित करने के लिए दिये थे?''

दोनों की सिट्टी-पिट्टी गुम। दोनों ही एक थाली के चट्टे-बट्टे। सारे का सारा ठीकरा तो निचले अधिकारी के सिर पर फूटता है। पण्याध्यक्ष समझ गया कि वह मारा गया। उसने धीरे-धीरे कहा परन्तु स्पष्ट कहा, ''महाराजाधिराज जी ने एक माह से पहले यह आदेश प्रसारित करवा दिया था कि बाढ़ पीड़ित कृषकों, जिनकी फसलें नष्ट हो गयी हैं और जिनके घर-झोंपड़ी और ढोर-डंगर नहीं रहे हैं, उन्हें फसल के लिए बीज कृषि क्षेत्रफल के अनुसार निःशुल्क दिये जाएँगे और उनको घर-झोंपड़ी की मरम्मत के लिए आवश्यकता अनुसार पण की भी सहायता दी जाएगी। साथ ही दो माह तक अनाज भी परिवार के सदस्यों के अनुसार निःशुल्क दिया जाएगा।''

''फिर यह क्या है, अमात्य?''

''पता करता हूँ।'

''अब तक हाथ पर हाथ रखे क्यों बैठे रहे। क्या अमात्य का काम आँखों पर

पट्टी बाँध कर आसन पर जमे रहना है?" उसके बाद महाराजा खड़े हो गये और अपने साथ उन सबको खड़े होते पाकर बोले, "आप बैठ जाएँ। आप सबने सुना कि हम क्या चाहते हैं और हो क्या रहा है। यही जानने के लिए हमने आपको बुलाया था। यह सब षड्यन्त्र है।... मैं इस षड्यन्त्र पर से परदा उठाना चाहता हूँ।... आपके साम्राज्य के कोषागार में इतना धन है कि वह वर्षों वर्ष ऐसे प्राकृतिक प्रकोपों का सामना कर सकता है। आप चिन्ता नहीं करें। उन गाँवों के नाम लिखवाएँ जो बाढ़ पीड़ित हैं परन्तु जहाँ राजकीय सहायता नहीं पहुँची है।... हम ऐसे अपराधियों को चाहे वे किसी भी बड़े से बड़े पद पर क्यों न हों, हम उन्हें मृत्युदण्ड सबके सामने देंगे। अमात्य शिकायतें लिखकर मेरे पास लाओ। कल हम उन गाँवों का दौरा करेंगे। हमारे दौरा करने से पहले जरूरतमन्दों तक सहायता पहुँच जाए।... यह सन्देश गाँव-गाँव तक पहुँचाओ कि पीड़ित जन अपने महाराजा से सप्ताह में एक दिन मिल सकेगा। हम सबके दुःख दूर करेंगे।" इसके बाद धननन्द ने चारों ओर देखा। चतुर्दिक सन्नाटा छा गया।

"और कोई कुछ कहना चाहता है।" सचिव ने पूछा।

कोई नहीं उठा। सभा विसर्जित हो गयी। धननन्द ने सूची लेकर कात्यायन को अपने पास बुलाया। वह भी अभी दो घण्टे के भीतर।

"महाराजाधिराज श्रीमान् की..." सबने कहा, "जय।"

धननन्द का मस्तिष्क गरमा उठा। ओह, यह क्या हो रहा है। उसकी चाल में तेजी थी और उसके चेहरे पर हलका-सा क्रोध। वह वहाँ से सीधे रनिवास भवन के अपने व्यक्तिगत परामर्श कक्ष में पहुँचा। दोनों सचिव साथ थे। इन्द्राणी और सुलक्षणा को अन्दर बुलवाया। सचिवों को बाहर भेज दिया।

महाराजा का दोनों ने अभिवादन किया। महाराजा धननन्द का संकेत पाकर वे दोनों बैठ गयीं। धननन्द ने पूछा, "कुछ प्रगति हुई?"

दोनों चुप।

"कब तक या कभी नहीं।" धननन्द ने अपने सामने रखे पत्र को देखते हुए पूछा।

"नपुंसकों की नियुक्ति में कोताही क्यों बरती? यह जानते हुए कि अपने यहाँ ऊँची जाति-वर्ण वालों में से कुछ में असीम उत्साह है। अनेक घटनाएँ घट चुकी हैं।"

दोनों फिर चुप।

"तुम्हारे चुप्पी का क्या आशय लगाऊँ?"

"हम प्रयत्नशील हैं।"

"तुमने तो कहा था कि दो चार दिन में अपराधी सामने आ जाएँगे?"

"आपकी दृष्टि में हम गिरे हैं।"

"उठ भी सकते हो।"

दोनों चुप।

"यह पत्र, सुलक्षणा, तुम पढ़ो।"

सुलक्षणा ने पत्र ले लिया। पत्र देखकर वह काँप उठी।

"पढ़ो।" धननन्द ने तनिक तेज स्वर में कहा तो सुलक्षणा के हाथ से पत्र छूट कर नीचे गिर पड़ा। वह हक्की-बक्की हुए जा रही थी। इन्द्राणी ने पत्र उठाकर सुलक्षणा की ओर बढ़ा दिया। अन्दर से वह भी हिल गयी थी क्योंकि गत माह से अब तक अनेक व्यक्तियों-अधिकारियों को मृत्युदण्ड दिया जा चुका था।

सुलक्षणा ने हलके-से खँखार कर गला साफ किया और फिर पत्र पढ़ने लगी :

तुम दोनों का बाल बाँका नहीं होने दिया जाएगा। धैर्य रखो। दो चार दिन में एक अर्द्ध-विक्षिप्त या दो, जैसा बन जाएगा अपराधी प्रस्तुत कर देना। अर्द्ध-विक्षिप्त से क्या पता चलेगा।

मानवती पर नजर रखना। वह घायल होकर बच गयी है। आगामी वार...। तुम दोनों मालोमाल हो जाओगी। कुछ धन तुम्हारे घर पहुँचा दिया है। इस पापी राज्य का अन्त होना चाहिए। एक शूद्र नृप राजा नहीं, सम्राट। तुम दोनों ब्राह्मण हो अर्थात् भूदेवी। शूद्र के यहाँ चाकरी। छिः छिः छिः। शेष फिर। शुभचिन्तक तीन त्रिशूल।

फिर सन्नाटा दीवारों से जा चिपटा।

उन दोनों की आँखों के सामने अँधेरा छा गया।

"क्या अब भी कुछ कहना है?"

"यह पत्र षड्यन्त्र का एक भाग है।"

"मानवती के बच जाने से।"

"ये गलत है।"

"कभी अपराधी अपना अपराध स्वीकार करते देखा-सुना है। ऐसा हो जाए तो इस धरा से अपराध ही अदृश्य हो जाएँ। ये पत्र किसने भेजा है? तुम दोनों किसके लिए काम कर रही हो? सच-सच बता दोगी तो सजा से बच जाओगी। मृत्युदण्ड पाने की यह उम्र नहीं है। आगे तुम्हारी इच्छा। अपना भला-बुरा सोचने की तुम्हारी उम्र भी है और अक्ल भी।"

उन दोनों के सामने मृत्युदण्ड साकार हो उठा। परसों ही तो कात्यायन से कोई कह रहा था, "तुम सम्राट के लिए प्राण हथेली पर रखकर भी काम करो तो भी वह इतना संशयधारी नाग, कान का कच्चा है, उसे ही पल भर में मृत्युदण्ड दे देगा। वह अन्दर से घबरा उठा है। उसके पुरखों में पहला आर्यावर्त्त और उत्तर भारत का एकमात्र सम्राट महापद्मनन्द था और वह घनघोर आततायी, बर्बर, वज्र से कठोर और भय आतंक का साक्षात् अवतार था। परन्तु वर्तमान सम्राट तो विलास की कीचड़ में सिर

से पाँव तक रत, कृपण, धन का लोभी, परस्त्रीगमन को तत्पर रहता था। अब जब सब कुछ जाता नजर आने लगा है तब अपने को बचाने के लिए वह मूर्खतापूर्ण प्रयत्न कर उठा है। चींटे के पंख निकलते हैं तो मृत्यु उसके द्वार खटखटाने लगती है। बन्धु तुम भी... विचार मत करो। आगे हाथ बढ़ाओ। लो, यह पढ़ जाओ। अपने विश्वसनीय व्यक्तियों को भी पढ़वाओ।''

वह व्यक्ति पीछे के द्वार से चला गया। वह उसकी आवाज से उस व्यक्ति को पहचान सकती है। लगातार वह इस प्रयत्न में भी थी परन्तु अब तो वह स्वयं फँस गयी।

''तो क्या चयन किया–जीवन या मृत्यु।''

''सच यह है कि हम किसी षड्यन्त्र से नहीं जुड़े हैं। जुड़ना तो दूर हम कल्पना में ऐसा नहीं सोच सकते। यह भी कोई षड्यन्त्र है। कदाचित् उस षड्यन्त्र की यह भी कड़ी हो, जिसके द्वारा आपके विश्वसनीय व्यक्तियों को एक-एक कर आप से दूर किया जा रहा है।'' इन्द्राणी ने निडर होकर कहा, ''मृत्यु से मैं नहीं डरती। जो आया है, वह जाएगा ही। मुझे इस बात की सोच है कि नेक, ईमानदार, कर्तव्यनिष्ठ, सदाचारी और सबका भला चाहने वालों पर संशय की बिजली क्यों गिरती है?... शेष, अब आप जैसा चाहें दण्ड दें, मुझे कोई आपत्ति नहीं है।''

''मुझे भी महाराजा जी।'' झट से सुलक्षणा ने कह डाला। वह अभिव्यक्ति देने में फिसड्डी थी। फलतः उसने उसको समर्थन देकर काम चला लिया।

''यह तुम दोनों का अन्तिम निर्णय है।'' धननन्द का गम्भीर स्वर था।

''एकदम अन्तिम। मृत्यु का भय हमें सत्यनिष्ठा से नहीं डिगा सकता।'' इस बार सुलक्षणा का तीखा स्वर था।

कुछ देर बाद वह रो पड़ी। इन्द्राणी भी घबरा रही थी। वह तो रनिवास के वैभव-सौन्दर्य और कलात्मक संस्कृति की जिज्ञासाओं को लेकर वहाँ आ गयी थी। वहाँ के प्रशिक्षण में वह सर्वप्रथम रही थी और अपने श्रेष्ठ कार्य-सम्पादन के माध्यम से इतनी जल्दी वह प्रमुख रनिवास बन गयी थी।

''तुम रो क्यों रही हो, सुलक्षणा?''

''मुझे यहाँ नहीं आना चाहिए था, महाराजा जी। पर क्या करूँ, जहाँ मेरी शादी होने वाली थी, उस परिवार की मैं बहू नहीं बनना चाहती थी और मैं उनसे बचने के लिए यहाँ आ गयी। माँ बहुत रोयी थी। यहाँ तो कुमारी युवतियों का कठिन परीक्षा के बाद चयन होता है। पाँच वर्ष बाद शादी की इच्छुक सेविकाएँ यहाँ से मुक्ति पा सकती हैं। मैं मुक्ति पाना चाह रही थी कि दुर्दिन ने इस असम्भावित कगार पर ला खड़ा किया।... मुझे मृत्युदण्ड मिलने पर तनिक भी दुःख, तकलीफ और मलाल नहीं होगा, उलटे राहत मिल जाएगी। आप जैसा उचित समझें कीजिए, महाराजा जी।''

सुलक्षणा ने अपनी सारी कहानी संक्षिप्त में सुना दी।

"अब तुम दोनों जा सकती हो। मुझे विश्वास हो चला है कि... खैर, इस समय तुम लोग जाओ और प्रयत्न करो कि अपराधी पकड़ा जाए।" धननन्द ने सोचते हुए सहज ढंग से कहा।

धननन्द ने सचिवों को बुलाकर आदेश दिया कि कृषक मुखिया की सूची बनने में यदि कोई परेशानी आ रही हो तो उसकी जानकारी भी उसे तुरन्त दी जाए।

धननन्द सुवासिनी के भवन की ओर जा रहा था। उसका सिर भारी हो चला था। दिन पर दिन दुर्घटनाओं का प्रतिशत बढ़ता नजर आ रहा था। किसने बनाये ये वर्ण। अच्छे समाज में शूद्र की व्यवस्था क्यों की गयी? क्यों एक वर्ण को सुविधाओं से वंचित कर, अधिकार शून्य बनाने के षड्यन्त्र को वर्ण व्यवस्था का नाम दे दिया गया। 'वृ' धातु से बना वरण अर्थात् चयन का सूचक है। ऋग्वेद काल में, आर्य गोरे रंग के थे, और अनार्य श्याम रंग के थे, ऐसा मानकर वर्ण का प्रयोग किया गया। बाद में अनार्यों में भी ब्राह्मण, क्षत्रिय, वैश्य और शूद्र बन गये। क्या यह वर्ण का अपने सहयोगियों को लेकर सोचा-समझा षड्यन्त्र नहीं है? वह सम्राट है, ऐसा सम्राट जिसने अनेकानेक क्षत्रिय राजाओं को पराजित किया है और उनके अनेक षड्यन्त्रों पर से आवरण हटाकर यह सिद्ध किया कि वे व्यवस्थापक निःस्वार्थी थे तथा वे अपनी सेवा के लिए ऐसे वर्ण के संस्थापक भी थे, जिसे अछूत कहा गया था या अन्त्यज। वह शूद्र-शूद्र-शूद्र के चक्रवात से पगला उठा। वह शूद्र क्यों है? उसने उत्तर भारत आर्यावर्त्त के क्षत्रियों को, राजाओं-नृपों, क्षत्रपों को न केवल पराजित किया बल्कि उनका संहार भी किया। उसने वेद-उपनिषद्-रामायण पढ़ी हैं। ब्राह्मण उसको नमन करते हैं, वैश्य उसके सम्मान में सिर झुकाकर खड़े हो जाते हैं।

वह कह उठा, "ओ नीलाम्बर, ओ पवन, ओ धरणि, ओ पावन गंगा, ओ दिशाओ, तुम सर्वाधिक धनाढ्य, विशाल सैन्य शक्ति से संयुक्त साम्राज्य के साक्षी हो। इतना विशाल साम्राज्य पहले कहाँ था! उसका सम्राट माना गया। उसके पुरखों को दूसरा परशुराम कहा गया। फिर भी वह शूद्र का शूद्र ही है।"

ब्राह्मणों के बीज हैं ये। कमाल की कल्पना। विराट् की कल्पना। उस विराट् के मुख से ब्राह्मणों, उसकी भुजाओं से क्षत्रियों का, उसकी जंघाओं से वैश्यों का और उसके पाँव से शूद्रों का जन्म हुआ है। इसे धर्म से मान्यता दिलवा ली। क्या यह स्वप्न में भी सम्भव है कि मुख, भुजा, जंघा और पाँव से किसी का जन्म हो सके। जन्म देने वाली स्त्री है, उसकी योनि उसका द्वार है। आश्चर्य उसे सभी ने स्वीकार कर लिया।

नहीं... नहीं... नहीं... अब समय आ गया। वर्ण व्यवस्था के इस नासूर का जड़मूल से खात्मा हो। शूद्र का वर्ण में नाम न रहे।

धननन्द न सुवासिनी के भवन गया और न सुनन्दा के। वह चित्रशाला में जा पहुँचा। उसे रंगों का कूची से किये गये प्रयोगों से और उनकी गन्ध से बहुत सुकून मिलता था। वह अपने पेशे के आदि पुरुष सम्राट महापद्मनन्द के आदमकद चित्र के सामने खड़ा हो गया। क्या भव्य और सुन्दर चित्र। गठीली देह, कदकाठी सुदृढ़, माथा चौड़ा, आँखें गहरी और बड़ी-बड़ी।

"लम्बी भुजाएँ।"

अति भव्य। है कोई इतना पराक्रमी क्षत्रिय और ब्राह्मण। अनायास वह उनसे प्रार्थना कर उठा, "रे परम से परम, महानों में महान्, आपको सहस्रों बार प्रणाम! मैं आपके विशाल साम्राज्य और बेशुमार दौलत का एकमात्र दीपक हूँ। मैंने अपना कुछ समय व्यसनों के नाम कर दिया था। यह उसी का परिणाम है कि आज अपना साम्राज्य कुचक्र और षड्यन्त्रों का केन्द्र बनता जा रहा है।

काश! इतने विशाल साम्राज्य की स्थापना के साथ-साथ यह परम्परा भी पनप गयी होती कि अन्त्यज-शूद्रों के लिए भी पठन-पाठन अनिवार्य होता तो वे भी विद्वान् बन सकते थे। उनको भी श्रेष्ठि बनने के अधिकार मिल सकते थे। वे विद्यापीठी-गुरुकुल की शोभा बढ़ा सकते थे।

एक सौ से अधिक वर्ष हो गये अपने महान् साम्राज्य को। आज तक तो कम से कम दो-तीन पीढ़ियाँ अपने गले से शूद्र का जुआ उतारकर ब्राह्मण, क्षत्रिय और वैश्यों से बराबरी कर रही होतीं।

सच में मैं शूद्र नहीं होता। मेरे शूद्र होने का यह दुष्परिणाम है, जिससे आज मैं हतप्रभ हो रहा हूँ। कोई मार्ग नहीं सूझ रहा है। मेरे चतुर्दिक तिमिर-तमस है। घटाटोप। प्रजा में अफवाहें फैलाकर मुझे बदनाम किया जा रहा है। मानता हूँ, आज की स्थिति के लिए किसी सीमा तक मैं भी उत्तरदायी हूँ। परन्तु अब पश्चात्ताप करने का समय नहीं रहा है।

मैंने प्रारम्भ में प्रयत्न किया था कि राज्य आश्रित न कोई धर्म होना चाहिए और न धर्म की दखल राज्य में होनी चाहिए। धर्म ने पहला बुरा काम यह किया है कि उसने मनुज की दृष्टि को एक संकीर्ण सीमा में कैद कर लिया। उसने दूसरा बुरा काम यह किया कि एक धर्म को दूसरे धर्म का शत्रु बना दिया। उसने तीसरा बुरा काम यह किया कि अपने प्रभुत्व को बनाये रखने के लिए धार्मिकों को अन्धविश्वासी, पराश्रित, अनुदार बना दिया और अपने को राजी-राजी निरंकुश बने रहने का सुरक्षा कवच दे दिया। यदि एक सौ वर्ष से अधिक समय हमने व्यर्थ गँवा दिया। किसी व्यवस्था को बदलने या बदलने की प्रक्रिया तीव्र से तीव्रतर करने के लिए इतना समय कम नहीं होता है। फिर तो आज शूद्र नजर ही नहीं आते। अब सोचने से क्या होता है।

अन्ततोगत्वा मैं आपकी शरण में आया हूँ। आपके अतिरिक्त दूसरा कोई रास्ता भी नहीं है। आप तो सभी कुछ देख-समझ रहे हैं। हे परम पिता, पितामह के पितामह... और... और..., मुझे दृष्टि दो, शक्ति दो और निष्पक्ष बने रहने की सामर्थ्य दो।"

इसके बाद धननन्द ने आँखें बन्द कर लीं और उन्हें एकाग्र चित्त होकर नमन किया। तभी बुलन्द आवाज सुनाई पड़ी, "नन्द, जगत् का यह शाश्वत नियम है और यह नियम छोटे-बड़े सब पर एक समान लागू होता है कि एक सीमा के बाद फिर वह अकेला, असहाय और किंकर्तव्यविमूढ़ बना टुकुर-टुकुर अदृश्य को ठगा-सा देखता रह जाता है।"

"कौन हो, सामने आओ।"

"सामने ही हूँ।"

"परन्तु तुम नहीं जानते, सामने होता हुआ भी, वह उसे नहीं देख पाता है।"

फिर सन्नाटा। कोई ध्वनि नहीं। सम्पूर्ण चित्रशाला अनायास ठहाका लगा उठी। सारे चित्र हिलने लगे। ऐं! एक-एक चित्र स्थान बदलने लगा। हैं! उनके हाथों में अस्त्र-शस्त्र। अचानक वे कहाँ से आ गये! क्या! चित्र बदलने लगे। नये चित्र। इतनी लम्बी चोटी वाला वह गंजा कुरूप। कौन है? उसके साथ वह नवयुवक कौन है?

"कोई है?" धननन्द ने धीरे से कहा। उसका गला सूखने-तड़कने लगा था। वह पुनः जोर से बोला, "कोई है।"

कोई उत्तर नहीं। उसके मुख पर पसीने की बूँदें छलछला आयी थीं। जी घबराने लगा था। वह वहीं सामने पड़े आसन पर बैठ गया। धीरे-धीरे उसने आँखें बन्द कर लीं। उसका वहाँ से उठने का मन नहीं हुआ। उसने पीठ लगा ली। पाँव पसार लिए और असोच के झूले में पड़ा रह गया।

32

"आओ चन्द्र-अलका, आ जाओ।"

अलका ने चन्द्रगुप्त मौर्य को झकझोरकर कहा, "नींद निकालने लगे थे क्या?"

"हाँ, झपकी लग गयी थी।" क्यों, क्या बात है?"

"आचार्य ने बुलाया है।"

"कहाँ?"

"यह तुम्हें क्या हो रहा है, मौर्य?"

"क्यों? मुझे क्या होना है। कुछ भी नहीं।"

"जाओ, पहले मुँह धो लो। फिर अन्दर चलेंगे।"

चन्द्रगुप्त मौर्य खड़ा हुआ। उसने अपनी आँखें मींड़ीं।

"जाओ, जाओ। आलस्य-सुस्ती त्यागो। आचार्य का बुलावा आ चुका है।"

चन्द्रगुप्त मौर्य ने फुरती की। मुँह धोकर और तरोताजा होकर वह लौटते ही बोला, "चलो।" थोड़ी देर में चन्द्रगुप्त मौर्य और अलका चाणक्य के सामने थे।

"बैठो।" अभिवादन के उत्तर में हाथ उठाकर चाणक्य ने कहा।

चन्द्रगुप्त मौर्य इस प्रतीक्षा में चुप रहा कि आचार्य कुछ पूछेंगे। परन्तु आचार्य ने चन्द्रगुप्त मौर्य से नहीं, अलका से पूछा, "तुमने क्या सोचा है?"

"पक्का।"

"वही विचार।"

"एकदम।"

"तुम्हारे पिताजी...।"

"मैं क्या करूँ। ढील उन्होंने ही उसे दी थी।"

"आम्भीक ने दूत भेजा है।"

"पर्वतेश्वर से लड़ने वही महान् सम्राट सिकन्दर के साथ गया था और पर्वतेश्वर के पुत्र दुर्धर्ष को उसी ने मारा था। क्या मैं उसके पास जाऊँगी। कदापि नहीं, आचार्य, मेरी रक्षा करें।"

"नहीं तो।"

"मुझे क्या करना है आचार्य, यह मैं भली-भाँति जानती हूँ।"

"चन्द्र, तुम क्या कहते हो?"

"मुझे आज्ञा दीजिए।"

"कब तक, चन्द्र? मैं तुमसे प्रसन्न हूँ।" चाणक्य ने एक पोथी को यथास्थन रखते हुए कहा।

अलका ने चन्द्रगुप्त मौर्य की ओर देखा। चन्द्रगुप्त मौर्य किसी सोच में पड़ा हुआ था।

"मैंने कहीं लिखा है कि 'सविशेषं वा कुर्यात्।...' तुरन्त करो तात्कालिक विशेष कर्तव्य। उसके लिए किसी से पूछने की आवश्यकता नहीं है। समझ रहे, चन्द्र-अलका, क्या प्रसंग-सन्दर्भ है?"

"यह भी आपने कहा था, आचार्य, 'न हंसाः प्रेतवने रमन्ते।' हंसा श्मशान में कहाँ विचरण करते हैं। ठीक वैसे ही योग्य व्यक्ति अयोग्य व्यक्तियों के साथ रहना पसन्द नहीं करते, क्यों अलका?"

अलका ने तपाक से कहा, "आचार्य के शब्दों में कहूँ तो कहूँगी, 'विषं विषमेव सर्वकालम्।' विष सदैव विष ही रहता है, वह कभी अमिय नहीं हो सकता। आम्भीक

से मुझे कोई आशा नहीं है।''

''समझ रहे हो, चन्द्र। अलका तुम्हारे साथ काम करना चाहती है।''

''करे।''

''पर क्या?''

''तुमने कोई काम सोचा है, चन्द्र?''

''अलका अपने लिए स्वयं कार्य कर सकती है जैसे अभी वह कर सकी।''

अलका ने आचार्य की ओर देखा। चाणक्य ने उसकी ओर से ध्यान पलटकर कहा, ''अलका तुम अपना दीपक स्वयं हो। समय कम है। मैंने मगध के महाअमात्य राक्षस को आमन्त्रित किया था। वह सीमावर्ती नगरों-गाँवों में चल पड़ी हलचल का जायजा लेने आया है। सब ठीक ठाक रहा। कोई विद्रोह नहीं। न मगध के सम्राट के विरुद्ध कोई विज्ञप्ति परन्तु उसके पीछे असल बात कुछ और है। पिछले दो माह से वह मगध साम्राज्य का दौरा कर रहा है और तैयारी जानने आया था। हमने भी एक ओर जो सैनिक थे, वे ही दूसरी ओर भी दिखला दिये।''

''वह क्या चाहता है?''

''धननन्द की मृत्यु और अपने लिए मगध की राजगद्दी।''

''वह युद्ध करेगा।''

''कैसे? क्या है उसके पास। सैन्य बल रत्ती भर नहीं? वह तो मगध के नगरों के अध्यक्षों का मन ले रहा था। उनको राजी करना चाहता है।''

''सम्राट को।''

''विष कन्या द्वारा मरवाने में उससे चूक हो गयी। धननन्द ने अज्ञात कन्या, चाहे कितनी भी रूपवती क्यों न हो, उसे वह अपने शयनकक्ष में नहीं ले जाएगा। उसके कानों में भनक पड़ी है। न पड़ी होती तो उसका रूप अनायास इतना नहीं बदलता।'' चाणक्य के मन में भी मन्थन चल रहा था।

''फिर?''

''उसको ही मरवा दिया जाए।'' चन्द्रगुप्त मौर्य ने कहा, ''ना रहेगा बाँस, ना बजेगी बाँसुरी।''

''तो सब चौपट हो जाएगा।''

''चौपट...।'' अलका बोल पड़ी।

''वह हमारे लिए ही काम कर रहा है। वह भी चाहता है धननन्द की चूल हिलाना। उसे हिलाने दो। सम्राट के हत्थे लग गया तो कारागार में जाएगा। नहीं लगा तो हमारे लिए रास्ता तैयार करेगा। हमने ऐसा एक पत्र सम्राट तक पहुँचवाने का प्रयास किया है। शायद पहुँच भी गया हो। स्मरण रहे, सत्ता हथियाने का एक यह भी सटीक तरीका है कि वहाँ सन्देह की विष बेल फैलने दो। एक दूसरे पर

सन्देह। परस्पर विश्वसनीयता का अभाव। जैसे-जैसे सन्देह बढ़ेगा, वैसे-वैसे प्रशासन कमजोर पड़ता जाएगा। उस कमजोरी का लाभ उठाना हमारा लक्ष्य है।" चाणक्य ने कूटनीति का जाल फैलाना शुरू कर दिया।

चन्द्रगुप्त मौर्य को कुछ नहीं सूझ रहा था मात्र इसके कि राजनीति-कूटनीति कितनी चक्करदार और कितनी बदनाम गली है। वहाँ किसी सज्जन, निष्ठावान, संवेदनशील और परसेवा में समर्पित व्यक्ति का क्या काम! उसने धीमे स्वर में कहा, "आमने सामने का युद्ध और उसमें दिखाया जाने वाला पराक्रम तो समझ में आता है परन्तु आचार्य, ये सब...।"

"युद्ध मात्र आमने-सामने से नहीं जीता जाता, चन्द्र। उसके लिए दिन प्रति दिन शीत युद्ध भी तेज रखना होता है। गुप्तचर-भेदिया... ये सब युद्ध का रुख मोड़ने में बड़े काम के हैं।" चाणक्य समझता था कि चन्द्रगुप्त मौर्य का मन न केवल करुणा से भरा संवेदनशील है प्रत्युत वह सच्चाई को मानकर चलने वाला भी है। ऐसे ढुलमुल पराक्रमी से डर यह रहता है कि वह अन्त में सच्चाई के सामने हथियार डाल देता है और सारे का सारा गुड़-गोबर कर देता है। उसे पटरी पर लाना अनिवार्य है। चाणक्य ने पूर्व क्रम को जारी रखते हुए कहा, "चन्द्र, तुम अपने मन से सच-झूठ, असली-नकली, आचरण-दुराचरण, अहिंसा-हिंसा आदि घेरों को निकाल दूर फेंको। राजनीति भुजंग नीति है। तुम इतने बड़े साम्राज्य को, जिसकी टक्कर का कोई अन्य राज्य नहीं है, मिटाने जा रहे हो और धननन्द की राजगद्दी पर बैठने का मन सँजोये हुए हो। उसके लिए तुम्हारे पास क्या है—न सैन्य बल है, न धन है, न राज्य है।"

"हाँ, यही सच है।"

"युद्ध में सही-गलत कुछ नहीं होता—उसमें जो होती है, वह है विजय। और विजय के लिए जो कुछ, जितना कुछ कर सको, करो।"

"परन्तु मैं...।"

"तुम शान्त रहो, चन्द्र। सुनो जो मैं कहता हूँ और जो मैं बतलाता हूँ, वही करो। अपने हृदय पर पत्थर रख लो और आँखों पर पट्टी बाँध लो। राजनीति न सम्बन्धों को देखती है और न आचार संहिता को। व्यर्थ में उन मूल्यों पर सोचना अपने को लक्ष्य च्युत कर लेना है। अन्दर से कठोर बनो और शुचिता के सम्बन्ध में सोचना बन्द करो। यह भी अपनी तरह की गम्भीर और अति महत्त्वपूर्ण भूमिका का अहम हिस्सा है।"

"परन्तु आचार्य आपने बताया था—राशि धर्मिणी धर्मिष्ठाः पापे पापाः स्वयं क्षमः। राजानमनु वर्तन्ते यथा राजा तथा प्रजाः।" चन्द्रगुप्त मौर्य ने तर्क दिया।

"हाँ, चन्द्र, बताया था कि जैसा राजा वैसी प्रजा बन जाती है। यदि राजा धर्मात्मा है तो प्रजा भी धर्म-कर्म वाली होगी। यदि राजा पापी है तो प्रजा का पापाचरण

होना निश्चित है। यदि राजा सम होगा तो प्रजा भी समाचरण करेगी। राजा के चरित्र से प्रजा का चरित्र बनता है। यह मैंने कहते हुए इसकी व्याख्या में यह भी कहा था कि राजा को हर निर्णय समय के साथ लेना होगा। पहले राज्य पाओ, फिर सोचना कि राजा बने रहकर क्या सम्भव है, क्या नहीं। महात्मा बुद्ध ने धर्मात्मा होकर राजा पद का त्याग कर भी क्या किया—न चाहते हुए, आनन्द के आग्रह पर संघ में स्त्री को प्रवेश दिया—वह भी उसके लिए पुरुष से कठोर नियमों की स्थापना करके! ऐसा क्यों? स्त्री-पुरुष के लिए अलग-अलग आचार संहिता क्यों? क्यों द्वैत? क्यों असमानता? और आज बौद्ध धर्म के संकट सामने हैं। वह बँट गया है। फिर धर्माचरण का क्या अभिप्राय?... उस अभिप्राय तक पहुँचने की प्रक्रिया से जब गुजरोगे तब जानोगे राजा के धर्मात्मा और पाप मुक्त होने की दिशा-दृष्टि क्या है या क्या होनी चाहिए? यह समय धर्म और पाप-पुण्य पर चर्चा करने का नहीं है। इन पर सोचा गया तो हम न लक्ष्य पा सकेंगे और न धर्म। देखो चन्द्र, यह भी हम एक सार्थक प्रयोग कर रहे हैं और वह भी प्रजा को ताप-विषाद और उसमें फैल रहे घनघोर नैराश्य को समाधान देने के लिए। राजा प्रजा को समाधान देने का मार्ग प्रशस्त कर सकता, उसके लिए सुविधाएँ मुहैया करा सकता है परन्तु उसे आचरण में लाना प्रजा का, प्रजा में भी हर व्यक्ति का और दोनों का मिलकर चलना जरूरी है। चन्द्र, समय निकट आ गया है।... समझ रहे हो या समझने के लिए...।''

चन्द्रगुप्त मौर्य के चेतन और अचेतन में यह लालसा हिलोरें लेने लगी थी कि उसे राजा होना है। पर क्या यह सम्भव है...? आचार्य से उसे लगने लगा था कि वह जो ठान लें, उसे करे बिना दम नहीं लेंगे। उसने तपाक से कह डाला, ''मैं तो आपका विद्यार्थी हूँ, आचार्य। मेरा कर्तव्य ही आपके आदेश-आज्ञा का पालन करना है। मन जब स्वप्न की ओर जाता है तब वह चित्त को विचलित कर जाता है। चुपचाप कह भी जाता है कि झोंपड़ी में रहने वाले राजप्रासाद के स्वप्न नहीं देखते।''

''चन्द्र, स्वप्न से ही जीवन है। जिस दिन स्वप्न देखना मानव जाति ने बन्द कर दिया, उस दिन से इस धरा पर उसका रहना शनैः-शनैः समाप्त प्राय हो जाएगा। स्वप्न हमारे जीवन की वे पगडण्डियाँ हैं, जो राजपथ से जोड़ सकती हैं।'' चाणक्य ने चन्द्रगुप्त मौर्य को मन और चित्त दोनों से तैयार करना आवश्यक समझा। अन्त में चाणक्य ने कहा, ''मन उद्दण्डी है परन्तु चित्त के साथ चलने का उसे अभ्यास होने लगे तो संशय की कच्ची दीवारें स्वतः ही गिरने लगती हैं। संशय का परदा हटा नहीं कि लक्ष्य सामने। चलो, चन्द्र, आज और वह भी अब से हम हुए एक-एक ग्यारह। क्यों अलका?''

''हाँ, आचार्य, आज की यह आवश्यकता है आर्यावर्त्त उत्तर भारत से लेकर इस देश की हर दिशा सुदृढ़ हो। छोटे-छोटे राज्यों का परस्पर लड़ना-झगड़ना बन्द हो।

एक स्वस्थ, शान्त, पराक्रमी, सम्पन्न और सुदृढ़ भारत बने और उसके लिए आपका निर्देशन-आदेश मिलता रहे।" अलका में संगीत का स्वप्न महक उठा।

"यह सब करना चन्द्र को है, अलका।"

"क्यों नहीं, आचार्य। मौर्य की क्षमता, समता और शक्ति पर पूर्णतया विश्वास किया जा सकता है।"

"तो चला जाए अब।"

"क्यों नहीं।"

"पर फलाहार लेकर। इस बड़-बड़ को सुनकर पेट राम ने विद्रोह कर दिया है। भरे पेट पर न केवल स्वप्न अच्छे आते हैं बल्कि उससे उनको साकार करने की प्रेरणा-उत्साह भी मिलता है।" चाणक्य ने इसी के साथ फलाहार सामने रख दिया।

33

आज सूर्योदय होने के साथ-साथ चहल-पहल तेज थी। राजप्रासाद में स्पन्दन गतिमान था। कभी-कभी दिनोदय अपने मन की आशा-आकांक्षाओं को लेकर उगता है। धीरे-धीरे सुहावनी यादों को उकेरता उगता है।

सुनन्दा गंगा स्नान करके लौटी थी एक आश्चर्यजनक और सनसनी वाले मन से। जब उसने सूर्य को जल चढ़ाया गंगा में खड़े होकर तब एक व्यक्ति ने उन पर तीर चलाया था। जाने कैसे और किसने उनको बचाया, वह कुछ नहीं जान पायी।

वह तीर चलाने वाला व्यक्ति पकड़ लिया गया परन्तु ले जाते समय वह मर भी गया। उसने विष खाकर आत्महत्या कर ली।

सुनन्दा का यह सोचकर आत्मसन्तोष है कि मारने वाले से बचाने वाला महान् होता है। उसने इस विषय को चर्चा का केन्द्र नहीं बनने दिया।

सन्ध्या को जब धननन्द को पता चला तब वह चिन्तित हो उठे। कह उठे, "सुनन्दा, यह क्या हो रहा है, उन लोगों का इतना दुस्साहस। आज तुम्हें निशाना बनाया है, कल वे मुझ पर निशाना साध सकते हैं।"

"शुभ-शुभ बोलो, नन्द। ऐसा कुछ नहीं हो सकता।"

"हो तो रहा है, सुनन्दा। जीती मक्खी नहीं निगली जा सकती।" अभी तक मानवती पर हुए प्रहार करने वाले का कुछ पता नहीं चला।... और तुम कहती हो कि..."

"मैं जो कहती हूँ, वह गलत नहीं कहती... मानवती पर प्रहार करने वाला भी पकड़ा जाएगा।"

"पर कब? इन्द्राणी और सुलक्षणा भी यही दोहराती हैं। पर आज तक उसका

कोई सुराग नहीं मिल सका।''

''मिल गया हो तो?''

''कहाँ मिल गया?''

''घर में।''

''घर में कहाँ?''

''रनिवास से जो हिजड़े भागे थे, वे भागे नहीं थे, छुट्टी लेकर गये थे। उनके लौटने से स्थिति तब स्पष्ट हुई जबकि उन्हें सेवा में लेने से इनकार किया गया। तब मेरे पास आये। मैंने पूछा, 'तुम दोनों पर हत्या का आरोप है।' ''

''महारानी जी, यह झूठा आरोप है। हमें फँसाया जा रहा है।''

''उसकी तहकीकात चल रही है। दूध का दूध पानी का पानी सामने आ जाएगा।''

''तो हमें नौकरी पर लीजिए। हमने यदि रत्ती भर भी असत्य कहा हो तो हमें सरेआम मृत्युदण्ड दीजिए।''

''वह तो है ही।''... पहले भी आवश्यकता अनुभव होने पर मृत्युदण्ड दिया जाता रहा है। इस पर उनमें से एक ने कहा, ''हम उसके लिए तैयार हैं।''... हमारी बिरादरी हिजड़ा अवश्य है परन्तु परम्परा साक्षी है कि हम में से आज तक कोई भी नमकहराम नहीं निकला—हम नमक हलाल ही रहे हैं।'' तीन-चार बार मर्दाना ताली बजाकर दूसरी ने कहा, ''प्रकृति ने हमारे साथ क्या कम उपहास किया है कि न हमें उसने पूरी तरह पुरुष बनाया और न स्त्री। जननेन्द्रिय शून्य कोई जीवन होता है क्या? यह अनचीन्हा जीवन न ढका, न उघाड़ा। यह जीवन क्यों छल-प्रपंच और माया-बवण्डर में पड़े? किसके लिए? न हमारे कोई आगे है और न कोई पीछे, महारानी जी, यह पीजना स्वयं को धुनता है।'' उसने गहरी साँस भरकर आगे कहा, ''महारानी जी, हमारे अतीत में धूल, हमारे वर्तमान में धूल और हमारे भविष्य में धूल। हम ताली बजा-बजाकर जच्चा-बच्चा को आशीर्वाद देते घूमते हैं।... यहाँ आपके आदमियों ने बुलाया, समझाया कि मारे-मारे घूमने से रनिवास की चाकरी करो और मौज से रहो। यह मौज मिली यहाँ—बदनामी की भी कोई जिन्दगी है।'' इसके बाद वह ताली बजाने लगा और उसका साथी भी।

सुनन्दा विचारने लगी कि उनकी बोली में कोई दिखावा नहीं, जो अन्दर है वही बाहर।

दूसरा हिजड़ा कहने लगा, ''महारानी जी, अब हमारी लाज आपके हाथ में है।''

''चुप कर हिजड़िन, तू क्यों हिजड़ों की गरिमा को धूल में मिलाती है।... अपन का अट्टा रहे सही-सलामत, बाकी की चिन्ता नहीं।... महारानीजी,... कभी आपने देखा या किसी से सुना है क्या?''

सुनन्दा ने उसकी ओर ध्यान से देखा पर चुप रही।

''हिजड़ा का जनाजा किसने देखा—निकलता भी है या नहीं, यह भी किसी को नहीं मालूम।... हम तो बेनाम हैं, बेपरदा, गुमनाम।... खैर, कीजिए जो आपको करना है। बच गये तो हमें रनिवास में नहीं रहना, यह हमारा भी फैसला है।''

''हमारा भी फैसला सुन लो, तुम्हें उस अपराधी को ढूँढ़कर लाना है, जिसने मानवती को गहरी चोट पहुँचायी है। उसका इरादा उसे मारने का था।''

''आपके यहाँ क्या गुप्तचरों की कमी है जो... ।''

''तुम्हारी खरी-खरी बातों ने मन में जगह बना ली है और यह उम्मीद भी जगा दी है कि इस काम को तुम्हीं पूरा कर पाओगी। मुझे तुम्हारी प्रतीक्षा रहेगी। तुम मेरे भवन में आधी रात भी आ सकती हो।'' सुनन्दा इतना कहकर वहाँ पल भर के लिए भी नहीं ठहरी, चल पड़ी।

कुछ रुककर तब के सारे परिदृश्यों को जीवन्त कर सुनन्दा ने गहरी साँस भरी और फिर कहा, ''यही सारी राम कहानी।''

''खोदा पहाड़ निकली चुहिया। इस राम कहानी से मिला क्या?''

''अपराधी।''

''कौन है अपराधी?''

''उठिए। साथ चलिए।''

दोनों उठ खड़े हुए।

एक छोटे कक्ष में पहुँचकर सुनन्दा ने संकेत किया।

अपराधी सामने था।

''तुम।'' धननन्द चौंका।

वह चुप रह गयी।

''बोला, तुमने ऐसा क्यों किया?''

''आइए, वह सब मैंने पता लगा लिया है।... चलिए।'' सुनन्दा ने कहा।

धननन्द पुनः सुनन्दा के भवन में आ गया। उसने धननन्द के बैठ जाने पर कहा, ''बड़ा अनर्थ हो रहा है।''

''कैसा अनर्थ?''

''अनर्थ अनर्थ होता है और सदैव अपनों से होता है। उन अपनों से जिनको हम अपने से अधिक भरोसा करते हैं।'' सुनन्दा की ठीक से समझ में नहीं आ रहा था कि वह कैसे बात शुरू करे।

''प्रहेलिका नहीं, सुनन्दा, वास्तविकता पर सीधे आओ। महाराजा अच्छा सुनना जानता है तो वह बुरे से बुरा सुनने की ताकत भी रखता है। तुम नाम बताओ।'' धननन्द के धैर्य ने जवाब दे दिया था। वह आतुर हो उठा था।

“तो सुनो–महाअमात्य।”

“राक्षस।”

“हाँ, वही।”

“परन्तु वह तो यहाँ है ही नहीं, वह तो सीमा के हालात पता लगाने गया हुआ है। वहाँ से विद्रोह की चिनगारी उठने की सूचना मिल रही थी। हमारी चौकियों पर शत्रुओं ने अधिकार जमा लिया था।” धननन्द ने सोचते हुए कहा, “वहाँ की स्थिति बिगड़ने लगी थी। अनन्तपाल (सीमा सुरक्षा अमात्य) के साथ हमने ही महाअमात्य को भेजा हुआ है।”

“यह सब योजना के तहत है।”

“कैसी योजना, सुनन्दा?”

“सीमावर्ती क्षेत्र के बहाने वहाँ के अधिकारियों को अपनी ओर मिलाने का प्रयत्न करना।... साथ ही, राज्य की निष्ठावान् मानवती को पीछे से हटवा देना ताकि उनका रास्ता साफ हो जाए।” सुनन्दा ने उस योजना पर से आवरण हटाने की पहल की।

“वो ऐसा क्यों करेगा, सुनन्दा? यह भी कोई षड्यन्त्र हो सकता है।”

“क्यों नहीं हो सकता है। पर यह पत्र...।” सुनन्दा ने पत्र उठाकर धननन्द की ओर बढ़ाते हुए कहा, “देख जाइए।”

धननन्द ने एकबारगी उस पत्र पर सरसरी निगाह डाली, फिर सुनन्दा की ओर देखा। यह क्या होने लगा है। वह एकदम निष्क्रिय हो उठा। उसने उस पत्र को पढ़ना शुरू किया। पत्र में लिखा था–मेरे पीछे वे काम अत्यन्त दक्षता से कराने हैं। उसे तो कदापि नहीं छोड़ना है। वह हमारे रास्ते का सबसे बड़ा काँटा है। शूद्र है। अब नवीन राज्य की स्थापना का स्वप्न साकार हो लेना चाहता है। सचेत रहना। जरा सी लापरवाही हमें उलट भी सकती है। “परन्तु सुनन्दा मुझे सन्देह है।”

“क्या सन्देह है?”

“वह अपने व्यक्ति को मौखिक आदेश दे सकता था। पत्र से पकड़े जाने की सम्भावना है। वह क्या कोई भी ऐसा खतरा नहीं उठा सकता।”

“मैंने पूछा था–उसने बताया था कि उसके सारे परिवार को मार डालने की धमकी देकर उसे कहीं अज्ञात स्थान पर कैद कर लिया था। उसको यह पत्र इसलिए लिखना पड़ा कि वह व्यक्ति पाटलिपुत्र से बाहर था।”

“वह व्यक्ति कौन है?”

“उस व्यक्ति को यह पत्र जिसको देने को कहा था, दूसरे दिन वह भी मारा गया।”

“और यह पत्र?”

''पहले मुद्रा देख लो।''

''देख चुका हूँ। उसका उनके किसी विश्वसनीय व्यक्ति ने दुरुपयोग किया है। यह पत्र किससे मिला?''

''प्रशस्त (कारागार अधिकारी) पीतशाल से।''

''वह कहाँ है?''

''वह भी गिरफ्तार कर एक कोठरी में डाल दिया है।''

''वह क्या कहता है?''

''अपराधियों के घर से आये पत्रों में उसे वह पत्र मिला है।''

''क्या उस व्यक्ति को पीतशाल ने विवश किया था?''

''वह व्यक्ति यही कहता है।''

''और पीतशाल?''

''स्वीकार नहीं करता।''

''यह घुमावदार स्थिति है। फिर भी, ना कुछ से तो बेहतर है।... आभार, सुनन्दा।''

''रुकोगी नहीं।''

''चलो रुक जाते हैं। अब प्रसन्न।''

''हम अप्रसन्न कभी नहीं होते।''

''जानते हैं।'' धननन्द ने कुछ याद करते हुए कहा, ''आज हम नहीं रुक सकते, सुनन्दा। हम भूल रहे थे कि हमें कई आवश्यक कार्य हैं। गोपनीय... अन्यथा न लेना...।''

धननन्द कुछ रुककर खड़ा हुआ और फिर धीरे-धीरे चल पड़ा। सुनन्दा भवन में अकेली रह गयी। कब से चमक रही हैं ये स्वर्ण रंग के चित्रों से सजी दीवारें। उनमें मोतियों का काम भी था। उसे सोने के पिंजरे में बन्द मैना का स्मरण हो आया। उसने कितनी बार कहा था, ''मैना को स्वतन्त्र कर दो।''

''क्यों सुनन्दा। मुझे उसे सुनना अच्छा लगता है। वह हमारी बोली में बोलती है।''

''उसका कोई अपराध, नन्द।''

''यही कि वह अच्छी लगती है। महाराजा को जो कुछ अच्छा लगे, वह उसके पास होना ही चाहिए। कोई आनाकानी नहीं।''

''वह मुक्त रहना चाहती है।''

''वह सोने के पिंजरे में है। मन पसन्द भोजन करती है। उसे यहाँ क्या कष्ट है?''

''वह परतन्त्र है। फिर चाहे सोने का पिंजरा हो या लोहे का पर वह है तो उसमें

बन्द। न आकाश उसके पास है, न खुला हवा-पानी, न पेड़, पौधे, न संगी साथी। कारागार में पड़े कैदी और उसमें क्या अन्तर है। क्या वह भी...। और क्या।" सोच के इस किनारे पर आकर खड़ी की खड़ी रह गयी। मौन। स्तब्ध।

34

मालव गण राज्य का कुमार सिंहरण अर्द्धरात्रि को तक्षशिला पहुँचा। उसके साथ दो सौ से अधिक अश्वारोही सैनिक थे। तक्षशिला सो रहा था। जग रही थी तो एकमात्र अलका। दूर-दूर पर मशाल का प्रकाश उस अँधेरी घनी रात में ऐसा भासित हो रहा था कि जैसे कोई पराक्रमी खुली आँखों से सो रहा हो।

अलका का मन नहीं लग रहा था। लगभग डेढ़ साल से वह तक्षशिला और उसके निकटवर्ती क्षेत्र में रह रही थी। उसे तक्षशिला जैसे समृद्ध, खुशहाल, सांस्कृतिक और परिपूर्ण राज्य का संस्मरण हो रहा था। और याद आ रही थी अपने वृद्ध पिता की दयनीय स्थिति की लाचारी। सब कुछ अचानक हो गया एक ही रात में मात्र पिताजी के इनकार करने से। आज वह भी उसकी कैद में छटपटा-छटपटा कर पत्थर हो चुकी होती। अधम आम्भीक देशद्रोही निकला। कैसा क्षत्रिय रक्त है उसमें। पर्वतेश्वर से लड़ने सिकन्दर के साथ गया एक सामान्य क्षत्रप बनकर। ओह! अचानक उसमें अवसाद की घनघोर घटाएँ तड़ित बनकर छा जाती थीं। वह तड़ित स्नात हो मेचक पड़ी रह जाती थी।

क्या है उसका भविष्य! उन्नीस माह के बाद सिकन्दर थल मार्ग से, सघन आक्रमणों से जूझता, टूटता, छिन्न-भिन्न होने लगा था। कभी-कभी वह अन्तहीन मरुस्थल की श्रेणियों को देखता हुआ अन्दर ही अन्दर काँप उठता था। तेज ज्वर में और अधिक मदिरा कंठ से उतारकर अपने वीभत्स-विध्वंसक रूप आकृति से नफरत कर उठता था। वह संसार जीतने चला था। जेड्रोसिया के मरुस्थल से वह अधमरा होकर बेबीलोन पहुँचा था। निचली सिन्धु घाटी के ब्राह्मण उस पर भारी पड़े थे। काश! पश्चिमोत्तर के छोटे-बड़े गणराज्य विदेशी आक्रमण के समय एक हो जाते।

सिंहरण मालव राजकुमार है। वह छोटे से जनपद से हैं परन्तु है अति जोश, पराक्रम और देशभक्ति से ओतप्रोत।

सुना था मालवों ने क्षुद्रक गणों को मिलाकर एक बार तो सिकन्दर के छक्के छुड़ा दिये थे। वह और उसके सिपहसालार घबरा उठे थे। उस आक्रमण का नेतृत्व सिंहरण ने किया था। उस युद्ध में सिकन्दर को तीर से घायल सिंहरण ने ही किया था। परन्तु सिकन्दर की विशाल बर्बर सेना का सामना वे नहीं कर पाये। हारे अवश्य

पर जीतने वालों को छठी का दूध याद दिला दिया।

अलका वहाँ का वृत्तान्त सुन सुनकर पगला गयी थी। सिंहरण का कोई पता नहीं। समाचार लेकर आने वाला एक क्षुद्रक सेनानी था। वह सेनानी बता रहा था कि सिकन्दर के घायल होते ही यवन सेना आहत सर्प की तरह पागल हो उठी थी। घमासान युद्ध। युद्ध के बाद मालव और क्षुद्रक लोगों को जला डाला। नागरिकों पर वे भूखे शैतान बाघ की तरह टूट पड़े। स्त्रियों और बच्चों को आग की ज्वाला के बीच डाल दिया। नवजात शिशुओं को भी नहीं छोड़ा। नव शादीशुदा जोड़ों को भी भून डाला। तब एक ही स्वर गूँज रहा था—भविष्य के लिए न कोई मालव बचे और न कोई क्षुद्रक। जिस सिकन्दर की सेना ने एशिया माइनर, सीरिया, मिस्र, बेबीलोन, बैक्ट्रिया, सोग्डियाना आदि को धूल चटा दी थी, विशाल पारसीकवाहिनी जो कि युद्ध में बेजोड़ मानी जाती थी, के भी छक्के छुड़ा दिये थे, वह कैसे मालव-क्षुद्रकों की सेना के सामने पानी माँगने लगी थी।

कितना रक्त बहा। कितने निर्दोष मरे-कटे, विरूप हुए। यह कैसी विजय! किसकी विजय!

पर सिंहरण का क्या हुआ। किसी ने उसका समाचार नहीं दिया। कहीं वह कदापि नहीं... कदापि नहीं। यह सोचते हुए अलका ने आँख खोल दी मानो वह बेहद डरावने सपने का सामना नहीं कर पायी। उसने आँख मीड़कर पुनः देखा और साचरज बोली, "तुम और इस समय यहाँ।"

"यही प्रश्न मैं तुमसे करूँ। इतनी ठण्ड में, तीखी हवा के बीच तुम।"

अलका का हृदय गद्‌गद हो उठा। उसे कल्पना में भी कभी यह विचार नहीं आया था कि वह यों आ टपकेगा जैसे सिद्ध किया कोई देवदूत।

"तुम क्यों चौंक गयीं? पहले अन्दर चलो हिम हो रही हो।" सिंहरण अलका का हाथ पकड़कर उसे अन्दर ले आया। पलँग पर बैठाकर कम्बल उसे ओढ़ा दिया।

"तुम भी वह कम्बल ले लो।"

सिंहरण ने वैसा ही किया और पास पड़े आसन पर बैठ गया।

"अरे... अरे... यह क्या। यहाँ आकर बैठो।" अलका ने पलँग पर जगह बनाते हुए कहा।

"नहीं, मैं यहीं ठीक हूँ।"

"अर्थात् तुम चाहते हो कि मैं भी दूसरा आसन लाकर तुम्हारे सामने बैठ जाऊँ। जैसी तुम्हारी इच्छा।" कहकर जैसे ही वह उठने लगी वैसे ही सिंहरण फुरती से उठकर पलँग के एक कोने पर आ बैठा और बोला, "अब प्रसन्न।"

अलका कुछ नहीं बोली। उसकी देह में सिहरन दौड़ रही थी। वह कुछ सोच-समझ पाने की स्थिति में नहीं थी। उसकी आँखें डबडबा आयीं।

"पगली हुई हो क्या, अलका। रोते हुए स्वागत। कदापि नहीं। वीर क्षत्राणी हो रोना तुम्हें शोभा नहीं देता।"

अलका ने आँसू पोंछ लिए। कहने लगी, "तुम्हें देखकर मुझमें प्राण लौट आये। कोई समाचार तक नहीं दिया। भिड़ बैठे यवन पराक्रमी सिकन्दर से।"

"यह आवश्यक था, अलका। यवन सम्राट यह गलतफहमी लेकर नहीं लौटे कि आर्यावर्त्त आम्भीक की भूमि है या आद्रिज (अद्रेष्टाई) अथवा सौभूति या फेगेला की। यदि उसने मगध साम्राज्य से भिड़ने का प्रयास किया होता तो उसे पता चल जाता कि पराजय क्या होती है। उसे अरस्तू के कहे शब्द याद आने लगते, सिकन्दर दुनिया बहुत बड़ी है। किस-किस से युद्ध करोगे। जिसमें भारत... कहीं शक्तिशाली है। जीतना है तो अपने को जीतो, अपने क्रोध, अहम्, दम्भ-दर्प, ईर्ष्या आदि पर विजय पाओ। पर वह अहंकार में चूर किसकी सुनने वाला था! क्या हुआ! वह जिस रास्ते से आया था उत्साह से भरा, उसी रास्ते से गहरे घाव का दर्द-पीड़ा, विषाद लेकर नम आँखों से चुपचाप लौट गया।' "

"हाँ सिंहरण, पर उसने भी एक-एक मालव को मारा या धधकती ज्वाला में फेंका। सरे आम दो जातियों का संहार।"

"यह हमें ज्ञात था, अलका कि हम सब मारे जाएँगे परन्तु पीठ नहीं दिखलाएँगे। हमने कई जनपद, गणराज्यों, महाजनपद आदि को साथ देने के लिए आग्रह किया परन्तु कहीं से भी सकारात्मक सहयोग नहीं मिला, मात्र इसके कि मेरी नाक कटी है तो तेरी क्यों न कटे।" सिंहरण को यह कहते हुए एक झोंका आ गया। अलका का चेत जगा। वह उठ खड़ी हुई। कहने लगी, "अरे मैं तो भूल ही गयी थी कि तुम इतनी रात गये आये हो, तुमने भोजन भी किया या...।"

"किया है, अलका, किया है।"

"थक गये हो। झपकी ले रहे हो।... आओ मेरे साथ आओ, तुम्हारे लिए सोने का प्रबन्ध मैं ही कर देती हूँ।"

"ना... ना... तुम यहाँ सोओ। मैं अपने साथियों के पास लौटता हूँ।"

"बचकानी बातें मत करो। क्या ऐसा सम्भव है। क्या मैं सो पाऊँगी। तुम यहीं बैठो, मैं अभी आती हूँ।"

"भावुक मत बनो। हम सैनिकों को घोड़े की पीठ पर सोने की आदत है। और रात-रात भर घोड़े की पीठ पर सोते यहाँ तक आये हैं। सुबह होने दो। हमारे लिए तक्षशिला विद्यापीठ को मत जगा डालो। काम वो करो, जिससे किसी दूसरे को कष्ट न हो। सब सैनिक सो चुके हैं। उनके पास ओढ़ने-बिछाने को था। मैं तो यों ही इधर आ निकला। दूर से किसी को जगा पाया। पहले लगा कि वह कोई मूर्ति है परन्तु जब मूर्ति के घने केश उड़ते-लहराते दिखे तो कदम आगे बढ़ा दिये और तुम्हें

पाया। आँखें बन्द किये तुम हिम शिला बनने की तैयारी में लगीं तो मैं चौंका और मैंने अपने आप से कहा, 'सुबह तक वह हिम बन गयी तो तेरा क्या होगा सिंहरण। फिर तेरे आने का उद्देश्य।... यदि आज और इसी समय नहीं आ पाता तो... हे भगवान् तुमने मुझे बचा लिया।' "

अलका का हृदय काँप गया। सिंहरण पूछ रहा था, "अगलस्स जाति ने जो व्यास-चिनाब नदियों के संगम पर रहती थी सिकन्दर की विशाल सेना का मुकाबला करने की ठान ली थी, जबकि उसके पास बसी शिवि जाति ने सिकन्दर के सामने आत्मसमर्पण कर दिया था। अगलस्स जाति को पता था कि वह सिकन्दर की सेना से हारेगी, फिर भी लड़ेगी। अगलस्स जाति के पुरुषों ने भयंकर आग का प्रदर्शन अनेक जगहों पर किया और उसी ज्वालामुखी में स्त्रियाँ बच्चों को लेकर कूद पड़ीं। कहीं से भी रत्ती भर रोने-चीखने की आवाज नहीं आयी।... वह तो मान सकता हूँ एक उद्दिष्ट था। परन्तु तुम्हारे साथ, अलका, ऐसा क्या था, कुछ बताओ तो?"

अलका झेंप गयी। वह कैसे बताए कि... छि... छि... छि... वह भी कोई बताने की बात है। सिंहरण ने अलका की आँखों में प्रेम की चाँदनी को स्मित भरते देखा। वह भी अपने प्यार के लिए आया है। प्रेम में संवाद नहीं उठते, संकेत उभर कर अदृश्य होते रहते हैं।

सिंहरण ने आत्म मुग्ध उन क्षणों में पुनः जोर देकर कहा, "कुछ तो बताओ, अलका।"

"तुम थे।" अलका के मुख से अचानक निकल गया। वह स्वयं चकित रह गयी कि वह यह क्या कह गयी।

"मैं।" सिंहरण इतना ही दोहरा पाया। अलका चुप रह गयी। कुछ देर में ही वह उस गहरी होती निःस्वनता से घिरकर घबरा उठी और उठ खड़ी हुई।

सिंहरण ने उसकी कलाई पकड़कर कहा, "बैठो अलका। कुछ तुम अपनी भी बताओ।"

"क्या बताऊँ, सिंहरण?"

"कैसे बिताए इतने दिन? दिन नहीं, साल के ऊपर अनेक महीने?"

"आर्यावर्त्त का संकट।... जनपदों में फैला ईर्ष्या-द्वेष। प्रजा पर अन्याय-अत्याचार की आँधी। आचार्य की सूझबूझ वाली कूटनीति की संरचना। चन्द्रगुप्त मौर्य को अपने से जूझते अन्तर्द्वन्द्व। एक बार की पराजय से उसका कुन्द मन। सिकन्दर के दरबार में पहुँचकर सुरक्षित निकल आने की अन्तःकथा और यहाँ की प्रायः प्रतिदिन उलटती-पलटती परिस्थितियों के विश्लेषण और पुनःसंरचना। बस यही सब, सिंहरण मन को थका देता था।" अलका ने अपने को छिपाकर सारा विवरण सुना डाला।

"और मेरे सम्बन्ध में।"

"तुम्हारे सम्बन्ध में क्या, सिंहरण?"

"यह भी मुझे बताना पड़ेगा।"

अलका भावुक हो उठी। सिंहरण वहाँ उसके लिए ही तो आया है अन्यथा वह किसी और को भी भेज सकता था यदि उसे कोई सूचना देनी होती या किसी योजना का प्रस्ताव भेजना होता। उसके पास ऐसे योग्य और समझदार व्यक्ति हैं, जिन्हें वह अपने स्थान पर भेज सकता था। अलका अब अपने को नहीं रोक सकी। वह कहने लगी, "सिंहरण, जब भी एकान्त मिलता तब प्रायः तुम मेरे साथ होते थे। आज, अभी भी तुम मेरे साथ थे। फूल से पूछो कि सुगन्ध कहाँ से आ रही है तो वह क्या उत्तर देगा?"

सिंहरण ने उसका एक हाथ अपने हाथ में ले लिया और उसकी हथेली पर उँगली घुमाने लगा। क्षण बीतते रहे। अलका अपनी सुधबुध खोने लगी।

"हैं!" विद्यापीठ के जगने का भी समय हो गया। शंख बज उठा था। हर दिशा से शंख की ध्वनि अनुगूँज उठी है। सिंहरण उठ खड़ा हुआ। वह कहने लगा, "तुम बैठी रहो। इस बार तुम मेरे साथ चलोगी, यह ध्यान रहे।... राष्ट्रवाद... राष्ट्रप्रेम... राष्ट्रभक्ति अपनी जगह है और दाम्पत्य जीवन का लालित्य, रसोद्‍भावना, दृष्टि सम्मिलन, सहजता और परस्परता का संगीत सर्वोपरि है। हम लड़ते हैं, रक्त बहाते हैं, मारकाट मचाते हैं पर किसलिए। कदाचित् उनके जीवन में दाम्पत्य का रस सूख चुका होता है और उन्हें बर्बरता, आतंक आदि से दूसरों के सुख-शान्ति छीनने में सुख मिलता है। अन्यथा युद्ध की जीत हार से प्रजा पर अत्याचार-बलात्कार क्यों, अलका! इस कारण मैंने सोचा है कि मेरे भीतर के दैत्य को देवता में बदलने की शक्ति तुम हो। चलना है, यह याद रखना है।" इसके बाद सिंहरण वहाँ नहीं रुका, तुरन्त आगे बढ़ गया। वह नहीं चाहता था कि अलका को वहाँ छोड़कर अकेले पहले की तरह लौटे। दाण्ड्यायन ऋषि ने कहा था, "युवक यह विश्व प्रकृति शान्ति का अन्यतम संगीत है। अपने चारों ओर देखो, सुनो और अनुभव करो तो आनन्दानुभूति की लहरों में मन ही मन थिरक उठोगे।... एक बार किसी का भला करके तो देखो कि आपका हृदय क्या संगीत सुना उठेगा। जहाँ संगीत है, वहाँ जीवन है और जीवन के होने की अन्तर्ध्वनि है। जाओ युवक इस समय प्रकृति के विरुद्ध मानव की नियति सक्रिय है।"

अलका सिंहरण के चले जाने के बाद भी उसकी अन्तर्ध्वनियों में खोये जा रही थी। वह साफ दिल का सच्चा मनुज है। वह बाहर के बिगड़ते वातावरण को सहेजना चाहता है। यह मानकर कि युद्ध एक आवश्यक बुराई है और वही उसका उपचार भी है। आज वह रात भर नहीं सोयी थी, फिर भी उसे दिन का साथ देना है। यह

सोचते हुए वह आगे बढ़ गयी।

35

"नहीं, यह असत्य है, महाराजा जी। मुझे किसी षड्यन्त्र में फँसाया जा रहा है। आप तो मेरा विश्वास कर सकते हैं।" सुवासिनी का स्वर विगलित हो उठा था।

"प्रश्न सुवासिनी महाराजा के विश्वास का उतना नहीं है, जितना साक्ष्य के सामने आने का और साक्ष्य भी वह जिसके चोट पहुँची। वह मृत्यु से पहले यह कह रही थी, महाराजा, शूद्र होना अपराध है... फिर शूद्र मैं होऊँ या आप। शूद्र न महाराजा होना चाहिए... और न उसका विश्वसनीय पात्र। मुझ पर प्रहार सुवासिनी जी ने करवाया था और यह विष उन्होंने स्वयं दिया है। वह मेरे पास आकर बोली थीं, तूने हमारे सारे रहस्य जान लिए हैं, इसलिए हम दोनों में से एक को जीने का अधिकार है, दोनों को नहीं। कुछ देर बाद तू हमेशा के लिए पाप-पुण्य की दुनिया से इतनी दूर चली जाएगी कि फिर तू इस दुनिया में कभी नहीं लौट सकेगी। महाराजा जी... क्षमा... सावधान ... र...ा...ह...ए... सा...व...ध...आ...।' सुन लिया... उसने मरने से पूर्व अपने यह बयान दर्ज करवाये हैं।"

"महाराज जी, पता नहीं क्यों महारानी जी मेरे पीछे पड़ रही हैं। मैं जब से यहाँ आयी हूँ, मेरे लिए कोई न कोई षड्यन्त्र प्रायः होते रहे हैं। क्या यह आवश्यक है कि मरने वाला व्यक्ति झूठ नहीं बोलेगा।" सुवासिनी ने दर्द भरे स्वर में धीरे-धीरे कहा।

महाराजाधिराज धननन्द चुपचाप सुनते रहे, कुछ बोले नहीं। इस बात का सुवासिनी को भी अचरज हुआ कि उस पर प्राण निछावर करने वाले महाराजा मौन हैं।

"मुझे दुःख है, सुवासिनी, तुम अपने अपराध को स्वीकारने की अपेक्षा सहानुभूति पाने और मुक्त होने का मार्ग खोज रही हो।... मरने वाले ने जो कहा है, वही सत्य है। तुमने उसे पहले ही ठिकाने लगा दिया, और षड्यन्त्र का मुँह स्वतः बन्द हो गया। परन्तु ध्यान रहे, ऐसा हो नहीं पायेगा। समय अवश्य लग सकता है परन्तु भेद खुलकर ही रहेगा।... तुम्हें यह आखिरी मौका है कि तुम षड्यन्त्र से परदा उठा दो अन्यथा...।" सुनन्दा ने सरलता में कोई कमी नहीं आने दी। उसे लग रहा था कि वह मात्र मोहरा है, सूत्रधार तो नेपथ्य में है। निस्सन्देह वह कोई बहुत प्रभावशाली व्यक्ति है, जिसके कारण उसमें मुँह खोलने का साहस-शक्ति नहीं है।

सुवासिनी अन्दर ही अन्दर धँसी जा रही थी। आँधी में उड़ते सूखे पत्तों का

ध्वनिघात उसे मसल रहा था। अन्त में सुनन्दा ने कहा, ''मैं तुम्हारे साथ न्याय करना चाहती हूँ। तुम अपने से भयाशंका निकाल बाहर फेंको। जल्दी नहीं है, तुम्हें एक सप्ताह का समय देती हूँ ताकि तुम अपना हिताहित अच्छी तरह सोच सको।... ले जाओ, सुवासिनी को।''

सुवासिनी चली गयी। धननन्द सोचे जा रहा था कि मानवती कैसे दीन भाव से कह गयी थी कि उच्च जाति-वर्ण वाले षड्यन्त्र पर षड्यन्त्र रच रहे हैं। परन्तु वह कमजोर कहाँ है। उसके पास अपार सैन्य शक्ति है। वह सबसे धनाढ्य सम्राट है। यवन सम्राट सिकन्दर तो उसकी विशाल सेना के नाम से ही लौट गया। कौन है उसके सामने। पांचाल, काशी, इक्ष्वाकु, अश्मक, कोसल, कुरु, मैथिल, शूरसेन (मथुरा), कलिंग आदि क्षत्रिय वंश तो मिट चुके हैं।... गंगा की घाटी पार उसका साम्राज्य सिंधु नदी की घाटी में व्यास नदी तक विस्तृत है। सारी व्यवस्था उसके हाथ में है। एक माह में सत्तर लोगों को फाँसी दी जा चुकी है। उनमें कई अधिकारी भी हैं, नायक (नगर सुरक्षा अधिकारी) गणिका अध्यक्ष और सार्थवाह (व्यापारियों का प्रमुख) जैसे प्रभावशाली नेता भी। उसने शासन की लगाम कसने में कोई कसर नहीं छोड़ी है।

सुनन्दा भी जा चुकी थी। उसके जाने के थोड़ी देर बाद ही राक्षस आ पहुँचा। उसने अभिवादन किया। धननन्द ने सीमावर्ती हालचाल जानने के तुरन्त बाद राक्षस की ओर वह पत्र बढ़ा दिया, जिस पर उसकी मुद्रा अंकित थी।

राक्षस के चेहरे पर जरा-सी भी सिलवट नहीं पड़ी। वह शान्त बना रहा। उसे कुछ कहना है, यह सोचकर उसने कहा, ''लगता है नकली मुद्रा का प्रयोग हुआ है। आजकल कुछ ज्यादा ही चालाकी, षड्यन्त्र चल पड़े हैं। उन्हें भरपूर शक्ति से रोकना होगा।... सीमा पर चाणक्य कुछ-कुछ गड़बड़ी फैला रहा है। उसका प्रबन्ध करके आया हूँ।'' राक्षस ने जानबूझकर चाणक्य का नाम लिया ताकि धननन्द आवेग-आवेश में न आ जाए और मूल बात से उसका ध्यान हट जाए।

''चाणक्य... और उसके साथ वह नवयुवक...।''

''जिसने पिंजरा बिना खोले सिंह को बाहर निकाला था।''

''हाँ... हाँ... वही, राक्षस।''

''हाँ, वह चाणक्य के साथ है। भले ही, महाराजा जी, अपनी विशाल और शक्तिशाली सेना का विवरण पाते ही यवन सम्राट सिकन्दर ने आर्यावर्त्त के सीमावर्ती रेखा से आगे बढ़ने का विचार त्याग दिया हो और अपने देश को लौट चला हो।'' राक्षस ने वातावरण को प्रशान्त बनाये रखने के लिए मनोवैज्ञानिक चाल चली ताकि उसको दूसरी दिशा में मोड़ा जा सके।

"परन्तु, राक्षस, असली और नकली मुद्रा का भेद तो ज्ञात होना चाहिए अन्यथा और बहुत कुछ गलत हो सकता है।... अपनी मुद्रा मँगवाओ।"

"मैं मँगवाता हूँ।" कहकर राक्षस ने चर से मुद्राध्यक्ष (पासपोर्ट अधिकारी) अथवा पण्याध्यक्ष (वाणिज्य का अधिकारी/अध्यक्ष) को बुलवा लिया। इस बीच धननन्द राक्षस की गतिविधियों पर ध्यान दे रहा था। सोच रहा था कि उसने प्रशास्ता (राजकीय कागज / दस्तावेज को सँभालकर रखने वाला अधिकारी) को क्यों नहीं बुलवाया। वह तो सीधे उसके साथ है। वह कहने लगा, "राक्षस, तुम्हें कुछ दुर्गन्ध नहीं आ रही है?"

"कैसी दुर्गन्ध, महाराजा जी?"

"हम राज्य से सम्बद्ध लोगों का किस प्रकार की दुर्गन्ध से वास्ता पड़ता है?"

"मैं तो घर से सीधे आपके पास आया हूँ। अपने कार्यालय में भी अभी नहीं गया।"

"यही अनिवार्य कार्य था, राक्षस। चिन्ता गहरा रही थी। आज तुम्हारी मुद्रा का प्रयोग हुआ है, कल हमारी मुद्रा का प्रयोग भी हो सकता है।" धननन्द राक्षस के मुखमण्डल को पढ़ने का प्रयत्न करता जा रहा था। राक्षस सावधान हो गया था। वह अन्दर से भयभीत भी था क्योंकि महाराजा न केवल हृष्ट-पुष्ट था प्रत्युत आजकल तत्काल निर्णय लेकर उसकी अनुपालना करवाने में भी विलम्ब नहीं होने देता था।

"आपका दृष्टिकोण समीचीन है।"

"कागज जलाने में और राज्य जलने में क्या अन्तर देखते हो, महाअमात्य?" इस बार धननन्द ने सम्बोधन बदल दिया ताकि राक्षस को एक झटका और लगे क्योंकि अपने नजदीक वालों से वह उनका नाम लेकर बड़ी आत्मीयता से बात करता था। जिनसे उसकी दूरी रहती थी, वह उन्हें पदनाम से सम्बोधित करता था।

"कुछ समझा नहीं, महाराजा जी।"

"तुम राजनीति के पण्डित हो। शकुन देखकर परिणाम की घोषणा कर देते हो। ऐसा कार्य मात्र वैद्य ही कर सकता है। वह नब्ज-नाड़ी देखकर बीमारी की घोषणा कर देता है।... महाअमात्य, तुम्हें तो राज्य की नब्ज पहचानने में विलम्ब नहीं लगना चाहिए। ऐसा तो तब होता जब वैद्य ही अस्वस्थ हो। है न।"

"अभी था, माननीय, कुछ न कुछ गड़बड़ है।"

"किस ओर से, महाअमात्य?"

"सीमा के आसपास।"

"और घर-भवन या उसके आसपास।"

"वहाँ भी...।"

"सोचना पड़ गया। जब मन पर कोई दूसरा भार होता है तब ऐसा हो जाता है।"

इस बार राक्षस घबराया क्योंकि अप्रत्यक्ष रूप से वे तीर उसी का निशाना लगाकर चलाये जा रहे थे। पता नहीं, उसके मन में क्या है? पर जो भी कुछ हो, वह उसे लेकर ही है। सन्देह की सुई घूम फिरकर उसी पर आ ठहरती थी।

"कल अन्तपाल (सीमावर्ती दुर्गों का रक्षक) और प्रदेष्टा (फौजदारी न्यायालय का न्यायाधीश) भी आये थे। उनके मन में कुछ ऐसा था जैसे घर जलने... खैर... उनका अप्रत्यक्ष मत था... कुछ समझना तो पड़ेगा कि...।"

इस समय चर ने सूचना दी कि प्रशास्ता आ गये हैं। राक्षस ने धननन्द की ओर देखा। धननन्द ने कहा, "जाओ, ले आओ।"

उसे अन्दर नहीं बुलाया। राक्षस बाहर गया। प्रशास्ता से मिला। उसे समझाया और लौट आया। कुछ-कुछ घबराया हुआ-सा था वह।

"क्या बात है, महाअमात्य, तुम्हारे मुखमण्डल पर शरत ऋतु में पसीना।"

"आपका सोचना समीचीन था, महाराजा जी, गलती पर मैं ही था।" राक्षस ने कातर मन से कहा।

"क्या हुआ, महाअमात्य?"

"चोरी।"

"कहाँ?"

"मेरे अन्तःकक्ष में।"

"क्या था वहाँ?"

"मेरी मुद्रा सहित कुछ कागजात गायब हैं।"

"गायब हैं, कैसे जाना और किसने जाना, महाअमात्य?"

"मुद्रा वहाँ नहीं थी और कागजात बिखरे हुए थे। अवश्य कोई टोह में था। घात लगा गया। यह पता करना है कि कौन-से कागज गायब हैं।"

"पहले तुम यह पता कर लो, फिर मेरे पास आना। कुछ विचार विमर्श भी करना है।" धननन्द ने उसे चला जाने दिया।

राक्षस इस सत्य को जानता था, कैसे न जाने। लेख दूसरे का था और मुद्रा उसकी। पर यह हुआ कैसे? महाराजा का संशय विश्वास में बदल रहा है। वह कुछ भी कर सकते हैं। पर वह व्यक्ति है कौन? अवश्य यह गहरा षड्यन्त्र है—कहीं और से है। कोई ऐसा है जो उसके और महाराजा के सम्बन्ध में दरार पैदा करना चाह रहा है। इसमें कोई सन्देह नहीं है कि इस समय अवश्य साम्राज्य में दुर्घटनाओं का दौर चल पड़ा है। पता नहीं ऊँट किस करवट बैठे। उसका मन मन्त्रालय जाने का नहीं कर रहा था पर जाना आवश्यक है क्योंकि सम्राट के गुप्तचर उसका पीछा कर रहे होंगे। थके हारे मस्तिष्क और पाँव से वह धीरे-धीरे आगे बढ़ रहा था।

36

उस दिन तड़के ही चाणक्य घोड़े पर सवार होकर बिना किसी को बताये कुटी से चल दिये था। अकेले गया था। किसी को साथ नहीं लिया था। अलका उनको चारों ओर देख आयी थी। चन्द्रगुप्त मौर्य भी वहाँ कहीं नहीं मिला।

सिंहरण देर से उठा था। अलका लौटकर आयीं तब तक सिंहरण तैयार होकर अतिथि कक्ष में आ बैठा था। वह चारों ओर सैन्य शक्ति के पड़ाव, अश्व और अन्दर एक भवन में अस्त्र-शस्त्र देखकर चकित हुआ था। तीरों की नोक में विष भरा जा रहा था। वह जानता था कि चाणक्य विष के अनेक प्रयोगों में दक्ष है। नये से नये अस्त्र-शस्त्र बनाने में उसका कोई सानी नहीं है। कमान बनाने और तीर को दूर फेंकने वाली कमान बनाकर वह बहुत सन्तुष्ट हुआ था परन्तु इस कथन के साथ, "सिंहरण, सन्तुष्टि मात्र पड़ाव है बैठकर सोचने का, अन्त नहीं। धारिणी की तरह हर क्रिया चक्र या वृत्त में ही निरन्तर घूमती है, वह ठहरती कभी नहीं है। बराबर वह गतिमान रहती है पवन की भाँति। मैं प्रयोग करते आनन्द पाता हूँ। मुझे लगता है कि मैं भी धारिणी हूँ या उसका एक सक्रिय-गतिशील अंग जो न कभी थकता है, न प्रमाद करता है और न हारता है। तुम भी धारिणी की तरह बनो, नदी की तरह बहो, पवन की तरह सर्वत्र विचरण करो, सूर्य की किरणों की तरह चमकते रहो और चन्द्र बने उज्ज्वल रहो।"

कहाँ गये होंगे आचार्य। अलका की कुछ समझ में नहीं आ रहा था। उसने यही बात जब सिंहरण पर प्रकट की तब वह बोला, "अलका सच यह है कि मैं अन्दर ही अन्दर आचार्य से डरता हूँ। वह मुझे रहस्यवादी लगते हैं, मायावादी भी। वह कब क्या करेंगे और कैसे करेंगे, इसका अनुमान लगाना मुझसे सम्भव नहीं है।... तुम यहाँ हो, यह सोचकर भी मेरी नींद उड़ जाती है। तुम पर आचार्य का गहरा प्रभाव देखकर डर लगता है कि तुम आचार्य के कहने से मेरे साथ चलने से मना न कर दो। मुझे एक सीमा के बाद राजनीति पसन्द नहीं है।... मैंने जितना भयंकर रक्तपात देखा है, वह मुझे सपनों में आकर डराता है। निर्दोष प्रजा को क्यों मारा? क्यों एक-एक युवती का इस तरह एक ने नहीं, अनेक ने शील भंग किया कि...मेरी आत्मा आज भी काँप जाती है।... पता नहीं तक्षशिला के इस वातावरण में तुम्हारा मन कैसे लग जाता है? कैसे तुम सरस जीवन की उपेक्षा कर पाती हो, यह मैं नहीं जानता।"

अलका समझ सकती है कि सिंहरण पराक्रमी है, अन्याय-अत्याचार के विरुद्ध तत्काल खड़ा हो जाता परन्तु वह राज्य की दुरभिसन्धियों, साम-दाम-दण्ड-भेद में अपना मस्तिष्क नहीं खपा सकता। कई बार तक्षशिला में रहते हुए उसे साथ लेकर

नदी के किनारे दूर तक निकल जाता था और रास्ते में पूछता चलता था, "अलका, वह देखो, कोयल है, वह पपीहा है, वह मैना... काले रंग की पीली चोंच वाली... वह देखो, सिन्दूरी आकाश में इन्द्रधनुष का लहराता प्रेममय ध्वज... ।"

"तुम इतनी कल्पना कैसे कर लेते हो, सिंहरण?"

"सच जानना चाहती हो क्या?"

"हाँ, सिंहरण, एकदम सच। तुम क्या झूठ भी बोल सकते हो?"

"हाँ, अलका, यहाँ रहना पड़ जाए तो...।"

"तो क्या?"

"मैं सत्यासत्य पर विचार करना छोड़ सकता हूँ। राजनीति भुजंग नीति है।"

"कल्पना की बात करो, सिंहरण।" सिंहरण कुछ दूर तक मन ही मन गुनगुनाता हुआ रुककर कहता, "वे लहरें देखो।... ऐसे नहीं मन की आँखों से देखो ... जरा पास जाकर, मेरी तरह छूकर देखो और तब तक उन्हें सहलाती-मनाती रहो, जब तक वे गुनगुना नहीं उठें।... फिर तुम्हारा मन-हृदय आनन्द से ऐसे नृत्य कर उठेगा जैसे स्नेह-प्यार से भरे मेघों को देखकर मयूर नाच उठता है और उसका मद भरा नृत्य देखकर मेघ रिमझिम-रिमझिम कर उठते हैं।" सिंहरण की आँखों में गर्जना शून्य चपला कौंध रही थी। तब वह अपने में नहीं था।

"मैं वैसी कल्पना क्यों नहीं कर पाती, सिंहरण?"

"तुम मुझमें शरद में बहती नदी, उपवन में टहनियों सहित लहराती नवल पत्तियाँ, मंजरी का मादक सुगन्ध आदि का अनुभव नहीं कर पाती हो।"

"और तुम?"

"मुझमें कल्पना का निर्झर स्रोत और स्वप्नों की मादक गन्ध तुमसे है अलका। सच तो यह है कि मैं तुम्हें अपने पास पाकर अपने को भूलने लगता हूँ। अनछुए को छुआ जैसा अनुभव करने लगता हूँ। तुम्हारे घने मेघ से मतवाले-लहराते कुन्तल, तुम्हारे नयनों में छिपे निमन्त्रण मन्त्र और तुम्हारे अरुणाधरों पर खिलते सद्यः जन्मे प्रसून मुझे सम्मोहित कर डालते हैं।" सिंहरण अलका के साथ चलते हुए मानो बाँसुरी का मधुर स्वरानन्द उसमें घुलमिलकर सम्मोहित कर उठा हो, ऐसा अनुभव करता था। उसका अंग-प्रत्यंग रसरंग मय होकर स्वतः खिलने लगता।

"देखो, अलका, ध्यान रहे साथ चलना होगा।"

वह तो कुछ और ही करने का मन बना चुकी थी। चाणक्य के साथ रहकर चन्द्रगुप्त मौर्य के स्वप्न के लिए, स्वाभिमान और न्याय के लिए। उसे क्या मालूम था कि सिंहरण, जिसने कोई समाचार तक नहीं दिया, यों ही सामने आ खड़ा होगा।

"क्या कुछ सोच रही थी, अलका?"

"कुछ नहीं।"

"यदि जिन्दगी में सोच की अन्धड़ आँधी के साथ सूखे पत्ते की तरह उड़ ा छोड़ दें तो...।"

"तो क्या, सिंहरण। सोच जीवन का अनिवार्य हिस्सा है। वही तो म ुज को पशु से अलग करता है।"

"और उससे भी भयावह पशु-मनुज को जन्म दे देता है। सोच की सीमा है, अलका। योगी इसलिए तप करते हैं, मुनि इसी पर मनन करने के लिए संयम का अभ्यास करते हैं।" सिंहरण की आँखों में नन्हे मिट्टी के घरौंदे मुस्करा उठते और कह उठते, "माँ... माँ... देखो, मेरा घर! कितना सुन्दर! कितना नया!"

"आओ, पता करें कि वे आये या नहीं।"

उधर सिंहरण का ध्यान नहीं था। न वह उधर जाना चाहता था। परन्तु लगता है कि अलका अपने जीवन में...। वह ऊपरी मन से बोला, "चलो, अलका।"

अलका और सिंहरण जैसे ही चाणक्य की कुटिया की ओर चलने लगे वैसे चाणक्य ने पीछे से आवाज देकर टोक दिया, "हम यहाँ हैं।... चन्द्र तुमने ठीक कहा था, वे दोनों भी उधर ही जा रहे थे।"

कुछ ही देर में ही वे सब कुटिया में थे। चाणक्य ने पूछा, "तक्षशिला विद्यापीठ छान ली होगी। सिंहरण के आने की सूचना मिल चुकी थी परन्तु कर्तव्य के आगे शेष सब गौण।"

"कहाँ जाना, आचार्य?"

"अलका, राक्षस कम चालाक नहीं है। उसने उस पत्र के लेख से उस व्यक्ति को पहचान लिया। उसे मुद्रा का पता चल गया कि तीन सौ पण देकर उस कागज पर मुद्रा लगवा ली गयी थी। उस व्यक्ति को राक्षस ने कैद करवाकर पाटलिपुत्र लाने का आदेश दिया था। नागरक (नगर का प्रमुख अधिकारी) उसे गिरफ्तार कर पाटलिपुत्र ले जा रहा था। फिर क्या था, नगर के बाहर हमने उसे जा घेरा। हम उसे छुड़ा पाते कि इससे पहले उनके एक सैनिक ने उसे मार डाला और हम दोनों खाली हाथ लौट आये।"

थोड़ी देर सन्नाटा सूखे पेड़ की तरह बरसा में भीगता रहा असहाय होकर।

"और सिंहरण, कैसे आना हुआ?" चाणक्य ने पूछा।

सिंहरण ने अलका की ओर देखा और फिर कहा, "पश्चिमोत्तर की सीमाएँ उपद्रवी हो उठी हैं। वे क्षत्रप, नरेश, राजा आदि अपने को स्वतन्त्र मानकर अपने-अपने राज्यों पर पुनः अधिकार करने के लिए संघर्ष शुरू कर चुके हैं जिनके राज्य पर सिकन्दर का अधिकार हो गया था। उनमें से कुछ को तो सफलता मिल भी गयी होगी।"

"एकदम विद्रोह।" चन्द्रगुप्त मौर्य टोकता।

"जनक्रान्ति।" सिंहरण कहता।

"वो कैसे?"

"राजा-क्षत्रप आदि के साथ उनकी प्रजा कन्धे से कन्धा मिलाकर खड़ी हो गयी है। सिकन्दर अपने यहाँ के जीते हुए साम्राज्य के लिए एक व्यवस्था बनाकर गया था–सिन्धु के पश्चिमी-उत्तरी भाग का एक क्षत्रप बनाया था फिलिप को दूसरे भाग का, जिसमें सिन्धु और जेहलम के बीच का भाग था, उसका क्षत्रप तक्षशिला को राजा आम्भीक, तीसरा क्षत्रप राजा पर्वतेश्वर को जिसमें जेहलम नदी का पूर्वी भाग था जो व्यास नदी तक था और चौथा प्रान्त था सिन्धु नदी का निचला भाग। इसका क्षत्रप था पिथोन।" सिंहरण ने कुछ रुककर यह जानना चाहा कि चाणक्य और चन्द्रगुप्त मौर्य क्या सोच रहे हैं? क्या वो कुछ कहना चाहते हैं। उनको शान्त चित्त पाकर सिंहरण ने कहा, "पश्चिमोत्तर सीमावर्ती अट्ठाईस छोटे-बड़े जनपदों को सिकन्दर ने चार प्रान्तों में नियोजित कर नयी व्यवस्था की नींव रखी थी, जिसने सिन्धु और पंजाब को एक नया स्वरूप दिया था। इस राजनीतिक एकता का यह मंगलमय रूप अब ऐसे महानायक की प्रतीक्षा कर रहा है जो इन चारों को भी एक सूत्र में बाँध सके। यह अनुकूल समय भी है क्योंकि सैन्य बल और प्रजा बल किसी सर्वथा शक्तिशाली और प्रजा केन्द्रित महानायक की प्रतीक्षा कर रहा है और वे दोनों संयुक्त रूप से किसी महानायक का प्रादुर्भाव नवोदित मंगलाचरण के रूप में चाहते भी हैं। इसी कारण वे विद्रोही भी हो बैठे हैं और उनकी प्रजा ने भी जनक्रान्ति का बिगुल छेड़ दिया है। उन सबको एक महानायक की तलाश है।"

"तब?" चाणक्य ने गम्भीर होकर सिंहरण की ओर देखा।

"ज्ञात हो मालव और क्षुद्रक ने मिलकर न केवल सिकन्दर के दाँत खट्टे किये थे बल्कि सिकन्दर को झंग और मोण्टगोमरी सीमा पर स्थित दुर्ग पर अधिकार जमाने के लिए घनघोर युद्ध करने के लिए भी विवश किया था। एकबारगी उसकी सेना के भी हाथ-पाँव फूल गये थे और वह युद्ध विमुख भी होने लगी थी, तब सिकन्दर ने घबराकर अपने सैनिकों से हृदयद्रावक आग्रह किया था, 'मेरे महान् सैनिको, माना कि मालवों से युद्ध करते हुए हमें बेहद प्रतिकूल स्थितियों का सामना करना पड़ रहा है। मालव वीर ही नहीं, महावीर हैं परन्तु हमें उन वीरों का जी-जान लगाकर सामना करना है अन्यथा यह युद्ध महान् यवन नेता की विजय यात्रा में एक कलंक सिद्ध होगा और इतिहास में हमारा मूल्यांकन पराजय की आत्मकथा लिख रहा होगा। कम से कम मुझे भगोड़ों की तरह भागने के लिए विवश मत होने दो। मुझे सम्मान के साथ लौटने दो।' सिकन्दर के इस आग्रह ने यवन सेना में ऐसी विद्युत शक्ति भरी कि हमें अन्ततः प्राण गँवाने पड़े। परन्तु हमने आत्मसमर्पण नहीं किया। मैंने सिकन्दर पर ऐसे भाला फेंका कि वह न मात्र घायल हुआ बल्कि लड़खड़ा गया और

उसको तत्काल एक सुरक्षित स्थान पर ले जाया गया। उधर उनकी विशाल सेना ने न घर देखा, न खेत और न मैदान। उन्होंने हर जगह वो मारकाट मचायी कि न बालक देखा, न वृद्ध, न स्त्री देखी, न शिशु... सबको मौत के घाट उतार दिया। दुर्ग पर उनका अधिकार हो गया। हम हारकर बिखरने लगे। अकेले क्षुद्रक उनका सामना नहीं कर सके और उन्होंने सिकन्दर से समझौता कर लिया। परन्तु था वह सम्मानपूर्वक समझौता। बराबरी का समझौता। अब वहाँ का क्षत्रक फिलिप है। उसके विरुद्ध जन-आक्रोश तेज हो उठा है और युद्ध प्रेमी मालव तथा क्षुद्रक की गतिविधियाँ तेज हो गयी हैं।''

''ऐसी स्थिति में तुम्हारा क्या प्रस्ताव है, सिंहरण। मुझे लगता है कि तुम आये भी इसीलिए हो।... उधर यूनान पहुँचने से पहले ही बत्तीस वर्षीय युद्धोन्मादी सिकन्दर की बाबुल में मृत्यु हो गयी।''

''उसी घाव से, आचार्य।''

''और अत्यधिक मदिरा सेवन से भी। ज्वर पीड़ित सिकन्दर ने मदिरा पान नहीं छोड़ा। छोड़ भी नहीं सकता था क्योंकि विश्वविजेता का दिवास्वप्न देखने वाला सिकन्दर विजय की पराजय अन्तःपीड़ा को सहन नहीं कर सका। कैसे करता असम्भव को सम्भव बनाने की एक सीमा है। उसके आचार्य अरस्तू को उसे रोकना था। खैर, अब... प्रस्ताव पर विचार करना है, चन्द्र-अलका।'' चाणक्य ने अपनी जानकारी से परदा हटाते हुए धैर्य से कहा।

''अब मालव और क्षुद्रक ही नहीं बल्कि अम्बष्ट भी एक हो गये हैं। उनमें एक साथ एक-एक हजार युवक-युवतियों में विवाह सम्बन्ध भी स्थापित हो चुके हैं। ... उनको देखते हुए सिकन्दर के सामने आत्मसमर्पण करने वाली जातियाँ जैसे ओस्सदोआई, कसस्थ्रोई, मस्सनोई और शीद्रई—भी साथ आ गयी हैं। इनमें शीद्रई जाति से शूद्र हैं परन्तु वे लड़ते जबर्दस्त हैं और धनु निर्माण में वे दक्ष हैं। इस प्रकार लगभग एक लाख पदातियों, आठ हजार घुड़सवारों और सात सौ रथों के साथ एक सेना खड़ी हो चुकी है।... इस सेना को महानायक चाहिए।'' सिंहरण ने प्रस्ताव को कुछ विस्तार देना उचित समझा ताकि उनके सामने तक्षशिला में एकत्र साधारण सेना से जुड़ाव का सम्मोहन कम हो सके।

''कहो, चन्द्र, महानायक की भूमिका पसन्द करोगे। वर्तमान में हमारे पास जो सैन्य शक्ति है, वह मुट्ठी भर है। साथ ही, तुम इतनी बड़ी सेना का नेतृत्व करने का अनुभव भी पा सकोगे। यह सुनिश्चित है क्षत्रप फिलिप को धूल चटानी होगी और एक स्वतन्त्र राज्य की स्थापना करनी होगी। क्या उठा सकोगे यह उत्तरदायित्व और महान् यवन सिकन्दर के भरोसे के चक्रव्यूह को तोड़ सकोगे?'' चाणक्य ने समूची प्रस्तावित योजना के अन्तःपट से भी आवरण हटा डाला। अन्त में यह पूछना

नहीं भूले, "सिंहरण मैंने जो कहा है, उससे भिन्न तो तुम्हारा कोई मन्तव्य नहीं है न।"

"नहीं, आचार्य।... चन्द्रगुप्त मौर्य की युद्ध प्रतिभा, कौशल आदि के बारे में वे सुन व जान चुके हैं।" सिंहरण का स्वर अद्वन्द्वित और स्थिर था।

"सिंहरण, यह निर्णय लेना तो चन्द्र को ही है ताकि आचार्य पर थोपने का दोष मण्डित न हो सके।" चाणक्य के हर वाक्य में कूटनीति का गहरा प्रभाव रहता था। कहाँ, कब और क्यों क्या कहना है, जिससे उनका मन्तव्य दूसरे का लक्ष्य बन सके।

चन्द्रगुप्त मौर्य को भी लग रहा था कि जो सैनिक वहाँ हैं, उनसे कोई कार्य सधने वाला नहीं है और न अधिक समय तक उनका व्यय भार भी उठाया जा सकता है। फिर यहाँ उनके रहने में भी असुविधा होने लगी थी। उसने इतनी बड़ी सेना का कभी नेतृत्व नहीं किया था। उनमें भी अहम् टकराते हैं, ऊँच-नीच को लेकर द्वन्द्व मचलते हैं। वहाँ मात्र सिंहरण ही उसका एकमात्र भरोसेमन्द साथी है। यह सब सोचते-सोचते उसने कहा, "आचार्य मुझे आपका ही मार्गदर्शन चाहिए। आपकी सहायता के बिना मैं अधूरा हूँ।"

"अब तुम बड़े हो गये हो। दूसरों पर जितना कम निर्भर होने का अभ्यास डालते जाओगे उतने ही तुम परिपक्व, आत्मकेन्द्रित और स्वनिर्णय लेने में सफल हो सकोगे। फिर भी, मैं हर समय, हर स्थिति में तुम्हारे साथ हूँ। इधर मगध सम्राट न केवल सतर्क हो गया अपितु उसने भरपूर शक्ति से बिगड़ती स्थिति को सँभाला भी है। वह अयोग्य तो है ही नहीं। दूरदर्शी भी है। स्वयं पराक्रमी है। फिर भी वह शूद्र है। शूद्र का अहम् का विस्फोट हम जैसी जातियों पर होता है। वह यह भली भाँति जान चुका है कि हम सब उच्च जाति या वर्ण वाले उसका नेतृत्व स्वीकार नहीं करते। हमारा अहम्-दर्प भी आड़े आता है। फिर अब उसने अपने वर्ण की उन्नति, समृद्धि और पठन-पाठन पर भी जोर देना शुरू किया है। इस कारण, हम लोग फिलहाल उधर से दृष्टि मोड़ लें तो धीरे-धीरे सम्राट का ध्यान हम लोगों की ओर से हटने लगेगा। हो सकता है, वह फिर से पुरानी लचीली और पतित आदतों के माया आकर्षण, आत्म मुग्धता और सुरा-सुन्दरी की माधुर्य-मादक मुद्राओं की पकड़ में आ जाए। फिर से, राक्षस को पूर्व वाली भूमिका में आना होगा और अपने जैसे अन्य वर्णों से मिलकर अभियान चलाना होगा। इसलिए चन्द्र, तुम भी विचार करो और अपने दायित्व-कर्म को समझो।"

चन्द्रगुप्त मौर्य के मन में उत्साह की लहरें उठीं। उसने कहा, "मुझे सिंहरण के प्रस्ताव से यह आशा जगती है कि इस तरह वृहत् लक्ष्य के लिए एक ठोस आधारशिला तैयार हो सकती है। शेष, आप जैसा आदेश दें, आचार्य, मुझे स्वीकार है।"

अब गेंद चाणक्य के पाले में थी। अलका गुमसुम-सी देख कम, सुन-समझ लेने का प्रयास अधिक कर रही थी। ऊँट किस करवट बैठता है, इसका उसे ही कोई ठोस अनुमान नहीं था क्योंकि सब कुछ तै होते हुए निर्णय बदले भी हैं।

आचार्य चाणक्य ने गहरी साँस ली। अलका की ओर देखा। अलका का ध्यान सिंहरण की ओर था परन्तु सिंहरण चाणक्य की ओर देखते हुए यह कोशिश कर रहा था कि ऐसा लगे कि वह कहीं और देख रहा है। चाणक्य ने अपनी लम्बी चुटिया को तनिक ठीक किया और कहा, "चन्द्र, मुझे भी यही ठीक लगता है। तुम तैयारी कर सकते हो और विश्वसनीय सैनिकों को भी साथ ले जा सकते हो।" निर्णय हो गया।

"आप भी साथ चलेंगे, आचार्य।"

"चन्द्र, मेरा यहाँ रहना आवश्यक है। परन्तु मैं वहाँ भी पहुँचूँगा। इस समय यहाँ जो जाल फैला लिया है उसे भी दिशा-दृष्टि देते रहना है ताकि अभियान का वह चक्र गतिमान बना रहे। उसकी धीमी सक्रियता भी वातावरण को चुस्त बनाये रखेगी।... तुम अलका...।"

"मैं क्या... क्या, आचार्य।"

"सिंहरण तुम क्या चाहते हो?"

यह सुनते ही एकबारगी सिंहरण के पाँवों तले से धरती खिसक गयी। उसने कल्पना में भी ऐसा नहीं सोचा था कि अचानक बिन गर्जना किये चपला उस पर आ गिरेगी। यह निर्णय भी उसे करना होगा। पर कैसे? वह चाहकर भी अलका की ओर नहीं देख सका और यदि देख भी लेता तो उसे झलक से क्या मिलता। वह इस अर्थ में अत्यन्त संकोचशील है। और ऐसे समय पर जबकि पश्चिमोत्तर आर्यावर्त्त को संगठित कर पुनर्स्थापित करना है ताकि बाह्य शक्तियाँ उसे दबोच नहीं सकें। कर्तव्य और प्यार में से इस समय उसे एक को चुनना है। यद्यपि दोनों को चुन लेने से कर्तव्य के प्रति आस्था में कोई अन्तर आने वाला नहीं है तथापि वह इस तरह का प्रस्ताव रखने का साहस अपने में नहीं जुटा पा रहा था। फिर भी, उसे कुछ कहना था अतः वह कहने लगा, "आचार्य, यह कठिन निर्णय है। कुछ समझ नहीं पा रहा हूँ। इस निर्णय में अलका की भूमिका भी मुझसे रत्ती भर कम नहीं है।"

चाणक्य ने कुछ सोचकर कहा, "तो तुम दोनों ऐसा करो कि एकान्त में, दो चार घण्टे में, अच्छी तरह सोच-समझकर अपने निर्णय से मुझे अवगत करा दो—इसमें कोई भयाशंका अथवा किसी और को बीच में लाने की आवश्यकता नहीं है।... मैं समझता हूँ कि अब हम लोगों को अपनी-अपनी दिशा पकड़ लेनी चाहिए।" इसके साथ ही, चाणक्य उठकर आगे बढ़ गया, शेष वहीं खड़े होकर एक दूसरे की ओर देखते रह गये। सम्भावना इस बात को लेकर दृष्टिगत हो रही थी कि परस्पर संवाद

उठे और निर्णय लेने में उससे कोई लाभ मिल सके। चन्द्रगुप्त मौर्य भी शायद कुछ ऐसा सोचकर ही वहाँ रुका था परन्तु मौन की जड़ता न टूटते देखकर उसने यह उचित समझा कि वह उनके व्यक्तिगत मामले से वह अपने को दूर रखे और इसके साथ ही वह भी वहाँ से चल पड़ा। कितनी कठिन, बोझिल, उलझी और जड़ मानिसकता में वे दोनों पता नहीं कब तक एक दूसरे को देखते-अनदेखते वहाँ अस्थिर चित्त हुए खड़े रहे निस्संवाद!

37

सुनन्दा अपने भवन में बैठी दासी रितु की प्रतीक्षा कर रही थी। रितु हाल ही में उसने अपने खेमे में ली थी। वह कई भाषाएँ जानती थी और उसने गोपनीय भाषा भी बना डाली थी, जिसे सुनन्दा के अलावा उसकी चार विश्वसनीय दासी जानती थीं। उसने उन्हें गुप्तचर विभाग में न रखकर भवन के और उसके व्यक्तिगत कार्यों के लिए रखा था परन्तु उनका प्रमुख कार्य गुप्तचरी करना ही था। मानवती की मृत्यु ने गुप्तचर विभाग की विश्वसनीयता पर प्रश्न-चिह्न लगा दिया था।

धननन्द राक्षस को कारागार में डालने का निर्णय ले चुका था। उस निर्णय को कार्यान्वित न होने के लिए उसी ने उस पर जोर डाला था और अपनी योजना पर प्रकाश डालते हुए कहा था, ''शीघ्रता नहीं। गुप्तचरी से हमें उस रहस्य को जानना है, जिससे उसके अन्तःसूत्रों और उनकी बुनावट के गहरे फन्दों का पता चल सके। राक्षस की क्या महत्त्वाकांक्षा है और कौन-कौन उसके साथ हैं?''

धननन्द ने सुनन्दा की बात मान ली।

धननन्द भी अपनी गुप्तचरी ताकत को प्रकट नहीं करना चाहता था। एक के बाद एक नये सूत्र हाथ लग रहे थे और सबको अपनी गुप्तचरी पर पूर्ण विश्वास था। वह एक निष्कर्ष ले चुका था और पूरी छानबीन करके व करवा करके। उसने कहा, ''सुनन्दा, सुवासिनी निर्दोष है।''

सुनन्दा चौंकी। कहीं बहुत भीतर वह उसे अपनी प्रतिद्वन्द्वी लगती थी। वह चाहती थी कि किसी तरह वह उसके रास्ते से हट जाए। अचानक यह अवसर भी उसके हाथ लग गया था। वह अपनी ओर से ऐसे किसी अवसर को जन्म नहीं देना चाहती थी क्योंकि वह धननन्द की वृत्ति तथा स्वभाव को भली प्रकार समझ चुकी थी कि सुन्दर स्त्री उसकी कमजोरी है और इस कमजोरी को हवा देने वाले उसकी परिषद् हैं और उसमें भी अमात्यगण विशेष। वे अप्रत्यक्ष रूप से नन्दवंश का नाश चाहते हैं। उसे जितना शीघ्र हटाया जा सके, वे हटा देना चाहते थे। पर कैसे? धननन्द भी कट्टर निरंकुश शासक था। निरंकुशता उसे अपने पुरखों से मिली थी।

उसके पिता ने मरने से पूर्व अपने पास से सबको दूर करवाकर उससे कहा था, "पुत्र नन्द, यह कभी नहीं भूलना कि हम शूद्र हैं। हमें कोई अधिकार नहीं है कि हम उच्च जाति या वर्ण वालों के साथ स्वाभिमान से खड़े हो सकें। उनकी परछाईं भी छू सकें। और फिर हम तो उन सबके राजा ही नहीं सम्राट हैं। परशुराम के बाद इस धरा से क्षत्रिय राजा, नृप और क्षत्रपों को हमारे पुरखों ने मिटाया है और इस परम्परा का हमने निर्वाह किया है। यह सीख मुझे भी मेरे पिताजी से मिली थी। उन सबका यही विश्वास था कि धीरे-धीरे वह समय भी आ सकेगा, जब धर्म के पुरोधाओं को विवश होकर अपने धार्मिक व्यवसाय से शूद्र वर्ण को हटाना पड़ जाएगा। इस कारण, चरित्र से सुदृढ़ बने रहना और निरंकुशता में हम से उन्नीस नहीं, इक्कीस सिद्ध होना है। यदि इसमें जरा-सी भी शिथिलता आ गयी तो वे सैकड़ों वर्ष के भूखे गिद्ध एक साथ हम पर टूट पड़ेंगे।... फिर हाँ... फिर हमें खोया हुआ यह अवसर कभी प्राप्त नहीं हो सकेगा और ये लोग धर्म की आड़ में हमारे अस्तित्व को बुरी तरह कुचलकर एक ओर कर देंगे। तब... ना.. ना... ऐसा कुसमय हम पर कभी नहीं आये।" इसके बाद अन्त में उसका हाथ अपने हाथ में लेकर कहा था, "नन्द, वचन दे कि तू अपने पुरखों के बताये मार्ग का अक्षरशः पालन करेगा।"

उसने वचन दिया। धीरे-धीरे यह अनुभव भी किया कि उसके समय को अभिशाप सिद्ध करने का प्रयत्न किया जा रहा है। तत्कालीन ग्रन्थों में उसे स्थान नहीं दिया गया है और भूल से कहीं उल्लेख भी किया गया है तो उसके चरित्र हनन करने की दृष्टि से—वह घोर व्यसनी है, अत्याचारी है, अन्यायी है, धन लोलुप है ... और न जाने क्या-क्या। वे कलम के धनी हैं और गुप्त रूप से इस समय की उपलब्धियों को मिटा देना चाहते हैं। यहाँ तक उसके पुरखों की विजय के प्रतीक चिह्नों, बौद्धों को स्तूप मठ बनाने को दी गयी सहायता आदि का भी उन कीर्ति स्तम्भों पर कोई उल्लेख नहीं किया है। वह नहीं चाहता था कि धर्म रूपी वर्णों के छत्ते में हाथ डालकर एक सर्वथा दुर्भाग्य की काली आँधी उठने दे। वह सँभलने लगा था। वह इतने विशाल और शक्तिशाली साम्राज्य को खोना नहीं चाहता था। आज उसका सिर स्वाभिमान, गौरव और शान से उठा हुआ है। वह समकालीन इतिहास पुरुष है। उसके आगे क्या ब्राह्मण, क्या क्षत्रिय और क्या वैश्य सभी शीश झुकाते हैं।

"कहाँ जा खोये नन्द?" सुनन्दा ने धीरे से कहा, "अभी-अभी आपने कहा था कि...।"

"सच कहा था, सुनन्दा। सुवासिनी की राजनीति में कोई गति-मति नहीं है और न वह किसी षड्यन्त्र में, चाहे कितना भी दबाव बने, सम्मिलित हो सकती है। वह पूजा-पाठ करती है और प्रार्थना करती है कि उसे राजप्रासाद की चहारदीवारी से प्रभु बाहर निकालने में सहायता करे।... वह नृत्य कला, गायन, वाद्य, चित्रकला आदि

में अवश्य सिर से पाँव तक डूबी हुई है परन्तु उसके अतिरिक्त उसे किसी से कुछ नहीं लेना-देना।"

"परन्तु मुझे जैसा पता चला है कि...।"

"तुम उसे भूल जाओ, सुनन्दा। सुन्दर युवती सुन्दर युवती की कमजोरी होती है। आज उसका लाभ उठाना जानते हैं। मैं मानता हूँ कि तुम उन सुन्दर युवतियों में से नहीं हो। फिर भी, उस कमजोरी को भुनाने के लिएँ वे कुरेदने से नहीं चूकते और कभी-कभी वे अपने मनसूबों में सफल भी हो जाते हैं। हम ऋषि-मुनि और देवी-तपस्विनी नहीं हैं। हम भी कहीं न कहीं उन सामान्य जनों में से हैं जो अपनी ही कमजोरी का शिकार हो जाते हैं।... उन लोगों ने तुम्हारा ध्यान मुख्य लक्ष्य से हटाने के लिए ऐसा जाल बुना है और तुम्हें अपने जाल में फँसा भी लिया है। इससे अधिक कुछ नहीं है, सुनन्दा। अब तुम्हीं उसे स्वतन्त्र कर उसकी पुरानी सम्माननीय स्थिति में ले आओ ताकि उसके मन में जन्मी प्रतिक्रिया और उससे उठी कुण्ठा स्वतः ही मिट सके।"

सुनन्दा अभी तक किंकर्तव्यविमूढ़ बनी हुई थी। क्या उसको मिली सूचनाएँ उससे छलने के लिए दी गयी थीं? वह भी उसके विश्वसनीय गुप्तचरों द्वारा। क्या ऐसा हो सकता है? शायद!

"कुछ मत सोचो, सुनन्दा। तुम्हारे विश्वसनीय गुप्तचर कारागार में हैं और यह रहा उनका स्वीकार किया गया अपराध। उनके हस्ताक्षर भी। उनसे कतिपय अन्य सुराग हाथ लगे हैं। उनको पता करना है।"

"फिर भी उनको कारागार में।"

"हाँ, फिर भी, क्योंकि उनके प्राणों पर संकट मँडरा उठा है। उनकी ओर कौन हाथ बढ़ाता है, यह जानना आवश्यक है। मैंने उनसे वादा किया था कि उन्हें दण्ड मुक्त रखा जाएगा।"

"फिर भी...।"

"हाँ, फिर भी। यह उनकी प्रार्थना थी कि वे इधर मुक्त हुईं, उधर उन्हें जीवन से मुक्ति दे दी जाएगी।"

"ओह!"

"क्या मैं उनसे मिल सकती हूँ?"

"क्यों नहीं? तुम्हें वहाँ जाने की आवश्यकता नहीं, उनसे तुम मेरे व्यक्तिगत कक्ष में मिल लेना। कल और इसी समय।"

सुनन्दा कुछ नहीं बोली। वह उठना चाहती थी कि तभी धननन्द ने उसे टोक दिया, "कहाँ जाने लगी, कुछ और भी रहस्य है जिनसे आवरण उठ रहा है।"

सुनन्दा साश्चर्य बैठी रह गयी।

"हमने अपने स्तर से हटकर जमीनी स्तर पर काम किया। उसके लिए किसी साक्ष्य की आवश्यकता नहीं होती। तुमने महाअमात्य को कारागार में डालने से रोककर हमें संकट से बचा लिया, सुनन्दा राक्षस स्वयं अपने साथियों और व्यक्तिगत गुप्तचरों की सहायता से यह जानने के लिए एड़ी से चोटी का प्रयत्न कर रहा है कि उस षड्यन्त्र के पीछे किसका हाथ है?"

"किसका है, नन्द?"

"पता नहीं, महाअमात्य के हाथ कुछ लगा अथवा नहीं परन्तु मैं उस सूत्राधार तक पहुँचने में सफल रहा हूँ। अब से हमारे गुप्तचर तक्षशिला विद्यापीठ में सक्रिय हो चुके हैं क्योंकि वहाँ का आचार्य चाणक्य है। उसने ही नन्दवंश का नाश करने के लिए संकल्प लिया था। आजकल विद्या का वह केन्द्र राजनीति में दखल देने का दुस्साहस कर उठा है।... राक्षस को उसने अपने स्थान पर बुलवाया था पर राक्षस ने उसकी बात नहीं मानी।"

"कौन-सी बात, नन्द?"

"निश्चित ही उसके षड्यन्त्र में राक्षस की भूमिका का महत्त्वपूर्ण स्थान बनता होगा, जिसे निभाने के लिए राक्षस ने मना कर दिया होगा।"

"तो?"

"चाणक्य ने राक्षस को हमारे से अलग करने का यह षड्यन्त्र रचा ताकि हमारी दृष्टि में वह गिर सके और दण्ड पा सके।"

"उससे उसे क्या लाभ मिलेगा?"

"लाभ। चाणक्य, जैसा मैंने पता करवाया है, उससे वह बहुत चालाक, षड्यन्त्रकारी और कूटनीतिज्ञ सिद्ध हुआ है। उसने सोचा होगा कि इस समय हम शक्ति से काम ले उठे हैं और प्रशासन को चुस्त-दुरुस्त करने में दिन-रात एक किये हैं अतः राक्षस को सीधे कारागार में डालकर हम उसे अपने विरुद्ध कर लेंगे। पर तुम्हारी सलाह ने हमें बचा लिया।"

"परन्तु है तो राक्षस भी ब्राह्मण, नन्द।"

"वह ब्राह्मण अवश्य है परन्तु बौद्ध ब्राह्मण।"

"उससे क्या होता है, नन्द?"

"क्या नहीं होता, सुनन्दा। सब कुछ उसी से होता है।"

"कैसे?"

"हमारे यहाँ जातियों-वर्णों में भी ऊँच-नीच है—वंश-उपगोत्र हैं। उसमें तो राक्षस बौद्ध है अर्थात् वैदिक धर्म के विरुद्ध है।" धननन्द ने समझाया।

"अब?"

"राक्षस महाअमात्य पद पर ससम्मान कार्य कर रहा है, परन्तु है वह भी

महत्त्वाकांक्षी—पर उसके भी उग आये हैं। उसने भी अपने सीमावर्ती क्षेत्र की व्यवस्था सँभालने वालों को तरह-तरह के प्रलोभन दिये हैं।... परन्तु।''

''फिर भी...।''

''हाँ फिर भी, मैंने उन सीमावर्ती अंतपालों (सीमा रक्षक अधिकारियों) को एक स्थान पर बुलवाकर तत्कालीन स्थिति का विवरण देते हुए यह समझा भी दिया है कि वे किसी षड्यन्त्र के चक्कर में न आयें। उड़ती उड़ती खबरों पर ध्यान न दें। इस समय कुछ असामाजिक तत्त्व और विरोधी राजनीतिक मंच साम्राज्य में अस्थिरता और बगावत लाने के लिए प्रयत्नशील ही नहीं सक्रिय हो उठे हैं और उनका पहला प्रहार-घात सीमावर्ती प्रदेश हैं क्योंकि वे क्षेत्र राजधानी से दूर पड़ते हैं और यहाँ की जनता में घुसकर अथवा वहीं के शातिर लोगों को खरीदकर वे साम्राज्य को अस्थिर करने में लगे हुए हैं। यद्यपि हमने वहाँ अपनी खुफिया शक्ति बढ़ा दी है और उन्हें अतिरिक्त सैन्य बल भी मुहैया करवा रहे हैं, फिर भी अन्तपालों की मेधा, कार्यशैली, राष्ट्र के प्रति समर्पण-निष्ठा और त्वरा क्रियात्मकता पर बहुत कुछ निर्भर है कि वे कैसे अपनी समस्या से निपट पाते हैं और राष्ट्र विरोधी शक्तियों को कुचल कर दम लेते हैं।''

''इसका प्रभाव बना होगा।''

''तत्कालीन प्रभाव तो इस तरह के वक्तव्यों का बनता ही है परन्तु वह कभी दीर्घकालीन नहीं होता यदि उसकी क्रियान्विति प्रभावशाली बनकर न उभरे।''

''क्यों न उभरेगी। जबकि हमें यह ज्ञात है तब तो कोई कारण नहीं बनता है कि उसकी क्रियान्वित प्रभावशाली न बने।''

''सुनन्दा, अब काफी देर हो चुकी है। हम जगे हैं पर तब जब सिर से पानी ऊपर जाने लगा है। फिर भी देर आये, दुरुस्त आये से आशान्वित हैं कि उससे पिछले बिखराव को एकीकृत कर सही दिशा में मोड़ने में हम सफल हो सकेंगे परन्तु किस सीमा तक यह प्रश्न अभी तक अपनी जगह पर ठहरा हुआ है क्योंकि धार्मिक, सामुदायिक और राष्ट्र विरोधी शक्तियाँ एक होकर आक्रामक स्तर पर सक्रिय हो चुकी हैं। ये जो दिन-रात असम्भावित दुर्घटनाओं का दौर चारों तरफ चल पड़ा है, इससे यह स्पष्ट है कि विरोधी शक्तियाँ लम्बे समय से अन्दर ही अन्दर राष्ट्र को कुतर रही थीं और हम उसे नजरअन्दाज करते रहे। काश, तब ही कोई ठोस कदम उठा लिया होता तो आज हमारे सामने यह संकट नहीं मँडराता होता। जब राष्ट्र की अस्मिता घायल होने लगती है तब हर पैबन्द नाकाफी नजर आने लगता है।... राष्ट्र स्वयं एक धर्म है, सुनन्दा। परन्तु जब उसके विरुद्ध सब धर्म एक होकर खड़े होने लगते हैं तब राष्ट्र धर्म लांछित होता है और अपने हाथ से राष्ट्र रूपी जहाज को डूबने से बचाने में असमर्थ पाता है। आज हम इस मुकाम पर आ खड़े हुए हैं, सुनन्दा,

कि जिधर देखो, उधर से नींव खिसकती लग रही है।" धननन्द का स्वर विगलित हो उठा था। उसकी मुद्राओं में ऐंठन स्पष्ट प्रतीत हो रही थी। उसे अपने पर अन्दर ही अन्दर क्रोध आ रहा था। उसकी मुट्ठियाँ तनकर फूल रही थीं। मानो पोत का नायक पोत के डूबने के अन्तिम क्षणों को बेतरह से हाथ मलते अनुभव कर रहा हो।

धननन्द के पिताजी ने कितना स्पष्ट कहा था, "लुगाई छिनाल तब होने लगती है जब उसका पति उसकी प्रारम्भिक हरकतों को नजरअन्दाज करने लगता है, फिर पति लाख चाहे उसकी नाक में नकेल नहीं डाल सकता। इसी तरह राष्ट्र की अस्मिता है। यदि उसे बेलगाम होने की एक बार छूट दे बैठें तो फिर उसको संयम में लाना बहुत कठिन है। सत्ता खोने या पाने में अस्मिता का संयम हाथ से छूट जाना अथवा अस्मिता पर अपनी पकड़ सुदृढ़ बनाये रखने की बहुत बड़ी भूमिका है।... नन्द, सत्ता में बने रहने का अचूक सिद्धान्त है कि सत्ता केन्द्र से एक पल के लिए भी अपने को ओझल नहीं होने देना। सत्ता की सवारी है जो अपने पर किसी का बोझ नहीं लेना चाहती।" वह यह सोचते हुए डूबने लगा। वह अपने उन पुरखों का बलशाली, मेधावी, त्वरा और कट्टर निर्णय लेने में सक्षम बने रहने का प्रतीक है। वह कहीं से भी उनसे कमतर नहीं है मात्र अपने समय के प्रति लापरवाह होते रहने के और दिन पर दिन उसे उच्छृंखल होने की छूट देने के। वह कह उठा, "सुनन्दा, मैं वही हूँ, तुम भी वही हो, साम्राज्य भी पहले से लम्बा-चौड़ा ही हुआ है, राजस्व भी बढ़ा है और सैन्य बल भी—उसका समाचार पाकर, चन्द्रगुप्त मौर्य के लाख प्रेरित करने पर भी सिकन्दर ने उधर देखने तक का जोखिम उठाना गवारा नहीं किया। फिर भी, हमारी इन्द्रियों में संशय उफान पर है और हमें सम्पूर्ण शक्तियों के उपरान्त भी कमजोर किये जा रहा है। क्या कोई कमजोर होना चाहता है? समय के छिद्रों को तत्काल ठीक नहीं किया गया तो एक समय ऐसा भी आएगा जब वे छिद्र इतने बड़े हो चुके होंगे कि उनको ठीक नहीं किया जा सकेगा, मात्र जहाज के डूबने का इन्तजार करने के हम कुछ नहीं कर सकेंगे।"

"नहीं... नहीं... नन्द, ऐसा कुछ नहीं है। निराश होने की या मन छोटा करने की अथवा अपने को कमतर आँकने की रत्ती भर भी जरूरत नहीं है। हौसला बनाये रखो। हौसला ही किसी सत्ता को बनाये रखने का सबसे सक्रिय उपाय है।" सुनन्दा ने आधे मन से कहा परन्तु कहने में यह चतुराई बखूबी बनाये रखी कि धननन्द को उसके आधे मन की भनक न पड़ सके क्योंकि जीत-हार का निर्णय उन्हीं क्षणों में हो जाता है जब व्यक्ति विश्वास में पड़ा होता अथवा संशय से छितरा होता है।

"सुनन्दा, तुम्हारी भाषा फले परन्तु हमने अपने को पढ़ना सीखा है और इसलिए ज्योतिषियों पर विश्वास करना छोड़ दिया है, क्योंकि वे भी ब्राह्मण हैं और हमारे बारे

में सच बोलने से कतराते हैं अथवा हमें अन्धकार में रखना चाहते हैं। अब हमें लगने लगा है कि अन्त चाहे हो जाए, चिन्ता नहीं परन्तु हमारा वंश बना रहे और इस वंश की सत्ता भी किसी सीमा में सही अस्तित्व में रहे ताकि खोई हुई सत्ता का आभास, यदि वंश का दीपक सामर्थ्यवान् और योग्य है, उसे पुनः प्राप्त करने के सपने से वह कभी महरूम नहीं होगा।" धननन्द की आँखों के सामने से मानो सावन के बादलों की तरह सपने गुजर रहे हों और वह उन्हें पकड़ना चाहकर भी नहीं पकड़ पा रहा हो। उसने गहरी साँस भरकर सामने की ओर अन्यमनस्क भाव से देखा।

"जब हमें हारना ही नहीं है, नन्द तब उस बारे में सोचना क्यों? हम जय के सहोदर हैं।" सुनन्दा ने विश्वास के साथ कहा।

"सुनन्दा, जुगनुओं की शक्तिशाली फौज की क्षणिक ज्योति के प्रकाश या ज्योति समझने की भूल मैं नहीं कर सकता। फिर भी, मैं न निराश हूँ और न पराजय की परछाइयों को पकड़ने में मेरी कोई रुचि है। यथार्थ मेरा प्रारब्ध है। मैं स्वप्नों के रंग महलों में जीने का आदी नहीं हूँ। मैं बीच में बहका अवश्य, डूबा भी, वही मेरे वर्तमान का तमस पक्ष था, वहीं से शासन के प्रति छिद्रों ने साँस भरना शुरू किया था और संशय के मोखलों ने हवा देनी शुरू की थी। अतीत से चिपककर जब व्यक्ति अपने वर्तमान की अनदेखी-उपेक्षा करने लगता है तब व्यक्ति शनैः-शनैः व्यतीत का पंखशून्य पक्षी बनकर बिन पिंजरे के पिंजरे में बन्द हुआ मान बैठता है।" आज सुनन्दा वर्षों बाद धननन्द में से एक नवोदित सूर्य की ऊष्मा की अनुभूति कर रही थी। सपने जब आत्मीय बनने लगते हैं तब उनसे संवाद करने का सुख मिलता है और वे ही संवाद विपरीत समय पर जब दस्तक दे उठते हैं तब आज जैसी अनुभूति सौंधी माटी से हटकर होने लगती है। उसमें सोया प्यार पेंग बढ़ा उठा। उसकी बंकिम दृष्टि और मधुराधर पर लहरा उठी चंचल स्मित अनकहे बहुत कुछ कह गयी। पीन पयोधर गद्‌गद हो उठे। उसने धीरे से ऐसे कहा कि उसे कोई सुन न ले, "जब मैं आयी थी, यही प्रासाद था और थी अनबोली बयार जो मन ही मन गुनगुनाकर रह जाती थी, किसी नव नवेली के अचानक अवगुण्ठन सरकने के अन्दाज में।"

"हम अपने में कहाँ रह पाते थे। तब तुम पार्श्व में न होते हुए भी सदा पार्श्व में ही बनी रहती थीं। कैसे दिन थे वे मादकता से भरे, प्यार से गुदगुदाते और मनुहार से लदे वासन्ती सुमन से। चहुँओर तब चाँदनी थी पुलक भरती हुई और साँसों की सरगम के साथ झूलती हुई। पता नहीं कि क्यों और कैसे वह वसन्त आगे निकल गया और हम पीछे रह गये किसी अनजान नगर में भटके यायावर से पते पूछते हुए। बित्ता भर-सा यह अनमोल जीवन जाने क्यों अपने होने पर स्वयं ही प्रश्नचिह्न लगाने का मन बनाने लगता है। काश, हम उन स्वप्नों में ही खो जाते। हमें क्या पता था कि विश्वास के सुवास की अनखिली धूप में अन्धड़ के साथ पतझड़ के पत्तों की तरह

उड़ने लगेंगे।" धननन्द का स्वर नूपुर की रुनन-झुनन बन शरद में मोड़ लेती नदी सा बहक उठा।

कुछ पल-उपपल यों ही बिना बतियाये अवगुण्ठन में से झाँकते रह गये किसी सद्यः जन्मे मोहक इन्द्रधनुष से। नदी में भीगते घुटनों तक घिसकी रह गयी थी अधोवस्त्र जुन्हाई। मानो पलकों में उलझी रह गयी हो निंदिया न आने की अँगड़ाई और सुबह हो गयी हो नव पल्लवों पर पड़ी भौतिक लड़ियों की आँखों में अनायास! अजनबी-अनजान और निद्रालस में सिर से पाँव तक डूबी हुई।

38

कुछ पकाना नहीं पड़ा था। सब कुछ पका-पकाया मिल गया था। मानो उसे ही किसी ऐसे यायावर की प्रतीक्षा हो जो उसकी समस्याओं का समाधान करने वाला हो। निरन्तर युद्ध से जूझते जनपद से लेकर महाजनपद तक उनकी प्रजा अब ऊब चुकी थी। जनपदीय नायकों की क्षुधा बुझती ही नहीं थी और न प्रतिशोध की धधकती ज्वाला कभी थमती थी। उनका सारा जीवन अशान्ति, द्वन्द्व, युद्ध, ईर्ष्या-द्वेष के चक्रव्यूह गें धँरा फँरा अर्द्धमूर्छित-सा उस कृषक की भाँति आकाश की ओर तीनेक वर्ष से लगातार देख रहा था जहाँ हलकी-सी भी वर्षा नहीं हुई थी अथवा जहाँ वर्षांत काल का अन्त ही नहीं हो रहा था और चारों ओर खण्ड प्रलय का दृश्य दृष्टिगत हो रहा था।

अविश्वास जब सारी सीमाएँ लाँघ चुकता है तब तिनके का सहारा भी बहुत प्रभावशाली प्रतीत होता है। चन्द्रगुप्त मौर्य का पश्चिमोत्तर सीमावर्ती जनपदों में ऐसे समय प्रवेश हो रहा था जब उनको किसी ऐसे महानायक की आवश्यकता थी जो जनपदों की इकाइयों को किसी महाजनपद में बदल सके और चौतरफा उन्नति से समृद्धि के द्वार बिना शंका के खोल सके।

एक ही वर्ष के भीतर सिकन्दर के भारतीय बाह्य साम्राज्य के बँटवारे में छिद्र नजर आने लगे और उनके क्षुद्रक आपस में भिड़ने लगे। सिकन्दर ने भारत में यूनानी राज्य की स्थापना की थी विजित भारतीय भूभागों को चार भागों में बाँटकर। पाँच क्षत्रपों/शासन इकाइयों के साथ मिलकर स्थानीय सैनिकों की एक खासी फौज खड़ी कर दी थी परन्तु सिकन्दर के न रहने से उनमें युद्ध ठन गये। जो यूनानी सैनिक रह गये थे, वे भी घर लौटना चाहते थे। उनके सरदार भी घर लौटने की इच्छा रखते थे। घूम फिरकर भारतीय नृपों-नरेशों पर ही उनकी दृष्टि टिकी रही। नृप-नरेश भी जान चुके थे कि उनके बिना उनका काम नहीं चलेगा। अनेक गणराज्य ने विद्रोह कर अपने राज्य पर पुनः कब्जा कर लिया था।

उधर क्षत्रप पिथोन, फिलिप आदि भी संकट में आ रहे थे। फिलिप ने पर्वतेश्वर की हत्या करवा कर अपने लिए एक और विकट संकट मोल ले लिया था। प्रजा में यूनानी क्षत्रपों के प्रति सन्देह जन्म ले चुका था। आण्टिग्रोनस जो पूर्वी एशिया का क्षत्रप था, अपने राज्य को बढ़ाने में लग गया था। अभी सिल्यूकस बेबीलोन का राजा बनकर भी सिकन्दर के जीते आर्यावर्त्त के सीमावर्ती राज्यों पर निगाह बनाये हुए था।

अभी-अभी सूचना मिली थी कि आण्टिग्रोनस को अपने लक्ष्य में सफलता नहीं मिली, वह सीरिया लौट गया है।

यह बड़े संकट और उलझन भरा समय था। छोटी-छोटी आकांक्षाओं में बिखरे नायकों ने तत्कालीन व्यवस्था में अनेक छिद्र कर दिये थे।

टालेमी मिस्र पाकर भी असन्तुष्ट था और लिरीमाकरन थेस पाकर। यों चारों ओर अस्थिरता का ताण्डव हो रहा था।

चन्द्रगुप्त मौर्य ने बिना युद्ध किये सिंहरण की सहायता से ग्लौचुकायन राज्य, गान्दारिस राज्य, अद्रेष्टाई (आद्रिज) राज्य की राजधानी पिम्प्रभा, कठ (कथाई) गणराज्य आदि का शासन प्रबन्ध अपने हाथ में ले लिया। पुष्कलावती और सिन्धु के अनेक छोटे-छोटे राज्य भी उसके साथ हो लिए थे। मध्यवर्ती प्रान्त का नरेश पर्वतेश्वर की हत्या से उसकी देखरेख का अधिकार भी उसके पास आ गया था। मल्लाई (मालव) का सिंहरण राजकुमार था। इस जाति ने सिकन्दर को छठी का दूध याद दिला दिया था। सिकन्दर की मृत्यु के बाद मालव और क्षुद्रक (ओक्सेड्रेकाई) वीर जातियाँ पुनः स्वतन्त्र हो गयी थीं। इसके अतिरिक्त सिन्धु के मुहाने पर राज्य करने वाली क्सथ्रोह, शीद्रई, औस्सदोओई जातियाँ भी चन्द्रगुप्त मौर्य के संगठन से आ मिली थीं।

तब चन्द्रगुप्त मौर्य ने सिंहरण से कहा था, "सिंहरण, तुम्हारा आना कितना शुभ रहा और सिकन्दर का दुनिया से जाना भी मेरे उत्थान का सोपान बन सका। मैं कल्पना में इतने बड़े सैन्य बल और राज्यों के नायक बनने के बारे में सोच भी नहीं सकता था। एक बार चाणक्य ने मेरे इस प्रश्न के उत्तर में कहा था, "चन्द्र, तुझे यह चिन्ता सता रही है कि मैंने इतने बड़े लक्ष्य के लिए तुझे क्यों चुना है? सच तो यह है कि ठीक से मैं भी इस रहस्य को नहीं जानता। मैंने ही लिखा है—पुरुषकार मनुवर्तते दैवम् (देव यानी भाग्य पुरुषार्थ के पीछे चलता है।) और यह भी लिखा है कि "दैवं बिनाऽति प्रयत्नं करोतिय तु तद् विफलम" यदि देव (भाग्य) साथ न दे तो उत्तम रीति से किया गया कार्य परिणामशून्य रह सकता है। मैंने पाया कि तू स्वतः पुरुषार्थी है। पुरुषार्थ ही तेरा प्रारब्ध है। तेरे में चुम्बकीय गुण है। तू सिकन्दर

के पास जाकर भी सुरक्षित लौट आया। यहाँ मैंने पाया था तेरे पुरुषार्थ में अन्तर्निहित प्रारब्ध को। दोनों का इस प्रकार का संगम हजारों हजार में से किसी एक में मिलता है।" सिंहरण, आचार्य के इन सुदृढ़ विचारों ने मुझे यह सोचने में सुविधा प्रदान की कि मेरे इस संसार में आने के पीछे अवश्य उस परम अदृश्य शक्ति की मंगलकामना कार्य कर रही है, जिसने यह संसार बनाया है। अन्यथा, सिंहरण मुझे इतना बड़ा सहयोग कैसे मिल पाता। मेरा तो उनमें से अनेक गणराज्यों और जातियों से परिचय भी नहीं है। परन्तु तुम जो साथ हो, सिंहरण, यह सब उसी का परिणाम है।"

"ना... ना... मौर्य, तुम्हारा पुरुषार्थ ही तुम्हारा प्रारब्ध लिख रहा है। उस सभी से...।"

"ना सिंहरण...। आगे कुछ नहीं।"

"मौर्य, विश्राम कीजिए, मैं शीघ्र लौटता हूँ।"

चन्द्रगुप्त मौर्य कुछ समय तक छत की ओर बिना किसी अर्थ के देखता रहा। बिना अर्थ में भी अर्थ होता है, यह बात वह सुनकर टालता रहा था। उसने कभी उस पर गम्भीरता से विचार नहीं किया था। और बिना उस पर विचार किये उस अर्थशून्य स्थिति ने अनेकार्थक प्रकट कर दिये थे और वह भी स्वतः। आश्चर्य के उस केन्द्र बिन्दु पर वह ठहरा रहकर कभी-कभी सोच के परे की सीमा में प्रवेश कर जाता है, वहाँ वह आकार रहित, निर्गुणी और न जाने क्या बना रह जाता है।

उसे यहाँ आये आठ-नौ माह हुए हैं और चुटकियों में वह कहाँ से कहाँ जा पहुँचा। सिंहरण उस क्षेत्र और उससे बाहर के देश-विदेश की पूरी जानकारी उसे समझा सका और यह भी बता सका उस सबसे अपने देश की सुरक्षा का उत्तरदायित्व उसका रहेगा। यही इन जनपदों की शृंखला को एक सूत्र में बाँधे रखेगा। वह विश्वास का धनी है और समर्पित भावना में अग्रणी।

कैसे कह गया था कि अभी आम्भीक भी है। देशद्रोही आम्भीक। उसे अब तक्षशिला में कोई पसन्द नहीं करता है। वह समृद्ध और उन्नत राज्य वहाँ के सैनिकों के विद्रोह से मटियामेट हो जाए, यह अशुभ होगा। फिर कौन बने वहाँ का शासक-सर्वेसर्वा? कौन? यहाँ आकर वह ठहरा रह जाता था स्तब्धता का अवलम्ब लिए।

वह उठ खड़ा होता। उसके सोचने का पहलू बदल जाता। आजकल उसके सोच के नजरिया बदलने में देर नहीं लगती। कभी वह प्रकृति के विमल और अद्वितीय सौन्दर्य से इतना अभिभूत होने लगता है कि उसे दाण्ड्यायन का स्मरण विभोर करने लगता कभी वह एकदम सामान्य जन के साथ बहने लगता है और कभी उसे विमुक्त पक्षी की तरह चहचहाने, गाने, अनन्त आकाश को पंख खोलकर नापने में आनन्द

आने लगता है। वह जानता है कि आकाश नापा नहीं जा सकता। फिर उसे नापने की कल्पना अल्पना बन उसके चित्त को पूर्णतया मोहाने लगती है।

फिर युद्ध क्यों? क्यों अस्त्र-शस्त्रों का जमावड़ा? क्यों अपार धन-जन का विनाश? वह भी क्या कर रहा है? छोटे-छोटे युद्ध या युद्ध भय उसकी अब तक की उपलब्धि के स्तूप हैं। सिकन्दर ने अपनी विजयश्री के उपलक्ष्य में पहला नगर बसाया था—निकैया (विजयनगर) और दूसरा नगर बसाया था—बउकेफला। यथार्थतः बउकेफला उसका सर्वप्रिय और प्राणों से प्यारा अश्व था। उसने भी जेहलम के उस तट पर ही अपने प्राण त्यागे थे।

कितना रक्त बहा। कितना नाश हुआ। क्या मिला उस विश्वविजेता के स्वप्नद्रष्टा को। कौन जीता? कौन हारा? सारा दम्भ, अहंकार, दर्प-द्वेष आदि मिलकर क्या दे सके उसे? फिर चन्द्रगुप्त मौर्य तुझे क्या मिलेगा? तू क्यों उसी मार्ग का राही बनता जा रहा है?

झकझोरे जा रहे थे चन्द्रगुप्त मौर्य को ये विचार। उसे अपनी जय में निरपराध प्रजा की चीत्कार सुनायी पड़ने लगती थी। वह अपने से लड़ता हुआ थकने लगता था। उसकी सारी देह पसीने-पसीने होने लगती थी।

वह क्यों नहीं अस्त्र-शस्त्र त्यागकर प्रेम से जीने की राह का राहगीर हो जाए?

"ठहर, चन्द्र, जरा ठहर। तू फिर से उखड़ने लगा। तूने फिर से स्व चित्त को भरमाने के रास्ते पर जा पटका। तू तो महात्मा बुद्ध नहीं हो सकता। न तू महावीर हो सकता है। उन्होंने ऐसे पूरे धर्म की स्थापना की है जो सत्य-अहिंसा और प्रेम-पथ को जीने का आधार मानता है। उसमें करुणा का सत्य जयघोष कर रहा है। समतामूलक समाज की नव संरचना हो रही है। हुई भी परन्तु कितने समय के लिए? उसके बाद जिससे तुम भी गुजरे थे और गुजर रहे हो, वह वही युद्ध है, जिससे जन-जन की पीड़ा हर उसे समरसता-समानता और अहिंसा पथ पर ले जाना था। क्या हुआ उसका? वह भी तुम्हारे सामने है।"

"आचार्य, मैं आपके तर्कों का सामना नहीं कर सकता।"

"तूने नदी देखी है।"

"हाँ देखी है।"

"उसे बहते देखा है?"

"हाँ... हाँ देखा है।"

"नदी क्या है?"

"क्या है?" चन्द्रगुप्त मौर्य साचरज पूछता—प्रतिप्रश्न बना।

"बूँदों का वृहत् संग्रह। हर बूँद साथ चलती है। अकेली बूँद का कोई अस्तित्व

नहीं है। सबके साथ बहने में ही उसका अस्तित्व है।... फिर भी उसमें बा़ आती है और वह बाढ़ कभी-कभी खण्ड प्रलय में बदल जाती है। शीत के समय बहने वाली वही शान्ति, संगीतमयी और चित्रात्मक उपज की प्रेरणा देने वाली नदी वर्षा में क्रूरतम हो जाती है, विध्वंस मचा डालती है। पर क्यों?"

"क्यों?" चन्द्रगुप्त मौर्य में द्वन्द्व साश्चर्य स्थिर रह जाता है।

"चन्द्र, सारी गीता स्वयं भगवान् श्रीकृष्ण ने उसमें उँडेल दी अन्यथा वह भी तेरी जैसी अपरिपक्व मानसिकता का प्राणी था–पाण्डव पुत्र राजकुमार अर्जुन। स्वयं भगवान् युद्ध नहीं टाल सके। युद्ध हर समय, हर क्षण-अनुक्षण निरन्तर सक्रिय रहता है। अन्तर होता है मात्र इतना कि कभी वह बीज में निहित पेड़ की तरह अन्दर ही अन्दर बना रहता है और कभी वह पेड़ की तरह सामने आ जाता है। स्मरण रहे जो एक समय में दो बातों में उलझे रहते हैं, उनके हाथ मात्र निराशा लगती है। संकल्प लेने के बाद सोचना नहीं है। वही सोच सदा संकल्प का मन खट्टा कर करणीय से डिगाता है। उठो, जागो और आगे बढ़ो। अपनी चयनित दिशा की ओर और परिणाम की चिन्ता से मुँह फेर लो।"

चन्द्रगुप्त मौर्य को इस मन्थन में अनचाहे उलझा लिया था। इससे उसकी एकाग्रता भंग होने लगती थी और लगता था कि वह बिना लड़े ही हारने लगा है। उसने अपने मुखमण्डल से पसीना पोंछा ही था कि चर ने सिर झुकाकर अभिवादन कर कहा, "तक्षशिला से आचार्य का आगमन हो रहा है।"

फिर क्या था, चन्द्रगुप्त मौर्य ने आनन-फानन में अपने को तैयार किया और आचार्य की अगवानी के लिए चल पड़ा। उनकी आवश्यकता अनुभव हो रही थी। यह कैसे हो जाता है कि अन्दर की बात बिना बताये उस व्यक्ति तक पहुंच जाती है, जिससे वह बात सम्बद्ध होती है। इसे वह क्या माने? इसी के साथ वह मुख्य द्वार की ओर मुड़ गया। बगल से सिंहरण भी मालव परिषद् के पदाधिकारियों, नगर के श्रेष्ठियों और वरिष्ठ नागरिकों के साथ आ मिला। चन्द्रगुप्त मौर्य यह देखकर आश्चर्यचकित रह गया कि मुख्य द्वार पुष्पों से सजा हुआ था। नव-पल्लवों की हरीतिमा मुस्करा रही थी। बन्दनवार अत्यन्त कलात्मक ढंग से लटकी हुई शोभा बढ़ा रही थीं। मालव सुन्दर कन्याएँ आरती का थाल लिए और रंग-बिरंगे पुष्पों को डलियों में भरे बड़ी आतुरता से आचार्य्र के आगमन की प्रतीक्षा कर रही हैं। मालव कन्याओं की बड़ी-बड़ी आँखों में उत्साह-आनन्द हिलोरें ले रहा था। उनका गौर वर्ण लालिमा से दमक रहा था। सिंहरण अपने कार्य को अंजाम देने में कितना सतर्क और कितना कलात्मक संस्कार-संस्कृति देने में सक्षम-कुशल है। वाह रे वाह सिंहरण तुम और तुम्हारा मालव धन्य है! मन ही मन चन्द्रगुप्त मौर्य ने कहा।

39

सूर्य आज सारे दिन मेघों के साथ आँख मिचौनी खेलता रहा था। हवा में ठण्डक उतर कर चमक रही थी। चिल्ला चढ़ान पर था। पाटलिपुत्र गरमी, भारी गरमी, वर्षा में भारी वर्षा और बाढ़ को झेलता था। शरद में वह बेहद ठण्डा बना रहता था। फिर अब शरत् का ही सुखद मौसम था।

अँधेरे ने समय से पूर्व लड़ाई जीत ली थी। इस कारण राजप्रासाद प्रकाश से नहाने लगा था। राजप्रासाद के गलियारों में बाहर जैसी जगमगाहट नहीं थी। वहाँ कहीं-कहीं तिमिर अपने अस्तित्व को बनाये हुए था।

राक्षस अनेक कठिनाइयों से गुजरता हुआ अब चैन की साँस लेने लगा था। वह उस सबको ग्रह-दिशाओं का फेर मानकर अधिक से अधिक संयम में बना रहा था। साथ में उसने अपने मुँह पर ताला जड़ लिया था। मितभाषी बने रहने में ही सार था। फिर से वह महाराजा का विश्वास पात्र हो चला था। यही सोचकर उसने प्रत्यक्ष रूप से सुवासिनी की कोई सुध नहीं ली थी। परन्तु अन्दर ही अन्दर वह उसकी टोह लेता रहा था और उफनते दूध पर ठण्डा पानी डालता रहा था।

आज राक्षस को अच्छा अवसर हाथ लगा था। महाराजा और महारानी पार्श्व के ग्राम में मनाये जा रहे उत्सव में भाग लेने के लिए गये हुए थे। उनका लौटना तीन-चार घण्टे से पहले होने वाला नहीं था।

राक्षस ने बिना सूचना दिये सुवासिनी के राग-रंग भवन में प्रवेश किया। सुवासिनी बड़ी मुश्किल से उस चक्रव्यूह से निकल पायी थी। आम धारणा यह थी कि महाराजा कारागार में डालकर भूल जाते हैं परन्तु वह उसका अपवाद सिद्ध हुई। उलटे उसे नया और सुन्दर राग-रंग भवन मिल गया। उसकी छत पर सोने का चित्ताकर्षक काम हो रहा था। उसके दरवाजों पर भी सोने का काम था। दीवारों पर पेंटिंग में कीमती नग जड़े हुए थे। लकड़ी का काम बेहद लुभावना था। उनमें लगी जालियों की यह विशेषता थी कि अन्दर वाला बाहर देख सकता था परन्तु बाहर वाला अन्दर नहीं। वह हवादार था। सुगन्धित बेलों (चम्पा-चमेली) की अँगड़ाई भरती तरुणाई गजब ढा रही थी। फिर भी वह मौन थी। मानो किसी ने उसकी खुशियों को कील दिया हो।

आज सुवासिनी सिर से नहायी थी परन्तु उसने अपने केश नहीं सँवारे थे। उसके केश मदिर-मदिर महक रहे थे पवन की बतरस में डूबे हुए।

"सुवा...।" राक्षस ने अत्यन्त मद्धिम स्वर में मिस्री घोलते हुए पुकारा।

सुवासिनी अपने में इतनी डूबी हुई थी कि उसने कुछ नहीं सुना।

कुछ समयोपरान्त फिर राक्षस ने पहले से कुछ तेज परन्तु समधुर आवाज में

पुकारा, ''सुवासिनी... ।''

इस बार सुवासिनी चिहुँक पड़ी और उसने वस्त्रों को सँभाला। केश सँवारना सम्भव नहीं था। यों भी आज अपने आपसे अलग होकर शून्यता की ओर बढ़ने लगी थी। सुवासिनी ने कहा, ''राक्षस, तुम यहाँ और इस समय। तबीयत तो ठीक है।''

''तुम इतनी घबरायी हुई-सी क्यों हो, सुवा?... कोई विशेष बात।''

''नहीं कुछ नहीं।''

''कुछ तो अवश्य है। तुम्हारा खोया-खोया मुखमण्डल। इस पर परछाइयों का घिरा होना और आँखों में रतजगा का उनींदा उजास तन्द्रिल भरा... और बहुत कुछ है, सुवासिनी।... क्या फिर कोई... ।''

''नहीं और नहीं। हो भी नहीं सकता, राक्षस। यहाँ की मुँह देखी दुनिया और ऊपर से षड्यन्त्रों के निशि दिन पर्वोत्सव। वाह! क्या कहना है! यह सब मुझे नहीं चाहिए। व्यक्ति सोना नहीं खा सकता, फिर इसके प्रति किस लालसा से दौड़ता है। जो राज्य में भागीदारी नहीं चाहता, उसे राजप्रासादों से क्या। राक्षस, समझ तो गये हो कि मैं क्या चाहती हूँ।'' सुवासिनी ने तनिक व्यंग्यमयी मुद्रा में कहा।

''तुमने सच कहा है, सुवासिनी, परन्तु वह इतना सहज नहीं है। आना तो व्यक्ति के हाथ में है परन्तु यहाँ से जाना उसकी मरजी पर सम्भव नहीं है।'' राक्षस पास में पड़ी कुरसी पर बैठ गया। उसने जो सोचा था, वही होता दृष्टिगत हो रहा था।

''यहाँ रहते हुए क्या कोई सच झूठ में अन्तर जान सकता है? पल में वह सच और दूसरे पल में ही वही झूठ। नहीं... नहीं मुझे बड़े और महान् लोगों के साथ नहीं रहना है।''

''उतावलापन नहीं, सुवा। जल्दी का काम शैतान का होता है। धीरज रखो। जो हमने सोचा है, वही होगा। पतंग काटनी है तो पेच लड़ जाने पर उसे ढील देते जाओ। फिर अचानक डोर खींच लो तो सामने वाले की पतंग हिचकोले खाते हुए कटकर और इतस्ततः राह भटककर हमेशा-हमेशा के लिए शान्त हो जाएगी।'' हमेशा-हमेशा पर विशेष जोर देते हुए उसने अन्त में कहा, ''माना कि तुम इन फरेबों, चालों और मक्कारियों से दूर हो, फिर भी, तुम सत्ता के प्रभाव को अपने पर पड़ने से नहीं रोक सकती।'' राक्षस ने ऐसे ढंग से कहा ताकि उसे पुनः सोचने के लिए विवश होना पड़े।

''मैं सत्ता का क्या करूँगी? मुझे तो शान्ति और सब्र के साथ चलते रहना है। वरना... ।'' सुवासिनी आगे कुछ नहीं कह पायी।

राक्षस ने गहरी साँस ली। फिर धीरे से उसकी हथेली की ओर देखने लगा। मानो उसने उसकी हथेली पर उभरी रेखाओं में से कुछ ऐसा पढ़ लिया हो, जिससे वह अब

तक अपरिचित था।

"ऐसे क्यों देख रहे हो?"

"विवश हूँ, सुवासिनी। तुम्हें पास पाकर संशय की एक नहीं चलती।" राक्षस ने कहा।

"यह अच्छी बात नहीं है क्योंकि राक्षस, सब अपनी मरजी से होने लगे तो आसमानी ताकतों की ओर किसका ध्यान जाए।"

"सुवासिनी, मैं पहले बौद्ध हूँ, ब्राह्मण बाद में। बौद्ध होने के नाते मैं ईश्वर के अस्तित्व को नहीं मानता। मुझे लगता भी नहीं है कि इस ब्रह्माण्ड का रचयिता-स्रष्टा कोई पुरुष होगा क्योंकि इस अन्तहीन वृहत् ब्रह्माण्ड का अपनी सम्पूर्ण पृथ्वी एक चुटकी भर भाग है।"

"यह सब मुझे क्यों समझाना चाहते हैं, राक्षस?"

इस बार राक्षस मुस्कराया और बोला, "सुवा, क्योंकि तुम चुपके-चुपके वेद और बौद्ध ग्रन्थों की जानकारी लेने में अपना समय देने लगी हो। जब व्यक्ति को भौतिक ऐश्वर्य निगलने लगता है तब उसके सामने दो ही रास्ते बचते हैं। पहला यह कि वह घबराकर आत्महत्या कर ले और तुमने वो प्रयास भी किया था, सुवा। तुम उसमें सफल नहीं हो सकीं। तब तुममें अचानक चेतना जागी और तुम वैदिक ग्रन्थ, बौद्ध धर्म को सुनने लगीं और मन ही मन वीतरागी बनने की ओर ध्यान देने लगीं। तुम अभी नहीं समझ पाओगी कि वीतरागी होना भी शनैः-शनैः मृत्यु की ओर बढ़ना है। मुझे देखो, सुवा, मैं उतना ही बौद्ध हूँ, जितने से मेरा गृहस्थ संसार बना रह सकता है और मैं उतना ही ब्राह्मण हूँ, जिससे मैं कर्मकाण्ड की ओर नहीं बढ़ सकूँ।... तुमसे मैं हूँ, इसे तुम मेरा ब्रह्मत्व कहो अथवा बौद्धत्व। और इसी कारण आज इतने दिनों बाद तुम्हारे पास लौटा हूँ, सिवा, तुम जीवन से ही उदास न हो बैठो। प्रेम विस्मृति का कारण नहीं हो सकता यदि वह पवित्र और सच्चा हो। मैं तुम्हारे बिना नहीं रह सकता। तुम मुझे नकार सकती हो जबकि प्रेम में नकार होता ही नहीं है। प्रेम सम्पूर्ण समर्पण की अद्वैत स्वीकृति है।" राक्षस में इतने दिनों से चल रहे अन्तर्द्वन्द्व-मन्थन की यह परिणति थी कि वह उसे व्यक्त होने से नहीं रोक सका। कई महीनों के भटकाव ने उसे अन्दर से इतना तोड़ दिया था कि वह अपने को लेकर कहीं दूर निकल जाने की सोचने लगा था। कारा के अधजले स्वप्न उसे डराने लगे थे। तब उसे लगा और वह भी उस दिन जब पूर्णमासी थी शरत् की, चतुर्दिक ज्योत्स्ना महक रही थी और सम्पूर्ण संसृति रागात्मक हो उठी थी। उसका कण-कण प्रेमांकुरित हो सिहरन से भर उठा था।

तब राक्षस में आशा की महीन किरण उभरी। मानो वह कह रही हो, "राक्षस जिसके पास प्रेम है, वह न कभी मरता है और न कभी अतृप्त-अधूरा रहता है। तुम

सुवासिनी को राजप्रासाद में लाये थे। शेष जीवन उसके साथ बिताना चाहते थे। तुम राज्य की भूल-भुलैयों में पड़कर अपने प्रेम को ही दाँव पर लगा बैठे। मृगतृष्णा के दोनों हाथ खाली होते हैं। उससे प्यास बुझने की काल्पनिक आशा जगती है पर वह पूरी नहीं होती। जाओ, लौट जाओ अपने उस निश्छल, पवित्र और समर्पित प्रेम के पास जिसने महाराजा को अस्वीकार कर दिया था मात्र तुम्हारे लिए और तुमने..।''

''आगे एक शब्द नहीं...।'' उसी से अन्तर्दृष्टि खुली। शान्ति की अज्ञात लहर ने तन-मन गुदागुदा दिया।

सुवासिनी स्वयं अपने आप से पीड़ित थी। उसके सामने कोई रास्ता नहीं था। राज्य की गतिविधियों में गरम राख के तेवरों की बन आयी थी। उसमें लू सी चल पड़ी थी। उसने सिर खुजाते हुए अनमनेपन से कहा, ''राक्षस, तुमने मुझमें नये जीवन की आशा के पुष्प खिलाये थे। पर क्या हुआ उनका। तुमने तो अपने प्रेम को ही दाँव पर लगा दिया। काश, हम भी तुम्हारी प्रकृति-संस्कार के होते तो महाअमात्य से सम्राट के सर्वोपरि महत्त्व पर ध्यान देते। महारानी की भी छुट्टी करवा सकते थे। परन्तु नहीं, हमने ऐसा नहीं किया और सोचा जो हमें नगरवधू की मधुशाला से उठाकर यहाँ लाया है उसे हम भी लौटाकर अपने पास ला सकते हैं। पर कैसे? तुमने तो हमें कारा में डलवा दिया था। कारा के उस चीकट अँधेरों में जिसमें छिपकली मरकर सड़ती रहती है। उसे उठाने का किसी के पास अवकाश नहीं होता। ... पर क्यों, राक्षस, तुमने ऐसा क्यों किया? और आज फिर क्यों लौट रहे हो?... लौट जाओ, राक्षस, तुम्हारा और मेरा इसी में हित है।''

''सुवा, मैं भटक अवश्य गया था परन्तु भूला नहीं था। भूल भी कैसे सकता हूँ। काश, तुम मेरी ज़िन्दगी नहीं बन गयी होतीं तो।...''

''थोथी बातों में भूसी का गुलाल है—जिसका न सिर होता है न पैर। तुम उन यादों को न कुरेदो तो उत्तम है। अब मुझे अपने हाल पर छोड़ दो, राक्षस।'' सुवासिनी के घाव हरे हो उठे। उसमें बेचैनी बढ़ गयी।

''मैं तुम्हारा अपराधी हूँ, सुवा। सजा दो, मैं तत्पर हूँ। परन्तु यों बिछोह नहीं। स्थितियाँ बदल रही हैं। मुझे अपनी भूलें सुधारने का एक अन्तिम अवसर अवश्य दो। तुम्हारा क्रोध उचित है परन्तु...।'' कहते-कहते राक्षस रुक गया। उसने कुछ खटपट-सी सुनी। कहीं कुछ गिरा हो मानो।... अथवा।

''राक्षस, इस समय तुम लौट जाओ। मैं नहीं समझ पा रही हूँ कि मुझे क्या करना चाहिए और क्या नहीं। नारी प्रेम करके भी हारी है और पुरुष घृणा करके भी जीता है। मेरी समझ से बाहर है यह उलटवासी प्रहेलिका। क्या कभी तुमने इस तरह की कोशिश की है, राक्षस, नारी पुरुष के रिश्तों को लेकर?''

राक्षस उसकी मानसिक स्थिति से व्यथित हो उठा। उससे कुछ कहते नहीं बना।

"राक्षस, क्या स्त्री वास्तव में पुरुष की दासी होती है?"

राक्षस फिर निरुत्तर।

"क्या स्त्री किसी वर्ण-जाति से हो पर वह होती शूद्र है?"

राक्षस में उद्विग्नता बढ़ी। सन्नाटा कुन्द हुआ। निःशब्द बेमौसम बिजली से चमके। मेघ उदास हो गये। रेत उड़कर सुस्ताने लगी।

"इस भरी पूरी सृष्टि में अकेले स्त्री शूद्र है। उसका प्रेम भी शूद्र है। उसकी आशा भी शूद्र है... कल्पना भी... चाह भी वह सम्पूर्ण शूद्र है। पर क्यों राक्षस?... तुम तो वेदज्ञ भी हो, ब्राह्मण। तुम तो कथा गढ़ने में जन्म से दक्ष हो।... बताओ, तो तुमको इस पंचम वर्ण को शूद्र बनाने के लिए कौन-सी कथा गढ़नी पड़ी? क्यों गढ़नी पड़ी? समाज से निष्कासित कर उसे कोठे पर ला बिठलाया कुछ वजनदार चीज हुई तो नगरवधू बना डाला। पर क्यों, शास्त्रों की जन्मपत्री के मर्मज्ञ ऐसा क्यों हुआ कि शास्त्र में उच्चासन पर तुम जा बिराजे और दूसरों को पीछे ढकेलते गये... और स्त्री के साथ... चलो छोड़ो, बौद्ध ब्राह्मण उससे नहीं... नहीं... कुछ भी नहीं...। ये सब बेपर की उड़ानें हैं, उनमें जड़ कहाँ है।" सुवासिनी में फिर से आँधी उठने लगी। अन्ततोगत्वा वह है तो पतझड़ की पत्ती ही! वह एक बार शाख से टूटकर फिर उस पर नहीं लग सकती। उसने जो कुछ सुन-सुनाकर जाना-समझा था, उसका सार संक्षेप ही तो उसे यह सब सोचने पर विवश कर रहा था। स्वभावतः कोई विद्रोही नहीं होता और कम से कम अपने प्रति तो नहीं। फिर उसमें विद्रोह कहाँ से आया है? व्यथा की वे घनघोर घटाएँ कैसे छायी हैं जो बरस नहीं सकीं। राक्षस ने चलते-चलते यह कहना आवश्यक समझा कि वह उसकी व्यथा से भागीदारी न कर पाने के लिए न कोई तर्क प्रस्तुत कर रहा है, न कोई मनगढ़न्त गाथा सुना रहा है और न कोई दिखावा करना चाह रहा है। व्यथा वहाँ हो या यहाँ, उसके हो या अपने, वह होती दोनों ओर है, उससे उन दोनों में से चाहकर भी कोई नहीं बच सकता। वह जानता है कि उसका नकारना भी उस प्रेम की ही अभिव्यक्ति है, जिसे व्यक्त कर, उसके चले जाने के बाद, उसे ही कचोटती रहेगी।

"फिर आयेंगे, तब तक विश्वास है, तुम सीलन भरी द्वन्द्व की कड़वाहट से मुझे और अपने को उबारने में सफल हो सको। मैं कारा न भोगकर भी कारा के घोर एकान्त और अदृश्य यातनाओं के बर्बर जंगल से कभी अपने को मुक्त नहीं कर सका।"

सुवासिनी में राक्षस के ये शब्द मेघ रहित आकाश की गुम्बद में रह-रहकर अनुगूँजते रहे। वह सिमटी हुई परछाईं-सी एक कोने में खड़ी रह गयी। राक्षस चुपचाप बिना पदाहट किये जा रहा था।

40

"कितने वर्ष बिता दिये तुमने यहाँ। समय पानी की तरह ढलान पर बह गया। आम्भीक को आ जाने दो। उसके मन को भी जान लिया जाए। तक्षशिला की प्रजा अलका के पक्ष में निर्णय लेती नजर आ रही है।" चाणक्य पश्चिमोत्तर सीमावर्ती प्रदेशों के पुनर्गठन की जन्मकुण्डली के ग्रह-नक्षत्रों की राशि पढ़ता जा रहा था मन ही मन। अचरज तो यह है कि वह ज्योतिष जानता है, समझता भी है परन्तु उस पर विश्वास करने से पीछे हट जाता है। ज्योतिष का गणित उसका सटीक और तेज है कि बारह राशियों के चौकटे मन में सजाकर उसकी गति, अन्तर, अन्तर में अन्तर आदि से निष्कर्ष निकाल लेता है। कौन ग्रह किसका शत्रु है, वह कब मित्र ग्रहों से जुड़ सकता है। ग्रहों के दुष्परिणाम से बचने और उनकी अनुकूलता पाने के लिए क्या उपाय सम्भव हैं? वह उन उपायों को अस्वीकार नहीं करता उलटे उनके लिए वातावरण बनाता है। तभी राक्षस चन्द्रगुप्त मौर्य से कह पाया था, "तुम्हारा आचार्य देखने में जितना कुरूप है, परिणाम लेने में भी उतना सुदृढ़।... मेरा नाम जितना डरावना है, काम उसके बिलकुल विपरीत।... वह क्या करेगा और कब, कदाचित् वह भी नहीं जानता। उसे परिणाम चाहिए, रास्ते की शुचिता नहीं। उसका एक काला दाँत जब सोचता है तब कुछ न कुछ अनहोनी होती है। इस कारण तुम किन्हीं जातीय कारणों से उससे अलग नहीं रह सको तो भी तुम्हें उससे सदा सतर्क रहने की आवश्यकता है।"

आज चन्द्रगुप्त मौर्य देख रहा था कि प्रातःकाल से तीसरे पहर तक चाणक्य मात्र सोचे जा रहा है। उस सोच को वह सिंहरण और उसमें नहीं बाँट रहा है और न उनको सुनने में उसकी कोई रुचि है। इस ऊब से बचने के लिए सिंहरण ने पूछ ही लिया, "और कोई आज्ञा, आचार्य।"

चाणक्य कुछ देर तक भावशून्य-सा मन ही मन सामने की भित्ति के उखड़े मसाले की परतें पलट रहा था। वह पूछने लगा, "क्या, चन्द्र तुम भी ऐसा सोच रहे हो?"

चन्द्रगुप्त मौर्य चमका। उसे आशा नहीं थी कि प्रश्न सिंहरण ने किया है और उत्तर में उसे लपेटा जाएगा। ऊब का बोझ तो उसके मस्तिष्क पर भी था परन्तु वह इस समय अपने को बचा लेना चाहता था, अतः वह कहने के लिए कह गया, "मैं तटस्थता के साथ हूँ, आचार्य।"

चाणक्य उसके घुमावदार उत्तर का संकेत समझकर भी समझा रहा था, "तटस्थता की स्थिति सन्धि की चौखट का सहारा लेने के दाँवपेंच से आगे नहीं सोच पाती। यह स्थिति भटकाव के आसपास या उसके आगे-पीछे की गति की सूचक

है। यदि आगे बढ़ना है तो उससे बाहर आओ और एकाग्र होकर तब तक ध्यान लगाते रहो जब तक अँधेरों को चीरकर प्रकाश की किरण स्वयं मार्गदर्शक न बन जाए। स्मरण रहे, उजाले का जन्म अँधेरे से ही हुआ।... जिसे तुम ऊब मानकर अपने मन के साथ उठ जाना चाहते हो, वही अँधेरे की साजिश है।'' चन्द्रगुप्त मौर्य सचेत हो गया। वह कैसे कहे कि उसे ध्यान लगाने का अभ्यास नहीं है। वह जरा-सी देर ध्यान लगाता है तो वह अपने को विकराल अँधेरों के बीच अकेले खड़ा पाता है।

सिंहरण के मन पर चाणक्य की बातों का कोई असर नहीं हुआ। उसे तो यह चिन्ता व्याकुल किये थी कि अलका उसके साथ क्यों नहीं आयी जबकि चलते समय स्वयं चाणक्य ने कहा था, ''मैं शीघ्र ही अलका को लेकर स्वयं तुम्हारे पास आ रहा हूँ, सिंहरण।'' और उनकी शीघ्रता ने वर्षों पार कर लिए। फिर भी आये तो अकेले। वादे का क्या हुआ। सिंहरण ने कह दिया, ''आचार्य, मुझे महत्त्वाकांक्षा के स्वप्न नहीं घेरते। मैं उतना ही सोच पाता हूँ जितना कर सकूँ। इसलिए मैं अपनी नींद सोता हूँ और अपनी मरजी से उठता हूँ। कृपया आचार्य, मुझे क्षमा करें यदि मैंने कुछ गलत कहा हो।''

चाणक्य समझता था कि वह महावीर है। वादे का पक्का। स्वाभिमानी। निडर। मरने-मारने के लिए तत्पर। निश्छल। सोच की गहराई में उतरना उनके वश में नहीं है। उसका सोच सतही है।

''अब तुम जा सकते हो, सिंहरण। यदि नरेश आम्भीक के आने का समाचार पाओ तो तुम लौट आना।''

वह चला गया।

''क्या आप समझते हैं कि आम्भीक यहाँ आएगा। उसके राज्य की सीमाएँ सिकन्दर बढ़वा गया है। उसे झेलम की पश्चिमवर्ती भूमि दे गया है और उसे ईरान की लूट का एक अंश भी दे गया है। आज उसके पास ईरानी अश्वारोही भी हैं।'' चन्द्रगुप्त मौर्य ने सिंहरण से प्राप्त सूचना के आधार पर आम्भीक में से जन्मे नये आम्भीक की प्रस्तुति कर दी।

चाणक्य कुछ नहीं बोला।

चन्द्रगुप्त मौर्य ने और सूचनाएँ देना उचित नहीं समझा क्योंकि चाणक्य की उनमें कोई रुचि नहीं पायी। कई बार चाणक्य को वह ठीक से नहीं समझ पाता था। इस कारण तब उसका अतिरिक्त उत्साह ठण्डा पड़ जाता था। वह उदासीन होने लगता था।

''यही तीसरा पहर भी जाने में है।'' चन्द्रगुप्त मौर्य ने स्मरण कराया।

''पर अभी गया नहीं, चन्द्र। हमें इस पहर के अन्तिम क्षण तक प्रतीक्षा करनी है और इस बीच इस सम्बन्ध में कुछ नहीं सोचना है। यह नीति की बात है जो

हमें अनीति से बचाती है।" चाणक्य उसे धैर्य से, तर्क और उदाहरण देकर समझाने में प्रमाद को बीच में नहीं आने देता था।

"तक्षशिला नरेश पधारे हैं।"

"उन्हें लिवा लाओ। नृप सिंहरण कहाँ हैं?"

"उनके साथ हैं।"

"ठीक है। उन्हें आने दो।"

चन्द्रगुप्त मौर्य को अत्यन्त आश्चर्य हुआ। अभी तीसरा पहर बीता नहीं था। कितना आत्मविश्वास! जरा-सा भी संशय नहीं। क्या सुदृढ़ विश्वास पत्थर की लकीर होता है? उस दिन जब पाटलिपुत्र के राजप्रासाद के वृहत् पर्वोत्सव स्थल पर एक दुबले-पतले व्यक्ति की दोनों भुजाएँ रस्सी से बाँधकर उन दोनों रस्सियों के छोर को एक-एक हाथी से बाँधकर जब यह कहा गया था, "थोड़ी देर में ये दोनों हाथी अपनी-अपनी दिशा में बँधी रस्सी को खींचेंगे तो उस दुबले-पतले व्यक्ति की दोनों भुजाएँ धड़ से अलग हो जाएँगी।"

उस समय चन्द्रगुप्त मौर्य ने भी यही सोचा था, आम जन की तरह कि उद्घोषक कोई जादूगर है, वह उन दोनों भुजाओं को पुनः जोड़ देगा। सारी प्रजा को मानो साँप सूँघ गया था। तब वह चाणक्य के साथ तक्षशिला के लिए प्रस्थान करने वाला था। चाणक्य भी वहीं खड़ा रह गया था।

उद्घोषक का स्वर था, "विश्व के स्वामी महाराजाधिराज जी की आज्ञा मिले तो खेल आगे बढ़ाया जाए।" दोनों हाथियों के पास सैनिक खड़े हुए थे।

आज्ञा दी गयी।

प्रजा साँस रोके चित्रलिखित-सी जहाँ की तहाँ बैठी-खड़ी रह गयी।

"सैनिको, महावत से कहो कि वह अपनी-अपनी दिशा में हाथी भगायें।"

तब कई जनों की आत्मा काँप उठी थी। कइयों के मन में आ गया था कि ऐसा प्राणलेवा खेल रुकवा दिया जाए।

चन्द्रगुप्त मौर्य का किशोर मन भी एकबारगी काँप कर आचार्य चाणक्य की ओर देखने लगा। चाणक्य ने धैर्य से कहा, "चन्द्र, डरो नहीं, यह सुदृढ़ आत्मबल-आत्मविश्वास का ठोस प्रदर्शन है।"

इतने में हाथी अपनी दिशा में जोर लगा उठे—पूरे दम से। पूरी शक्ति से। पर वो क्या! वह दुबला-पतला व्यक्ति अपने स्थान पर खड़ा हुआ था। हाथी उसे टस से मस नहीं कर सके।

"क्या उस दुबले-पतले व्यक्ति की भुजाएँ इतनी बलशाली हैं कि विपरीत दिशा में खड़े हाथी पुरजोर लगाकर भी उसका कुछ नहीं बिगाड़ सके।"

सब अचरज से भरे उस दुबले-पतले व्यक्ति की भुजाओं की ओर देखते रह

गये।

महाराजाधिराज धननन्द ने उसे पुरस्कृत किया। श्रेष्ठियों ने महाराजाधिराज की आज्ञा पाकर उसे गुप्त धन दिया।

रास्ते में चाणक्य ने पूछा, "चन्द्र क्या देखा?"

"जादू, आचार्य।"

"यह जादू तू भी दिखा सकता है।"

"मैं... मैं... नहीं... नहीं... कदापि नहीं... आचार्य।'

"तू दिखाना चाहता है क्या?"

चन्द्रगुप्त मौर्य की बोलती बन्द।

"मैंने बताया था कि उस दुर्बल व्यक्ति ने अपने सुदृढ़ आत्मबल... आत्मविश्वास का प्रदर्शन किया है।"

"आत्मबल में इतनी शक्ति! आत्मविश्वास में ऐसा चमत्कार!"

"हाँ, चन्द्र। ऐसे सुदृढ़ आत्मबली और आत्मविश्वासी भी इस जगत् में हैं जो अपनी दृष्टि से पत्थर तोड़ दें, लोहे को पिघला दें।" चाणक्य ने समझाते हुए अन्त में कहा, "तू स्वयं अभ्यास करके देख लेना कि आत्मबल के आधार पर तू तक्षशिला में बैठा पाटलिपुत्र की जानकारी ले सकेगा।"

ओह! उसके सामने से वह पूरा परिदृश्य गुजर गया। तभी तो आचार्य ने उससे कहा था, "वह पहर डूबने के किनारे तो आने दे। उसके बारे में तनिक-सा भी मत सोच।" चन्द्रगुप्त मौर्य आचार्य के आत्मबल के सामने मन ही मन नतशिर होकर रह गया। शक्ति का कोई ओर छोर नहीं है। ओह!

अब आम्भीक सिंहरण को साथ लिए आचार्य के चरणों में झुक रहा था।

सारा दृश्य-परिदृश्य ही बदल गया। चाणक्य ने उनको बैठ जाने का संकेत देकर पूछा, "यात्रा मंगलमयी रही न, आम्भीक।"

"हाँ, आचार्य, एकदम निरापद-निर्विघ्न। आपका जिसके सिर पर आशीर्वाद हो, उसका हर कार्य मंगलमय होगा।"

"जलपान हुआ न।"

"जी। सिंहरणजी के आवभगत और आतिथ्य का क्या मुकाबला।" आम्भीक के स्वर में आत्मीयता के साथ उल्लास था।

"यही पुण्य है, आम्भीक—समूचे कष्ट-बाधाओं की अचूक औषधि। स्रष्टा ने यह संसार अति सुन्दर, अति सम्मोहक, अति उदार, अति मंगलमय बनाया है। वो हमने ही उसकी ओर देखना बन्द कर दिया और उसके साथ अपनी ओर से छेड़छाड़ शुरू कर दी। आज हम उसी का परिणाम भोग रहे हैं। उस दिशा में हम इतने आगे बढ़ आये हैं कि पीछे लौटने का प्रश्न ही नहीं उठता।" चाणक्य ने इस सन्दर्भ को

जानबूझकर उठाया था और उसके अन्त में कहा था, "फिर भी मनुष्य को प्रकृति का सान्निध्य चाहिए। आज भी वह उससे अभिभूत होता है। सच यह है कि बहुसंख्यक जन प्रकृति के साथ हैं। कदाचित् इन दिनों तुम्हें भी ऐसा अनुभव हो रहा हो।"

इस बार आम्भीक चौंका। चाणक्य ने विषय परिवर्तन अत्यन्त कुशलता से एकदम आज की ओर मोड़ दिया। परन्तु वह मौन रहा।

चन्द्रगुप्त मौर्य ने कनखियों से उसके मुखमण्डल को पढ़ना चाहा। सिंहरण चकित-सा उस खामोशी को अनुभव करने की कोशिश करता रहा परन्तु ठीक से वह उससे जुड़ नहीं पाया।

"आम्भीक समय बदल रहा है। सिकन्दर की आँधी ने पश्चिमोत्तर प्रदेशों को एक नयी धारा से बाँधना शुरू किया है। प्रजा का रुख भी बदला है। उसकी अपेक्षाओं में भी सुधार हुआ है। तुम्हें भी इसकी कुछ-कुछ जानकारी होगी।" चाणक्य ने अपने प्रस्ताव के लिए जगह बनानी शुरू कर दी।

"हाँ, आचार्य, मुझे आज की परिस्थितियों का अवबोध है।"

"राज्यतन्त्रायतं नीतिशास्त्रम्।"

"समझता हूँ, आचार्य, जब तक राजतन्त्र नीतियुक्त न हो तब तक देश-प्रदेश नीतिपरायण नहीं रह सकते।"

"तुमने सिकन्दर को आमन्त्रित किया था, आम्भीक।"

"मैं अपने राज्य की शिखर छूती उन्नति-समृद्धि को नष्ट होते नहीं देखना चाहता था आचार्य, यह आपका ही कथन है कि 'हीयमानः सन्धि कुर्वीत।' "

"परन्तु तुम कमजोर राजा नहीं थे जिसके कारण तुम्हें आत्मरक्षा की खोल में जाना पड़ा।"

"'न ज्यायसा समेनया' भी आपका ही कथन है कि समान शक्तिशाली राजा के साथ कभी युद्ध न करे।"

"प्रजा क्या चाहती थी। तुमने निकेया जाकर सिकन्दर को पूर्ण सहायता देने का वचन क्यों दिया, आम्भीक? क्यों बहुमूल्य वस्तुएँ, हाथी आदि भेंट किये? क्यों अपने पिता की इच्छा के विरुद्ध अपने राज्य में सिकन्दर का सम्मान किया?... अपने पिता को नज़रबन्द क्यों किया? तुम तो अपनी बहन को भी...।"

"नहीं, आचार्य, यह असत्य है।"

"आज तुम्हारी प्रजा तुमसे पूछ रही है। तुम अपनी बहन अलका को भी कारा में डालना चाह रहे थे।... उसकी सुन्दरता... उसकी गुणवत्ता और विख्यात हो चली थी और तुमसे अधिक तुम्हारे पिता का उस पर विश्वास था।"

आम्भीक मौन।

"था या नहीं।"

"आचार्य, मैंने वही किया जो तत्कालीन स्थिति में अपने राज्य के लिए शुभ था।"

'पुष्पमित्र।"

"कृपया उसका नामोल्लेख न करें, आचार्य।"

"वह तुम्हारा बुजुर्ग और विश्वसनीय अमात्य था। तुम यदि सिकन्दर चाहता...। क्यों नहीं चाहता। राजकुमारी अलका का सौन्दर्य पश्चिमोत्तर राज्यों में बहुचर्चित हो चुका था और राजकुमारी अश्वकों के राज्य की स्त्रियों... वीरांगनाओं की तरह थीं, जिन्होंने मसग (राजधानी) में पुरुषों के पराजित होकर मृत्यु को गले लगाने के बाद घनघोर युद्ध किया था।"

पुनः आम्भीक चुप।

"अब वही तुम्हारी प्रजा तुम्हारा न्याय करना चाहती है।"

"कैसा न्याय?"

"तुम वह भली भाँति जानते हो, आम्भीक। तब तुम्हारा राज्य युद्ध चाहता था और वह युद्ध राजकुमारी अलका के नेतृत्व में लड़ा जाता।... बन्दी तुम बनाये जाते। परन्तु तुमने अपने पिता जी को नजरबन्द कर तत्कालीन बाजी उलट दी।"

"आचार्य, आप स्पष्ट करें कि आप क्या चाहते हैं?"

"मैं नहीं तुम्हारी प्रजा, आम्भीक।"

"वह विद्रोही हो गयी है।"

"तुम्हारी सेना का एक बड़ा भाग भी..., आम्भीक।"

"परन्तु मैं इन हालात पर काबू पाने की सामर्थ्य रखता हूँ।"

"सिकन्दर द्वारा पुनः निर्धारित महाजनपदीय सीमा के यूनानी क्षत्रप निकोनोर की सहायता से। सिकन्दर द्वारा पुनर्गठित राज्यों-प्रदेशों के क्षत्रप, सिकन्दर के न रहने पर अपने प्रभाव क्षेत्र के विस्तार में परस्पर भी... और तुम क्षत्रप निकोनोर की सहायता से अपने राज्य की प्रेमी-उत्सर्गमयी और स्वाभिमान से जीने वाली प्रजा को कुचलने पर आमादा हो रहे हो।... क्यों आम्भीक, क्या राजा से प्रजा ऐसे चरित्र की अपेक्षा रखती है?"

"यह मेरे विरुद्ध षड्यन्त्र है, आचार्य।"

"कौन किसके विरुद्ध षड्यन्त्र किये है, इसके लिए सफाई देने की आवश्यकता नहीं है, आम्भीक।"

"मुझे यहाँ किसलिए बुलाया है, आचार्य?"

"तुम्हें बचाने के लिए।"

"यह कैसा उपहास है, आचार्य।"

"तुम यहाँ नहीं आते तो निकोनोर बिना लड़े तक्षशिला का राजा हो चुका होता और तुम मारे गये होते। एक ओर से तुम इधर आये और दूसरी ओर राजकुमारी अलका के नेतृत्व में निकोनोर के षड्यन्त्र की धज्जियाँ उड़ा दी गयीं। वह प्राण बचाकर भाग खड़ा हुआ। अब वहाँ विजय का उत्सव मनाया जा रहा है, आम्भीक।"

"ऐसा नहीं हो सकता आचार्य।"

"हो चुका है, आम्भीक। क्रोध को जीतना हो तो संयम से काम लो। एक बार तुमने तक्षशिला में आकर...।"

"क्या यह उसी का प्रतिशोध है, तक्षशिला विद्यापीठ के आचार्य।"

"आचार्य की सीमा स्थान विशेष की विद्यापीठ नहीं, सम्पूर्ण देश होता है और आवश्यकता पड़े तो सम्पूर्ण विश्व भी हो सकता। आचार्य का उत्तरदायित्व लोक मंगलकारी राज्य की स्थापना भी होता है और शान्ति के समय पर्वोत्सव की ज्योति जगाना भी।"

"मैं अकेला नहीं आया हूँ।"

"जानता हूँ तुम्हारे साथ सैनिक बल भी है। पर यहाँ युद्ध नहीं हो रहा है, आम्भीक और न यहाँ तुम्हारा कोई शत्रु है। तुम्हें ज्ञात हो, जिनके बल पर तुम यहाँ आये हो, उनमें लगभग तीन चौथाई सैन्य बल तुम्हें नहीं चाहता।"

"यहाँ तो आपने...।"

"मालव-क्षुद्रक और आसपास के अन्य गणराज्यों का तुम्हें नेतृत्व सौंपने के लिए आमन्त्रित किया था ताकि छोटे-छोटे गणराज्यों को मिलाकर पश्चिमोत्तर सीमावर्ती विस्तृत अंचल को तीन-चार सुगठित प्रदेशों-राज्यों में व्यवस्थित किया जा सके और पुनः बाह्य आक्रमणों का मुँह मोड़ने में कठिनाई न हो।"

"परन्तु...।"

"वही हो रहा है, आम्भीक। वह देख रहे हो चन्द्रगुप्त मौर्य है, आने वाले कल का सम्राट, ... स्थापित नन्दवंश के विशाल साम्राज्य का एकमात्र उत्तराधिकारी मौर्य सम्राट।"

"उत्तराधिकारी...।"

"चौंको मत। नन्दवंश का वही नाश करेगा और मौर्य वंश की नवोदित सूर्य पताका उसी के पराक्रम-शौर्य से लहरायेगी। तुम चाहो तो अभी, इसी समय उससे अभ्यर्थना कर सकते हो, आम्भीक।"

"किसलिए?"

"अपने को दुर्दिनों से बचाने के लिए।"

"परामर्श के लिए आभार, कुचक्री ब्राह्मण।" आम्भीक क्रोधावेश में आ गया। सिंहरण या चन्द्रगुप्त मौर्य अथवा दोनों कुछ करते इससे पहले ही चाणक्य ने

संकेत से रोकते हुए शान्त स्वर में कहा, ''आम्भीक प्रथम तो ब्राह्मण में क्रोध जागता नहीं है और यदि जाग जाता है तो वह परशुराम बन जाता है। ... परन्तु नहीं, तब इस विरूप, बाँके, टेढ़े दक्षिणी ब्राह्मण में मात्र क्रोध मुस्कराया था। वह भी शिखण्डी, विशाल साम्राज्य के नशे में चूर अमर्यादित सम्राट के अज्ञान, अहंकार, दर्प-दम्भ आदि पर। ब्राह्मण वहाँ पल भर के लिए नहीं ठहरता, जहाँ उसका अपमान होता हो। हम जाने वाले ही थे कि उसके इस आदेश ने आग में घी का काम कर डाला—शिखा पकड़कर निकाल बाहर करो, इस ब्राह्मण को।''

''तो आपने उसे शाप दे डाला और शपथ ले ली कि अब यह शिखा तब ही बाँधी जाएगी तब नन्दवंश का नाश हो लेगा।'' आम्भीक ने तनिक व्यंग्य से कहा।

''तुम समझदार हो, आम्भीक। अपने को सँभाल लो।''

''कैसे, महाआचार्य, सम्राट नियन्ता।'' आम्भीक में व्यंग्य कुलबुलाया।

''तक्षशिला के सिंहासन पर राजकुमारी अलका को बिठलाकर, आम्भीक, और स्वयं को उसके अधीन होकर।''

''असम्भव।''

चाणक्य ने मुस्कराकर उसकी ओर देखा और धीरे से कहा, ''रस्सी जल गयी परन्तु उसके बट ज्यों के त्यों हैं।''

''मैं तक्षशिलाधीश था, हूँ और रहूँगा।''

''बशर्ते कारागार के अन्ध कूपी एकाकी कोठरी में पड़े रहने का मानस बना रखा हो, कुमार आम्भीक।'' चाणक्य ने आँख के इशारे से सिंहरण को आदेश दे डाला, ''गिरफ्तार करो।'' और सिंहरण के ताली बजाते ही दस हथियार वाले सैनिक सहित आ खड़े हुए।

''घात, दम्भी ब्राह्मण। ... इसके लिए तुझे पछताना होगा।''

''काश, तब आये हुए इस देशद्रोही को ठिकाने लगा दिया होता।''

''प्रतिशोध की अग्नि में जलने वाले पतंगे, तू लालसा का मारा है और तू चन्द्रगुप्त मौर्य को दिवास्वप्न दिखलाकर दिग्भ्रमित कर उसे अपनी ढाल बनाकर इस्तेमाल करना चाह रहा है। सावधान, चन्द्रगुप्त, सावधान। जिस मगध साम्राज्य की सैन्य शक्ति से विचलित होकर सिकन्दर की सेना ने युद्ध करने से मना कर दिया और स्वयं सिकन्दर महान् ने भी। चन्द्रगुप्त, तुम्हारे भड़काने पर भी, उधर मुख घुमाने की हिम्मत नहीं की, क्या उस विशाल साम्राज्य की अपार सैन्य शक्ति से तुम टक्कर ले सकोगे? जरा गम्भीरता से सोचो। पहाड़ से सिर टकराने का अंजाम जानते हो, जो बिगड़ना-मिटना होगा, वह सिर को, पहाड़ का कुछ नहीं बिगड़ेगा।'' आम्भीक की वाणी अनुगूँज उठी। तभी उसने तीन-चार बार हुंकार भरी।

''जाओ, सिंहरण, इन्हें अपने उन सैनिकों, अंगरक्षकों आदि से मिलवा दो

जिनको आप अपने साथ लाये हैं।"

"और आम्भीक महाशय, मैं आपको सत्परामर्श के लिए आभार व्यक्त करता हूँ और आग्रह करता हूँ कि भविष्य में बिन माँगे किसी को परामर्श नहीं दें।" चन्द्रगुप्त मौर्य ने टका-सा उत्तर दे दिया।

सिंहरण सैनिकों के घेरे में आम्भीक को लेकर जब चलने लगा तब चाणक्य ने स्मरण कराया, "सिंहरण, यदि राजकुमार आम्भीक को हमारी बात समझ में आ जाए तो उन्हें यहाँ ले आना।"

आम्भीक ने चाणक्य की ओर नहीं देखा और सैनिकों से घिरा वह आगे बढ़ गया। उससे अस्त्र-शस्त्र पहले ही ले लिए थे। इस समय वह अपने को बिन मणि का सर्प अनुभव कर रहा था।

चाणक्य ने चन्द्रगुप्त मौर्य को विश्राम भवन की ओर जाने दिया। चन्द्रगुप्त मौर्य यह सोचते हुए दंग रह गया कि पता नहीं चाणक्य क्या-क्या सुनिश्चित कर और तदनुरूप उसकी व्यवस्था कर तक्षशिला से चले हैं।

कौन पढ़ सकता है उसके मन को और मन की चालों को। अभी आगे जाने क्या करने की ठानी है। परन्तु उसका राजनीतिक गणित प्रबन्धन और संचार व्यवस्था ये तालमेल एकदम सटीक है। तभी वह सदैव निर्द्वन्द्व, मुक्त और निडर नजर आता है। वह एकबारगी जो ठान लेता है, वही करता है। परिणाम को लेकर वह कभी सशंकित नहीं होता। यह सोचते हुए चन्द्रगुप्त मौर्य विश्राम भवन की ओर मुड़ गया।

41

आम्भीक के साथ धोखा हुआ। उनमें अधिकांश सैनिक उसके विरोधी थे और अलका के पक्षधर। वे सबके सब पता नहीं कैसे चन्द्रगुप्त मौर्य की सेना के अंग हो गये। वह नजरबन्द कर लिया गया। सन्धि के अन्तर्गत पर्वतेश्वर का राज्य पश्चिमोत्तर सीमावर्ती राज्यों में सबसे बड़ा राज्य था। उसके अन्तर्गत पन्द्रह संघ राज्य, उनके पाँच हजार से अधिक नगर और दो हजार के लगभग गाँव को भी मिला दिया था। पर्वतेश्वर की हत्या हो जाने से उसका विशाल राज्य आम्भीक को मिलने वाला था। पर्वतेश्वर आम्भीक का शत्रु था। शत्रु का राज्य उसे मिल रहा था। वह इसी खुशी में सैन्य शक्ति लेकर चाणक्य के आमन्त्रण पर चाणक्य से मिलने आया था और चाणक्य ने उसके साथ विश्वासघात किया। अब वह क्या करे?

उसे यह सूचना मिल चुकी थी कि अलका ने तक्षशिला को अपने अधिकार में ले लिया है। प्रजा और सेना ने उसका दिल खोलकर स्वागत किया है। उसका सिर

चकरा रहा था। उसकी कुछ समझ में नहीं आ रहा था कि उसकी नजरबन्दी से मुक्ति कैसे हो?

धीरे-धीरे आम्भीक को ज्ञात हो गया था कि चाणक्य अधिकांश पश्चिमोत्तर प्रदेशों को चन्द्रगुप्त मौर्य के प्रभाव में लाते जा रहे हैं। सिंहरण इस दृष्टि से उसे अपने अनुकूल लगा क्योंकि वह अलका को चाहता था। उसने उससे मित्र-भाव बढ़ाया। बातों ही बातों में एक दिन पश्चिमोत्तर सीमावर्ती प्रदेश राज्यों की चर्चा छेड़ दी। उसने कहा, "अपने प्रदेशों की बात ही कुछ और है। सभी सम्पन्न हैं, समृद्ध हैं और शौर्यवान हैं। परन्तु...।"

"परन्तु क्या?"

"महान् सिकन्दर ने अपने छोटे-छोटे गणराज्यों को बड़े गणराज्य से जोड़ा था। उन राज्यों का नये ढंग से पुनर्गठन कर अपने क्षत्रप उन पर बैठा दिये थे। सिकन्दर के आँख मिंचते जैसे वे क्षत्रप परस्पर भिड़ गये और उनमें शक्ति प्रदर्शन होने लगा, वैसे ही अपने गणराज्यों ने मिल-मिलाकर उन क्षत्रपों को मार भगाया। फिर से वे स्वतन्त्र हो गये। परन्तु...।" कहकर आम्भीक ने कनखियों से सिंहरण की ओर देखा और पाया कि वह उसके कथन के प्रति जिज्ञासा से भर उठा है। उसने पूछा, "आप कुछ कहने जा रहे थे।" वह ही क्या, समूचे पश्चिमोत्तर प्रदेश के गणराज्य पर्वतेश्वर के बाद सर्वाधिक मान-सम्मान तक्षशिला नरेश को देते थे।

आम्भीक ने गहरी साँस ली और बैठने का रुख बदलकर आगे कहा, "आचार्य बहुत खतरनाक, चालाक, कूटनीतिज्ञ और द्वन्द्वी है। वह हम सबके ऊपर चन्द्रगुप्त मौर्य को बैठाने की गणित फैला चुका है और परस्पर एकता एवं संगठन के नाम पर अनेक राज्यों का लोप करा भी चुका है—संगठन को सुदृढ़ और ठोस बनाने के नाम पर। ज्ञात है कि उसका सर्वेसर्वा कौन होगा?"

"कौन?"

"सन्धि के अन्तर्गत चन्द्रगुप्त मौर्य को सम्राट का नाम देकर एक बहुत बड़े संगठन की वह नींव रख चुका है। अलका भी उसके गहरे प्रभाव में है। वह तक्षशिला को उसके चरणों में रख देगी और राजनीति का वह काला नाग उसे किसी न किसी रूप में चन्द्रगुप्त मौर्य के प्रभाव में ले आएगा।" क्या मैं गलत सोच रहा हूँ, सिंहरण?

सिंहरण उसके प्रभाव में आ चुका था। फिर भी, उस पर अपना मन खोलने की गलती नहीं कर सकता था और न उसे यह बता सकता था कि चन्द्रगुप्त मौर्य को आमन्त्रित करने वह स्वयं गया था। था वह चन्द्रगुप्त मौर्य से भी प्रभावित। आचार्य चाणक्य के प्रति भी वह निष्ठावान् अवश्य था परन्तु कहीं न कहीं वह उसके जन्तर-मन्तर से डरता भी था।

"तुम मालव हो। तुम में क्षुद्रक भी आ मिले हैं। अन्य कई गणराज्य भी। युद्ध

प्रेमी हो। सदा से स्वतन्त्र और निरंकुश रहे हो। जेहलम तटीय भूभाग के तुम लोग ही सिकन्दर रहे हो और आगे भी...।" कहते-कहते आम्भीक रुक गया। उसने खाली स्थान उसे ही भरने की स्वतन्त्रता प्रदान की। "... सिकन्दर द्वारा स्थापित निकैया, बउकेफला, सिकन्दरिया आदि उपनिवेश जो चिनाब और सिन्ध नदियों के संगम पर स्थापित किये थे, पनपने लगे थे स्थानीय जन की सहायता से। व्यास नदी के तट पर सिकन्दर ने यूनानी देवताओं के नाम पर विशाल वेदियाँ बनवायी थीं और उनके नीचे अपनी विजय सीमा को भी दरसाया था, वे व्यापारिक केन्द्र भी फल-फूल उठे थे। वे राजस्व के अच्छे स्रोत बन चुके हैं। उनके सम्बन्ध में मौन कौन तोड़ेगा?" आम्भीक ने लालच के हरे-भरे और खुशहाल क्षेत्र की ओर सिंहरण का ध्यान मोड़ा।

"इनसे तो व्यापार, वाणिज्य के क्षेत्र में महत्त्वपूर्ण प्रगति हुई है और देखते ही देखते यूनान और भारतीय व्यापारी समुद्री और स्थलीय मार्ग से आने-जाने लगे हैं।"

"सुना है, चन्द्रगुप्त मौर्य का प्रभाव क्षेत्र वहाँ तक जा बना है या बनने वाला है। यहाँ से पर्याप्त धन-सम्पदा एकत्र हो रही है। ... और सिंहरण, तुम्हें क्या मिला। मिला तो अवश्य कुछ न कुछ है।" आम्भीक ने उसमें महत्त्वाकांक्षा के बीज अंकुरित होने के लिए आबोहवा को जन्म दिया।

सिंहरण का सोच चकित रह गया। वास्तव में उसे मिला क्या! कुछ भी नहीं। चहुँओर चन्द्रगुप्त मौर्य के नाम के डंके बज रहे हैं। ... पर क्यों? आम्भीक ने उसकी चुप्पी को अपने कथन का समर्थन समझा। कुछ मिला होता या मिलने वाला होता तो वह यों एकदम चुप नहीं रह जाता। इससे उसे प्रोत्साहन मिला और घटाटोप अँधेरे में दीपक की एक किरण का नन्हा-सा प्रकाश फैलता दृष्टिगत हुआ।

इस प्रकार कई दिनों तक संवाद का सिलसिला चलता रहा। सिंहरण एकान्त में अपने से संवाद कर निराशा की ओर बढ़ने लगा। एक बार व्यक्ति में संशय की हलकी-सी दरार पड़ती नजर आने लगे तो फिर उसके चौड़े होने में देर नहीं लगती। विद्रोह उफनने की प्रतीक्षा या घात लगाने के अवसर की तलाश में चौकन्ना हो जाता है।

आम्भीक ने आखिरी पासा फेंका। वह कह उठा, "हम सम्बन्धी बन सकते हैं।"

आम्भीक की ओर सिंहरण ने ध्यान से देखा और धैर्य और इतमीनान से सहज होकर पूछा, "वो कैसे?"

"तुम्हें अलका पसन्द है और अलका को तुम, सिंहरण।"

सिंहरण चुप। उसका मन चीता होने जा रहा था।

"मुझे यह रिश्ता स्वीकार है, सिंहरण। ... तुम्हें तो कोई आपत्ति नहीं या तुम अपने व्यक्तिगत जीवन की बागडोर भी आचार्य के हाथ में सौंप चुके हो। फिर मुझे कुछ नहीं कहना।"

सिंहरण फिर भी मौन। वह चाहते हुए भी कुछ नहीं बोलना चाहता था। क्या बोले। कैसे बोले! क्यों बोले? माना कि वह अपनी मरजी का स्वयं मालिक है। आम्भीक के साथ उसका मन भी हो चला है परन्तु आचार्य चाणक्य का उसके चेतन-अचेतन पर गहरा प्रभाव कुण्डली मार के बैठा हुआ है। चन्द्रगुप्त मौर्य के निश्छल व्यक्तित्व से वह प्रभावित है। वह महा पराक्रमी है, वचन का पक्का है। नीति में पक्का विश्वास करता है। वह भी अलका और उसके सम्बन्ध बन जाने के पक्ष में है। आचार्य भी उन्हें आशीर्वाद देना चाहते हैं। ... पर कब? कैसे? यह उसकी समझ में नहीं आता है।

आम्भीक को लगा कि उसका फेंका पासा गीली रेत में जाकर धँस गया। उसने साहस नहीं खोया और सहज होकर कहा, "पता नहीं, आप आचार्य को कितना जानते हैं परन्तु उनके सम्बन्ध में मेरे अनुभव कुछ ऐसे रहे हैं, जिनसे मुझे यह निर्णय लेने में तनिक-सी भी कठिनाई नहीं हुई कि वह लक्ष्य पर निगाहें रखते हैं। लक्ष्य के लिए सहायक बनी सीढ़ियों पर नहीं। और हो सके तो उस सीढ़ी को ही हटवा देते हैं ताकि कोई अन्य उसका सहारा लेकर उस मुकाम तक नहीं पहुँच सके।"

सिंहरण उलझन में फँसा रह गया। वह उससे किसी नतीजे तक नहीं पहुँच पा रहा था, अतः वह पूछ बैठा, "तुम कहना क्या चाह रहे हो, आम्भीक।"

"वही जो तुम नहीं समझ पा रहे हो।"

"क्या नहीं समझ पा रहा हूँ?"

"इतना मानकर चलो कि तुम्हारा महत्त्व इस व्यूह संरचना में एक सीढ़ी भर है। चन्द्रगुप्त मौर्य को उस सीढ़ी पर पाँव रखकर आगे बढ़ने दो तो फिर...।"

"तो फिर क्या?"

"उस सीढ़ी को हटवा दिया जाएगा और...।"

"पर...।" कहते-कहते सिंहरण उलझकर रह गया।

"यह बात समझ में आ रही है कि आचार्य चन्द्रगुप्त मौर्य के लिए ही सब कुछ किये जा रहे हैं। तक्षशिला भी उसी का हो, यह उनका अगला कदम होगा।"

"तो?"

"इस समय तक्षशिला पर किसका राज्य है?"

"अलका का।"

"बिना युद्ध किये तक्षशिला चन्द्रगुप्त मौर्य को कैसे मिले?"

"क्या!" सिंहरण के पाँव तले से धरती खिसक गयी। वह चमक कर इतना ही कह पाया, "क्या अलका।"

"अलका को पाये बिना तक्षशिला चन्द्रगुप्त मौर्य की कैसे हो सकती।"

सिंहरण की समझ पर चपला आ गिरी। फिर वह वहाँ नहीं बैठ पाया। वह वहाँ

से सीधे अपने भवन में आ गया। तभी आचार्य ने अलका को उस समय नहीं आने दिया। उधर आम्भीक को पर्वतेश्वर राज्य का लालच देकर तक्षशिला से हटाया और छोटे से युद्ध के बाद तक्षशिला पर उसका अधिकार करवा दिया और इधर उसे नजरबन्द करवाकर तक्षशिला की व्यवस्था-प्रशासन की पकड़ सुदृढ़ करने का अलका को अवसर दे दिया। ... आगे वह... नहीं... नहीं... नहीं... वह ऐसा नहीं होने देगा।

जब चाणक्य चन्द्रगुप्त मौर्य को समझा रहा था, तब वह मात्र सुन रहा था परन्तु आज वह समझ भी रहा है।

"चन्द्र, राजनीति करने वाले अपने भी मित्र नहीं होते। उनकी मित्रता या पारस्परिक सम्बन्धों की प्रगाढ़ता किसी सीमा तक हिताहित पर निर्भर होती है। वहाँ भावुकता को पसरने नहीं देना चाहिए। जहाँ भावुकता साहित्य के लिए रामबाण है, वहीं राजा के लिए वह मारक भी बन सकती है। तुम्हें राज्य करना है अर्थात् राज्य की नीति का कठोरता से पालन करना होगा।"

"परन्तु आचार्य, आप कहते हैं कि राज्य लोक कल्याणकारी होना चाहिए।"

"परन्तु स्वयं को दाँव पर लगाकर नहीं। माना कि राजा के चरित्र, धर्म, संकल्प, निष्ठा आदि का प्रजा अनुसरण करने का प्रयास करती है, अतः राजा का उदात्त होना आवश्यक है परन्तु राजा का एक दूसरा दायित्व भी है, राज्य की बाह्य शक्तियों से रक्षा करना, अन्य राज्यों से सम्बन्धों की प्रगाढ़ता आदि के लिए कूटनीति का राज्य हित में सार्थक प्रयोग करना। इस कारण राजा सदैव अँधेरे में मार्ग प्रशस्त करने वाले प्रदीप्त बने—कार्यान्धस्य प्रदीपो मन्त्र।" चाणक्य इतना कहकर उठ खड़ा हुआ। सिंहरण भी वहाँ से चल पड़ा।

तो क्या अलका चन्द्रगुप्त मौर्य की हो जाएगी। फिर उसके जीने का अर्थ। उस रात वह इसी ऊहापोह में सो नहीं सका, जब नींद ने उसे दबोचा तब सुबह आँख मल रही थी।

42

चाणक्य ने चन्द्रगुप्त मौर्य को बुलवा लिया। सिंहरण आ चुका था। आम्भीक के उत्तर की प्रतीक्षा थी।

चाणक्य अपेक्षाकृत अन्य दिनों के आज अधिक गम्भीर और चिन्ताग्रस्त था। वह यह कहकर अन्दर चला गया कि चन्द्रगुप्त मौर्य के आ जाने पर उसे बुलवा लिया जाए।

जब चाणक्य कोई नया काम करने जा रहा होता था तब वह निर्णय सुनाता था, उस पर बहस नहीं होने देता था। ऐसे बहुत से कार्य थे, जिनके लिए बहस

की आवश्यकता नहीं होती। उसको निर्देश चाहिए। तब वह अपना अधिक समय एकान्त में बिताता था और वह भी अँधेरे युक्त एकान्त में।

आज सिंहरण भी तैयार होकर आया था। उसमें जोश भी था और उत्तेजना मिश्रित अद्धदिश भी। ज्यों-ज्यों समय बीतता जा रहा था, त्यों-त्यों सिंहरण में उत्तेजनोन्मुखी आवेश शान्त होता जा रहा था। यह कुछ आचार्य का अन्तःप्रभाव है कि उनके पास आकर, कुछ समय वहाँ बैठा रहकर, अपेक्षाकृत आवेश बढ़ने के वह उलटे कम होता जाता है।

जैसे ही चन्द्रगुप्त मौर्य का प्रवेश हुआ वैसे ही चाणक्य बाहर आ गया।

सब बैठ चुके थे। उनमें से वहाँ आने का कारण किसी को ज्ञात नहीं था। समय बीतने लगा, सब चुप बने रहे। तब चाणक्य ने खँखारकर गला साफ किया और कहा, "मन्त्रणा कक्ष को सक्रिय बनाये रखने के लिए तुम सबको आमन्त्रित किया है। ... क्या मन्त्रणा करने के लिए कोई विषय आपके सामने है?"

सिंहरण के लिए अच्छा अवसर हाथ आया था। वह कई दिनों से उलझन में था। फिर भी वह चुप रहा। वह यह तो जान गया था कि चाणक्य का उनको बुलाने के पीछे अवश्य कोई विशेष कारण है। वह निरुद्देश्य कोई कदम नहीं उठाते हैं। चाणक्य कहने लगा, "चन्द्र, तुमने मेसीडोनियन क्षत्रपों को पराजित कर सिकन्दर की परछाइयों से पश्चिमोत्तर सीमावर्ती क्षेत्र को मुक्त तो करवा दिया। यूडेमस जैसे सेनानायक चुपचाप प्रदेश छोड़कर चले गये। अब इससे आगे क्या करने पर विचार किया है?"

"आम्भीक नजरबन्द है।"

"वह स्वतन्त्र होना नहीं चाहता है। अलका नहीं चाहती है, आम्भीक का वध हो अन्यथा तो...।" चाणक्य ने कहा।

"क्यों, सिंहरण, तुमने इस बारे में कुछ सोचा है?"

"क्या सोचता, आचार्य।"

"वह तुम्हारी कारा में है।"

"तो फिर?"

"तुम्हारी भी जिम्मेदारी बनती है। अब क्या किया जाए?" चाणक्य पूछ रहा था।

सिंहरण से सीधा प्रश्न होगा, यह उसने सोचा ही नहीं था। वह तत्काल क्या उत्तर दे? सारी योजना तो चाणक्य की थी। उसे तो यह भी बाद में पता चला था कि तक्षशिला के नरेश आम्भीक को वहाँ बुलाया है। नजरबन्द भी उसे उनके आदेश से किया था और अब उसके लिए होने वाले निर्णय का उत्तरदायित्व उसके कन्धे पर डाल दिया जैसे यह सब उसकी योजना का परिणाम है। उसने प्रश्न की वह तीर

चन्द्रगुप्त मौर्य की ओर मोड़ते हुए कहा, "क्या किया जाए?"

"आम्भीक को भी मानना पड़े, हमारा प्रयत्न ऐसा होना चाहिए।"

"पर कैसे?" कहकर सिंहरण ने चाणक्य की ओर देखा।

"आचार्य को तो पर्वतेश्वर की हत्या का भी दोषी माना जा रहा है, सिंहरण।" चन्द्रगुप्त मौर्य ने कहना जारी रखा, "जबकि उनका उससे कुछ लेना-देना नहीं है।"

सिंहरण सोचता रह गया कि कहीं चाणक्य और चन्द्रगुप्त मौर्य की मंशा यह तो नहीं है कि उसे...। नहीं, वह ऐसे षड्यन्त्र का शिकार नहीं होगा। यथार्थतः उससे प्रजा को गलत सूचना मिलेगी। यहाँ तक कि उसे दोषी घोषित भी किया जा सकता है। बद अच्छा बदनाम बुरा।

"आज उसे बुलाकर तुम दोनों पूछो और उसे कुछ-कुछ आतंकित भी होने दो ताकि वह घिरकर कुछ न कुछ निर्णय लेने के लिए विवश हो सके।" चाणक्य का शान्त स्वर अवश्य था परन्तु था ठोस और क्रियान्विति की ओर संकेत देने वाला।

"और फिर भी वह नहीं माना तब?" सिंहरण ने पूछा।

"ऐसा नहीं होगा, सिंहरण, क्योंकि वह प्राण भीरु है।" चाणक्य ने कहा।

"प्रयत्न करके देखते हैं।" इस बार चन्द्रगुप्त मौर्य ने सिंहरण का साथ देते हुए कहा।

"चन्द्र, हमें अब इधर से चलना चाहिए। मगध की स्थितियाँ बिगड़ चली हैं। श्रेष्ठि वर्ग ने अपनी असुरक्षा के कारण साम्राज्य से बाहर जाने की इच्छा व्यक्त की है। राक्षस सबल हुआ है। कात्यायन की पकड़ गहरी हुई है। कात्यायन राक्षस के साथ होते हुए हमारा पक्षधर है। यह रही उसकी पत्री अन्य की लिखावट में परन्तु पूर्णतया सत्य। अपना विश्वसनीय चर लेकर आया है।" इतना कहकर चाणक्य उस पत्री को सिंहरण की ओर बढ़ाते हुए कहा, "पढ़कर सुनाओ।"

सिंहरण ने पत्र लेकर खोला। सरसरी निगाह से एक बार उसे देखा और वह पढ़ने लगा—पूजनीय आचार्य जी,

प्रतीक्षा की घड़ी समाप्त हो सकती है। अन्दर ही अन्दर शूद्र के प्रति घृणा का जाल बिछ चुका है। विद्रोह को चिनगारी की प्रतीक्षा है।

महाअमात्य अपने में नहीं रहे हैं। वह स्वयं दावेदार बन रहे हैं।

आपके अनुसार व्यवस्था कर दी है। गुप्तचर और अंगरक्षक विभाग में विद्यार्थी सक्रिय हो चुके हैं।

युद्ध होगा परन्तु वह निर्णायक नहीं हो सकता। राज्य की सैन्य शक्ति का सामना करने वाला अपने देश में शायद ही कोई हो। कूटनीति से ही रास्ता बन सकेगा। इसमें महाअमात्य भी अत्यन्त सक्रिय है।

पत्री का उत्तर भिजवायें। समय कम है। पत्री खरोष्ट लिपि में हो। इस लिपि

का जानकार मेरे पास है।

पत्री समाप्त।

कुछ समय तक मौन का राज्य स्थापित। हलचल शून्य।

चाणक्य ने कहा, ''अब हमारा एकमात्र लक्ष्य होगा—मगध चलो। चन्द्र लगभग पूरे पंजाब और सिन्ध पर तुम्हारा अधिकार हो चुका है परन्तु तुम्हें यह अधिकार उपयुक्त पात्रों को लौटाकर, सिकन्दर वाले पुनर्गठन के अनुसार अपनी विश्वसनीय और प्रजा के चहेते वीर पराक्रमी योद्धाओं को सौंप दो। सिंहरण का परामर्श लो। सिंहरण को आगे आने दो।''

''परन्तु आचार्य...।''

''परन्तु वरन्तु का समय हमारे पास नहीं है। चन्द्रगुप्त मौर्य को मैं राजा देखना चाह रहा था। वह राजा हो गया। अब राजा के नेतृत्व में मगध के लिए कूच आवश्यक है। ... अपनी माया स्वयं सँभालो। पश्चिमोत्तर सीमावर्ती क्षेत्र सुगठित व्यवस्था में अपने को ला चुका है। इसका श्रेय महान् सिकन्दर को है। अब सैन्य बल के साथ हमें अपने लक्ष्य की ओर बढ़ना है। मगध जय के बाद पश्चिमोत्तर सीमावर्ती और अन्य राज्यों से मगध साम्राज्य की सन्धि रहेगी ताकि फिर कभी मगध सहायता करने से पीछे नहीं हट सके। हम सब एक हों। बाह्य शक्तियाँ दुस्साहस नहीं कर सकें।'' चाणक्य सूत्र खोलता जा रहा था। आगे वह कह रहा था, ''यह पत्री अभी-अभी मिली है। इसने बहुत कुछ बदल दिया, सिंहरण। तुम्हारा ऋण उतार कर जाऊँगा। अलका को तुरन्त बुलवा लिया है ताकि तुम दोनों का पाणिग्रहण संस्कार भी हो सके। मैं आशीर्वाद भी दे सकूँ। जाओ, चन्द्र, तुम भी सिंहरण के साथ जाओ। तैयारी में जुट जाओ। जय को जय मिलेगी।''

इसके बाद चाणक्य उठ खड़ा हुआ। सिंहरण तो खुशी के मारे पागल हो उठा। नहीं, चाणक्य के प्रति अनर्गल सोचना भी पाप है। वह है जिसका, उसका है और उपयुक्त समय पर हर कार्य सम्पन्न करने के प्रति सचेत रहता है। उसने कहा, ''अपने आचार्य की गहन दृष्टि, समाधान करने की अनुचेष्टा और समय की उपयुक्तता में प्रगाढ़ अन्तःसम्बन्ध है। लगता है, उन्हें सिद्धि प्राप्त है और अदृश्य-अगोचर को देख-पढ़कर निर्णय लेने की अद्भुत क्षमता है।''

''हाँ, सिंहरण, उनकी चेतना शक्ति जितनी प्रबल है उतनी ही निर्णय लेने की क्षमता।'' चन्द्रगुप्त मौर्य चलते-चलते कहता जाता।

''मैं तो उनको समझ ही नहीं सका था। कुछ और ही सोच चला था। मैं भवन होकर आता हूँ।''

''मैं अपने स्थान पर चलूँगा। तुम अपने लोगों से व्यवस्था जमाकर आओ। फिर उस पर मैं भी विचार कर देखूँगा।''

"वह योजना आचार्य के सामने प्रस्तुत कर देंगे।"

"कोई आवश्यकता नहीं, सिंहरण। आचार्य की उसमें रुचि नहीं है। रीति रिवाज-संस्कृति-संस्कार के अनुसार हो। उसमें उनका कोई हस्तक्षेप नहीं रहता।"

वे दोनों अपनी-अपनी दिशा की ओर मुड़ गये। सिंहरण उमंग से भरा हुआ स्वप्न के साथ चल रहा था। उसने कल्पना में नहीं सोचा था कि इस तरह उसकी मंजिल अचानक सामने आ जाएगी। ... पर आम्भीक को कैसे राजी किया जाएगा, समस्या यह भी है। उसने सिर झटककर अपने भवन में प्रवेश किया और अपने परिवार के साथ अमात्य, पुरोहित आदि को भी बुलवा लिया।

सब कुछ आनन-फानन। प्रेम में कितनी शक्ति होती है। वह गूँगा रहकर भी बोलने वालों के कान कुतरने लगता है। उसे सन्देशवाहक से पत्री का उत्तर मिला था। वह पत्री खोलकर पढ़ने को उतावला हो ही रहा था कि चाणक्य का बुलावा आ गया। उसने पत्री बन्द कर दी। सोच गया कि अपने प्यार की पत्री पूरे अवकाश से, शान्त चित्त होकर, एकदम एकान्त में शब्द ब शब्द पढ़ूँगा और उसके धड़कते हृदय को सुनूँगा। कितना समय हो गया तक्षशिला से लौटे! कैसा कैसा मन हो रहा था! जी चाहता था कि पुरजोर से पुकारने लगूँ "ओ मेरे प्यार! अब अकेले नहीं रहा जाता। ... ओ आसमानी ताकतो, पवन के साथ हिलोरें लेने वाली लहरो, ओ चन्द्र शशि, ओ नक्षत्रो। महकती डालियों पर झूलती-चहचहाती परियो। ओ सूर्य प्रताप से सुसज्जित स्वर्णिम रश्मियो। मेरी सहायता करो। प्यार पर राजनीति नहीं आती। वह तो उसकी अन्तरात्मा की सहज पुकार है। वह पवित्र पुकार है कि उसे सुनकर ईश्वर भी सब काम छोड़कर सीधे पुकार के सामने आ खड़ा होता है। वही तो प्यार का अटूट विश्वास है जो कभी मरता नहीं, सदा मुस्कराता रहता है।

तुम सब साक्षी हो। मेरा प्यार कोकिल बन वन-उपवन में उमंगें भर रहा है और हर प्राणी में अमृत फुहार का रस रंग घोल रहा है परन्तु मैं उस सबसे वंचित हूँ। पर क्यों?

ओ मेरे प्राक्कर्म के प्रलेख! तुम तो कुछ बोलो। मौन तोड़ो। प्रमुग्ध प्रमुद, तुम तो पूजितव्य संस्कारों के मन्त्र बोलो।

परन्तु नहीं। कुछ नहीं हुआ। अश्व दौड़ रहा था। मन-आत्मा मौन थे। नदी में खाली नाव बहे जा रही थी। कोई पूछने वाला नहीं था कि पतवार कहाँ है, पतवार थामने वाले कहाँ है? अकेली नाव क्यों बहे जा रही है?

ओ डौरू के साधक! ओ ताण्डव के प्रणेता! ओ लास्य की जगज्जननी! अपराजेय-अधिष्ठात्री! मेरे उत्कण्ठातुर हृदय की प्रतिकम्प-उत्कम्प उत्कालिका, कुछ तो सहायता करो।

ओ प्रभंजन से मतवाली आत्मा, मुग्ध दिशाओ, दिगन्तो! परिदृश्य-दृश्यबन्धों की

चेतना राग-रागनियो! तुम तो अतृप्त प्रेमी हृदय पुकार सुनो! कृपा करो। आनन्द को निनादित हो लेने दो!

सिंहरण का हृदय गा रहा था। वह गाते हुए अन्तर्बन्ध के मुक्त रसमग्न प्रांगण में नाच रहा था। आज वह अपने में नहीं था। आत्मराग के साथ उड़ा जा रहा था अज्ञात, अनजाना, सद्यः जन्मी और नव किसलय वाली अछोर अनन्त की ओर नव रंग में आलुप्त हुआ।

सिंहरण अपने वसन्त भवन के उस अनुराग उपवन में आया, जहाँ से होकर नहर उमगती है, वादियों का अमल सौन्दर्य मौन कूकता है, सावन की चपलाएँ नूपुर की रुनन-झुनन के साथ बहकती हैं, नव पुष्पों का रंगारंग भरा अनुराग झलकता है।

हाँ अलका! यह सब तुम्हारे स्वागत के लिए स्निग्ध गन्ध से भरे उपहार हैं। कब से तुम्हारी प्रतीक्षा कर रहे हैं। अब तो आ जाओ, वसन्त फिर से आ गया है। ऋतुराज का हृदय आह्लादित हुआ तुम्हारे आगमन के लिए पलक पावड़े बिछाये गद्गद हुए जा रहा है।

सिंहरण कवि नहीं। पर कवि क्या होता है आज उसमें वह अमृतमयी तरंगें एक छोर से दूसरे छोर तक उठे जा रही हैं। उसने कभी कोई प्रेम गीत नहीं गाया। पर आज उसमें प्रेम गीत की अदृश्य बाँसुरी एक साथ नर्तन करती गुंजायमान हो उठी है। यह उसका पहला कुँवारा प्रेम गीत है ससमर्पण। वह गिरते-गिरते बचा। उसने अपने को थामा। कहीं से अदृश्य आँखों ने उसे डाँटा और मादक ध्वनि का एक झोंका उसे रस विभोर कर गया—तुम पगले मत बनो। अपने को उसी तरह सँभाले रखो जैसे अब तक सँभाले हुए थे। प्यार में धैर्य का सुमन जब खिलता है तब हर ऋतु का आँगन एक साथ परागोद्भव की अन्तरंगता बन नर्तन कर उठता है। मेरे प्राण! अपनी सतरंगी नौका के मधुरतम पाल में सुर लहरियों को चुपचाप भर जाने दो, राग को अनुराग बन जाने दो और समय के तीर से एक साथ शशि-सूर्य को उग आने दो।''

सिंहरण थम गया। उसके चेतन-अचेतन प्राणों के अधैर्य स्पन्दनों में अर्द्धविराम ठहर गया। मलयजी हो गया सारा अग जग।

अब सिंहरण ने पुनः उस पत्री का अपने ओष्ठों से आहिस्ता से स्पर्श किया। मन सुकम्प भर उठा। राग-रागिनी के सुप्त स्रोत नवोदित निर्झर से महक उठे। उसने पुनः पत्री को आँखों से लगाया।

दीपक की लौ झिलमिला उठी। पत्री की अन्तः ऊष्मा की अदृश्य ज्योति को पाकर। अक्षर-अक्षर प्राणोर्जा की महक मचल उठी चम्पई सुगन्ध सी चहुँ ओर। सिंहरण को अक्षर, शब्द और वाक्य... वाक्यों से बने लघु अनुच्छेद अलका की अन्तरंग मलयजी बयार बह उठे। वह पढ़ने लगा :

क्या सम्बोधन दूँ तुम्हें आत्मप्रिय, कुछ नहीं सूझता-सुझाता। तुम्हारी पाती पाकर मैं जाने कहाँ और कैसे खो गयी कि कुछ पता ही नहीं चला। सुध को बेसुध होते पहली बार पाया।

तुमने लिखा कि स्मृतियों के पंख होते तो न जाने कब की तुम्हारे पास होतीं, तुम्हारे आँचल के साथ लहराती हुईं। मुझे लगने लगा कि यह संसार कितना अभिनव और कितना मधुर-सुन्दर है। कदाचित् तुम नहीं अनुभव कर सकोगे, स्त्री प्यार का उपवन है, वसन्त का उपहार है और सृष्टि की अन्तरंग महक है।

तुमने सच लिखा है कि प्यार के उपहार में काली आँधी क्यों उठती है, क्यों युद्ध की विभीषिकाएँ मार काट मचाती हैं और क्यों लहूलुहान होती हैं जिजीविषा की ऋचाएँ। मैं तक्षशिला आयी। यवन यहाँ पर अभी तक विजयक बने, अहंकार से फूले और तृष्णा में डूबे निरापद तथा निरंकुश भाव से झूम रहे थे और तक्षशिला का जन मन क्रोधित और क्षुब्ध हो रहा था निराशा और अपमान में डूबा हुआ।

आचार्य का आदेश था कि तुममें एक विजयिनी का वास है। अब समय आ गया है कि रौंदा-कुचला स्वाभिमान तुम तक्षशिला वासियों को लौटकर उनमें सर्वथा नवीन उल्लास-उत्साह, शौर्य-पराक्रम, दिव्य शक्तियों के आगमन की हुंकार भर दो। निर्भय होकर जाओ, महाशक्ति का अवतार बन विजय पताका फहराओ। वहाँ आम्भीक नहीं होगा, वहाँ तुम होगी। वीरांगना बनी नव सूर्योदय का प्रतीक बनी। जाओ अलका, निर्द्वन्द्व जाओ।

यहाँ घमासान युद्ध हुआ। यूनानियों के सिपहसालार और हमारे बीच। तक्षशिला में जंगल में लगी आग-सा यह समाचार फैल गया कि राजकुमारी अलका युद्ध की देवी बन प्रस्फुटित हुई हैं। फिर क्या था तक्षशिला समूचा सैन्य दल आ मिला और एक पहर भी नहीं बीता कि निर्णय हो गया और जन-जन उल्लासोमंग से भरकर नाच उठा। वे दिव्य क्षण कैसे बताऊँ, सिंहरण मुझे आम्भीक के पाप धोने में कितने सहायक सिद्ध हुए हैं कि ...। काश, तुम मेरे साथ होते। मैंने चाहा भी था। परन्तु आचार्य ने यह कहकर मना कर दिया कि मेरे साथ तुम्हारे होने से सेना और प्रजा को गलत सन्देश जा सकता है। तक्षशिला की सेना और प्रजा तक्षशिला से कितना प्यार करती है, मुझे वह झाँकी अभिभूत कर देगी। ऐसा ही हुआ है।

आचार्य की सूचना मिल चुकी है और मैं उसके अनुसार प्रस्थान कर रही हूँ। शीघ्र मिलना होगा परन्तु कब तक के लिए और किस रूप में? फिर भी मुझे पूरा भरोसा है आचार्य पर, अपने पर, प्रकृति पर और तुम पर। अनेक प्रश्न अबूझे हैं। मुझे उस पर भी पूर्ण भरोसा है, जिसे न कभी देखा और न अनुभव किया कि वह है और हमारे साथ है सबके कल्याण के लिए है। वही हमारा भाग्य है। हाँ... हाँ... सब ठीक होगा। तुम्हें भी ईश्वर और भाग्य पर पूरा-पूरा भरोसा है। तनिक भी मैं निराश नहीं हूँ और

तुम्हें भी मेरी तरह से शायद हर परिस्थिति में प्रसन्न रहने की आदत है। न हो तो डालनी चाहिए क्योंकि निराशा हमें अन्दर से तोड़ जाती है।

अपना ध्यान रखिए। बदलती स्थितियों में सतर्क रहने की बहुत आवश्यकता है। मैंने यहाँ से यूनानियों को जाने के लिए आदेश दे दिया है क्योंकि उनका यहाँ रहना अब उचित नहीं है। उनको नुकसान हो सकता है, जिसके लिए राज्य को उन्हें तक्षशिला छोड़ने को कहा है और उसके लिए उन्हें पूरी सुरक्षा का प्रबन्ध भी कर दिया गया। लगता है पत्र पाते-पाते तक्षशिला से यूनानी सैन्य दल की अनेक टुकड़ियाँ लौट चुकी होंगी।

आम्भीक वहाँ किस हालत में है। इसका कुछ-कुछ अनुमान मैं लगा पा रही हूँ। निस्सन्देह वह अच्छी स्थिति में नहीं है। वह अपराधी है। फिर भी, तुम उसका ध्यान रखना। जानती हूँ कि सब कुछ आचार्य पर निर्भर है।

तुम सोचतें होगे कि मैंने तुम्हारे प्यार से भरे, अतिशय भावावेश की तरंगों पर थिरकते और हृदय को गुनगुनाते संगीत का उत्तर बहुत ही कर्कशता की आँधी के साथ दिया है। सच यह है कि मुझे यहाँ कठोर स्थिति का भी यदाकदा सामना करने के लिए अभी तक विवश होना पड़ रहा है। तक्षशिला से मुझे बेहद प्यार है। वह सदा से समृद्ध, उन्नत, खुशहाल और संस्कारी रहा है। राग रंग, उत्सव-पर्व, मेले ठेलों आदि ने उसे निढाल कर दिया है। मालामाल! जिसके पास संस्कृति है, वही सम्पत्तिवान है। मैं भाग्यवादी हूँ इसलिए निराश नहीं होती और लगता है कि तुम मेरे भाग्य हो। इसी स्मृति के मनोरम स्पन्दनों के साथ— अलका।

सिंहरण उस पत्र को तब तक टकटकी बाँधे देखता रहा जब तक वह अलका बन नहीं मुस्करा उठा और उसकी घनी-लम्बी केश राशि को काली घटाओं में घिरते लहराते अनुभव नहीं कर सका।

बाहर से आवाज आयी कि वे सब एकत्र हो गये हैं। उसने पत्री की घड़ी की और उसे पुनः आँखों से लगाकर यथास्थान रख दिया एक गहरी निःश्वास लेते हुए।

43

चित्ताकर्षक! सभा भवन। बेहद खूबसूरत! कलात्मक! खचाखच भर चुका था।

सभी अमात्य, सेनापति, मन्त्रिपरिषदाध्यक्ष, आरबिक (वन विभाग का प्रधान), पण्याध्यक्ष, आकराध्यक्ष (खानों का प्रमुख), लक्षणाध्यक्ष (मुद्रण प्रधान), पत्तनाध्यक्ष (बन्दरगाहों का प्रधान), प्रदेष्टा (फौजदारी न्यायालय का न्यायाधीश), नागरक (नगर का प्रमुख) आदि अनेक विभाग के मन्त्री, अध्यक्ष और प्रमुख वहाँ आ चुके थे।

महाअमात्य का दल उसके प्रबन्ध में जुटा हुआ था।

वह आपातकालीन सभा थी। सबके मन में शंका थी, हलका-हलका भय भी था। परस्पर बातें हो रही थीं परन्तु दबी आवाज में। उसी समय आवाज पड़ी कि महाराजाधिराज सम्राट श्रीमान् धननन्द जी महाराज पधार रहे हैं।

सारी सभा खड़ी हो गयी। महाराजाधिराज के आसन ग्रहण करने पर, उनका संकेत पाकर सब बैठे। स्वर्णमण्डित सिंहासन था। नग, मोती, हीरे, पन्ने आदि उसमें जड़े हुए थे। महाराजाधिराज का मुकुट बहुमूल्य था।

महाराजाधिराज की आज्ञा पाकर कार्यवाही शुरू की गयी।

महाअमात्य राक्षस ने अनेक विशेषज्ञों से महाराजाधिराज का स्वागत करते हुए संक्षिप्त में कहा, "आज इस आपात्कालीन सभा को बुलाने का विशेष हेतु है। परम पूजनीय महाराजाधिराज सभा को विशेष सम्बोधन देने हेतु पधारे हैं। मैं महाराजाधिराज श्रीमान् जी से अनुरोध करता हूँ कि आप कृपा कर हम सबको मार्गदर्शन देकर अनुग्रहीत करने का कष्ट कीजिए।"

महाराजाधिराज श्रीमान् धननन्द उठ कर खड़े हुए। चहुँओर देखा। मुड़कर महाअमात्य से पूछा, "सभी हैं।"

"जी, स्वामी।"

खँखारकर गला साफ कर धननन्द कहने लगे, "महाअमात्य, अमात्यगण, सेनापति और सभी सभासद, अध्यक्ष, प्रमुख आदि, महासभा की बैठक कई माह बाद हो रही है। इसमें भी यह आपात्कालीन सभा बुलायी गयी है। इससे यह तो स्पष्ट है कि अवश्य कोई खास बात है।

अपना विशाल साम्राज्य दूर-दूर तक फैला हुआ है। उसकी व्यवस्था में भी लाखों के हाथ हैं। अभी तक अपने साम्राज्य के प्रति स्वतन्त्र राज्य-गणराज्य श्रद्धावनत हैं और आवश्यकता पड़ने पर पूरा-पूरा सहयोग भी करते आ रहे हैं। सब कुछ ठीकठाक चल रहा है। हर क्षेत्र में विकास दर बढ़ी है। उसी का परिणाम है कि राजस्व में भी वृद्धि हुई है। उसी से राज्य के सभी बड़े-छोटे सेवा भावी अमात्य-चर सभी के वेतन में वृद्धि की गयी है।

कहीं से भी नहीं लगता है कि विशाल साम्राज्य के शासन-प्रशासन और उनके विभाग-अनुभाग आदि में कोताही बरती गयी है। इसके लिए हम आपके और अपनी सुसंस्कृत प्रजा के आभारी हैं।

लेकिन इधर कुछ माह से दुर्गन्ध अनुभव की गयी है। हाल ही में विभिन्न विभागों के कामकाज और उसकी कार्यशैली को देखकर दुःख हुआ है। महाअमात्य भी उसके साक्षी हैं और सेनापति भी। ... और अन्य अमात्य तथा प्रमुख भी इन तथ्यों से अवगत हैं।

समझ नहीं पड़ता कि आपसी तालमेल क्यों असन्तुलित हुआ है और क्यों

राज्यादेश को अनदेखी करने का दुस्साहस हुआ है? हमने परिषद् से विचार विमर्श कर यह निर्णय लिया था कि आप सबकी कार्यक्षमता बढ़ाने और अधिक सुचारु रूप से काम करने के लिए एक सीमा तक आपको अधिक स्वतन्त्रता और सुविधाएँ दी जाएँ। वे दी भी गयीं।

उसका त्रैमासिक मूल्यांकन भी हुआ परन्तु कागजों में, वास्तविकता उससे कोसों दूर थी। उलटे ऐसे काम भी हुए जिनके छींटे हम तक आये। हमने धैर्य, समझ से उसे अनदेखा कर केवल कुछ आदेश और प्रसारित किये। मन्त्रिपरिषद् की बैठक लेकर ऐसे प्रकरणों पर प्रकाश डाला। जानकारी उपलब्ध कराने का दायित्व विभाग के मन्त्रियों को सौंपा।

फिर भी हमें देखने को मिला षड्यन्त्रों का दौर। हत्याओं में जबर्दस्त इजाफा हुआ। अपनी सीमाओं में विद्रोह की गतिविधियाँ तेज होने लगीं। प्रजा में भी असन्तोष फैलने लगा। हमारी नीतियों और आदेशों को ताक में रखकर मनमानी वसूली की गयी। बताया गया कि महाराजाधिराज के आदेश हैं। अनुपालना नहीं करें तो प्राण से भी हाथ धोने पड़ सकते हैं।

हम यहाँ उनका नामोल्लेख नहीं करना चाहते हैं, क्योंकि वे सुन पा रहे हैं। अभी भी हमारा यह मत है कि वे अपने में सुधार कर लें। हम से आकर, समय लेकर मिलें परन्तु पूर्ण साक्ष्यों के साथ अन्यथा हम कुछ कहकर भयभीत नहीं करना चाहते। हमें फिर जो निर्णय लेना होगा, वे हम लेंगे। फिर दया के लिए गुंजाइश नहीं रहेगी। फिर हमें बेरहम करार किया जाएगा। निर्दय बताया जाएगा। ...और बहुत कुछ...।

प्रजा तक जो अफवाहें पहुँचती हैं, वे राज्य-साम्राज्य से। गोपनीयता भंग होती है, वे भी अपनों से। अपने विभागों से।

हमने प्रारम्भ से प्रजा की खुशहाली, समृद्धि, सुख-शान्ति और सुरक्षा को सर्वाधिक महत्त्व दिया है। राजा-महाराजा प्रजा से ही हैं। प्रजा के लिए हैं। यदि राजा-महाराजा के प्रति प्रजा में संशय जन्मे, कानाफूसी शुरू हो जाए, और गलत-सलत बातें प्रचार में आने लगें तो क्या समझा जाए? कौन है इन सबके लिए उत्तरदायी?

क्या महाराज में राज्य परिषद् समस्त विभाग और समस्त कार्यकर्ता सेवक नहीं आते हैं? फिर क्या यह दुरालोचना उनकी नहीं है? इसके लिए उन्होंने क्या किया? कितनी बार वे अपने महाराज से मिले? उन्होंने अपने स्तर पर क्या-क्या कार्यवाही की? ऐसे महत्त्वपूर्ण प्रश्नों ने हमें विवश कर दिया कि आपात्कालीन सभा बुलाकर हम और आप रू-ब-रू हो सकें ताकि आगे की जाने वाली कार्यवाही के प्रति आप में अफसोस-दुःख न हो।

अब से आप लोग अपने कार्य को बड़ी सतर्कता से करें और प्रत्येक बात अपने उच्च अधिकारी को बताएँ। आपस में एक विभाग और मन्त्रालय एक दूसरे की आवश्यकता पड़ने पर मदद लें। आज अभी आपको एक नया आदेश मिल जाएगा, उसके आधार पर आपको सूचनाएँ देनी पड़ेंगी। आपकी पदोन्नतियाँ और स्थानान्तरण भी किये गये हैं। आपको तत्काल कार्यमुक्त होकर नये स्थान पर उपस्थिति देनी होगी। इस दौरान किसी को अवकाश नहीं दिया जाएगा। विशेष परिस्थितियों में अवकाश चाहने वाले का प्रार्थना पत्र महाअमात्य को भेजा जा सकता है। फिर भी, अवकाश स्वीकृत होगा या नहीं, यह नहीं कहा जा सकेगा। माना कि आप में से कुछ के लिए यह नयी प्रशासक नीति कठोर लगे परन्तु इसका अक्षरशः पालन करना सेवा में बने रहने की अपरिहार्य शर्त है।

शेष तो अभी जो आदेश मिलेंगे, उससे स्पष्ट हो जाएगा।

मुझे आशा है कि आपका भरपूर सहयोग राज्य को मिलेगा और प्रतिकूल परिस्थितियाँ अनुकूल हो सकेंगी।

महाराजाधिराज श्रीमान् धननन्द के सम्बोधन के बाद जैसे ही राक्षस ने कहा, "यदि किसी को कोई प्रश्न करना हो तो हाथ उठाएँ।"

"महाअमात्य, ठहरो। अब कोई प्रश्न नहीं कर सकेगा। हर एक व्यक्ति आदेश की पालना ही करेगा।" धननन्द ने तेजी से कहा और उठकर चल पड़े।

सब किंकर्तव्यविमूढ़ बने देखते रह गये। अनेक व्यक्तियों के मन में प्रश्न रूपी काली घटाएँ मँडरा उठीं। अवश्य कुछ अनहोनी होने वाली है। महाराजाधिराज पूर्व की तरह अत्यन्त कठोर हो जाएँगे। किसी की एक नहीं सुनेंगे। कुछ न कुछ गलत तो अवश्य हो रहा है।

सब उठे।

उनमें चर्चाएँ भी उठीं परन्तु बहुत धीरे से और सांकेतिक स्तर पर। खुलकर कोई सामने नहीं आया। कुछ महाराजाधिराज के पक्ष में थे और कुछ दबी जबान में नाराजगी भी व्यक्त कर रहे थे।

धीरे-धीरे कात्यायन अपने कक्ष की ओर मुड़ने लगा। उनके पीछे-पीछे अनेक अधिकारी चल पड़े। वे सुराग प्राप्त कर लेना चाहते थे। कात्यायन ने जैसे ही पीछे मुड़कर देखा वैसे ही पूछ बैठा, "क्या आपको मुझसे कोई काम है?"

"हाँ, अमात्य जी।"

"तो आप लोग परसों इसी समय आ जाएँ।" कात्यायन ने रुककर कहा।

"परन्तु हमें आज लौटना भी है। उधर जैसा सम्राट ने कहा है कि पदोन्नतियाँ और स्थानान्तरण भी हुए हैं।"

"लेकिन इस समय मेरे पास अवकाश नहीं है। सम्राट ने एक बैठक और

बुलवायी है और वह भी इस सभा के तुरन्त बाद। मुझे आवश्यक सूचनाएँ लेकर वहीं पहुँचना है।''

''वहीं, महाअमात्य भी।''

''हाँ... हाँ... वहीं महाअमात्य, सेनापति, कई अन्य अमात्य भी होंगे।''

''तो फिर?''

''मेरी समझ से यहाँ रुकने से कोई लाभ नहीं। यहाँ कोई मिल भी नहीं पायेगा। सम्राट ने बैठक पर बैठक बुला रखी हैं। उत्तम रहे, आप लोग अपने स्थान पर पहुँच जाएँ। सम्राट की निगाह में न आयें। गुप्तचरों का जाल बिछा हुआ है। आगे आपकी इच्छा।'' कहकर कात्यायन तेजी से आगे बढ़ गया।

वे लोग भी आगे बढ़ गये। उन्हें भी कुछ-कुछ घबड़ाहट हुई। वे मौन धारण किये बाहर आ गये। उनकी सोच के पंख फड़फड़ाकर रह गये शून्य में सकपकाये हुए से कि अवश्य कुछ अघटित घटना है।

44

आज कैसा शुभ प्रभात है। मौसम खुला है। पवन बह रहा है। पक्षी वृन्द मंगल गीत गा रहे हैं। सब तरफ साज सज्जा है। अलका पहुँच चुकी है।

चाणक्य से चन्द्रगुप्त मौर्य कुछ कहकर गया है। चाणक्य का स्वर सुनायी पड़ता है, ''वह तुम्हारा भाई है। भाई भाई के बीच आचार्य कहाँ। जाओ। जो करणीय लगे, करो। मेरा आशीर्वाद तुम सबके साथ है।''

दूसरी ओर से आम्भीक का प्रवेश। उसके आगे पीछे सैनिक।

''आओ... आओ कुमार आम्भीक। ... सैनिको पीछे हटो। आर्य कुमार को आने दो।'' यह कहता हुआ चाणक्य अन्दर की ओर मुड़ गया।

अब आम्भीक चाणक्य के सामने बैठा हुआ था, थका-हारा, अनिंद्रित। उसके चेहरे का रंग उड़ा हुआ था।

''क्या निर्णय किया, कुमार आम्भीक?''

''क्या करूँ?''

''तुम बुद्धिमान हो। तुम्हें अपना भविष्य पता है। तुम जो भी निर्णय लोगे, उससे तुम्हारे साथ सबको लाभ होगा।'' चाणक्य ने आत्मीयता से कहना जारी रखा, ''आज तुम्हारी बहन अलका की शादी है।''

''शादी!''

''हाँ, कुमार। क्षमा करें, अब मैं तुम्हें तक्षशिला नरेश नहीं कह सकता। गान्धार और पंचनन्द की बागडोर भी अब अलका के हाथ में है।''

"मुझे कुछ ज्ञात नहीं, आचार्य।"

"इस महा प्रदेश के शासक होंगे अलका और सिंहरण।"

"सिंहरण।"

"वह तुम्हारे होने वाले जीजा हैं, कुमार।"

"और मेरा क्या होगा?"

"यह निर्णय ही तो तुम्हें करना है। शायद अब तक तुमने कर भी लिया होगा।"

"निर्णय करने के लिए मेरे पास बचा ही क्या है, आचार्य?" आम्भीक ने निराशा से घिरकर, अपने में डूबकर और अँधेरे के पार अँधेरे का अनुमान लगाकर कहा।

"तुम्हारा तक्षशिला लौटना उपयुक्त नहीं है—न प्रजा तुम्हारे साथ है अब और न सेना। अलका वहाँ की शासक है। कुछ समय बाद सिंहरण भी अलका के साथ जुड़ जाएगा। इस महाप्रदेश की राजधानी बनेगी अप्सरा-सी सुन्दर कलात्मक और रंगारंगी संस्कृति के लिए पहचान बनाने वाली महानगरी तक्षशिला!"

"तब मेरा क्या होगा?"

"पहले तुम अपने जीजा का स्वागत करो, कुमार और अपनी छोटी बहन का धूमधाम से विवाह। तुमने अपने पिताश्री को मरवा डाला। उसका पश्चात्ताप कर सको तो तुम्हारा शेष जीवन सुधर सकता है अन्यथा तुम जानो कि तुम्हें कारा के अँधेरों में पड़े-पड़े शेष जीवन बिताना होगा... पश्चात्ताप करते हुए तुम्हें अपने आत्मोद्धार की दिशा भी स्वयं चुननी है। ... फिर तुम न अलका के लिए गैर हो, और न सिंहरण के लिए। ... अभी भी गुंजाइश है, कुमार, यदि तुम अपना दिमाग द्वन्द्व फन्दों से मुक्त कर सको तो सम्मान से जी सकते हो। ... परन्तु तुम्हें राजा के गौरव से अपना मोह भंग करना होगा। है तो यह बहुत कठिन कार्य क्योंकि जो अपने पिताश्री के स्वाभिमान को रौंद चुका हो, उसके लिए...। परन्तु सच्चे हृदय से लिया गया निर्णय तुम्हें शान्ति दे सकता है।" चाणक्य ने उसके हाव-भावों का निरीक्षण किया।

"मुझे आदेश दें, आचार्य।"

"वह तुम्हें अपने से लेना है, कुमार। आचार्य तुम्हारा निर्णय जानना चाहता है। इस शुभ अवसर पर तुम अपनी बहन की प्रसन्नता में क्या और कैसे योगदान दे सकते हो? पितृविहीन है तुम्हारी बहन। तुम बड़े भाई हो। छोटी बहन का विवाह है। निर्णय करो, इस पुनीत अवसर पर तुम्हारा क्या कर्तव्य बनता है? क्या तुम पितृश्री के अभाव की पूर्ति करने का अपना मन बना सकते हो? स्मरण रहे, भूलना याद रखने से अधिक महत्त्वपूर्ण है। ... और क्या भूलना है, जब यह सुनिश्चित हो जाए कि भूलना ही जीने के लिए श्रेयस्कर है तब देरी क्यों?"

"हाँ तब देरी क्यों।" आम्भीक मन ही मन दोहराता है, "संकल्पी ब्राह्मण, तूने वही करवा डाला जो अनकहे कभी अपने मन में तूने कहा था। तब भी अलका को बचाया था और आज उसे सिरमौर बना डाला।... काश, वक्रदेहधारी ब्राह्मण कोई तेरा काला दाँत उखाड़ सकता।... परन्तु सकते और होने में बहुत अन्तर है।" वह मन मसोसकर रह गया। निःसंवाद!

"कुमार, मैल कीचड़ से नहीं धुलता। नीयत साफ हो। करणीय ज्ञात हो। प्रतिशोध से मुक्ति मिली हो।... स्वीकार का मंगल गीत गुनगुना उठा हो मन, तब... हाँ तब मैल धुलता है। गंगा का स्रोत फूटता है।... ब्राह्मण कभी व्यक्ति का विरोधी नहीं होता, वह पाप, कलंक, अपराध, दुर्भावना आदि से मुक्त होने के लिए मन्त्र रचता है और पढ़ता है। वह सम्पूर्ण मानवता का हितैषी है। तुम उसे मन ही मन अपना विरोधी मत मानने लगो। यदि वह मनुष्य है तो किसी का विरोधी नहीं हो सकता और यदि उसकी ईश्वर प्रदत्त संसृष्टि में अटूट आस्था है तो वह कभी निराश नहीं होगा क्योंकि कर्त्ता भी ईश्वर है, वह नहीं। आस्था ही गंगा है, ईश्वर है और मानवता का बीज मन्त्र है। ... ईश्वर तुम्हारा मंगल करे, कुमार।" चाणक्य ने सहज होकर, विश्वास से भरकर और मंगल की कामना करते हुए कहा।

आम्भीक ने ध्यान से चाणक्य की ओर देखा। एक क्षण में न वह वक्र रहा और न उसका एक काला दाँत दृष्टिगत हुआ। वह निर्विकार, इच्छाओं से परे मुक्तिदाता बन गया। उसमें प्रेरणा जगी। अपनी छोटी बहन का खयाल आते ही उसमें बचपन उतर आया। कितना स्नेह-प्यार करती थी वह। उसकी तोड़फोड़, उछलकूद भरे हंगामों पर वही परदा डालती थी। वह प्रायः उससे लड़-झगड़कर उसकी सुनहरी गुड़िया को आग के हवाले कर देता था। वह रोती रह जाती थी परन्तु कभी उसकी शिकायत माता-पिता से नहीं करती थी।

कितनी प्यारी छोटी बहन। गुड्डे-गुड़ियों की शादी रचाती थी। उनके फेरे भी कराती थी। ज्योनार भी होती थी। घर के सब लोग उसमें सम्मिलित होते थे। हलवाई खाना बनाता था। क्या धूम मचती थी। दूल्हा गाजे-बाजे के साथ घोड़ी पर आता था।

जब वे दोनों थोड़े बड़े हो गये। गुड्डे-गुड़ियों का खेल समाप्त हो गया। तब वह उसे चिढ़ाये बिना नहीं रहता था। वह कहता था, "अब तो माँ-माँ, सुन्दर-सा दूल्हा आएगा बहना दुल्हन बनेगी। यदि बहना ने मेरी बात नहीं मानी तो उसके लिए बन्दर जैसा दूल्हा लाएँगे।"

इस पर वह चिढ़कर भाग खड़ी होती थी। उन दिनों जब उसे तेज ज्वर आ गया था। वैद्य एक नहीं कई जुट गये थे। तब वह रात-रात भर उसके माथे पर ठण्डे पानी की पट्टी रखती रही थी। पाँच दिन का उपवास भी रखा। सबने बहुत समझाया पर वह नहीं मानी। अन्ततोगत्वा उसका ज्वर उतर गया। उसने देवी का प्रसाद लगा

कर प्रसाद सबको बाँटा। गरीब गुरबों में प्रसाद बँटवाया। तब जाकर उपवास खोला।

यह सब सोचते हुए आम्भीक का मन भीग गया। आँखें भर आयीं।

चाणक्य उसमें होने वाले परिवर्तन को समझ रहा था। आखिर तो वे भाई-बहन हैं, शत्रु नहीं। फिर भाई एक बार कठोर हो सकता है परन्तु बहन कदापि नहीं। रक्त के सम्बन्धों में जब जोर उमड़ता है तब बीच में कोई फाँस नहीं रहती। सब सहज हो जाता है। अन्दर से हर व्यक्ति मानवता के खूँटे से बँधा है। सद्प्रवृत्तियों का प्रतीक है। चाणक्य ने उसे नहीं छेड़ा; उसे अन्दर ही अन्दर बहने दिया।

आम्भीक ने भावुक होकर कहा, "मेरी छोटी बहन है अलका, आचार्य।"

"हाँ, कुमार, उसका विवाह है आज। परन्तु...।"

"परन्तु क्या।"

"उसके घर वालों की ओर से कोई नहीं है।... वह अकेली गुड़िया-सी गुड़मुड़ हुई चुपचाप बैठी है। ... कौन है उसका? कौन दूल्हे-बारात का स्वागत करेगा? घराती कहाँ हैं? क्या सोच रही होगी वह।" चाणक्य ने उसकी दुखती नस पर उँगली रख दी।

आम्भीक अन्दर ही अन्दर छटपटाने लगा।

"अलका राजकुमारी है।... पर इस समय तो... बेचारी है।"

"नहीं... नहीं... नहीं... वह मेरी प्यारी बहन है। राजकुमारी है। तक्षशिला की राजकुमारी आचार्य। उसे क्या कमी है। ... वह कदापि बेचारी नहीं है। अभी उसका देशद्रोही भाई जीवित है। ... वह उसकी शादी में कोई कसर नहीं रहने देगा। मुझे अपनी बहन की शादी में जुट जाने दें, आचार्य। ... मेरे पास इस समय भी कोई कमी नहीं है। भव्य शादी होगी। स्वर्ण-मोतियों के अलंकरणों से अपनी बहन को लाद दूँगा। बहनोई जी की वह आवभगत होगी, बारात का वो स्वागत होगा कि समूचा पश्चिमोत्तर सीमावर्ती क्षेत्र देखता रह जाएगा।... आचार्य, मुझे आज्ञा दीजिए।"

"आओ, चन्द्र, तुम शुभ अवसर पर आये हो। अपने कुमार को ले जाओ और अब से जैसा कुमार कहें, वही होना चाहिए। आखिर अलका उसकी छोटी इकलौती बहन है। उसके बड़े भाई के भी अरमान हैं। वह उसकी शादी में कोई कसर नहीं रहने देना चाहता है।" चाणक्य का हृदय कविता पाठ करने लगा।

चन्द्रगुप्त मौर्य आश्चर्यचकित रह गया। क्या जादू हुआ। निस्सन्देह चाणक्य मन्त्रसिद्ध आचार्य हैं। कैसे पत्थर पिघला दिया। ओह! चन्द्रगुप्त मौर्य ने कहा, "आज का दिन बहुत ही शुभ और सुन्दर है।... मैं तत्पर हूँ, आचार्य।"

"हम लोग घराती होंगे, क्यों कुमार।"

"मैं धन्य हुआ आचार्य, धन्य। भाई चन्द्र मुझे मण्डप की ओर ले चलो। परन्तु इससे पहले... नहीं... नहीं, नहीं मैं देशद्रोही... पापी... नहीं... नहीं अभी बहन के पास नहीं जाऊँगा।"

"क्यों?"

"भाई चन्द्र, पश्चात्ताप का छोटा-सा अवसर मिला है, उसे हाथ से नहीं जाने दूँगा। अपने को कम से कम इस योग्य तो बना लूँ कि उसका हृदय अपने बड़े भाई को क्षमा करने के लिए आतुर हो सके।" आम्भीक की आँखें भर आयीं। वह ठिठका खड़ा रह गया।

चन्द्रगुप्त मौर्य भी अवसन्न रह गया। क्या मनुज अन्दर से मोम से भी नाजुक मुलायम है। जरा-सा ऊष्मा पाकर पिघल सकता है परन्तु चाणक्य जैसा कोई पिघलाने वाला भी हो। वह मानव नहीं देव हैं। उसको समझना सम्भव नहीं है। उनकी आत्मा से सदैव अमिय निर्झर झरता है। चन्द्रगुप्त मौर्य ने धीरे से कहा, "चलें।"

"हाँ भाई, चलो। ... अपना प्रयत्न ऐसा हो कि देवता भी इस शादी को देखकर पुष्प वर्षा कर उठें।"

वे दोनों चल पड़े। रास्ते में सिंहरण मिल गया। आगे आकर आम्भीक ने कहा, "जीजाजी, उसका भाई भी आ गया है। बारात के स्वागत-आवभगत आदि की तैयारी का दायित्व अब उसका है।"

सिंहरण फटी-फटी आँखों से आम्भीक को देखता रह गया। वह तो उसके बहुत निकट आ चुका था।

"सिंहरण सोचने-समझने का समय नहीं है। अब सारी व्यवस्था भाई कुमार करेंगे। हम सब... आचार्य भी घराती की ओर से बारात का स्वागत सत्कार करेंगे।"

"जैसी आपकी इच्छा।"

"जीजाजी चिन्ता नहीं। यह शादी तक्षशिला की राजकुमारी और मेरी छोटी बहन की है, वह उसी शान शौकत से होगी जिसके लिए तक्षशिला पहचानी जाती है।"

सिंहरण जिधर से आया था, उधर ही लौट पड़ा। चन्द्रगुप्त मौर्य और आम्भीक मण्डप की ओर मुड़ गये। चहुँओर व्यक्ति इधर से उधर दौड़ रहे थे। सब किसी न किसी काम से जुड़े हुए थे--एकदम महोत्सव की प्राण प्रतिष्ठा हो रही थी।

45

प्रभंजन के साथ मेघ गरज रहे थे। आकाश में काले मेघ दौड़ रहे थे। दिन रात में बदलने लगा था। धूल-धक्कड़ नजर आ रहा था। आँधी नहीं थी परन्तु आँधी के आने की सम्भावना बन रही थी।

इन दिनों वर्षा। नेपाल की उमड़ती नदियों का अन्धा पानी। गाँव के गाँव जलमग्न। फिर से बाढ़। बाढ़ रोकने का प्रयत्न हुआ था। उससे कुछ राहत अवश्य

थी परन्तु कुछ खास नहीं।

धननन्द अपने पुरखों के आदमकद चित्रों को देख रहा था—महापद्मनन्द, पण्डुक, पण्डुगति, भूतपाल, राष्ट्रपाल, गोविषाणक, दशसिद्धक, कैवर्त... एक से बढ़कर एक शूरवीर, प्रतिभा का धनी, विशाल साम्राज्य में कुछ न कुछ जोड़ने वाले, जैसे कलिंग के ललिंग भाग को उसके पिता कैवर्त ने जीता था।

उसने भी सीमा में संवर्द्धन किया था—हैहयों पर अधिकार। नर्मदा नदी के उस पार के राज्य को अपने में मिलाया था। कुरु, मैथिल, वीतिहोत्र, अश्मक, काशेय, पांचाल, इक्ष्वाकु आदि पर उसका आधिपत्य था।

परन्तु वह संकट में आ गया है जबकि सब कुछ यथावत् है। हाल ही में मैसूर का कुन्तल उसने जीता था। अपनी सैन्य शक्ति पर उसे पूरा भरोसा था। अनेक तीव्र और दूर तक मार करने वाले हथियारों का उसने निर्माण कराया था। भालों को नयी शैली में नवीन मारक शक्ति से जोड़ा था।

कोई शक्ति ऐसी नहीं है जो उसके सामने टिक सके। फिर भी उसमें शंका पाँव पसारे हुए है। हे महान् पिताश्री कैवर्त। मुझे साहस दो। मेरा मनोबल टूट रहा है। वह परछाइयों से घिरता जा रहा है। मैं रोज-रोज शयन कक्ष बदल रहा हूँ। अंगरक्षक भी बदल रहा हूँ। पर क्यों? आपने तो ऐसा नहीं किया था। आपसे तो सारा साम्राज्य काँपता था। मेरी विजय यात्रा का रिवका माना गया है। फिर भी जब तक मुझे अपनी ही परछाइयाँ डराने लगती हैं। परछाइयों में से परछाइयाँ जन्म लेने लगती हैं और गंगा मेरे पीछे दौड़ने लगती है और मैं भागते-भागते थककर गिर जाता हूँ परन्तु सुबह जब आँख खुलती है तब मैं पलँग पर अकेले पड़ा हाँफ रहा होता हूँ। देह पसीने-पसीने हो रही होती है।

आप सुन तो रहे हैं, मेरे महानतम, श्रेष्ठ, बलिष्ठ, पराक्रमी और दिग् दिगन्त को भयभीत कराने वाले हृदय सम्राट। मुझे शक्ति दो, दृष्टि दो, करणीय बताओ और फिर से सुदृढ़ बनाओ।

आकाश से उतरो, पिताश्री, पुत्र की रक्षा करो। वंश की लाज रखो।

तभी तेज पदाहट के साथ सुनन्दा का प्रवेश। प्रवेश के साथ आश्चर्य में डूबा स्वर, "तुम यहाँ... जागे रहे पूरी रात सोये नहीं। यह तुम्हें क्या होता जा रहा है।" उसने उनके पलँग के पायँते बैठकर कहा और उसकी उड़ती हुई मुद्रा पर निगाह डाली।

धननन्द ने उठना चाहा तो उसने टोक दिया, "लेटे रहो। आँखों में नींद भरी है और चेहरे पर भय की लकीरों का ताण्डव।"

"नहीं तो।"

"मान लेती हूँ परन्तु तुम्हें यहाँ आने की क्या आवश्यकता थी। आना भी था

तो कम से कम मुझे तो बताते। लेकिन नहीं... किसी पर भी विश्वास नहीं है क्या! तुम्हें यह क्या होता जा रहा है। अवश्य यह भूत-प्रेत, जादू-टोने का असर है। पहले तो तुमने कभी ऐसा नहीं किया था। जरूर कोई ऊपरी हवा-ववा है।"

"कुछ भी नहीं है। मैं इन्हें नहीं मानता हूँ, सुनन्दा।"

"वह तो चेहरा देखकर कोई भी आसानी से कह सकता है।... दाई से पेट नहीं छिपाया जा सकता।"

"कितनी बैठकें लीं। अपनी सेना निरन्तर युद्ध अभ्यास कर रही है। हम स्वयं युद्ध अभ्यास देखने गये। आश्चर्यचकित हुए कि हमारी सैन्य शक्ति बेजोड़ है। उसका कोई मुकाबला नहीं। हमारे पास नये से नये आयुध हैं। उनकी मारक शक्ति गजब की है, सुनन्दा।... उनका प्रयोग करते आयुधक कितने शक्तिशाली दीख रहे थे।" धननन्द का मन जोश से भर उठा। उसके मुरझाये मुखमण्डल पर दीप्ति-आभा दमकने लगी।

"प्राण मेरे, फिर आप चिन्तित क्यों हो?" सुनन्दा ने धननन्द का हाथ अपने हाथ में लेते हुए कहा।

"फिर भी अपनी सीमा में आये दिन गड़बड़ी हो रही है। घुसपैठियों का दबदबा बढ़ता जा रहा है। अपने अन्तपाल (सीमा सुरक्षा अधिकारी) नायक आदि पर अंकुश नहीं लगा पा रहे हैं। सेना की कई टुकड़ियाँ जा चुकी हैं।"

"तो फिर चिन्ता क्या है? सेना को अपना काम करने दो। घुसपैठियों पर अंकुश लग जाएगा। सेनापति से पूछो, वह क्या कहता है?"

"हाँ हाँ... सुनन्दा सेनापति ही नहीं, सेना अन्य अधिकारियों से पता किया। वे सुदृढ़ हैं।... ऐसी छुटपुट आँधी यदाकदा डाकू उठाते रहते हैं। बाहर कोतवाल ने ऐसे डाकुओं को पकड़ा भी है, जो डाका नहीं डालते बल्कि अपनी सिपाही टोली पर आक्रमण कर उसे हानि पहुँचाते हैं। चिन्ता की बात तो यह है, वे सामने से नहीं आते। पीछे से आकर आघात कर तुरन्त भाग जाते हैं। प्रायः ऐसा पहाड़ी क्षेत्र में होता रहता है।"

"सेनापति और नायक क्या कहते हैं? उनसे कैसे निबटा जा रहा है?... सैन्य दल की तो अपने पास कमी नहीं है न।"

"हाँ हाँ, सुनन्दा परन्तु उनका इरादा क्या है?"

"इरादे से अभिप्राय, नन्द?"

"गुप्तचरों की मानें तो...।"

"तो क्या, नन्द?"

"उसमें विद्रोहियों के पक्षधर अधिक हैं। उनसे विद्रोह को दबाने में सहायता कम मिलेगी, बढ़ाने में अधिक। ... यह भी सम्भव है सैन्य बल की एक टोली पर

विद्रोहियों के पक्षधर सैनिक आक्रमण कर दें और वह भी ऐसे समय जब वे सो रहे हों। ... अथवा उनके खाने में विष मिलवा दिया गया हो और... ।'' धननन्द का स्वर चिन्तित था।

''यह तुमको पता था तो सैन्य टुकड़ियों को रोककर जाँच क्यों नहीं करवा ली गयी?''

''किस पर भरोसा करूँ और किस पर नहीं, सुनन्दा, यह सुनिश्चित करना कठिन हो रहा है, क्योंकि सेना में जो नयी भरती हुई है, उसमें विद्रोहियों को स्थान मिल गया है।''

''यह कैसे ज्ञात हुआ?''

''अपने निजी और विश्वसनीय गुप्तचरों से।''

''क्या वे सत्य बोल रहे हैं?'' सुनन्दा ने कहना जारी रखा, ''अपने को ऐसे उदाहरणों ने चौंकाया भी है और जाँच होने पर वे सही नहीं निकले।''

''हाँ सुनन्दा, ऐसा भी सामने आ चुका है।'' धननन्द ने इतने धीरे से कहा मानो वह अपने आपसे कह रहा हो।

सुनन्दा को तीन-चार माह से परछाइयों का भ्रम यदाकदा सताने लगता था।

''यह सब हमारे शूद्र होने का परिणाम है। वे हमारी सत्ता के पक्ष में नहीं हैं। यह राब उच्च जाति-वर्ण वालों का लम्बे समय से चल रहे षड्यन्त्र हैं, सुनन्दा।''

''यह बात तुम कितनी बार दोहराकर अपने मन को छोटा करते आ रहे हैं। हर बार जब संकट मँडराने का आतंक सामने आता नजर आया तब तुमने अपने को बचाने के लिए यही ढाल हाथ में ले ली। अपने पुरखों ने राज्य किया है। सारा उत्तर भारत और... ।''

''हाँ हाँ दक्षिण में गोदावरी नदी, पश्चिम में सिन्धु नदी तक।''

''हाँ... हाँ... अपना विशाल साम्राज्य है।''

''तो इतने विशाल साम्राज्य में छोटे-मोटे विद्रोह-झंझट-झगड़े, उपद्रव-उत्पाद आदि का होते रहना सामान्य-सी बात है। हमें उसको लेकर इतना चिन्तित होने की आवश्यकता नहीं है। कठोरता, अंकुश, सावधानी और उनके उदाहरण सामने आने दें, जैसा बीच-बीच में किया जाता रहा है। उसके परिणाम भी अनुकूल आये हैं। आप सम्राट हैं, यह स्मरण रहे।''

''वही तो स्मरण है, सुनन्दा। हमने शक्ति शुरू करवा दी है। अनेक विद्रोहियों को प्राणदण्ड दिया जा चुका है। न्याय हमने किया है, स्वयं किया है परन्तु... ।''

''परन्तु क्या?''

''वे विद्रोही नहीं थे।''

''क्या।''

"हाँ, सुनन्दा।"

"साक्ष्य...।"

"साक्ष्य उनके लिए जुटाये गये और उनके निर्दोष होने के साक्ष्य मिटा दिये गये।... उत्कोच... बल... छल-प्रपंच... आदि का जाल बिछा दिया गया है।... कल कात्यायन से राक्षस कह रहा था...।"

"क्या?"

"कुछ ऐसा ही... सुवासिनी ने सुना था। वह कह रही थी कि...।"

"वह क्या कह रही थी?"

"स्थितियाँ अनुकूल नहीं लग रही हैं। आगे उसने ठीक से नहीं सुना था...।"

"या बताना नहीं चाहा।"

"अकारण उस पर सन्देह क्यों, सुनन्दा? उसने यह सब तो स्वयं बताया था।... वह भी एक बार नहीं, अनेक बार।" धननन्द ने सहज होकर कहा, "उधर सैन्य दल के प्रशिक्षण-प्रयोग का प्रदर्शन जारी है। अश्वारोही सेना ने मुख्य सड़कों से अनेक शहर-नगरों में प्रदर्शन किया है।"

"अपने पास सशस्त्र सिपाही भी हैं। नायक (नगर सेवक) और नागरक (नगर प्रशासन में जो सभा होती थी, उसका प्रमुख) भी हैं।"

"वे सब सतर्क हो गये हैं।... अपनी सैनिक तैयारियों के भव्य प्रदर्शन से प्रजा आश्वस्त हुई है। उससे आतंक के पाँव उखड़ने शुरू हो गये हैं।"

"फिर भी चिन्तित हैं?"

"यह समाचार तेजी से फैलता जा रहा है कि सिन्धु-पंजाब से यवन सेना के साथ पश्चिमोत्तर सीमावर्ती बर्बर लड़ाकू योद्धा, डाकू और लुटेरे आ रहे हैं। ... वे मार्ग में स्थित शहर-नगर और गाँवों को तहस-नहस करते हुए इधर ही आ रहे हैं।"

"वे भी मुँह की खाएँगे, निश्चिन्त रहें।"

"परन्तु तब तक प्रजा में भय बैठ जाएगा।"

"युद्ध होगा। गाजर मूली से वे सबके सब कट मर जाएँगे।"

"वे छापामार युद्ध में प्रशिक्षित हैं। यूनानी सिकन्दर की सेना में उन सैनिकों ने अच्छे से अच्छे परिणाम दिये हैं।" धननन्द ने सोचते हुए कहा।

"अपनी विशाल सेना के सामने वे क्या टिक पायेंगे।"

"छापामार सैनिक चुपके से घात प्रहार कर अदृश्य हो जाते हैं। पता नहीं कि वे कितनी संख्या में हैं।"

"छापामार सेना पहाड़ों में अपना कमाल दिखा सकती है परन्तु मैदान में वह खास नहीं कर पाएगी।"

"मुझे उसकी भी चिन्ता नहीं है। मुझे विशेष चिन्ता उन अफवाहों की है जिनसे

साम्राज्य पर से भरोसा उठाये जाने के लिए अनर्गल प्रचार किया जा रहा है। जैसे महामण्डलेश्वर के नाम से फैल गयी यह अफवाह कि नन्दवंश की उलटी गिनती शुरू हो गयी हैं।''

''अफवाहों से डर रहे हो।''

''कभी-कभी अफवाहें इतनी भारी पड़ जाती हैं कि वे युद्ध के परिणाम को भी प्रभावित कर जाती हैं।... विद्रोहियों ने प्रजा के मनोबल को कमजोर कर मनोवैज्ञानिक स्तर पर युद्ध छेड़ा है। वे प्रजा को आतंकित कर रहे हैं।''

''तो उसका उत्तर दो। नायक क्या कर रहा है? उसे चेताओ। गुप्तचरी क्या हो रही है?'' उसे सचेत करो।

''तुम क्या समझती हो कि हमने ये सब नहीं किया है। किया है। ...एक के पीछे एक लगा दिया है। फिर भी न कुछ ऐसा सुनियोजित ढंग से हो रहा है कि गुत्थी का छोर हाथ नहीं आ रहा है।... ताजा घटना है, वाराणसी के पास युद्ध जैसी स्थितियाँ उभर रही हैं। सीधे सेना पर आक्रमण हो रहे हैं।... वहाँ अपनी विशेष सेना टुकड़ियों के तीन दल भेजने पड़े हैं।''

''तो?''

''परन्तु उधर से कोई समाचार नहीं मिल रहा है, चिन्ता यह है। इससे सन्देह जन्मा है। नतीजा क्यों नहीं मिल रहा है, यह जानना बहुत जरूरी है।''

''प्रमुख गुप्तचर दल को यह जिम्मेदारी सौंपो।... ध्यान रहे, राक्षस पर तुम्हें भरोसा है पर मुझे नहीं।''

''उसका भी प्रबन्ध कर दिया है। उसकी एक-एक गतिविधि पर नजर है। कात्यायन को थोड़ा ताना है। ... और भी हैं, जिनकी पूरी खोज-खबर ली जा रही है।'' धननन्द का मन सुदृढ़ हुआ। सुनन्दा यह जानने में लगी हुई है कि उनके मन को तोड़ कौन रहा है? उन्हें मृत्यु-भय क्यों सताने लगा है? हालाँकि इस सम्बन्ध में ऊपर से वह उनसे कुछ नहीं कहती-पूछती है। सिर्फ सोचती रहती है और खुफिया जानकारी लेती है।

''आज से तुम और मैं जहाँ सोएँगे, वहाँ साथ-साथ सोएँगे, यह मैं तै करूँगी। तुम्हारे स्थान पर तीन-चार कमरों में दूसरों को सुलाने की व्यवस्था करूँगी।''

''दूसरों को क्यों?''

''कोई दूसरा-तीसरा-चौथा नहीं होगा, मात्र तकियों को इस ढंग से लेटाकर उस पर चादर ढक दी जाएगी ताकि वहाँ आपके होने का भ्रम हो। प्रतिदिन यह व्यवस्था बदल दी जाएगी।... आप कहाँ सो रहे हैं, यह मात्र मुझे और आपको ज्ञात रहेगा।''

''यह बात भी ज्यादा दिन टिकने वाली नहीं है। तुम इस व्यवस्था को जिसके माध्यम से करवाओगी, वह तुम्हारी इस व्यवस्था को जाहिर कर देगा।''

"कदापि नहीं। वह व्यवस्था मैं स्वयं करूँगी। तुम उस कमरे में जाने भर का अभिनय करोगे।" सुनन्दा ने अपनी सारी योजना समझाने के बाद कहा, "नन्द, यह व्यवस्था मात्र तुम्हारे मन से भ्रम दूर करने के लिए कर रही हूँ ताकि तुम सुख की नींद ले सको—स्वस्थ तन में स्वस्थ मन रहता है।" सुनन्दा ने गम्भीर होकर कहा।

"मुझे इसकी कोई जरूरत नहीं है, सुनन्दा। मैं ठीक हूँ।"

"मुझे अपना करणीय करने दो और तुम अपना करणीय करो...। मृत्यु मेरे मन में डर का कारण नहीं रही है। वह स्वाभाविक प्रक्रिया है, होती या चलती रहेगी। परन्तु अपने काम में मृत्यु-भय से कोई रुकावट नहीं पैदा होनी चाहिए। खैर, इस तात्कालिक व्यवस्था का परिणाम आने से पूर्व अब हम लोग कुछ नहीं सोचेंगे—न अच्छा और न बुरा। हमारे-तुम्हारे बीच यह समझौता रहेगा, टूटेगा नहीं जब तक उसके परिणाम प्रतिकूल न आने लगें।" सुनन्दा के स्वर में आत्मीय ऊष्मा थी और गहरा अपनापन था। धननन्द सुनन्दा की केवल चिन्ता को ही नहीं समझता था प्रत्युत उसकी परिपक्व मेधा, क्षमता और कार्य करने की शैली से परिचित था।

धननन्द तैयार होने के लिए अन्दर की ओर मुड़ गया और सुनन्दा उसके पहनने के वस्त्रों का चयन करती रह गयी। वह समझ रही थी कि धननन्द को उनके मन पर छाये कुहासे से बाहर लाना है, शेष सब ठीक है।

46

सिंहरण और अलका का विवाह अत्यन्त भव्यता से सम्पन्न हो गया। चाणक्य ने एक पल खोये बिना मगध लौटने की तैयारी शुरू करवा दी। सिंहरण और अलका के द्वारा जिद करने पर भी उन्हें साथ नहीं लिया क्योंकि वहाँ की व्यवस्था सँभालना भी अत्यन्त आवश्यक था।

चाणक्य ने वीर योद्धा-सेनानी चाहे थे ताकि एक सुदृढ़ सेना बन सके। रास्ते की कठिनाइयों के साथ मगध की विशाल और प्रशिक्षित सेना से टक्कर लेना बहुत कठिन काम था।

सिंहरण ने मालव, अम्बष्ठ, कठ, सोद्राई, मसनोई, क्षुद्रक आदि जातियों के युद्धवीरों की दस टोलियाँ खड़ी करवा दीं। उनमें बलिष्ठ अश्वारोही थे, एक सौ दस रथ थे और हजारों सैनिक थे।

चाणक्य सैन्य बल देखकर सन्तोष पा सका। उसने चन्द्रगुप्त मौर्य से पूछा, "इस बार अपनी तैयारी ठीक है। हालाँकि पूरी तैयारी थी तो भी उसकी दृष्टि में सैन्य बल कम था। सिंहरण उन लोगों की मुखमुद्रा से भाँप लिया कि वे लोग कुछ कम सन्तुष्ट हैं। मुषिकनोस तथा आक्सीक्मोस की सेना की पाँच टुकड़ियाँ उनमें और

आ मिली थीं। निचली सिन्धु घाटी के ब्राह्मण रणवीर चाणक्य से बहुत प्रभावित थे। चाणक्य के इस ब्रह्मकथन का प्रभाव प्रायः जनपदों और महाजनपदों पर तो हुआ ही परन्तु क्षत्रिय और इन ब्राह्मण योद्धाओं पर विशेष हुआ। चाणक्य ने कहा था, "इस धरती पर प्रथम बार शूद्र वंश का विशाल साम्राज्य महापद्मनन्द ने स्थापित कर सम्राट के अलंकरण से ख्याति पायी। उसकी विशाल सेना थी। उसने धरा पर क्षत्रिय विहीन राज्य स्थापित किया था। इस कारण उसे दूसरा परशुराम अथवा एक और परशुराम जैसी संज्ञाएँ प्रदान की गयीं। उसी वंश का वर्तमान में महाराजाधिराज धननन्द अब राज्य कर रहा है। वह ब्राह्मण, क्षत्रिय और वैश्यों पर घनघोर अत्याचार और अन्याय कर रहा है। उनकी कन्याओं को उठवाकर बलात् रनिवास में डाल लेता है। यदि उस पापी सम्राट का नाश नहीं किया गया तो इसमें कोई सन्देह नहीं है कि इस धरती पर से ब्राह्मण गणराज्यों का अस्तित्व भी नष्ट हो जाएगा। अब यह आप पर निर्भर है कि आप युद्धवीर अपने अस्तित्व की लड़ाई करना चाहते हैं या.... ।"

सबका एक स्वर था, "हम आपके साथ हैं।" और इसका परिणाम यह हुआ कि वे युद्धवीर ब्राह्मण सैनिक, जिन्होंने सिकन्दर के छक्के छुड़ा दिये थे, चन्द्रगुप्त मौर्य के साथ हो लिए। वैश्यों ने युद्ध के लिए अपार धन-सम्पदा दी।

पाँच दिन हो चुके थे कि वाराणसी राज्य अर्थात् काशेय वंश के अन्तिम राजा को मारकर महापद्मनन्द ने जो अपना क्षत्रप नियुक्त किया था, उसी वंश का अब भी वहाँ अधिकार था। वह डटकर टक्कर ले रहा था। उस टक्कर से यह स्पष्ट हो चला था कि धननन्द की विशाल सेना का सामना करना कठिन ही नहीं, अत्यन्त दुष्कर है।

चाणक्य ने महामन्त्री से गुप्त स्थल पर बातचीत की। महामन्त्री ब्राह्मण था। विषकन्या या छल से क्षत्रप का अन्त होना ही एकमात्र मार्ग है—शूद्र वंश के साम्राज्य से मुक्ति का, यह बात उसे समझायी और अपने गुप्तचरों को वहाँ तक पहुँचाने की योजना बनाई। क्षत्रप प्रतिदिन स्नान के लिए गंगा तट पर आता है। नौका से मध्य गंगा में पहुँचकर वहीं डुबकी लगाता है और देर तक तैरता है। यदि अंगरक्षकों और नौका खेने वालों में उसके गुप्तचर प्रवेश पा जाएँ तो...।

पर्याप्त विचार-विमर्श के बाद यह सुनिश्चित हुआ कि मात्र नौका खेवनहार में यदि सम्भव हुआ तो उनका गुप्तचर प्रवेश पा सकता है। वह भी भाग्य भरोसे है, क्योंकि चयनित दस नौका खेवनहार सुबह वहाँ उपस्थित रहते हैं। उनमें से क्षत्रप एक खेवनहार को स्वयं चुनता है। दूसरे उसके चारों ओर नौकाओं में अंगरक्षक सैनिक भी वहाँ होते हैं।

चाणक्य ने सारी व्यवस्था में कमजोर कड़ियों को अपने पक्ष में कर लिया—साम, दाम, दण्ड, भेद द्वारा।

तड़के ही क्षत्रप स्नान को हाथी पर बैठकर आता था। चाणक्य ने ऐसे गोताखोरों को भाड़े पर ले लिया जो पानी के अन्दर ही डुबकी लगाने वाले का काम तमाम कर सकते हैं और ऐसा ही हुआ। अंगरक्षकों से मुठभेड़ भी हुई। क्षत्रप मारा गया। रक्त से लथपथ क्षत्रप की लाश ऊपर आयी।

सहज ही वाराणसी राज्य पर अधिकार हो गया। चन्द्रगुप्त मौर्य की जय जयकार हो उठी। यह समाचार किसी स्थिति में मगध की राजधानी नहीं पहुँच पाये, इसकी व्यवस्था भी कर दी गयी। सन्देशवाहकों को मौत के घाट उतरवा दिया।

गया पर भी चन्द्रगुप्त मौर्य का अधिकार हो गया। अब तो तेजी से पाटलिपुत्र की ओर चन्द्रगुप्त मौर्य की सेना बढ़ने लगी। राजधानी पर तीन ओर से आक्रमण होना तै हुआ। गंगा की ओर सैनिक नौका पर सवार थे।

चाणक्य ने यह सन्देश अपने आदमियों तक पहुँचा दिया था कि बाहरी आक्रमण के साथ अन्दर भी भाड़े के सैनिक खून-खराबा शुरू कर दें। चौकियों पर उनका अधिकार हो जाए। नायक को गिरफ्तार कर लें या मार डालें।

अब युद्ध शुरू हो चुका था परन्तु चाणक्य देख रहा था कि उन्हें रत्ती भर भी सफलता हाथ नहीं आ रही थी। उलटे कई मोरचों से वे पीछे हटे थे। पन्द्रह दिन हो गये थे। भय यह सता रहा था कि कहीं मगध साम्राज्य के अधीन राज्य पीछे से चढ़ाई नहीं कर दें तो उनको लेने के देने पड़ जाएँगे।

चन्द्रगुप्त मौर्य और उसके अन्य उपसेनानायक आज रात को गंगा के पाल पर एकत्र हुए। चाणक्य उनके केन्द्र में था। ब्राह्मण उपसेनानायक ने कहा, "मान्यवर, हमने बर्र के छत्ते को छेड़ दिया है। इतनी विशाल सेना के सामने खड़े हो जाना पत्थर की दीवार से टक्कर मारना है। दीवार का क्या बिगड़ेगा। जो बिगड़ेगा, वह अपना ही।"

"तो फिर अब क्या करें?" चन्द्रगुप्त मौर्य ने पूछा।

उपसेनायक क्षुद्रक ने कहा, "माननीय, इतने दिनों से हम युद्धरत हैं। हमें सिकन्दर और उसकी सेना का सामना करने में कठिनाई अवश्य हुई, पर इतनी नहीं जितनी अब और यहाँ हो रही है। सिकन्दर ने मगध पर आक्रमण न कर बुद्धिमत्ता की अन्यथा वह यहाँ से जीवित नहीं लौट पाता। अब सोचना चाहिए ऐसा क्या हो जिससे यहाँ से किनारा किया जा सके, क्योंकि लौटते हुए गीदड़ भी सिंह हो जाएँगे।"

"मुझे भी यही लगता है।" मालव उपसेनानायक ने कहा, "मैंने अनेक युद्धों में एक भाग का संचालन किया परन्तु ऐसा भयानक युद्ध कभी नहीं करना पड़ा है। हमारे सैनिक भी बहुत अधिक मारे गये हैं। हमें मगध साम्राज्य की अतुलनीय शक्ति की जानकारी नहीं थी। कितनी दूर से, कितने माह में, कितने छोटे-मोटे युद्ध करते

हुए यहाँ तक आ पाये हैं। वास्तव में हमने अपने शत्रु की ताकत का सही-सही अनुमान नहीं लगाया अन्यथा ऐसा दुस्साहस करने का यत्न कदापि नहीं करते।"

"परन्तु अब तो हमारी स्थिति साँप छछूंदर जैसी हो गयी है।" अम्बष्ठ जाति के उपनायक ने उदास होकर कहा।

"मैं इसका समर्थन करता हूँ।" लड़ाकू कठ जाति के नायक ने कहा।

चन्द्रगुप्त मौर्य भी यही समझ रहा था कि उनसे दूसरी बार गलती हुई है। मगध की विशाल और युद्ध अनुभवी सेना का सामना करना सम्भव नहीं है। अब सबकी दृष्टि चाणक्य पर केन्द्रित थी।

चाणक्य कम परेशान नहीं था। नगर-शहर के अन्दर फैलायी जाने वाली हड़बड़ी में भाड़े के सैनिक सफल नहीं हो सके। उनके नगर-शहर के गुप्त रास्ते नहीं मालूम थे और न यह पता था कि सामान्य वेशभूषा में मगध के सैनिक और गुप्तचर भी हैं। उन्होंने नागरिक बनकर उन्हें गलत दिशा में मोड़ दिया, जहाँ उनको प्राण गँवाने पड़े।

चाणक्य की दृष्टि-अन्तर्दृष्टि आपस में टकराकर छिन्न-भिन्न होने लगती थी। उसके साथ भी धोखा हुआ है। उसे भी गलत सूचना मिली। पर अब वह क्या करें? उनके सामने क्या दलील परोसें। कैसे करें उनका सामना जिन्हें वह उत्तेजित करके, जातीय स्वाभिमान का अलख जगाकर और इतने बड़े साम्राज्य के अन्त के सपने दिखलाकर जो आकर्षण पैदा किया था, वह अब चाँदी पर सोने के पानी की तरह उतरने लगा था। फिर भी वह उसे ही हतोत्साहित उपनायक-नायक की मनःस्थिति को सँभालना है। पर कैसे? वह क्या कहे? कहने को उसके पास क्या रह गया है।

इसी समय मसनोई जाति के नायक ने कहा, "परम आर्य श्रेष्ठ, स्थिति वह आ गयी जो सिकन्दर के सामने उसके सैनिकों ने प्रस्तुत की थी।"

"क्या मतलब?"

"सैनिक लड़ने से पीछे हटने की बात लुकाछिपी कर उठे हैं।"

"उनको शक्ति देना आपका कर्तव्य है, नायक-उपसेना नायको।"

"अभी तक हम उनका मनोबल ही तो बनाये हुए थे।" सोद्राई जाति के नायक ने कहा, "अब बचने का रास्ता सोचना चाहिए।"

चाणक्य ने गहरी साँस भरी। कुछ देर तक वह उस साँस को मौन पीते रहे। अचानक उनका हाथ अपनी खुली चुटिया पर जाकर लौटता रहा। फिर धीरे से, स्थिर चित्त हो, कहीं गहरा ध्यान लगाकर बोले, "प्रिय आत्मीय जनो, युद्धवीरो, स्वाभिमानी-व्रतधारी नायको, उपनायको, आप सज्जनों के दीर्घ अनुभव और निष्कर्षों को सुना। आप लोगों ने वास्तविकता सामने रखी है। अब आप लोगों की सहमति से निर्णय भी होगा। लौटने का रास्ता भी है पर कदाचित् सहज न हो। अपने-अपने

स्थानों पर जाकर क्या कहोगे, इस पर विचार कर देखना चाहिए। युद्ध मात्र सैन्य बल, बाहुबल आदि पर आश्रित नहीं होता। युद्ध जीतने के लिए कूटनीति भी एक मार्ग होता है। उस दिशा में हम काफी आगे बढ़े हैं। उसके परिणाम अनुकूल निकलने की सम्भावना है। आप सबने यह अनुभव किया होगा कि इतनी लम्बी यात्रा में आपको कितने ही छोटे-बड़े युद्ध करने पड़े। कई जगह अटके भी तो वहाँ कूटनीति से सफल भी हुए। अपना अभियान और उसका लक्ष्य कोई छोटा नहीं है। सिकन्दर महान् यदि जीवित रहता तो उसका विशाल साम्राज्य तिनकों के महल की तरह यों न बिखर जाता। माना कि सिकन्दर की सेना के पास सर्वदा नवीन रणकौशल था, आक्रमण करने और उसे सफल बनाने की अद्‌भुत रणनीति थी। वह साम, दाम, दण्ड, भेद के प्रयोग में सिद्धहस्त था। हमने भी उससे बहुत कुछ सीखा है। उसी का प्रयोग हम किसी सीमा तक यहाँ कर भी रहे हैं। जीत या हार में मनोबल, धैर्य, सुदृढ़ता और साहस के बने रहने अथवा हलके-से टूटने का ही अन्तर है। न कभी जीत पूरी होती है और न हार। हार जीत में बदल सकी है और जीत हार में। इतिहास के उन युद्धों का अध्ययन करें जो हारते-हारते जीत में बदल गये तो मैं नहीं समझता हूँ कि हमें भयभीत होकर हथियार डालने पर विचार करना चाहिए। हार तो हमारी उसी समय हो जाती है जब हम हार के बारे में सोचने लगते हैं। हमें हर सूरत में परिणाम के बारे में नहीं सोचना चाहिए क्योंकि परिणाम पर आश्रित सोच सदा अपरिपक्व और अधूरा होता है। निःसन्देह हम जीतेंगे। वह बात दूसरी है कि हमारे लिए जीत महँगी होगी। क्यों न हो, हमारा संकल्प भी महँगा है।

प्रिय आत्मीय शूरवीरो, रणबाँकुरो ये महोत्सव है। मरकर जीने का यह पर्व है। युद्ध को जो कर्मवीर धर्म मानकर चलते हैं, वे कभी निराशा की बात नहीं करते। कृषक अकाल या बाढ़ से नष्ट हुई खेती से इस नतीजे पर नहीं पहुँच जाता कि वह खेती करना छोड़ देगा।

यह बहुत संवेदनशील और अत्यन्त संकट का समय है, आर्य मित्रो। इस समय यदि हमने धैर्य, संयम और साहस-दृढ़ता से काम लिया तो हारी हुई बाजी जीती जा सकती है। अब हमारे कूटनीतिक परिणाम सामने आने लगे हैं। शेष आप लोग जैसा निर्णय करें, कीजिए। मेरे शयन का समय हो रहा है, मैं आज्ञा चाहूँगा।'' इतना कहकर चाणक्य उठकर अपने शयन कक्ष की ओर मुड़ गया।

चाणक्य जानता था कि उन सबको पुनर्विचार करने के लिए समय चाहिए। रात का पहला पहर जा रहा था। प्रायः वह समय पर सोता था और समय पर उठता था। वह अपनी नींद सोता था। जो होना है, उसे रोकने का भरसक प्रयत्न करना या उसे मोड़ने के लिए समूची शक्ति झोंक देना उसकी जीवनशैली का अनिवार्य हिस्सा था। परिणाम भी चामत्कारिक होते हैं—विश्वास और आशा से परे।

वे सब परस्पर वार्ता करते रहे। उन सब पर चाणक्य के सम्बोधन का प्रभाव बना। उसने यह शब्द अत्यन्त मार्मिक कहे थे, "आर्य वीरो, ब्राह्मण को न राज्य का लोभ है और न सम्पत्ति का। वह हवा-पानी की तरह निर्भीक बहता है, जहाँ चाहे आ जा सकता है, मोह उसे नहीं मारता। शूद्र राजा न हो, यह कष्ट सबको है और शूद्र वंश की चूल नहीं हिली तो कोई कारण नहीं है कि हम उच्च वर्ण वाले आगे चलकर शूद्र हो जाएँ और शूद्र उच्च वर्णीय होकर सर्वाधिक सम्मान के पात्र।"

चाणक्य के इस कथन ने सबमें उच्चवर्णीय संस्कारों के प्रति आस्था व्यक्त की और वर्णीय व्यवस्था में अटूट विश्वास भी। फिर से रणभेरी बजी, मरणोत्सव सजे और जय हर हर महादेव के स्वर गूँजे। दुन्दुभि नर्तन कर उठी और शंख ताण्डव। धरा काँप उठी। रणचण्डी का खप्पर भरता रहा बारम्बार। इस प्रकार रतजगा से मथकर हुई नयी सुबह, नव प्रभात और नव मंगलध्वनि के नव मन्त्रोच्चारण।

47

धननन्द में विश्वास लौटा। जय की शंख ध्वनि और मंगल दुन्दुभि ने उसके ललाट पर चन्दन रोली का तिलक कर दिया। इस समय उसके जैन अमात्य स्थूल भद्र और शाकटाल बहुत काम आये। वह एक प्रकार से उपेक्षित ही चले थे।

धननन्द का अनायास स्मरण हो आया कि उनके वंश के संस्थापक, आदिशक्ति के प्रतीक, विद्वानों के आश्रयदाता, वीर परम वीरों को यथोचित सम्मान देने वाले महान् व्याकरणाचार्य पाणिनि जैसों के अभिन्न मित्र और कल्पक जैसे मन्त्री के पोषक श्री श्री महाराजाधिराज महापद्मनन्द की अद्भुत विजयश्री के पीछे महाशक्ति का वरदहस्त था। कल्पक जैसे महाअमात्य की दूरदृष्टि, रणनीति और कूटनीति का ही यह परिणाम हुआ कि वे समस्त क्षत्रियों का विनाश कर सके।

"अमात्य शाकटाल और अमात्य स्थूलभद्र आपके पुरखे श्री कल्पक हमारे महाअमात्य थे। जैन थे। नन्दवंश के शुभेच्छु थे।" धननन्द ने बौद्ध ब्राह्मण राक्षस और कात्यायन पर अंकुश लगाने के लिए यह कदम उठाया था। संकट की घड़ी थी।

धननन्द को ज्ञात हो चुका था कि चाणक्य चन्द्रगुप्त मौर्य को राजा बनवाकर ही दम लेगा। परन्तु क्या ऐसा हो सकेगा? पश्चिमोत्तर क्षेत्र में अभी तक मगध के ही सिक्के चलते हैं और सम्पूर्ण उत्तरापथ का वही नियन्ता है। वही व्यापारिक मार्ग का नियन्ता है। पश्चिमी एशियाई देशों के झगड़ों की मध्यस्थता भी वही करता है। उसका चतुर्दिक भरपूर सम्मान है। फिर वह क्यों घबराये? और वह भी पण्डित चाणक्य और चन्द्रगुप्त मौर्य से। वे क्या हैं उसके सामने।

"आज्ञा कीजिए, महादेव, हम क्या कर सकते हैं?"

"विद्रोह की इस आँधी को रोकना है। अधिकांश व्यापार जैनियों के हाथ में है। घरेलू (गृही) विद्रोह धन बल से हवा पाता है और भाड़े के सैनिकों से उत्पात कराता है। ... अमात्य स्थूल भद्र, हमारी चिन्ता समझ रहे हैं। अन्दरूनी विद्रोह को रोकना है। संकट की घड़ी है। हालाँकि मूर्ख आक्रमणकर्त्ता स्वयं ही मरने आ गये हैं। उनका नेता वो आचार्य... क्या नाम है उसका...।"

"आचार्य चाणक्य, महादेव।"

"हाँ, वही। विद्यार्थी-गण को पढ़ाने का कार्य छोड़कर राजनीति करने लगा है। वह अपने ग्रन्थ अर्थशास्त्र में कहता है कि यदि कमजोर मनुष्य उच्च वर्ण-अभिजात का हो तो वह अनभिजात यानी निम्न वर्ण की अपेक्षा राजा बनने योग्य है, अपेक्षाकृत बलिष्ठ निम्न वर्ण के। ऐसे व्यक्ति को प्रजा वर्ण की उच्चता के कारण स्वतः ही सम्मान देती है और उसके आदेशों की अनुपालना करती है। वस्तुतया शूद्र वंशी राजा घृणा का पात्र होता है–दुर्बलमभिजातं प्रकृतयः स्वयमुपनमन्ति, बलवत श्वानाभिजातस्योपजापं विसंदादयन्ति। –अर्थशास्त्र... मुख्य समस्या यह है, शूद्र व्यक्ति सम्राट हो, यह उसे पसन्द नहीं है। इस कारण उसने उच्च वर्ण वालों को उत्तेजित कर खड़ा करने का प्रयास किया है। तुम क्या सोचते हो, स्थूलभद्र?"

"यह उचित नहीं है। राजा-सम्राट, विद्वान्-वीर-पराक्रमी, श्रेष्ठि आदि किसी वर्ण से नहीं, अपनी योग्यता से आदर-सम्मान पाते हैं, महादेव।"

"शाकटाल, मुँहदेखी बात नहीं करना। तुम्हारे पिताजी प्रतिष्ठित जैनी हैं, योग्य हैं। वे यहाँ आते-जाते रहे हैं। उनके मन में कभी ऐसा कुण्ठा नहीं पायी।"

"महादेव, वर्ण-जाति कर्म से हैं, जन्म से नहीं। ब्राह्मणों ने अपने को देव तुल्य बताकर वैश्य और क्षत्रिय वर्ण को उच्च जाति में सम्मिलित कर अपनी सेवा के लिए शूद्र वर्ण को जन्म दे डाला है। महावीर जी ने कर्मकाण्ड, वर्ण-जाति का इसीलिए विरोध किया है, जिससे मानव होने का महत्त्व समाज में बने, समाज रंग, जाति, धन-सम्पदा, आदि के आधार पर विभाजित न हो। चाणक्य वक्राकार है। वक्राकार प्रायः कुचाल चलकर अपनी हीन मानसिकता को छिपाने के लिए अग्रसर होता है। आप चिन्ता न करें, महादेव। जय तो अपनी है ही। चाणक्य का पतन भी सुनिश्चित है।"

"इस बार वह चन्द्रगुप्त मौर्य को राजा बनाकर लाया है। ... वह वृषल, कुलहीन कहाँ का क्षत्रिय है–

वृषो हि भगवान्धर्मस्तस्थ यः करुते ह्यालम्।
वृषलं तं विदुर्देवा तस्माद् धर्मं न लोपयेत्।–मनु. 8-16

पर है क्योंकि चाणक्य उसका प्रस्तोता है।" धननन्द ने खीझ से भर कर कहा।

"महादेव, आपको सर्वक्षत्रान्तक और एकराट् की संज्ञा देने का कोई अर्थ है।

आपकी चिन्ता हमारी चिन्ता है।" शाकटाल ने महादेव को आश्वस्त किया। उसके हाथ कई वर्षों बाद यह सुअवसर आया था जब वह सम्राट के लिए कुछ करके बौद्ध राक्षस से बाजी मार सकता था।

राक्षस को शाकटाल और स्थूलभद्र की ओर सम्राट का ध्यान आकर्षित होते देखकर बड़ा अटपटा लगा क्योंकि उसी ने गहरी कूटनीति चलकर उन दोनों को अमात्य होते हुए एक कोने में बैठा दिया था। वह नहीं चाहता था कि जैन धर्म का प्रभाव प्रशासन और राज्य पर बने। यह तो स्पष्ट था कि जैन मतावलम्बी धनाढ्य हैं और देश से बाहर विदेशों तक में व्यापार करते हैं। राजस्व में भी उनका योगदान बढ़-चढ़कर है।

राक्षस भी धननन्द से आकर मिला और अनेक मोरचों पर चन्द्रगुप्त की हार के समाचार देते हुए कहा, "जब शेर की मौत आती है तब वह शहर की तरफ भागता है।"

धननन्द ने मुस्कराते हुए व्यंग्य किया, "यहाँ शेर से आपका अभिप्राय क्या है? ...तो गीदड़ भी कोई होगा अवश्य।"

राक्षस को असमय पेश की गयी लोकोक्ति भारी पड़ी। वह कहना क्या चाहता था और वह कह क्या गया। फिर भी उसने अपने कथन में सुधार करते हुए कहा, उनमें से कोई शेर तो नहीं है परन्तु वे भूलवश ऐसा समझते हैं। मेरा अभिप्राय था...।"

"महाअमात्य, बात को घुमाने से कोई लाभ नहीं है। तीर कमान से निकल चुका है। यह समझ में नहीं आता कि घर का भेदी कौन है? किसने उनको मगध को घेरने का अनुकूल अवसर बताया? हमें यह पता करना चाहिए। कोई तो जरूर हमारी पीठ में छुरा घोंपने वाला है। वह कौन हो सकता है? क्या यह पता करना उचित नहीं है?"

"क्यों नहीं है, महाराज जी, अवश्य है।" राक्षस जल्दी में कह गया।

"फिर अब तक उसका पता क्यों नहीं लगाया गया, राक्षस?" धननन्द ने तीन सम्बोधनों से राक्षस से बात की थी और तीनों सम्बोधनों का अलग-अलग अर्थ भी था। एक सीधा-सा अर्थ तो यह था कि वह राक्षस से प्रसन्न नहीं है या उस पर सन्देह की सुई जा टिकी है। अवश्य इस युद्ध के बाद अमात्यों के मन्त्रालयों में परिवर्तन होने वाले हैं। शायद महाअमात्य पद दूसरे को मिलने वाला है।

राक्षस हड़बड़ी में आ गया। उसको राजकीय सेवा में इतने ऊँचे मुकाम पर पहुँचने में एक लम्बी पारी खेलने के साथ-साथ अपने को सम्राट का चहेता सिद्ध करना पड़ा था। वह कहने लगा, "गुप्तचर इस खोज में लगे हुए हैं।"

"कि हम किस कक्ष में शयन करते हैं।" धननन्द ने पासा फेंका।

"यह आप क्या कह रहे हैं, महाराज जी।"

"सुना सुनाया सत्य नहीं होता, महाअमात्य।"

राक्षस कुछ नहीं बोला।

"महाअमात्य, तुम गौरवमय पद पर हो। नीचे से यहाँ तक आये हो तो निश्चित ही है कि तुम्हारे प्रतिद्वन्द्वी तुमसे अप्रसन्न होंगे और निरन्तर तुम्हें घेरने का प्रयत्न करते होंगे।"

"क्यों नहीं?"

"उनसे सावधान रहने की आवश्यकता है। वैसे तो तुम समझदार हो अपना अच्छा-बुरा भली प्रकार समझते हो। अब होने वाले संग्राम में अपनी भूमिका सुनिश्चित कर कुछ ऐसा कर दिखलाओ कि तुम्हारे प्रतिपक्षी भी मुँह ताकते रह जाएँ और चारों ओर से तुम्हारी प्रशंसा के मन्त्र सुनायी पड़ने लगें।" धननन्द ने साभिप्राय सहज ढंग से ऐसे कहा कि लाठी भी न टूटे और साँप भी मर जाए।

निस्सन्देह राक्षस को निराशा हुई। वह यह जान चुका था कि नगर-शहर में भाड़े के उपद्रवियों की दाल नहीं गली क्योंकि शाकटाल और स्थूलभद्र का प्रभाव व्यापारी वर्ग पर गहरा था। महाश्रेष्ठि जो व्यापारियों का मुखिया था, यह सब उसके माध्यम से हुआ था। जैन धर्म को राज्य धर्म बनवाने के लिए वे कुछ भी कर सकते थे। राक्षस जानता था कि जैनी सम्प्रदाय बहुत संगठित और प्रभावशाली है। बौद्ध धर्म में मनुष्य को गुण और कर्म के आधार पर श्रेष्ठ माना जाता है जैन धर्म की तरह। फिर भी वहाँ जैन धर्म जैसी सम्पन्नता, शुचिता और एकता नहीं है। अभी तक राक्षस बौद्ध ब्राह्मण ही था। उसने दोनों ओर पाँव पसारे हुए थे, इस कारण आर्य और बौद्ध दोनों उसके प्रति शंकालु बने हुए थे।

राक्षस के जाने के बाद धननन्द सुवासिनी के भवन की ओर चलने लगा, क्योंकि वहाँ से उसे कोई समाचार नहीं मिल पाया था। उसने भी अपनी ओर से समाचार पाने की कोई चेष्टा नहीं की थी। एक तरह से वह सुवासिनी की ओर से उदासीन हो गया था। उसमें संयम और चरित्र के प्रति स्वतः निष्ठा पैदा हो गयी थी। मदिरा लगभग उसने छोड़ दी थी। उसमें हो रहे परिवर्तन का प्रभाव भी पड़ने लगा था। वह यह सोचते हुए आज सुवासिनी की ओर जा रहा था कि वह उसे अपनी उम्र के पुरुष से विवाह करने के लिए स्वतन्त्र कर देगा।

राक्षस उसके इस परिवर्तन से मन ही मन दुखी हो चला था। उसको बदनाम करवाने से उसे क्या मिला? वह भी यह सोचता हुआ और लाभ-हानि के कुटिल प्रश्न हल करने की चेष्टा करता हुआ रात्रिकालीन सामरिक गोष्ठी की ओर मुड़ गया।

48

पाँच दिन और निकल गये। वह मैदानी स्थान था। अतः छापामार रणनीति से कोई विशेष लाभ नहीं हुआ था। सब चिन्तित थे और सभी की यह एक राय थी कि मगध साम्राज्य की सैन्य शक्ति का वे अधिक दिन तक सामना नहीं कर सकते। खाने की सामग्री के साथ हथियार भी कम होने लगे थे। चन्द्रगुप्त मौर्य के मन में बराबर यह शंका घर किये थी कि पहले की तरह उन्हें रण छोड़कर न भागना पड़ जाए। आत्मसमर्पण के लिए कोई तैयार नहीं था।

चाणक्य की व्यावहारिक राजनीति में कितनी दखल थी। उस समय सबसे समृद्ध, सामरिक दृष्टि सर्वाधिक सशक्त और सबसे विशाल साम्राज्य से वे मुट्ठी भर योद्धा सीमित साधनों से कब तक मुकाबला कर सकते हैं। उनके आक्रमण का मगध साम्राज्य पर कोई प्रभाव नहीं पड़ा था।

उनके सामने था घनघोर निराशा में डूबा अमावस्या का वातावरण और पानी से लबालब गहरी और चौड़ी सोन-गंगा का संगम। सोन नदी का पाट तो गंगा से भी चौड़ा था और उसमें जल भी अथाह था। चाणक्य अँधेरे में बहती गंगा में दूर से आते टिमटिमाते प्रकाश को लहरों पर थिरकता देख रहा था किसी अज्ञात तपस्वी-सा तटस्थ भाव से।

जो होना है, वह होगा ही। क्या वास्तव में मनुज कठपुतली है। उसकी डोर किसी दूसरे के हाथ में है। फिर कर्म? कर्म करता रहे, फल के बारे में नहीं सोचे, क्या यही जीवन प्रवाह की सार्थकता है?

अब।... आसमान में तारों ने नगर का नगर सजा रखा है। वहाँ भी क्या उनकी तरह एक दुनिया है।

लेकिन वे सब लक्ष्यविहीन कर्म में आस्था नहीं रखते हैं। स्वयं चाणक्य भी लक्ष्य प्राप्ति के लिए साधना की शुचिता पर विश्वास नहीं रखता। उसके लिए सफलता का ही महत्त्व है।

ऐं। वह लहरों पर थिरकता दीया नहीं है, नौका है और लगातार उसकी ओर आ रही है। घेरे बन्द प्रकाश हवा की लहरों पर थिरक रहा है।

कौन हो सकता है? यह तो रणक्षेत्र वाला स्थान है। यहाँ कौन आने का साहस कर सकता है। कहीं उनके सैनिकों की निगाह में आ गया—आएगा तो अवश्य ही—तो उस पर बाण वर्षा शुरू हो जाएगी।

परन्तु रात गहरी हो चुकी थी। तारे भी पलकें झपकाने लगे थे। सन्नाटा मौन था। वह क्या करे? वह नौका उसकी ओर तेजी से बढ़ी चली आ रही थी। अचानक उस नौका ने सफेद ध्वज फहराना शुरू कर दिया। चाणक्य में उत्सुकता जगी। वह

सचेत हो गया। आज वह जानबूझकर अपने स्थान से दूर निकल आया था। सोच रहा था कि अँधेरे के घटाटोप से घिरे वातावरण में आशा की नन्ही-सी किरण कहीं से दृष्टिगत होने लगे तो मन को सन्तुष्टि की दिशा मिल जाए। आगे भाग्य। वह क्या कहे? ना माने तो भी भाग्य का क्या बिगड़ने वाला है? मानने से कदाचित् कुछ बन निकले। अँधेरा तो बेहद घना है।

अब तक नौका तट पर आ लगी थी। नौका से सवार उतरे थे। नौका खेवनहार नौका में बैठा रह गया था।

"आचार्य चाणक्य, क्या आप वहाँ खड़े हैं?"

"कौन हो, आर्य?"

"पार्श्व में आ जाऊँगा तो पहचान जाओगे।"

"इतनी रात गये, कौन हो, आर्य?"

"आप नीचे आ रहे हैं या मैं ऊपर आऊँ।"

"जैसी आपकी इच्छा, आर्य। मुझे यहाँ खड़े होकर आपका स्वागत करने में प्रसन्नता होगी। सीढ़ियाँ उधर से हैं।" चाणक्य ने हाथ से सीढ़ियों की ओर संकेत करते हुए वाक्य पूरा किया।

वे दो व्यक्ति थे।

दोनों के चेहरे ढके हुए थे।

"क्या नकाब हटाने का कष्ट करेंगे, आर्य बन्धुओ?" चाणक्य ने कहा।

"मशाल का मुँह हमारी ओर करो, आचार्य।"

मशाल का मुँह उनकी ओर घुमाते ही चाणक्य चौंक पड़ा और कहने लगा, "तुम महाअमात्य!... मेरा सन्देशवाहक खाली हाथ लौट आया था, इस कारण आपके बारे में सोचना बन्द कर देना पड़ा। आपका सुस्वागत है, आर्य राक्षस। आपने हमारे लिए इतना बड़ा संकट मोल लिया, महाअमात्य। हम आपके हृदय से आभारी हैं। आइए मन्दिर के पिछले हिस्से की ओर चलें। वहाँ भी हमारे तुम्हारे अतिरिक्त कोई नहीं होगा।"

वे तीनों मन्दिर के पिछवाड़े वाले कक्ष में चले गये। वहाँ बड़ा दीया जल रहा था। वे तीनों वहीं जमीन पर बिछे आसन पर बैठ गये।

"मेरा पत्र पढ़ लिया होगा।"

"चाणक्य, तुम्हें यों पत्र नहीं भिजवाना चाहिए। पत्र यदि किसी विरोधी के हाथ पड़ जाता तो लेने के देने पड़ जाते।"

"खैर, अब बताओ, क्या सोचा है?"

"एक माह होने को आया, क्या हुआ? हर मोरचे पर पीछे हटना पड़ा। अभी तो एक बटा सोलहवाँ भाग है यह मगध सेना का। कहाँ तक लड़ोगे और कब तक?"

राक्षस ने प्रश्न किये।

चाणक्य सोचता रह गया। वह राक्षस की आदत से कुछ-कुछ परिचित था।

राक्षस कहने लगा, "अभी तक अति आधुनिक हथियार रथमूसल (आधुनिक टैंक जैसा अस्त्र) और महाशिलाकण्टक (शिला प्रक्षेपास्त्र) का प्रयोग नहीं हुआ है। अन्यथा यह युद्ध कभी का समाप्त हो जाता।"

चाणक्य कहता है, "आर्य राक्षस, पता नहीं इसमें कितना सच है कि इस समय सेनापति नायक व आन्तर्वेशिक (महाराजाधिराज के अंगरक्षकों, प्रधान), दण्डपाल (सेना के लिए सामग्री एकत्र करने वाला प्रमुख), दो जैन अमात्य... आदि सम्राट के साथ हैं और तुम्हारी छुट्टी करवाने वाले हैं।"

"हाँ, चाणक्य, पता नहीं यह रातोंरात कैसे तख्ता पलट गया।...वे जैन अमात्य शाकटाल और स्थूलभद्र हैं। यह कैसे हुआ, आर्य कि तुम सम्राट को बौद्ध धर्म में दीक्षित तो दूर रहा, उस ओर उनमें जरा-सा भी आकर्षण पैदा नहीं कर सके और आज से पूर्व ये उपेक्षित ये दोनों जैनी अमात्य जिनको तुमने गहन सूझबूझ और कूटनीति से सम्राट से दूर कर रखा था, सम्राट के इतने निकट हो गये और उन्होंने चमत्कार भी कर दिखलाए।"

"मैं भाग्य को मानने लगा हूँ, चाणक्य।"

"पराजय को स्वीकार नहीं कर पाने का यह एक सफल उपाय है—भाग्य।"

"मैं यहाँ सफाई देने या उस पर चर्चा करने के लिए नहीं आया हूँ, चाणक्य।"

"समझ सकता हूँ, आर्य राक्षस, युद्ध में युद्धोपरान्त की चर्चा का अवकाश ही कहाँ होता है? फिर भी एक-एक ग्यारह होते हैं, मैं तुम्हारा पुनः आने पर स्वागत करता हूँ।"

"तुम्हारा भी एक लक्ष्य है, चाणक्य कि जैसे भी हो पर नन्दवंश का नाश हो।"

"और तुम्हारा भी परन्तु अन्तर इतना है कि तुम नन्दवंश के नाश के बाद सम्राट नहीं बन सकते।"

"तुम्हारी तरह चाणक्य।"

"क्या मतलब?"

"तुमने भी बहुत पापड़ बेले हैं और अनेक नरेश-नृपों को दिवा-स्वप्न दिखलाने में भी कोई कसर नहीं छोड़ी परन्तु किसी ने ऐसा दुस्साहस नहीं किया। कोई मगध सम्राट के विरुद्ध खड़ा होना तो दूर, सोच भी नहीं सका। तब तुमने चन्द्रगुप्त मौर्य को खड़ा कर दिया। एक-दो बार वह पहले भी मुँह की खा चुका है फिर भी...। खैर वह तुम्हारा व्यापार-कार्य है, चाणक्य। ... अब भाग्य ने हमें ऐसे मोड़ पर ला खड़ा किया है कि न् तुझको ठौर और न मुझको और।"

"राजनीति में गहराई से अध्ययन करें तो कोई सिद्धान्त कब दम तोड़ने लगेगा

कोई नहीं जानता।''

''राजनीति में सिद्धान्त होते कहाँ हैं, चाणक्य। क्या सिद्धान्तों से राजनीति हो सकती है? कब ऊँट किस करवट बैठ जाए, इसे कोई नहीं जानता।''

''यही तो मैं भी अनुभव कर रहा हूँ।''

''आवश्यकता पड़ने पर शत्रु मित्र और मित्र शत्रु पल भर में बदल जाते हैं। ...और फिर तो तुम राजनीति के कौटिल्य हो।''

''पता नहीं कि एक अर्थशास्त्री कौटिल्य तक कैसे जा पहुँचा, मित्र राक्षस।''

''सब चलता हूँ, आचार्य चाणक्य।''

''अब क्या चलाने आये हो, आर्य?''

''रास्ता।''

''कैसा रास्ता?''

''जो तुमने पर्वतेश्वर के साथ अपनाया था–उसकी मृत्यु उसके सिंर और उस सिर का भी धड़ अलग करवाकर...। पर्वतेश्वर की हत्या तुमने स्वयं की थी। तुम अपने शत्रु को पानी पिलाकर ही दम लेते हो, इस कारण मैं डरता हूँ।''

''तुम मेरे मित्र हो, आर्य, और सहजातीय भी।''

''आगे कुछ नहीं, चाणक्य क्योंकि...।''

''मैं समझ रहा हूँ, राक्षस मित्र और तुम्हें यह आश्वस्त भी करना चाहूँगा कि मुझसे तुम्हारा हर हालत में कल्याण ही होगा। यह मेरी प्रतिज्ञा भी है।''

''आभार, आचार्य।''

''तो कहो मित्र राक्षस, तुम्हारी क्या योजना है?... कैसे इस आमन्त्रित की गयी विपत्ति से पिण्ड छूटे।''

''आचार्य, तुम लिक्खाड़ महान् हो, इसमें सन्देह नहीं परन्तु इतने विशाल और सुदृढ़ साम्राज्य से सैनिकों को चारों ओर से इकट्ठा करके कोई सुगठित सेना खड़ी नहीं की जा सकती। जब तक उनमें साथ-साथ युद्ध करने का गहन अभ्यास नहीं कराया गया हो। मुझे लगता है कि यदि सिकन्दर ने भाड़े के सैनिकों को अपनी सेना में नहीं मिलाया होता तो कदाचित् युद्ध की जय का स्वाद चखने पर यूनानी सैनिक घर लौटने का अपना अन्तिम निर्णय सुनाते। क्या न मिल रहा था उन्हें? ... फिर सेना में प्रायः वे ही आते हैं, जिनको घर से, किसी भी कारण से या जोर जबर्दस्ती के हालात से, मोह भंग होता है। विशेषतया उनको ही लड़ना मरना पड़ता है। उनके अधिकारी तो... उनमें बुद्धि प्रधान होती है इस कारण वे लड़ाते हैं और लड़ते भी हैं परन्तु मृत्यु के प्रति एकदम समर्पित होकर नहीं। इस कारण भाड़े के सैनिक तो सिकन्दर ने इकट्ठे किये परन्तु उनके मार्गदर्शक नायक नहीं।'' राक्षस में थोड़ा बहुत सोच बिखरने लगा था। इसी बिखराव के कारण उसे सम्राट धननन्द

के करीब होकर भी दूर होना पड़ा। उसने अपने सोच पर अर्द्धविराम लगाते हुए आगे कहा, "चाणक्य, एक बार फिर तुम्हारे सामने पर्वतेश्वर होगा परन्तु पर्वतेश्वर से कहीं बड़ा, कहीं सुरक्षित और कहीं बलिष्ठ...।"

"तुम्हारा सम्राट न।"

"तुम्हारा भी, चाणक्य।"

"समझा, आर्य।"

"यह पवित्र कार्य भी तुम्हें करना होगा। तुम तत्पर हो क्या?" राक्षस ने उसको टटोला।

"चाणक्य की सदा दृष्टि अपने लक्ष्य पर रहती है, आर्य राक्षस। उसके लिए उसे साधन की शुचिता पर विचार नहीं करना होता। मैं तत्पर हूँ पर?"

"मैं तुम्हें वहाँ तक पहुँचा सकता हूँ, चाणक्य।"

"अकेले मुझे।"

"डरते हो।"

"चाणक्य मौत से भी नहीं डरता, आर्य, परीक्षा लेकर देख लो। उसे शत्रु का सर्वनाश चाहिए तो बस चाहिए फिर चाहे उसमें गुण हो या अवगुण। सफलता सिद्धान्त नहीं देखती। उसकी आँखों पर सदा पट्टी बँधी होती है। वह पट्टी हटती है तो सफलता पाकर। सफलता के सामने सब पानी भरते हैं।"

"यह क्या तुम्हारे सिद्धान्तों के विरुद्ध नहीं है?" राक्षस का इतना कहना था कि दोनों अट्टहास लगा उठे। सारा वातावरण तनावरहित होकर उच्छृंखल हो उठा। यह था राजनीति के दो शातिरों का असली चेहरा। राजनीति उनके लिए पासा फेंकने से अधिक नहीं है।

"अब मार्ग पर आ जाएँ, आर्य।"

"हाँ चाणक्य भाई।" राक्षस ने गम्भीर होकर कहा। फिर कुछ देर तक सोचकर बोला, "तुम्हें अकेले में महाराजा तक तो पहुँचा सकता हूँ।"

"तो क्या है! ...मैं अपना काम शुरू कर दूँगा।"

"समय सुबह का होगा।"

"पर कब?"

"कल।"

"पहुँचूँगा कैसे?"

"मेरे साथ जो व्यक्ति है, वह तुम्हें गुफा तक ले जाएगा।... पर्वत गुफा।..."

"यहीं कहीं महाराजा की अतुलनीय सम्पत्ति छिपी है। वहाँ एक सुरंग है—गंगा के अन्दर। तुम्हें तैरना आता है न।"

"हाँ।"

"क्योंकि वहाँ नौका नहीं ले जाई जा सकती है। दूसरे नौका खेवनहार को उसका पता नहीं चलना चाहिए। यह अत्यन्त गोपनीय रहस्य है, जिसे सुवासिनी जान सकी है। वही तुम्हें सुरंग से राजप्रासाद तक लाएगी... यह व्यक्ति तुम्हें गुफा या सुरंग के आसपास तक ले जाएगा।" उस व्यक्ति को बाहर जाने का संकेत कर कहा, "इस व्यक्ति को वहाँ तक पहुँचने का रास्ता भी सुवासिनी ने ही बताया है।... इसलिए...।"

"इसलिए क्या?"

राक्षस ने हाथ के इशारे से समझाया कि इसका सिर धड़ से अलग करना होगा।

"तो क्या हम दो व्यक्ति नहीं हो सकते?" चाणक्य ने पूछा।

"दूसरा चन्द्रगुप्त मौर्य।"

"हाँ, आर्य।"

"अपने राजा को भी दाँव पर लगा दोगे क्या?"

"जय की भूख की यही तो प्रकृति है, यही सम्मोहन है अन्यथा युधिष्ठिर जुआ क्यों खेलता। जुए में राजपाट हारा तो हारा, अपने भाइयों को भी हार बैठा और अन्ततः अपनी पत्नी को भी। उसको भाइयों को दाँव पर लगाने का क्या अधिकार था? कोई अपनी पत्नी को दाँव पर लगाता है क्या? ... जय की भूख कितनी अन्धी होती है कि वह न्याय-अन्याय, ज्ञान-अज्ञान, मर्यादा-अमर्यादा, पुण्य-पाप आदि सबको भूल जाती है। फिर कैसे मानते हैं कि तब धर्मयुद्ध हुआ था?" चाणक्य ने धीरे से कहा।

"चन्द्रगुप्त मौर्य तो तुम्हारा राजा है, चाणक्य। कहीं वही फँस गया, पकड़ा गया तब तुम्हारे इस थोपे हुए युद्ध का क्या होगा? उसे रहने दो, तुम्हें राजा बचाकर रखना है या...।" कहते-कहते राक्षस रुक गया।

"वह सब मुझ पर छोड़ो, आर्य। जो होगा, उसे भी देखेंगे। जो हो रहा है, उसे भी तो देख रहे हैं। तुम तो एक बार हमारा मार्ग प्रशस्त कर दो।"

"ठीक है—कल रात। लगभग इसी समय!" राक्षस इतना कहकर चल दिया। चाणक्य उसे नौका तक छोड़ने आया।

49

दूसरा दिन।

दूसरी रात का आगमन।

चन्द्रगुप्त मौर्य चाणक्य के पास। उसका चित्त कुछ-कुछ बेचैन-सा। कहीं पकड़े गये। अपने सहनायकों से कोई परामर्श-सूचना नहीं, न उनके जाने की योजना पर प्रकाश!

चन्द्रगुप्त मौर्य ने कहा भी था कि उनमें से एक यहीं रहे। चाणक्य का टका-सा उत्तर था, "चन्द्र, यह बड़ी विषम स्थिति है। भयावह संकट से हम लोग गुजर रहे हैं। जरा-सी भी शत्रु पक्ष को भनक पड़ गयी तो लेने के देने पड़ सकते हैं।"

"परन्तु यह तो...।" कहते-कहते चन्द्रगुप्त मौर्य रुक गया।

"सिंह के मुँह में हाथ डालना है।"

"मरने-मारने पर आन पड़ी है। हम पकड़े भी जा सकते हैं। हमारे प्राणों पर भी संकट मँडरा रहा है चन्द्र, कुछ भी हो सकता है।... तुम्हें भय लग रहा हो तो वैसा कहो।"

"भय की बात कहाँ है।"

"तो क्या बात है?"

"नीति की, शत्रु को उसके घर में जाकर मारने की—शत्रु कितना प्रबल है कि ...आप जानते हैं, आचार्य।"

"वह तो प्रबल है, इतिहास प्रबलतम को पछाड़ने से बनता है।"

"इतिहास बने या बिगड़े परन्तु इतना भयानक संकट और यह जानबूझकर लेने का क्या तुक है?" चन्द्रगुप्त मौर्य ने तपाक से कहा।

"संकट के लिए तुक की जरूरत नहीं देखी जाती। जितना बड़ा काम उतना बड़ा संकट। व्यक्ति को लक्ष्य निर्धारित कर चलने पर, चन्द्र, संकट की जन्मपत्री नहीं खुलवानी चाहिए। फिर भी, तुम्हारा निर्णय सुरक्षित है, मुझे तो जाना ही है।" चाणक्य ने ब्रह्मवाक्य दे मारा।

चन्द्रगुप्त मौर्य के पास अब बोलने के लिए कुछ नहीं था। उसके अधकचे और विवश मन को पढ़ते हुए चाणक्य ने कहा, "आधे अधूरे मन से काम करने की अपेक्षा उस काम को शुरू ही नहीं करना अधिक उपयुक्त है। तुम्हारे आचार्य का राजा-सम्राट बनना तो नहीं है लेकिन अपने संकल्प को पूरा करना सुनिश्चित है।"

"मैं तत्पर हूँ, आचार्य।"

"विवश होकर नहीं।"

"कदापि मैं विवश नहीं हूँ। परन्तु कदम बढ़ाने से पूर्व मन को हलका कर देना अपना कर्तव्य समझता हूँ। आपको आचार्य स्वीकारा है तो पूरे मन से। फिर अपने आचार्य के सामने अपने को नहीं खोलूँगा तो सीखूँगा कैसे और जानूँगा कैसे?... चलिए।"

"अभी नौका आ जाने दो। ...वह भी आने में ही है।... हमें यहाँ से तैरकर आगे जाना है। नौका वाले को तुम और यहाँ से मुख्य स्थान तक ले जाने वाले को मैं...।" संकेत से बताया कि गंगा अर्पण कर अपनी आगे की यात्रा प्रारम्भ करनी है।"

"मारना क्या जरूरी है।"

"चन्द्र, तुम सम्राट बनोगे तो जानोगे कि राजनीति करने वालों के हाथ सदा खून से भरे होते हैं। फिर भी वे प्यार और अहिंसा की बात करते नहीं अघाते। जितना सफल सम्राट उतना ही अधिक हिंसक पशु। श्रीकृष्ण ने अर्जुन को युद्ध क्षेत्र में समझाया था, फिर योगमाया से दिखाया था और पूछा था, "बता तू किसको मार रहा है? मरने वाला कौन है और मारने वाला कौन? जब तू कुछ नहीं कर रहा है फिर अपने सगे-सम्बन्धियों, गुरु-आचार्यों आदि से युद्ध करने में कैसा संकोच। वे युद्ध वीर हैं, न्याय-अन्याय को ताक में रखकर पाण्डवों का विनाश करने पर तत्पर हैं तो तू भी धर्मवीर है, धर्म के लिए युद्ध कर रहा है, कृष्ण तेरे साथ हैं, गाण्डीव तेरे पास है। जिसके पास गाण्डीव हो और जिसके रथ का सारथि मैं बनूँ, उसे जगत् में कोई पराजित नहीं कर सकता, अर्जुन तू निडर होकर आगे बढ़। आगे बढ़ते हुए उन सीढ़ियों के अस्तित्व को भी मिटाता चल, जिनसे तुझ तक कोई पहुँचने का दुस्साहस नहीं कर सके। राजनीति का यही धर्म है, यही कर्म।"

चन्द्रगुप्त मौर्य साश्चर्य चाणक्य को सुन रहा था और समझ रहा था आचार्य ने जो वेद पढ़ाया था, उससे भिन्न वह सब है, जिसे वह कर व करवा रहे हैं। वह कह रहे थे, "चन्द्र गुरु-आचार्य की आवश्यकता अन्त तक बनी रहती थी क्योंकि उन्होंने जो लिखा-समझाया, व्यवहार में उसमें से बहुत कुछ पलट दिया जाता है।"

चन्द्रगुप्त मौर्य विस्फारित नेत्रों से देखता रह गया। चाणक्य ने कहा, "पोथी पढ़कर, शास्त्र समझकर, उनका पण्डित बनकर कोई आचार्य तो हो सकता है परन्तु राज्य में अमात्य, महाअमात्य कदापि नहीं। उसके लिए चाणक्य चाहिए और चाणक्य को एक चन्द्रगुप्त मौर्य जो चाणक्य के होने का साक्ष्य रहे।"

"नौका इधर ही आ रही है।"

"मैं उस व्यक्ति को लेकर मन्दिर के पीछे पहुँचूँगा और तुम तब तक उसका काम तमाम कर खूँटे से बँधी नौका को खोलकर लहरों पर हिचकोले खाती बढ़ने देना। गंगा का प्रवाह उसे दूर ले जाएगा।"

नौका आयी। वह आदमी भी आया। फिर वे तीनों गंगा में कूद पड़े। हाथ-पाँव मारते रहे, बहते रहे। गनीमत यह रही कि उन्हें नदी के प्रवाह के साथ ही बहना पड़ा।

"और कितना दूर है?"

"वह सामने लाल रंग का ध्वज देख रहे हैं, वहीं तक पहुँचना है।"

वे तीनों तट तक पहुँच गये। चाणक्य ने कहा, "पहलवान को प्रसाद दो।"

"नहीं... नहीं... प्रसाद नहीं।"

"तुम हिन्दू तो हो।" चाणक्य पूछता।

"बेशक आचार्य।"

"फिर प्रसाद का अनादर क्यों?... चलो, चुपचाप हिन्दू होने का धर्म निभाओ।"

अब वह क्या करता। उसे प्रसाद लेना पड़ा। प्रसाद लेते ही वह बेहोश हो गया। चाणक्य ने कटार उसके सीने में उतार दी। वह चीखा भी पर विवश। उसे गंगा में डाल दिया। लहरों पर लाल रंग तैर उठा।

दोनों चुपचाप आगे बढ़ गये। दरवाजा किधर से खुलेगा? दोनों में यह बात कोई नहीं जानता था। यदि दरवाजा खुलते ही सैनिक उन पर टूट पड़े तो गंगा पर फिर से लाल रंग बह उठेगा।

चाणक्य ने कहा, "चन्द्र, स्मरण रहे विपरीत परिस्थितियों और संकट की घड़ियों में कभी भी उन परिस्थितियों और संकट के साथ मत बहने लगना अन्यथा मारे जाओगे।"

अब पत्थर हटाने की आवाज सुनायी पड़ी। उन दोनों ने अलग-अलग दिशा में देखना प्रारम्भ किया। तभी पीछे से आवाज आयी, "पलट कर देखो।"

एक अपार सुन्दरी हाथ में मशाल लिए थी।

"सुवासिनी।"

"हाँ।"

"पर सुरंग के अन्दर न पदाहट होनी चाहिए और न बोलने की गलती। ऐसा होने पर सुरंग रक्षकों को ज्ञात हो जाएगा कि सुरंग में कोई है।... और फिर अपना खेल खत्म।... सुरंग आगे चलकर दो ओर विभाजित है। मेरे पीछे-पीछे चलिए। सुरंग की दीवार का स्पर्श न हो।... पाँव में यह कपड़े की थैलियाँ डालकर बाँध लीजिए। इनके पहनने पर पदाहट नहीं होगी।... खाँसिए भी नहीं। छींकना संकट को आमन्त्रित करना होगा। अब चलिए। हमें सुरंग पार करने में एक घण्टे के लगभग लग जाएगा।" सुवासिनी इतना कहकर उनको कपड़े की थैलियाँ पहनने और उन्हें बाँधने तक वहाँ रुकी।

गहरा अँधेरा। सँकरी सुरंग। मशाल की लौ। मशाल भी छोटी। अन्दर सीलन की बदबू अलग। साँस लेने में तकलीफ। वे तीनों चल रहे थे मद्धिम गति से।

"हम आ गये हैं।"

एक कमरा था। यहाँ से ही दाहिनी ओर सम्राट आयेंगे। पूजा करेंगे। गंगा का प्रवाह यहाँ तक लाया गया है। शंख ध्वनि होगी। उनके वहाँ पहुँचने का वह संकेत है। वो सामने शीशम की जाली है, जिसमें से बाहर की गतिविधियों पर नजर बनी रह सकती है परन्तु अन्दर क्या हो रहा है, वह बाहर वाला नहीं देख सकता। आप में से एक उसी जाली तक जाओ।

चाणक्य गया।

जाली को अन्दर की ओर खींचो।

व चाणक्य ने जैसे ही जाली अन्दर की ओर खींची वैसे ही वह बिना आहट किये अन्दर की ओर खुल गयी।

"अब तुरन्त बाहर जाओ।"

चाणक्य ने वैसा ही किया। वह जाली तुरन्त बन्द हो गयी। अब चन्द्रगुप्त मौर्य वहाँ अकेला रह गया। चौंका भी। उसने पूछा, "अब?"

"तुम सोचो।"

"क्या सोचूँ?"

"सोचना ही बुद्धि पर धार रखता है, चन्द्र।" सुवासिनी के यह कहते ही उस जाली को पुनः पीछे खींचा, वह दरवाजा खुल गया।... "तुममें से एक बाहर जाएगा और एक अन्दर रहेगा उसे अन्दर लेने के लिए। यह चोर दरवाजा है। सुरक्षित है। अनाहट किये तत्काल बन्द होता है। फिर बाहर से धक्का देने पर वह नहीं हिलेगा-खुलेगा।... मैं अब चलती हूँ। वह दो पलँग हैं। आप वहाँ विश्राम कीजिए। शुभ रात्रि।" कहकर सुवासिनी चलने लगी थी कि अचानक रुकी और कहा, "अब मेरा आपसे पुनः मिलना नहीं होगा।"

अब किसको नींद आती। चाणक्य योजना बनाता रहा। गंगा तट पर गंगा माटी से बनने वाले घरौंदों की भाँति। उनको मिटा देता, फिर बनाता, फिर बिगाड़ता, फिर बनाता। उनमें से एक का अन्दर रहना अनिवार्य लगता क्योंकि उस दरवाजे को खोलने वाला भी कोई चाहिए।

चन्द्रगुप्त मौर्य ने चाणक्य को गहन डूबते, तैरते और उभरते देखकर कहा, "आचार्य, मैं पहले जाऊँ।"

"नहीं, चन्द्र। नन्दवंश के अन्त करने का संकल्प मैंने लिया है अतः वह कार्य मैं ही करूँगा।"

"तो मैं भी साथ रहूँगा।"

"फिर वह दरवाजा खोलेगा कौन?"

"उसको खोलने की आवश्यकता नहीं है। जो होना होगा, वही होगा हमें अब कोई चिन्ता नहीं, आचार्य। अब निर्णय होना है—इस पार अथवा उस पार। आर पार की लड़ाई है। हो लेने दीजिए। ... मैं जब छोटा था। माँ के साथ गंगा स्नान के लिए आता था। वहाँ मुझे एक गोताखोर दूसरे बच्चों के साथ तैरने का अभ्यास कराने लगा। एक माह से ऊपर हो गया, जैसे वह मेरे नीचे से हाथ हटाता वैसे ही मेरा हाथ-पाँव मारना बन्द हो जाता और मैं बचाओ-बचाओ चिल्ला पड़ता। एक दिन मैं घाट पर खड़ा था। घाट काफी ऊँचा था। गंगा को निहारता हुआ उस्ताद के आने की प्रतीक्षा कर रहा था कि उसने पीछे से आकर मुझे धक्का दे दिया। मैं चिल्लाया, "बचाओ-बचाओ।" पर किसी ने नहीं बचाया। उस्ताद ने ऊँची आवाज में कहा,

"डूबने से बचना है तो हाथ-पैर चलाओ।" मरता क्या नहीं करता, मैंने वही किया और मैं बच गया। उस दिन से गंगा में तैरने लगा। गंगा पार भी उतरने लगा। आज भी मुझे वही करना है। हम दोनों साथ होंगे।"

आखिर वही हुआ। सुबह होने से पहले शंख बजने लगा। एक बार नहीं अनेक बार। एक नहीं, अनेक शंख। फिर बाँसुरी और ढोल बज उठे। एकदम शान्त वातावरण। चिड़ियाँ चहक उठी थीं। पवन बह रहा था। गंगा माता सिहर रही थी। धननन्द ने आँख बन्द कर और हाथ जोड़कर गंगा माता की स्तुति करनी शुरू कर दी। स्तुति जैसे ही समाप्त हुई वैसे ही हरहर गंगा का स्वर गूँजा। ढोल की आवाज तेज हुई कि चीख निकल पड़ी। लहू बह पड़ा।

"तुम, चाणक्य।"

"और कौन होता, नन्दवंश के अन्तिम सम्राट। एक ब्राह्मण का संकल्प था, शूद्र सम्राट, वह पूरा हुआ।"

धननन्द मुस्कराया और धीमे स्वर में बोला, "यह है तुम्हारा सम्राट।"

"हाँ, यही है।"

"तो मेरी मृत्यु शान्ति से हो रही है, वक्र ब्राह्मण... वह भी हम में से एक है– एक और शूद्र... तेरा बनाया नया क्षत्रिय।..." ओह! वह गिरने लगा। अंगरक्षक दौड़े। उन्होंने सम्राट को सँभाला तब तक धननन्द के प्राणपखेरू उड़ चुके थे।

मातम छा गया। चाणक्य के पक्षधर सैनिक सामने आ गये। सेनापति और उपसेनापति को गिरफ्तार कर लिया। दोनों जैनी अमात्य भागने में सफल हो गये।

चारों ओर हाहाकार मच गया। सेना किंकर्तव्यविमूढ़-सी हो गयी। उनका सम्राट ही नहीं रहा। एक गहरी खामोशी।

महाअमात्य राक्षस आया। चाणक्य ने कहा, "आर्य श्रेष्ठ, सिंहासन खाली रखने की परम्परा नहीं है।... पुरोहित को बुलवाओ और अपने मौर्य सम्राट का राजतिलक करवाओ।"

एक ओर मातम, दूसरी ओर राजतिलक।... इसी बीच समाचार मिला कि सुनन्दा ने आत्महत्या कर ली है।

घोषणा हो गयी। नन्दवंश का लोप। मौर्यवंश का उदय।

चन्द्रगुप्त मौर्य ने स्वर्गीय सम्राट के लिए राजकीय शोक की घोषणा की। सुनन्दा और धननन्द का राजकीय सम्मान से दाह संस्कार हुआ। ध्वज झुका रहा। राजतिलक हुआ परन्तु कोई उत्सव नहीं मनाया गया। एकमात्र राक्षस को महाअमात्य की शपथ दिलवायी गयी। चाणक्य संरक्षक हुए। वह व्यवस्था में जुट गये। राक्षस से परामर्श कर नये सम्राट की ओर से प्रजा को सन्देश दिया गया। महाअमात्य राक्षस के हस्ताक्षर से वह आदेश प्रसारित हुआ।

अब क्या था कि चन्द्रगुप्त मौर्य की सेना वहाँ आ गयी। वह भी शान्त। कोई जोर जबर्दस्ती और लूटमार नहीं। एक नयी मिसाल कि जयी सेना मौन और सौम्य।

50

समय कभी सरकता लगता है, कभी दौड़ता है और कभी तेज भागता है। एक समय में वह किसी को रेंगता लगता है, किसी अनवकाश होने से दौड़ता-हाँफता और किसी को परिणाम आवेश में तेज भागता। समय वही है परन्तु एक के लिए जन्मोत्सव का मंगल हेतु और दूसरे के लिए गहरे रुग्ण होते म्लान, अवसाद और संकट भरा और तीसरे के लिए मृत्यु का आघात-विलाव और मूर्छित करता हुआ घटाटोप निराशा में डूबा हुआ। फिर युद्ध ने तीनों का हेतु जानकर क्या दिया, क्या समझाया। महात्मा बुद्ध के महाप्रयाण के बाद उनमें शाखाएँ-प्रशाखाएँ फूटीं और महान् चिन्तकों, सुधारकों और महात्माओं का लोप हुआ—हीनयान-महायान लड़ने लगे। फिर संघ? राक्षस गम्भीरता से सोच रहा था। कात्यायन ने कहा था, "महाअमात्य राक्षस बन्धु, अन्दर ही अन्दर धर्म को हटा देना छोड़ो। धर्म छोटी-बड़ी नदियाँ हैं, उन्हें बहने दो। धर्म के प्रति तटस्थ बनो—मानव धर्म के मूल मन्त्र पर ध्यान केन्द्रित करो, आचार्य। चाणक्य के संरक्षण में कार्य निष्पादन की दिशा-दृष्टि के अनुसार प्रशासन व्यवस्था में अपने अनुभवों का अमृत उँडेलो हर बूँद में अमृत्व बहने दो।"

"अब यही मेरा करणीय है, कात्यायन बन्धु।"

"हम बँटने लगते हैं तब राज्य भी बँटने लगता है, आस्थाएँ बँटने लगती हैं और हिताहित के शीतयुद्ध में ठनने लगते हैं।"

"तुम ठीक कहते हो, बन्धु।"

"अभी तक अपने राज्य के प्रशासन में जो पारदर्शिता, स्पष्टता, समानता, सहजता, सद्भाव आदि आयी है, उसके लिए प्रमुख श्रेय, महाअमात्य, आपको और आपके सहयोगी दल को दिया गया। ... आचार्य चाणक्य आपकी प्रतिभा और प्रशासनिक क्षमता के बड़े प्रशंसक हैं।"

राक्षस इन्हीं टिप्पणियों के मद्देनजर यह अनुभव कर रहा था कि चाणक्य न अनुदार है, न कान का कच्चा और न चापलूसों को शरण देने वाला। उसका पहला भाषण, नये वंश की स्थापना दिवस पर, सार्वजनिक समारोह में हुआ था। उसके अनेक कथन, न केवल जन आकर्षण के केन्द्र रहे अपितु जनग्राह्यता के लिए प्रेरणादायक भी रहे। उसने कहा था, "प्रजा कैसे जीना चाहती? वह अपनी इस सामूहिक सर्वहितकारी आकांक्षा को राज्य तक पहुँचाए, राज्य का सहयोग करे और संयम के प्रति निष्ठा का उदाहरण प्रस्तुत करे।... राज्य प्रजा के प्राणों में बसता है।

आइए, हम सब अपने नये युवा सम्राट के पारदर्शी, स्वस्थ और कल्याणकारी प्रशासन का हृदय से सहयोग कर उसे सफल बनाने का मन ही मन संकल्प लें।''

चन्द्रगुप्त मौर्य ने सीधे-सच्चे ढंग से कहा था, ''मैंने पहली बार इतने बड़े साम्राज्य का उत्तरदायित्व सँभाला है। आपका सहयोग राज्य की भाग्यलिपि स्वर्ण अक्षरों से लिखेगा। समाज में कटुता नहीं रहेगी, ऊँच-नीच, अमीर-गरीब का जैसे-जैसे भेद मिटता जाएगा वैसे-वैसे हमारी सुख-समृद्धि ऊँचाइयाँ, भाईचारे की प्रगाढ़ता और आनन्द देने वाले पर्व-उत्सव में चार चाँद लगते जाएँगे।''

सबको आश्चर्य था कि राक्षस पुनः महाअमात्य क्यों बनाया गया? क्यों जैन अमात्य शाकटाल और स्थूलभद्र को पुनः अमात्य ही नहीं बनाया बल्कि उनको क्रमशः सन्निधाता (राजकीय महत्त्वपूर्ण मन्त्रालय) और मंत्रिपरिषदाध्यक्ष जैसे महत्त्वपूर्ण मंत्रालय सौंपकर उनका महत्त्व बढ़ाया। कुछ करों में कमी की गयी और कुछ कर समाप्त कर दिये गये। सभी अधीन और सहयोगी राजाओं को स्वच्छ तथा स्वस्थ प्रशासन से जन सहयोग बढ़ाने पर बल दिया।

एक वर्ष नहीं बीता कि राज्य की हिलने वाली चूलें जमने लगीं। सहयोग बढ़ा। अपराध घटे।

राक्षस को यह जानकर अत्यन्त हर्ष हुआ कि उसका विवाह राजकीय शान से सुवासिनी से करवा दिया। सुवासिनी की वर्षों की कामना पूर्ण हुई।

चाणक्य ने चलते समय कहा था, ''आर्यश्रेष्ठ, पश्चिमोत्तर सीमा पर संकट के बादल मँडरा उठे हैं। सिकन्दर महान् का सेनापति सिल्यूकस उसकी मृत्यु के बाद बेबीलोन के आसन पर स्वतन्त्र राजा के रूप में बैठाया गया था। उसमें बैक्ट्रिया को जीतकर पुनः पश्चिमोत्तर आर्यावर्त्त पर आधिपत्य स्थापित करने की आकांक्षा जागी है।''

यह सूचना पाकर ही सिंहरण ने चाणक्य को पत्र लिखा है। सन्देशवाहक से पत्र पाकर वह हतप्रभ रह गया।

सम्राट चन्द्रगुप्त मौर्य को यह सूचना चाणक्य ने दी। चन्द्रगुप्त मौर्य एकबारगी तो तत्काल कुछ नहीं सोच पाया।

''सन्देशवाहक अलका का पत्र तुम्हारे लिए लाया है, चन्द्र।''

सब चुप। क्या करें, क्या नहीं, किसी को ठीक से इसका उत्तर नजर नहीं आ रहा था।

''हमने उनसे वादा किया था।''

''हाँ, पर यहाँ।''

''यहाँ, आर्य राक्षस हैं। चिन्ता नहीं। शकटार भी हैं, कात्यायन भी हैं और भी हैं। प्रशासन की गाड़ी दौड़ने लगी है। सिल्यूकस सिकन्दर द्वारा जीते गये आर्यावर्त्त

को पुनः जीतना चाहता है। बैक्ट्रिया जीतकर उसने बहुत शक्ति एकत्र कर ली है। ... वह सिन्धु तक पहुँचने वाला है। ... उनकी सहायता करनी ही है। उसे पंजाब और सिन्धु अपने अधिकार में लेने हैं।" चाणक्य ने सारी स्थिति स्पष्ट कर दी।

अब कोई चारा नहीं था चन्द्रगुप्त मौर्य के सामने। मन्त्रिपरिषद् की बैठक में चन्द्रगुप्त मौर्य के पीछे मगध साम्राज्य की देखरेख का उत्तरदायित्व एक विशिष्ट समिति को सौंपा गया और उसका प्रधान राक्षस को बनाया गया। यह सोचकर राक्षस की समझ में नहीं आ रहा था कि जो स्वयं मगध सम्राट होने के लिए द्वन्द्व-फन्द रच रहा था, उस पर इतना भरोसा क्यों! और वह भी चन्द्रगुप्त का नहीं, चाणक्य का। राक्षस ने एकान्त में चाणक्य से कहा भी था कि वह अपने निर्णय पर एक बार और सोच लें तो चाणक्य ने ही सहज भाव से कह दिया था, "आर्य बन्धु ब्राह्मण स्वयं राजा नहीं बनता बल्कि वह राजा बनाता है। तभी तो सिंहासन से ऊपर ब्राह्मण का सम्मान होता है। क्या मैं सम्राट नहीं हो सकता था? चन्द्रगुप्त मौर्य ने प्रस्ताव भी किया था। मैं जानता हूँ कि तुम भी इस माया के चक्कर में आये थे पर अब तुम सुवासिनी के मंगलमय जीवन पथ की ओर बढ़ चले हो और कदाचित् अनुभव भी करने लगे हो कि सम्राट होकर जीना मृगतृष्णा है, उससे अधिक कुछ नहीं।"

धीरे-धीरे राक्षस की आस्था-निष्ठा सत्ता के प्रति होती चली गयी और उसने सम्राट चन्द्रगुप्त मौर्य को महा अभियान के लिए विदा करते समय कहा, "जाओ, हृदय सम्राट, विजयी हो।... यहाँ की चिन्ता मन पर लेकर प्रस्थान मत करना। सेवक का यह विश्वास कीजिए कि आपकी विजयश्री का यहाँ की प्रजा हृदय खोलकर स्वागत अभिनन्दन करने के लिए प्रतीक्षारत रहेगी।"

"आस्था अनास्था को अपने रंग में उसी तरह रंग लेती है जिस तरह पारस पत्थर लोहे को।" पता नहीं कब किससे सुना था यह कथन राक्षस ने।

सुवासिनी ने कितने समर्पण भाव से कहा था, "मानती हूँ, आप आधे बौद्ध हो। बौद्ध ईश्वर को नहीं मानते। पर तनिक सोचो यह चमत्कार कैसे हुआ कि आपके शत्रु भी इतनी जल्दी आपका लोहा मानने लगे।"

"यह मेरी भी समझ में नहीं आ रहा है, सुवा।"

"आना भी नहीं है।"

"ये चुनौती क्यों देती हो?"

"और मैं क्या कहूँ?"

"पर मैंने बहुत सोचा। आखिर मेरे सोच ने उस रहस्य पर से परदा हटा ही दिया।"

"वो कैसे?"

"सुवा, चाणक्य और चन्द्रगुप्त मौर्य को सुरंग से यहाँ तक कौन लाया था?"

"मैं। पर यह सोच किसकी थी?"

"खाली पीली सोच से क्या होता है, सुवा। सुरंग का रास्ता तो तुम्हीं जानती थीं। उनको लाने का ही यह प्रतिफल है। हमारी-तुम्हारी शादी के पीछे भी यही रहस्य है। चाणक्य उपकार का बदला अपकार से नहीं दे सकता। उसे जीने का मन्त्र आता है और विश्वास जीतने की अचूक विधि भी।"

राक्षस यह सोचता हुआ अपने भवन के द्वार पर आ खड़ा हुआ। सेविका ने द्वार खोला। वह वहाँ से सीधे शून्य के सामने हाथ जोड़कर क्या खड़ा हुआ कि थोड़ी ही देर में उसके सामने चाणक्य आ खड़ा हुआ। वह कह रहा था, "आकाश को मत मानो तो क्या मेघ बरसेंगे नहीं या मानोगे तो क्या मेघ बिना बरसे ऊपर से नहीं गुजर सकते। स्वस्थ रहो... गृहस्थ. जीवन के संगी साथी बनकर।"

सुवासिनी आश्चर्य से देख रही थी कि सामने कुछ भी नहीं है। भित्ति है और वह भी अनलंकृत, सपाट। हाथ जोड़े किसकी अर्चना हो रही है। आँखें भी बन्द हैं। एकदम स्थिरचित्त। गहरे डूबे हुए। तपस्वी से शान्त-सहज। वह चुपचाप वहीं खड़ी रह गयी।

क्षण बीते। क्षण के समूह बीते। पर राक्षस हिलेडुले नहीं। सम बने रहे गहरे मौन में आलुप्त।

सुवासिनी भी डटी रही। उसमें भी जिज्ञासा आ बैठी अड़कर।

आँखें खुलीं। देह हिली।

सुवासिनी ने भी राक्षस को हिलता पाकर दूसरी भित्ति की ओर देखा और हाथ जोड़कर आँखें बन्द कर लीं।

अब आश्चर्य में गोता लगाने की राक्षस की बारी थी। वह चमका। उसने धीरे से पुकारा, "कोई है?"

सुवासिनी हिलीडुली नहीं। यथावत् खड़ी रही। तब राक्षस से नहीं रहा गया उसने धीरे से सुवासिनी के स्कन्ध को छू दिया। सुवासिनी ने कुछ देर बाद आँखें खोलीं और चौंककर पूछा, "कब आये?"

"तुम यह क्या कर रही हो?"

"मैं नहीं जानती।"

"तब कौन जानता है?"

"हाँ, तब कौन ज़ानता है?" सुवासिनी ने राक्षस के वाक्य को दोहराते हुए दार्शनिक मुद्रा बना ली।

"यह क्या पागलों जैसी बातें कर रही हो, सुवा।"

"तुम्हें मैं क्या पागल लगती हूँ, राक्षस?"

"तुम... कृपया... अपने में रहो। सहज, सादगी से भरी और मनमोहिनी-

सी... चंचल चित्त नयना, अप्सरा-सी।''

''कविता नहीं, राक्षस।''

''प्यार कविता होता है क्या, सुवा?''

''मैं नहीं जानती...।''

राक्षस ने सुवासिनी को बाँहों में भर लिया और कहा, ''लो, अब वह भी जान जाओगी।''

सुवासिनी राक्षस की देह को गुदगुदाकर उसकी बाँहों से छिटककर दूर जा खड़ी हुई और खिलखिलाने लगी।

''यह क्या हो रहा है, सुवा?''

''प्यार—आपने ही कहा था।''

''पर प्यार क्या ऐसा होता है, हाथ जोड़कर, आँखें मींचकर, एकाग्रता में डूबकर एक चित्त से भित्ति के सामने खड़े होकर।''

''ओह तो यह बात है।'' राक्षस ने उसके व्यंग्य को समझते हुए कहा।

''हाँ मेरे भोले देवता! जीने का काम मात्र बात बनाने से नहीं चलता और न भित्ति के सामने हाथ जोड़कर अर्चना-प्रार्थना करने से।''

''तो किससे चलता, मेरे महाअमात्य?''

''अपने मन से पूछकर देखो।''

''मेरा मन तो तुम ही हो ना।''

''तो उससे पूछो?''

''पूछने का प्रयास तो किया था पर तुम तो छिटक दूर जा खड़ी हुईं।''

''जो दिल में बस चुके होते हैं, वे लाख छिटककर दूर जा खड़े हों, फिर भी वे दिल से दूर नहीं हो सकते। जरा दिल का गणित दुबारा लगाकर तो देखो। अवश्य कहीं न कहीं, गुणा-भाग, जोड़-घटाने में भूल हुई है।'' राक्षस सुवासिनी के बंकिम नयनों, काली घटाओं से रेशमी कुन्तलों और अरुणाभ अधरों में उलझकर बेसुध होने लगा। दिन पर दिन उसे लगता था कि सुवासिनी की सौन्दर्य छटा में मादक निखार आता जा रहा है। पहली बार अनजानी-सी मुद्राएँ उसमें महक उठा रही हैं।

सुवासिनी के जीवन में आने से उसकी उलझी हुई ग्रंथियाँ खुल रही हैं। उसकी समझ सूझ में पारदर्शिता स्मित भर उठी हैं, तनाव टूट चले हैं, सकारात्मकता का दौर प्रारम्भ हुआ है। कैसा सर्वऋतु वसन्तोत्सव है जो दूसरों से अपने को जोड़कर समर्पणानन्द से आत्मविभोर हुए जा रहा है।

''आप में से अपनी अनुभूति पाकर, राक्षस, चित्त चितकबरा होने के स्वभाव से मुक्ति पा जाता है।''

''तुम में ऐसे निर्मल ज्ञान-ध्यान की गंगा का अवतरण कैसे होने लगा है।''

राक्षस उसके पास आकर उसका हाथ अपने हाथ में ले लेता है और अपने कपोल-होंठों पर लगाते हुए कुछ इस तरह से झुकता है कि उसके अरुणाधर काँप जाते हैं, हिरनिया नयन बीड़ानत हो जाते हैं और काली घटाएँ अवगुण्ठन गिरा लेती हैं और धड़कनें तेज हो जाती हैं। कैसा है यह मधुमास ज्वार जो प्राण के तार-तार को झंकृत कर जाता है।

51

प्रत्यूषकालीन वेला, चंचल बहता मनचला समीर, नयनोन्मीलित करती रहस्यमयी प्रकृति और सिन्धु नद् की थिरकती हुई बिन नुपूरों की पायल! वाह!! वाह!!! क्या मनमोहक चमत्कार है!

पहले आयी थी, तक्षशिला के राजभवन में सुकुमारिकाओं के साथ रहकर उनके कलालंकरण से अभिभूत हुई उन जैसी दीखने-बनने की ललक-सम्मोहन में इठलाती हुई मन्त्रमुग्ध होती गयी थी। उनकी भाषा में बही थी, उनके गीतों में उमड़ी थी। उनके नर्तन में झंकृत हुई थी और उनकी संस्कृति के अतीव आत्मीय अन्तर्झूलों में गद्गद हुई महकी-चहकी थी।

हैरेश था तब उसका हमउम्र। पूछता था, ‘‘तुम्हें तो, लगता है, आर्यावर्त्त ने अपने रंग में रंग डाला है। कुछ दिनों बाद यह भी नहीं लगेगा कि तुम यूनान की अप्सरा हो।’’

‘‘क्या करूँ, हैरेश। पुनर्जन्म के बारे में कभी सोचने की आवश्यकता नहीं पड़ी परन्तु अब मन मानने के लिए आतुर होने लगा है कि वह पुनर्जन्म ही है जो मुझे यहाँ की ताजा आबोहवा में बहाये ले जा रहा है और मैं लाख न चाहने की कोशिश करते हुए उसके रोके रुक नहीं पा रही हूँ।’’ कार्नेलिया का मन स्वर्णिम सपने के साथ महक उठा।

अब हैरेश नहीं है। वह अकेली है अपने को लेकर। तक्षशिला भी नहीं है। सब कुछ बदला-बदला है। छोटे-छोटे गणराज्य भी नहीं हैं। महागणराज्य हैं। उनमें अन्तःसूत्रीय संवाद हैं—शादी-विवाह हैं। और हैं एक महासंगठन की जिजीविषा का अनित्य अन्तर्भाव का अद्भुत मंगलाचरण।

कार्नेलिया किससे संवाद करे। कौन है यहाँ उस जैसे संवाद का हमराही।

क्षत्रप टाइरेसपेस की दृष्टि कार्नेलिया पर टिकी थी। पहले फिलिप उसे अपना बनाने के लिए कई षड्यन्त्र रच चुका था। टाइरेसपेस उससे प्रणय निवेदन कर चुका था। उसने उसे विनम्रता से समझा दिया था, ‘‘टाइरेसपेस, तुम्हारा आग्रह अपनी जगह समीचीन है परन्तु मैंने इस सम्बन्ध में कुछ नहीं सोचा है। समय की प्रतीक्षा

करो। पिताजी और माताजी के मन में क्या चल रहा है कौन जाने? अभी तो सामने मात्र युद्ध की श्रृंखला है। विजय की गहरी चाह है। कृपया अन्यथा न लेना।''

टाइरेसपेस के सामने उसके पिता सिल्यूकस का फलता-फैलता साम्राज्य था और उसके लिए वह कोई अवसर हाथ से नहीं जाने देना चाहता है। वह सामने से इधर ही आ रहा है। कार्नेलिया उठकर जाने लगी तो टाइरेसपेस ने दूर से आवाज लगा दी, ''रुको, कार्नेलिया, मैं तुम्हारे पास ही आ रहा हूँ।''

कार्नेलिया को रुकना पड़ा। प्रातःकाल का मनमोहक और चित्ताकर्षक परिदृश्य दोपहर के किनारे आ खड़ा हुआ। उसे ऐसे निर्जन एकान्त में शिविर से इतनी दूर अकेले नहीं आना चाहिए था। पुरुष का क्या वह तो अन्दर से साँड है। कब उसमें अन्दर का छिपा पशु-अहंकार वासना का भेड़िया बन सक्रिय हो उठे। वह डरती थी क्योंकि वह फिलिप में जगे पशु का सामना कर चुकी थी।

''सुबह कितनी सुहावनी है, कार्नेलिया, आनन्ददायक और उस पर यह एकान्त... आश्चर्यजनक। आपकी सुख-शान्ति में गहरी अभिरुचि है।''

''हम यहाँ लड़ने क्यों आये? टाइरेसपेस? प्यार करने क्यों नहीं आये? कोई लड़कर जीतता है, वह स्थाई जीत होती है या जो प्यार से दिल जीतता है, वह स्थाई जीत है?'' कार्नेलिया में उलझे प्रश्न उत्तर तलाश रहे थे। उसकी बड़ी-बड़ी आँखों में प्यार की मधुराई की अरुणिमा ढोलायमान हो चली थी।

टाइरेसपेस का मन मन्त्रमुग्ध हुआ उसे अवलोके जा रहा था। उसकी स्वर गंगा उसमें उतरती जा रही थी।

क्षितिज पर हलकी-सी रेशमी लाली मधुरस घोल रही थी। अभी सूर्य नहीं निकला था। पवन बह रहा था मलयजी बनकर। टाइरेसपेस का हृदय संगीत सुनकर थिरक उठा था। वह कहने लगा, ''कार्नेलिया, तुमने मेरे मुख की बात छीन ली।... पुरुष प्रायः जन्म से ही हिंसक जानवर है। उसे अहिंसा की ओर स्त्री का प्यार ले जाता है। वह प्यार जिसमें आत्मा का गहरा अन्तःस्पर्श होता है और आसुना मर्म छूने लगता है।''

साचरज कार्नेलिया ने टाइरेसपेस की ओर देखा। वह एकदम शान्त चित्त, सहज और मासूम लग रहा था। क्या व्यक्ति इतनी जल्दी अपने को बदलने लग सकता? लग सकता क्या, वह तो लग रहा है। उसने पूछा, ''तुम्हें युद्ध प्रिय नहीं है।''

''एकदम नहीं, कार्नेलिया। इस बार भी मैं नहीं आता, अपनी सेना भेज देता सन्धि के अनुसार परन्तु...।''

''परन्तु क्या, टाइरेसपेस?''

''चलो उस बात को छोड़ें। सुहावने और मनमोहक उभरने वाले सुबह के साथ कुछ क्षण जी लें। कदाचित् ये क्षण पुरुष को प्यार करने योग्य बना सकें। उसे हिंसा

के कुमार्ग से लौटा सकें। मैं इनसान बनना चाहता हूँ, भेड़िया नहीं।" टाइरेसपेस ने अन्दर की आवाज से डूबकर, कुछ-कुछ खोकर कहा।

कार्नेलिया की दृष्टि उस पर गड़ी की गड़ी रह गयी। वह कितने वर्ष बाद मिल रहा था। उसने जान लिया था कि कार्नेलिया को पाना है तो उसके हृदय में जगह बनानी पड़ेगी। हिंसा-बर्बरता से नहीं, उसे समर्पण से जीता जा सकेगा।

टाइरेसपेस कुछ समय के लिए आया था, युद्ध शुरू होने से पहले वह लौट जाना चाहता था ताकि कार्नेलिया उसमें हो रहे परिवर्तन और प्यार के संगीत को दीवाने के रूप में जान सके। फिलिप भेड़िया बन क्या पा सका।

"पर तुम तो यहाँ...।"

"युद्ध के लिए नहीं।"

"तो किस लिए?"

"सन्धि के अनुसार मेरी सेना का एक भाग आया है परन्तु मैं यहाँ मात्र तुमसे मिलकर प्यार का सुकून पाने आया हूँ। माना कि तुमने मेरे प्यार पर मौन धारण कर हलकी-सी गुंजाइश छोड़ी है।... फिर भी, कोई बात नहीं, तुम चाहे जो निर्णय लो और चाहे जिसके पक्ष में लो परन्तु मुझे इसी से सन्तोष है कि मैं प्यार के मधुर संगीत के कतिपय यादगार क्षण पा सकूँ और उसी के सहारे शेष जिन्दगी प्यार के नाग कर सकूँ।" टाइरेसगेस का हृदय छलछला आया था। उसकी आवाज का भारीगन संगीत की नद् के किनारे मलयजी पवन बनकर पहली बार मौन खोल रहा था।

"तुम भी रोज इधर आते हो क्या?"

"अभी मात्र दो दिन से उस मधुर संगीत को सुनने के लिए आ रहा हूँ जो हृदय को सम्मोहित कर कुछ क्षणों के लिए आत्ममुग्ध कर देता है। ... शान्ति क्या होती है? अहिंसा क्या देती है? यह सब मन-आत्मा को क्यों कर और कैसे इतनी जल्दी बाँध लेता है। ... मैं नहीं जानता वह प्यार है, कार्नेलिया परन्तु तुम्हारे पास आकर अनुभूति होने लगती है कि मैं अमृतमयी नदी के किनारे आ खड़ा हुआ हूँ।"

"अब चलती हूँ, टाइरेसपेस।"

"मैं भी उधर चलता हूँ।"

"नहीं, टाइरेसपेस, नहीं। मुझे अकेले जाने दो।"

"कोई डर है क्या या...।"

"नहीं, ऐसा कुछ नहीं है।"

"फिर भी...।"

"हाँ, टाइरेसपेस।"

"जैसी तुम्हारी इच्छा, कार्नेलिया। परन्तु वह रास्ता जंगल होकर जाता है।"

"तो?"

"शेर-चीते भी हैं उधर।"

"मैं इसी रास्ते से आयी थी।"

"पर अब उधर से लौटो मत।... जानबूझकर क्यों खतरा मोल लो।"

"परन्तु मैं तो...।" कार्नेलिया अन्य कोई रास्ता जानती नहीं थी। डर रही थी कि पता नहीं टाइरेसपेस उसे कहाँ ले जाए। मन के पाप को छिपाने के लिए पुरुष ऊपर से कितना चिकना-चुपड़ा हो सकता है।

"तो फिर मैं भी तुम्हारे साथ चलूँगा। तुम्हें अकेले नहीं जाने दूँगा। अब नाह-नूँह नहीं करोगी।" टाइरेसपेस ने आत्मीय भाव जतलाते हुए कहा।

कार्नेलिया विवश थी। फिर भी वह परिचित रास्ता है। वह कई दिनों से उधर से ही आ जा रही थी। उसके पिता सिल्यूकस ने उधर ही पड़ाव डालकर प्रयत्न किया है कि उनके बीच सन्धि हो जाए और वह उसके सामने आत्मसमर्पण कर दे। आम्भीक की तरह, जिससे उसकी स्वाधीनता भी बनी रहे और मित्रता भाव भी।

वे दोनों चल पड़े। थोड़ी दूर तक गहरा जंगल था। वह जंगल से गुजर रहे थे कि शेर की जंगल चीरती दहाड़ सुनी। सारा जंगल हिल गया। पशु-पक्षी भाग खड़े हुए। टाइरेसपेस सतर्क हो गया। उसने म्यान से तलवार निकाल ली और कुछ देर तक दहाड़ की दिशा का अनुमान लगाया।

कार्नेलिया ने निडर होकर कृपाण हाथ में ले ली। धीरे से कहा, "सुना है, क्षत्राणी शेर से भिड़ जाती है।"

"वह मात्र सुना है और यहाँ अपने आसपास शेर है। सुनने दो, अब की शेर किधर से दहाड़ता है। तुम दिशा का अनुमान लगाना।"

"कोई जरूरत नहीं।"

"क्यों?"

"वे देखो, शेर के पद-चिह्न। शेर यहीं कहीं है—आसपास।" कार्नेलिया ने निर्भय होकर कहा।

"तुम पेड़ पर चढ़ सकती हो क्या?" टाइरेसपेस ने धीरे से कहा।

"शेर पेड़ पर नहीं चढ़ सकता क्या इसलिए।"

"यही समझ लो।"

"क्यों समझ लूँ। प्राण तुम्हारे भी बहुमूल्य हैं। स्त्री पुरुष से कमजोर नहीं है, यह आज तुम्हें भी ज्ञात हो सकेगा।"

"जिद नहीं।"

"यह उसूल की बात है, टाइरेसपेस। मैं मृत्यु से नहीं डरती। और, जो मृत्यु से नहीं डरता, वह मर नहीं सकता, क्योंकि यदि उसका शरीर मर भी गया तो भी उसका यश-पराक्रम अमर रहेगा, वह कभी नहीं मरेगा। यहाँ के लोग मृत्यु का स्वागत करना

जानते हैं।"

"वह हम भी जानते हैं।"

तभी शेर दहाड़ा और तुरन्त टाइरेसपेस पर आक्रमण कर बैठा।... टाइरेसपेस ने अपना बचाव किया।... शेर कार्नेलिया की ओर मुड़ना चाह रहा था परन्तु नहीं मुड़ा। उसने टाइरेसपेस का पीछा किया।

कुछ देर बाद फिर सन्नाटा। दहाड़ नहीं। जंगल की साँय-साँय और शेर का आतंक। पता नहीं किधर से आक्रमण कर दे।

और उसने ऐसा ही किया। टाइरेसपेस पर पीछे से आक्रमण कर घायल कर दिया। उसके हाथ से तलवार गिर गयी तो कार्नेलिया ने शेर पर कृपाण से वार कर दिया। शेर भी घायल हुआ। उसने टाइरेसपेस को छोड़कर कार्नेलिया की ओर रुख किया। टाइरेसपेस पेड़ पर चढ़ गया।

अब कार्नेलिया के सामने शेर था। कार्नेलिया शेर की दहाड़ सुन विचलित हुई। शेर क्रोध में था। वह कृपाण से अपना बचाव नहीं कर सकती थी। जैसे शेर पूरी ताकत से कार्नेलिया पर झपटा, वैसे ही कार्नेलिया के हाथ से कृपाण छूट गयी और उसने यह सोचकर आँख मींच ली कि अब उसका प्राणान्त हो जाएगा।

टाइरेसपेस ने घबराकर आँख मींच ली। वह कार्नेलिया का ऐसा अन्त देखना नहीं चाहता था। उसकी सारी योजना धरी की धरी रह गयी।

अनेक बार दहाड़ उठीं। जंगल भयावह ढंग से काँपा। आतंक का एकछत्र साम्राज्य स्थापित हो गया। टाइरेसपेस आँखें बन्द किये सौन्दर्य की देवी की देह को क्षत-विक्षत, कटी-फटी और मांस के लोथड़ों में तब्दील होती देखकर तड़प उठा और यूनान के देवताओं की स्मृति में व्यास नदी पर सिकन्दर द्वारा बनवाई बारह विशाल वेदियों की उसने एक साथ चीत्कार सुनी। वह बेसुध होने लगा।

समय बीतता गया। धूप पेड़ों से छनकर जंगल में फैलने लगी। कुछ समय पूर्व ताण्डव कर उठा रौरव अब तक शान्त हो चला था। पक्षी दलों की हलकी-सी चहलपहल सुनी जा रही थी। अन्य पशु भी मुँह लटकाये लौट रहे थे।

एक भीषण युद्ध।... नहीं... नहीं युद्ध कैसा। हत्याकाण्ड। सौन्दर्य का वीभत्स-क्रूर और निर्दय अवसान। कोई निर्णीता नहीं। न निर्दग्ध निर्दिष्टि। प्रभिन्न उपसंहार। योद्धव्य मानसिकता की नपुंसकता! हाय रे! यह क्या हुआ! ऐसे पौरुष पर धिक्कार। टाइरेसपेस का मन लीर-लीर हुए जा रहा था।

"उठो वीरांगना, सौन्दर्य की अधिष्ठात्री, उठो! तुम्हारा महाकाल अन्तिम साँसें गिन रहा है अधमिंची आँखों से। जंगल के राजा की ऐसी भयानक पराजय। ऐसी निर्मम हत्या! वह लाख कोशिश करके भी अपने शिकार को ठीक ढंग से देख भी नहीं पा रहा है। उठो संसृष्टि के विमल सौन्दर्य, जागो। और तुम भी पेड़ पर चढ़े

नवयुवक नीचे उतरो। सुना था, सुनता रहा कि यूनानी पराक्रम के पर्याय होते हैं परन्तु तुम... खैर, उतरो भी! तुम्हारा प्रेम सकुशल है—प्रेम भीरु! नीचे उतर आओ।"

टाइरेसपेस का हृदय काँप गया। वह नवयुवक रक्त से सनी तलवार और कृपाण को लिए उसे पुकार रहा था।

"वह कौन है, तुम्हारी, नवयुवक, सौन्दर्यशीला।" वह भयान्तक से मूर्छित पड़ी है। उसे छूकर चेत में लाओ, यूनानी युवक। ...मैं चलता हूँ।"

टाइरेसपेस नीचे उतर आया। उसने अपनी हाथ से छूटी तलवार की ओर देखा। उससे कुछ दूरी पर कार्नेलिया पड़ी हुई थी।

"क्या देख रहे हो, पहले उस युवती को चेत में लाओ। वह तुम्हारी तलवार है और वह रहा मृत पड़ा शेर। उससे भयभीत होने की जरूरत नहीं है। अभी-अभी उसने अन्तिम साँस ली थी। तुम लोगों को इधर नहीं आना था। व्यर्थ में जंगल का राजा सुबह-सुबह मारा गया। एक निर्दोष की हत्या का पाप मेरे सिर। मैं कुछ करता हूँ पहले उसे चेत में लाओ। फिर मेरी मदद करना। जंगल के राजा की राजकीय सम्मान के साथ अन्त्येष्टि हो सके। शोक मन्त्र मैं पढ़ूँगा।"

टाइरेसपेस आगे बढ़कर जैसे ही कार्नेलिया को चेत में लाने के लिए उसकी देह छूने के लिए झुका वैसे ही कार्नेलिया ने उसे टोकते हुए कहा, "दूर रहो, टाइरेसपेस।...ओ अनजान युवक, मैं चेत में हूँ। तुम्हारे शौर्य, निर्भीकता और दूसरे के लिए अपने प्राणों पर खेल जाने के लिए दुर्लभ साहस को मेरा हार्दिक नमन। ...तुमने मुझे बचाया है। मैं सिर से पाँव तक तुम्हारी कृतज्ञ हूँ, भारतीय वीर, आर्य। मैं निर्बल हाथों के सहारे नहीं उठना चाहती, तुम अपना हाथ देकर मुझे उठाओ ताकि मैं परमवीर नवयुवक के स्पर्श से गद्‌गद होने का सौभाग्य पा सकूँ।" इसके बाद कार्नेलिया ने अपना हाथ बढ़ा दिया। उसने भी अपना हाथ उसकी ओर बढ़ा दिया। कार्नेलिया ने उसका हाथ कसकर पकड़कर कहा, "उठाओ, परदेशी आर्य, अपनी ओर खींचो।"

जैसे ही उसने उसे अपनी ओर खींचा वैसे ही वह उसकी ओर खिंची चली आयी। उसके सामने खड़ी हो गयी परन्तु उसने उसका हाथ नहीं छोड़ा। धीरे-धीरे उसने उसकी हथेली को चूमा। रक्त लगे म्यान पर अपना माथा टेका। उसके माथे पर रक्त की पड़ी बिन्दी उभर आयी। वह बोली, "परमवीर आर्य अपना नाम बताओ।"

"चन्द्रगुप्त।"

"मैं कार्नेलिया हूँ, चन्द्रगुप्त। तुम्हारे प्राणदान जैसे उपकार की धरोहर!... कृतज्ञ। ... हर भाग्यशालिनी युवती तुम जैसे परमवीर, निर्भीक और बलिष्ठ नवयुवक को पाकर फिर कुछ और पाने की इच्छा नहीं रखती। तुम्हें मेरा पुनः-पुनः नमन।" कार्नेलिया ने झुक-झुककर नमन किया। मुग्ध दृष्टि से उसे देखती रही।

टाइरेसपेस जलभुन गया। ऐसा अपमान। वह अपने को नहीं रोक सका। उसने अपने हाथ से तलवार उठा ली और चन्द्रगुप्त पर पीछे से वार करने की जैसे ही चेष्टा की वैसे ही कार्नेलिया बीच में आकर चीख पड़ी, "कायर-भीरु, भितरघाती, कापुरुष, क्या तुझे यूनान की पवित्र भूमि ने महावीर का स्वागत-सत्कार करने की यह विश्वसनीय भूमिका सौंपी है। रुक क्यों गया, कायर। कार्नेलिया पर प्राण देने वाले बड़बोलिये, ले मार। बुझा ले अपनी वासना की प्यास। तुझ जैसे नपुंसक यूनानी को क्या सोचकर वीरता के कर्मपुरुष सिकन्दर ने अपने साथ लिया था? फिर क्षत्रप बनाया और अब...।"

"आगे कुछ नहीं, कार्नेलिया।" कहकर टाइरेसपेस ने अपनी तलवार म्यान में डाल ली।

"स्मरण रहे, महान् सिकन्दर ने पर्वतेश्वर की पराजय का वीर पुरुष की तरह सम्मान किया था—राजा की तरह। मालव, कथई (कठ) और क्षुद्रक गणराज्यों के वीर योद्धाओं के अभूतपूर्व शौर्य, देशभक्ति, मर मिटने की जबर्दस्त अभूतपूर्व कामना को उनकी पराजय के बाद भी नमन किया था। सामूहिक दाह कर वहाँ स्मारक बनवाया था और तुम, टाइरेसपेस, उनके सेनानायकों में से एक थे, उस स्वस्थ और वीर परम्परा का मटियामेट कर परमवीर चन्द्रगुप्त पर पीछे से प्रहार करने जा रहे थे। वाह! वाह! धर्मवीर, तुमने क्या यूनान का नाम रोशन किया। धन्य कर दिया तुमने यूनान और उसकी वीर प्रजा की अनन्य भावना को।" कार्नेलिया में समुद्र की उद्दाम लहरों सा जोश उमड़ पड़ा था। उसकी आँखें और मुखमण्डल एकदम अरुण हो उठे थे।

"कार्नेलिया अधिक नहीं सोचो, वह हम आर्यों का कर्तव्य है। मैं क्या कोई दूसरा भी आर्य होता और चाहे अपने शत्रु को ऐसे संकट में पाता तो भी वह यही करता जो मैंने किया है।" चन्द्रगुप्त मौर्य ने सहज भाव से कहा। उसका कार्नेलिया के सौम्य, वीरोचित, निष्ठावान्, धैर्यशील और स्वाभिमानी व्यक्तित्व पर अपनी ओर ध्यान आकृष्ट किया। उसका शुचिता युक्त चरित्र और विमल सौन्दर्य ने भी मन हर लिया था। उसके अन्तराह्वान में बारम्बार एक शब्द ही अनुगूँज रहा था—सौन्दर्य की सौम्य महादेवी।

"दाह कर्म...।" कहकर कार्नेलिया ने कनखियों से चन्द्रगुप्त की ओर देखा। उसकी स्मृतियों में चिनगारी कौंधी। क्या यह वही चन्द्रगुप्त मौर्य तो नहीं है जो तक्षशिला की राजसभा में निर्भीक होकर सिकन्दर को परामर्श दे रहा था और सिकन्दर के कहने पर भी जिसे गिरफ्तार नहीं किया जा सका। उसका पीछा करते-करते सैनिकों के दम फूल गये थे। कैसा बरसा था उन सैनिकों के नायक पर। सिकन्दर की मुट्ठियाँ भिंचकर तन रही थीं, आँखें लाल हो उठी थीं और उसका चेहरा क्रोधावेश से काँप रहा था। अन्त में यह कहते हुए सिकन्दर ने उसका सिर धड़ से

अलग कर दिया था, "ऐसे निर्वीर्य नायक का इस वीरभूमि पर क्या काम जो पचास सैनिकों के दल को लेकर एक नवयुवक को नहीं पकड़ सका—मारना तो उसे दूर की बात थी।"

अब वे तीनों ऐसे गड्ढे की तलाश करने लगे, जहाँ उसके देह को दफना कर, उस पर मिट्टी डाली जा सके और उसके चारों ओर पत्थर रख दिये जाएँ।

उसके दफनाने योग्य गड्ढा मिल गया। चन्द्रगुप्त मौर्य ने सूखे पेड़ों की डालियाँ काटकर उस मृत शेर के नीचे लगायीं और फिर उसे उस गड्ढे में दफना दिया। ऊपर से मिट्टी डाली। कार्नेलिया फूल चुन लायी। उस पर श्रद्धा से तीनों ने पुष्प चढ़ाये।

अब उन तीनों को वहाँ से चलना था। चन्द्रगुप्त मौर्य अपने अश्व के पास पहुँचा ही था कि कार्नेलिया ने मधुर आवाज में कहा, "चन्द्रगुप्त, मेरी एक प्रार्थना और है।"

"क्या है, निस्संकोच कहिए।"

"तुम्हारे जीवनदान उपहार के बाद मुझे तुमसे कुछ आग्रह-अनुनय-विनय करना उचित नहीं लग रहा है परन्तु...।"

"आप कहिए, कार्नेलिया, मन में कुछ नहीं लेकर जाएँ।"

"पहले मुझे तुम कहें।"

"चलो तुम,... अब कहिए।"

"यह देखो...।" कहकर कार्नेलिया ने अपनी घायल पिण्डलियाँ दिखा दीं।

"ओफ्फोह!... आपको कहाँ तक पहुँचना है।"

"पास में शिविर है... कोई डेढ़ दो कोस।"

घोड़े को पास लाकर कहा, "बैठिए, बैठ तो जाएँगी।"

"हाँ...।" कहकर वह घोड़े पर बैठ गयी।

"घोड़े की सवारी तो कर लेती हैं।"

"तुम छोड़ दो तो...।" बैठ जाइए। तुमको भी काम से जाना होगा।

चन्द्रगुप्त मौर्य को याद आया कि उसे लौटना भी है। आगे जाना है। पर...। उस युवती के साथ। नहीं... नहीं, फिर उसके साथ टाइरेसपेस भी है।

"क्यों, टाइरेसपेस, तुम्हें तो कोई आपत्ति नहीं है।"

टाइरेसपैस भी स्थिति को समझ रहा था। कार्नेलिया घायल थी। उसने मन मार कर कह दिया, "नहीं, कार्नेलिया, तुम घायल हो। चन्द्रगुप्त, हम पर तुम्हारा यह दूसरा उपकार होगा।"

झिझका झिझकी चन्द्रगुप्त मौर्य यह तै नहीं कर पा रहा था कि क्या वह उसके पीछे बैठ जाए अथवा आगे। तब तक कार्नेलिया ने अपने पीछे स्थान बनाकर कहा, "बैठ जाइए।"

सब कुछ विवशतावश हुआ और न चाहते हुए। घोड़ा सरपट दौड़ पड़ा। कुछ

ही देर में शिविर दिखलायी पड़ने लगा। सामने से सिल्यूकस आता नजर आया। कार्नेलिया ने कहा, "वह मेरे पिताजी हैं, बस उनके पास उतार दीजिए।"

घोड़ा रुका। सिल्यूकस के तेवर बदलते इससे पूर्व कार्नेलिया ने कहा, "पिताजी, आपका शुक्रिया अदा कीजिए। आप न होते तो हमें शेर हजम कर गया होता। आपने हमें पुनर्जीवन दिया है। हम तो शेर की दूसरी बार दहाड़ सुनकर सन्नाटे में आ गये थे। कटार भी हाथ से छूट गयी थी। यद्यपि हमारे साथ आते समय टाइरेसपेस थे। परन्तु वह कुछ नहीं कर पाये। उससे तलवार छूट गयी और वह अपनी जान बचाने के लिए पेड़ पर चढ़ गया।"

"बहुत बहुत शुक्रिया, नवयुवक। आप हमारे साथ आइए।"

"धन्यवाद... मुझे आगे जाना है।" चन्द्रगुप्त मौर्य ने कहा।

"तुम्हारी बहादुरी का... जो कुछ भी बन पड़ेगा, हम...।"

"कुछ नहीं, कर्तव्य से पुरस्कार का कोई सम्बन्ध नहीं है। मनुष्य मनुष्य के वक्त पड़ने पर काम आ सके, यही उसका कर्तव्य है। इसके लिए उपकार-कृतज्ञता की जरूरत नहीं है।" इतना कहकर चन्द्रगुप्त मौर्य ने घोड़े के ऐड़ लगायी और देखते ही देखते घोड़ा हवा हो गया।

चन्द्रगुप्त मौर्य को याद आने लगा कि जब वह शेर को दफनाकर पुष्प वर्षा कर रहा था, तब उसके हाथ जुड़ गये थे। कार्नेलिया ने पूछा था, "चन्द्रगुप्त, हम भी हाथ जोड़कर प्रार्थना करना चाह रहे हैं। प्रार्थना जोर से बोलिए, हम दोनों उसे दोहराएँगे।"

"झेलम नदी के एक तट पर सिकन्दर महान् ने बउकेफला नगर बसाया था। वहीं उस अश्व की समाधि बनवाई थी। तब क्या प्रार्थना हुई थी, कार्नेलिया?"

"यह सिकन्दर सम्राट का सर्वप्रिय अश्व था, चन्द्रगुप्त। तब सिकन्दर की आँखें भर आयी थीं परन्तु प्रार्थना कोई नहीं की थी।" कार्नेलिया ने याद करते हुए कहा।

"वह सिकन्दर महान् के प्राणों की रक्षा करते हुए मारा गया था, कार्नेलिया।" चन्द्रगुप्त मौर्य ने कहा।

"पर अब वह नगर नहीं है। छोटे-छोटे गणराज्यों को मिलाकर महाजनपद राज्य बना डाले हैं। उसे पर्वतेश्वर ने भाला फेंक कर मारा था। भाले की नोक विष बुझी थी।" कार्नेलिया ने पुनः कहा।

टाइरेसपेस के मन में शंका जन्मी कि कहीं वह चन्द्रगुप्त मौर्य तो नहीं है। उसको इतनी गोपनीय बातें कैसे पता हैं?

चन्द्रगुप्त मौर्य ने कहा, "मैं प्रार्थना करता हूँ, आप दोहराइएगा।.. हे जंगल मंगल के सम्राट शेर महाशय, आज मेरे हाथ से अपराध बन पड़ा है। हमें आपके वन्य जीवन में दखल नहीं करनी चाहिए थी। आपका क्रोध उचित था। हम अपने दुष्कृत्य के लिए क्षमा याचना करते हैं। हमें क्षमा कर अपने उदार मन और बड़प्पन

से आशीर्वाद देकर अनुग्रहीत करने की कृपा कीजिए। ... हम हैं आपके पड़ोसी जन, वन्य प्रेमी।''

चन्द्रगुप्त मौर्य का हृदय अत्यन्त भावुक हो उठा। उसकी निर्मल और गहराई देह का अति कोमल-कोमल रेशमी स्पर्श और उसकी जुल्फों की मादक महक पागल बना उठी थी। सब कुछ विस्मृत हो रहा था। उसकी श्वासों का उतार-चढ़ाव तन मन को उद्वेलित किये जा रहा था।

''हे आर्य पुत्र, तुमने यह वरदान किससे पाया? कहाँ से पाया? आत्मीय समर्पण के महारथी, कैसे तुमने अपने पराये का भेद मिटाकर सबको एक धरातल पर स्वीकार किया?''

''वरदान कोई किसी से नहीं पाता है, कार्नेलिया। यह जीवन स्वयं एक वरदान है। इस अन्तर्भावना से प्रेरित होकर मनुज परस्पर व्यवहार करे तो यह सृष्टि वरदानों की अनमोल सुगन्ध से महक उठेगी।'' चन्द्रगुप्त मौर्य को स्वयं अचरज हो रहा था कि वह यह सब कहाँ से और कैसे बोले जा रहा है। ऐसा इससे पूर्व उसने कभी सोचा नहीं था। दाण्ड्यायन का दिया आशीर्वाद उसे स्मरण हो आया था। उन्होंने कहा था, ''आर्य, यदि कुछ जानना-सीखना है तो प्रकृति के पास चले जाओ। बिन बोले, बिन सुने और बिना किसी गुरु आचार्य के वह सब जान सीख जाओगे, जो जानना सीखना चाहिए। तुम्हें स्वयं अचरज होगा तब अपने को जानकर कि तुम जो अभिव्यक्त कर रहे हो, उसे तुम्हें किसी ने नहीं बताया-सिखाया था। उस दिन की प्रतीक्षा करना।''

''क्या सोच रहे हो, चन्द्रगुप्त।... कहीं ये तो नहीं कि आज क्या हुआ? क्यों हुआ? कौन था उसके पीछे? यदि तुम्हारा इधर न आना होता। आदि-आदि...।''

''जो कभी नहीं सोचा, कार्नेलिया।''

''वह क्या है?''

चन्द्रगुप्त मौर्य हतप्रभ सा कार्नेलिया को देखता रह गया। स्वतः ही वह कह उठा, ''कार्नेलिया, यदि मैं कहूँ कि वह तुम हो तो?''

कार्नेलिया का तन-मन झंकृत हो उठा। उसका रोम-रोम खिल उठा। वह बोली, ''यदि मैं कहूँ कि वह तुम हो, मेरे प्राणदाता तो?''

''मैं प्राणदाता नहीं हूँ, कार्नेलिया, मैं तो... मैं तो...।'' चन्द्रगुप्त मौर्य स्वयं भूल-भुलैया में पड़ गया।

''चन्द्रगुप्त, किसी के जीवन में कदाचित् ही ऐसे क्षण आते हैं जब वह चाहकर भी झूठ नहीं बोल पाता। वह प्रकृतिस्थ हो जाता है।... मेरे साथ ऐसा हो रहा है। क्यों हो रहा है, यह मैं नहीं जानती और न जानना चाहती हूँ। मुझे लग रहा है कि तुम भी मेरी तरह अनबहे बहे जा रहे हो। जानते हो क्यों?''

''क्यों?'' चन्द्रगुप्त मौर्य ने पूछा।

कार्नेलिया का हृदय सुवासित हो उठा। उसके अधरों पर स्मित उमंगित हो उठी। उसके नयनों में चाँदनी नाच उठी और वह अनायास कह उठी, "यह जीवन तुम्हारा उपहार है और अन्तिम साँस तक रहेगा। मैं भुलाये नहीं भूल सकती। मैंने कभी सोचा भी नहीं था। पिताजी भी पूछ-पूछकर हार गये। और आज मैं उन्हें बता सकती हूँ कि वो तुम हो—मेरे प्यार।"

चन्द्रगुप्त मौर्य चौंका। घोड़ा सिन्धु में उतर चुका था। वह घोड़े से उतर कर उसके साथ तैरने लगा, प्रवाह को तिरछे से काटते हुए। कैसा कल्पना लोक रच गया था उसके खाली पड़े मरुस्थली जीवन में। कहाँ बह उठा था अनियन्त्रित भाव प्रवाह में। कैसे स्वतः बन पड़े थे कार्नेलिया से मूक संवाद। एकदम वाचाल बनकर।

सिन्धु नदी का दूसरा तट था। चन्द्रगुप्त मौर्य भीग चुका था। हलकी-सी थकान उसका पीछा कर रही थी। हवा उसे छेड़ रही थी। धूप उसमें ऊष्मा भर रही थी। मन उसका नाच रहा था। कार्नेलिया का चेहरा उसके सामने आ ठहरता था। वह पगला जाता था बारम्बार। मन ही मन कह उठता कि प्यार ऐसा होता है क्या? तो फिर कैसे होता है, दिशाएँ पूछ रही होती थीं। वह अब फिर से घोड़े की पीठ पर सवार होकर बहे जा रहा था मौज मस्ती के साथ कि उसे प्रतीक्षा रहेगी और उसे...।

52

युद्ध चल रहा था—कभी तेज होता, कभी रुकता-ठहरता-सुस्ताता। युद्ध में गति आती। कुछ लगने लगता। एक माह हो रहा था। परिणाम शून्य।

"चन्द्र, समय बहुत लग रहा है। इतनी ढील क्यों? सिल्यूकस भी बढ़ने से रुक जाता है और तुम भी आक्रामक बनने से बचते नजर आ रहे हो। ऐसा कैसा अनिच्छित युद्ध है। युद्ध है भी और नहीं भी। दूसरी बार सिल्यूकस ने अपना राजदूत भेजा है—मेगास्थनीज। आओ, बात करें कि वह क्या चाहता है?" चाणक्य इतना कहकर उठ खड़ा होता और जाते-जाते पुनः कहता जाता, "तुम भी सिंहरण-अलका को लेकर पहुँचो। निस्सन्देह सिल्यूकस भी पूरी तैयारी से आया है। सैन्य बल भी खूब है परन्तु इरादे कमजोर लगते हैं और यही बात... खैर मुझे जल्दी नहीं है। फिर भी जिज्ञासा है।..." चाणक्य की गहन गम्भीर वाणी किसी अज्ञात रहस्य की ओर इशारा कर रही थी।

यह बात चन्द्रगुप्त की समझ से परे थी कि कई बार सेना सारा दिन पड़ी रही, किसी ओर से आक्रमण नहीं हुआ। बीच-बीच में घमासान भी मचा परन्तु कुछ समय बाद वह शान्त भी हो गया।

चाणक्य ने मेगास्थनीज का स्वागत करते हुए कहा, "आप दूसरी बार आये हैं, यह हमारा सौभाग्य है कि आपके सम्राट ने हमें इस योग्य समझा। निस्सन्देह उनका

विश्वास है कि युद्ध पराजित राजा की प्रजा को रौंदता है—उससे जीने का अधिकार छीनता है।''

''यह तो निर्विवाद सत्य है। सम्राट सिल्यूकस नहीं चाहते हैं कि युद्ध से घृणा फैलती रहे, प्रजा से जीने का अधिकार छिनता रहे और बर्बरता के ताण्डव का नंगा नृत्य होने लगे।'' मेगास्थनीज ने धीरे-धीरे कहा और एक दार्शनिक की मुद्रा बनाये रखी।

''तो आपके सम्राट हमसे क्या चाहते हैं?'' चाणक्य इतना ही कह पाये थे कि चन्द्रगुप्त मौर्य और सिंहरण-अलका का प्रवेश हुआ। खड़े होकर उनका स्वागत हुआ। चाणक्य ने परिचय कराया और उसके बाद कहा, ''यूनानी सम्राट युद्ध नहीं चाहता, क्यों यही है न मेगास्थनीज।''

''बेशक।''

''तो फिर इस शुभ कार्य में देर क्यों?'' सिंहरण ने कहा।

''अवश्य इसके पीछे कोई सन्धि होनी है।'' चन्द्रगुप्त मौर्य का स्वर था।

''सामान्य सी सन्धि'' मेगास्थनीज ने कहा।

''वह तो नहीं, जिसके लिए पर्वतेश्वर तैयार नहीं हुआ था।'' चन्द्रगुप्त मौर्य ने कहा।

''वह सन्धि करनी चाही थी सम्राट ने।''

सिंहरण बोल पड़ा, ''जैसी आम्भीक से करनी चाही थी।''

''पर्वतेश्वर और आम्भीक के राज्य की सीमाएँ हमारे सम्राट ने बढ़ाई थीं। परन्तु यहाँ कुछ-कुछ समझ का उलटफेर लगता है। तभी तो पर्वतेश्वर ने तत्कालीन सम्राट के सन्धि प्रस्ताव को ठुकरा दिया था।''

''सन्धि प्रस्ताव नहीं, मेगास्थनीज, वह परतन्त्रता की प्रस्तावना थी। सन्धि सदा बराबर वालों में होती है।'' चाणक्य ने सहज भाव से कहा।

''बराबर किस दृष्टि से, आचार्य चाणक्य?'' मेगास्थनीज ने जानना चाहा।

''जैसे राजा के साथ, राजा की।''

''दो समान हृदय वालों में नहीं हो सकती, क्या?'' मेगास्थनीज का स्वर था।

''यहाँ राजनीतिक सन्धि की बात हो रही है। युद्ध हो रहा है। युद्ध विराम चाहिए तो लौट जाइए, हम भी लौट जाएँगे।'' चन्द्रगुप्त मौर्य ने कहा।

''हो गयी सन्धि।'' सिंहरण ने तपाक से कहा।

''नहीं, ऐसा नहीं है। सन्धि की शर्तें होती हैं। क्यों मेगास्थनीज?''

''बेशक, सम्राट।''

''तो उन्हें स्पष्ट कर दीजिए।''

मेगास्थनीज ने शर्तें सुनानी शुरू कर दीं। मेगास्थनीज के साथ आया आलिस बीच में बोल पड़ा, ''सन्धि प्रस्तुत करने के पीछे मकसद यह है कि आप भी उसमें से कुछ घटाना या कुछ बढ़ाना चाहें तो उसको विचारार्थ लिया जा सके। अब तक

जिन शर्तों को सुनाया जा चुका है, उनके सम्बन्ध में कुछ कहना चाहें तो आप भी कह सकते हैं।"

चाणक्य की ओर चन्द्रगुप्त मौर्य ने देखा। सिंहरण अलका की ओर देख रहा था। अलका ने संकेत से चाणक्य की आज्ञा पाकर कहा, "मेगास्थनीज बन्धु, परस्पर मित्रता क्यों न हो जाए।"

"वही तो हमारा प्रयत्न है।"

"परन्तु उसमें आप अपना उच्च स्थान बनाये हुए हैं। उसमें दो बराबरी के नृपों या सम्राटों के बीच फासला है। सन्धि के प्रस्ताव लाने वालों के मन में अपना उच्च स्थान है और जिनसे सन्धि की जा रही है उनका निम्न स्थान है।"

"भाषा में सुधार की जरूरत हो तो वह सम्भव है।"

"मुझे लगता है कि शक्ति परीक्षण के प्रदर्शन में कुछ कमी रह गयी है।" चन्द्रगुप्त मौर्य ने स्पष्ट कर दिया, "न हम आम्भीक हैं और न पराजित पर्वतेश्वर। ... मेगास्थनीज, कूटनीति के सहारे सन्धि हो तो जाती हैं परन्तु वे चल नहीं पाती हैं। हम नहीं चाहते कि सन्धि हमारी पराजय का दस्तावेज बने। सम्राट सिल्यूकस युद्ध के परिणाम की सम्भावना से हम पर मनोवैज्ञानिक दबाव-प्रभाव डालना चाहते हैं। हम उसके लिए तैयार नहीं हैं। सम्राट सिल्यूकस को युद्ध चाहिए। ... वह युद्ध के इरादे से यहाँ आये भी हैं। ... मेगास्थनीज बन्धु, आप हमारे मन की बात जान चुके हो, वही हमारा अन्तिम निर्णय है।"

"एक बार आपके सम्राट पुनः अपने सन्धि पत्र पर विचार करने का कष्ट करें और हमारी जगह अपने को रखकर यदि सन्धि आवश्यक मानते हों तो संशोधन करें। भाषा द्वि-अर्थी न हो और उसमें कूटनीतिक चालों की गुंजाइश हो। फिर हमें उसका स्वागत करने से कोई एतराज नहीं होगा। अपने सम्राट से हमारा विनम्र अभिवादन कहिए और बताइए कि हम उनके हृदय से आभारी हैं और आशा करते हैं कि सन्धि हृदय बाँधने वाली हो, अर्थ में छिपे अनर्थ वाली नहीं।" चाणक्य ने सहज भाव से आत्मीयता दिखलाते हुए मेगास्थनीज को विदा किया।

53

पुनः युद्ध में गर्मी आ गयी। इस बार कई मोरचों पर हार-जीत के दृश्य देखे जा सके। सिल्यूकस अड़ गया। मेगास्थनीज ने यद्यपि शालीन भाषा में संक्षिप्त में प्रतिपक्षी के मन्तव्य को समझाया। लेकिन सिल्यूकस ने उसे अपना अपमान समझा। टाइरेसपेस ने भी सलाह दी कि आर्यावर्त्त का पश्चिमोत्तर सीमावर्ती भाग अब सम्राट सिकन्दर के समय जैसा नहीं है। वहाँ बड़े-बड़े जनपद हैं। उनमें भी परस्पर सन्धि है। वे बाहरी

आक्रमण के समय एक होकर युद्ध कर रहे हैं।

सिल्यूकस ने कार्नेलिया को बुलाया और पूछा, "जो तुम्हें अश्व पर बिठलाकर लाया था, वह कौन था?"

"चन्द्रगुप्त था।"

"कि चन्द्रगुप्त मौर्य।"

"वह मौर्य था या नहीं यह न मैंने पूछा और न उसने चन्द्रगुप्त से आगे कुछ कहा।"

"क्यों टाइरेसपेस?"

"टाइरेसपेस ने भी इस सम्बन्ध में कोई प्रश्न नहीं किया।" कार्नेलिया ने कहा।

टाइरेसपेस चुप।

"और मान लो यह पता भी चल जाता तो?" कार्नेलिया ने पूछा।

"तो फिर हम जीत जाते।"

"कैसे? क्या मेरे प्राणदाता को पकड़वाकर अथवा उस पर आक्रमण करवा कर। वह अकेला था। महावीर... परमवीर। उसने अपने प्राणों पर खेलकर आपकी इकलौती पुत्री के प्राण बचाये और फिर यहाँ शिविर तक छोड़ने आया। क्या उपकार का बदला अपकार होता है?" कार्नेलिया ने तनिक आवेश में कहा।

"नहीं, कार्नेलिया प्रश्न यह नहीं है। पहचानने में तो चन्द्रगुप्त मेरे भी आ रहा था परन्तु उसने तुम्हारे साथ जो सुकृत्य किया था, तुम्हारे प्राण बचाकर। उसको देखते हुए मुझे यह ठीक नहीं लगा कि... तुम ठीक कहती हो... तुम घायल थीं, तुम्हें यहाँ तक छोड़ने का संकट उठाने में उसने जरा-सा भी किन्तु-परन्तु नहीं किया परन्तु कार्नेलिया, यह मत भूलो कि वह गैर यूनानी है, आर्य है और हम महान् यूनानी हैं... महान् सिकन्दर ने आर्यावर्त्त के एक बड़े इलाके को जिसमें जनपद और महाजनपद आते थे, जीता था... अर्थात् हम विजेता हैं। उन्हें हमारा स्वागत एक विजेता के रूप में करना चाहिए। तुम चाहो तो चन्द्रगुप्त मौर्य को झुकने के लिए विवश कर अपने पिता की प्रतिष्ठा को कायम रख सकती हो।" टाइरेसपेस ने चाल चली। पिता और पुत्री के सम्बन्धों में दरार पैदा करने की पृष्ठभूमि तैयार कर दी।

सिल्यूकस ने कार्नेलिया की ओर आश्वस्त होकर देखा। कार्नेलिया को चुप पाकर टाइरेसपेस ने कहा, "क्या सोच रही हो, कार्नेलिया?"

"जो मुझे सोचना चाहिए टाइरेसपेस।" कार्नेलिया ने बिना कोई विशेषण लगाये कह दिया।

"पर क्या?"

"तुम मेरे और मेरे पिताजी के बीच दरार पैदा करना चाहते हो। मुझे तुम्हारी वीरता पर नाज है। क्या खूब रक्षा की हमारी कि जनाब पेड़ पर चढ़कर हमारी शल्य

चिकित्सा का आँखों देखा हाल तैयार करने में जुट गये। ... सच कड़वा होता है, टाइरेसपेस—पर होता वह सच है। तुम में भी मैंने, उस दिन एकान्त में मुझे पाकर, वह दरिन्दा सक्रिय पाया था जो दरिन्दा फिलिप की आँखों में काली आँधी की तरह उपवन को उजाड़ देना चाहता था। क्या कसर छोड़ी थी उसने? वो तो... खैर उस दुर्घटना का जिक्र करना हमारे तन-मन में आग लगाने लगता है।... टाइरेसपेस मुझे तुम्हारे साथ, तुम्हारे सुझाए रास्ते से लौटने में संकट नजर आ रहा था। तुम्हारी विनम्रता, प्रेम निवेदन की भूमिका में मुझे एक बर्बर शैतान की सूरत नजर आ रही थी।''

''कार्नेलियाऽऽ।''

''आवाज नीची रखो। यहाँ तुम अपने वरिष्ठ सेनानायक और वर्तमान सम्राट के सामने बैठे हो। मर्यादा का ध्यान रखो।... मैं तुम जैसे कापुरुष से घृणा करती हूँ।''

''कार्नेलिया बेटी, टाइरेसपेस हमारे अतिथि हैं, हमारी सहायता करने स्वयं आये हैं।''

''एकदम गलत, पिताजी। टाइरेसपेस यहाँ इस नेक इरादे से पधारे हैं कि फिलिप जिस बर्बर रास्ते से नाकामयाब रहा, उसे त्यागकर नेक दिली का मुखौटा लगाकर राजी-राजी मुझे अपने साथ ले जाएँ अथवा मुझे अगुआ करवा दें।'' कार्नेलिया ने सारी चौपड़ ही उलट डाली।

''सिल्यूकस, अब हम यहाँ एक पल नहीं रहेंगे। क्या आपने हमें यहाँ अपनी बदजबान लड़की से अपमान करवाने के लिए बुलवाया है?''

''शान्त, टाइरेसपेस, शान्त।''

''क्या शान्त, सिल्यूकस। हम भी ईंट से ईंट बजाना जानते हैं। परन्तु हम नहीं चाहते कि आप उनसे पराजित हों, जिनको हमारे महान् सम्राट, विश्वविजेता सिकन्दर ने पराजित किया था।'' टाइरेसपेस की आँखों में शैतान आ विराजा था।

''तुम तो चन्द्रगुप्त पर भी पीछे से वार कर देना चाहते थे परन्तु वह तो हम बीच में आ गये।''

''काऽर्नेलिया।''

''और तेज आवाज में बोलो। तेज आवाज में बोलने से झूठ सच में नहीं बदल सकता।'' ताली बजाकर कार्नेलिया ने कहा, ''आज भी हम पिताजी के बीच में आ गये, टाइरेसपेस।... वह देखो...।''

''हमारा प्रमुख रसोइया।''

''उसके पीछे... आगे आओ।'' कार्नेलिया की कड़कदार आवाज थी।

वह आगे आता कि इससे पहले वह मूर्छित होकर जमीन पर गिर पड़ा। वह मर

चुका था। सिल्यूकस हैरान। टाइरेसपेस चौकन्ना। सिल्यूकस ने पूछा, "यह क्या है, प्रधान रसोइये।"

वह चुप।

"टाइरेसपेस, तुम्हें कुछ कहना है या हमें ही बताना पड़ेगा। वह हमारा प्रधान रसोइया नहीं है जो मरा है या मार डाला गया है, वह सपेरा है। हमें आपको विष देकर मार डालना चाहता था। और सारा खेल आपके मित्र टाइरेसपेस की मौलिक रचना है।"

"सावधान सिल्यूकस, तुम्हारी यह लड़की बदजबान ही नहीं, बददिमाग भी है और हमें यहाँ भी अपने सम्मान की रक्षा करना आता है।... ये पत्र पढ़िए, सिल्यूकस, तुम्हारी बेटी की लिखावट में है।"

"सिल्यूकस पत्र पढ़कर हैरान रह जाता है।

"यह आपके दुश्मन को लिखा पत्र है, सिल्यूकस।"

ताली बजाकर कार्नेलिया मेगास्थनीज को बुलवाती है। उसके आने पर कहती है, "मेगास्थनीज, बताओ कि सच क्या है? ... टाइरेसपेस हमारे बीच में मेगास्थनीज नहीं होता तो शायद तुम बिना लड़े ही हमारे पिताजी को अपने रास्ते से हटाकर इतने बड़े साम्राज्य के भी अधिपति हो जाते। एलेक्जेंड्रिया के क्षत्रप तक सीमित न रहकर तुम बेबीलोन, बैक्ट्रिया के स्वामी भी बन जाते। क्यों मेगास्थनीज, क्या ऐसी योजना थी?"

"सम्राट की जय, कार्नेलिया ने सच कहा है।"

"कल... गुजरी कल की रात का भोजन हमारे पिताजी कर लेते तो...?"

"गजब हो जाता।... भोजन साथ लेते परन्तु सम्राट...।"

"आपके भोजन में विष होता पिताजी।... भोजन की जाँच हो जाने के बाद भी—अत्यन्त विषैला विष... चुटकी से भी कम... परोसकारी करते समय डाल दिया था। उस प्याले को बड़ी खूबसूरती से अपने प्याले से बदल दिया था और स्वयं प्याला छुआ तक नहीं। बाद में वह कुत्ते को दिया। वह खाते ही छटपटाता मर गया।"

"ये साजिश है—वह पत्र...।"

"जो किसी को भेजा नहीं गया था, टाइरेसपेस। यह पत्र तुम तक पहुँचाया गया था ताकि तुम इसका प्रयोग करने में नहीं चूको और तुम्हारे यहाँ आने की असलियत पर से परदा हटने लगे।"

"यह सब क्या है। तुम्हारी लड़की की एक चाल है ताकि वह उस आर्य नवयुवक से विवाह रचाने की परिस्थितियों को जन्म दे सके।"

सिल्यूकस सोच में पड़ गया।

"यह सत्य है, मुझे चन्द्रगुप्त मौर्य से प्यार हो गया है। इसके लिए मैंने कोई

चाल नहीं रची, पिताजी। यह अवश्य प्रयत्न हुआ कि चन्द्रगुप्त मौर्य और आपके बीच सन्धि सेतु सक्रिय हो सके। दो प्राचीन संस्कृतियों का पुनरागमन मित्रता की मिठास लिए प्रारम्भ हो सके। युद्ध जीतकर भी हारा ही जाता है। विष का परिणाम अमृत नहीं हो सकता। ... और इसके लिए मैंने चन्द्रगुप्त को एक चिट्ठी भी लिखी है। शायद कल तक उसका उत्तर भी आ जाए। यह मैंने अवश्य अपराध किया है। मैं प्यार को छिपा नहीं सकी, उसे उजागर कर दिया बिना यह सोचे कि उसके मन में क्या है। हो सकता है कि उसके मन में ऐसा कुछ भी न हो और यह मेरी अति संवेदनशीलता और अति भावुकता का परिणाम हो। मेरी प्रार्थना है कि उत्तर आने तक बिना संवाद प्रतीक्षा की जाए।'' इतना कहकर कार्नेलिया वहाँ नहीं रुकी।

टाइरेसपेस ने भी स्पष्ट कर दिया कि वह अपनी सेना के साथ आज और अभी लौट रहा है। उसने अपनी लड़की को जरूरत से ज्यादा आजादी दे रखी है, उसका परिणाम सामने क्या आएगा और वह कैसा होगा?

''सुनो, टाइरेसपेस।''

''अब क्या सुनने सुनाने को बचा है। अपनी लड़की को तो सँभालकर रख नहीं पाए तो इतने बड़े साम्राज्य को क्या रख पाओगे। यही प्रचार बनेगा कि लड़की में कोई खोट था जो एक विजातीय आर्य के हवाले कर दिया। उसके लिए कोई यूनानी नहीं मिला। ... अब यह चन्द्रगुप्त पर निर्भर है कि वह उसे रखैल बनाकर रखे अथवा सेविका।''

''चुप करो, टाइरेसपेस। तुम्हें इतनी जली-भुनी बातें करते हुए जरा-सी भी शर्म नहीं आ रही है।''

''क्यों आये, सेल्यूकस। तुमने अपने पत्र में संकेत दिया था कि तुम अपनी लड़की के लिए बराबर की हैसियत वाला यूनानी लड़का चाहते हो। शर्त यह है कि तुम्हारी लड़की को वह पसन्द आ जाए। तुम भी आ जाओ तो अवसर भी अनुकूल है—बहाना भी है। फिलिप जैसी गलती अक्षम्य है। तभी तो तुमने सिल्यूकस, उसे मरवा दिया था।'' टाइरेसपेस दो टूक बात कहने से नहीं चूका।

सिल्यूकस बात का बतंगड़ नहीं बनाना चाहता था इसलिए उसने केवल इतना ही कहा, ''ठीक है, टाइरेसपेस, तुम लौट सकते हो। मुझे अपने पर पूरा भरोसा है। केवल अपने पर ही नहीं, अपनी बेटी पर भी। उसमें आदमी को पहचानने की अक्ल और शक्ति मुझसे अधिक है।... मैं तुम्हें दोष नहीं देना चाहता हूँ कि भोजन में विष कैसे और किसने मिलाने की साजिश रची।... तुम्हारी यात्रा मंगलमय हो, इन शुभकामनाओं के साथ तुम्हें विदा करता हूँ।''

टाइरेसपेस आश्चर्य से सिल्यूकस की ओर देखता रह गया। वह भी उसे रोकने का आग्रह नहीं कर सका। दूसरे दिन की सुबह टाइरेसपेस अपनी सेना को लेकर

चल दिया। सिल्यूकस ने उसे भावभीनी विदाई दी। कार्नेलिया ने उसके लिए शुभकामनाओं के साथ एक कीमती उपहार दिया और कहा, "हम से नादानी में कुछ गलतियाँ बन गयी हों तो क्षमा करना। यूनान जिन्दाबाद।"

सिल्यूकस ने उसे समझाया था, "बेटी किसी से बिगाड़ने में देर नहीं लगती परन्तु बनाने में पूरी जिन्दगी भी कम पड़ सकती है। चलो, उसे हार्दिक विदाई दो ताकि वह बादलों से घिरा होकर तनावों को कोसता न जाए।" कार्नेलिया ने सिल्यूकस की अपेक्षा से कहीं ज्यादा कर दिखलाया। वह सन्तोष-असन्तोष की लहरों पर गोते खाता हुआ अपने शिविर में लौट गया। यह पहला अवसर था जब किसी युद्ध में दोनों ओर से एक दिन का विश्राम घोषित हुआ।

54

चाणक्य अपने शिविर में टहल रहा था। पाटलिपुत्र से लगातार समाचार मिल रहे थे। राक्षस बड़े उत्साह से, सबके सहयोग से प्रशासन को दृढ़ता प्रदान कर रहा था। उसने मन्त्रालय और मन्त्रालय-विभाग में परस्पर सम्बन्ध स्थापित कर दिया था ताकि कोई मन्त्रालय-विभाग अपने को एकान्त में अकेला काम करता अनुभव नहीं करे। सबमें समन्वय उभरकर सामने आये और प्रजा को अपना काम करवाने में तनिक-सी असुविधा न हो। और न उनके मन में तनिक-सी भी शंका पैदा हो।

चाणक्य वहाँ अपने दो विश्वसनीय व्यक्तियों से भी समाचार लेता रहता था।

सामने से सिंहरण आता हुआ नजर आ गया। वह अपने खयालों में खोया हुआ था। उसने देखा ही नहीं कि वह चाणक्य के पार्श्व से गुजर रहा है। चाणक्य ने अपने पास से गुजर जाने के बाद सिंहरण को आवाज दी। सिंहरण चाणक्य की भारी आवाज सुनकर ठिठककर खड़ा रह गया।

"कहाँ खोये जा रहे हो, सिंहरण?"

"कुछ समझ में नहीं आ रहा है कि युद्ध में विश्राम क्यों? और दोनों ओर से भी मान्य। सैनिक भी खुश। दिमाग भी दुरुस्त।"

"सिंहरण, युद्ध विश्राम पाकर उठान भरने से अलसाता है। युद्ध एक क्षोभ का नतीजा है। क्षोभ एक नशा है। नशा उतरने लगा तो युद्ध से विरक्ति का भाव अवचेतन में कुहासे की तरह धीरे-धीरे फैलने लगता है। यह भी चिन्तनीय विषय है।" चाणक्य इस नयी परिस्थिति का विश्लेषण कर किसी नतीजे की टोह में अन्तर्लीन हो रहा था परन्तु अभी तक उसे कुछ नजर नहीं आया।

सिंहरण के सामने यह परिस्थिति पहली बार आयी थी। युद्ध में अल्प विराम और चन्द्रगुप्त मौर्य ने बिना किसी से परामर्श लिए स्वीकृति भी दे दी। चाणक्य से

भी परामर्श नहीं लिया। उसके बाद से वह अपने शिविर में बन्द है, बाहर नहीं आया।

"क्या बात है, सिंहरण? क्या तुम चन्द्रगुप्त मौर्य से मिले?"

"अलका को भेजा है, उसे आने दीजिए, आचार्य।"

"यह तुमने अच्छा किया, सिंहरण। नारी पुरुष-संवेदना की गहराई में उतरने की शक्ति रखती है। ... तो तुम जाओ, अलका के लौटने पर आना। अलका भी साथ आ सके तो देख लेना।" इतना कहकर चाणक्य चला गया। सिंहरण भी सैनिक शिविर की ओर बढ़ गया।

अलका देख रही थी कि चन्द्रगुप्त मौर्य कुछ पढ़ रहा है। वह सुनिश्चित नहीं कर पा रही थी कि उसे दरवाजे पर दस्तक देनी चाहिए या लौट जाना चाहिए। इस उलझन में उसने काफी समय निकाल दिया। उसका मन भारी होने लगा। उसने कभी अपने को इतना गम्भीर होते नहीं पाया था। अचानक उसका हाथ बाँस से बने दरवाजे पर पड़ गया।

थोड़ी देर बाद अन्दर से आवाज आयी, "कौन है?"

अलका ने अपने को सँभाला और धीरे से कहा, "मैं अलका, चन्द्र।"

"और...।"

"कोई नहीं है।"

"आ जाओ।"

अलका अन्दर चली आयी। संकेत पाकर उसके सामने बैठ गयी। पूछने लगी, "स्वस्थ हो, चन्द्र।"

"हूँ तो।"

"हूँ तो से क्या अभिप्राय है, चन्द्र?"

"अच्छा हुआ तुम इस समय यहाँ चली आयीं। मेरे लिए ये परिस्थितियाँ अनजानी हैं। मुझे इस समय जरूरत भी है।" चन्द्रगुप्त मौर्य की आवाज सन्नाटा बेंधकर आ रही थी।

"कहो, चन्द्र, निस्संकोच कहो।"

चन्द्रगुप्त मौर्य कुछ देर तक अपने आप से लड़ता रहा। हार-सा गया तो उसने वह पत्र उसकी ओर बढ़ाकर कहा, "अलका तुम इस पत्र को पढ़ो।"

चन्द्रगुप्त मौर्य ने पहले कभी किसी पत्र को उसे पढ़ने नहीं दिया। उसने कभी उसे इतना गम्भीर होता हुआ नहीं पाया। वह कहने लगा, "तुम यहाँ एकान्त में बैठकर पढ़ो तब तक मैं बाहर टहल लेता हूँ। तुम्हारा संकेत पाकर अन्दर आऊँगा।"

अलका को कुछ बोलने का अवसर ही नहीं मिला कि वह बाहर चला गया। अब वह पत्र पढ़ने लगी :

"चन्द्र, मैंने इससे पहले किसी पुरुष को पत्र नहीं लिखा। जरूरत ही नहीं पड़ी।

कैसे पड़ती। कोई था ही नहीं अपना और अब भी कुछ पता नहीं।

मैं तुम्हें पहचान गयी थी, चन्द्र। तुम तक्षशिला में सम्राट सिकन्दर के सामने आये थे। मैं तुम्हारे और सम्राट के बीच के संवाद सुन नहीं पायी। मैंने देखा तुम भाग खड़े हुए हो और सैनिक तुम्हारे पीछे दौड़ पड़े हैं। समझ लिया वीरता और साहस पहाड़ से सिर फोड़ने का नाम नहीं है। मुझे उस बात की याद इसलिए बनी रह गयी कि सम्राट ने उस नायक को मृत्युदण्ड सुना दिया था, जो अपनी टोली के साथ तुम्हें पकड़ने में असफल रहा था।

तुम वही चन्द्र हो। यह मैंने पूरी तरह तब जाना जब तुम मुझे अश्व पर बैठाकर दौड़ चले थे। पिता सिल्यूकस को मुझे सौंपकर लौटने लगे तब टाइरेसपेस ने शंका जाहिर की थी।

तुम हमारे यहाँ एंड्रोकोटस, सेड्रोकोटस आदि नामों से जाने जाते हो। महान् सम्राट सिकन्दर ने तुम्हें एंड्रोकोटस से पुकारते हुए कहा था—वह नवयुवक हमारे लिए संकट बन सकता है क्योंकि वह निडर है और स्वतः चक्रव्यूह में फँसकर हमारे चक्रव्यूह की धज्जियाँ उड़ा सका है। सावधान, मेरे सेनानायको, जो व्यक्ति तकदीर बदलने की शक्ति में अटूट विश्वास रखता हो, वह इतिहास भी बदल सकता है।"

सम्राट सिकन्दर मितभाषी था परन्तु जब बोलता था तब तोलकर। उसने हमारे पिता सिल्यूकस से कहा था, "फिलिप को क्षत्रप बनाना मेरी मजबूरी है परन्तु सिल्यूकस तुम कभी उस पर विश्वास मत करना।" वही हुआ भी।

तुमने मुझे शेर के मुँह से क्या बचाया कि तुम मेरे सपनों के देवता बन गये। जो एक अनजान लड़की के लिए अपने प्राणों की बाजी लगा सकता है, शेर को मारकर दम लेता है, वही उस लड़की का सौभाग्य भी हो सकता है।

मैं पिताजी से लड़ी। क्षत्रप टाइरेसपेस लौट गया। मैंने पिताजी से कहा, "मुझे युद्ध नहीं, पिताजी, प्रेम का उपहार चाहिए। दे सकते हो तो दे दो अन्यथा मुझे लहरों के प्रवाह पर बह जाने दो। मैं किसी अन्य से विवाह करना तो दूर सोचना भी पाप समझती हूँ।"

यह लिखकर मैं तुम पर किसी प्रकार का दबाव नहीं बनाना चाहती हूँ मात्र अपने पागलपन की अभिव्यक्ति के। तुम्हें भी मेरी तरह सोचने और न सोचने की पूरी स्वाधीनता है। मैं कतई बुरा नहीं मानूँगी।

मैंने अपने पिताजी पर दबाव अवश्य बनाया। माँ ने भी मेरा साथ दिया। मैंने कहा, "क्या तुम अपनी लड़की के लिए एक दिन युद्ध बन्द करने का प्रयोग कर सकते हो?"

"वह नहीं माना तो...।"

"तो मुझे कुछ नहीं कहना। मैं अपनी जिद छोड़ दूँगी।"

"पक्का।"

"हाँ पक्का।" मैंने आगे मन ही मन कहा था, हे प्रेम के देवता, तुम वास्तव में हो भी या नहीं, मैं यह भी जानना चाहती हूँ। क्या तुम भी जाति, वर्ण, धर्म, ऊँच-नीच, देश-विदेश आदि को मानते हो अथवा तुम्हारे आत्मा के स्वराज्य में मात्र प्रेम ही संजीवनी है। ऐसी संजीवनी जो युद्ध की दिशा मोड़ सकती है।

चन्द्र, बहुत कुछ नहीं जानती। जानना भी नहीं चाहती। खुशहाली, सफलता, वाहवाही, शिखर छूने की ख्याति आदि युद्ध में नहीं है, प्रेम में है। प्रेम से दिलों को जीतने वाला ही सच्चा सम्राट है, शेष तो घृणा और बर्बरता के सम्राट हैं।

हे मौर्य सम्राट, तुम ठण्डे दिल से एक आम आदमी की जिन्दगी की आस्था-अनास्था, प्यार-नफरत, समर्पण-असमर्पण, सहजता-असहजता, ईमान-फरेब आदि के साथ गुजरकर देखना तो शायद तुम्हें झोंपड़ी का सुख-चैन छीनने वाले, ईमानदारी के मुँह पर थप्पड़ मारने वाले, आचरण को भ्रष्टाचार के हवाले करने वाले और नैतिकता का बाजार करने वाले आदि के भेड़िया इरादों की कारगुजारी का पता चल सकेगा।

मेरी समझ में इस दुनिया को उन लोगों ने ही खराब किया है, युद्ध की धधकती भट्ठी में झोंका है और ओसीय विश्वास दिलाकर भूखे पेट भरने के लिए यतीम बनाकर छोड़ा है जो राज्य-समाज के शिखर सिंहासन पर विराजमान हैं और जो धर्म, जाति, वर्ण आदि के ठेकेदार हैं। पता नहीं, इसमें सच क्या है, झूठ कितना है या ... छोड़ें भी इस कंगाली की काली कलूटी दास्तान को, जिसमें किसी की भी रुचि नहीं है।

मैं ऐसी हूँ। मुझे नहीं मालूम इन विचारों से जूझती लड़की से तुम्हें कुछ मिलेगा या नहीं।

पिताजी ने सन्धि की शर्तें तुम्हारे अनुकूल बनाने का काम मेगास्थनीज को सौंपकर मुझसे कहा है, "यह एक पिता का अवदान है, कार्नेलिया।"

सचमुच मुझे पत्र लिखने का पहला-पहला मौका मिला है। गलत-सलत भी कुछ हो सकता है।

एक बार पुनः इस विश्वास के साथ कि यदि युद्धावकाश की व्यवस्था चलते युद्ध में कबूल कर ली जाती है तो मैं मान लूँगी कि मेरा फैसला समीचीन है।

वह भी इसलिए कि मेरा पत्र तुम्हें उस समय मिलेगा, जिस समय दोनों ओर के सेनानायक, उपनायक आदि सैनिकों के साथ एक दिन का युद्ध विराम का अनुभव लाभ उठा रहे होंगे।

अच्छा तो, चन्द्र, तुम्हें ठीक लगे तो उत्तर देना और यदि... मैं कुछ नहीं कहूँगी, अब कहना चाहोगे तो तुम... मैं धैर्य-शान्ति से सुनना चाहूँगी। कार्नेलिया।

अलका गहरे में उतर गयी। अपने को अनदेखा देखती रह गयी। उसे कुछ ठीक से नहीं सूझा। एकदम अनायास सब कुछ। क्या कहे। प्यार बोलने कहाँ देता है। वह उठकर बाहर की ओर चन्द्रगुप्त मौर्य को देखने चल दी।

55

"आज का दिन अच्छा रहा।"

"प्रकृति शान्त। सिन्धु की कलकल सुनता रहा। पत्नी-पुत्री की याद आती रही। मेरे वृद्ध माता-पिता हैं। उनको देखता सहेजता रहा।"

"यह कैसा राक्षसीय क्रूर दुष्कृत्य है कि एक सैनिक दूसरे सैनिक को मारे पर क्यों?"

"कैसा रौरव है! यह कैसी जीत। कैसी हार? यह वीरता का कैसा कार्य?"

"मैं तो दिन में ही सो गया तो क्या देखता हूँ कि एक बहुत बड़ा कड़ाहा है—बहुत ही बड़ा।"

"कितना बड़ा?"

"इतना बड़ा कि जिसमें मांस पक रहा है, उससे अपनी पूरी सेना का पेट आराम से भर सकेगा।"

साश्चर्य दूसरा सैनिक बोला, "उसमें किसका मांस पक रहा है?"

"उसमें कटे हुए हाथ हैं, टाँगें हैं, सिर-मुंड हैं, कलेजी हैं, आँखें हैं, जीभें हैं।"

"ये तू क्या बक रहा है?"

"तू बक मेरे बादशाह। पर ये तो बता, वे हैं किसके?" एक दूसरे सैनिक ने कहा।

"मेरे-तेरे-उसके और किसके?"

"क्या बकता है?"

"बकता तो मैं हूँ पर कोई सुनता ही नहीं।" वह गहरे नशे में था।

"तुमने आज भी नशा किया।"

"क्यों, आज नशा नहीं करता तो क्या करता इस वीरान जगह पर, जहाँ न घर है, न समाज। है तो सिर्फ मौत और उसका जलजला। क्या विकल्प है, भ्राता?... स्मरण है, तब सिकन्दर ने अश्वकों की राजधानी मसग को जीता था। क्या जीता था खाक। वहाँ के सारे पुरुष मारे गये तो उन स्त्रियों से युद्ध कर रहे थे, जिनके रूप-सौन्दर्य ने हमें पागल बना दिया था। वे हारीं तो हमारे सम्राट ने हुक्म दिया मसग को स्त्री विहीन कर दो।... ला थोड़ी और दे।"

"नहीं तूने पहले ही बहुत चढ़ा ली है। आगे बोल।"

"पहले नशा... उस दिन जैसा नशा। अपने परिवार से दूर। अपनी नवविवाहिता पत्नी से दूर। ला, अब तो पिला दे मेरे भाई।"

"ले बिना लड़े ही मर, पी।"

उसने पी। डकार ली। मतली की और बोला, "उस नगर... मसग में अब हमारे सामने जवान होती लड़कियाँ थीं... कमसिन... उनको मारना था... हुक्म था तो मारना ही था, नहीं तो वह हमें मरवा देता... पर कैसे मारें... पहले तो अपने मन को मारें। तो। एक नहीं दो नहीं तीन को पहले भोगा... काटा... फिर उन्हें मार डाला। यों हम थक गये तब हम में से एक सिरफिरा बोला, जिसके चारों ओर किशोरियाँ नग्न खड़ी थीं... उनकी देह कटी-फटी खून से लथपथ थीं... उनके चूचुकों पर नाखून के निशान थे... फिर कटार से अलग होने के प्रमाण।" वह गडगड्ड नशे में कहे जा रहा था... "क्या मिला इस दैहिक नरक से...चन्द क्षणों की बर्बरता और क्या। हम हारे होते तो वे जालिम बन जाते और वही करते... नहीं... नहीं... नहीं ... नहीं करने से क्या वह पागलपन थम पाता।... इतने दिनों से दबी-कुचली यौनिक भूख... मारने-मरने से उपजी-जन्मी धड़े के ढेर सी सड़ाँध देती कुत्सित। घृणा-नफरत।" वह बड़बड़ाता रहा।... "और आखिर में उसने कटार अपने पेट में घोंप ली... फिर निकाली... फिर घोंपी... खून का... गरम-गरम खून का फुहारा फूटा... ओह निर्लिंग से अजन्मी भ्रूण निर्लज्जता ... निर्वीर्य मानसिकता से उपजी कापुरुषता।...

तभी एक तीसरा सैनिक जो नशे में धुत था, बोल पड़ा, "हम ही... हाँ हम ही... और दूसरा कोई नहीं... बहुत कुछ कर सकते हैं।"

"क्या कर सकते हैं काबुली घोड़े?"

"इनकार!"

"कैसा इनकार!"

"फौज में भरती होने से इनकार... सम्राट इनकार।... हमें ऐसी नौकरी नहीं चाहिए।... मारो कितनों को मारोगे और कब तक?... आज भी... अब भी हो सकते हैं इनकार।... सिकन्दर क्या कर सका। उसके सैनिकों ने ही किया था इनकार। ... जब मसग के बाद वाजिरा (बिर कोट), उद्ग्राम (ओरा) आदि जीतता हुआ सिकन्दर ने पुष्कलवती से आगे बढ़कर एओर्नोस के गढ़ पर कब्जा किया था, तब एक जवान लड़की उसके सामने आ खड़ी हुई थी। उसके हाथ में तलवार थी और उसकी आँखों में चिनगारी और छाती में ज्वालामुखी। वह बोली, तू ही सिकन्दर है। अपना बसा बसाया घर-बार छोड़कर दुनिया जीतने निकला है, नामर्द।... दुनिया मारने से नहीं जीती जाती, कायर। क्या तूने कभी सोचा है कि तू सही सलामत अपने घर पहुँच सकेगा।... तूने मेरे देवता तुल्य पति का सिर कटवा दिया। क्रोधावेश से यह कहते हुए, 'तूने गढ़ के फाटक क्यों नहीं खोले? तेरी ये जुर्रत।' और एक इशारे

से सिर काट डाला।... आतंक-भय के कमजोर दरिन्दे।... मैं तेरी जैसी गलती नहीं करूँगी। तुझे उस दिन के लिए जिन्दा छोड़ती हूँ, जब तू घायल होगा, सख्त बीमार होगा और शराब से धुत होगा। तब तू मरने को तरसेगा।... पगले कसाई! ये ले एक और प्राण की आहुति। भर ले अपने नरक का खप्पर, जालिम, भर ले।... पर तेरे पास खप्पर कहाँ! तू तो भेड़िया है, निर्लज्ज। सच तो यह है कि तेरे लिए कोई शब्द है ही नहीं।''

''ठहर तो।''

''पगले, मैं ठहरी हुई हूँ। तेरी आँखों पर पट्टी बँधी है।... ये ले...।'' कहकर उसने अपनी गरदन स्वयं की तलवार से उड़ा दी।

ओह! ये है सच! कार्नेलिया का मन भीग गया। उसकी कनपटी की नसें फटने लगीं।... आज सिल्यूकस की फौज को कई मोरचों पर से पीछे हटना पड़ा था। वह चिन्ताग्रस्त हुआ अपने शिविर में टहल रहा था। अकेला—अपने से भी अकेला।

कार्नेलिया का हृदय पसीजने लगा। वह अन्दर आयी। पूछा, ''क्या मेगास्थनीज लौटा, पिताजी?''

''शायद नहीं।''

''शायद क्यों, पिताजी?... आपके शब्दकोश में तो शायद शब्द कमजोरों के मन बहलाने का विकल्प है।''

''समय बदल सकता है तो शब्द क्यों नहीं और उसका अर्थ क्यों नहीं?... कार्नेलिया... इस दुनिया में कुछ भी स्थायी नहीं है।''

''सिवा मौत के, पिताजी।''

''तू ठीक कहती है।''

''जो सुन रही हूँ, क्या वह सच है?''

''हाँ, वह भी सच है।''

''आप युद्ध की जिद क्यों पकड़े हुए हैं, पिताजी?... युद्ध सारी मानवता पर गहरा प्रहार है। वह उसका शत्रु है। अभिशाप है। इतिहास लेखन पुनः नये सिरे से हो और इतिहास के रक्तरंजित पृष्ठों का मानवता के सन्दर्भ में पुनर्मूल्यांकन हो। युद्ध की घोर भर्त्सना हो। भाड़े या वेतनभोगी सैनिकों को मूर्ख बनाकर उनके उत्सर्ग या बलिदान की भावुक पृष्ठभूमि तैयार नहीं की जाए। युद्ध की न केवल भर्त्सना की जाए बल्कि युद्ध के लिए सेना में भरती बन्द हो। बन्द हो, मानव का मानव के प्रति देशभक्ति के नाम पर महाहत्या का यह है सामूहिक कुकृत्य। पिताजी, आप ऐसा क्यों नहीं सोचते?''

''अब चन्द्रगुप्त मौर्य ने सन्धि की शर्तों में कुछ और परिवर्तन चाहा है।''

''जैसे आरकोसिया (कान्धार) तथा पेरोपनिसडाई (काबुल) के साथ जैड्रोसिया

व हेरात (एरिया) प्रान्त का एक हिस्सा। बदले में वह हमें पाँच सौ हाथी देगा। ... हिन्दुकुश पर्वत (इण्डियन काकेशस) को सीमा चिह्नित करने की घोषणा।" सिल्यूकस इतना ही कह पाया था कि मेगास्थनीज के आने की सूचना मिली। उसे वहीं बुलवा लिया।

कार्नेलिया मेगास्थनीज की बातें सुनती रही। अन्त में उसने चन्द्रगुप्त मौर्य का पत्र प्रस्तुत कर दिया।

दोनों में से किसी ने पत्र न पढ़कर कार्नेलिया की ओर देखा। कार्नेलिया ने ही कहा, "यह पत्र मेरे पत्र का उत्तर है, पिताजी।"

"वह क्या चाहता है?"

"युद्ध समाप्त हो।"

"और शर्तें...।"

"वह आपका दामाद बनने का इच्छुक है।"

"और तुम भी...।"

"तो कान्धार और काबुल को वह आर्यावर्त्त का भाग मानता है। आप भी इण्डियन काकेशस को सीमा मानें तो आपत्ति क्या!... उसकी माँग अपनी सीमा में है—यह मानचित्र भी उसने भेजकर लिखा है—आर्यावर्त्त की यही सीमा पहले से है। ... क्या आप अमानवीय युद्ध को विराम देना नहीं चाहते।"

"परन्तु कब तक, कार्नेलिया?"

"हमने हमेशा-हमेशा का ठेका नहीं लिया है, पिताजी।... हम इतिहास को मौत का भयानक खेल खेलने से रोकने के लिए एक पहल कर रहे हैं—सीमा निर्धारण को मान्यता दे रहे हैं। वही मान्यता जो पूर्व से चली आ रही है। क्यों मेगास्थनीज, आप तो इतिहास में गहरी समझ और दिलचस्पी रखते हैं। आप क्या कहते हैं?"

मेगास्थनीज कुछ देर के लिए चक्कर में पड़ गया। तब सिल्यूकस ने ही कहा, "हाँ, मेगास्थनीज, तुम भी कुछ तो बोलो।"

मेगास्थनीज ने गहरे सोच से उभरते हुए कहा, "सम्राट, पिता पुत्री के विवाह और उसके मंगलमय जीवन के लिए क्या नहीं करते हैं? और फिर यह सन्धि सम्मानजनक है।"

"तो मुझे और सोचने दो।"

"पिताजी, सोचने की भी कोई सीमा होती है।"

"मात्र कल सुबह तक।"

इसके बाद वह बैठक समाप्त। मेगास्थनीज उठकर चला गया, कार्नेलिया भी बाहर आकर आकाश के मनोरम सौन्दर्य से अभिभूत होने लगी। उसने अपने दिलोदिमाग से परिणाम की चिन्ता को हवा में उड़ा दिया और अँगड़ाई भरती हुई मन

ही मन अज्ञात यूनानी लोकगीत को दोहराने लगी, जिसमें कहा गया था—हे शोभन पंखों वाले नव विहंग प्रातः फूटने में हैं। तुम्हारे बन्धु उड़ चले हैं। तुम क्या सोच-विचार कर रहे हो! उड़ना तुम्हारा कर्म है। अपने नव नवल पंखों में हवा भरो और अनन्त की सैर पर निकल जाओ। कार्नेलिया में यह संगीत पेंग बढ़ाने लगा। वह मन ही मन उड़ चली चुपचाप, एकाकी और प्रसन्न होती हुई।

56

अनसोचा हो गया। चाणक्य भी कुछ नहीं सोच सका। क्या सोचता! चन्द्रगुप्त मौर्य में अलका के मधुर मांगलिक स्वर अनुगूँजते रहे। उस दिन तो वह अलका को पत्र देकर बाहर क्या आया कि चाणक्य का सन्देशवाहक मिल गया। वह अलका से बिना कुछ कहे उसके साथ चला गया। दूसरे दिन अलका आयी पत्र लौटाने। पत्र बहुमूल्य था—ऐतिहासिक था... मानवता का पोषक था। उसे सँभालकर रखना, उसका व्यक्तिगत दायित्व था। उसने भी उस पत्र के बारे में किसी को कुछ नहीं बतलाया सिंहरण को भी नहीं। व्यक्तिगत पत्र किसी पर उजागर करने के लिए नहीं होता।

चन्द्रगुप्त मौर्य को पत्र थमाते हुए अलका ने कहा था, "मैंने बहुत देर तक प्रतीक्षा की। बाहर भी आयी। चारों ओर दृष्टि भी दौड़ाई। वहाँ मात्र अंगरक्षकों को पाया। आपकी व्यक्तिगत धरोहर खुले में छोड़ने के लिए नहीं थी। आपने मुझमें जो विश्वास जताया, उस विश्वास के साथ यह रही आपकी कीमती धरोहर और मानवता का उपहार।"

"क्या सोच पायी, अलका।"

"इसमें सोचने जैसा क्या है, चन्द्र?"

"क्यों अलका?"

"प्यार सोचकर नहीं होता। उसमें भी दो प्रतिपक्षियों के बीच और चलते घमासान युद्ध के बीच जहाँ हृदय नहीं, मात्र स्वार्थ का घटाटोप अन्धकार ही अन्धकार होता है। निर्णय तुम पर है, तुम्हारे युद्ध पर नहीं, तुम्हारे हृदय पर है कि वह प्यार को स्वीकारता है या नहीं।... चन्द्र, वही करो जो तुम्हारा हृदय कहता है। इस स्थिति में हृदय से बढ़कर और कोई नहीं हो सकता। तुम्हें प्यार और घृणा में से एक को चुनकर आगे बढ़ना है।"

अलका चली गयी। अलका का एक-एक शब्द उस शब्द की अन्तर्ध्वनि और संगीत उसमें अनुगूँजता रहा।

चाणक्य को सोच से अवकाश नहीं मिल पा रहा था। चन्द्रगुप्त मौर्य सोच की सीमाएँ पार करता हुआ हृदय के साथ शोभन पक्षी की तरह उड़ चला था। उसके

नव नवल पंखों में मलयजी बयार महक उठी थी।

युद्ध प्रणय का संगीत गुनगुना रहा था। सेना बराती थी, सेना ही घराती। चारों ओर पकवानों की गन्ध थी। उत्सव था। मंगलाचरण था। प्रसन्नता पर बहार थी। उमंगों में वसन्त था।

ऐसा कभी नहीं हुआ। सारा समाज देख-सुन अनुभव कर रहा था। वह परिदृश्य भयान्तक सीमा से परे था। किसी युद्ध का ऐसा परिणाम सामने नहीं आया था, जब दोनों ओर से प्रणय परिदृश्य में संगीत मुखिया बना नृत्य की पृष्ठभूमि बना हो और गीत समर्पित हो उठा हो।

सिल्यूकस और उसके परिवार में प्रसन्नता नम थी पर हृदय उछाल से भरा, चन्दन वन-सा महकता-इठलाता नाच रहा था।

क्या कभी युद्धभूमि को यह अनुपम सौभाग्य मिला। इतिहास की आँखें फटी की फटी रह गयी थीं। दो संस्कृतियों का मादक सम्मिलन, रसराज का उदात्तोन्मेष भरा आगमन और देवताओं द्वारा पुष्प वृष्टि अनन्त उपहार।

कार्नेलिया नववधू के रूप में नत नयनों से, धड़कते हृदय को आँख बताकर चुप बने रहने का संकेत दे रही थी पर वह बड़बोला किसी की सुनता कहाँ था—बेलगाम हो रहा था।

सिल्यूकस ने भरे हृदय से, हाथ जोड़कर कहा था, "यह मेरे जीवन का सर्वोत्तम उपहार है, चन्द्र। मेरी समस्त मंगल आकांक्षाओं का जीवन्त प्रतीक। प्यार ने विश्वास को जीता है। कदाचित् ऐसा पहली बार हो रहा है, जब युद्ध प्यार को समर्पित होकर अपने ना होने का अनन्त आनन्द से गद्गद हुए जा रहा है।"

रथ सजा हुआ सामने आ ठहरा था। कार्नेलिया को उसकी सखियाँ लेकर आगे बढ़ रही थीं और कार्नेलिया छुईमुई हुए जा रही थी। उसकी दृष्टि परिवार की आँखों में वियोग की अन्तर्ध्वनि से लिपटकर पगला उठी थी।

चाणक्य मौन था।

सिंहरण और अलका गद्गद हो रहे थे। युद्ध अमर प्रणय गाथा के मंत्र पढ़ रहा था। कैसा अद्भुत दृश्यबन्ध था वह।

सैनिक, सेनानायक, उपनायक आदि नागरिक बन, मन ही मन झूम रहे थे। यह मांगलिक समाचार पाटलिपुत्र और उसके बीच में पड़ने वाले नृप-राजा आदि सबको पहुँचा दिया था ताकि इस मांगलिक-दिव्य पर्वोत्सव का भरपूर आनन्द जन-जन उठा सके, मोद मना सके और उपकृत हो सके। नगर गाँव की स्त्रियाँ विवाह गीत गाकर अपने मन को आह्लादित कर सकें और आरती उतार सकें। सबमें यह जिज्ञासा नृत्य कर रही थी कि यूनानी बाला कैसी है। कितनी सुन्दर है। कितनी महिष्ठा है। कितनी महिमामयी! कितनी मनीषिता।

रथ में सबसे विदा लेकर कार्नेलिया बैठी। गीत-संगीत से समूचा वातावरण आनन्दमय हो उठा। फिर चन्द्रगुप्त मौर्य भी आ गया। जयघोष से आकाश गूँज उठा।

कार्नेलिया को चाणक्य के पाँव छूकर बड़ी शान्ति मिली। अलका ने उसे भावभीनी विदाई दी। सिंहरण मौनोत्सव में लीन तीर्थ का अनुभव कर रहा था।

जो देखता-सुनता आश्चर्य से भरा असोचा रह जाता था। दोनों की सुन्दरता महक रही थी मंगलोन्मादिनी होकर। रथ आगे बढ़ता जा रहा था। गाजे-बाजे और दुन्दुभि के साथ। मोद निनादित हो रहा था। अस्त्र-शस्त्रों के हाथों में प्रसून मालाएँ मोह रही थीं।

सिल्यूकस कह रहा था, "कार्नेलिया तुझे विदा करते मन टूट रहा है। तू नये दिशा में, नये वातावरण में, नये संस्कृति-संस्कार और नये सभ्यता सौरभ की परम्परा से जुड़ने जा रही है। एकदम अजनबियों के बीच, यह तूने कितना बड़ा निर्णय लिया है।... परन्तु मुझे विश्वास है कि तेरे से दो संस्कृतियाँ-सभ्यताएँ और निकट आयेंगी। आत्मीय बनेंगी। प्रेम में बहुत शक्ति है।..."

"पिताजी... ।" कहकर कार्नेलिया सिल्यूकस के कन्धे पर सिर रखकर रो पड़ी। तभी उसकी माँ ने उसे अपनी बाँहों में लेकर कहा, "कार्नेलिया बेटी, परायी होती है। तू भी वहाँ जाकर सबको स्नेह प्रेम बन्धन में बाँध लेगी। नव जीवन के नव मंगलाचरण पढ़ेगी। तू यूनान का हृदय है, उसकी मेधा है और उसका लोक संगीत, मर्यादा और शील-संयम। तू वहाँ के जग-जीवन में इस सुर सरिता के पावन प्रवाह में पर्व की अनुभूति करा सकेगी।"

क्या-क्या आशीर्वाद उसे मिलते रहे! कुछ याद रहे और कुछ अज्ञात हो गये।

जैसे-जैसे रथ बढ़ता जा रहा था वैसे-वैसे कार्नेलिया की धड़कनें तेज होती जा रही थीं। बहुत कुछ छूट रहा था। बहुत कुछ नव्य तथा आँख खोले मौन होता जा रहा था।

चन्द्रगुप्त मौर्य अवाक्! वह वहाँ क्या सोचकर आया था और क्या लेकर जा रहा था। कौन उत्तर दे? स्वयं प्रश्न सम्मोहित था। यदा-कदा व्रीड़ानत कार्नेलिया कनखियों से चन्द्रगुप्त मौर्य को थाम लेती थी। उसे लगने लगता था कि सचमुच उसने बहुत बड़ा निर्णय लिया। अपने आपको भूल जाने का। कहाँ यूनान, कहाँ भारत। एक पश्चिम, एक पूर्व। कैसे होगा दो दिशाओं का अन्तर्मन एक।

चन्द्रगुप्त मौर्य ने कार्नेलिया का हाथ थामकर धीरे से कहा, "तुम्हारा प्रेम अमर होगा, विश्वास रखो।"

कार्नेलिया सहमकर रह गयी और कुछ देर बाद उसके अन्तर्मन ने कहा, "प्रेम के पास खोने के लिए क्या है, चन्द्र। जो है, वो हृदय! हृदय खोता कहाँ है, वह तो नेह के मार्ग पर चलता है, चुपचाप, सहज और सरल।"

तभी रथ मुड़ा। जनसमूह उमड़ पड़ा और महक उठा। सारा वातावरण सम्राट चन्द्रगुप्त मौर्य और सम्राज्ञी की जय-जयकारों से गूँज उठा। कितनी-कितनी बार और कहाँ-कहाँ! कितने तोरण द्वार। कितने मंगल गीत। कितने सद्यः खिले स्वप्न सामने आ ठहरे उपहारों से सजे, चित्त के संगीत से जुड़े और नृत्य की भाव-भंगिमा से तैरते। अपनत्व का मन खोलकर मन्त्र उठे और यों कारवाँ चलता गया पाटलिपुत्र की ओर।

और पाटलिपुत्र आ गया। हारों से सजा मंगलगीतों से हृदय खोलता। कार्नेलिया साश्चर्य कभी चन्द्रगुप्त मौर्य को देखती, कभी सौन्दर्य की सुषमा से महानगर के वसन्त से मन को। तभी रथ रुक गया।

□□

सन्दर्भ ग्रन्थ-सूची

पौराणिक व ऐतिहासिक ग्रन्थ

बौद्ध ग्रन्थ	वैपुल्य सुत्त
	दीपवंश सिंहलद्वीप इतिहास
	अंगुत्तर निकाय
महाकाम	महावंश
	महावंश की टीका
	महोबोधिवंश
मिन्दर भिक्षु नागतैन संवाद	मिलिन्दपण्हो
	दिव्यावदान
	महापरि निस्वोन सुत्त
भद्रबाहु	कल्पसूत्र
हेमचन्द्र	परिशिष्टपर्वन
विशाखदत्त	मुद्राराक्षस
घुणिराज	मुद्राराक्षस की टीका
कौटिल्य/चाणक्य	अर्थशास्त्र
सोमदेव	कथासरित्सागर
क्षेमेन्द्र	वृहत्कथामंजरी
कामण्डक	नीतिसार
पुराण	विष्णुपुराण
	मत्स्यपुराण
श्रीधर स्वामी	विष्णु पुराण के भाष्यकार
बाणभट्ट	हर्षचरितम्
महामुनिव्यास	महाभारत—2-33-41/3-136, 1-12/13-22
	हरिभद्रीया टीका
प्रभाचन्द्र	आराधना सत्यकथा प्रबन्ध

हरिषेण — वृहत्कथाकोश

रामचन्द्र — पुण्याश्रवकथाकोश

अन्य

लौरिया नन्दगढ़ स्तम्भ

हाथी गुम्फा शिलालेख

पाटलिपुत्र के पाँच स्तूप

आहत सिक्के (पंच मार्क्ड कॉइन्स)

पाटलिपुत्र की खुदाई से प्राप्त मौर्यकालीन सामग्री

सप्तम शिलालेख

त्रयोदश शिलालेख

राजवली पाण्डेय — प्राचीन भारत का इतिहास

पण्डित भगवतदत्त — भारतवर्ष का इतिहास

प्रो. राजदेव — भारतवर्ष का इतिहास

रमाशंकर त्रिपाठी — प्राचीन भारत का इतिहास

आर.एस. शर्मा — शूद्रों का प्राचीन इतिहास

के.सी. श्रीवास्तव — प्राचीन भारत का इतिहास और संस्कृति

अंग्रेजी ग्रन्थ

1. रोमिला थापर –ए हिस्ट्री ऑफ इण्डिया वॉल्यूम-1
2. वी.ए. स्मिथ –अर्लि हिस्ट्री ऑफ इण्डिया
3. डॉ. आर.सी. मजूमदार –एन्शेंट इण्डिया
4. आर.के. मुकर्जी –चन्द्रगुप्त मौर्य एण्ड हिज टाइम्स
5. मेक्रिण्डल –इन्वेजन्स ऑफ एलेक्जेंडर
6. आर.सी. मजूमदार –दि हिस्ट्री एण्ड कलचर ऑफ दि इण्डियन
7. प्लूटार्क –प्लूटार्क लाइव्ज-8, 42
8. मेगास्थनीज इण्डिका (जो अनुपलब्ध है परन्तु उसके उद्धरण-वर्णन का विवरण अपने ग्रन्थों में जस्टिन, एरियन ग्रन्थों में प्लिनी, स्ट्रैबो, डियोडोरस आदि ने दिया है।)
9. एडवर्ड मेयर –कैम्ब्रिज हिस्ट्री ऑफ इण्डिया
10. स्ट्रैथो –कैम्ब्रिज हिस्ट्री ऑफ इण्डिया
11. मार्शल –कैम्ब्रिज हिस्ट्री ऑफ इण्डिया
12. आर.एस. शर्मा –अर्लि हिस्ट्री ऑफ इण्डिया
13. इ.जे. रेपशन –कैम्ब्रिज हिस्ट्री ऑफ इण्डिया वाल्यूम I, III
14. डॉ. आर.के. मुखर्जी –एज ऑफ इम्पिरियल यूनिटि

15. नीलकण्ठ शास्त्री –एज ऑफ दि नन्दाज एण्ड मौर्याज
16. डॉ. एस.डी. राय चौधरी –पॉलिटिकल हिस्ट्री ऑफ एन्शेंट इण्डिया
17. जनरल ऑफ इण्डियन हिस्ट्री, त्रिवेन्द्रम, 1969 में प्रकाशित लेख 'ऑन दि आइडेंटिटि ऑफ प्रवर्तक'
18. जे.एस. नेगी –सम इण्डोलॉजिकल स्टडीज
19. जनरल ऑफ दि रायल एशियाटिक सोसाइटी-1908
20. नरेन्द्रनाथ घोष –अर्लि हिस्ट्री ऑफ इण्डिया
21. ए.पी. आयंगर –बिगिनिंग्स ऑफ साउथ इण्डियन हिस्ट्री
22. डॉ. कैलाशचन्द्र ओझा –दि हिस्ट्री ऑफ फारिन रूल इन एन्शेंट इण्डिया
23. डॉ. काशीप्रसाद जायसवाल –हिन्दू पालिटि
24. डॉ. ए.एस. अल्तेकर –स्टेट एण्ड गवर्नमेंट इन एन्शेंट इण्डिया
25. रिजडेविट्स –डायलॉग ऑफ दि बुद्ध
26. हट्टन –कास्ट इन इण्डिया
27. नेसफील्ड –ब्रीफ न्यू ऑफ दि कास्ट सिस्टम
28. शाम शास्त्री –कौटिल्य अर्थशास्त्र
29. जेनोफोन –साइरोपेडिया, 1, 1-4, 8, 6, 20-21
30. जस्टिन –इन्वेजन्स ऑफ एलेक्जेंडर
31. डॉ. हेमचन्द्र राय चौधरी –पालिटिकल हिस्ट्री ऑफ एन्शेंट इण्डिया
32. गेगर –'महावंश' का अनुवाद
33. पार्जिटर–डायनेस्टीज ऑफ दि कालिएज
34. ए.एल. बाथम –दि वंडर दैट वाज इण्डिया
35. इण्डियन काव्य लिटरेचर –ए.के. वार्डर
36. हिस्ट्री ऑफ इण्डियन लिटरेचर एम. पित्तर्नित्स